EN LA MENTE NAZI

MEMORIA CRÍTICA

LAURENCE REES

EN LA MENTE NAZI

12 advertencias de la historia

Traducción castellana de
Gonzalo García

CRÍTICA

Obra editada en colaboración con Editorial Planeta - España

Título original: *The Nazi Mind. Twelve Warnings from History*

En la mente nazi. 12 advertencias de la historia
Laurence Rees

Bajo el sello editorial CRÍTICA M.R.
Avenida Presidente Masarik núm. 111,
Piso 2, Polanco V Sección, Miguel Hidalgo
C.P. 11560, Ciudad de México
www.planetadelibros.com.mx
www.paidos.com.mx

Primera edición impresa en España: octubre de 2025
ISBN: 978-84-9199-803-7

Primera edición impresa en México: marzo de 2026
ISBN: 978-607-639-163-1

Impreso en los talleres de Impregráfica Digital, S.A. de C.V.
Avenida 11 # 463, interior bodega 2, Colonia San Nicolas Tolentino
Iztapalapa , CDMX, C.P. 09850
Impreso en México - *Printed in Mexico*

Para Oliver

Prólogo

Hasta 1933 nuestra vida fue muy cómoda. Pero desde que Hitler ascendió al poder, los niños que vivían en el mismo edificio que nosotros dejaron de hablarnos; nos tiraban piedras y nos insultaban. No lográbamos entender qué habíamos hecho para merecer eso. De modo que la pregunta siempre fue: «¿Por qué?».[1]

Lucille Eichengreen, de una familia judía de Hamburgo, enviada a Auschwitz en 1944

Mi educación fue estrictamente católica y no me cabía en la cabeza que pudiera ocurrir algo tan malvado [como lo que pasó] [...] Iba más allá de todas nuestras vivencias [...] Después de las experiencias por las que pasé en el campo, ya no hay valores [...] Esto me atormentó extraordinariamente, tanto que casi llegué al punto de quitarme la vida.[2]

Mieczysław Brożek, profesor asociado de la Universidad Jaguelónica de Cracovia, enviado al campo de concentración de Dachau en 1940

En casa teníamos perros, pero nunca fuimos tan crueles con ellos como los fascistas lo fueron con nosotros [...] Yo no dejaba de pensar: «¿Qué hace que esta gente sea tan cruel?».[3]

Vasyl Valdeman, un judío ucraniano que en 1941 fue testigo de cómo los nazis detenían y luego asesinaban a los demás habitantes de su aldea

¿Por qué los nazis cometieron crímenes tan horrendos? ¿Qué posibilitó que una gente de una nación culta perpetrase las peores atrocidades de la historia?[4] ¿Qué relevancia tiene este pasado terrible para nuestro presente? Estas son las preguntas que este libro aspira a responder.

Pero, aunque esta obra se centra en las mentalidades de los nazis, nunca debemos olvidar el sufrimiento de las personas a las que se esforzaron por aniquilar.

Introducción

Mi primer contacto con un exintegrante de las Waffen SS —la élite de las fuerzas de combate nazis—[1] fue en 1990, en Austria, mientras rodaba un documental para la televisión. Fue una experiencia extraordinaria.

Era un hombre inteligente y amable, una persona que no causaba extrañeza que, tras la guerra, se hubiera forjado una carrera como ejecutivo destacado de una compañía automovilística alemana. Pero a lo largo de nuestro almuerzo no tardé en descubrir que, si bien en el presente acertaba a funcionar con pleno éxito, sin embargo, su concepción del pasado era una fantasía. Manejaba una historia alternativa en la que el Tercer Reich había sido una «era dorada»; la guerra no había sido culpa de Alemania; los judíos habían supuesto un «problema» que se debía resolver «de un modo u otro». Los ocho años de encarcelamiento en el Gulag estalinista no hicieron sino reforzar su convicción de que los nazis merecían que los ensalzaran por su empeño de proteger Europa frente al «azote del bolchevismo». Mientras nos tomábamos el café afirmó que había aceptado que lo entrevistara porque admiraba a los británicos, aunque criticó a Churchill por haber cometido el «error terrible» de no formar una alianza con la Alemania nazi, dado que en ese caso «habríamos podido ser los amos del mundo».

Desde aquel almuerzo he intentado comprender cómo podía ser que aquella persona, que había recibido una educación cuidadosa, siguiera pensando como pensaba tantos años después. Con este fin me he reunido desde entonces con otros varios cientos de personas que vivieron el Tercer Reich. Aunque como es lógico reconozco que es esencial que los historiadores estudien los materiales de los archivos, sin embargo, lo que más ha transformado la manera en que concibo aquellos años ha sido la ocasión de entrevistar a quienes vivieron esa historia de primera mano.[2] Se trata de un privilegio que entre tanto se ha extinguido, pues prácticamente todas las personas que hemos podido investigar y entrevistar durante los últimos treinta años han fallecido ya.[3]

En la década de 1990 dediqué varios años de trabajo a una serie documental para la televisión, que titulé *Nazis: un aviso de la historia*, más un libro del mismo título. Pretendía formular «un aviso» general, inspirado por las palabras del filósofo alemán Karl Jaspers: «Lo que ha sucedido es un aviso. Quien lo olvide es culpable. Es necesario recordarlo permanentemente».[4]

En la actualidad, después de haber seguido profundizando en el estudio de las mentalidades de los nazis, creo que puedo ser más específico al respecto de qué avisos debemos colegir de esa historia. En consecuencia, los doce capítulos siguientes no se limitan a examinar las razones por las cuales los nazis desarrollaron sus formas de pensar, sino que también ejemplifican cada uno un aviso particular que, a mi entender, hoy en día resulta valioso. En la conclusión del libro abordaré la relevancia específica de cada uno de los avisos.

Me centro en *avisos* porque no creo que de la historia puedan extraerse *enseñanzas* precisas. En las redes sociales, por ejemplo, es habitual leer que los políticos deberían aprender del nazismo que nunca es adecuado «apaciguar» a una potencia extranjera. Nos invitan a recordar que Winston Churchill advirtió en contra de apaciguar a Hitler y, por lo tanto, esta estrategia es errónea. Pero la historia no funciona así, pues, aunque es cierto que Churchill no pretendió apaciguar a Hitler, sin embargo, se esforzó sobremanera por apaciguar a Stalin.[5] ¿Cuál sería, en este caso, la enseñanza que deberíamos derivar? ¿Hay que aprender acaso que en determinadas circunstancias puedes apaciguar a determinadas personas, pero no así a otras en otras circunstancias?

A diferencia de una enseñanza, que expresa una norma fija, un aviso muestra tan solo una tendencia. Los médicos no pueden extraer del tabaco la conclusión de que todo aquel que fume morirá joven, pues ciertamente hay algunos fumadores que viven cien años; sin embargo, pueden advertirnos sobre los peligros del tabaco. Se trata de un consejo ciertamente valioso, aunque no sea prescriptivo como una enseñanza.

Esta historia es importante. En la actualidad muchas democracias viven amenazadas y es útil ser consciente de las técnicas a las que es probable que aquellos que aspiran a la tiranía recurran para subvertir nuestras libertades. Aun así, soy consciente de que este no deja de ser un libro de historia; no aspira a ser un comentario político. Pues sé que sin conocer la historia, no se pueden comprender del todo los avisos.

Una de las primeras cosas que aprendí con mis estudios fue que para entender por qué los nazis se caracterizaron por determinadas mentalidades, hay que reconocer la realidad de una verdad fundamental: todos somos criaturas de un tiempo y un lugar particulares. Quizá parezca una perogrullada, pero, según mi experiencia, son muchas las personas que no aprecian en todo su calado hasta qué punto su tiempo y su lugar les hacen ser como son.

En los primeros años de la década de 1990 fui editor y productor ejecutivo de un documental, *The Stolen Child* [«El niño robado»], que ponía de relieve este hecho con una gran fuerza.[6] Trataba de un niño polaco, Alojzy, al que los nazis raptaron de brazos de su madre en 1942, cuando contaba solo cuatro años. Heinrich Himmler, jefe de la SS, quería raptar a todos aquellos niños polacos a los que se consideraba «racialmente deseables», para enviarlos a Alemania. Como parte de esta medida inhumana, se llevaron a Alojzy de Polonia y lo dieron en adopción a una pareja de acérrimos del nazismo. El chico se sentía absolutamente feliz en su nuevo hogar, amaba a la madre de adopción y no guardaba ningún recuerdo de los años polacos.

Cuando la guerra concluyó, Alojzy —que rompió a «llorar» al enterarse de que Alemania había sido derrotada— tenía siete años. Pocos años más tarde su madre genuina lo encontró y él descubrió una verdad que lo conmocionó: no era alemán, sino polaco. Al principio Alojzy se negó a aceptar este hecho, lo que no resulta de extrañar si tenemos en cuenta que le habían enseñado que los polacos eran «infrahumanos». Sin embargo, con el tiempo tuvo que admitir que él no era quien había creído ser.

¿Puede haber un ejemplo más meridiano de hasta qué punto la situación en que vivimos puede influir en nuestras creencias? La historia de Alojzy resulta aún más saludable porque la mayoría de los niños raptados por los nazis no regresó nunca a sus hogares de origen. ¿Cuántos vivieron y murieron creyendo ser alemanes, cuántos sufrieron una decepción porque Hitler perdió la guerra?

La historia de Alojzy también pone de manifiesto que nuestra mentalidad se determina en parte no solo por la época en la que vivimos, sino también por el lugar en particular en el que vivimos. Esta realidad pude captarla en todo su alcance después de visitar dos de los lugares más significativos del mundo: Jerusalén y Varanasi. Al examinar la influencia que estas ciudades tuvieron sobre Jesús y sobre el Buda, pronto me quedó claro que las palabras y acciones de estos dos gigantes de la religión eran en parte reflejo de los lugares en los que se había dado la casualidad de que vivieron y murieron. Jesús no podría haberse enfrentado a los mercaderes del Templo de Jerusalén si este lugar no hubiera poseído para él una importancia muy especial; el Buda tampoco habría podido predicar su primer sermón en Sarnat —a las afueras de la ciudad santa de Varanasi, en la India, a orillas del río Ganges— si no hubiera comprendido la relevancia espiritual de aquel lugar en concreto. Creo que es necesario hacer hincapié en esta clase de vinculación porque —sobre todo en la cultura popular— es frecuente que las figuras históricas se presenten aisladas de su contexto.

En algunas ocasiones de la historia, el contexto ha cambiado de forma radical durante la vida de una persona. Así le sucedió a la mayoría de los adeptos del nazismo que he conocido. Las certidumbres que les habían transmitido en la Alemania nazi durante los años treinta quedaron destruidas tras la derrota de 1945. Esto les provocó a menudo una importante desconexión en sus mentalidades: aunque después de la guerra comprendieron que el mundo consideraba que el nazismo era espantoso, sin embargo, no lograron aceptar que ellos hubieran hecho nada erróneo durante el período de florecimiento del Tercer Reich. «Si usted hubiera estado allí, entonces lo habría entendido», solían decir. Este sentimiento también hizo que unos pocos se acogieran al mito del «estuvimos hipnotizados»: la idea según la cual habían sido hechizados por Hitler y no se despertaron hasta que su «guía», su *Führer*, se atravesó la cabeza de un balazo el 30 de abril de 1945.

Esto era absurdo, por supuesto. Nadie se hizo nazi por hipnotismo. Creo que en realidad se esforzaban por expresar la dualidad que sentían entre el «yo» que había sido nazi y el «yo» que en el presente reconocía que los nazis habían hecho cosas terribles. En este contexto debemos recordar que tal dicotomía se generó exclusivamente por la derrota de Alemania; pues si los nazis hubieran ganado la guerra, apenas cabe duda de que habrían seguido siendo adeptos fervorosos de la causa.

Con los cambios de nuestra propia cultura yo he sido testigo de algo similar, aunque en una escala mucho menor. Así, mientras yo iba creciendo, en la década de 1960, tuve ocasión de compartir muchos momentos con mi tío favorito, que había nacido en Escocia en los primeros años del siglo XX. Era un hombre encantador, amable y generoso, pero sentía una aversión extrema a la homosexualidad. Con frecuencia expresaba comentarios profundamente homofóbicos que hoy serían objeto de una condena tajante. Ahora bien, cuando él hablaba los actos homosexuales eran ilegales y lo que él decía era reflejo del pensamiento de muchos otros. Así pues, cuando yo miro hacia el pasado, ¿qué debería hacer: perdonar a mi tío o condenarlo? En Ciudad del Cabo, durante un ciclo de conferencias, le conté este episodio a uno de los principales historiadores de Sudáfrica, y recuerdo que me dijo: «Desde que el Apartheid cayó, aquí todos tenemos un tío como ese...».

En este libro, por primera vez en mi obra, he explorado de qué modo la psicología, como disciplina de estudio, puede ayudarnos a comprender las mentalidades de los nazis. En efecto, diversos aspectos de la neuropsicología y de la psicología social y del comportamiento me han ayudado a comprender mejor la realidad. Antes de hablar con especialistas en la materia y de estudiar artículos científicos relevantes, yo no era consciente de hasta qué punto se ha avanzado en estas áreas durante los últimos años. En particular, el campo relativamente nuevo de la psicología evolutiva me ha resultado de gran valor. En ocasiones no tenemos en cuenta que nuestros cerebros evolucionaron mientras nuestros predecesores estaban cazando en la sabana y que desde entonces —desde el punto de vista de la evolución— no ha pasado aún el tiempo suficiente para que se produzcan grandes cambios. Los profesores Leda Cosmides y John Tooby, dos de los pioneros de la psicología evolutiva, creen que «la clave para comprender cómo funciona la mente moderna» es que nuestros circuitos mentales «se diseñaron para resolver los problemas cotidianos de nuestros ancestros cazadores-recolectores». Si esta idea no le convence, pregúntese por qué tanta gente teme a las serpientes cuando, en la mayoría de los lugares del mundo desarrollado, «una toma de corriente entraña más peligro que las serpientes» y, aun así, prácticamente nadie les tiene fobia a los enchufes...[7]

También me han sido de utilidad estudios psicológicos recientes sobre varios sesgos cognitivos, tales como la *hipótesis del mundo justo* y el *sesgo de negatividad*. Aunque las circunstancias hayan cambiado desde el tiempo de los nazis, los sesgos cognitivos ya existían entonces tanto como existen hoy.

Aun así, he recurrido a este material de una forma moderada y prudente, recordando siempre que este es un libro de historia con apoyos puntuales de la psicología, no una obra de psicología con referencias puntuales a la historia. Por ejemplo, no creo que resulte de ayuda intentar psicoanalizar a los líderes del nazismo desde la distancia. Quien sienta interés por esta vía debería leer el extenso análisis que durante la guerra dedicó a Hitler el psicólogo estadounidense Walter Langer, por encargo de la OSS, el servicio de inteligencia que precedió a la CIA. Se trataba de una sucesión constante de conjeturas entre las cuales abundaban los absurdos. Quizá la sugerencia más ridícula fue la de que Hitler se sintió movido a construir el «Nido del Águila» —una casa con funciones de salón de té, levantada sobre un cerro de Baviera, el Kehlstein, a la que se accedía mediante un túnel y un ascensor— por el deseo de retirarse a la seguridad del fluido amniótico de su madre. «Si a uno le pidieran planear algo que representara la vuelta al vientre materno, difícilmente podría imaginar algo más adecuado que la casa del Kehlstein».[8] Todo esto era una chorrada. La construcción del Kehlstein ni siquiera fue idea de Hitler; se hizo por iniciativa de su secretario, Martin Bormann, y a Hitler nunca le gustó el lugar.[9] Prefería claramente el Berghof, la residencia vacacional erigida en el Obersalzberg, a menor altura, en un lugar en el que ni siquiera un psiquiatra freudiano podría hallar similitud alguna con un vientre materno.

Y al menos Langer fue contemporáneo de Hitler, aunque nunca tuviera ocasión de tratar con él. Todo intento de psicoanalizar hoy a las figuras tristemente famosas del nazismo será por fuerza aún más arriesgado. Tantos años después de su muerte, esta clase de conjeturas suele limitarse a replantear las preguntas abiertas y no es raro que de alguna forma exonere a aquellos líderes de sus crímenes. No solo eso, sino que los diversos intentos de definir un nazi «típico», según se han practicado después de la guerra, han concluido con un fracaso abrumador.[10]

La idea de que existió una «personalidad nazi» específica es exactamente la clase de pensamiento categórico que es preciso evitar. Teóricos conductuales como John Watson erraron al considerar que los seres humanos son infinitamente maleables y el entorno puede transformarlos radicalmente; el neurólogo Egas Moniz erraba al creer que las lobotomías frontales servían para curar los «trastornos mentales».[11] De la misma manera, sería un error abordar esta historia de un modo así de prescriptivo. Con la psicología no conviene generalizar, igual que debemos tener cuidado con no generalizar en lo relativo a la historia. Es comprensible que mucha gente —en especial cuando hablamos de crímenes horrendos— desee creer que el comportamiento humano responde a una explicación simple y clara, pero en realidad nunca es así.

En consecuencia, así como uno debe acercarse al estudio de la historia con humildad, con ese mismo espíritu debe aplicar la psicología a la investigación histórica. Por mi parte procuro tener siempre presentes las palabras de una de las grandes figuras de la neurociencia, que comentó que «intentar comprender la biología del comportamiento humano social siempre es un proceso sumamente complicado».[12] En efecto, los factores que influyen en quiénes somos son un sinfín; se incluyen entre ellos nuestra herencia genética, el entorno prenatal, las circunstancias socioeconómicas de nuestros padres, cuánto aprendimos ciertos tipos de conducta en nuestra infancia, qué educación se nos dio, etcétera. Todos somos un revoltijo de nuestro medio y nuestra biología.

Antes de seguir, conviene hacer algunas precisiones sobre el título y el contenido del libro. Al hablar de «la mente nazi» me refiero a diversas mentalidades nazis; no únicamente a las creencias de los nazis de carnet, sino también las de otros que sin serlo dieron respaldo al régimen. Téngase en cuenta asimismo que el hecho de que este libro se centre en quienes perpetraron aquellos crímenes terribles no debe malinterpretarse como ninguna clase de intento de exonerarlos: comprender no significa excusar. Todas las personas de este libro pudieron elegir si cometían atrocidades o no. Aquí lo escandaloso es que a muchos de ellos, una vez concluida la guerra, nunca se les exigieron de verdad responsabilidades por lo hecho.

La estructura del libro es mayoritariamente cronológica, lo que nos permite ver cómo esas mentalidades fueron desarrollándose con el paso del tiempo. He recogido las experiencias de cierta cantidad de testigos —elegidos porque, dentro del Tercer Reich, representan arquetipos—, con testimonios que en buena parte han permanecido inéditos hasta hoy. Este material se enlaza con la historia de personajes tristemente famosos del nazismo como Himmler, Röhm, Heydrich, Streicher, Göring y, por supuesto, Hitler. Ahora bien, no pretendo narrar las biografías completas de estos personajes bien conocidos, sino centrarme en el modo en que sus mentalidades se formaron.[13] El propagandista nazi

Joseph Goebbels también interpreta un papel importante en esta historia, pues fue en gran medida el responsable de lo que él mismo denominó, en los años treinta, la «movilización de las mentes y los espíritus»: el afán por convencer de las bondades del nazismo a cuantos él consideraba alemanes «genuinos».[14]

Goebbels me ha interesado desde que escribí y produje un documental sobre él hace ahora más de treinta años. Recuerdo vivamente una entrevista que mantuve con la famosa actriz alemana Margot Hielscher, en su vestidor, antes de que saliera a escena en un teatro de Berlín. Ella había cumplido entonces algo más de setenta años y conversamos sobre la intensidad con la que Goebbels había dominado la industria cinematográfica alemana. Pero lo que más grabado se me quedó fue un comentario dicho casi al paso: afirmó no haber conocido nunca a un «político» con tanto «encanto» como Goebbels, a quien comparó favorablemente con «algunas de las principales estrellas del cine».[15] ¿Cómo podía ser? Goebbels fue uno de los peores criminales de guerra del nazismo y en los primeros años cuarenta él mismo se vanagloriaba de haber aniquilado a los judíos.

Así como hablar con el oficial de las Waffen SS que pensaba que el Tercer Reich había sido una «era dorada» me impresionó profundamente, la charla con Margot Hielscher también me dejó una huella perdurable. Ambos hicieron que me preguntara cómo me habría comportado si yo hubiera vivido en aquel período de la historia de Alemania. Como todos somos el producto de una relación muy compleja entre nuestra biología y las circunstancias en las que vivimos, no puedo tener la certeza de qué habría hecho. Pero luego me formulé una pregunta paralela: si hoy mi vida sufriera una transformación dramática, ¿cómo me comportaría?

En ocasiones, en las conferencias que imparto sobre las mentalidades que la gente desarrolló durante la guerra, pregunto al público qué haría si de pronto las circunstancias cambiaran. Les pido que imaginen que unos terroristas han bloqueado las puertas de la sala en la que estamos y que unos doscientos de nosotros nos vemos obligados a permanecer allí durante cuarenta y ocho horas en las que no dispondremos de agua ni de comida. Concluidas esas cuarenta y ocho horas, nos entregan solo seis botellas de agua, con la advertencia de que, durante otras cuarenta y ocho horas, no recibiremos nada más. ¿Puede uno predecir cómo reaccionará cuando llegue el agua? ¿Se peleará uno por ella, cueste lo que cueste? ¿La compartirá con otros? ¿Permitirá beber primero a quien más lo merezca? Y si uno no es capaz de predecir qué haría, ¿hasta qué punto se conoce a sí mismo?

Según demuestra la historia que se examina en este libro, la conducta de la gente fue cambiando a medida que la situación cambiaba. Lo difícil es comprender por qué cambió como lo hizo y cómo podemos aprovechar su experiencia en nuestros días.

1

Difundir teorías conspiranoicas

Los nazis prosperaron empleando diversas teorías de la conspiración y, para convencerse de que estaban en lo cierto, recurrían a los mismos procesos mentales que los teóricos conspiranoicos de nuestros días. La única diferencia es que las teorías conspiranoicas de los nazis sirvieron de base para el crimen más horroroso de la historia: el Holocausto.

Muchas de las teorías conspiranoicas que los nazis utilizaron nacieron con la primera guerra mundial. De hecho, sin la primera guerra mundial y la prolongada sombra que proyectó, ni habría habido un Partido Nazi ni Adolf Hitler habría sido canciller de Alemania. Para arrojar luz sobre las mentalidades de los nazis, por lo tanto, es imprescindible comprender cómo aquella primera contienda —la que fue en su momento «la Gran Guerra»— se convirtió en prisma a través del cual muchos de ellos concibieron el mundo y el lugar de Alemania en él.

En parte, esta guerra surtió un efecto tan intenso —no solo en los nazis, sino en la psique alemana en su conjunto— por las enormes oscilaciones de ánimo que provocó. La humillación definitiva de 1918 resultó aún más difícil de soportar porque cuatro años antes, cuando se declararon las hostilidades, muchos alemanes estaban felizmente convencidos de que ganarían la guerra. Las teorías conspiranoicas que emergieron hacia el final de la contienda no habrían podido adquirir la fuerza que tuvieron de no haber existido aquella euforia inicial.

«La vida había recobrado por fin una significación ideal —escribió un autor de izquierdas, Ernst Glaeser, para describir el estado de ánimo imperante en agosto de 1914—. Las grandes virtudes de la humanidad, la fidelidad, el patriotismo, la disposición a morir por un ideal [...] estaban imponiéndose al espíritu mercantil y especulativo [...] La guerra iba a limpiar la humanidad de todas sus impurezas».[1] Era un sentimiento plenamente compartido por el historiador Friedrich Meinecke, quien, desde el otro extremo del espectro político, escribió ya en la posguerra: «Todas las fracturas que habían existido entonces entre el pueblo alemán, ya fuera en el seno de la propia burguesía o entre la burguesía y la clase trabajadora, se curaron de pronto al enfrentarse a un peligro común».[2]

Aunque en los años recientes diversos expertos han sometido a revisión y han contextualizado el entusiasmo con que los alemanes acogieron la guerra en el verano de 1914,[3] pervive el hecho de que, con el estallido de las hostilidades, aquel mes de agosto, muchas personas notaron un sentimiento de unificación. Esta nueva cohesión queda resumida en la famosa frase que el káiser Guillermo pronunció aquel mismo mes: «Ya no veo partidos [políticos]; ahora solo veo alemanes».[4] Son palabras que hoy en día quizá nos dejen fríos, pero en su momento tuvieron un poder electrizante. Recordemos que Alemania no se había unificado hasta 1871 —por lo que cuando se inició la Gran Guerra no habían pasado ni siquiera cincuenta años— y que incluso después de la Unificación el país seguía siendo una federación de veinticinco estados distintos. Todos ellos reconocían la soberanía del káiser, pero al mismo tiempo protegían celosamente su independencia en el seno de la federación alemana. Baviera, por ejemplo, seguía contando con un ejército y un monarca propios.

Lo que el káiser estaba proclamando en agosto de 1914 era un sentimiento nacionalista de «germanidad». Resultaba especialmente atractivo porque en su modernización durante el siglo XIX, el país había experimentado una transformación enorme de carácter no solo político, sino también económico y cultural. Todos estos cambios plantearon a su estela una pregunta general: ¿qué significaba exactamente ser *alemán*, en lugar de bávaro, prusiano o hesiense? El káiser intentó darle respuesta: no importaba a qué partido político pertenecía uno, o de qué estado federal procedía; lo esencial era la germanidad, el hecho de que uno era alemán por encima de todo. Ser alemán significaba que uno debía combatir por el honor de Alemania.

En aquellos años, Emil Klein era todavía solo un escolar; con el paso del tiempo sería un adepto ferviente del nazismo. En su recuerdo, «sentíamos siempre una gran alegría cuando un tren especial, cargado de soldados con sus uniformes de campaña, partía de la estación. Yo estaba allí a menudo, para ver cómo se marchaban; en especial cuando mi padre se fue a la guerra [...] Nos educaron como nacionalistas». Cuando él y los demás alumnos salían a realizar las clases de gimnasia, en filas ordenadas, entonaban «canciones patrióticas» tales como *O Deutschland hoch in Ehren* («Oh, Alemania, la muy honorable»).[5]

Ernst Jünger, un escritor que despertó gran admiración en el movimiento nazi, se unió al ejército en agosto de 1914, cuando contaba diecinueve años. «Al haber crecido en una era de seguridad —escribió—, compartíamos las ansias de peligro, el deseo de experimentar algo extraordinario. La guerra nos embelesó. La iniciamos bajo una lluvia de flores, en una atmósfera ebria de sangre y rosas. No nos cabía duda de que la guerra nos proporcionaría lo que ansiábamos: lo magnífico, lo extasiador, la experiencia sagrada».[6]

Podemos leer sentimientos similares en un joven de veinticinco años que se dedicaba a pintar imágenes para los turistas y, en aquel mes de agosto, estaba viviendo en Múnich: Adolf Hitler. Había nacido en Austria, pero se apresuró a unirse a un regimiento bávaro porque se consideraba alemán. «En aquellas horas me pareció liberarme de los dolorosos sentimientos de mi juventud —escribiría diez años más tarde—. Incluso hoy en día me avergüenza decir que, abrumado por un entusiasmo tormentoso, caí de rodillas y di gracias al Cielo, con el corazón desbordado de emoción, por haberme concedido la buena fortuna de permitirme vivir aquella época. Había empezado la lucha por la libertad, la batalla más poderosa que el planeta había visto nunca». A juicio de Hitler estaba en juego una cuestión épica, la de «si la nación alemana perviviría o no».[7]

En la Oficina de Guerra de Berlín, justo antes de que el conflicto se iniciara, imperaba un estado de ánimo optimista. El agregado militar de Baviera veía «caras sonrientes por todas partes, apretones de manos en los pasillos; uno se felicita por haber saltado el obstáculo [haber decidido ir a la guerra]».[8]

Hoy todo esto nos parece increíble, pero es así porque nosotros sabemos qué sucedió a continuación: cuatro años de guerra que costaron la vida de unos diez millones de soldados (dos millones, alemanes). Los líderes de Alemania, por supuesto, habían previsto un resultado muy distinto. El Alto Mando había planeado una campaña rápida, de acuerdo con un lema de Federico el Grande, que afirmó que Prusia debía librar guerras «breves y ágiles». Se aspiraba a derrotar al enemigo en el plazo de, a poder ser, unas semanas; a lo sumo, unos meses; en ningún caso se previó un conflicto debilitador de cuatro años de duración. En los tiempos de Federico el Grande, Prusia nunca dispuso de los recursos necesarios para emprender esa clase de guerra; tampoco la Alemania del káiser Guillermo II, que estaba emparedada por sus enemigos, al este y al oeste.[9]

En un principio, el optimismo de los alemanes pareció justificado, puesto que el ejército alemán se impuso en la que se conoce como Batalla de las Fronteras, la primera gran colisión del frente occidental. Pero esta serie de batallas, libradas en el sur de Bélgica y el nordeste de Francia en agosto y los primeros días de septiembre, también puso de manifiesto —con una inmediatez asombrosa— que esta guerra sería de una índole nueva. En Morhange el ejército francés entró en combate portando aún el uniforme tradicional, de pantalones rojos y guerreras azules; los alemanes los barrieron, como blancos fáciles. Fue una lección sangrienta que puso de relieve la necesidad del camuflaje en los conflictos modernos.

Ernst Röhm, quien más adelante lideraría la sección de asalto de los nazis (Sturmabteilung o, en sus siglas, SA), luchó en la Batalla de las Fronteras siendo un teniente de veintiséis años. En la posguerra escribió que, antes de entrar en combate, «todo el regimiento estaba poseído por la alegría y el entusiasmo».[10] Sin embargo Röhm fue testigo directo de cómo aquella «alegría y entusiasmo» inicial de los soldados se enfriaba de golpe ante la potencia devastadora del armamento moderno. Recordaba que fue una batalla «espantosa» en la que «una infantería muy superior y la artillería de las ametralladoras» les impedía moverse.[11] Aunque la victoria acabó correspondiendo a su bando, el regimiento sufrió unas «bajas terribles».[12]

Pese a todo, los alemanes siguieron presionando y obligaron a los Aliados a retirarse al interior de Francia. El 27 de agosto un informe del GHQ (siglas del Gran Cuartel General, mando supremo de las fuerzas armadas alemanas) sostenía que el enemigo había emprendido «una retirada colectiva [y era] incapaz de ofrecer una resistencia seria ante el avance alemán».[13] El 1 de septiembre había soldados del ejército alemán a unos 50 kilómetros de París. Este fue el momento de mayor éxito de la ofensiva alemana. A los pocos días, la guerra cambió su curso global por completo.

Las fuerzas francesas y británicas lograron organizar un contraataque poderoso aprovechando que las líneas alemanas estaban demasiado extendidas. Fue la que se conoció como Primera Batalla del Marne. En apenas unos días obligaron a los alemanes a retirarse a posiciones de más fácil defensa. París se había salvado y en el frente occidental se fue dando paso a un nuevo tipo de conflicto: la guerra de trincheras.

Fue el principio de una guerra que los alemanes y sus aliados eran del todo incapaces de ganar. No era el conflicto «breve y ágil» que deseaban, sino una batalla prolongada y estática que exigía una ingente reserva de recursos, de la que carecían. Sin embargo, la prensa alemana no explicó lo que estaba sucediendo en realidad. Los hechos demoledores de la Primera Batalla del Marne se describieron como un revés sin particular importancia: un simple cambio de posición, una modificación táctica.[14] Fue uno de los primeros ejemplos de la insinceridad que caracterizó la cobertura oficial de la guerra en Alemania; una insinceridad que acarreó enormes consecuencias psicológicas. Los verdaderos culpables de las dificultades a las que se enfrentaba desde entonces el ejército alemán —los líderes militares que habían cometido un error de cálculo fundamental— se escondieron detrás de una lluvia de mentiras; luego estas mentiras ayudaron a los teóricos conspiranoicos a vender toda clase de fantasías.

Resulta irónico —dado que la primera guerra mundial todavía se supone que fue, según la concepción pública mayoritaria, un conflicto carente de novedades e imaginación— que aquellos primeros meses de enfrentamiento representaran también una revolución bélica. Se había acumulado una serie de desarrollos que alteró para siempre la forma en que se combatía. El primero de los cambios —el que Ernst Röhm percibió en la Batalla de las Fronteras— fue el poder aterrador del armamento moderno: muy en especial, las ametralladoras y la artillería avanzada. A ello se añadió el uso de las alambradas para proteger las posiciones defensivas, así como de teléfonos y radios para mejorar la comunicación. Por último, la disponibilidad de alimentos enlatados supuso que millones de soldados podían permanecer varios años luchando en el mismo sitio.[15]

Todas estas innovaciones favorecían más a los defensores que a los atacantes. El efecto que se acumulaba sobre el soldado al que se ordenaba avanzar era horrendo. Adolf Hitler, en una carta que envió desde el frente a un conocido muniqués, se esforzó por transmitir cómo era aquella nueva clase de guerra: «Al final tronó la orden: "¡Adelante!". Salimos en tropel y atravesamos raudos los campos hasta una pequeña granja. A izquierda y derecha explotaba la metralla y entre medio las balas inglesas pasaban cantando sin que nosotros les prestáramos atención. Estuvimos allí tendidos durante diez minutos y luego nos ordenaron avanzar de nuevo [...] Nos arrastramos panza abajo hasta el extremo de la zona boscosa. Por encima de nosotros los proyectiles silbaban y aullaban, hacían astillas los troncos, hacían volar las ramas. Y volvieron a caer granadas entre los árboles, que lanzaban nubes de piedras, tierra y raíces y lo envolvían todo en un vapor amarillo-verdoso, hediondo, vomitivo».[16]

En 1941, en una conversación privada, Hitler habló sobre la lección que había aprendido en aquella experiencia: «Cuando tomé el camino del frente, en 1914, lo hice con sentimientos de puro idealismo. Luego vi caer en torno de mí a los hombres por miles. Con ello aprendí que la vida es una lucha cruel cuyo único objeto es la preservación de la especie. Cualquier individuo puede desaparecer siempre que haya otros hombres que ocupen su lugar».[17]

Ernst Röhm, como Hitler, entendió el auténtico horror que había supuesto la guerra en el frente occidental. De hecho, la experiencia de Röhm fue peor aún. Poco después de la Batalla de las Fronteras, mientras dormía, «recibí [de pronto] un golpetazo en la cara [...] Me toqué la cabeza y comprobé que sangraba; resultó que una astilla de un proyectil me había arrancado la parte superior de la nariz. Me había abierto una herida profunda en plena cara y no había manera de contener la hemorragia...».[18] Los médicos lograron salvarle la vida, pero apenas pudieron hacer nada por la estética facial. Hasta el final de sus días Röhm exhibió una cara desfigurada por el recordatorio de aquella noche.

Las características de la cicatriz de Röhm simbolizaban una dimensión nueva y perturbadora de la guerra moderna, una dimensión de efectos psicológicos duraderos. Había resultado herido por un asaltante que, probablemente, estaba a varios kilómetros de distancia. Esto hacía del campo de batalla un lugar más sangriento que en el pasado. Según escribió Dave Grossman en su influyente análisis *Matar: el coste psicológico de aprender a matar en la guerra y en la sociedad*, a la mayoría de los seres humanos les resulta difícil matar a otra persona cara a cara. Según cierto estudio, durante la segunda guerra mundial muchos soldados estadounidenses habían sido incapaces de matar con los rifles, cuando veían a las víctimas.[19] Para incrementar el número de muertes a corta distancia fue necesario introducir cambios radicales en la instrucción de combate, ya durante la posguerra. Por eso la artillería es un arma tan poderosa y efectiva: no solo se mata desde la lejanía, sino que se funciona como parte de un equipo; con lo que la responsabilidad de las muertes es compartida. Debe destacarse —según apunta Grossman— que Napoleón fue un partidario claro de la artillería y siempre deseaba contar, en el campo de batalla, con más artillería que el enemigo.[20]

Muchos de los hombres que alcanzarían posiciones destacadas en el seno del movimiento nazi estaban combatiendo por entonces en aquellas condiciones letales. Además de Hitler y Röhm también estaban allí Hermann Göring, que hacia el final de la guerra era el comandante, muy condecorado, del escuadrón del barón Von Richthofen; Rudolf Hess, que luchó en la Batalla de Verdún, y que se convertiría en segundo del Führer, acabada la guerra; Julius Streicher, que demostró su valor entre el fuego del frente occidental y más adelante fue uno de los antisemitas más virulentos del nazismo;[21] y Rudolf Höss, en aquel momento el suboficial más joven del ejército alemán, y apenas veinte años más tarde, el comandante de Auschwitz.

Todos ellos —y los demás que sirvieron en el frente— fueron testigos de una carnicería extraordinariamente espantosa; tan espantosa que desde el presente resulta difícil comprender del todo cómo debió de ser su experiencia. Pensemos por ejemplo en el gigantesco monumento erigido en Thiepval, dedicado a los soldados británicos y sudafricanos que combatieron en el Somme. Conmemora a los más de 70.000 soldados «desaparecidos», cuyos restos no se sabe dónde descansan. Cabría preguntarse cómo pueden «desaparecer» más de 70.000 personas; la respuesta es que la mayoría de cuantos fallecieron combatiendo en el frente occidental lo hicieron por efecto de la artillería, que los avances tecnológicos habían convertido en tremendamente letal: sufrir el impacto directo de un explosivo de gran potencia equivalía a ser atropellado por un tren lanzado a toda velocidad. Uno «desaparece» porque se desintegra.

No solo los futuros nazis fueron testigos de todo esto durante la primera guerra mundial; también los futuros pacifistas, comunistas y socialistas. Pues ni todos los alemanes acogieron la guerra con alegría, ni todos los que prestaron servicio en el ejército alemán se afiliaron luego

—ni de lejos— al nazismo. Erich Maria Remarque, por ejemplo, tan solo sirvió unas pocas semanas en la primera línea del frente, en el verano de 1917, antes de resultar herido por la metralla; pero esta experiencia no solo puso fin a su participación en la guerra, sino que le cambió la vida. La novela que escribió años más tarde sobre el conflicto, *Sin novedad en el frente*, se convirtió en un superventas mundial. Remarque sentía que formaba parte de una generación destrozada por la guerra.[22] La novela detallaba las experiencias de un personaje llamado Paul Bäumer, que describía cómo la vida en el frente occidental los había convertido, a él y sus camaradas, en criaturas sin humanidad.[23] El horror del hospital de campaña lleva a Bäumer —rodeado de muertos y moribundos— a concluir que la vida es absurda.[24] Acaba perdiendo la esperanza en el futuro y temiendo que, después de aquella experiencia devastadora, la posguerra ya no podrá ofrecerles nada.[25]

Los nazis odiaban *Sin novedad en el frente*, que se publicó en 1929. Despreciaban a Remarque porque pensaba que el sufrimiento de la guerra había sido inútil. Su perspectiva distaba un mundo del modo en que, más adelante, el Partido Nazi pidió a los alemanes que vieran aquel conflicto. Aunque Hitler viera la vida como una «lucha cruel», sin embargo, creía que morir por la nación era un acto de nobleza; la visión nihilista de Remarque le resultaba abominable.

Otro de los soldados, Ernst Jünger, describió la guerra de un modo que sí complacía los nazis. Durante su servicio en el frente occidental, su experiencia emocional fue del todo distinta a la de Remarque. En sus memorias literarias de lo vivido, *Tempestades de acero*, Jünger proyecta una imagen de sí mismo como líder valeroso y firme: un guerrero capaz de inspirar a sus hombres a permanecer en sus puestos por la bravura que él mismo exhibía. «Lo que me ayudó a defender mis ideas fue el hecho de que yo mismo corría un peligro extremo».[26]

Mientras una lluvia de proyectiles estallaba con furia a su alrededor, Jünger vivió algo parecido a un despertar espiritual. Vio a sus hombres «petrificados e inmóviles» y «luego, a la luz de una bengala, vi los cascos de acero, uno junto a otro, vi las hojas relucientes, una junto a otra, y me sentí superado por un sentimiento de invulnerabilidad. Quizá nos aplastarían, pero en todo caso, no nos conquistarían».[27]

Ofreció un relato conmovedor y del todo opuesto a la visión de Remarque, de unos salvajes peleándose brutalmente entre el fango. Aun así, resulta fascinante que la escritura descriptiva de los dos se parece mucho, puesto que tanto Jünger como Remarque retrataron con vivacidad la pesadilla de la guerra de trincheras. ¿Cómo puede ser que la experiencia de esta guerra provocara en un autor una desesperación nihilista, y en el otro, dignidad y coraje?

La primera respuesta, por supuesto, es que ambos procedían de entornos muy diferentes. Jünger vivió entusiasmado por la aventura desde la infancia; en la adolescencia huyó para sumarse a la Legión Extranjera, aunque luego comprendió que se había equivocado y escapó. En cambio, Remarque era un joven aficionado a la lectura y de carácter más bien pesimista. Más adelante confesó que «en mi juventud, que fue desconsolada, jugueteé con pensamientos suicidas».[28] El respectivo origen familiar tampoco se asemejaba. Remarque procedía de unas circunstancias humildes, y Jünger, de una familia acomodada, además de ser miembro de un movimiento juvenil romántico, el Wandervogel. Hay que señalar asimismo diferencias temporales. Jünger se sumó al ejército alemán durante la fase inicial, de entusiasmo bélico, en el verano de 1914; Remarque era tres años menor y lo reclutaron en 1917. Según rememoró más tarde el dramaturgo alemán Carl Zuckmayer, que también combatió en la primera guerra mundial: «Llama la atención con qué rapidez, en tiempos como esos, se desarrolla una distancia entre las generaciones y se abre una brecha muy profunda entre grupos a los que tan solo separan uno o dos años de edad». Cuando se reclutó a Remarque, «el avance inicial había degenerado, convirtiéndose en una guerra de desgaste, en una masacre colectiva sistemática y universal»;[29] y por entonces este nuevo carácter ya resultaba del todo evidente.

Más de diez años después de que la Gran Guerra terminara, el propagandista nazi Joseph Goebbels generó una publicidad enorme anunciando por un lado su desdén por *Sin novedad en el frente* y por el otro su admiración por los escritos bélicos de Jünger. Estaba librando una batalla por la memoria cultural de la nación, batalla que los nazis estaban resueltos a ganar. Los futuros soldados alemanes debían ir a la guerra imbuidos por la visión de Jünger, no por la de Remarque.[30]

Sin embargo, los propagandistas nazis topaban con una dificultad clara: a medida que la primera guerra mundial avanzó, la realidad del conflicto se fue asemejando cada vez más a la que se describía en la novela de Remarque. Muy pronto, en enero de 1915, ya se impuso en Alemania el racionamiento del pan; y no tardó mucho en iniciarse también la búsqueda de cabezas de turco. Como la prensa alemana se atenía a las directrices ofrecidas por los militares —que negaban que el Estado Mayor General hubiera cometido error alguno—, había que buscar otros culpables de lo que estaba sucediendo.

En una carta de 1915, Hitler apunta vagamente qué opinión se estaba formando él: «confiamos en que los que de entre nosotros tengan la buena fortuna de volver a ver la patria la encontrarán más pura, más purgada de la influencia extranjera».[31] No queda especialmente claro a qué se refería Hitler con lo que hemos traducido aquí como «influencia extranjera» (valdrían asimismo las expresiones despectivas «purgada de extranjerías» o «de extranjerismos»; en el original, *Fremdländerei*). Se ha sugerido que se refería a la influencia checoslovaca sobre Viena o Linz, pero a juicio del mayor experto mundial en Hitler, es improbable que la palabra no incluyera asimismo a los judíos. Independientemente de a qué se refiriera Hitler, es obvio que, al igual que muchos de sus camaradas del frente, estaba buscando cabezas de turco.[32]

Los judíos, como es bien sabido, han sido utilizados como cabezas de turco durante más de dos mil años. Y en este punto se intentó de nuevo culparlos de los errores de otros. En 1916 el ministro de la Guerra del estado de Prusia afirmó que muchísima gente perteneciente a la «mayoría de la población» le escribía «sin descanso» para lamentar que los judíos se escaqueaban de combatir en el frente. En consecuencia, se organizó un censo para averiguar con exactitud cuántos judíos prestaban servicio en las fuerzas armadas. El resultado del recuento nunca se dio a conocer en público, y apenas caben dudas de que fue así porque el resultado demostraba que los judíos no eludían el servicio armado. Lo cierto es que los judíos alemanes, en porcentaje, aportaban más de lo que les habría correspondido.[33]

La investigación psicológica más reciente revela que este intento de hallar cabezas de turco encaja con un modelo típico. La profesora Karen Douglas, experta en psicología social, cree que como en su mayoría los teóricos conspiranoicos están «buscando a quién culpar», la idea de que «tal gente está moviendo los hilos entre bambalinas» les ayuda a lidiar con sus «sentimientos de inutilidad y desilusión». Los estudios sugieren que «en ocasiones la gente da crédito a las teorías conspiranoicas sobre otros grupos como una forma de proteger o ampliar el propio grupo. Quienes son más narcisistas con respecto a los grupos a los que pertenecen es más probable que tiendan a dar crédito a las teorías conspiranoicas referidas a otros grupos».[34] El Alto Mando alemán, desde luego, manifestó un «narcisismo» muy considerable. Creían ser los militares más excelsos del mundo y, por lo tanto, si estaban perdiendo la guerra... En fin, si la estaban perdiendo, tenía que ser por culpa de otros.

También existe un posible lazo de unión entre las teorías conspiranoicas y la evolución del lenguaje. El profesor Robin Dunbar, que es psicólogo evolutivo, cree posible que el lenguaje evolucionara para que los seres humanos pudieran chismorrear.[35] De un modo similar a como nuestros ancestros simiescos usaban el aseo mutuo para establecer y mantener conexiones sociales, los seres humanos habrían desarrollado el lenguaje para crear vínculos, al conversar sobre temas como quién está saliendo con quién, quién está engañando a la esposa o cuál es la explicación real de las últimas acciones del líder.[36] Con esta hipótesis como punto de partida —aunque esta asociación es mía, no del profesor Dunbar—, cabría considerar que las teorías de la conspiración son el chismorreo sumo, al fundarse en secretos que los otros intentan esconder. Es posible, por lo tanto, que desde el punto de vista de la evolución tendamos a encontrar atractivas las teorías sobre conspiraciones.

El momento en el que se realizó aquel censo —1916— también puso de relieve una faceta del antisemitismo que se olvida a menudo: evidenció que el antisemitismo puede estar latente durante muchos años para emerger con intensidad renovada durante una crisis. Anteriormente, los judíos se habían beneficiado del proceso de unificación de Alemania, culminado en 1871. Hasta entonces habían sido objeto de diversas prohibiciones —por ejemplo, se les impedía acceder a determinadas profesiones—, pero luego se retiraron diversas restricciones.

Antes de la primera guerra mundial, el antisemitismo no era extraño en Alemania, pero distaba mucho de ser universal. En su mayoría, los alemanes no votaban por los partidos políticos que defendían medidas abiertamente antisemitas. Antes al contrario, muchos judíos de la Europa del Este huyeron a este país a buscar refugio en la seguridad relativa de la que gozaban en el país germano, comparada con la persecución que padecían en otros lugares.[37] Pese a todo en Alemania había grupos —sobre todo, entre quienes se hacían llamar *völkisch*— que culpaban a los judíos, al menos en parte, de los cambios inmensos que su país había vivido durante el proceso de modernización, en el siglo XIX y principios del XX. Estos grupos *völkisch* se complacían en cantar la belleza de los bosques y las cualidades casi espirituales de los campesinos y granjeros. Desde esta perspectiva, los judíos les parecían la antítesis de tal ideal bucólico;[38] pues los judíos alemanes no solían desarrollar vidas rurales, sino que tendían a establecerse en las ciudades y trabajar en el comercio. Esto era aún herencia de las antiguas restricciones aplicadas a las profesiones que podían desempeñar.

Así las cosas, cuando algunos judíos no se adecuaban a este estereotipo urbano, algunos antisemitas reaccionaban confundidos. El judío alemán Eugene Leviné recordaba que, acabada la primera guerra mundial, estaba en el compartimento de un tren, volviendo de una travesía senderista emprendida con varios amigos también judíos; y otro viajero se puso «a insultar a los judíos. Con lo que le dijimos: "Pero mire, señor, si nosotros somos todos judíos...". A lo que él respondió con una risotada: "A la fe que usted se piensa, joven, que la gente de campo somos todos unos pamplinas. Porque está muy claro que ustedes son todos juventud alemana, deportiva y amable y de vida sana. ¡Como que me voy a creer yo que son judíos!". Y lo decía en serio».[39]

En febrero de 1917, en San Petersburgo, unos acontecimientos dramáticos iniciaron una cadena causal que reforzó la aberrante concepción antisemita de que los judíos eran los culpables de los males de Alemania. Tras un levantamiento de obreros que protestaban por la escasez de alimentos, la crisis no tardó en agravarse y al poco tiempo, a principios de marzo, los revolucionarios obligaron al zar a abdicar, con el apoyo de soldados rusos. La celeridad con la que cayó la casa de los Románov fue un aviso general para las monarquías de Europa.

El Gobierno Provisional que sustituyó al zar se mantuvo en la guerra contra los alemanes y los Aliados. Esto supuso un error colosal; no solo porque la nueva ofensiva rusa —en Galitzia, en el verano de 1917— se saldó con un fracaso, sino porque Vladímir Lenin y los bolcheviques estaban fomentando la revolución en el frente nacional y el amotinamiento en las fuerzas armadas. Pocos meses más tarde, en noviembre de 1917, los bolcheviques lograron hacerse con el poder a costa del Gobierno Provisional.

Aquí surgió una teoría conspiranoica según la cual los judíos estaban detrás del bolchevismo. Algunos líderes bolcheviques —en particular León Trotski— eran en efecto de origen judío; lo mismo se decía de Karl Marx, el teórico que había servido de base a la revolución. Pero la idea de que la revolución de noviembre de 1917 había sido impulsada o controlada por «los judíos» era del todo absurda. En realidad, los judíos representaban una minoría entre los líderes del bolchevismo; en cuanto a Karl Marx, aunque tenía ascendencia judía, había sido bautizado por su familia como luterano. Sea como fuere —y según sucede igualmente en nuestros días—, a los teóricos de las conspiraciones los hechos les importaban un pito; la mentira de que los judíos controlaban el bolchevismo acabó por convertirse en un componente central del pensamiento nazi.

Con el afán por asegurarse el triunfo de la revolución, Lenin optó por poner fin de inmediato a la participación de Rusia en la contienda. En diciembre de 1917 el nuevo régimen ruso suscribió un armisticio con Alemania y sus aliados (las Potencias Centrales, según se las denominaba de forma colectiva) e inició conversaciones de paz en la ciudad de Brest-Litovsk, que distaba menos de doscientos kilómetros de Varsovia por el este.

De forma simultánea, las Potencias Centrales vivieron un recordatorio de que, en sus propios frentes nacionales, el apoyo al gobierno se estaba fracturando. Durante el invierno de 1917-1918 se produjo una serie de huelgas, primero en Viena y Budapest, luego en Berlín. Parecía que la exigencia de «paz y pan» que había contribuido a encender la mecha de la Revolución rusa se estaba propagando hacia el oeste. Años más tarde, los líderes nazis no olvidaron que el hambre había minado la voluntad de los alemanes durante la primera guerra mundial, y tomaron la determinación de que en ningún caso ocurriera lo mismo durante la segunda.[40]

Desde la perspectiva de León Trotski, las huelgas de 1918 eran la prueba de que la revolución se estaba extendiendo por Europa. Sostuvo que el «proletariado internacional» se alzaría en armas si «el imperialismo alemán intenta quebrantar la revuelta mediante su maquinaria militar».[41]

Se equivocaba: las fuerzas de seguridad alemanas lograron sofocar la huelga berlinesa de enero de 1918, y el 9 de febrero las Potencias Centrales firmaron un tratado de paz con Ucrania. A cambio de un millón de toneladas de pan anuales, los alemanes y sus aliados darían reconocimiento a la independencia de Ucrania. Esto representaba una clara provocación contra el nuevo régimen bolchevique, puesto que hasta entonces Ucrania había formado parte del Imperio ruso.

La guerra en el Este —que estuvo en pausa mientras hubo negociaciones— entró de nuevo en erupción. Cerca de un millón de soldados de las Potencias Centrales entraron en Letonia, Estonia, Bielorrusia y

Ucrania. Las fuerzas rusas carecían tanto del poder como de la motivación necesaria para detenerlos, y en marzo las Potencias Centrales habían tomado Kiev.

Lenin estaba aún más ansioso por salir de la guerra. Sabía que una de las razones del derrocamiento del zar había sido la presencia en San Petersburgo de soldados reclutados a la fuerza que se negaban a marcharse al frente. De ello derivó una consecuencia muy simple: debía huir de la contienda, costara lo que costase. Una paz humillante sería preferible a mantener los combates. La desesperación con la que los bolcheviques buscaban concluir un tratado no pasó por alto a los negociadores. El teniente coronel Pokorny, del Estado Mayor General de Austria-Hungría, comentó que «para el gobierno de Lenin, el acuerdo de paz parece ser una cuestión de vida o muerte».[42]

Pero el tratado que los bolcheviques firmaron con las Potencias Centrales iba mucho más allá de la simple humillación. Representó uno de los acuerdos más draconianos y unilaterales de la historia. Según las condiciones del Tratado de Brest-Litovsk, suscrito el 3 de marzo de 1918, los rusos renunciaban a un tercio de la población de antes de la guerra y casi al 90 % del carbón. Se concedió la «independencia» a toda una serie de territorios controlados anteriormente por los rusos, como Finlandia, Lituania y Ucrania. Pero, en muchos de estos lugares, la supuesta «independencia» se tradujo en la presencia de soldados alemanes.[43]

Aunque el acuerdo en su conjunto fue desmantelado por los Aliados una vez concluida la primera guerra mundial —por lo que Alemania perdió todo el territorio ganado—, sin embargo, persistía el hecho de que el Tratado de Brest-Litovsk había demostrado que se podía obligar a los rusos a aceptar un acuerdo que los privara de recursos preciosos. Cuando Hitler decidió invadir este mismo territorio durante la segunda guerra mundial, los alemanes tenían presente aquel momento histórico crucial. Según escribió el historiador Golo Mann: «Se ha dicho de Brest-Litovsk que es "la Paz olvidada", pero los alemanes no la han olvidado. Saben que derrotaron a Rusia y a veces contemplan esa victoria con orgullo, como el gran logro de la guerra europea, real, aunque no consolidado».[44]

Pero si en el Este las Potencias Centrales habían ganado terreno de una forma espectacular, en el oeste la situación se estaba deteriorando. Estados Unidos había declarado la guerra a Alemania en abril de 1917 y seis meses después ya había soldados estadounidenses en combate. En el frente nacional alemán la escasez era aún más dramática y la población estaba muy irritada. En mayo de 1918, en Ingolstadt (Baviera), estallaron protestas cuando un inválido se manifestó en la calle en contra de la guerra y la policía replicó dándole una paliza.

Alois Pfaller participó en la manifestación de Ingolstadt, aun siendo tan solo un chiquillo. Lo recordaba así: «Había un gentío enorme. Yo venía del campo [y] nunca había vivido algo parecido [...] Al lado del Ayuntamiento [...] había miles de ciudadanos y de soldados, delante de la comisaría, para exigir [que saliera] el policía que se decía que había apaleado al inválido de guerra [...] Gritaban, cada vez más, pero él no se movía, no salía. Entonces un soldado cogió una piedra y me dijo: "Dale, vamos a romper una ventana y entonces quizá salga". La verdad es que no me lo tuvo que decir dos veces [...] Era divertido, que te permitieran romper una ventana. ¡Así que lo hice, a fe que lo hice! ¡Y entonces se animó la cosa! En cuanto uno de los cristales saltó hecho pedazos, todos se pusieron a buscar piedras para reventar las ventanas».[45]

Al final, la muchedumbre logró entrar en el Ayuntamiento y destrozar el interior. «Yo para entonces ya me había marchado —rememoraba Pfaller—. Era demasiado para mí. Tenía miedo y puse pies en polvorosa [...] Para una primera vez, ya había tenido bastante. Me parecía demasiado arriesgado». Pero nunca echó en olvido que los soldados destacados en la ciudad «querían parar la guerra» y «todos gritaban: "¡Queremos la paz! ¡Queremos la paz!"». Desde la perspectiva de Pfaller era un ejemplo de cómo la gente corriente puede levantarse en contra de la opresión. Se sintió inspirado por la protesta y más adelante se incorporó al Partido Comunista de Alemania.

Mientras en Ingolstadt los manifestantes campaban con furia, en el frente occidental los alemanes habían emprendido una ofensiva desesperada. El Alto Mando era consciente de que, para acabar con la guerra, era imprescindible actuar con radicalidad; y optó por la «ofensiva Ludendorff», con la intención de obligar a los Aliados a retirarse hacia el canal de la Mancha. Era un ataque a por todas, con tropas de asalto formadas especialmente que cargaron contra la línea de los Aliados bajo la protección de una intensa lluvia de artillería que les caía justo por delante.

Al principio los alemanes ganaron mucho terreno. A finales de marzo de 1918, Alfred Hugenberg —a la sazón presidente del gigantesco conglomerado acerero de Krupp, más adelante miembro del gabinete de Hitler— envió un mensaje efusivo al mariscal de campo Hindenburg: «Quienes con timidez habían puesto en duda la victoria alemana, y quienes nunca habían creído en ella, la ven ahora ante sus ojos como una posibilidad realizable».[46]

A finales de mayo parecía que París quizá no tardaría en verse de nuevo amenazada. «Es una maravilla ver la expresión que se dibuja ahora en la cara de nuestros valerosos regimientos, cuando avanzan en su asalto —escribió el teniente alemán Herbert Sulzbach—. Pues casi se echan a reír de la alegría y no ven otra cosa que no sea la victoria. ¡Ojalá pudierais verlos desde casa!».[47] El capitán Fritz Matthaei, que estaba al mando de un batallón de la 36.ª División, también estaba extasiado: «En todas partes había gozo por la batalla, había entusiasmo por combatir —escribió en una carta para la familia—. La victoria llamaba desde todos los rincones; los prisioneros y el botín pasaban en hilera; el sol de mayo brillaba sonriendo por nuestros éxitos. Los días de 1914 parecían haber vuelto».[48] Y en cierto sentido, era verdaderamente como en 1914: puesto que, así como las victorias del inicio habían sido un amanecer sin continuidad, lo mismo ocurrió con la ofensiva de Ludendorff. Seis meses más tarde Alemania perdió la guerra.

Dado el clima de optimismo de mayo de 1918, muchos alemanes buscaron explicar el catastrófico viraje de la fortuna mediante toda una serie de teorías conspiranoicas, que a menudo implicaban la fantasía de una traición organizada por los judíos y los políticos socialistas. Pero la verdadera razón de la derrota de Alemania era más prosaica. Aunque era cierto que el ejército alemán había ganado mucho terreno en la primavera de 1918, sin embargo, el coste había sido ingente: más de 680.000 perdieron la vida, cayeron heridos, fueron apresados o no se supo más de ellos.[49]

Herbert Richter, un soldado alemán que participó en la ofensiva del Marne de 1918, reconoció que, aunque su unidad «avanzaba bien» y «hacía muchos prisioneros», sin embargo «sufríamos bajas muy gravosas». Aunque él era un simple alférez, en cierta ocasión tuvo que ponerse al mando de una batería de artillería, después de que todos los otros oficiales de la unidad perecieran en combate: «Por suerte lo superé y luego nos ordenaron replegarnos por detrás del frente, para que pudiéramos recuperarnos». A Richter no le pasó por alto otro factor, aquel verano: los Aliados «estaban mejor equipados. Ellos tenían botas impermeables», mientras que Richter y sus camaradas «debíamos vadear por el fango» con un calzado muy poco adecuado.[50]

Aunque los Aliados también habían sufrido bajas, mandaba la diferencia de que, gracias a la llegada en aluvión de soldados estadounidenses, había reemplazos suficientes. Este desequilibrio colosal en los recursos fue una de las razones por las que Ferdinand Foch, el comandante supremo de las fuerzas Aliadas, se consideró en condiciones de decirles a los demás líderes de su coalición, el 24 de julio de 1918 —a través de un memorando que les leyó su jefe del Estado Mayor, Maxime Weygand—, que se había alcanzado un «punto de inflexión». «Ha llegado el momento de abandonar nuestra actitud general defensiva, obligada hasta aquí por la inferioridad numérica, y pasar a la ofensiva», dijo Weygand, haciéndose eco del punto de vista de Foch.[51]

Los alemanes recibieron tal paliza que tuvieron que someterse. Por medio de los tanques y los aviones, coordinados con bombardeos precisos de la artillería, los Aliados lograron abrir brechas en las líneas defensivas de un enemigo ya exhausto, al que fueron obligando, en los meses inmediatamente posteriores, a retirarse. A finales de septiembre de 1918, tanto el mariscal de campo Hindenburg como el general Ludendorff —en la práctica, los hombres más poderosos de Alemania— habían llegado a la conclusión de que la situación era insostenible. Tenían muy en cuenta lo que había ocurrido el año anterior en Rusia, donde las tropas desmotivadas habían ayudado a derrocar al régimen; querían evitar a toda costa que Alemania sufriera un destino similar. En consecuencia, le dijeron al káiser que no solo se necesitaba un armisticio inmediato, sino que había que apresurarse a demostrar a los Aliados —en especial, a los estadounidenses— que Alemania había adoptado un carácter más democrático.

En lo que respectaba a los propios Ludendorff y Hindenburg, tal estrategia rentaba beneficios adicionales, puesto que los distanciaba de la derrota. Ahora podían culpar de la debacle a la inepcia de los políticos, en lugar de aceptar ellos mismos su responsabilidad. Tal es el telón de fondo que explica que, a finales de septiembre, Ludendorff pronunciara ante su Estado Mayor las famosas palabras: «He aconsejado a Su Majestad que incorpore al gobierno a aquellos grupos a los que, a grandes rasgos, debemos agradecer el hecho de que las cosas hayan llegado al punto en el que hoy estamos [...] Y ahora que concluyan ellos la paz que hay que negociar. Que se tomen ellos el caldo que nos han estado preparando».[52]

Un elemento crucial del plan de hacer que los políticos «se tomaran el caldo» era seguir ocultando a la opinión pública alemana que el desastre era inminente; más aún, asegurarse de que la propaganda del ejército seguía difundiendo mentiras optimistas.[53] Esta argucia —concebida, obviamente, para calmar el estado de ánimo de la población alemana y proteger la reputación de los comandantes— tuvo un efecto devastador, a largo plazo. Supuso que, cuando el armisticio entró en vigor, en noviembre, mientras aún se combatía lejos de los centros del poder alemán, la noticia se recibiera con incredulidad. «No lo podíamos entender —recordaba Herbert Richter—, porque no nos parecía que nos hubieran derrotado, en ningún caso. En el frente las tropas no se sentían derrotadas y nos preguntamos por qué se firmó un armisticio tan acelerado y por qué debíamos abandonar nuestras posiciones a toda prisa, en un momento en que seguíamos en territorio enemigo. Todo aquello nos resultaba extraño».[54]

A finales de octubre y principios de noviembre de 1918, los acontecimientos se aceleraron. Los marinos de Wilhelmshaven se amotinaron cuando se les dio orden de zarpar para lo que consideraban un ataque fútil contra la Marina británica y las protestas no tardaron en expandirse a Kiel y otros lugares de Alemania. Muchos manifestantes se hacían eco de los revolucionarios rusos y, como estos el año anterior, reclamaban que su emperador abdicara.

Desde el cuartel general del ejército alemán en Spa, en Bélgica, el káiser declaró que, si se producía una revolución bolchevique, «yo me pondré al mando de unas pocas divisiones, avanzaré hasta Berlín y colgaré a quienquiera que cometa traición».[55] Sin embargo quienes lo rodeaban lo disuadieron de emprender aquella acción radical, en buena medida porque algunos generales dudaban de que el ejército estuviera dispuesto a seguir al emperador.

El general Wilhelm Groener propuso otra idea: «el káiser debe emprender el camino del frente, de inmediato, para entrar en combate hasta que pierda la vida».[56] A juicio de Groener, este sacrificio surtiría un efecto drástico en el modo en que los alemanes percibían la guerra. Pero el káiser no tenía intención de suicidarse y, por lo tanto, durante la tarde del 9 de noviembre abdicó de su cargo y huyó al exilio, a los Países Bajos.

Como era de prever, muchos se ofendieron con la expulsión del káiser. Ludwig Beck, que más adelante sería jefe del Estado Mayor General del ejército alemán, le escribió a su hermana: «Nunca en toda mi vida me había dolido tanto presenciar algo como los hechos de los que he sido testigo estos 9 y 10 de noviembre. Ha sido un abismo inimaginable de mezquindad, cobardía y falta de carácter, que hasta entonces no habría creído posible. En pocas horas se han hecho trizas quinientos años de historia. El emperador ha sido deportado a territorio neerlandés como si de un ladrón se tratara; ningún medio era lo suficientemente rápido; esto se le ha hecho a un hombre noble y de excelente moral». Vale la pena llamar la atención también sobre otras palabras de Beck: «nos han apuñalado por la espalda».[57] Esta expresión seguiría resonando muchos años.

Pero esta no fue la única respuesta. Algunos oficiales más jóvenes, como Ernst Jünger, consideraron que el káiser no había estado a la altura de su posición suprema, al no haberse sacrificado en combate. En 1922 Jünger escribió que «las incontables figuras que fueron a la muerte antes que el káiser bien pueden exigir la muerte de este».[58]

Fridolin von Spaun, que a sus dieciocho años aún no se había incorporado al ejército alemán, también se sintió desazonado por la decisión de huir del káiser: «Tuve que contemplar cómo las clases gobernantes de Alemania, es decir, la aristocracia, el emperador, los reyes y príncipes de los estados federados, desertaban sin que un golpe de Estado los obligara a hacerlo. Me parecía incomprensible que ninguno intentara oponer resistencia. ¿Por qué el príncipe heredero no entraba en Berlín con un ejército, aunque la guerra estuviera perdida? En su lugar, dejaron el caos». Spaun, que más adelante se uniría al Partido Nazi, llegó «a la conclusión de que las clases gobernantes de la era precedente ya no eran aptas para seguir gobernando. Fue una conclusión dolorosa, pero, para mí, de gran importancia».[59]

La imagen de un káiser que se escabullía para salvar el propio pellejo perduró como una mancha permanente en la reputación de la monarquía. Luego creó un contraste evidente entre el káiser —que durante la contienda estuvo a salvo, lejos de los combates, y después vivió con opulencia en el exilio— y el servicio que Hitler prestó como simple soldado en el frente, donde ganó una Cruz de Hierro por su valentía.

A pesar de la derrota, cuando los soldados volvieron a Alemania no se les trató como parte de un ejército humillado. Un periodista de *The Times* fue testigo de la «enorme muchedumbre» que acogió a los soldados en Berlín con una «calurosa recepción». El 10 de diciembre de 1918 el nuevo canciller, Friedrich Ebert, dijo ante las tropas que desfilaban por la Puerta de Brandemburgo: «Ningún enemigo os ha derrotado. Solo cedimos cuando la ventaja de nuestros enemigos en hombres y materiales se hizo aún más extrema, pues ante el heroísmo de vuestro coraje, era nuestro deber no exigiros más sacrificios en vano».[60]

No es difícil imaginar por qué Ebert predicó la falsedad de que el ejército alemán no había sido derrotado. Se corría el riesgo de que estallara una revolución y por lo tanto si manipular la verdad les servía para mantener la lealtad de los soldados..., bienvenida fuera la manipulación, pensaron. Pero al adoptarse este rumbo se alimentó también la otra mentira, aún más perniciosa, que fomentaban Ludwig Beck y otros: que el ejército que luchaba en el frente había sido «apuñalado por la espalda» por enemigos interiores situados lejos de los combates, en la propia Alemania.

Uno de los hombres más respetados del país adoptó esta misma teoría conspiranoica en 1919. El mariscal de campo Paul von Hindenburg había hecho cuanto había estado en su mano para escapar de la culpa que le correspondía por el curso desastroso que la guerra había tomado. La propaganda militar se había esforzado por describirlo como «el héroe de Tannenberg», en homenaje a la victoria que había dirigido en 1914, en el frente oriental. Pero de las derrotas posteriores apenas se hacía mención, a diferencia de este triunfo inicial.

En el marco de una audiencia pública, Hindenburg aprovechó para distanciarse aún más de la humillación sufrida por Alemania el año anterior. Afirmó que durante la guerra había procurado la «cooperación alegre u obligada» de los partidos políticos del país, pero que se había «topado con flaquezas e incapacidad». Citó aprobatoriamente las palabras de un «general inglés» que, según él, había reconocido que «al ejército alemán lo han apuñalado por la espalda». Así las cosas, concluyó, no se podía responsabilizar al ejército de lo ocurrido.[61]

Con estas palabras Hindenburg causó un daño descomunal a la psique de muchos alemanes. En el caos que imperaba después de la guerra, entre los millones de nacionalistas predominaba el ansia de que una figura de confianza les dijera la verdad. ¿Y en qué figura podía confiarse más que en el gran conquistador, en el héroe de Tannenberg? Ante este telón de fondo, supuestamente honorable, apenas cabe subestimar el papel de Hindenburg en la difusión de la mentira sobre la «puñalada por la espalda». Según escribió con especial perspicacia el periodista Theodor Wolff en noviembre de 1919: «La desafortunada teoría de los cabezas de turco no habría podido surgir si por otro lado no hubiera emergido la teoría de la infalibilidad», es decir: de que Hindenburg y Ludendorff no se habían equivocado en nada.[62]

Lo que es peor: según ha señalado la profesora Douglas, la investigación psicológica demuestra que «una vez que alguien cree en algo con gran fuerza, resulta muy difícil modificar esas creencias». Además «cuando alguien da crédito a una teoría conspiranoica, es más fácil que dé crédito a otras o se interese por ellas. Es una vorágine en la que uno puede acabar por perderse un poco».[63]

En enero de 1919, en el contexto de este clima enfebrecido, parecía que la revolución alemana podía triunfar. Hubo algaradas en las calles de Berlín, fomentadas por dos figuras clave de la izquierda: Karl Liebknecht y Rosa Luxemburgo. Liebknecht abogaba abiertamente por la revolución mundial. Fridolin von Spaun, que escuchó a Liebknecht tomar la palabra, quedó horrorizado: «Querían sumir a Alemania en el caos —recordaba—. Querían derribar el gobierno de Ebert. Yo llegué a la conclusión de que debíamos resistirnos a ese intento y desde entonces hice todo lo que estuvo en mi mano por oponerme».[64]

Poco después, en efecto, Spaun se sumó a un Freikorps («Cuerpo Libre»). Los Freikörper eran grupos de paramilitares de ultraderecha que se formaron después de la derrota en la guerra, a menudo a soldada del gobierno. Muchos de ellos confiaban en la futura creación de un «Tercer Reich». (Se entendía que el «Primer Imperio» o «Primer Reich» había sido el Sacro Imperio Romano, mientras que el segundo era el originado en la Unificación alemana y había durado hasta el final de la primera guerra mundial.) Para la mayoría, no obstante, la idea de un Tercer Imperio no tenía más equivalencia concreta que un concepto nebuloso sobre el renacimiento de Alemania. «Nada era más característico del espíritu asociativo de los *Oberländer* [los integrantes de nuestro Cuerpo Libre] que su idea del Tercer Reich —escribió un miembro del Freikorps Oberland—. Estos hombres soñaban profundamente con tales sueños de Misterio; un misterio que, cuando se intentaba definir con precisión, se corrompía inevitablemente como todo simple programa político concreto».[65] Los hombres de los Cuerpos Libres profesaban una lealtad absoluta a su comandante, con un acto que simbolizaba «la subordinación del individuo [...] a las necesidades de la nación entera».[66]

Los Freikörper interpretaron un papel crucial en la supresión del levantamiento de Berlín. El 15 de enero de 1919 se capturó y asesinó tanto a Luxemburgo como a Liebknecht. Ebert, al igual que Gustav Noske, que tan solo unas semanas antes había ayudado a aplastar la revolución de Kiel, no tuvo ningún inconveniente en utilizar a aquellos matones autónomos, además de a las tropas gubernamentales. Vale la pena destacar aquí que Ebert y Noske no eran políticos derechistas, sino miembros del Partido Socialdemócrata de Alemania (SPD, en sus siglas alemanas). En aquellos tiempos desesperados ni siquiera el centro-izquierda hacía ascos a los paramilitares de ultraderecha.

Cuatro días después de las muertes de Luxemburgo y Liebknecht, los votantes alemanes acudieron a las urnas para elegir los diputados de la nueva Asamblea Nacional. Fue un momento histórico en la política de Alemania: las primeras elecciones en las que las mujeres podían votar. Los resultados fueron inequívocos: el pueblo alemán deseaba un cambio. Una gran mayoría votó por partidos comprometidos tanto con la democracia como con la nueva Alemania.

Pero nada de esto significaba que el clima político se hubiera estabilizado. En Múnich, por ejemplo, se vivía una situación tensa. Un periodista socialista, Kurt Eisner, había logrado incitar a los soldados a la rebelión, aprovechando una manifestación del 7 de noviembre de 1918. Los acontecimientos se desarrollaron con una rapidez asombrosa, y en las primeras horas del día siguiente se proclamó la nueva república de Baviera. La familia real bávara —incluido el rey— abandonó la ciudad a toda prisa.

Ernst Röhm, que estaba viajando por Múnich aquel mes de noviembre, quedó horrorizado por lo sucedido. Le pareció que había sido «el más vergonzoso de los derrocamientos del sistema». En su autobiografía, que vio la luz en 1928, citó una serie de folletos que se había encargado de «redactar y distribuir» en febrero de 1919, donde expresaba «mi punto de vista del momento». Röhm reprendía en esas páginas a los soldados que habían participado en la revolución, diciéndoles que «en una hora en la que la Patria vivía en estado de suma necesidad, habéis traicionado a vuestro emperador y vuestro rey y habéis violado el juramento que prestasteis delante de Dios». El «espíritu» de los soldados había sido envenenado —añadía— por «canallas y judíos sobornables». «Ahora esos judíos y extranjeros os gobiernan», afirmaba Röhm, y junto con otros «traidores a nuestro país», habían «apuñalado por la espalda a nuestras valerosas tropas». Invocaba pues a los soldados a «¡... salvar el honor, restaurarlo, después de haber violado un juramento prestado formalmente delante de Dios!».[67]

Son los primeros pasos de una estrategia que los nazis utilizaron en los años por venir. En efecto, Hitler acogió en el partido a muchos miembros de las fuerzas armadas que anteriormente habían dado apoyo a los socialistas (e incluso a los comunistas), a condición de que reconocieran la «traición». De hecho llegó al punto de deformar la realidad y afirmar que, en los primeros años de la década de 1920, el «90 %» del Partido Nazi eran «izquierdistas».[68] La clave para posibilitar este cambio de lealtades, por supuesto, fue la teoría conspiranoica según la cual los izquierdistas habían sido manipulados por un núcleo de «judíos» y «traidores», a los que se tenía por los verdaderos instigadores del caos, por lo que a ellos nunca se los perdonaría.

Muchos otros grupos de la derecha, no solamente los nazis, también culparon a los judíos de lo que estaba sucediendo en Alemania. Un día después de que Kurt Eisner proclamara el «Estado Popular de Baviera», la Sociedad Thule —una organización *völkisch*— celebró en Múnich una asamblea en la que tomó la palabra su fundador, Rudolf von Sebottendorff. «¡Hermanos y hermanas! —empezó diciendo Sebottendorff—. Ayer fuimos testigos del hundimiento de todo lo que nos resultaba familiar, querido y digno. En el lugar de nuestros príncipes de la sangre, manda ahora nuestro enemigo mortal: Judea. Aún no sabemos qué emergerá de este caos. Pero bien podemos adivinarlo. Llegará la hora de la batalla, de penalidades amargas, ¡llegará un momento peligroso! Pues todos los que estamos en esta lid corremos peligro, porque el enemigo nos odia con el odio infinito de la raza judía. Ahora es el "ojo por ojo, diente por diente"».[69]

El hecho de que poco antes Kurt Eisner hubiera pasado cierto tiempo en prisión, acusado de haber incitado una huelga, y el de que hubiera nacido en una familia judía encajaban a la perfección en el relato que Sebottendorff quería contar. No le cabía duda de que Eisner se caracterizaba por ese «odio infinito de la raza judía». Pero como siempre ocurre con los prejuicios, la hipótesis planteada por Sebottendorff —suponiendo que su retahíla de insultos pueda dignificarse con el nombre de «hipótesis»— se basaba en una selección interesada de los datos. La causa fundamental de la revolución de Múnich, en noviembre de 1918, no había sido una figura como la de Eisner —por extraordinario que él fuera—, sino las repercusiones de una guerra perdida. Eisner se había limitado a dar voz a un resentimiento y una cólera que ya existían.

No olvidemos que si Eisner hizo realidad el derrocamiento de la monarquía bávara fue solo porque contó con el apoyo de miles de personas, incluidas dos feministas, Anita Augspurg y Lida Gustava Heymann. «Anita Augspurg y yo fuimos a ver a Kurt Eisner —escribió Heymann años más tarde—. Lo que ese hombre quería coincidía con nuestras aspiraciones, con las aspiraciones hacia las que se dirigía el trabajo de nuestra vida; nos unía el mismo anhelo de liberarnos de la esclavitud, el anhelo de libertad y de justicia [...] Vistos en perspectiva, los meses que siguieron se asemejan a un sueño maravilloso, pues sin duda fueron increíblemente fabulosos [...] El gravísimo peso de los años de la guerra había desaparecido; habíamos pasado a caminar con agilidad, con optimismo. Las horas del día perdieron el significado; nos olvidábamos de las comidas; la noche daba paso al día sin que necesitáramos dormir; solo una única llama ardía con vigor: la de ser activas y ayudar en la construcción de una comunidad mejor [...] Por fin las mujeres podíamos crear a partir de la abundancia [...] Fueron unas semanas de invierno repletas de trabajo, esperanza y felicidad».[70]

Sea como fuere, Eisner vivía en riesgo permanente, ante un posible ataque de los contrarrevolucionarios. El 21 de febrero fue víctima de un asalto brutal. El conde Anton von Arco auf Valley disparó contra él y lo mató, cuando se dirigía al Parlamento. «Eisner quiere instaurar la anarquía —había escrito Arco, antes del ataque—, es un bolchevique, es un judío, no es alemán, no se siente alemán, está socavando todos y cada uno de los sentimientos alemanes y está traicionando a su país».[71]

La muerte de Eisner se revistió de una ironía amarga. Primero porque ya había sufrido un revés político de importancia, al haber perdido terreno en unas elecciones recientes; después porque probablemente Arco actuó así porque él mismo era en parte de ascendencia judía y, en consecuencia, Sebottendorff se había negado a admitirlo en la Sociedad Thule. Sebottendorff había escrito que Arco «poseía sangre judía en sus venas por parte de madre [cuyo apellido de soltera era Oppenheim]: es un cerdo judío».[72] Poco le importaba que muchos Oppenheim se hubieran convertido al cristianismo y militaran en la derecha política; para Sebottendorff seguían siendo judíos. Era un racista fanático que lo reducía todo a la «sangre» que corría por las venas. De hecho, el lema de la Sociedad Thule era: «¡Recuerda que eres alemán! ¡Mantén limpia tu sangre!».[73]

Entre un sinfín de problemas económicos —empeorados por la prevalencia de la epidemia de la «gripe española», que mató a más de 250.000 alemanes—, en abril se formó en Múnich una *Räterepublik* («república de consejos») de corte socialista. Los defensores radicales de este nuevo régimen habían dado por descontado, al principio, que el Partido Comunista participaría en el gobierno; pero en el último minuto, los comunistas les retiraron el apoyo. Por su parte los socialdemócratas, encabezados por Johannes Hoffmann, huyeron a Bamberg (en el norte de Baviera) y denunciaron a los revolucionarios muniqueses.

Esta Räterepublik inicial perduró menos de una semana. Pero este tiempo bastó para que diera origen a chistes recurrentes. En respuesta a un mensaje de Lenin, que preguntaba cómo iba la «revolución», el viceministro de Exteriores, el Dr. Franz Lipp, contestó que la buena noticia era que «el proletariado de la Alta Baviera [está] felizmente unido» y la mala, que «Hoffmann [...] se ha dado a la fuga llevándose consigo la llave del aseo del ministerio».[74] Por otro lado Lipp le declaró la guerra a Suiza por negarse a «prestar» al nuevo gobierno sesenta locomotoras de ferrocarril. Luego se supo que hacía poco que le habían dado el alta en un psiquiátrico.[75]

El régimen que sucedió a la primera Räterepublik mostró una actitud que difícilmente podría haber sido más distinta: la segunda Räterepublik fue en efecto una república soviética de línea dura, dirigida por revolucionarios implacables. El catalizador de su ascenso fue el intento del socialdemócrata Hoffmann de recuperar el control sobre Múnich.

Para estabilizar la situación en el interior de la ciudad, Eugen Leviné, un comunista alemán, aunque nacido en Rusia, se hizo con el poder personalmente y expulsó a los aficionados de la Räterepublik original. Cuando Alois Pfaller se enteró de la noticia, sintió que «el advenimiento del socialismo era un rayo de esperanza: se iba a derrotar el desempleo, tendríamos derecho a tener trabajo, nos pagarían más [...] ¡Había esperanza, y tanto que sí!».[76]

Muchos líderes de este nuevo régimen habían nacido como judíos. Esto precipitó aún más propaganda antisemita de sus opositores, que de nuevo afirmaron, con falsedad, que existía un vínculo inseparable entre el judaísmo y el bolchevismo.

A finales de abril, las fuerzas gubernamentales de Alemania, con el apoyo de los Freikörper, estaban listas para atacar. Primero tomaron Dachau, que dista unos veinte kilómetros de Múnich, al noroeste; el 1 de mayo entraron en la capital bávara. El asalto se intensificó al saberse que el día antes los líderes de la República Soviética Bávara habían ordenado asesinar a diez rehenes. Estos asesinatos vivieron muchos años en la propaganda de los nacionalistas. Varios factores se combinaron para que tales muertes fueran especialmente notables. El primero fue el fusilamiento de una mujer, y no una mujer cualquiera, sino una aristócrata, la condesa Heila von Westarp. Otro fue que los asesinatos se desarrollaron en el patio de un centro escolar, el *gymnasium* Luitpold.

Emil Klein, un adolescente de Múnich que «poco a poco cobraba conciencia política», quedó horrorizado por la noticia de los asesinatos. «Fue la primera vez que supe que pasaban esas cosas, que se mataba a rehenes [...] Era un ejemplo perfecto de horror, para mí —rememoraba—. Es un recuerdo muy poderoso que nunca me ha abandonado: los rojos fusilando a rehenes en un instituto de Múnich, es algo de lo que tengo un recuerdo muy claro».

Klein vio llegar a la ciudad a las unidades de los Freikörper derechistas, y contó que «la gente los saludaba con flores [...] y gritos de "¡Hurra!". Pues entonces la gente no había empezado aún a gritar "¡Heil!", sino que aún gritaban "¡Hurra!" [...] ¡Y los rojos estaban liquidados! Era lo mejor que podía pasar [...] Desde luego nosotros, los jóvenes, estábamos más que entusiasmados». Recordaba que un Freikorps les permitió, a él y varios amigos, sentarse en lo alto de sus blindados «y luego nos llevaron durante parte del camino, hasta que bajamos [...] Por supuesto, el día que entraron en la ciudad fue magnífico».[77]

Ernst Röhm, que entró en Múnich como parte de un Freikorps liderado por Franz von Epp, participó en la posterior «limpieza» de la ciudad. Hablamos de un asunto sangriento, que costó la vida a un total de hasta un millar de personas.[78] Sin embargo, el «recuerdo muy claro» que nunca se borró de la memoria de Klein fue el asesinato de los diez rehenes del instituto Luitpold, perpetrado por los comunistas. No resulta de extrañar que así fuera, porque más adelante los nazis hicieron un gran hincapié en la «amenaza» que había supuesto la breve existencia de esta República Soviética de Baviera.

Exactamente una semana después de que los Freikörper y otras tropas entraran en Múnich, se produjo un acontecimiento de una importancia aún mayor. Sucedió al oeste, a unos 675 kilómetros de la capital bávara, a las afueras de París. Una delegación alemana viajó al palacio de Versalles para conocer los detalles del tratado que pondría fin formalmente a la guerra. Los alemanes, por su condición de perdedores del conflicto, no habían participado en las conversaciones de los Aliados al respecto; pero, evidentemente, el tratado iba a alterar de una forma fundamental las vidas de todos ellos.

Aunque es bien sabido hasta qué punto Hitler y los nazis abundaron en el Tratado de Versalles para justificar muchas de sus agresiones, con frecuencia se pasa por alto un aspecto importante de la historia. Los nazis —y no solo ellos, sino también muchos otros alemanes— afirmaban que los Aliados habían quebrantado lo prometido respecto a la naturaleza del acuerdo de paz. Específicamente, consideraban que el presidente estadounidense les había mentido.

En enero de 1918, el presidente Woodrow Wilson había tomado la palabra en el Congreso de su país para exponer los «Catorce Puntos» que deberían usarse para crear la paz después de la guerra. Eran ideas progresistas, asociadas con la autodeterminación, el desarme y el libre comercio. Las palabras de Wilson parecían ofrecer un modo de sanar Europa después de la contienda.

Fridolin von Spaun puso voz a lo que muchos alemanes pensaban al decir que «algunos de esos puntos nos parecieron bastante aceptables. Había dos puntos en particular: el derecho a la autodeterminación nacional, ¡maravilloso! Y el segundo punto: Alemania tendría que desarmarse. Pero como simple principio de un desarme general». Sin embargo, en vez de un acuerdo de paz basado en los Catorce Puntos de Wilson, Spaun sufrió una «profunda decepción» al enterarse de que el Tratado de Versalles imponía una serie de medidas de castigo para su país. «Lo llaman "tratado" —se lamentaba—, pero no era ningún tratado. Era un *Diktat* [una imposición]».[79]

Según las condiciones de Versalles, Alemania perdería el 13 % de su territorio, incluidas la Alsacia, la Lorena y amplias extensiones de la Prusia oriental. Ahora bien —y este punto también se olvida a menudo—, si pensamos en la escala del territorio cedido, era claramente inferior a la que los alemanes y sus aliados obligaron a ceder a los rusos en Brest-Litovsk, o a la que los húngaros tendrían que ceder poco después, según lo estipulado en el Tratado de Trianon.

Para los alemanes, la pérdida de los territorios no lo era todo, y tampoco las «reparaciones» que tendrían que pagar, predeciblemente muy onerosas. Además, dieron gran importancia a una cláusula del tratado que prohibía que Alemania se uniera con Austria, en cualquier eventualidad, incluido el caso en que los austríacos lo desearan expresamente así. Por otro lado, más de un millón de habitantes de etnia alemana residían en territorios que el país germánico cedería a la Polonia reconstituida. ¿Acaso esto no era traicionar claramente el sueño wilsoniano de la autodeterminación?

Desde el punto de vista de, como mínimo, las emociones, otra condición era aún peor. De acuerdo con la cláusula de la «culpabilidad», se obligó a Alemania a reconocer que el país tenía la culpa de la guerra. A muchos alemanes esto les parecía especialmente injusto. ¿Acaso la mecha que había prendido el conflicto no había sido el asesinato del archiduque austríaco a manos de un serbobosnio?, alegaban. ¿Y qué había que decir de la movilización de las fuerzas armadas rusas?, ¿acaso esto no había contribuido a causar la guerra?

En los complicados días y meses que siguieron al armisticio, muchos alemanes habían confiado en que el futuro podía ser mejor. Tenían confianza en que los Catorce Puntos del presidente Wilson ofrecían un punto de partida nuevo; y por otro lado no una figura cualquiera, sino su nuevo canciller, les había dicho que su ejército no había sido derrotado. En el momento de Versalles, por el contrario, la rueda de la fortuna había dado un giro catastrófico y se les ordenaba aceptar la culpa de haber iniciado la guerra.

El conde Ulrich von Brockdorff-Rantzau —el ministro de Exteriores y cabeza de la delegación alemana en Versalles— entró en cólera al leer las condiciones del tratado. El 7 de mayo de 1919 envió a los Aliados una respuesta devastadora, para recordarles el sufrimiento que había seguido padeciendo Alemania después del armisticio, dado que la continuidad del bloqueo había impedido que llegaran al país alimentos y otros productos: «Los cientos de miles de no combatientes que han fallecido [en Alemania] desde el 11 de noviembre [de 1918] han sido destruidos de forma fría y deliberada después de que nuestros oponentes obtuvieran una victoria clara y segura. Recuérdenlo bien cuando hablen de culpa y de redención», dijo. Además, hizo hincapié en que los Aliados habían renegado de la promesa según la cual la «base de la paz» serían los principios presentados por Woodrow Wilson.[80]

En Berlín, Philipp Scheidemann —que había ocupado el lugar de Ebert en la cancillería, después de que este fuera nombrado presidente— se mostró no menos furioso. Según dijo ante el Reichstag: «Al parecer, el sangriento campo de batalla que se extendía del mar del Norte a la frontera suiza ha revivido en Versalles, como si los fantasmas libraran todavía una última batalla de odio y desesperación sobre los cadáveres amontonados [...] Os pregunto: ¿qué hombre honesto —no diré "qué alemán..."—, qué hombre leal y honesto podría aceptar tal clase de condiciones? ¿Qué mano no se atrofiaría antes que atarnos con tal clase de cadenas?».[81]

Heinz Guderian, un oficial alemán que había luchado en las trincheras y años más tarde se convertiría en uno de los comandantes de blindados más famosos de la segunda guerra mundial, también estaba desesperado: «Si aceptamos esta paz, estamos acabados; y si no la aceptamos, probablemente, también...». Creía que suscribir el tratado sería una deshonra, incluso al precio de que en caso contrario los Aliados reanudaran la guerra. Al menos en estas circunstancias «todo lo que podrán hacernos es destruirnos», pensaba Guderian.[82]

Scheidemann no se consideró en condiciones de hacer cumplir los términos del tratado y el 20 de junio dimitió de la posición de canciller. Alemania quedó en una encrucijada. Los Aliados tenían la intención de cumplir con la amenaza de invadir el país germánico si sus representantes no firmaban el tratado y los generales alemanes habían dejado claro que apenas tenían posibilidad de ofrecer resistencia. En esta situación desesperada, el presidente Ebert se rindió ante lo inevitable. El nuevo gabinete, encabezado por Gustav Bauer, acordó que el tratado debía suscribirse, aunque fuera acogido con un escándalo público.[83] Las personas que pusieron su firma en el documento —en una ceremonia escenificada en la Galería de los Espejos de Versalles, el 28 de junio de 1919— fueron vilipendiadas por siempre por la derecha nacionalista.

La oposición a Versalles fue una de las razones por las que un exsoldado llamado Adolf Hitler entró en política. En su libro *Mein Kampf* escribió que en noviembre de 1918 decidió emprender una carrera política por el disgusto que le había provocado el final de la contienda.[84] Pero esto era mentira. Durante todo el período analizado en el presente capítulo, hasta la misma firma del Tratado de Versalles, Hitler había ido a la deriva, sin que pareciera tener ninguna certeza sobre su futuro.

Eso estaba a punto de cambiar.

2

Usar el «Ellos y Nosotros»

Antes de 1919, Adolf Hitler era una especie de inadaptado. Era un hombre poseído por la amargura, de una mordacidad extrema, sin interés por la opinión de nadie. «Donde quiera que miraba, veía injusticia, odio y enemistad —dijo quien fuera su compañero de piso antes de la primera guerra mundial—. Se ahogaba con su propio catálogo de odios y derramaba furia por todas partes».[1] En este momento, sin embargo, en parte por razones psicológicas, estas mismas cualidades estaban a punto de favorecer su ingreso en la política.

Su vida pública se inició el 12 de septiembre de 1919, cuando, a los treinta años, entró en la cervecería muniquesa Sterneckerbräu para observar la asamblea del Partido de los Trabajadores Alemanes, un grupúsculo político de Baviera con apenas un puñado de integrantes.

Hasta este punto su viaje había carecido de rumbo y de planificación, aunque luego afirmara lo contrario. Más adelante se esforzó por hacer hincapié en que su existencia previa había sido una preparación ideal para su nueva vida como político. Todo encajaba en un patrón, dijo. Afirmó, por ejemplo, que en Viena ya había sido activamente antisemita, antes de la primera guerra mundial.[2] Esta afirmación, como tantas otras que hizo sobre su propio pasado, era falsa.[3] Para Hitler era importante inventar esas ficciones porque la realidad —había sido un donnadie vacilante e incoherente— era devastadora y no podía darla a conocer; no cuando él, como líder, consideraba esencial proyectar una imagen de convicción y fortaleza.

Lo cierto es que cuando la guerra acabó, en noviembre de 1918, Hitler estaba consumido por un único deseo: el de continuar en el ejército, el único hogar que poseía, la única familia. Para un hombre incapaz de forjar amistades perdurables, que a menudo no sabía dónde comería al día siguiente, obligado a vivir con frugalidad en apartamentos compartidos o habitaciones de alquiler, en 1914 el ejército había sido su salvador. En los días inmediatamente posteriores a la conclusión de la contienda, a Hitler la política no le importaba lo más mínimo, en comparación con tener algo que echarse al estómago y un techo bajo el cual dormir. «Cuando yo lo conocí —dijo el capitán Karl Mayr, un oficial que tuvo a Hitler bajo su mando en 1919— era como un perro vagabundo y agotado, en busca de un amo».[4]

En junio de 1919, Mayr envió a Hitler a un curso de propaganda que pretendía educar a los soldados sobre los peligros del bolchevismo. Solo en este punto, hacia la época en que se firmó el Tratado de Versalles, parecen haber cristalizado las creencias políticas de Hitler.[5]

En las semanas posteriores Hitler gozó de la ocasión de dar sermones a otros soldados sobre la situación política en general y sobre el carácter especialmente insidioso del bolchevismo. En sus discursos, el antisemitismo era omnipresente: culpaba a los judíos de toda una serie de problemas que Alemania sufría. Como muchos de los líderes de la breve República Soviética Bávara (instaurada en Múnich unos meses antes) habían sido judíos, en la época se tornó habitual dar el salto no justificado de afirmar que los judíos estaban detrás del bolchevismo en su conjunto.

A finales de aquel verano, cuando Hitler tomó la palabra en un campamento militar situado en Lechfeld, en el sur de Baviera, empezaron a correr informes que ensalzaban su poderío retórico. Un soldado que le escuchó hablar dijo de Hitler que era «un orador brillante y vivaz, que sabe atraerse a todo el público para que siga su exposición».[6]

Los estudios psicológicos nos permiten explicar el éxito inmediato de Hitler. Aunque él no estuviera al tanto de las razones científicas, había dado con una verdad profunda sobre la forma en la que el cerebro funciona. Al fomentar el odio contra los judíos y bolcheviques, activaba la amígdala: la parte del cerebro que procesa con inmediatez los sentimientos de angustia, miedo y cólera. Son emociones poderosas que se producen casi al instante, porque la amígdala es la encargada de ayudarnos a evitar los peligros repentinos.

Descendemos de seres humanos que, para sobrevivir, debían responder instantáneamente a las amenazas. Esas personas desconocidas que se acercan ¿son amigas o enemigas? ¿Debo estar contento de verlas o prepararme para el combate? Es una decisión que no debemos demorar. En consecuencia, poseemos la habilidad de procesar a las personas de inmediato, y catalogarlas en una de las siguientes dos categorías: «ellos» o «nosotros».

Según el profesor Robert Sapolsky, experto en neurociencia, «el "Ellos y Nosotros"» es algo que tenemos «programado por medio de la amígdala y nunca nos libraremos de ello». Señala que «se trata de una tendencia neurobiológica mucho más antigua que los humanos. Por lo tanto, lo más pesimista que puedo decir es que resulta prácticamente inevitable que el humano medio esté programado de modo que, con gran rapidez, sienta un impulso poderoso de crear una dicotomía de Ellos o Nosotros, con la tendencia a pensar que "ellos" no son una gente que destaque por ser la mejor. Dicho esto, resulta increíblemente fácil manipular a la gente al respecto de qué cuenta como "ellos" y qué como "nosotros". Alemania y Hitler son básicamente una lección sobre el enorme poder de la pseudoespeciación».[7] La «pseudoespeciación» consiste en decidir que alguien pertenece a un tipo de «ellos» que es casi una especie distinta de «nosotros».

A medida que avancemos en esta historia, encontraremos muchos ejemplos sobre la centralidad de esta dicotomía en el nazismo. De hecho, no sería exagerado afirmar que el Ellos/Nosotros era el núcleo mismo de su ideología. Hitler, sin haber estudiado neurociencia o psicología, intuyó el poder de este enfoque. Así parece confirmarlo un discurso de 1926 que pronunció en privado para el Hamburger Nationalklub, donde comentó que «la única emoción estable es el odio».[8]

Varias semanas después de haber dado las charlas en Lechfeld, había pasado a trabajar como propagandista para la unidad militar del capitán Mayr. En esa condición fue como Hitler asistió a la asamblea del 12 de septiembre del Partido de los Trabajadores Alemanes, en la Sterneckerbräu de Múnich. No era una convocatoria impresionante: unas pocas decenas de personas sentadas en la cervecería, charlando y bebiendo. El líder del partido, un cerrajero llamado Anton Drexler, pidió a Hitler que se les sumara; pero él no accedió hasta contar con la aprobación de sus superiores en el ejército.[9]

Más adelante Hitler sostuvo que había sido el séptimo miembro del partido. Era una mentira más. Anton Drexler se enfureció tanto con el intento de Hitler de retratarse como uno de los primeros afiliados que años más tarde le escribió una carta con sus quejas. «Nadie sabe mejor que usted, mi Führer —decía Drexler—, que nunca fue el séptimo socio del partido; en el mejor de los casos, el séptimo integrante del comité, cuando le pedí entrar en él como representante de la propaganda». Drexler siguió diciendo que se había visto «obligado a quejarse» porque la tarjeta de afiliado de Hitler se había «falsificado»: el «número 555 se había borrado para insertar el 7 en su lugar».[10]

A primera vista la riña suena extraña, porque no cabe duda de que Hitler se incorporó al partido en fecha relativamente temprana, dado que el partido había empezado a dar números a partir del 501 para que la afiliación pareciera superior a la que era en realidad. Así las cosas, ¿por qué le importaba tanto a Hitler tener el número 7?

Hitler dio una pista en *Mein Kampf*, la laberíntica relación de sus acciones y puntos de vista que redactó mientras estuvo en la cárcel, en 1924. «No tenía intención de unirme a un partido ya existente, sino que quería fundar uno propio», escribió.[11] La idea de que un soldadito de a pie sin apenas nada que llevarse a la boca pudiera fundar en este punto «un partido propio» resulta fantasiosa, pero Hitler mostró mucho afán por propagar este mito. Desde su perspectiva, un «gran hombre» no podía ser nunca un seguidor de otros, sino siempre un «guía», un líder. La única manera segura de ser el líder de un partido político era, claro está, echarlo a andar uno mismo.

Hitler no tenía modo de pretender que él había fundado el Partido de los Trabajadores Alemanes, pero sí lo siguiente, y se presentaba como uno de sus primeros miembros. Ardía en deseos de decirle al mundo que había formado parte del grupo original, del mero puñado de hombres con los que había decidido alterar el curso de la historia.

En *Mein Kampf*, Hitler dedicó espacio a ridiculizar la condición en la que el partido estaba en 1919, cuando él se afilió; hizo hincapié en que apenas contaba con miembros y en que la organización, en general, era muy deficiente. «¡Era terrible, terrible! —escribió, en referencia al Partido de los Trabajadores Alemanes—. Aquello no era sino vida de club, de la peor ralea y condición».[12] Para justificar haberse unido a un grupo tan «terrible», alegó que, aunque fuera «una organización de una nimiedad absurda», a la persona idónea le ofrecía la oportunidad «de darle la forma adecuada».[13] Con esta lógica estrafalaria Hitler se esforzó por convencer a sus lectores de que, en la práctica, él era el creador de un partido que ya existía.

Dada la cantidad de páginas que dedicó en *Mein Kampf* a este asunto, resulta evidente que la cuestión le preocupaba. Su decisión, años después, de conceder una Insignia de Oro del Partido a los primeros cien mil afiliados del movimiento fue otra de las decisiones con las que mostraba que en la práctica él había sido su creador. Así lo confirma su insistencia en que su propia Insignia de Oro —una de las escasas condecoraciones que solía lucir, junto con la Cruz de Hierro— luciera el número 1. No podía conseguir un carnet de afiliado que lo anunciara como el primer nazi de todos, pero sí otorgarse a sí mismo una insignia con esa indicación.

Una vez incorporado al Partido de los Trabajadores Alemanes, Hitler no tardó en convertirse en su orador estrella y la figura principal del movimiento. Canalizó la cólera por las condiciones del país en toda una serie de discursos inflexibles. Esta primera fase de su implicación en política culminó con la presentación del programa del partido en otra cervecería de Múnich, la Hofbräuhaus.

En febrero de 1920, cuando se dio a conocer el programa, Hitler poseía un puñado de creencias políticas que nunca abandonaría. No sabemos con exactitud cuándo las formó. Algunas, como el pangermanismo —la idea de que todos los alemanes debían estar juntos—, las sostenía desde hacía muchos años.

Como hemos visto, aunque Hitler había nacido en Austria, se consideraba alemán; y los alemanes, desde su perspectiva, debían mantenerse puros, sin vivir con nadie que no fuera alemán. Su furioso ataque verbal contra un orador que había defendido la independencia de Baviera fue lo primero que llamó la atención de Drexler, en aquella su primera asamblea del Partido de los Trabajadores Alemanes. «Por Dios, ¡qué boca tiene! ¡Alguien así nos iría bien!», se supone que había exclamado Drexler.[14]

Hitler no era el único en hacer proselitismo de las creencias pangermánicas. Hacía décadas que el movimiento pangermanista gozaba de influencia y en el siglo XIX había recibido un nuevo impulso gracias a la Unificación de Alemania. Pero difícilmente hubo un pangermanista más visceral que Adolf Hitler. No fue casual, por lo tanto, que el primero de los puntos, en el programa que el partido anunció en febrero de 1920, reclamara unir a todos los alemanes en una Gran Alemania.

La segunda creencia que Hitler ya poseía en este momento era el antisemitismo. En una carta enviada a otro soldado, Adolf Gemlich, con fecha del 16 de septiembre de 1919, explicó la naturaleza de este odio.[15] En la carta a Gemlich culpó a los judíos de los problemas a los que Alemania se enfrentaba, pero con un matiz de importancia. No afirmó que su odio se basara en el antisemitismo «tradicional», de raíz cristiana, sino que los calificó de «raza», negando que fueran una «asociación religiosa», y utilizó la terminología de las enfermedades para sostener que «producen una tuberculosis racial entre las naciones».

Este antisemitismo pseudocientífico no era un invento del propio Hitler. Durante el siglo XIX, toda una serie de autores habían intentado «demostrar» que unas razas eran «superiores» a otras; a menudo, manipulando los nuevos descubrimientos de la biología. El erudito alemán Eugen Dühring, por ejemplo, determinó en 1880 que el problema de los judíos era de tipo racial.[16]

Hace tiempo que los expertos debaten al respecto de dónde y cuándo desarrolló Hitler por primera vez sus creencias antisemitas. Una cosa está clara: no podemos fiarnos de la información que él mismo dio. La afirmación de *Mein Kampf* según la cual en Viena ya había criticado abiertamente a los judíos por sus deficiencias es, casi con toda certeza, mentira; de hecho nos consta que en la capital austríaca tuvo trato amable con varios judíos.[17] Es más verosímil plantear que, aunque en Viena estuvo expuesto a la retórica antisemita y es posible que entonces ya tuviera prejuicios al respecto, su antisemitismo radical no se desarrolló con plenitud hasta que, por un lado, suscribió la fantasía de que los judíos eran los responsables de la derrota bélica y, por otro lado, fue testigo de la instauración de la República Soviética en Múnich; una república que, como hemos visto, se consideró una creación de los judíos.

El hecho de que cuando Hitler aseveró en su carta a Gemlich que los judíos eran una raza, y no una asociación religiosa, no estuviera exponiendo una idea original no significa que la afirmación no fuera importante. La base de la responsabilidad, en todo Estado que se someta al imperio de la ley, es la culpabilidad individual. Si, por ejemplo, se hubiera comprobado que tal y tal otro judío alemán quebrantaron la ley penal durante la primera guerra mundial y actuaron —según se les reprochaba— como «especuladores», entonces se les podría haber sometido a juicio. Se les habría exigido responsabilidad por sus actos, no por su ascendencia. En cambio, al sostener Hitler que los judíos eran una raza, se posibilitaba otra forma de entender las cosas. Se «culpaba» a los judíos en masa; se contribuía a hacer posible el Holocausto, más de veinte años después. Con ello se eliminó en efecto la posibilidad de que las personas con ascendencia judía escaparan a la muerte, ni siquiera si se declaraban dispuestas a renunciar a su religión o demostraban que no habían violado ninguna ley. El mero hecho de que se los categorizara como judíos era suficiente para condenarlos.

Esto no implica que, en 1919, cuando envió la citada carta a Gemlich, Hitler ya estuviera pensando en el Holocausto. Aun así, hacia el final de la misiva expresó que le parecía necesario «eliminar a la totalidad de los judíos». Aunque no podamos leer su mente para saber cuáles eran sus intenciones más profundas, resulta sumamente improbable que entonces estuviera hablando de un exterminio. Las medidas de su gobierno, hasta que la guerra estalló, consistieron en perseguir a los judíos, privarlos de la ciudadanía alemana, robarles las posesiones y obligarlos a salir del país. Es cierto que en la década de 1930 hubo muertes de judíos a manos de nazis; pero no se intentó ningún exterminio masivo.

Es relevante que el programa del partido, en febrero de 1920, no fuera tan lejos como la afirmación de Hitler en la carta a Gemlich. Aunque el cuarto punto anunciaba que solo las personas de «sangre» alemana podrían ser ciudadanas del país —por lo que a los judíos alemanes se les negaría la ciudadanía—, no se hacía ningún llamamiento explícito a expulsarlos del país. A pesar de que en esa fecha Hitler ya era furiosamente antisemita, también era un político y quería moverse dentro de los márgenes de lo viable. Era consciente de que no todos sus partidarios tenían concepciones tan radicales como él en ese asunto.

Por ejemplo, Emil Klein, que ingresó en el partido en los primeros años de la década de 1920, no era un antisemita tan extremo como Hitler. El sentimiento antisemita se le había desarrollado en la escuela, sin que le pareciera radical: «En mi escuela ellos [los judíos] eran todos hijos de empresarios. Había judíos, en mi escuela, en la clase B. Y ya entonces había fricciones entre nosotros, entre la clase A y la clase donde estaban ellos, la B. Pero si hubieran sido árabes o turcos, pues probablemente habría habido las mismas riñas, porque así es como funcionan las cosas en una escuela. Con los escolares, las cosas son así. Si a alguien no le gusta tu cara, se burlará de ti, es lo que hay, en todas partes».[18] Después de afiliarse al Partido Nazi, Klein añadió un elemento nuevo a su antisemitismo: la creencia, propagada por Hitler entre otros, de que los judíos controlaban las finanzas mundiales. «Lo que quiero decir es que no estábamos contra los judíos como personas, sino contra el capitalismo, que viene de los judíos, o sea de Wall Street. Siempre se mencionaba Wall Street», explicaba Klein.[19]

Bruno Hähnel, que también se afilió al nazismo en la década de 1920, tenía una forma de pensar similar. No era partidario de asesinar a los judíos alemanes, pero sí quería que se les «expulsara de la vida pública, de las posibles posiciones desde las que controlaban los medios de comunicación». Al igual que Emil Klein, creía en la teoría conspiranoica según la cual los judíos actuaban de forma conjurada por encima de las fronteras nacionales: «En esto tengo que volver sobre el tema de la judería global, porque lo asociábamos con la judería global, que quería aumentar su poder, quería gobernar el mundo; con esta propaganda, podía entenderse la exigencia de que se los expulsara de la vida pública».[20]

Dos jóvenes que, varios años más tarde, cobrarían triste fama como nazis —Heinrich Himmler, futuro jefe de la SS, y Joseph Goebbels, que sería el ministro de la Propaganda— también estaban dando forma a su antisemitismo hacia aquellas fechas. A los veintiún años, Himmler ya expresaba una línea muy hitleriana antes aún de haber conocido a Hitler en persona. En su diario describió a un jurista judío como persona «extremadamente amistosa y amable», pero que «no puede ocultar que es un judío. A fin de cuentas, puede ser una persona excelente, pero ese tipo de cosa se lleva en la sangre».[21]

El antisemitismo del joven Joseph Goebbels era más confuso. Por un lado, podía escribir en su diario —en 1923, a los veintiséis años— que «los judíos son el veneno que está matando el cuerpo de Europa» y que uno «quisiera darles un puñetazo en la cara».[22] Por otro lado, por entonces salía con una joven llamada Else, cuya madre era judía. Else le parecía «buena y hermosa»,[23] por mucho que también la calificara como «mestiza».[24]

A primera vista, esta diversidad de enfoques en el antisemitismo de los nazis de la década de 1920 resulta confusa. Sin embargo, nos ayuda a comprender cuál era el atractivo del partido, en aquellos primeros días. Mientras uno aceptara que los judíos —de un modo u otro— eran peligrosos, el tema de en qué clase de antisemitismo creyera cada uno era ya una cuestión personal.

Hacia la época en la que Hitler escribiera la carta a Adolf Gemlich, muchos nacionalistas alemanes ya habían recurrido a los judíos como cabezas de turco a los que responsabilizar de cualquier cosa que fuera mal en el país: la guerra perdida; el Tratado de Versalles; las revoluciones socialistas; la destrucción del régimen del káiser; las dificultades económicas que estaba viviendo la gente corriente, etc. Creer en alguna teoría conspiranoica antisemita no fue nada inusual, en los años de la primera posguerra. En este contexto, el hecho de que Hitler expresara sus prejuicios con tal extremismo pseudocientífico no llamaba especialmente la atención.[25]

Como es lógico, dados los horrores que vendrían, en la actualidad buena parte del interés por la motivación de los adeptos del nazismo se centra en la naturaleza y la causa de su antisemitismo. Pero sería un error concluir de ello que el odio a los judíos fue la razón principal por la que los alemanes se acercaron al movimiento nazi. Las pruebas indican que una gran cantidad de afiliados —casi con toda certeza, la mayoría— se unió al partido en la década de 1920 y los primeros años de la década de 1930 por otra razón muy distinta. Confiaban en que Hitler lograría crear una *Volksgemeinschaft*, una «comunidad nacional».

Peter Merkl, en su análisis fundacional del estudio que Theodore Abel dedicó a varios cientos de partidarios nazis que se implicaron con el partido antes de 1933, llegó a la conclusión de que el tema ideológico que los unía más habitualmente no era el antisemitismo, sino la citada creencia en la *Volksgemeinschaft*.[26] Según veremos, no obstante, en la mentalidad de la gente estos dos conceptos se asociaban a menudo.

La *Volksgemeinschaft* es una idea rica de significado y resonancias en su lengua de origen, pero no resulta fácil traducir su esencia a una o dos palabras de otras lenguas. La traducción directa podría ser «comunidad popular», o «comunidad nacional», pero estos conceptos apenas recogen toda la complejidad. La palabra *Volk* iba más allá del «pueblo» o «lo popular» y sugería toda una serie de creencias culturales y étnicas compartidas. La *Volksgemeinschaft* iba todavía más allá: implicaba que todos los alemanes debían vivir unidos en una clase de comunidad particular, que importaría más que los individuos. En aquella época muchos partidos proclamaban el objetivo de crear una *Volksgemeinschaft*, pero los nazis, al centrarse en la pureza racial de quienes pertenecían a esa comunidad, daban un enfoque más intenso y racista a la idea.

El concepto de la *Volksgemeinschaft* permeaba el programa al completo del Partido de los Trabajadores Alemanes. No tan solo estaba detrás de la voluntad de denegar la ciudadanía a los judíos, sino que fue inspiración para muchas de las medidas sociales que el programa incluía, como por ejemplo un plan para educar a expensas del Estado a los niños capacitados de familias pobres (punto 20) o la exigencia de que las actividades individuales no entraran en conflicto con las necesidades de la comunidad en su conjunto (punto 10).

También es importante reconocer que la idea de la *Volksgemeinschaft* suponía una encarnación poderosa de la categorización de las personas en dos grupos, el «Ellos» y el «Nosotros». Solo aquellos a los que los nazis consideraban alemanes «puros» por su raza tenían derecho a participar en la *Volksgemeinschaft*. Como individuo, nadie podía hacer nada por incorporarse al club; desde el punto de vista de los nazis, el destino lo dictaba la «sangre». En consecuencia, como a los judíos se los consideraba una «raza extranjera», quedaban automáticamente excluidos de la «comunidad nacional».

La *Volksgemeinschaft* simplificaba enormemente la tarea de determinar quién era amigo y quién enemigo. Ya no era necesario dedicar tiempo a conocer a alguien para saber si era hostil o no. Bastaba con plantear una pregunta: ¿formas parte de la «raza» alemana, o no? El deseo de categorizar a las personas, según destacó Gordon Allport en su obra pionera *La naturaleza del prejuicio*, puede llevar a menudo a un pensamiento sesgado.[27] Con la *Volksgemeinschaft* este pensamiento sesgado era más fácil que nunca.

Sin embargo, en ocasiones el concepto se interpreta mal. Es sencillo caer en la trampa de pensar que la *Volksgemeinschaft* significaba que los nazis eran un movimiento socialista. A fin de cuentas, reclamar que los niños capacitados pero pobres se eduquen a costa del Estado suena evidentemente próximo al socialismo. Además, es bien sabido que el Partido de los Trabajadores Alemanes cambió su nombre por el de Partido Nacionalsocialista Obrero Alemán (los «nazis», en su forma abreviada), después de presentar su programa en la Hofbräuhaus de Múnich, en febrero de 1920. Pero ninguno de estos aspectos significa que el nazismo fuera un movimiento genuinamente socialista; baste recordar que muchas empresas capitalistas se hicieron de oro bajo el dominio de los nazis. Estas políticas de apariencia socialista deben entenderse en el marco de la *Volksgemeinschaft*.

En un discurso revelador de abril de 1922, Hitler explicó qué entendía él por «nacionalsocialista»: «"Nacional" y "social" son dos conceptos idénticos. Solo que el judío ha tenido éxito en su empeño de falsificar la idea social para convertirla en el marxismo, divorciando con ello no solo la idea social de la idea nacional, sino representando ambas ideas de hecho como si fueran absolutamente contradictorias». Luego Hitler explicó por qué los nazis consideraban idénticas esas dos ideas: «Nosotros dijimos que ser "nacional" significa por encima de todo actuar con un amor ilimitado e irrestricto por nuestro pueblo [*Volk*] y, de ser necesario, incluso morir por él. Lo mismo ocurre con ser "social": significa construir el Estado y la comunidad del pueblo [*Volk*] de modo que todo individuo actúe según el interés de la comunidad del pueblo [*Volk*]».[28]

Así pues, a los nazis la noción de la *Volksgemeinschaft* les servía para tejer una totalidad: el nacionalismo fanático, asociado a un deseo de combatir por el bien común de todos los alemanes «de pura raza». A Hitler le valía incluso para afirmar que «las clases no existen ni pueden existir. Las clases quieren decir castas y las castas quieren decir razas».[29]

Para adeptos del nazismo como Emil Klein, era una idea atractiva: «Este partido quería erradicar las diferencias de clase, con la clase obrera aquí, la burguesía allá, y las clases medias acullá. Estos conceptos estaban muy arraigados y partían la nación en dos. Para mí era todo un punto a favor, algo que me gustaba [...] la nación debe mantenerse unida».[30] Otro nazi como Bruno Hähnel también se sentía enormemente atraído por el deseo nazi de formar una «comunidad nacional» capaz de «asegurar que unieran sus fuerzas tanto los intelectuales como los obreros». A su modo de ver tal idea «se encarnaba en un lema que creo que la mayoría de nosotros usábamos una y otra vez: "Lo primero es el interés público"».[31]

Todo esto adquiría una significación especial en el momento en que el Partido Nazi estaba emergiendo. Todo el mundo era consciente de que el intento previo de crear un sentimiento de comunidad se había vivido en 1914, cuando se declaró la guerra. Aunque no todos los alemanes habían contemplado el conflicto con entusiasmo, imperaba la sensación de que la nación debía unirse como una totalidad; «ahora solo veo alemanes», y no «partidos [políticos]», como había dicho el káiser. Obviamente el contraste con los desórdenes políticos que estallaron al acabar la guerra era muy intenso. ¿Qué le había sucedido a la *Volksgemeinschaft* de tan solo seis años antes? ¿Había alguna forma de recuperarla?

La cuestión adquiría aún más relevancia porque muchos creían en otra comunidad, la *Frontgemeinschaft*; tenían la convicción de que, en las trincheras, los soldados se habían unido formando una fraternal «comunidad del frente». Esto no se compadecía bien con la realidad, según se ha esbozado ya en el capítulo anterior; pero aun así adquirió carácter de mito. Muchos adeptos del nazismo daban crédito a la fantasía de que los judíos y los políticos socialistas habían arruinado tanto la *Frontgemeinschaft* como la *Volksgemeinschaft*, conjurándose contra los valerosos soldados del frente y los alemanes que seguían lealmente en el país. En consecuencia, sentían el deseo poderoso de reavivar tanto la mística *Volksgemeinschaft* de 1914 como la supuesta *Frontgemeinschaft* de las trincheras.

En las circunstancias del momento, Hitler era un líder ideal para aspirar a ese fin. El hecho de que hubiera sido un «soldado de a pie» actuaba a su favor, dado que se entendía que la clase dirigente, la de los oficiales y los aristócratas, había dejado tirada a Alemania. Dietrich Eckart, mentor de Hitler en los primeros años de la década de 1920, comentó que se necesitaba a un «tipo capaz de soportar el *ratatá* de una ametralladora. La chusma se tiene que cagar de miedo. Un oficial no me sirve: el pueblo les ha perdido el respeto. Lo mejor sería un trabajador con la boca bien puesta [...] No hace falta que sea muy inteligente; la política es el asunto más estúpido del mundo».[32] Eckart influyó destacadamente en Hitler, durante este período. Este dramaturgo alcohólico, de algo más de cincuenta años, expresaba sus ideas con suma dureza: a su juicio, si la gente «alcanzara a ver» lo que «[el judío] es, y lo que quiere, se lanzaría a estrangularlo a los pocos segundos entre gritos de horror».[33]

Desde el momento en que anunció el programa del partido, Hitler lo impuso con firmeza, considerándolo inviolable.[34] Como era de esperar, esta inflexibilidad causó problemas, entre otras razones porque contenía muchos elementos ambiguos. ¿Qué quería decir exactamente, por ejemplo, que «las actividades individuales no deben chocar con el interés general» (punto 10)? Inevitablemente se formaron facciones que discutieron sobre cuál era la interpretación correcta.

Sea como fuere, Hitler estaba dispuesto a pagar ese precio por el que la ausencia de detalles del programa del partido generaba discordias. En realidad, la imprecisión del contenido le daba libertad para interpretarlo como quisiera. También la vaguedad intrínseca al concepto de la *Volksgemeinschaft* —¿cómo se podría empezar a definir en la práctica, por ejemplo, «el interés común prioritario frente al interés personal» (punto 24)?— favoreció más adelante que los nazis pudieran eludir los debates políticos detallados, y expresarse en cambio mediante visiones.

En los primeros años de la década de 1920 Hitler también recurrió al poder de la ambigüedad para abordar un tema delicado: la relación entre el cristianismo y el nazismo. El problema al que se enfrentaba no era solo que dentro del partido hubiera creencias muy firmes —algunos afiliados estaban comprometidos con el cristianismo, otros eran ateos acérrimos—, sino que él mismo tenía que ocultar sus propios sentimientos. Intentó conciliar las dos posiciones afirmando, en el punto 24 del programa nazi, que el movimiento defendía un «cristianismo positivo». Según era típico en él, nunca definió con exactitud a qué aludía este sintagma. Para muchos, equivalía a aceptar a Jesús como figura religiosa, unido a la creencia en una versión del cristianismo muy impregnada del antisemitismo racial.

Ahora bien, esta supuesta aceptación del «cristianismo positivo», casi con toda certeza, era meramente pragmática. No solo porque es sumamente improbable que en 1920 Hitler creyera en los preceptos fundamentales de la fe cristiana, sino porque durante la guerra comentó en privado que a su entender el cristianismo «ha mutilado todo lo que de noble tiene la humanidad»[35] y «es un invento de mentes enfermas».[36] Aun así desde que se anunció el programa del partido, en febrero de 1920, hasta la muerte de Hitler, veinticinco años después, la postura oficial del nazismo siguió siendo la del «cristianismo positivo».

Es fácil comprender por qué. Según le comentó Hitler al general Ludendorff, antes de ascender al poder: «Para construir un gran movimiento político necesito por igual a los católicos de Baviera y a los protestantes de Prusia. El resto ya vendrá más adelante».[37] Con este fin en mente, Hitler incluso elogió a Jesús en un discurso de 1922, considerándolo un «luchador» que había sabido ver «a los judíos como en realidad son».[38]

Durante los años posteriores tuvo que hacer malabarismos, pues no era fácil asegurarse al mismo tiempo de que en el seno del partido estaban contentos los nazis cristianos —como el brutal «líder de distrito» Erich Koch—, y también figuras visceralmente antirreligiosas como Martin Bormann, que llegaría a ser el gran dominador de la organización del partido. Hitler confiaba en mantenerlos a todos a bordo mediante por un lado el vago compromiso con el «cristianismo positivo», y por otro —una vez que manejaba el poder de forma estable— atacando en privado la totalidad de las bases del cristianismo.

Al hacer hincapié en estos pocos conceptos generales —«cristianismo positivo», pangermanismo, antisemitismo, odio hacia Versalles y búsqueda de una *Volksgemeinschaft*— Hitler logró que el atractivo del Partido Nazi nunca dejara de ser simple.

Sin embargo, nada de esto habría sido suficiente para conseguir el auge del partido, no sin las poderosas dotes retóricas de Hitler. Su focalización definida como un láser en el «Ellos y Nosotros» y a su visión de la *Volksgemeinschaft* sirvieron pronto para que los nazis tuvieran que reservar espacios cada vez mayores para sus mítines.

Kurt Lüdecke, que era un fervoroso nacionalista alemán, describió de forma memorable un discurso de Hitler en 1922. Al principio Lüdecke «estudió de forma crítica [...] a ese hombre delgado, pálido, con el pelo moreno peinado hacia un lado, que le caía repetidamente sobre las cejas sudorosas». Pero al cabo de poco «mi facultad crítica fue barrida» por la potencia de la retórica de un Hitler que «instaba a revivir el honor y la masculinidad alemanes, con una explosión de palabras que parecían hacer limpieza [...] Experimenté una exaltación que solo podría compararse a una conversión religiosa».[39]

Los recuerdos de Lüdecke deben interpretarse con cuidado, no obstante. Pues, aunque afirmaba haber caído «bajo un conjuro hipnótico», arrastrado por la fuerza de la «convicción» de Hitler, la realidad no era exactamente así. Lo que estaba sintiendo era una intensa conexión emocional e intelectual. La conversión de Lüdecke a la causa nazi responde a una condición previa crucial: de entrada, estaba predispuesto a entusiasmarse con Hitler. Así lo reconoció al escribir que él ya había empezado a «buscar el alma alemana o, más bien, el líder que supiera cómo reanimarla» y admitir que había llegado «maduro para la experiencia». En cambio se equivocaba al creer que «nadie que hubiera escuchado a Hitler aquella tarde podía dudar de que él era el hombre del destino, la fuerza revitalizadora del futuro de Alemania».[40] En la práctica, muchas de las personas que oyeron hablar a Hitler pusieron en duda exactamente eso y salieron pensando que era un excéntrico, si no algo peor.[41] ¿Por qué, si no, Hitler necesitó que lo protegieran en sus mítines los miembros de la sección del partido denominada con el eufemismo de «Gimnasia y Deportes», embrión de los camisas pardas?

Cuando oyó a Hitler tomar la palabra en enero de 1920, Hans Frank, que por entonces era un estudiante de diecinueve años —más adelante sería infamemente conocido por sus crímenes de guerra—, sintió un despertar parecido al de Lüdecke. «Todo le salía del corazón y resonaba con todos nosotros [...] Expresó lo que ya estaba en la conciencia de todos los presentes», escribió Frank, años más tarde.[42] A diferencia de Lüdecke, Frank había comprendido que Hitler conectaba con los asistentes por efecto de la mentalidad con la que estos habían acudido de entrada a escucharlo.

Después de una guerra perdida, una revolución y un tratado de paz que millones de alemanes consideraban injusto, Hitler no se limitó a dar legitimidad a la cólera que sentían muchos de quienes lo escuchaban; también les ofreció esperanza. Según escribió Konrad Heiden, un opositor al nazismo que estudió el estilo con el que Hitler se expresaba: «Sus discursos son las ilusiones de esta alma masiva [...] Siempre principian con un hondo pesimismo y concluyen con una redención gozosa, un final extraordinariamente feliz y triunfante; a menudo uno puede refutar sus discursos mediante la razón, pero se ajustan a la lógica mucho más poderosa del subconsciente, que ninguna refutación puede tocar. Hitler ha puesto voz al terror sin voz de la masa moderna».[43]

Esto solventa en parte lo que parece ser un enigma. ¿Cómo pudo convencer Hitler a veteranos tan distinguidos como Hermann Göring —excomandante del escuadrón Richthofen y figura carismática por sí mismo— para que se unieran al Partido Nazi en los primeros años de la década de 1920, cuando él durante la guerra había sido un simple soldado de a pie? La respuesta es, básicamente, que Göring conectaba con lo que Hitler estaba diciendo. «Hitler habló [...] de Versalles —rememoraba Göring, años más tarde—. Dijo que [...] una protesta solo puede tener éxito si la respalda un poder que le dé el peso necesario [...] Era una convicción que parecía haber salido, palabra por palabra, de mi propia alma». En una conversación posterior «hablamos enseguida de las cosas que nos preocupaban: la derrota de nuestra patria [...] Versalles. Yo le dije que en lo que a mí respectaba, yo estaba, con todo lo que poseía, por entero a su disposición para este asunto que a mi juicio era el más esencial y decisivo: luchar contra el Tratado de Versalles».[44]

A Hitler no solo le gustaba hablar con conceptos genéricos en sus discursos —como este mismo de «luchar contra el Tratado de Versalles»—, sino que también dejaba, al menos mientras esto no dañara el funcionamiento de la maquinaria del partido, que sus subordinados se pelearan entre ellos por los detalles exactos que debía adquirir la política nazi. Esto también servía para maximizar las ocasiones de hacer crecer el partido, dado que los posibles afiliados no podían sentirse excluidos por detalles del programa que los pudieran disgustar. No tardaron en darse cuenta de que *no había* medidas detalladas. Los nazis solo proponían la visión de un futuro maravilloso, basado en ideas simples.

Ahora bien, sería erróneo retratar a Hitler como una persona débil o como un líder liberal. Cada vez que algo podía llegar a desafiar su autoridad, actuaba con toda decisión. Un ejemplo temprano de este fenómeno fue lo ocurrido en julio de 1921, cuando Anton Drexler se interesó por la obra del profesor Otto Dickel, de la Universidad de Augsburgo, que no solo había escrito un libro sobre las ideas políticas del nacionalismo, sino que también había fundado un partido propio, la Deutsche Werkgemeinschaft.

Drexler, entre otros miembros de la jefatura del Partido Nazi, creía que el medio más idóneo para que el partido creciera era que se fundiera con grupos políticos similares, como el de Dickel. Anteriormente Drexler había defendido la fusión con el Deutschsozialistische Partei (Partido Socialista Alemán) e incluso logró arrastrar a Hitler a una reunión en la que se debatió sobre la posible unión; aunque la intransigencia de Hitler torpedeó la idea.

Cuando tuvo noticia del plan de fusión con el grupo de Dickel, Hitler había estado en Berlín junto con Dietrich Eckart, para intentar recaudar dinero con el que financiar el partido. La noticia le enfureció. Aunque oficialmente tan solo era el jefe de propaganda del Partido Nazi, estaba convencido de que, al ser el orador estrella, le asistía el derecho a decidir el futuro del movimiento. En consecuencia, se apresuró a volver a Baviera para asistir a una reunión sobre la fusión planteada, y escuchó varias propuestas de Dickel. Las rechazó todas sin excepción, con tono de enojo, y a las tres horas, incapaz de soportar la situación, se marchó haciendo aspavientos.[45] A pesar de la evidente oposición de Hitler, Drexler y sus aliados anunciaron que consultarían a un grupo de afiliados más numeroso sobre la conveniencia de seguir avanzando en la unión con Dickel o no. Para Hitler supuso un punto de ruptura y, el 11 de julio de 1921, presentó la dimisión de sus cargos en el Partido Nazi.

A lo largo de toda su carrera política, Hitler tuvo un gran apego emocional a los planteamientos y las acciones de tipo «o esto, o lo otro». Sus discursos estaban repletos de dicotomías, falsas pero muy expresivas. En el contexto de los judíos, por ejemplo, solía afirmar que, si no se los derrotaba, destruirían Alemania. «No puede haber ningún tipo de cesión —dijo en un discurso de abril de 1922—, pues solo hay dos posibilidades: o la victoria de los arios, o la aniquilación de los arios y la victoria del judío».[46]

A Hitler también le gustaban las disyuntivas «o... o...» en el contexto de las políticas y medidas del Partido Nazi. El anuncio del programa del partido, en febrero de 1920, concluyó con las palabras: «Los líderes del partido prometen trabajar sin piedad, y, en caso necesario, sacrificar la vida, para trasladar este programa a la acción».[47] No debe extrañar, por lo tanto, que abandonara la reunión con Dickel y presentara la dimisión. Desde la perspectiva de Hitler, o bien el partido cortaba los tratos con Dickel o bien él renunciaba. No tenía la más mínima intención de compartir el protagonismo con nadie. Volvía a ser una disyuntiva cerrada y simple, y una prueba más de la devoción de Hitler por el potencial del pensamiento «ellos o nosotros».

Evidentemente, la resolución de Hitler dejó a Drexler y sus camaradas en una posición difícil. El jefe de la propaganda anunció que solo se reincorporaría al partido si le daban el poder absoluto sobre el movimiento. Drexler estuvo vacilando durante unos pocos días, pero estaba claro que, sin Hitler, el Partido Nazi se arriesgaba a volver al desierto. Con el afán de evitar esa suerte, sucumbieron y le dieron a Hitler todo lo que pedía. El 29 de julio de 1921 lo nombraron jefe del partido, con poderes dictatoriales.

Es crucial entender que este giro radical no fue un movimiento calculado por parte de Hitler. Había reaccionado de forma instintiva —y en gran medida, emocional— ante una situación nueva. No era la clase de político que sopesara calmosamente las distintas alternativas y eligiera entre una serie de opciones estratégicas. A la postre, hacía lo que le resultaba natural.

Aunque aquella resolución de Hitler hubiera sido espontánea, es posible identificar dos razones básicas en sus acciones. La primera es que era incapaz de entablar un debate intelectual con Dickel; su mente no funcionaba así, sencillamente. La segunda es que cualquier propuesta de «fusión» le resultaba inaceptable de entrada. Compartir la jefatura del partido con cualquier otra persona iba en contra de sus creencias fundamentales respecto de cómo debía ser el mundo. Su filosofía política —y su vida política— era simple. «Ante Dios y ante el mundo, quien tiene el derecho a lograr lo que quiere es sin excepción el más fuerte —dijo en un discurso, en 1923—. El mundo todo de la naturaleza es una batalla poderosa entre la fortaleza y la debilidad, es la victoria eterna del fuerte frente al débil. Si no fuera así, en el conjunto de la naturaleza solo habría decadencia».[48]

Una vez descartada toda idea de «fusión» con Dickel, Hitler se centró en demostrar su método de expansión favorito: convenció a Julius Streicher, un maestro de treinta y siete años, y a sus seguidores, de que se unieran al partido. Años más tarde Streicher refirió en tono místico su reacción ante la oratoria de Hitler: «Vi al hombre poco antes de la medianoche, después de que hubiera hablado por tres horas, empapado de transpiración, radiante. Mi vecino afirmó que le había visto un halo en torno de la cabeza; yo [...] experimenté algo que trascendía lo común».[49]

Esto, no obstante, no explicaba toda la historia. Tras haber combatido en la guerra, Streicher fue pasando por distintos partidos antisemitas en busca de un hogar político; pero los partidos que fue probando no le parecían suficientemente radicales. En 1919 había leído el *Handbuch der Judenfrage* («Manual de la cuestión de los judíos»), de Theodor Fritsch, y este compendio de teorías fabulosas sobre supuestas conspiraciones de los judíos le había llevado a crear una variante propia de antisemitismo, aún más absorbente.[50] Tres años después, en 1922, el tribunal del distrito de Schweinfurt lo condenó por haber afirmado que los judíos asesinaban ritualmente a niños alemanes.[51]

Streicher era un hombre agresivo y beligerante, pero con la capacidad de resultar inspirador a otros. Antes de conocer a Hitler, Kurt Lüdecke ya se había topado con Streicher en su búsqueda del «líder» que pudiera rescatar a Alemania. Streicher representaba «una clase de persona totalmente nueva para mí —escribió Lüdecke— y su entusiasmo no tardó en contagiárseme».

Las teorías infundadas de Streicher no se centraban solo en los judíos; también tenía ideas estrafalarias sobre cómo los alemanes debían prepararse para el combate que salvaría al país. Le dijo a Lüdecke, por ejemplo, que era importante ayunar antes de la dura prueba que les aguardaba. Y como Streicher sostenía que «Jesucristo había dado cerezas a sus discípulos», convenció a Lüdecke de que ellos también debían intentar sobrevivir tan solo a base de cerezas.

Lüdecke y Streicher compartieron una habitación en un pueblo, mientras probaban el nuevo régimen alimenticio. Lüdecke compraba las cerezas a un productor local. Pero, aunque el entusiasmo de Streicher era «contagioso», este carecía de fuerza de voluntad y el plan se hizo trizas al tercer día, cuando Lüdecke encontró al compañero en un restaurante, tomándose una tortilla «enorme».[52]

En noviembre de 1921, en su gira por diversos partidos *völkisch* de Baviera, Streicher llevó a sus partidarios a la Deutsche Werkgemeinschaft, la organización fundada por el profesor Dickel, el rival al que Hitler tanto odiaba. Una vez instalado en el nuevo partido de Dickel, Streicher rebautizó el periódico propagandístico que poseía con el nombre de *Deutscher Volkswille*, «La voluntad del pueblo alemán», y publicó material antisemita de la condición más vil.

Esto ofendió a Dickel, que no deseaba contenidos tan extremos. Hitler vio en ello una oportunidad y se acercó a Streicher con una oferta atractiva: los nazis saldarían las deudas contraídas por el periódico y Streicher podría ser el Gauleiter (jefe de un distrito nazi) de su Franconia nativa, el área de Baviera que incluye la ciudad de Núremberg. Pasar de Dickel a Hitler y al mismo tiempo liberarse de las deudas resultó una propuesta irresistible, por lo que Streicher no solo se afilió él mismo al Partido Nazi en octubre de 1922, sino que convenció a muchos de sus seguidores de que hicieran lo mismo.[53]

He ahí una razón mucho más compleja de porqué Streicher adoraba a Hitler, y no la razón que expuso posteriormente; pues, aunque es posible que se sintiera arrobado por la oratoria de Hitler, solo se convirtió al nazismo después de que le hubieran planteado la mencionada oferta, muy ventajosa. En cuanto a Hitler, que Streicher desertara del equipo de Dickel sin duda le complació doblemente: no solo había conseguido expandir el Partido Nazi mediante su método favorito —la absorción—, sino que había frustrado a un rival al que odiaba.

Hitler era consciente de que Streicher era un radical impredecible, casi un desequilibrado. Años más tarde rememoró que Dietrich Eckart le había comentado que Streicher era un «lunático», pero añadió que los nazis nunca habrían triunfado de no haber acogido en su movimiento a tal clase de personas.[54] Según era de prever, mantener a bordo a extremistas como Streicher —que además corrían a pelearse con sus camaradas— no fue fácil. Las rivalidades internas y las alianzas variables fueron características del Partido Nazi hasta sus últimos días. Lo que es importante tener en cuenta en este momento es que las luchas internas fueron comunes desde el primer momento; era inevitable, desde el momento en que se invitaba a participar a «lunáticos» como Streicher.

Lo que Hitler aspiraba a crear —según escribió en enero de 1922— era un partido de «lucha y acción»;[55] en consecuencia no solo dio la bienvenida a guerreros ya curtidos como Streicher, Hermann Göring y Ernst Röhm, sino que se esforzó por atraer a otros que buscaban la emoción y el peligro. Según dijo en un discurso del verano de 1922: «Quien hoy luche a nuestro lado no podrá ganar grandes laureles, menos aún obtener bienes materiales de importancia; de hecho, lo más probable es que termine en la cárcel». Lo importante, dijo, era que los nazis estaban impulsados por (lo que a su entender eran) motivos honorables: Hitler tenía «la convicción de que nuestro Movimiento no se sostiene en el dinero ni la sed de oro, sino tan solo en nuestro amor por el pueblo alemán, que debe renovarnos siempre los ánimos, que debe llenarnos siempre el corazón de valor para el combate».[56] Como no podía ser menos, tales palabras atraían en especial a los alemanes más jóvenes; según veremos en un capítulo posterior, este hincapié en la juventud rentó a los nazis beneficios psicológicos de importancia.[57]

Aquellos tiempos eran violentos. Pero la agrupación nazi destacó desde el principio por ser uno de los partidos más entregados a la violencia. En particular la *Sturmabteilung* o SA («sección de asalto») atrajo a gran cantidad de jóvenes de especial dureza, entre ellos, exmiembros de los Freikörper o Cuerpos Libres.

Ernst Röhm interpretó un papel crucial en el crecimiento de la SA. Utilizó sus contactos entre los múltiples grupos derechistas para ayudar a desarrollar y a pertrechar aquellas unidades paramilitares del nazismo. Era obvio que quizá la SA acabaría siendo una organización difícil de controlar, pero Hitler estaba dispuesto a asumir el riesgo. Sin ellos no podía manejar un partido de «lucha y acción».

Hitler hizo cuanto pudo por personificar tal necesidad de combate. Así, no solo empleó a sus matones para mantener el orden durante sus discursos, sino que también los guio en batallas contra oradores políticos rivales. En septiembre de 1921 irrumpieron en la cervecería Löwenbräukeller, en Múnich, para reventar un mitin del Bayernbund, una agrupación monárquica. Los partidarios del nazismo empezaron por gritar sin descanso el nombre de Hitler, de modo que ahogaban las palabras del orador; pero el hostigamiento no tardó en dar paso a una batalla campal. Hitler fue sometido a juicio por el papel que interpretó en estos actos violentos y tuvo que pasar un mes en la cárcel.[58]

Los nazis de la SA —los camisas pardas— no solo reventaban los mítines de otros grupos, sino que también provocaban a los comunistas adentrándose en su sector de la ciudad. Emil Klein se sumó a la SA en los primeros años de la década de 1920 y contaba que él y sus camaradas «preferíamos recorrer las calles de los barrios rojos» porque «queríamos tener a los comunistas de nuestra parte». A nadie podría sorprender, no obstante, que este acto de provocación evidente resultara con frecuencia en enfrentamientos entre los dos grupos.[59]

Hitler también provocó a los comunistas al decidir que el color más asociado con su movimiento, el rojo, sería el predominante en las banderas y los brazaletes del Partido Nazi. En aquellos primeros días esta estrategia podía generar cierta confusión. «Recuerdo la primera vez que mi padre [que era nacionalista] me vio con el brazalete rojo y la esvástica —contaba Emil Klein—. "¿Es que no te da vergüenza andar por ahí con un brazalete rojo?", me dijo. Así que le contesté: "Creo que no te has fijado en que hay también una esvástica". "Sí, ¡pero es rojo!"».[60]

A pesar de estas acciones, con las que buscaba aparecer en los titulares, el Partido Nazi no lograba salir de la periferia de la vida política de Baviera. En el verano de 1921 tan solo unos pocos miles de personas se habían incorporado al movimiento: menos del 1 % de la población de Múnich. Dieciocho meses más tarde, a finales de 1922, los integrantes del partido seguían siendo solo 22.000; el crecimiento había sido rápido, pero el total era aún casi insignificante en comparación con los grupos consolidados.[61] Como respuesta a este desafío, Hitler intentó —entonces y más adelante— aprovechar las oportunidades que se le iban presentando. El Partido Nazi prosperó en los contextos de confusión y desesperación y, en la Alemania de 1923, ambas circunstancias iban a abundar.

A finales de 1922 era evidente que los alemanes no podrían satisfacer las reparaciones que debían pagar a los Aliados. El importe, según habían previsto muchas voces, era simplemente demasiado elevado. Así las cosas, para imponer el cumplimiento, en enero de 1923 soldados belgas y franceses entraron en el Ruhr: el corazón industrial de Alemania, desmilitarizado después de Versalles.

Werner Best, a la sazón un estudiante universitario (que acabaría ocupando una posición destacada en la SS), era de la opinión de que esto suponía un peligro colosal para Alemania. Era demasiado joven para haber combatido en la primera guerra mundial, pero a su juicio la ocupación del Ruhr anunciaba el inicio de otro conflicto épico en el que —ahora sí— podría participar. «Nos enfrentamos ahora a un ambicioso plan de exterminio de los franceses —escribió en 1923—. Será preciso aclararle a nuestro pueblo cuáles serán las consecuencias, cuál es la naturaleza implacable del plan de exterminio francés. ¡Resistencia y combate, o nos aniquilarán sin piedad! Para nosotros, ahora más que nunca, solo importa una única cosa: estar preparados».[62]

El gobierno alemán no estaba de acuerdo. Dada la debilidad del ejército patrio, el gabinete decidió no enfrentarse a los franceses en el campo de batalla; el canciller, Wilhelm Cuno, optó en su lugar por pedir a los obreros del Ruhr que se resistieran a los ocupantes declarándose en huelga. Pero el gobierno seguía pagando a los funcionarios que, a consecuencia de la huelga, habían dejado de trabajar. Esta fue una de las razones por las que la inflación alemana —que ya era elevada— ascendió a niveles estratosféricos.

Bernd Linn, que creció en Baviera en este período, recordaba a clientes del comercio de su padre que eran incapaces de costearse los alimentos básicos: «Para quien fue peor fue sobre todo para los ancianos, porque en el período de la inflación el dinero con el que podían contar no les llegaba para nada». La inflación no tardó en dar paso a la hiperinflación, y cuando Linn llevaba los ingresos diarios al banco, situado en la acera de enfrente, acabó necesitando una «cesta» para lo que era ya una cantidad ingente de papel moneda.[63]

Emil Klein también rememoró «el padecimiento de la gente, porque el hambre se hizo terrible. Lo peor de todo es cómo acabó la cosa, con la inflación. Cuando lo pienso, ¡una vez pagué cuatro millones [de marcos] por un hojaldrito de salchicha! Se me ha quedado grabado en la memoria, ¡me costó cuatro millones!».[64]

Hoy resulta difícil apreciar el sentimiento de crisis que provocó esta suma de la hiperinflación y la ocupación del Ruhr; la humillación que millones de alemanes sintieron cuando su dinero perdía todo el valor y el antiguo enemigo entraba en una región vital de su país. Para los nacionalistas alemanes fue otra prueba más de la impotencia del Estado, otro signo de deshonor.

Los nazis no habían aceptado nunca la legitimidad de la República de Weimar y afirmaron que el Tratado de Versalles y la presente dureza económica representaban tan solo dos de los fracasos manifiestos del régimen. Además, se veían a sí mismos como revolucionarios y creían que la ocupación del Ruhr era otro ejemplo más de por qué la revolución era necesaria. Por lo tanto, no es de extrañar, en este clima de tanta agitación, que algunos partidarios del nazismo decidieran que había llegado el momento de tomarse la justicia por la mano.

Este fue el telón de fondo de un asesinato sangriento que se produjo en el norte de Alemania en mayo de 1923. El crimen posee una importancia especial porque nos permite comprender mejor la mentalidad de dos nazis que más adelante destacarían por su infamia: Martin Bormann, que durante la segunda guerra mundial fue uno de los consejeros más poderosos de Hitler, y Rudolf Höss, que ayudó a establecer el campo de concentración de Auschwitz, en 1940, y en su calidad de comandante supervisó el centro donde se perpetró el asesinato masivo más multitudinario de la historia.

Bormann, que había nacido en 1900, se incorporó al ejército alemán durante la primera guerra mundial, pero no llegó a entrar en combate. En 1923, cuando era ya un antisemita acérrimo, gestionaba una hacienda agrícola en Mecklemburgo, en el norte de Alemania. Cerca de allí vivía Rudolf Höss, también de veintipocos años. A diferencia de Bormann, él sí había luchado en las trincheras y luego, como miembro de un Freikorps, también en un sangriento conflicto de la zona báltica. Höss, que se había unido al Partido Nazi un año antes, vivía en un hostal junto con otros jornaleros de la agricultura, que en muchos casos eran de ideario nacionalista; tanto es así que se los conocía colectivamente como «la gente de la esvástica» o «de Rossbach» (por el apellido del comandante del Cuerpo Libre al que habían pertenecido, Gerhard Rossbach).[65]

A principios de 1923 se unió a su grupo un joven obrero, Walther Kadow, que pronto devino impopular. No solo pedía prestado dinero a los nuevos camaradas, sino que estos sospechaban que se dedicaba a espiarlos. En consecuencia, lo expulsaron de la hacienda agrícola y de la ciudad. Höss y sus amigos le hicieron saber que si lo volvían a ver, tendría un problema. Pero lo volvieron a ver, el 31 de mayo, bebiendo en una taberna local. Bormann, que había estado entre los impulsores de su expulsión, les dejó el coche a Höss y sus camaradas y sugirió que le dieran una paliza. La idea les pareció perfecta, se trasladaron a la taberna, ataron a Kadow —que estaba borracho— y lo metieron en el coche.

En un campo cercano, le dieron una paliza con un bastón y una porra. Según el veredicto del tribunal que lo juzgó, Höss «aporreó a Kadow con suma violencia». Arrastraron de regreso al joven, que había quedado inconsciente, y lo metieron en el portaequipaje de la parte trasera del coche. Mientras se alejaban, debatieron sobre qué hacer con él: si llevarlo al hospital o liquidarlo y deshacerse del cadáver. El grupo apostó por la propuesta de Höss: matar a Kadow y ocultar el cuerpo en el bosque.

En la espesura, uno de los asaltantes le cortó la garganta, y también le pegaron dos tiros (no se ha averiguado con certeza quién empuñó el arma). Enterraron el cuerpo en una tumba poco profunda, prendieron fuego a sus pertenencias y el grupo se alejó con la intención de lavar el coche antes de devolvérselo a Bormann.

Al día siguiente, como circulaban rumores de que a Kadow lo habían matado, Bormann aconsejó a Höss que él y sus amigos desaparecieran por un tiempo, si habían «cometido algún error». Pero ninguno de los asesinos le hizo caso, pues pensaban que si huían, solo atraerían aún más la atención.

La verdad del asesinato se descubrió varias semanas más tarde, cuando uno de los conspiradores le confesó el crimen a un periodista. Le daba miedo que sus colegas pudieran volverse en su contra y, según el editor a quien reveló la historia, daba la impresión de ser «un animal al que se persigue para matarlo». En el juicio, que tuvo lugar al año siguiente, se halló culpables a todos los miembros del grupo, con sus respectivas condenas de cárcel: para Höss, diez años; para Bormann, como cómplice, un año.

En apariencia aquello se reducía a una historia sórdida de un asesinato brutal. Pero puso de relieve cuál era la actitud de Bormann y Höss en su juventud y manifestó asimismo cómo los percibían los demás. Poco después de que el crimen se descubriera, un periodista comentó que Höss y sus camaradas eran «unos bandidos» que habían formado «un estado dentro del estado» de Mecklemburgo. Por otro lado, se consideraba «seguro» que «estas "bandas de Rossbach", armadas, trabajan en colaboración con los terratenientes».[66] La acusación es plausible, porque Bormann era el gestor de la hacienda y porque cuando la divisa alemana se hundió, los productos agrícolas empezaron a ser objetivos deseables para los ladrones. A un terrateniente, la banda de matones de un Freikorps podía ofrecerle una protección útil.

En las memorias que escribió en la cárcel —después de que lo condenaran en Núremberg por sus crímenes de guerra—, Höss intentó defender el asesinato alegando que Kadow había traicionado a otro camarada, Albert Schlageter, denunciándolo ante las autoridades francesas del Ruhr. También escribió que «los Cuerpos Libres, y las organizaciones que les sucedieron [...] administraban justicia por sí mismos [...] a la manera de los antiguos germanos». Luego insistió en que como «con toda probabilidad» ningún tribunal alemán hubiera castigado a Kadow, «no tuvimos más remedio que dictar sentencia nosotros».[67] Pero en el juicio no se aportó ninguna prueba de que Kadow hubiera participado en la denuncia que traicionó a Schlageter. Apenas cabe duda de que, años más tarde, el único interés de Höss era justificar el asesinato. Consideraba preferible presentarse como un asesino con principios que como un borracho resentido.

Los acusados fueron descritos en su momento como «personas con instrucción militar, sin excepciones», y un artículo de prensa destacó a Höss por ser «un hombre supuestamente culto. Completó los estudios de secundaria y se sopesó si valdría para oficial. Pero nada más verle la cara, con esa boca dura y barbilla agresiva, comprendes que es capaz de cualquier brutalidad».[68]

También vale la pena recoger aquí la reacción de Höss y Bormann a sus condenas. A los pocos días de conocerse la sentencia, Höss le escribió a un amigo, en tono desafiante: «Menos nuestros camaradas y la gente que nos conoce bien, todo el mundo piensa que somos la escoria de la humanidad. Es así, pero a mí no me preocupa. Siempre me ha importado un rábano la opinión de la mayoría. Tengo fe en el triunfo de nuestra causa y fe en mis líderes y mis camaradas. Da igual lo que pase, nosotros no cambiaremos, tampoco en la cárcel. Para mí esto no es ningún deshonor».[69] Höss también creía que el régimen vigente no tardaría en caer. Según dejó escrito más adelante: «la crisis política del Reich era tan grave que parecía inevitable que el gobierno fuera derrocado, por un bando o por el otro».[70]

En agosto de 1929, cuatro años antes de que los nazis ascendieran al poder, Bormann escribió un artículo para el periódico nazi *Völkischer Beobachter*, con el título «En las mazmorras de la República». Hizo hincapié en que él y los otros condenados «estábamos plenamente convencidos, y aún lo estamos hoy, de que hicimos lo correcto, y no ningún mal, por lo que no merecíamos castigo sino elogio». Sea como fuere, el encarcelamiento «nos endureció; no nos enseñó a amar esta supuesta "república" ni a sus portaestandartes, sino que profundizó y reforzó nuestro amor por nuestro *Volk* y, al mismo tiempo, el odio a todos aquellos que creen que pueden jugar con este *Volk*».

Una vez que habían comprendido —dijo Bormann— que se estaba «engañando sin cesar» a «nuestros camaradas nacionales», tanto por parte «de los marxistas como de los partidos que llaman "burgueses"», esto «nos impulsa a combatir sin descanso contra las alimañas y los enemigos del Volk». Concluyó afirmando que «seremos leales hasta la muerte al hombre que, en razón de su talento y sus cualidades de liderazgo sin igual, se bastará para guiar a nuestro *Volk* hasta el sol, hasta que recupere la libertad: Adolf Hitler».[71]

Así pues, Höss y Bormann defendieron que la suya era la historia de unos revolucionarios que luchaban contra un régimen corrupto, por mucho que el crimen por el que se les había condenado —el asesinato brutal de un borracho— sería delito en cualquier sistema legal civilizado. Pero ellos solo reconocían sus propias «leyes», que a su juicio los excusaban de sus actos.

Resulta significativo que Höss no solo estuviera habituado a la violencia, sino también a idolatrar a líderes carismáticos. Mientras sirvió en el Freikorps, estuvo convencido de que los jefes de las sucesivas unidades poseían una autoridad casi divina. En sus memorias escribió que todos los miembros de los Freikörper estaban «unidos al jefe de su Cuerpo por un juramento personal de lealtad. El Cuerpo vivía o moría con su jefe. Esto desarrolló un sentimiento de solidaridad y un *esprit de corps* que nada podía destruir [...] ¡Pobre de quien intentara dividirnos o traicionarnos!».[72] Tales palabras podría haberlas escrito igualmente Höss, y muchos otros adeptos del nazismo, para describir su relación con Adolf Hitler.

Este pensamiento también estaba profundamente marcado por el «Ellos y Nosotros». Era exactamente la forma de pensar que Hitler promovía.

3

Liderar como un héroe

El fracaso de Hitler en su intento de provocar una revolución general en Alemania, en noviembre de 1923, debería haber provocado el fin de su carrera y la mutilación de los nazis como fuerza política. Pero sobrevivieron tanto el líder como el partido; y en el proceso Hitler reforzó sus credenciales de liderazgo. Fue un resultado extraordinario cuyas razones nos darán pistas cruciales para entender no solo la naturaleza del poder de atracción de Hitler, sino también las peculiares características del movimiento nazi. Por encima de todo, esas razones ponen de relieve que a Hitler le resultó muy valioso, desde una perspectiva psicológica, que sus partidarios pasaran a considerarlo un «héroe».

A principios de 1923 Hitler puso de relieve, una vez más, que distaba de ser un líder político «normal». Su tendencia a la impulsividad —rozando con la histeria— se manifestó en enero, cuando las autoridades bávaras prohibieron una concentración del Partido Nazi. Hitler amenazó con celebrarla a pesar del veto y proclamó que no vacilaría en arriesgar la vida para tal fin.[1] Irónicamente recayó sobre Ernst Röhm —que no era precisamente poco impetuoso— maniobrar para encontrar una salida, y negoció con las fuerzas de seguridad bávaras asegurándoles que si se les permitía continuar con la concentración, no derivaría en un intento de golpe de Estado.

Tanto en la concentración consiguiente —organizada en la zona muniquesa del Marsfeld (o Campo de Marte), el 28 de enero, en presencia de varios miles de miembros de la SA— como en los diversos mítines en los que tomó la palabra la noche antes, Hitler recibió los vítores de sus adeptos. Pero su posición no era tan segura como ellos imaginaban. Un buen ejemplo era su relación con Ernst Röhm.

Durante este período, para empezar, Röhm no se dedicaba en exclusiva a los nazis: también era integrante de muchos otros grupos derechistas. Además, no necesariamente se consideraba discípulo de Hitler, sino más bien una especie de socio. Se tenía por el cerebro militar del movimiento, y a Hitler, por el político que encendía a las masas. Röhm era consciente de que Hitler lo necesitaba porque controlaba el armamento que se había cedido en secreto a los grupos paramilitares de la derecha.

Cuando el invierno dio paso a la primavera de 1923, la situación política y económica de Múnich se tornó aún más inestable. Las autoridades de Baviera temían que el 1 de mayo los nazis emprendieran un intento concertado de incitar a la violencia. Tradicionalmente esta fecha era un día de celebración de la izquierda, pero Hitler quería subvertir la ocasión. Sabía que además el 1 de mayo era también el cuarto aniversario de la batalla por Múnich de 1919, cuando los Freikörper armados habían ayudado a liberar la ciudad del gobierno de los comunistas.

El momento era pues un buen símbolo de la cuerda floja, especialmente insegura, por la que transitaban las autoridades bávaras: temían al mismo tiempo un levantamiento de los socialistas y un golpe de Estado de la derecha. Con el afán de reducir la tensión, el general Otto von Lossow, comandante del ejército en la región, ordenó que se prohibiera a los nazis manejar armas. Röhm hizo caso omiso de la orden de Lossow y, una noche antes de la manifestación prevista, organizó la entrega de un coche blindado a «una compañía de alquiler de coches» de la ciudad.[2] Sin embargo, este acto de desafío no tuvo continuidad. A la postre los nazis no culminaron los preparativos detallados imprescindibles para enfrentarse al estado bávaro y el 1 de mayo las manifestaciones transcurrieron con tranquilidad.

Pese a todo, el incidente puso de manifiesto las tensiones existentes en Baviera, no solo entre la derecha y la izquierda, sino también dentro del gobierno y de las fuerzas armadas. Pues Röhm no era el único oficial del ejército partidario de una insurrección armada y hasta entonces aún no se había puesto a prueba cuántos de sus camaradas se pondrían a favor de una revolución de la derecha. Hitler sabía que esta era la cuestión trascendental, pues cualquier intento de levantamiento de los nazis estaría condenado al fracaso si no atraía a las fuerzas armadas.

Este no era el único factor desconocido que Hitler debía gestionar. También se vio obligado a cooperar con otros grupos derechistas. El incidente de Dickel, dos años antes, había revelado hasta qué punto odiaba toda forma de colaboración; pero en aquel momento no tenía elección. Los nazis, por sí mismos, sencillamente carecían del poder suficiente para fomentar una revolución.

En septiembre de 1923, después de que los nazis participaran en una concentración de grupos nacionalistas, en Núremberg, Hitler accedió a sumarse a la nueva Deutscher Kampfbund («Liga de Combate Alemana»). Esta organización paraguas incluía también a grupos de matones como el Freikorps Oberland y la Reichskriegsflagge, una entidad paramilitar formada por Röhm aquel mismo año. Y aunque se reconocía que Hitler era el mejor orador de la concentración y se le aceptó como el líder político, no por ello se le cedió el control general. Entre otras razones, porque la figura icónica del general Ludendorff estaba agazapada entre bambalinas. Ludendorff, como antiguo jefe del Ejército de Tierra alemán durante la primera guerra mundial, ya había participado en el Putsch de Kapp, en 1920, un golpe de Estado fallido contra el gobierno de Berlín. En aquel momento, tres años después, aspiraba de nuevo a destruir la República de Weimar.

La relación exacta entre Ludendorff y Hitler —entre el general y el soldado de a pie— nunca se había definido con precisión. ¿Quién era el auténtico líder? ¿Quién iba a asumir el mando general si la revolución triunfaba? Era una indefinición especialmente problemática porque Ludendorff tenía experiencia en socavar la posición de la persona que nominalmente manejaba el poder, según habían demostrado él y Hindenburg durante la primera guerra mundial, cuando privaron al káiser del control efectivo sobre el ejército. ¿Haría ahora lo mismo con Hitler? Por encima de todas estas incertidumbres estaba una incógnita gigantesca: ¿cómo evolucionaría a lo largo de 1923 la situación política y económica general del país? Una duda crucial era si la crisis del momento seguiría agravándose. Las revoluciones no son precisamente propias de los días de calma, por lo que los nazis, para tener éxito, necesitaban tiempos tempestuosos.

En septiembre pareció que sus deseos se cumplían, cuando el gobierno de Baviera protestó ante la decisión del nuevo canciller alemán, Gustav Stresemann, de poner fin a la resistencia pasiva en el Ruhr y buscar un acuerdo con los franceses. Este pacto enojó a muchos bávaros, y, en respuesta, se nombró a Gustav von Kahr comisario del estado de Baviera, revestido con poderes de dictador. Lo apoyaban Otto von Lossow, comandante del ejército en la región, y el coronel Hans von Seisser, de la policía estatal de Baviera. Por un lado, esto representaba una oportunidad para Hitler, porque el enfrentamiento entre el gobierno nacional (en Berlín) y el regional (en Múnich) era serio; pero por otro, por su modo de actuar, el nuevo gobernante de Baviera, Kahr, parecía encarnar la figura de dura autoridad que muchos estaban deseando.

«Hitler no era el único hombre fuerte —recordaba un camisa parda nazi—. A Kahr le dieron poderes dictatoriales para que contrarrestara las novedades que ya no se podían tolerar [...] Y Kahr, que era funcionario gubernamental, era una página en blanco y se hallaba de hecho a la par de Hitler, al mismo nivel».[3]

Entre tanto, Alemania seguía sumida en una crisis económica. En octubre la hiperinflación había llegado a tal punto que Röhm pagó mil millones de marcos por un almuerzo.[4] Pero nadie sabía cuánto durarían los problemas. Hitler tenía claro que, si no actuaba con prontitud, corría el riesgo de que el momento idóneo para la revolución se le escapara. Para los nazis, diversos ejemplos de otros lugares eran un motivo de esperanza. El año anterior el líder fascista Benito Mussolini se había alzado con el poder en Italia después de una «Marcha sobre Roma» a la que se había dado mucha publicidad. ¿Acaso los nazis podrían lograr algo parecido?

En noviembre de 1923 Hitler se hallaba intentando reconciliar una multitud de presiones en competencia: la SA le reclamaba acción; debía gestionar la constelación de personalidades difíciles que le rodeaban, entre ellas, el «héroe» de la primera guerra mundial, el general Ludendorff; temía que Kahr y sus socios impusieran un dominio «fuerte» propio en Baviera; y no era fácil predecir cómo responderían la policía y el ejército desplegados en Múnich a un intento de golpe de Estado. Por encima de todo, Hitler debía lograr la cooperación de las tres figuras más poderosas de Baviera: Kahr, Lossow y Seisser. Sabía que una iniciativa nazi solo podía ser la chispa que prendiera una revolución, pero que por sí solos los nazis no serían capaces de sostenerla.

Este es el telón de fondo ante el cual Hitler decidió organizar uno de los asaltos al poder más estrafalarios de la historia. Su plan pasaba por reclutar a las tres personas que en aquel momento ostentaban el poder en Baviera para dar un golpe contra las que lo ostentaban en Berlín. Según afirmó más adelante: «Aquella fue la decisión más precipitada de mi vida. Cuando la observo desde el presente, siento mareos».[5] No por primera vez, ni ciertamente por última, Hitler se fio de su instinto para guiar sus acciones.

El 8 de noviembre de 1923, las citadas tres grandes figuras iban a asistir a una concentración pública en la Bürgerbräukeller de Múnich. Hacia las ocho y media de la noche, mientras Kahr hablaba ante la multitud, Hitler y sus camisas pardas entraron en el edificio con las armas desenfundadas. Lanzaron un disparo al techo y anunciaron que allí se iniciaba la revolución. Hitler hizo salir de la sala grande a Kahr, Seisser y Lossow, y se los llevó a una cámara trasera. Allí —todavía con la pistola en la mano— les anunció su plan para el gobierno de Alemania. Él sería el responsable supremo, con funciones subordinadas para los otros tres grandes hombres de la habitación, así como para Ludendorff. ¿Le apoyaban? Vacilaron un tiempo, pero a la postre aceptaron una oferta que difícilmente podían rechazar. Ludendorff, por su parte, se había presentado para dar respaldo al golpe a la vez que afirmaba que los acontecimientos de la noche le habían cogido por sorpresa.

En este punto, todo echó a andar. Hitler se marchó para verificar cómo estaba avanzando el golpe en otros puntos de la ciudad y encargó a Ludendorff que se ocupara de Kahr, Seisser y Lossow. Ludendorff no tardó en ponerlos en libertad. Según dijo más adelante, le habían prometido que seguirían apoyando el alzamiento. Pero como les habían obligado a anunciar su cooperación a golpe de pistola, enseguida dijeron que se oponían a aquel proyecto tan mal concebido.

A la mañana siguiente, con el afán de insuflar nueva vida a un plan que se les había torcido del todo, Hitler y la SA iniciaron una marcha por Múnich. «No nos imaginábamos que se trataría de una marcha armada con el fin de apoderarnos de Berlín por la fuerza —rememoró Emil Klein, el camisa parda nazi, presente aquel día—. En teoría iba a ser una marcha propagandística, una manifestación». En todo caso la «manifestación» nazi, calcada sobre el modelo de la marcha de Mussolini sobre Roma, tan solo logró avanzar una cantidad irrisoria de kilómetros. A la altura de la Feldherrnhalle, un monumento bélico de Múnich, se toparon con unidades armadas de las fuerzas de seguridad de Baviera. En contra de lo que esperaban, pues, los nazis no habían conseguido cumplir con la condición previa más esencial para su éxito: convencer a una cantidad significativa de efectivos del ejército y la policía bávaros de que se pusieran de su parte. No se sabe quién disparó primero; pero en el posterior tiroteo de la Feldherrnhalle, catorce nazis y cuatro policías perdieron la vida.[6]

Era difícil saber por qué fin habían muerto los golpistas. Lo único que parecía evidente es que los nazis habían demostrado ser unos revolucionarios de pacotilla. Y, sin embargo, por increíble que resulte —gracias a una de las operaciones de propaganda más exitosas de la historia—, la muerte de aquellos hombres en el transcurso de un plan desastroso fue representada después como algo heroico. Se les declaró mártires de la causa nazi. En la práctica fueron unos revolucionarios mucho más efectivos una vez muertos que cuando estaban vivos.

Esto es aún más llamativo si tenemos en cuenta que, durante el golpe, Hitler tomó una serie de decisiones catastróficas. Algo del todo inusual en él fue que dejó que las circunstancias dictaran sus acciones. Una vez que Kahr y los otros habían escapado de la Bürgerbräukeller, se quedó desconcertado. La marcha por Múnich se organizó a toda prisa porque en realidad a nadie se le ocurrió nada mejor. El liderazgo de Hitler había resultado ser débil y nada efectivo.

Todos los que participaron en el Putsch habían cometido alta traición. Pero en otro giro increíble, tras el golpe fallido, las autoridades bávaras se mostraron excepcionalmente benévolas con los perpetradores. Pensemos por ejemplo en qué pasó con quien era entonces un joven de veintitrés años, Heinrich Himmler. Había participado en el lanzamiento como integrante de la Reichskriegsflagge de Ernst Röhm; se conserva una foto de Himmler con gafas, de pie detrás de una alambrada del intento de golpe de Estado, sosteniendo el estandarte de la unidad. Himmler se había unido a Röhm en la ocupación del cuartel general del ejército en Múnich, y en la mañana del 9 de noviembre batalló contra soldados leales al régimen bávaro vigente.[7] Tras un tiroteo que costó la vida a dos revolucionarios, se llegó a un punto muerto con las unidades bávaras que rodeaban a los paramilitares. Los dos bandos entablaron conversaciones y, a la postre, se permitió que Himmler y los demás camaradas de la Reichskriegsflagge se marcharan en libertad, sin más.[8] Fue un primer indicio de hasta qué punto las autoridades de Baviera veían con buenos ojos los objetivos de esos paramilitares, aunque sus métodos les disgustaran.

Ernst Röhm, como Himmler, había pasado la noche del 8 al 9 de noviembre ocupando el cuartel general del ejército. Pero a diferencia de su joven camarada, cuando el golpe fracasó no logró escapar indemne. A él se le ofrecieron unas condiciones muy distintas: sus hombres podían marcharse en libertad si él quedaba bajo arresto. Las autoridades bávaras no se veían en situación de permitir que uno de los líderes más prominentes del Putsch escapara a toda censura. Aun así, una vez que Röhm llegó a la cárcel de Stadelheim (en el sur de Múnich) se le trató con gran consideración. Según los informes de la prisión se sentía tan seguro que actuó «con suma arrogancia».[9]

En cuanto a Ludendorff, su destino fue un síntoma claro de cuál era la posición de las autoridades de Baviera. Había participado en la marcha que había atravesado Múnich. Cuando se abrió fuego contra los manifestantes, cuenta la leyenda que se puso en pie, se dirigió hacia las fuerzas de seguridad bávaras y atravesó sus filas sin vacilar. Supuestamente era un ejemplo de valor, inscrito en la gran tradición de los oficiales imperiales de Federico el Grande. Pero diversos testigos (entre ellos, un diplomático estadounidense) sostuvieron que Ludendorff «se echó a tierra para evitar las balas».[10] La policía lo arrestó, aunque le permitió pasar a un arresto domiciliario. En cualquier caso, las autoridades bávaras no querían encarcelar a una de las figuras más famosas de la primera guerra mundial, por mucho que acabara de intentar un levantamiento armado.

A Julius Streicher no lo trataron con tanta indulgencia, aunque sí con mucha más amabilidad de la que merecía. Durante la mañana del 9 de noviembre había estado recorriendo Múnich para dar una serie de discursos sanguinarios con el afán de promover los apoyos al golpe. «La revolución corre por el país —proclamó ante un público de transeúntes—. Se ahorcará a los especuladores, ya sean cristianos o judíos [...] La hora de la vergüenza se ha acabado; ha llegado la hora de la libertad. Después de este momento solo habrá dos bandos: el partido del pueblo alemán, pobre, libre y leal, y el partido del usurero judío. ¿A qué bando queréis pertenecer? Quien no obedezca al nuevo gobierno nacional irá a la horca; pero quien sí lo haga será feliz».[11]

Después de estos exhortos improvisados, Streicher se sumó a la marcha que concluyó en la Feldherrnhalle. Lo arrestaron y no salió de prisión hasta febrero de 1924. Aunque lo despidieron del trabajo que realizaba —era maestro—, salió muy bien parado si tenemos en cuenta la naturaleza incendiaria de los discursos que pronunció en la mañana del 9 de noviembre.

Hermann Göring salió de la revolución nazi con un recordatorio más duradero. Había estado en la primera línea del asalto a la Bürgerbräukeller, y al día siguiente había marchado con Hitler y Ludendorff. Durante el tiroteo recibió un balazo en la pierna. Con un dolor atroz, sus camaradas lograron llevárselo y no reapareció hasta haberse presentado en un hospital austríaco. Allí recibió morfina, para aliviar el dolor, y se inició su adicción a este medicamento.

Adolf Hitler también logró huir del escenario del delito. Cuando el tiroteo empezó, cayó al suelo; no se ha podido determinar con certeza si lo empujaron o si se lanzó por propia iniciativa. Como era de prever, sus partidarios preferían la primera de estas dos explicaciones, y sus detractores, la segunda, interpretada como un síntoma de cobardía. El golpe le dislocó el hombro y lo trasladaron a la casa de un adepto, donde la policía lo encontró dos días después. Lo enviaron a la cárcel, a la espera del juicio. Este debería haber sido el fin de Adolf Hitler.

Justo antes de que la policía lo apresara, Hitler nombró a la persona que deseaba que liderara el Partido Nazi en su ausencia.[12] El elegido causó conmoción: era el editor del *Völkischer Beobachter*, Alfred Rosenberg, de treinta años. Procedía de Estonia, aunque era de etnia alemana. Ni siquiera los defensores más fervientes de Rosenberg —que nunca fueron muchos— lo habrían considerado un gran líder. De hecho, tampoco parece que él mismo se creyera bendecido por el don del liderazgo. Él se tenía ante todo por un intelectual; durante la primera guerra mundial, mientras Hitler, Göring y Röhm luchaban en el frente, Rosenberg había estado acabando un doctorado. Tras salir de Estonia emprendió una nueva vida en Múnich, donde se sumó a la Sociedad Thule, de ideario nacionalista y radicalmente antisemita.

Aunque su lealtad a Hitler era incuestionable, Rosenberg era una figura muy poco apreciada por los nazis. Entre otras razones, porque era asombrosamente aburrido: su temperamento no podía ser más opuesto al de figuras combativas como Goebbels o Streicher. Para hacerse una idea del carácter de Rosenberg, uno puede leer sus diarios, que poseen cierta relevancia histórica, pero resultan soporíferos. Por citar aquí una entrada típica: «La conferencia de la Sociedad Nórdica en Lubeca ha sido satisfactoria en todos los aspectos. Los discursos se entreveraban admirablemente».[13]

Todo esto hace que la pregunta de por qué Hitler eligió a tal clase de hombre para guiar al Partido Nazi resulte aún más intrigante. Una teoría es que le faltaban candidatos para el puesto, dado que muchos de los posibles aspirantes estaban en la cárcel o se habían dado a la fuga. Otra es que, de forma deliberada, quería dejar el partido en manos de un seguidor leal, pero de nulo carisma; alguien que en ningún caso pudiera representar una amenaza. A veces se cita esta última explicación como ejemplo de la astucia maquiavélica de Hitler y bien puede ser que, más adelante, él quisiera dar esta impresión ante el mundo. Pero equivale a presuponer que en aquel momento Hitler estaba pensando estratégicamente, cuando las pruebas de las que disponemos nos indican que se sentía a la vez desesperado y desanimado. Cuando la policía se dirigía a arrestarlo, se cuenta que había sacado el arma en un intento dramático de quitarse la vida, aunque se lo impidió la esposa de un adepto del nazismo, Putzi Hanfstaengl.[14]

Hitler, no solo en el momento mismo, sino en los días posteriores, quedó sumido en una depresión por el fracaso del Putsch. No se antoja probable que estuviera pensando en las implicaciones de elegir a una figura tan falta de sal como Rosenberg para la jefatura del Partido Nazi. A fin de cuentas, ¿cuál era el sentido de preocuparse por el nuevo líder de una organización que parecía a punto de descomponerse y que no tardaría en quedar prohibida? Lo que le angustiaba era que le culparan a él de la debacle, lo que supondría acabar con su carrera política. «Ya he tenido bastante —le dijo a Alois Maria Ott, el psicólogo de la prisión, diez días después del intento de golpe de Estado—. Si tuviera una pistola, la usaría».[15]

El desánimo de Hitler es relevante. No solo porque contradice la imagen popularizada por la propaganda —como el documental de 1935 *El triunfo de la voluntad*—, según la cual era un hombre que nunca perdía la fortaleza, tampoco en los períodos de presión; sino porque pone de manifiesto que la historia podría haber transcurrido de otro modo. Si las autoridades de Baviera lo hubieran querido, Hitler podría haber desaparecido para siempre de la escena política. En aquel momento él no controlaba los acontecimientos, sino que estaba sometido a ellos.

En consecuencia, no es muy adecuado bautizar como «Putsch de Hitler» el intento revolucionario de noviembre de 1923, aunque el nombre goce de bastante difusión. Se trató más bien de un «Putsch bávaro», con varios participantes al nivel de Hitler. Él y sus partidarios habían intentado el alzamiento porque creían probable que las autoridades bávaras lo respaldaran, dado que Kahr y sus colegas estaban en disputa con el gobierno nacional, con sede en Berlín; más aún, querían derrocar al gobierno de Berlín.

Paradójicamente, lo que ayudó a Hitler a salvarse fue precisamente el hecho de que él no fuera el líder singular del Putsch. Había hecho cuanto estaba en su mano para convencer de que se pusieran de su parte a Lossow y Seisser, que controlaban respectivamente el ejército y la policía de Baviera. Aunque no había logrado su fin, las conversaciones eran suficientes para hablar de connivencia entre Hitler y las autoridades bávaras. Kahr, Lossow y Seisser se hallaban en una posición vulnerable y poco convincente, pues, aunque no se habían manifestado a favor del levantamiento armado en el que Hitler participó, no se descartaba que también hubieran querido derribar al gobierno nacional. Ser consciente de ello ayudó a Hitler a salir de la depresión y convirtió en una farsa el juicio que se le hizo.

Cuando Hitler y los demás golpistas se presentaron ante el tribunal de Múnich que iba a juzgarlos, el 26 de febrero de 1924, en Baviera las cosas habían cambiado. Kahr había sido destituido y la economía se había estabilizado gracias a la introducción del Rentenmark, que no tardaría en convertirse en el Reichsmark. Como era evidente que Hitler y su variopinta banda de revolucionarios requerían de una crisis política para triunfar, dada la mejora de la situación, ya no se antojaba que fueran tan amenazadores.

Esto no significaba, desde luego, que Hitler no tuviera aún la posibilidad de avergonzar al estado bávaro. Por lo tanto, se tomó la decisión de tratarlo con indulgencia, tanto a él como a los demás golpistas. Como ejemplo especialmente claro de que así iba a ser, se nombró juez presidente a Georg Neithardt, que ya había demostrado sus simpatías por los nazis en un juicio celebrado dos años antes. En aquella fecha, Hitler había guiado a sus partidarios en el sabotaje al mitin de unos rivales en la Löwenbräukeller, pero se le acusó del delito más leve posible en aquellas circunstancias: alteración del orden público. Neithardt no vaciló en cabildear para que la posterior sentencia de tres meses de cárcel se conmutara por un mes de prisión, y el resto, en libertad condicional.[16]

Se suponía que el juicio de los golpistas iba a celebrarse en público, pero aun así hubo secciones que se realizaron en secreto. A fin de cuentas, la defensa de Hitler avergonzaba a las autoridades, pues no solo alegaba que él y sus adeptos esperaban que la policía y el ejército se pusieran de su parte, sino que se amparaba en afirmar que la revolución armada había sido planeada por el propio estado bávaro. Así las cosas, sin duda Hitler sabía que lo iban a tratar con indulgencia.

En consecuencia, podía mostrar un tono de desafío e intransigencia, sin que su conducta amenazara con incurrir en la ira de los jueces. Podía presentarse a sí mismo como un hombre de valor y de principios, dispuesto a asumir cualquier castigo que el estado quisiera imponerle, pero en ningún caso a renunciar a su honor. Así lo hizo, y la prensa alemana e internacional que dio cobertura al juicio destacó de forma clara que Hitler defendía su causa sin retroceder ni un milímetro.

Los discursos de Hitler ante el tribunal se hicieron famosos. «El ejército que hemos formado crece día tras día —afirmó—, crece hora tras hora, cada vez más rápido [...] Podéis declararnos culpables mil veces, pero la Diosa que preside el Eterno Tribunal de la Historia hará trizas, con una sonrisa, tanto las acusaciones del fiscal como el veredicto de esta corte. Porque Ella nos absuelve».[17] Este marcado tono de desafío benefició enormemente la reputación de Hitler como líder.

Aunque a menudo se atribuye a Hitler un egocentrismo dictatorial, en la práctica era consciente de que debía inspirar a sus seguidores y mantenerlos de su parte. Es habitual cometer el error —según explica el profesor Alex Haslam, experto en la psicología del liderazgo— de creer que el liderazgo versa sobre «el gran "yo"», cuando en realidad «todo gira siempre en torno de un "nosotros"».[18] Así pues, nadie se convierte en un buen líder porque cumpla con los requisitos de una serie de cualidades personales —plantea Haslam—, sino porque comprende las aspiraciones del grupo que lidera y quiere avanzar hacia a un objetivo común. Hitler lo comprendió bien y, durante el juicio, afirmó que había «resuelto ser el destructor del marxismo», un objetivo común con sus seguidores.[19] Más aún, el hecho de que durante la guerra Hitler hubiera sido un «soldado de a pie» significaba que podía presentarse como uno más de los millones de alemanes corrientes que se habían sentido traicionados por la clase dirigente tradicional. ¿Había acaso alguna prueba más clara de la fuerza del «nosotros» en su imagen?

Emil Klein fue uno de los muchos nazis que pensaban que la forma en la que Hitler había actuado durante el juicio había reforzado su reputación: «Yo me dije: "Pues ha salido con bien del problema pero comportándose con decencia delante del tribunal"».[20] Vale la pena destacar que Hitler había cumplido con otra de las cualidades que el profesor Alex Haslam considera deseables para el liderazgo, ya que si uno es un líder, lo que importa es si «la gente de tu grupo cree que tienes condiciones relevantes y beneficiosas para nosotros».[21]

Desde la perspectiva de Hitler estaba claro que él resultaba «relevante y beneficioso» para la comunidad, puesto que ya había demostrado su heroísmo. Sus adeptos ya sabían que durante la guerra había ganado una Cruz de Hierro que galardonaba su valentía, pero además ahora parecía alzarse desafiante ante la élite tradicional, que lo estaba acusando de alta traición. Durante el juicio se había referido específicamente a sí mismo como el «héroe» al que «la totalidad de la juventud alemana» invitaba a liderar la «lucha política».[22]

Según ha escrito el antropólogo Ernest Becker, «el héroe ha sido el centro de la aclamación y el honor humanos desde, probablemente, el mismo principio de la evolución específicamente humana. Pero antes, nuestros antecesores primates ya se prostraron ante los otros que eran más poderosos y valientes, e ignoraban a los que eran cobardes».[23]

En Alemania todo esto contaba con un telón de fondo cultural propio tal que muchas personas —en especial las de ideario *völkisch*— ansiaban que un «héroe» apareciera en escena para rescatar al país de su situación desesperada. El presidente de la Liga Pangermánica, Heinrich Class, había escrito justo antes de la primera guerra mundial que «hoy aún pervive en los mejores de entre nosotros la necesidad de seguir a un líder poderoso y capaz; todos los que aún no han sido seducidos por las enseñanzas de la democracia, que nada tiene de alemán, así lo anhelan».[24]

Durante el siglo anterior se había generalizado la convicción de que Bismarck, a quien se concedía el mérito de la Unificación alemana, había sido tal clase de líder potente; mucho más atrás en el tiempo se había ensalzado a Arminio (o Hermann), jefe de los queruscos, como un magnífico líder teutónico, capaz de derrotar a los romanos. Había monumentos a Bismarck repartidos por toda Alemania; también una estatua gigante de Arminio en el Bosque de Teutoburgo, que se había concluido en 1875 y era una de las atracciones turísticas más populares del país. Los alemanes, en suma, daban mucha importancia a los héroes. Su presencia en la cultura popular ayudaba a definir el sentimiento de «germanidad» en un Estado cuya unión apenas pasaba del medio siglo de vida.[25]

Para Hitler esto poseía también una dimensión personal. Según quien fuera su compañero de piso en Viena antes de la primera guerra mundial, el libro favorito de Hitler había sido *Die Deutschen Heldensa-*

gen («Las sagas de los héroes alemanes») y sentía una fascinación casi obsesiva por las óperas heroicas de Wagner; en particular, por *Lohengrin*, cuyo héroe era un caballero del Santo Grial. Según esta fuente, a Hitler «nada le parecía más digno de esfuerzo que una vida como la de ellos, repleta de actos valerosos de grandes consecuencias, la vida más heroica posible».[26]

No es difícil entender por qué Hitler —criado por un padre autoritario que bebía y lo apaleaba, y henchido de amor por una madre que había muerto de cáncer cuando aún era muy joven, en 1907, el mismo año en que la Academia de Bellas Artes de Viena lo había rechazado— debió de fantasear en la adolescencia con la idea de convertirse en un héroe y corregir así las deficiencias de su vida.

La primavera de 1924 le ofreció una ocasión idónea para proyectar por fin, ante aquel tribunal de Múnich, la imagen del héroe que había ansiado ser. Antes del juicio nunca había afirmado expresamente que se viera a sí mismo como el héroe que iba a rescatar a Alemania; era más bien el «tamborilero» que preparaba el camino para la aparición del héroe. Pero en este momento lo tuvo claro. El hombre al que esperaban era él.

Estaba en camino de convertirse en un arquetipo de «líder carismático», concepto que se ha usado para definir un tipo de liderazgo que se basa en muy gran medida en las cualidades personales del líder, antes que en el apoyo de una estructura burocrática. «Carisma», en este sentido, es una palabra neutral desde el punto de vista de la moralidad. Puede haber líderes carismáticos que usen su poder para sembrar el caos y la destrucción y otros que promuevan la paz y la hermandad.

Los estudios psicológicos han destacado la importancia del liderazgo carismático en nuestro desarrollo evolutivo, cuando nuestros antecesores pasaron de una existencia como cazadores y recolectores a vivir en pueblos y ciudades más grandes donde la presencia de líderes carismáticos ayudaba a unir a la población.[27] La investigación ha demostrado también que, en momentos distintos, se tiende a preferir distintos tipos de líderes: «En los tiempos de guerra y conflicto la gente prefiere líderes con rostros dominantes, de apariencia masculina; pero en los tiempos de paz prefieren caras que inspiran más confianza, más femeninas. Además, en los dominios del conocimiento tradicional se prefiere a líderes con rostros de más edad, mientras que para los desafíos nuevos se prefiere a otros de aspecto más juvenil».[28] No olvidemos a este respecto que se trata tan solo de una tendencia; la historia nos ofrece ejemplos que son contrarios a este análisis. Pese a todo, durante los años violentos e inestables que se vivieron justo después de la primera guerra mundial, es fácil comprender que alguien relativamente joven como Adolf Hitler poseyera cierta ventaja adicional frente a muchos de sus rivales.

En la teoría de la autoridad carismática, desarrollada por Max Weber antes de que Hitler se alzara con el poder, este sociólogo alemán defendía que las pruebas de «heroísmo personal» eran uno de los signos de que un líder poseía «un carisma genuino».[29] Ya hemos visto aquí que la suma de su historial de guerra más su comportamiento, durante el juicio de 1924, permitió que Hitler afirmara ser precisamente esta clase de héroe. Otro rasgo de enorme beneficio para los líderes carismáticos es la habilidad retórica; y según hemos visto también, esta característica era la más destacada de Hitler.

Pero la retórica florida de Hitler no convencía a todo el mundo. El general Otto von Lossow, por ejemplo, se refirió así ante el tribunal a sus conversaciones con Hitler durante 1923: «Al principio, la bien conocida elocuencia de Hitler, siempre encantadora y sugerente, me causó una gran impresión. Es del todo evidente que Hitler acertaba en muchas cuestiones, pero cuanto más lo escuchaba, más se debilitaba aquella primera impresión [...] Me di cuenta de que sus largas peroratas reproducían casi siempre los mismos puntos. Una parte de lo que comenta le resulta evidente a todo alemán de pensamiento nacionalista, y la otra parte daba fe de que Hitler había perdido la perspectiva de la realidad y dejado de comprender qué objetivos resultan viables y factibles». De todo ello, Lossow derivaba una conclusión muy poco halagüeña: Hitler no era más que «un aventurero partidista sin las cualidades de un buen político».[30]

El testimonio de Lossow nos recuerda una verdad que ya ha aparecido en estas páginas: Hitler te convencía, demostraba ser carismático, a condición de que estuvieras predispuesto a sentirte atraído por él. Lossow, un aristócrata curtido en mil batallas como oficial, supo captar cómo era. Aun así, esta valoración más elaborada de Hitler —según la cual era un agitador común, capaz de emocionar a la gente corriente, pero sin el talento de un político maduro— también resultaría problemática. Es en efecto la misma conclusión a la que varios otros alemanes de inteligencia clara y buena formación cultural llegaron durante los primeros años de la década de 1930. Esto tendría consecuencias catastróficas.

Aunque se declaró a Hitler culpable de alta traición, la sentencia que se le aplicó fue tan indulgente como era de prever: cinco años de cárcel. Cinco años que tampoco iban a ser tales, pues todo el mundo sabía que era probable que a los pocos meses saliera en libertad condicional. Otros recibieron un trato aún más amable. Röhm obtuvo directamente la condicional y pasó del tribunal a las calles de Múnich. Ludendorff fue absuelto de todos los cargos. El veredicto de los jueces —por risible que resulte— fue que el héroe no había comprendido que pretendían utilizarlo para dar un golpe de Estado. Como si esto no fuera suficientemente disparatado y farsesco, Ludendorff se negó a aceptar su exculpación, que calificó de «desgracia que este uniforme y estas condecoraciones no merecen». Como no logró convencer al tribunal de que modificaran la sentencia y lo condenaran, acabó por marcharse del edificio visiblemente enojado.[31]

El *New York Times* notició que «Ludendorff ha sido absuelto» y «Adolf Hitler, prácticamente absuelto», entre «las manifestaciones de alegría desbordada de los reaccionarios alemanes y la desolación genuina de los partidarios de la república alemana». El periódico se despachó a gusto contra «el concepto que el tribunal muniqués tiene sobre el castigo que debería corresponder a un traidor a la república alemana».[32]

Hay que atribuir a las autoridades bávaras, que en el juicio estuvieron representadas por el juez Neithardt, la responsabilidad de no haber eliminado el potencial de Hitler como futura amenaza. Así se reconoció ampliamente en aquel mismo momento, no solo en la prensa estadounidense, sino también en cabeceras europeas. El *Times* de Londres, por ejemplo, informó de que «en Múnich la gente se toma a chanza el veredicto» porque ha puesto de manifiesto que «en Baviera se considera que una conjuración contra la Constitución del Reich no es un delito grave».[33]

La pena de Hitler fue de «encarcelamiento en una fortaleza», encierro que pasó en las condiciones más cómodas que el sistema penal alemán podía ofrecer. En la prisión de Landsberg, al oeste de Múnich, recibía regalos de comida de los amigos y admiradores, así como multitud de visitas. Muchos de los guardias simpatizaban con los nazis. El trato que se le daba hacía pensar en las celebridades de nuestros días.

También dedicó el tiempo a trabajar en un libro, *Mein Kampf* (*Mi lucha*). Hitler, como sabrá todo aquel que haya intentado leer *Mein Kampf*, no destacaba como escritor. Pero compensaba la falta de técnica con la vehemencia de sus puntos de vista. La confusa estructura del libro queda unificada por un tema recurrente: el odio a los judíos. Después de afirmar —con falsedad— que en la Viena de preguerra ya expresó poderosamente su aborrecimiento antisemita, pasaba a culpar a los judíos de prácticamente todos los problemas de Alemania. *Mein Kampf* era una demostración más de que Hitler pensaba, en sus propias palabras, que «la única emoción estable es el odio».[34]

Uno de los puntos centrales de la obra era una asociación falsa, pero repetida una y otra vez, entre los judíos y el bolchevismo, el sistema político que Hitler despreciaba más. A su modo de ver, el propósito del nazismo era simple: destruir el (supuesto) poder de los judíos, corregir los «agravios» de Versalles, derrotar a los bolcheviques y crear una Alemania racialmente pura en la que todos los ciudadanos arios colaborasen como uno solo. Hitler aseveró asimismo que Alemania debía expandirse, creando un imperio en la parte occidental de la Unión Soviética. Años más tarde intentaría hacer realidad esta convicción.

Mientras Hitler elaboraba este tratado repleto de odio, el movimiento nazi tenía dificultades para sobrevivir. Las autoridades bávaras habían prohibido el partido y Alfred Rosenberg, en su condición de sustituto de Hitler, había fundado una organización alternativa denominada Comunidad Popular de la Gran Alemania. En ausencia de Hitler, como no era de extrañar, el nuevo grupo apenas tuvo impacto.

A este reemplazo del Partido Nazi no le ayudaba mucho que en Alemania se siguiera viviendo una recuperación económica constante. En agosto de 1924 se firmó en París el Plan Dawes, un nuevo acuerdo económico negociado por Gran Bretaña y Estados Unidos. Este acuerdo daba esperanzas a la economía alemana, pues ofrecía créditos al país, principalmente de origen estadounidense. El plan tuvo beneficios a corto plazo —la odiada ocupación del Ruhr no tardó en concluir— y también a largo plazo: la base industrial del país, y en especial la industria del acero, disponía del respaldo económico necesario para resurgir. En consecuencia, para una gran cantidad de alemanes, la inestabilidad que había fomentado la discordia estaba desvaneciéndose.

Aun así, los partidarios del partido prohibido no desaparecieron. Quedó un grupo ferviente de adeptos del nazismo, que en 1924 incluía a un joven renano sin empleo, Joseph Goebbels. En el momento del Putsch de la Cervecería contaba veintiséis años y estaba desilusionado con su vida. No le habían permitido combatir en la primera guerra mundial por una discapacidad —su pierna derecha era más corta que la izquierda y tenía el pie girado hacia el interior— y aunque se había doctorado en literatura alemana, no había encontrado una forma de dar salida a su talento.

En una nota reveladora de su diario, con fecha de 27 de octubre de 1923, Goebbels reflexionaba: «Ahora hay solo una cosa en la que sigo creyendo: como a la postre la verdad será más poderosa que la mentira, creo en la victoria de la verdad y en mí mismo. Esta creencia seguirá viva en mí, con toda energía y firmeza. Este pilar será la fuente de toda mi fortaleza y mi cordialidad. A fin de cuentas, es trivial en qué crea uno, a condición de que en efecto crea. La nación que pierde sus creencias se pierde a sí misma. Al pueblo se lo podemos quitar todo, pero no aquello en lo que quiere creer, ya sea Cristo o Roma o la raza o la nación o los dioses saben qué».[35]

Goebbels desarrolló la misma idea tres meses después: «Todo pensamiento es bueno; basta con poder demostrarlo convincentemente. Cada tiempo posee sus propias ideas, y en cada época esas ideas son las correctas. No son los tiempos lo que cambia, sino el hombre. El ideario que cuente con un paladín más poderoso será el más aceptado. La idea de que toda la existencia y todos los hechos son relativos es el único absoluto en el imperio de la mente».[36]

Como Goebbels interpretaría un papel central en los acontecimientos posteriores, estas revelaciones sobre su mentalidad son importantes. Aun así, sería superficial creer que afirmaba que da del todo igual en qué crea uno, mientras en efecto uno crea en algo; puesto que su relativismo queda matizado por el enorme hincapié en «la verdad». Aunque a su entender esta «verdad» podía variar de una época a otra, en cada período había una «verdad». La cuestión era encontrarla.

En la primavera de 1924 creyó haber dado con ella. Su «verdad» era el nazismo. Él y un grupito reducido de personas de mentalidad similar fundaron una rama del movimiento en la población renana de Rheydt, su ciudad natal. El hecho de que el Partido Nazi estuviera oficialmente prohibido no hizo que se arredraran; probablemente solo incrementó la sensación de aventura.

Aunque salía con una chica de origen judío, Goebbels había pasado a ser un antisemita vehemente.[37] «Lo que nos falta, en Alemania, es una mano dura. Hay que expulsar sin contemplaciones a la chusma judía, que se niega a inclinarse ante la idea responsable de la comunidad del pueblo [*Volksgemeinschaft*]», escribió en su diario el 4 de julio de 1924. Estos prejuicios se combinaban con el deseo de que una personalidad poderosa tomara el control del país: «Alemania anhela al elegido, al hombre, como la tierra anhela la lluvia en verano [...] Dios mío, ¡manifiéstale un milagro al *Volk* alemán! ¡Un milagro! ¡¡¡Un hombre!!!».[38]

No cabe duda de qué «hombre» consideraba Goebbels idóneo para hacer realidad ese «milagro». Tres meses antes había escrito: «Hitler es un idealista entusiasta. Es un hombre que le trae al pueblo alemán una fe renovada. Estoy leyendo su discurso y me siento inspirado, transportado a las estrellas. Su camino va del cerebro al corazón».[39]

Entregado al deseo *völkisch* de que un hombre fuerte salvara Alemania, Goebbels estaba predispuesto a sentirse atraído por la figura de Hitler, más aún después de su heroica actuación ante el tribunal del Putsch. El nazismo, por lo tanto, llenaba un hueco en la personalidad de Goebbels. Más que darle algo en lo que creer, el movimiento transformó por completo su vida. Su incapacidad le había impedido combatir en la guerra, pero se lanzó a la nueva batalla con el entusiasmo de un fanático.

Hacia la misma época en la que Goebbels descubrió su amor por Hitler y el nazismo, Heinrich Himmler también decidió, con veintitrés años, entregarse con devoción a la causa. Como hemos visto, Himmler había participado en el intento de golpe de Estado, pero no como nazi, sino con la Reichskriegsflagge de Röhm. Hasta 1924 no pasó al activismo nazi y el fervor por Adolf Hitler. «Es verdaderamente un gran hombre, y por encima de todo, un hombre genuino y puro —escribió a principios de 1924, en su diario de lecturas—. Sus discursos son ejemplos maravillosos de lo germánico y lo ario».[40]

Así como la personalidad de Goebbels ya era perceptible en su diario —el sarcasmo, la pasión y el anhelo por el héroe—, la de Himmler se manifestó a través de su activismo en el partido: era quisquilloso y porfiado. «Conocí a Himmler antes de alzarnos al poder —dijo Emil Klein, afiliado del Partido Nazi en Baviera—. Yo nunca podría haber trabado amistad con él. Simplemente porque hay personas que... incluso hoy, cuando veo a alguien por la calle, me digo: "Bueno, ese no es un tipo con el que apetezca ir a tomar una cerveza. Mejor me busco a otro"».[41]

Después de salir de la cárcel, el 1 de abril de 1924, Ernst Röhm se apresuró a reforzar la SA, la sección paramilitar de los nazis. Hermann Göring aún era el jefe del grupo, nominalmente; pero como la policía lo buscaba por su papel en el Putsch, no podía regresar a Alemania y le dio a Röhm la bendición para que actuara en su lugar.[42]

En teoría los camisas pardas tenían que dispersarse, por estar incluidos en la prohibición del Partido Nazi. En consecuencia, Röhm creó una organización nueva, el Frontbann, en la cual quería acoger no solo a los exintegrantes de la SA, sino también a paramilitares de otros grupos derechistas. Como no podía ser menos, esto generó un conflicto con Hitler, quien seguía sospechando de toda asociación con organizaciones externas que no le hubieran jurado lealtad.

El 20 de diciembre de 1924 Hitler salió de la prisión de Landsberg. El tribunal supremo de Baviera había hecho caso omiso de los deseos del fiscal del estado, que habría querido que siguiera entre rejas. Hacía menos de nueve meses que Hitler había sido condenado a cinco años de encierro por alta traición. Pero los jueces tomaron en cuenta que Hitler volvería a una Alemania más calmada que la de unos meses atrás. Las crisis gemelas de la hiperinflación y de la ocupación francesa del Ruhr se habían resuelto.

En su celda, Hitler había estado reflexionando sobre el fracaso del Putsch y optó por avanzar por un nuevo camino. Los nazis usarían la democracia para destruir la democracia. «En vez de trabajar para lograr el poder mediante un golpe armado, nos tocará taparnos la nariz y entrar en el Reichstag para actuar contra los diputados católicos y marxistas. Si en ganarlos en votos tardamos más que en ganarlos a tiros, ¡por lo menos los resultados estarán garantizados por nuestra propia Constitución!», escribió.[43]

El líder nazi le prometió a Heinrich Held, el ministro presidente de Baviera, que no participaría en ningún otro intento golpista y que su agrupación sería un bastión contra el comunismo. Con ello consiguió que se levantara el veto impuesto al Partido Nazi. El 27 de febrero de 1925 reformó el movimiento en una asamblea emotiva, celebrada en la Bürgerbräukeller, la misma cervecería donde dieciséis meses antes había lanzado el Putsch frustrado.

La convocatoria representaba una paradoja. Los partidos *völkisch* habían visto menguar sus apoyos —las elecciones al Reichstag, el 7 de diciembre de 1924, resultaron desastrosas para ellos— y los miembros del Partido Nazi habían puesto de manifiesto que eran incapaces de trabajar juntos en ausencia de Hitler. Pero a la vez que todo esto declinaba, la estrella de Hitler se había ido elevando. La publicidad que le había reportado su comportamiento en el juicio por el Putsch lo había impulsado hasta la vanguardia misma del conjunto del movimiento *völkisch*.

El momento climático de la refundación del partido se produjo cuando Hitler ordenó a sus partidarios que dejaran atrás las peleas que los separaban. Personas que sentían disgusto mutuo, e incluso desprecio, subieron a la tarima para comprometerse a colaborar unos con otros. Aquí se manifestó un punto fuerte de Hitler que a menudo se pasa por alto: sabía convencer a sus seguidores de que se unieran en torno de una misión ideológica común. Esto también ejemplificó, de un modo espectacular, cuánto poder poseía ya sobre el Partido Nazi. A juicio de Kurt Lüdecke, que asistió aquella noche, Hitler se parecía a un predicador «evangélico» que instaba a los «pecadores» a arrepentirse.[44]

Por encima de todo, Hitler recordó a sus adeptos que todos formaban parte del mismo «nosotros». Eran una familia. Quizá un familiar no te caiga bien, pero la familia se mantendrá unida a lo largo tanto de los buenos como de los malos tiempos. Y así como los niños deben obedecer a sus padres, los afiliados debían obedecerle a él.

La asamblea del 27 de febrero consolidó poderosamente una realidad de la que en el Partido Nazi ya todos eran conscientes: si querían tener éxito, Hitler era una figura vital. A este respecto la debacle del Putsch y su ausencia de la escena política durante 1924 le habían beneficiado.

Ernst Röhm reconocía sin ambages que Hitler era esencial, políticamente, para el movimiento *völkisch*. Pero aún no había comprendido que, después del intento de golpe de Estado, la relación entre los dos había cambiado. Hitler quería que se incorporase al renacido Partido Nazi, como jefe de la SA; pero Röhm tenía una idea distinta. Aunque estaba dispuesto a fusionar el Frontbann, la organización que había ayudado a formar poco antes, con los camisas pardas, quería liderar el nuevo grupo en exclusiva. Esto volvía a implicar una forma de asociación, en la que Hitler sería la cabeza política del movimiento, y Röhm, la militar. El 16 de abril de 1925 Hitler se reunió con Röhm en su apartamento de Múnich y actuó como era de esperar: no pensaba asociarse con nadie, y menos aún compartir el liderazgo.[45]

Tras el encuentro, Röhm le escribió presentando la dimisión de la SA y valorando la posibilidad de cesar asimismo en la jefatura del Frontbann. Hitler no contestó. Röhm escribió de nuevo y nuevamente no recibió contestación alguna. En consecuencia, Röhm dimitió del Frontbann y se apartó. Hitler había demostrado su autoridad con toda

1. Una multitud celebra, en Múnich, el 1 de agosto de 1914, que Alemania entre en la primera guerra mundial. En primer plano hay varias personas sobre la Feldherrnhalle, un monumento militar próximo al lugar en el que, en noviembre de 1923, las fuerzas de seguridad públicas abrirían fuego contra los insurrectos nazis durante el Putsch de la Cervecería.

2. Soldados alemanes muertos durante la Primera Batalla del Marne, en los primeros días de septiembre de 1914. Que los Aliados pudieran detener el avance del enemigo puso fin al sueño alemán de alzarse con una victoria rápida. Los franceses bautizaron la victoria como «el milagro del Marne».

3. Adolf Hitler (*fila central, extremo derecho*) como soldado, en la primera guerra mundial. Como nunca se integró plenamente con sus compañeros, no es casual que en la mayoría de las fotografías de la guerra —como en esta— se lo vea en las zonas marginales del grupo.

4. Hermann Göring como aviador joven y carismático, durante la primera guerra mundial. En esta fotografía cuesta mucho reconocer a la figura obesa y drogadicta en la que acabó por convertirse.

5. Un proyectil de artillería impacta sobre un equipo de cañoneros alemanes. Durante la primera guerra mundial, la artillería fue la causa principal de muertes en el campo de batalla. Este método de destrucción permitía que los perpetradores mantuvieran una distancia tanto física como emocional con respecto a las personas que mataban.

6. Ernst Röhm, jefe del Estado Mayor de la Sturmabteilung (SA) nazi. Durante la primera guerra mundial, una descarga de artillería le hirió y desfiguró la cara de forma permanente.

7. A la izquierda, el mariscal de campo Paul von Hindenburg, el oficial militar de mayor graduación del ejército alemán durante la primera guerra mundial. Está al lado del general Erich Ludendorff, jefe supremo del Ejército de Tierra.

8. Inmediatamente después de concluir la primera guerra mundial, revolucionarios alemanes pasan por la Puerta de Brandemburgo, en el centro de Berlín, portando una bandera roja.

9. Marcha del Freikorps Werdenfels por Múnich en 1919. Van ataviados con los trajes tradicionales bávaros. En su mayoría, los hombres de los Freikörper derechistas vestían como soldados corrientes, pero los del Werdenfels representaban más (al menos, visualmente) el ideal bucólico *völkisch*.

10. Heinrich Himmler en acción durante el Putsch de la Cervecería, en noviembre de 1923. Formaba parte de la Reichskriegsflagge, el grupo de Ernst Röhm, y lo vemos en el centro, como portaestandarte de la unidad.

11. Joseph Goebbels, de joven. No pudo combatir en la primera guerra mundial por una discapacidad en el pie y no vio claro qué hacer con su vida hasta que se incorporó al Partido Nazi, en los primeros años de la década de 1920.

12. Adolf Hitler en la prisión de Landsberg, en 1924. Esta era la imagen preferida por la propaganda nazi: la de un hombre elegido por el destino, encarcelado con crueldad, que contempla el futuro desde el otro lado de los barrotes.

13. La realidad era esta: Hitler en Landsberg, leyendo el periódico con su taza de té, sin que le falte ni el platito. La condena que llegó a cumplir la vivió en las condiciones de mayor comodidad que una cárcel alemana podía ofrecer.

14. Grupo heterogéneo de nazis, en los primeros años de la década de 1920. El hombre que asumió el liderazgo del Partido Nazi mientras Hitler estuvo encarcelado, Alfred Rosenberg, es el cuarto por la izquierda en la segunda fila contando desde arriba (número 2 sobreimpreso). Lleva un sombrero blanco y, a diferencia de la mayoría, no luce una esvástica en el brazo.

15. Hitler toma la palabra en una asamblea nazi, en 1925. Inmediatamente a su derecha está Gregor Strasser, un jefe del movimiento al que Hitler ordenaría asesinar nueve años más tarde. Al lado de este, con gafas, está Heinrich Himmler, cuyos hombres de la SS se encargarían del asesinato.

16. Miembros de las Juventudes Hitlerianas en la caja de un camión, en Berlín, durante los primeros años de la década de 1930, hacen campaña a favor de Hitler. El movimiento nazi resultó especialmente atractivo para los menores de veinticinco años. [En el camión se lee: «¡Führer, ordena! ¡Nosotros obedecemos! Todos dicen: ¡Sí!».]

17. No solo los jóvenes de las Juventudes Hitlerianas estaban fascinados por Hitler; también muchas chicas de la BDM (Bund Deutscher Mädel), la Liga de las Muchachas Alemanas.

18. Agitación y bromas en un festival gimnástico y deportivo, en 1938. La BDM y las Juventudes Hitlerianas se mezclaron a menudo en las celebraciones; consta que, tras el congreso del Partido Nazi en Núremberg en 1936, no pocas chicas de la BDM quedaron embarazadas después de haber acampado cerca de las Juventudes.

frialdad. Por un lado, Röhm había subestimado hasta qué punto el estatus de Hitler se había consolidado después del Putsch; por el otro, al no responder a las cartas de Röhm, Hitler puso de manifiesto que entendía muy bien la naturaleza del poder. Röhm siempre se había considerado un camarada muy próximo a Hitler, uno de los pocos que usaban el tratamiento *du* (la forma de la segunda persona, que en alemán es solo netamente familiar). Pero al ser consciente de que en las altas esferas del Partido Nazi había discusiones entre los subordinados, Hitler comprendió que dar una respuesta escrita no le iba a beneficiar en nada. Al guardar silencio demostró que, en ocasiones, la respuesta más efectiva puede ser la ausencia de respuesta.[46]

Con este incidente, Hitler no pretendía modificar el carácter de Röhm para que fuera menos bravucón y aventurero. Una vez más, actuaba con el mero fin de proteger su propio prestigio. De hecho, uno de los atractivos del Partido Nazi, para cualquier nuevo afiliado, era saber que el líder no tenía intención de «moldear» a quienes se incorporaban. En el movimiento había espacio por igual para un Julius Streicher, de populismo rabioso, y para Alfred Rosenberg, un intelectual a lo ratón de biblioteca.

«Yo no creo que sea el deber de un líder político intentar mejorar, y menos aún unificar, el material humano que tiene a su disposición», escribió Hitler en un revelador artículo del *Völkischer Beobachter*, publicado el 26 de febrero de 1925, un día antes de refundar el Partido Nazi. «Los temperamentos, caracteres y habilidades de las distintas personas son tan diversos que resulta imposible fusionar a un gran número de personas, por similares que parezcan. Tampoco es deber de un líder político intentar eliminar esas deficiencias "educando" a la gente para que se una. Todo ese tipo de intentos está condenado al fracaso. La naturaleza humana es preexistente; es un fenómeno que no se puede cambiar en las personas, sino tan solo transformarse por medio de un proceso de desarrollo que dura varios siglos [...] Si un líder político se desvía de esta verdad y se limita a buscar personas que estén a la altura de su ideal, no solo fracasará, sino que, al cabo de muy poco, habrá dejado tras de sí un caos, en vez de una organización».[47]

Pero, aunque Hitler no tuviera intención de obligar a nadie a acomodarse a su ideal, su enfoque laxo sobre los «temperamentos, caracteres y habilidades» de quienes se incorporaban a su movimiento tenía, como mínimo, una desventaja clara. ¿Qué sucedía cuando estos caracteres distintos empezaban a expresar opiniones diferentes sobre las medidas del nazismo? Dado que los veinticinco puntos presentados originalmente en 1920 se caracterizaban por su vaguedad, había mucho margen para que esto pasara. Hitler estaba a punto de descubrirlo.

Durante 1925 la controversia se centró en una cuestión crucial: cuán «socialistas» eran los miembros del Partido Nacional*socialista* Obrero Alemán. Desde la perspectiva de Hitler era un asunto potencialmente tan explosivo que prefirió no dar ninguna respuesta detallada. Pero uno de sus camaradas más antiguos, Gregor Strasser, estaba en desacuerdo con esta estrategia de cautela.

Gregor Strasser era un nazi de credenciales impecables. A los veintidós años, cuando estaba en la universidad, se había presentado voluntario para luchar en la primera guerra mundial. Lo nombraron oficial y fue galardonado con la Cruz de Hierro. Después de la contienda se unió a un Freikorps y luego, en 1922, se afilió al Partido Nazi; al año siguiente participó en el Putsch de la Cervecería. El tribunal de Múnich lo condenó, pero recuperó la libertad porque fue elegido parlamentario de la cámara de Baviera y en este caso le correspondía ser amnistiado.

Después de la guerra, Strasser aspiraba a dejar huella. Aunque en los años inmediatamente posteriores al conflicto se había acomodado —obtuvo el título de farmacéutico y tuvo hijos—, en realidad esperaba mucho más de la vida.[48] Afirmaba que en las trincheras de la primera guerra mundial no solo se había hecho nacionalista, sino también socialista; había comprendido que era imprescindible que todos los alemanes se cuidaran y ayudaran mutuamente.[49] En esencia esto no era muy distinto del vago concepto hitleriano de la *Volksgemeinschaft*. Pero resultó que Strasser quería definir con precisión las medidas en las que se basaría la nebulosa «comunidad nacional» de sus sueños. Esta definición precisa a Hitler le resultaba inaceptable.

Cuando Hitler le pidió que aumentara la afiliación al Partido Nazi en el norte de Alemania, Strasser debatió con sus colegas una agenda más abiertamente «socialista». Joseph Goebbels era uno de los partidarios de Strasser. El 15 de junio de 1925 escribió en su diario que «el objetivo final de nuestra lucha es el socialismo» y que aguardaba «con gran incertidumbre» el momento de leer el último discurso de Hitler, para saber si contestaba a la pregunta crucial: «¿será [Hitler] un nacionalista o un socialista?».[50]

Pero al cabo de un mes, cuando Goebbels vio y oyó hablar a Hitler en un mitin de Weimar, le conquistó, principalmente en el nivel emocional. «Weimar ha sido [una] resurrección, en el sentido pleno de esta palabra», escribió el 14 de julio, y añadió: «Un día que nunca olvidaré. Todavía me parece estar en un sueño. Hitler ha dado respuesta a todas, todas las preguntas, y cumpliendo todas mis expectativas. Ahora todo está claro [...] Hitler empieza a hablar. ¡Qué voz! ¡Qué gestos, qué pasión! Exactamente como yo quería que se mostrara. Apenas me puedo controlar. Espero cada palabra. Y cada palabra me demuestra que yo acertaba, que está a la altura de lo mucho que esperaba de él [...] Todo el mundo se pone en pie y gritan, lo vitorean, aplauden, saludan con las manos, chillan. Yo estoy fuera, junto a la ventana, y lloro como un bebé [...] Soy un hombre distinto. Ahora sé que el hombre que nos lidera es un líder nato. Estoy dispuesto a sacrificarlo todo por él».[51]

La reacción de Goebbels no deja de ser extraña, puesto que si hubiera analizado el contenido, habría visto que Hitler no apoyaba en ningún caso su idea del socialismo. El hecho de que Goebbels ansiara encontrar a un «gran hombre» capaz de guiar Alemania hizo que oyera lo que deseaba oír, no lo que se estaba diciendo en realidad.

Este el telón de fondo de un sorprendente artículo publicado en el *Völkischer Beobachter*, que Goebbels escribió aquel mes de noviembre para exponer sus puntos de vista. Centró su atención en la Unión Soviética y encontró muchos motivos de elogio en las acciones con las que Lenin desmontaba las estructuras de clases del país. La gran dificultad, a su modo de ver, era separar la «influencia judía» en el bolchevismo, que era negativa, de los aspectos positivos de la Revolución rusa. Era un pensamiento ciertamente radical. Tan radical, de hecho, que Alfred Rosenberg, como director del *Völkischer Beobachter*, redactó un artículo en el que se oponía a los argumentos de Goebbels y lo publicó en el mismo número.[52] Sin duda era una situación extraña. Goebbels se sentía especialmente conectado con Hitler, en el nivel emocional, y al mismo tiempo abogaba por políticas que en ningún caso iba a aceptar el autor de *Mein Kampf*, un libro que describía a los bolcheviques como la encarnación del mal. La desconexión no podía sostenerse mucho tiempo y el conflicto entre estas dos facetas de la psique de Goebbels —la emocional y la intelectual— se puso de manifiesto al año siguiente.

Otros nazis también estaban dando voz a objeciones a las ideas de Strasser, Goebbels y los demás miembros de su «equipo de trabajo». En diciembre, Franz Pfeffer von Salomon escribió una diatriba contra ellos, en un documento titulado: «La cría: exigimos nuestro programa».[53] Salomon era otro de los numerosos adeptos del nazismo que además de combatir en la primera guerra mundial, nada más acabar esta se sumó a un Freikorps. Aunque hacía años que daba respaldo a la causa *völkisch*, no se afilió al Partido Nazi hasta 1925. Aun así, era un hombre muy claramente dotado para el liderazgo —y gozaba de buenas conexiones con los grupos *völkisch*—, por lo que Hitler no tardó en confirmarlo como «líder del distrito» (Gauleiter, en la jerga nazi) de Westfalia.

De buen principio, Salomon declara en su artículo que sus opiniones son «diametralmente opuestas» a las de Strasser. Reprocha a Strasser y sus colegas que creyeran que todos los alemanes eran iguales, cuando a su entender debían partir de la «ley de la desigualdad». Como según él «existen alemanes de gran valor y alemanes de poco valor», necesariamente debía darse «un trato desigual y un reparto desigual del poder estatal, las propiedades y la cultura». Además, «hay que incrementar el número de los [individuos] de más valor y reducir el de los de menos valor». Para Salomon este era «el desafío de la cría», con estas palabras, puesto que «no hay diferencia entre los principios de la cría de los animales más nobles y los de la cría de los humanos [...] El criador cuida de los animales de más valor e intenta que tengan descendientes, de los que selecciona de nuevo los de más valor. En cambio, la difusión de los animales de poco valor se impide; los peores se van seleccionando y rechazando de continuo. Nuestro Estado nacional alemán debe actuar según principios similares».

Para Salomon, «no debe haber compasión con los niveles inferiores del grupo de poco valor: los tullidos, epilépticos, ciegos, lunáticos, sordomudos [...] los criminales, las prostitutas, los que sufren trastornos sexuales, etc.». Para él, en conclusión, era necesario «identificar y talar los árboles estériles para arrojarlos al fuego». La naturaleza de las aspiraciones de Salomon era radical —y en potencia, asesina—, pero encajaba con los objetivos últimos de Hitler para Alemania mucho más de lo que nunca encajó la concepción socialista de Goebbels.

Mientras Salomon redactaba el documento sobre «la cría», Gregor Strasser se impuso la ambiciosa tarea de reelaborar los veinticinco puntos del programa original del nazismo. Los resultados, no obstante, fueron tan incoherentes como el documento inicial, aunque el equipo de trabajo coincidió en un asunto que les parecía prioritario: la idea «socialista» de la incautación, sin compensaciones, de tierras que fueran propiedad de los príncipes alemanes.

Hasta aquí, Hitler había permitido que sus compañeros trabajaran en sus ideas propias sin interferir demasiado en ello. Pero la sugerencia de expropiar las tierras de la aristocracia alemana iba demasiado lejos, por lo que convocó una conferencia —que se celebraría en Bamberg en febrero de 1926— para aclarar el tema.

En esta ciudad del norte de Baviera, los pensadores «socialistas» eran una minoría. Hitler, según acostumbraba, no se molestó en debatir la orientación con Strasser y su equipo de trabajo: se limitó a hablar durante dos horas y, en este caso, sin ninguna ambigüedad. Hizo hincapié en que no había ninguna posibilidad de separar los aspectos «positivos» y «negativos» del bolchevismo, en contra de lo que Goebbels había apuntado; destacó asimismo que era impensable expropiar tierras sin compensaciones, según se había propuesto.

Como Strasser y sus colegas no habían pretendido poner en cuestión la autoridad de Hitler, sino meramente debatir sobre el rumbo del partido, no les quedó más remedio que aceptar la derrota. Después de esta debacle nadie volvió a intentar revisar el programa del partido sin la aprobación previa de Hitler. En el futuro se hizo una aclaración, pero con la autorización personal del líder. En abril de 1928 Hitler quiso precisar que el punto 17, relativo a la «reforma agraria», suponía en la práctica exclusivamente impedir la especulación «del judío» con las tierras de cultivo. Esto representaba, de nuevo, rechazar las ideas radicalmente «socialistas» de Strasser.[54]

Goebbels quedó desolado por los hechos de Bamberg. «Estoy destrozado», escribió el 15 de febrero de 1926. Hitler «se equivoca completamente» en la «cuestión rusa», añadió; afirmar que la propiedad privada es sacrosanta era un error. A Goebbels le parecía que no le quedaba más que partir «en un triste viaje de vuelta a casa», porque «se me ha roto la fe ciega en Hitler —concluyó—. Eso es lo terrible».[55]

Antes de que pasaran dos meses, sin embargo, ya estaba viendo las cosas de otro modo. Hitler lo visitó, le pidió que tomara la palabra en Múnich e hizo un esfuerzo considerable para conquistarlo. No es que fuera una labor dificultosa; desde buen principio, en cuanto supo que Hitler había enviado su coche para que lo recogieran en la estación de la capital bávara, Goebbels se dejó cautivar. Pronunció el discurso que le habían pedido —evitando los temas que habían causado problemas en Bamberg— y Hitler lo abrazó «con lágrimas en los ojos». Luego cenaron juntos y Hitler «me calmó en todo lo necesario». «Me inclino ante este gran genio político [...] Le amo», llegó a confesar.[56]

Se corre el peligro de malinterpretar lo que estaba sucediendo aquí y creer que o bien fue un ejemplo del carisma de Hitler —al que Goebbels simplemente habría sucumbido— o bien que Goebbels era un simple oportunista pragmático. La cuestión era más compleja. Era una suma de múltiples factores: el anhelo goebbelsiano de hallar un «gran hombre» que liderara Alemania; el hecho de que había sido incapaz de convencer a Hitler de que sus ideas sobre el socialismo eran correctas; y la conciencia clara de que, si él no apoyaba a Hitler, no tenía futuro en el partido. Por encima de todo, la base de la exitosa subyugación de Goebbels era el tono de certeza con el que Hitler expresaba su visión. A Rudolf Hess, otro de los jefes nazis, no le pasó por alto la importancia de esta cualidad en el líder del movimiento nazi. En efecto, reconoció que Hitler «no debe sopesar los pros y los contras, como un profesor universitario; nunca tiene que darles a sus oyentes la libertad para pensar que hay una alternativa correcta [...] El gran líder popular se asemeja al gran fundador de una religión: debe comunicar a quienes le escuchan una fe apodíctica».[57]

Si Hitler se hubiera mostrado dispuesto a debatir sobre la orientación o las medidas del partido, o a revisar el programa a petición de sus partidarios, esto habría puesto de relieve que estaba abierto a escuchar..., pero también le habría hecho parecer débil. Era, por lo tanto, el opuesto extremo a un político de consenso; y sin embargo, por paradójico que resulte, permitió que sus adeptos tuvieran un margen enorme a la hora de intentar hacer realidad la visión de él. Fue esta combinación concreta la que multiplicó tanto su efectividad como líder, preservando la sensación de que no actuaba como un «Gran Yo», sino como «uno de nosotros».

Concluida la conferencia de Bamberg, Hitler intentó limar asperezas con los que habían quedado descontentos con el resultado, incluido Gregor Strasser; pero el más valioso de los conversos era sin duda Goebbels. Siete meses después de haber visitado Múnich, se le encomendó un puesto de considerable importancia en el Partido Nazi: Gauleiter de Berlín. La capital alemana contaba con una población de obreros muy numerosa y con un sector liberal también destacable. Era la antítesis de la Baviera católica y conservadora. Goebbels sabía que el trabajo de Berlín no le resultaría fácil, pero le daba un poder que quizá podría utilizar para hacer cosas de impacto.

A pesar de todas estas maquinaciones internas, los nazis todavía eran marginales, sin haber logrado acceder a la corriente central de la política alemana. En 1928, con una economía aún más estabilizada, y con la hiperinflación convertida en un simple mal recuerdo, parecía incluso que su momento había pasado. Los resultados de las elecciones generales de aquel año parecieron confirmarlo. El 20 de mayo de 1928 el Partido Nazi obtuvo tan solo el 2,6 % de los votos.

En los tres años y medio transcurridos desde que lo liberasen de la prisión de Landsberg, Hitler había logrado establecerse como líder indiscutido del movimiento Nazi, el «héroe» ante el cual todo el mundo se postraba. Pero ¿eso qué podía importar, si los nazis seguían siendo irrelevantes?

4

Corromper a la juventud

Sin la habilidad que Hitler y los nazis manifestaron a la hora de convencer a millones de alemanes de que apoyaran su sueño utópico y racista, aquellos nunca habrían podido alzarse con el poder. Fue un sueño que, como veremos, resultó atractivo para muchos jóvenes. Esto se explica en parte por un hecho psicológico relativo a la forma en la que el cerebro se desarrolla.

A tenor del misérrimo porcentaje de voto cosechado en mayo de 1928, no parecía nada evidente que los nazis tuvieran mucho futuro. De hecho, en aquel momento muchos de sus opositores los despreciaban como fuerza política. Pero si la situación se examina más de cerca, había algunos indicios de que podía representar un nuevo principio: los nazis habían tocado fondo, pero a partir de aquí, ascenderían.

En Alemania el desempleo estaba aumentando y el sector agrícola pasaba por dificultades económicas. Tal clase de malas noticias favorecía a los nazis. Era casi un axioma: cuando aumentaban el desempleo y la desilusión popular hacia los partidos políticos convencionales, aumentaba asimismo el voto a los nazis y la afiliación a su partido. Así, a finales de 1928 más de 100.000 personas poseían el carnet nazi. Uno de ellos era un joven llamado Wolfgang Teubert, que se unió a los camisas pardas hacia esta época. «Me alegré de unirme [a la SA] porque pensaba: "Es la única manera, es la única solución"», explicó Teubert. Se sentía emocionado por el carácter revolucionario de los nazis, aunque su familia no quería «que yo anduviera por ahí con la camisa parda y encargándome de la supervisión de alguna sala» por el peligro que podían representar los partidos de oposición, en particular los comunistas.[1]

Teubert creía en un antisemitismo que él calificó de «superficial». Los judíos le disgustaban porque —alegó— sus parientes habían sufrido pérdidas económicas de resultas de la influencia de los judíos. Pero lo que más le atraía del movimiento era «el núcleo de su programa: instaurar una *Volksgemeinschaft*». Aun así, este compromiso con la *Volksgemeinschaft* incluía un componente antisemita, pues como hemos visto, los judíos quedaban excluidos de la concepción racista de la «comunidad nacional» nazi.

Distintos grupos políticos actuaron para estorbar los mítines de sus rivales, y Teubert participó en batallas con los comunistas. Pero los nazis contaban con una gran ventaja en estas luchas: los policías —entre los cuales abundaban las ideas políticas autoritarias— estaban casi siempre de su parte. «Yo era mensajero en bicicleta —rememoraba—, y en cierta ocasión tuve que ir a un mitin que estaba quedando rodeado [por la oposición política], en la ciudad de al lado de la mía, en Friburgo. Pensé que yo no llamaría la atención, con mi vestimenta de ciclista, pero me detectaron y, al grito de "¡Nazi!", esa gente se volvió contra mí y me tiró al suelo. Por suerte, con una mano, con la izquierda, aún me pude agarrar a un policía, y no lo solté, y él me ayudó a abrirme paso en la pelea. Me sentía dolorido, sobre todo en el abdomen y el estómago, pero solo habían sido puñetazos».[2]

Alois Pfaller, que era entonces un joven activista comunista, confirmó que la policía «estaba del bando de los derechistas. Ellos [los nazis] casi siempre tenían protección. A nosotros en cambio no nos protegía nadie, a nosotros nos podían apalear y [los policías] se quedaban mirando sin más. No movían un dedo». En Baviera, a él y sus camaradas comunistas casi nunca les dieron permiso para organizar las manifestaciones: «Teníamos que hacerlo todo ilegalmente. Yo solía pasear por los barrios de la clase obrera; comprobaba si las puertas estaban abiertas y a qué hora estaban cerradas; y luego [consultaba] con los oficiales de la organización juvenil. Les decía que fueran a tal edificio o a tal otro y [les indicaba:] "Podéis esperar ahí hasta que yo silbe". Y la gente se escondía ahí y, cuando era la hora, yo silbaba y ellos salían. Y nos poníamos en filas de a cuatro y empezábamos a cantar y hacer una marcha».[3]

Muchos jóvenes bávaros con ganas de unirse a un partido radical eligieron simplemente entre los nazis y los comunistas. El propio Pfaller sopesó si sumarse a los camisas pardas: «Pero vaya, lo hablamos con el grupo [de amigos] y ellos me convencieron: "Eso no nos lleva a ninguna parte, esa gente solo apoya a los empresarios y no a los obreros. ¡Lo que dicen no vale nada! ¡No serás tan bobo de irte con ellos!"». A Pfaller tampoco le gustaba el antisemitismo de los nazis. Creía que «todos éramos alemanes» y que «a ver por qué hay que odiarlos [a los judíos], si nadie puede elegir la familia en la que nace».[4]

Cuando tuvo ocasión de observar de cerca a los camisas pardas, Pfaller llegó a la conclusión de que había tomado la decisión acertada. «Incluso cuando emprendían una marcha, no veías en qué representaban los intereses de los trabajadores. Solo hablaban para elogiar a su Führer, para decir que iban a construir un Reich maravilloso, y sobre el Tratado de Versalles». Sobre esto último, «nosotros también estábamos en contra del Tratado de Versalles, evidentemente. Pero ellos no tenían un programa para ayudar al pueblo en general, solo a algunas fuerzas en particular. Eso quedó claro muy pronto».[5]

Aunque las elecciones de mayo de 1928 habían sido decepcionantes para el movimiento nazi en su conjunto, al menos un miembro del partido sí que salió ganando: Joseph Goebbels. Lo habían elegido diputado del Reichstag y esto le reportó un beneficio inmediato. Como Gauleiter nazi de Berlín había intentado fomentar disturbios a través de un periódico fundado por él mismo, *Der Angriff* («El ataque»). La cabecera no tardó en cobrar triste fama por la brutalidad de sus artículos antisemitas, que Goebbels dirigió en particular contra el doctor Bernhard Weiss, subjefe de la policía. Weiss, que era un judío alemán, fue vilipendiado en casi todas las ediciones de finales de la década de 1920.

Además de difamar a sus enemigos en la prensa, Goebbels también fomentó ataques en las calles y las cervecerías. Para provocar a los oponentes, organizaba mítines nazis en barrios de Berlín donde abundaban los partidarios del comunismo.[6] En febrero de 1928, tras ser considerado el responsable de los actos violentos de la SA durante uno de estos mítines, se lo condenó a seis semanas de cárcel.[7] Pero al ser elegido diputado del Reichstag escapó al castigo, porque todos los parlamentarios disfrutaban no solo de un pase ferroviario gratuito en primera clase, sino también de inmunidad jurídica.[8]

Goebbels, que se presentaba como un revolucionario, se mostraba a la defensiva sobre su participación en el proceso democrático. «Somos un partido antiparlamentario —escribió en un revelador artículo de *Der*

Angriff, justo antes de las elecciones de mayo—, con razones sólidas para oponernos a la Constitución de Weimar y las instituciones republicanas que esta introdujo». A pesar de esta posición voluntariamente antiparlamentaria, afirmó que seguía siendo necesario participar en las elecciones, con el fin de «paralizar el sentimiento de Weimar». El suyo era un mensaje complejo, en apariencia contradictorio; a quien más se lo parecía era a los miembros de la SA, que en muchos casos aspiraban a hacerse con el poder por medios revolucionarios.

«Mussolini también entró en el Parlamento, pero luego no tardó en emprender la marcha de Roma, con sus camisas negras —dijo Goebbels, alargando un poco más la autojustificación—. Los comunistas también tienen sus escaños en el Parlamento. Y nadie tendrá la ingenuidad de creer que es para hacer una aportación razonable y positiva».

Esta postura paradójica comportaba que, aunque Goebbels reclamaba «¡fe, dedicación [y] pasión!», no tenía intención de «suplicar que lo votaran». Resumió su actitud hacia el Reichstag con estas palabras: «No tenemos intención de cooperar con un hediondo montón de estiércol. A lo que venimos es a limpiar el estiércol [...] No venimos como amigos, ni siquiera como neutrales. ¡Venimos como enemigos! Venimos como el lobo que irrumpe entre el rebaño, ¡así venimos!».[9]

Este concepto de los nazis como «lobos» es uno de los múltiples ejemplos de la adhesión de Goebbels a una filosofía pseudodarwinista muy extendida en el movimiento nazi. Tres años más tarde, después de ver un documental sobre África, escribió: «Un drama salvaje maravillosamente cautivador [...] Así es la naturaleza en realidad. ¡Lucha!, ¡lucha!, eso gritan las criaturas. No hay paz en ningún lado, solo asesinatos, solo homicidios [...] en el león, igual que en el hombre. Lo único es que nos falta coraje para admitir la realidad tal y como es. Los salvajes son mejores como seres humanos, a este respecto. Mejor ser un rufián que ser un intelectual».[10] En este compromiso con la lucha violenta es fácil detectar una importante proyección de la fantasía, si tenemos en cuenta que Goebbels era un intelectual, además de físicamente discapacitado. En una lucha contra «los salvajes» lo habría pasado realmente mal.

Goebbels también dedicó tiempo a pensar sobre las dificultades que los nazis encontrarían para crear una propaganda efectiva mientras no dispusieran de poder. En agosto de 1929 reveló cómo creía que la gente llegaba a formarse una opinión. A su entender, las «opiniones [individuales] son en lo esencial una grabación gramofónica de la opinión pública. La opinión pública, a su vez, la crean la prensa, el cartelismo, la radio, el cine, la escuela, la universidad y la educación general del pueblo». De ahí el problema al que los nazis se enfrentaban: «el gobierno posee esos métodos [de persuasión]».

En consecuencia —pensaba Goebbels— el gobierno del momento era el culpable de que gran parte de la opinión pública se caracterizara por la pasividad. Los gobernantes no tenían derecho a considerar que los alemanes eran un «pueblo cobarde» porque «el propio gobierno ha sido el que ha provocado la cobardía del pueblo»; lo hacía deliberadamente, «acobarda al pueblo para poder desempeñar políticas cobardes, acordes con su naturaleza íntima». Le parecía grave que «desde 1919, el gobierno alemán ha sido pacifista» y «tolera la traición».[11]

El artículo es provechoso para quien quiera comprender cómo abordó Goebbels la tarea de influir en las mentalidades. Pone de manifiesto que estaba convencido de que se podía hacer que «la mayoría» de la gente adoptara los puntos de vista que al gobierno le interesaran, siempre que ese gobierno controlara los medios de comunicación. Si se les bombardeaba con propaganda, responderían como corderos. El artículo también demostraba que la democracia le parecía odiosa y que anhelaba disponer de poderes dictatoriales. ¿Cómo se podía esperar que un propagandista cumpliera con éxito su labor si no controlaba no tan solo la prensa y el cine, sino también el teatro y el sistema educativo?

Su solución a corto plazo —teniendo en cuenta que los nazis aún no se habían alzado con el poder— era mucho menos convincente que la declaración de sus futuras intenciones. El «deber primero» de la «propaganda nacionalsocialista» debía ser «arrancar de las manos del gobierno la manipulación de la psicología nacional». No se daban detalles de cómo se pensaba lograr esa meta, es de creer que porque Goebbels no había encontrado la forma de hacerla realidad.

En aquellas fechas del verano de 1929, cuando Goebbels expresaba estas ideas, todavía no parecía que los nazis tuvieran mucha esperanza de alzarse con el poder, por mucho que en el mes de septiembre el total de carnets del partido se hubiera elevado hasta cerca de 150.000. El hecho de que tres años más tarde los nazis fueran el partido político con más afiliados de Alemania, y de que en menos de cuatro años Hitler fuera el canciller, se debió en buena medida a una crisis del Estado alemán.

Muchas de las condiciones previas de este colapso estaban presentes ya en el verano de 1929: la fragilidad de la democracia de Weimar, la fragmentación de los partidos políticos, la polarización de los debates y el temor al comunismo. Pero el catalizador fundamental no se produjo hasta el otoño, más en concreto, el 24 de octubre.

Aquel día, el «Martes Negro», el mercado de valores de Estados Unidos se hundió. Si anteriormente la bolsa se había elevado a lomos de una ola de compras especulativas, primero experimentó una corrección y luego un pánico a gran escala, con una venta de las acciones a la desesperada. Como la economía alemana requería para su funcionamiento de los créditos estadounidenses, para el país germánico el crac bursátil de 1929 resultó catastrófico. Al reclamárseles la devolución de lo prestado, el hundimiento de la economía alemana era sencillamente inevitable.

El crac de Wall Street llegó en un momento especialmente devastador, pues tan solo hacía dos meses que se había llegado al acuerdo del Plan Young. Parecía que esta renegociación de las compensaciones bélicas iba a suponer la salvación de las finanzas alemanas. Bajo la presidencia del banquero estadounidense Owen Young, una comisión de los Aliados había aceptado reducir masivamente el pago de las compensaciones. Aun así los nazis y otros nacionalistas habían levantado agriamente la voz ante la idea de pagar reparaciones de ninguna clase y, con el hundimiento repentino de la bolsa estadounidense, estas voces críticas hallaron mucha más repercusión. En un contexto de crisis económica mundial —decían—, ¿cómo podía seguir hablándose de pagar nada por una guerra que había acabado hacía ya más de diez años? Reclamaron que se hiciera un plebiscito sobre las compensaciones, que se rechazó, sin que la negativa bastara para que el asunto dejara de ser delicado.

El mariscal de campo Hindenburg —nombrado presidente de Alemania en 1925— aprobó el Plan Young por la simple razón de que era una mejora con respecto al acuerdo anterior. Pero muchos nacionalistas se enfurecieron por ello: el hecho de que Hindenburg aceptara pagar reparaciones les parecía inaceptable. Era una situación extraña, porque en realidad el presidente simpatizaba no solo con el odio a Versalles, habitual entre los nacionalistas, sino más en general con su falta de confianza en la democracia. A fin de cuentas, él era un aristócrata, terrateniente y excomandante militar, por lo que ciertamente se mostraba comprensivo con cuantos denunciaban que el sistema de Weimar era inestable.

El desempleo en Alemania creció con una rapidez pasmosa. Si en agosto de 1929 había menos de 1,3 millones de parados, en febrero de

1930 la cifra había dado un salto enorme, hasta los casi 3,4 millones. «Tenías que ir a firmar cada día en la oficina del paro —recordaba Alois Pfaller—. Y ahí te encontrabas con [otros], y se formaban debates y peleas. Allí estaban también los de la SA, estaban los del SPD [socialdemócratas], estaban también los comunistas, todo el mundo se encontraba en la cola del paro [...] Había peleas, sí; pero a mí solo me gustaban los debates, lo único que yo quería era aprender cosas de los que sabían más que yo [...] Pero era una situación desesperada, la gente caminaba por la calle con una cuchara en el bolsillo porque por un marco les daban una comida [en el comedor social] [...] Yo recibía 30 marcos de ayuda al mes [...] de los 30 marcos pagaba 15 de alquiler y los otros 15 se suponía que tenían que bastarme para todo el mes. Era terrible, era imposible».[12]

Como era previsible, todo este sufrimiento favoreció a los nazis, que el 8 de diciembre de 1929 rompieron una barrera en Turingia: en las elecciones regionales de este estado del centro de Alemania obtuvieron más del 10 % de los votos, una cifra que hasta entonces nunca habían alcanzado.[13] El porcentaje, concretamente del 11,3 %, significaba que por primera vez podían coaligarse para participar en el gobierno de uno de los estados del país. Esta victoria puso de relieve una vez más el vínculo insoluble entre el éxito de los nazis y la crisis del Estado. Y aunque luego los nazis demostraron ser incapaces de gobernar de forma competente en Turingia, esto no impidió nuevas mejoras electorales.

Alois Pfaller creía saber por qué: «En todas partes hay quien es capaz de confundir a la gente, digamos, tentarlos a hacer algo que razonablemente nunca harían; pero es que en circunstancias de necesidad, cuando la gente es infeliz, cuando está desesperada, hace cosas que normalmente no haría».[14]

Durante este período decisivo de los primeros años de la década de 1930, la gente que se sintió más «tentada» a sumarse al Partido Nazi, la que lo hizo en mayor proporción, eran los jóvenes que estaban en la veintena.[15] La naturaleza pseudodarwinista del partido, obviamente, atraía en especial a los más jóvenes y sanos; lo mismo ocurría con el concepto de «corregir los agravios» de una guerra en la que casi ninguno había podido participar por motivos de edad, pero que había arrojado una sombra sobre su infancia.

Hacía años que las universidades eran bastiones del movimiento *völkisch* donde el dolor por la pérdida de territorios derivada del acuerdo de paz aún se sentía vivamente. A los estudiantes —que luego lucharon en gran número por la causa nazi— se les decía incluso que tenían el deber de recuperar lo que el Tratado de Versalles había robado a Alemania. En la Universidad de Tubinga, el rector declaró en 1929 que «no se debería permitir entonar el [himno] *Deutschland über alles* ["Alemania por encima de todo"] salvo a quien esté resuelto a reconquistar lo que se ha perdido, algo que solo puede lograrse por la fuerza de las armas [...] La libertad no nos la darán los diplomáticos».[16]

Aunque las Juventudes Hitlerianas no se crearon formalmente hasta 1926, hacía ya unos años que el nazismo tenía grupos juveniles. Se habían aprovechado del éxito generalizado de agrupaciones *völkisch* anteriores, como por ejemplo el Wandervogel, un club muy popular antes de la guerra, que destacaba el valor de pasar tiempo en las zonas rurales del país. «Fui a la montaña con muchos jóvenes hitlerianos —contaba Emil Klein, uno de los afiliados de primera hora—. El movimiento juvenil ya llevaba mucho tiempo en marcha, quizá porque nosotros éramos los más entusiasmados por todo aquello. Todos venían libremente, no porque sus padres lo quisieran. De hecho, muchos venían precisamente porque sus padres estaban en contra de nosotros, por ejemplo, porque eran socialdemócratas. Lo hacían a la contra».[17]

Las Juventudes Hitlerianas tuvieron un impacto considerable en la psique de muchos de esos jóvenes, en especial aquellos cuyas familias lo estaban pasando peor en la Depresión. «Nunca me olvidaré de uno que me dijo que era hijo de un comunista —recordaba otro líder de las juventudes nazis—. Toda la familia estaba en el paro y él había vivido toda su vida en una ciudad grande, en Essen. Entonces lo enviaron a un campamento juvenil, de las Juventudes Hitlerianas, y fue la primera vez que veía un bosque. Fue una verdadera experiencia para aquel chico. A mí me emocionó mucho ver que le había impresionado tanto».[18]

La devoción de los nazis por la violencia también resultó seductora. Un adolescente de Bernburg (Alemania central) reveló que se sintió atraído hacia el movimiento por el hecho de que «los camisas pardas eran atrevidos [...] luchaban contra los comunistas en las salas de los mítines». Contó que él «odiaba a los comunistas por encima de todo, porque me los imaginaba como gente sin beneficio, con el aspecto de bandidos, con sus gorras puntiagudas, las manos en los bolsillos, haraganeando en las esquinas entre juramentos. Y en cambio los hombres de la SA, para mí, eran lo contrario a esa chusma».[19]

Cuando la crisis económica se agravó, el camisa parda Wolfgang Teubert fue uno de los muchos jóvenes que lucharon contra los comunistas por las calles. «Por supuesto, desde la perspectiva de hoy eso no se puede entender, pero en aquellos días nos habían empujado hasta el límite, literalmente —contaba—. La gente no tenía trabajo y se limitaba a obedecer los eslóganes, muchos seguían los eslóganes marxistas, y nosotros, los otros. Y por eso los enfrentamientos. Enfrentamientos que no siempre... Bueno, que desde luego no siempre se resolvían de palabra».[20]

Un artículo publicado en mayo de 1932 en el periódico socialista local de Bernburg lamentaba el hecho de que «estos jóvenes, de familias en su mayoría acomodadas, pero que ahora no encuentran dónde vivir [...] han acabado por convertirse —con su cólera por esta [situación] y con su ignorancia política (aquí la escuela y los padres han fracasado del todo)— en presa fácil de los aventureros políticos. Los nazis se lo han prometido todo, a estos jóvenes, todo lo que uno pueda imaginar, y cuanto menos concretas son las promesas, más fuerza tienen».[21]

La investigación psicológica nos ayuda a comprender por qué tantos jóvenes fueron vulnerables al mensaje extremo y apasionado de los nazis, y revela también que, al centrarse en la juventud, los nazis optaron por una estrategia muy astuta. La razón principal es que el córtex frontal —la parte del cerebro encargada de regular los impulsos emocionales y de analizar los problemas— no termina de formarse hasta aproximadamente los veinticinco años. «La selección nos ha traído una maduración lenta del córtex frontal —explica el profesor Robert Sapolsky— porque uno tarda mucho en aprender cuáles son las hipocresías de su cultura, cuáles son las excepciones de su cultura, y también en aprender la diferencia entre aquellas leyes que uno debe seguir y las que no, de las que puede hacerse caso omiso; entre las leyes por las que uno puede dar la vida, y aquellas otras leyes contra las que darías la vida».

Aunque las facultades críticas de la juventud no se desarrollan por entero hasta mediada la veintena, las partes del cerebro que ansían las novedades y la emoción ya se han formado. Esto puede llevar a que se busquen las emociones más salvajes. «Lo más interesante de la adolescencia —dice el profesor Sapolsky— es que no es solo la fase de la vida en la que es más probable que asesines a alguien, sino también la fase en la que es más probable que te decidas a ser una madre Teresa. Si vas a formar una nueva religión, esta es la fase. Si vas a horrorizar neciamente a tus padres entregando todos tus ahorros a una sociedad benéfica, esta es la fase. Si te vas a unir a alguna ideología odiosa, esta es la fase. Es la fase de los extremos».[22]

Instintivamente, Hitler estaba al corriente de esto. En un discurso de julio de 1922 llamó explícitamente a los jóvenes alemanes a sumarse a los camisas pardas y luchar por la causa nazi, y «si por eso os desprecian y os insultan, ¡la suerte os acompaña, chicos! Porque tenéis la buena suerte de que a los 18 o 19 años los canallas más viles ya os odian [...] Vosotros sois la defensa de un Movimiento que un día hará una remodelación de Alemania que será revolucionaria».[23]

Como parte de esta «remodelación revolucionaria», Hitler esbozó una idea —nueva y además asesina— en el congreso que el partido celebró en Núremberg en 1929. Esta idea habría atraído a los jóvenes de buena salud, como eran los camisas pardas, antes que a los alemanes de más edad. Hitler hizo hincapié en que lo importante no era el total de personas de una población, sino su calidad. Clamó contra «nuestro humanitarismo sentimental moderno», por el que a su modo de ver «nos esforzamos por mantener a los débiles a expensas de los sanos». Ensalzó las virtudes de la antigua Esparta —a la que calificó como «el Estado racial más poderoso de la historia»— y defendió matar a cierta cantidad de recién nacidos: «Si Alemania creciera cada año con un millón de niños, y eliminara a 700.000 u 800.000, el resultado final probablemente sería un aumento de la fuerza. Pues nada es más peligroso que alejarnos del proceso de la selección natural».[24]

Cuando Hitler fue nombrado canciller no intentó llevar a la práctica esta idea de asesinar a la gran mayoría de los recién nacidos de Alemania, porque era un proyecto demasiado radical. Pero, después de ascender al poder, los nazis sí que siguieron centrándose en la juventud alemana y politizaron el sistema educativo en su conjunto para promover tanto el pseudodarwinismo como el antisemitismo. «La ciencia de las razas y la cuestión judía deben recorrer la educación en todos sus niveles, visiblemente, como un hilo rojo —se decía en un manual para maestros, publicado en 1937—. No hay en nuestras escuelas ningún tema del que no puedan extraerse lecciones valiosas, e inesperadamente completas, sobre la cuestión judía». Se destacaba que «los semejantes se atraen y engendran a otros de su especie». En consecuencia «ningún blanco que sea consciente y esté orgulloso de su raza se emparejará con una negra o una judía». Era esencial advertir de los peligros de la «corrupción racial», porque «la corrupción racial es la muerte de la raza. La corrupción racial es un asesinato sin sangre. La mujer corrompida por el judío nunca podrá liberar su cuerpo de la ponzoña extranjera que ha absorbido».[25]

Otro libro de texto, titulado *La herencia y la biología racial, para estudiantes*, hacía hincapié en que debía enseñarse a los niños a prestar la atención debida a las características raciales de la gente. Sugería que los alumnos recortaran en revistas y periódicos fotos e ilustraciones de «grandes eruditos, estadistas, artistas y otras personas distinguidas» para luego determinar su «raza dominante». El contenido antisemita se incluía insidiosamente en estos «deberes», por ejemplo, con la tarea de «observar al judío: cómo habla, qué porte adopta, qué gestos y movimientos hace al hablar». Los estudiantes debían preguntarse: «¿Qué te llama la atención en la forma en la que un judío habla y canta?». La conclusión a la que el autor quería que los niños llegaran quedaba manifiesta en una de las tareas finales, que era enumerar «las ocupaciones en las que no encontramos a judíos» y «explicar este fenómeno a partir de las características del alma judía».[26]

Una investigación publicada en 2015 ha demostrado que gran parte de esta propaganda educativa de los nazis funcionó como ellos querían: un trabajo estadístico llegó a las conclusiones de que «los alemanes que crecieron durante el gobierno del régimen nazi son mucho más antisemitas que los nacidos antes o después de este período» y que «probablemente, la [propaganda] más efectiva fue la escolarización nazi, antes que la radio o el cine». La propaganda educativa de los nazis resultó especialmente exitosa cuando halló la manera de «conectar con prejuicios existentes»; los autores del informe sostienen que «esto sugiere que el sesgo de confirmación [la tendencia a favorecer aquella información nueva que es consistente con las creencias propias predominantes] puede interpretar un papel destacado en la intensificación de actitudes hacia las minorías».[27]

Con respecto al modo en que se educó a los niños durante el nazismo, era particularmente insidioso que toda la enseñanza se concibiera para que los niños se sintieran bien consigo mismos. Si aprendían que «la corrupción racial es la muerte de la raza», era solo en el contexto de su propia superioridad. «La gente tenía el orgullo de afirmar que un alemán es una persona especial, que el pueblo alemán debía ser un pueblo de purasangres [...] [y] alzarse por encima de los otros —rememoraba Erna Krantz, que acudió a la escuela en Baviera durante la década de 1930—. Y tengo que decir que era un poco contagioso. Se solía decir que si tú le repites cada día a un joven: "Eres especial", terminará por creérselo». Krantz admitió que los recuerdos de aquellos días de escuela eran enormemente placenteros. Le gustaba que «se alimentaba una cierta camaradería» y «se promovía una raza de élite», aunque quiso añadir que en aquella época ella era «apolítica».[28]

A pesar de que toda su educación tuvo tintes claramente antisemitas, Krantz defendió que se había opuesto a la persecución de los judíos, en especial a la radicalización que, durante la guerra, llevó al Holocausto. «Te decías: "¿Y qué podemos hacer?" —recordaba—. Porque, si lo piensas, que una gente tan civilizada como los nazis creían ser, que un grupo de élite pudiera rebajarse a hacer algo como eso... Es algo que ahora, mirando atrás, no podemos entender, ¿verdad?».[29]

Aparte de los cambios en el currículo escolar, se animaba a los niños a unirse a las Juventudes Hitlerianas y a las niñas a sumarse a la BDM (Bund Deutscher Mädel, «Liga de las Muchachas Alemanas»). Ninguna de estas dos organizaciones fue obligatoria hasta 1939; Erna Krantz, por ejemplo, no llegó a incorporarse a la BDM, a pesar de que disfrutó de la infancia que vivió en la Alemania nazi. Pero a quienes sí decidieron unirse a estas organizaciones —a menudo a instancias de sus maestros o sus padres— les aguardaba un nivel aún más intenso de propaganda ideológica.

Jutta Rüdiger, que lideró la BDM en la década de 1930, reveló en una entrevista (después de la guerra) que se hacía especial hincapié en adoctrinar a las chicas en el concepto de la *Volksgemeinschaft*: «Al principio nos centrábamos en los deportes de equipo, los ejercicios conjuntos, en cualquier trabajo en equipo, por así decir. Aprendíamos a colaborar en el juego, intentábamos enseñarles camaradería. Luego íbamos de viaje y acampábamos, con lo que también aprendían a ayudarse las unas a las otras. Más adelante se introducía el deporte competitivo, pero sin el afán de crear estrellas a las que admirar; se suponía que debían sentirse siempre unidas a la comunidad [...] Eso es lo que yo defendía entonces y hoy todavía me parece válido. Primero tenían que aprender a vivir en una comunidad y luego había que darles cierta educación individual, pero de nuevo: el individuo, con todos sus talentos y capacidades, debía seguir comprometido con la comunidad en su conjunto».

Para Rüdiger, «toda la gente quería ayudar a reconstruir Alemania, porque en sus hogares, con el desempleo, habían vivido la pobreza de primera mano. Y entonces les dijeron que las cosas irían a mejor, que si todo el mundo sumaba esfuerzos, lo conseguiríamos».

Además de dar toda esa importancia a la comunidad, estaba «la formación ideológica. Se entendía como un complemento de la escuela, y no se pretendía transmitir conocimientos a los jóvenes, sino experiencia. Se les hablaba de su país natal y sus tradiciones. Se les presentaban figuras históricas, mediante cuentos y canciones. Para las chicas eran personajes como la emperatriz María Teresa, para los chicos, Federico el Grande de Prusia».

Rüdiger tuvo ocasión de ver a Hitler varias veces y siempre le pareció inspirador. Recordaba que este «quería que las chicas fueran hermosas y graciosas, un objetivo que debía conseguirse por medio de la gimnasia, entre otras cosas». Y aunque ella afirmaba que no se centraban en enseñar a las chicas cómo ser buenas madres, creía que «si una chica es sana, automáticamente se convertirá luego en una esposa sana y una madre sana».

Le gustaba en particular la claridad con la que Hitler sabía transmitir las ideas a los jóvenes. Recordaba haberle oído decir que solo «la gente muy simple puede ser comunista. Todos tendrían la misma casa y el mismo jardín y los mismos muebles. Pero él dijo que cuanto más se sofistica una persona, más pronunciadas serán las diferencias. Y que si tú te esfuerzas más que otro, pues también deberías ganar más dinero». A Rüdiger no le parecía que esto fuera contradictorio con el concepto de la «comunidad nacional», porque aunque Hitler «favorecía al capital privado», no obstante, aún quería que todo el mundo «hiciera algo por su pueblo».[30]

Para muchas chicas de la BDM, Hitler no representaba tanto una figura paternal como un hombre de gran atractivo sexual. Una muchacha de catorce años confesó que, después de haber visto a Hitler en Stuttgart en compañía de otras chicas, «allí todos gritaban como locos. ¡Qué capacidad de sugerencia ante las masas! Los gritos dieron paso al clamor [...] Fascinaba en especial a las mujeres. Tocaba poderosamente sus emociones y también, sin lugar a dudas, los deseos sexuales no satisfechos». Otra chica de catorce años se «enamoró perdidamente» de Hitler, y quería darle un hijo a pesar de que «técnicamente» aún no sabía cómo «había que hacerlo».[31]

Al combinarse tres factores —la libertad frente a la supervisión paternal, la proximidad con los campamentos de los adolescentes varones de las Juventudes Hitlerianas, y una enseñanza que hacía proselitismo de la importancia de relacionarse solo con las personas de la misma «raza»—, se produjeron muchos encuentros sexuales, algunos con consecuencias a largo plazo. Así, después de que un grupo numeroso de chicas de la BDM plantara sus tiendas cerca del lugar de acampada de las Juventudes Hitlerianas en ocasión del congreso del partido en Núremberg, en 1936, muchas quedaron embarazadas.[32]

En cuanto al antisemitismo generalizado de la ideología nazi, según Jutta Rüdiger, «aunque en el manifiesto del partido había algún párrafo más o menos antisemita», ella nunca hizo «especial hincapié en esto». La investigación histórica sobre la BDM ha confirmado en efecto que los mensajes políticos se transmitían de una forma casi «subliminal». Para empezar, las chicas judías tenían vetado el acceso.[33]

Rüdiger se mostró dispuesta a admitir que a los judíos se los «percibía como un elemento extraño». A su modo de ver, para que una sociedad avance se necesita una segregación racial estricta: «Hay un antiguo adagio de la India que dice: "El hombre blanco es de Dios y el hombre negro es de Dios, pero la casta mestiza es del Diablo". Y esto quiere decir que a largo plazo un enfoque multicultural no generará nada creativo».[34]

Pero no todos los que participaron de las actividades de la BDM o de las Juventudes Hitlerianas acabaron comprometiéndose con la causa nazi. Franz Jagemann, por ejemplo, vivió una experiencia muy distinta. Había nacido en 1917, en la que era entonces la provincia prusiana de Posen, que después del Tratado de Versalles se integró en la Polonia reconstituida, con el nombre de Poznań. Y aunque Jagemann y su familia se trasladaron a Alemania para no vivir sometidos a un gobierno polaco, él aún se sentía «muy consciente de mis antecedentes y mi afinidad con los polacos».

El padre de Jagemann era de origen polaco, pero se había casado con una alemana, había «estudiado en universidades alemanas y entró a trabajar como funcionario de Prusia». Según el hijo, a pesar de que «los nacionalsocialistas nunca le gustaron», se afilió al Partido Nazi para intentar asimilarse con la nueva Alemania. Para manifestar con más claridad su lealtad al régimen nazi inscribió al hijo en las Juventudes Hitlerianas.

Franz Jagemann era un adolescente inteligente y sensible, y no tardó en descubrir que las Juventudes Hitlerianas no le convenían: «En las Juventudes Hitlerianas la gente se trataba con vulgaridad, lo habitual eran las maneras desagradables y violentas. Nos decían, por ejemplo: "Si vuestros maestros aún no han entendido que estamos en una nueva era, ¡dadles un puñetazo en la boca!"». Y aunque «al principio era interesante de verdad, con maniobras nocturnas campo a traviesa, cada vez tenía más clara la sensación de que la verdadera actitud de fondo eran unas maneras básicamente muy violentas, muy brutales, muy agrias. Y tenías que obedecer sin rechistar a gente de tu edad, que actuaban como tus superiores, siguiendo el principio del Führer. Pues bien, a mí eso no me gustaba lo más mínimo».

Quedó conmocionado al descubrir que el matonismo de los chicos de las Juventudes Hitlerianas no vacilaba siquiera en intimidar a los maestros. «Cuando yo iba al instituto hubo un incidente —rememoraba—. Un chico de las Juventudes Hitlerianas había escrito un montón de eslóganes propagandísticos en su trabajo de Alemán y el profesor le puso una mala nota. Así que aquel compañero de estudios se fue a ver al inspector y abrieron una investigación contra el maestro».[35]

Jagemann consideró que debía intervenir. Él y otros dos compañeros «fuimos elegidos como delegados de la clase para hablar con el inspector escolar y decirle que el profesor había sido muy objetivo» y que, como se trataba de un «maestro muy calmoso, razonable y fiable», solo podía «poner las notas adecuadas». La respuesta del inspector le pilló por sorpresa: «Me quedé atónito. En la práctica nos echó la bronca por no haber entendido bien cómo funcionaba la nueva era».

Dos años después de unirse a las Juventudes Hitlerianas, la organización envió a Jagemann a un «colegio electoral», en ocasión de un referéndum. Se le encomendó ofrecer un «pequeño adhesivo» a los votantes, con el lema «Sí», que les valdría para etiquetarse como «votantes de Hitler». No se le escapó que aunque a algunos votantes el adhesivo les producía «disgusto y repulsión interior», aun así se lo colocaban. «Me daban un poco de pena. Me sentía degradado, como ellos, de alguna manera. Yo interpretaba el papel activo, endosándoles el papelito, y ellos el papel de dejar que se lo endosara. De algún modo, aquello era un teatro».

La experiencia de Jagemann es reveladora, pero infrecuente. A la mayoría de los chicos alemanes que se incorporaron a las Juventudes Hitlerianas, «el programa de actividades les encantó. Tenían la sensación de que estaban cuidando de ellos, sabían que se graduarían como portaestandartes del nuevo Reich».[36] Hubert Lutz, por ejemplo, formó parte del Jungvolk, la sección infantil previa a las Juventudes Hitlerianas, y consideraba que era un «honor» llevar la daga que se les presentaba como parte del uniforme. La apreciaban tanto en general que el castigo que se te imponía «si hacías algo realmente malo» era quitarte la daga y la bufanda característica de aquellos chicos, con lo que te convertías en «una especie de marginado».

Cuando Lutz y sus amigos echaban la vista atrás, hacia la infancia vivida en la Alemania nazi, la juzgaban «la época más emocionante de nuestras vidas [...] Era lo que conocíamos. Mira, cuando los nazis ascendieron al poder, yo tenía cinco años. Yo crecí ahí, para mí esa era la forma normal de vivir».[37]

Un informe redactado en 1935 por miembros de un grupo clandestino de oposición izquierdista, el Neu Beginnen, no solo confirmó que muchos de los adeptos más fanáticos del nazismo eran jóvenes, sino que llegó a la conclusión desconsolada de que eran «jóvenes que no han vivido la primera guerra mundial de primera mano» y actuaban «incitados y emborrachados por el nacionalsocialismo». Otro informe suyo, del año siguiente, reconocía que el régimen había tenido éxito en su afán de «crear artificialmente la "unidad de la nación"» y destacaba que «para comprender lo que está pasando en la actualidad» era importante ver con los propios ojos «esos desfiles militares, los tatuajes, los mítines y las manifestaciones».[38]

El aspecto militarista de las Juventudes Hitlerianas —las marchas, los uniformes, las acampadas, el alojamiento sin lujos— suponía un anticipo de lo que iba a ser la vida como soldados. Esta conexión se hizo explícita en 1937 cuando se nombró al teniente coronel Erwin Rommel (que durante la guerra cobró gran fama como general) oficial de enlace entre las Juventudes Hitlerianas y el ejército alemán.

Sin lugar a dudas, los diversos grupos juveniles del nazismo, sumados a la educación racista que se impartía en las escuelas de primaria y secundaria, tuvieron un impacto enorme sobre la psique de los jóvenes alemanes durante la década de 1930. Llegados a 1938, algo más de siete millones de niños alemanes de edades comprendidas entre los diez y los dieciocho años (sobre un total de nueve millones) participaban en alguna organización juvenil nazi.[39]

Mediada la década de 1930, Emil Klein —que era por entonces uno de los organizadores nacionales de las Juventudes Hitlerianas— descubrió complacido que en otros países se valoraba muy bien su obra. Cuando él y sus camaradas visitaron Inglaterra se sintieron muy animados por los elogios que recibieron. Un historiador británico les dedicó un libro suyo con las palabras: «Inglaterra se complacería y enorgullecería de contar hoy con una juventud como la de Alemania». «¿Cómo nos íbamos a sentir acobardados o encogidos, en este contexto, de que ese fuera el caso [de que nos admiraran]?», dijo Klein, que aún se sentía «encantado», muchos años después del fin de la segunda guerra mundial. En consecuencia «yo no lamento nada de lo que sucedió [en esa época], por mucho que ahora quizá vea las cosas de otra manera».[40]

Otro inglés eminente ensalzó el modo en que el régimen nazi moldeaba a los alemanes. «Durante los últimos meses he estado observando cómo actúa la Joven Alemania en todos los rincones del país —dijo en julio de 1934 sir Arnold Wilson, que era parlamentario británico, en un discurso pronunciado en Königsberg—. Admiro la intensa energía que el Movimiento nacionalsocialista promueve. Respeto el ardor patriótico de la juventud alemana. Reconozco, por no decir que envidio, con cuánto vigor y seriedad se busca la unidad nacional en vuestros colegios y universidades, porque este valor que los inspira es del todo desinteresado, es totalmente positivo».[41]

La valoración de Wilson no podía ser más errada. El programa juvenil del nazismo no era ni «del todo desinteresado» ni «totalmente positivo». ¡Antes al contrario! Uno de los muchos efectos perniciosos que causó en la sociedad alemana fue el de las brechas que abrió en numerosas familias, por la radicalización de los jóvenes. Así, una viuda se lamentaba de que sus dos hijos «se pasaban todo el día en las Juventudes Hitlerianas, donde los incitaban sin descanso contra su propia madre, contra la religión y contra todo». A otra madre le preocupaba que su hijo había desarrollado tal «entusiasmo por el nazismo» que «padre e hijo ya no se entienden lo más mínimo». Otros padres temían que si los hijos los oían criticar al régimen, podían llegar a denunciarlos.[42]

Toda esta agitación fue consecuencia del éxito con el que los nazis se dirigieron a la juventud de Alemania. Pero esto, a su vez, no habría sido posible si Hitler no hubiera sido nombrado canciller del país. Y esto, por último, no habría ocurrido nunca si figuras poderosas de la élite alemana no hubieran creído que les interesara impulsarlo a este cargo.

Este es uno de los aspectos más inquietantes de esta historia, un aspecto muy revelador sobre cómo quienes aspiran a la dictadura podrían hacerse con el control de un Estado moderno. Este es el tema del próximo capítulo.

5

Actuar en connivencia con la élite

Para ser canciller de Alemania, en los primeros años de la década de 1930, no bastaba con liderar el partido político más votado. El resultado electoral carecía de importancia porque la única forma de alzarse con el poder era que el presidente Hindenburg te ofreciera el puesto. Y antes de decidir si esto era conveniente o no, el presidente escuchaba las recomendaciones de sus amigos en la élite alemana. Sucedió que al igual que Hitler, muchos de esos amigos deseaban destruir la democracia y, por lo tanto, actuaron en connivencia para que así fuera.

En la primavera de 1930 ya se percibían los primeros signos de que los nazis ocuparían un lugar destacado en la política alemana. En mayo, el Ministerio de Interior de Prusia redactó un informe que recogía el gran éxito con el que los nazis asociaban la «situación económica» del momento con la «guerra perdida».[1] El resultado era que muchos alemanes habían pasado a creer que solo los nazis estaban ofreciendo el «remedio radical» que el país necesitaba. La desesperación con la que los votantes «anhelan salir de esta catástrofe» impedía que el pueblo alcanzara a ver «más allá de los engañosos eslóganes políticos y económicos del nacionalsocialismo».

El informe confirmaba que «los sectores de la población que más están padeciendo por las penurias económicas imperantes» eran los que se sentían más atraídos por el nazismo. En esos grupos se incluía no solo «la clase media» y los «pequeños comerciantes y tenderos», sino también «los profesores jóvenes y los estudiantes universitarios». El predominio de partidarios tan jóvenes había dado «un impulso muy singular al movimiento».

El texto prestaba especial atención a la eficacia de la propaganda nazi. A este respecto, la dedicación de los nazis era «incomparablemente superior a la de ningún otro partido o movimiento». Los oradores del nazismo recibían «clases sistemáticas» para que supieran adecuar sus discursos directamente a cada público concreto; en esto les ayudaban tanto la vaguedad del programa original del partido, de 1920, como la posterior negativa de Hitler a concretar y aclarar a qué se refería. Así, a los agricultores les podían decir que sufrirían quizá la expropiación de las tierras; a los tenderos, que los grandes almacenes destruirían sus negocios. El único elemento consistente del mensaje era que detrás de todas estas amenazas estaba «el judío».

En este contexto, Goebbels comprendió el valor de dirigir la atención pública hacia lo que los nazis consideraban reprobable, no hacia la concreción de ninguna medida política propia. A este fin, en 1929, supo aprovecharse de la publicación de *Sin novedad en el frente*. Esta novela de Erich Maria Remarque, con su mensaje antibelicista, contradecía directamente el tópico de la propaganda nazi según el cual los soldados que batallaban en el frente habían sido «traicionados» por gente que estaba en el interior del país: los judíos, los especuladores y los políticos socialistas.

En julio de 1929 Goebbels escribió en su diario que la novela le había parecido «una farsa terrible y tendenciosa», a la vez «desagradable» y «subversiva». Pero también reconoció que «ha tenido impacto en millones de corazones».[2] Pocas semanas antes, el periódico nazi *Völkischer Beobachter* había atacado el libro porque, según el reseñista, «no entendía que el gran derramamiento de sangre [de la guerra] no era sino una ley eterna de la naturaleza».[3]

El 14 de agosto la misma cabecera nazi publicó una crítica del libro escrita por un veterano, Hans Zöberlein, «alguien que estuvo metido en las trincheras y los cráteres del oeste durante tres años». A su juicio el libro había sido «escrito desde la perspectiva de quien estaba sentado sobre la letrina» y, en consecuencia, «el monumento al soldado desconocido queda reducido a un gran montón de heces». En otro país, Remarque, «ese desgraciado», ya estaría «colgado de un fanal».[4]

Era inevitable que, en 1930, cuando se supo que Hollywood iba a rodar una película del libro, los nazis intensificaran el nivel de sus ataques. El *Völkischer Beobachter* se apresuró a afirmar que el director asignado, Lewis Milestone, era un judío caracterizado por «todas las "cualidades" de su raza».[5] Esta historia arraigaba de lleno en los prejuicios de los nazis. No solo podían seguir divulgando la mentira de que los judíos se habían conjurado para que Alemania perdiera la primera guerra mundial, sino que ahora podían sostener que Estados Unidos estaba controlado por judíos.

A principios de diciembre de 1930, poco después de que la película se estrenara en Alemania, Goebbels organizó una protesta que ocupó muchos titulares. Durante un pase de la película en el cine Mozart de Berlín, los nazis lanzaron bombas fétidas y soltaron ratones en la sala. Según el periódico liberal *Vossische Zeitung*, también «hicieron ruido de forma continuada, silbaron con estridencia y amenazaron físicamente al resto del público». Luego Goebbels anunció: «¡Ahora vamos a recuperar nuestro dinero!», y un grupo de nazis se enfrentó a la policía, que intentaba proteger la taquilla.[6] El *Völkischer Beobachter* publicó una versión diferente de lo sucedido y mantuvo que el público se había mostrado «ofendido» por las «escenas repulsivas» de la película, hasta el punto de que algunos espectadores se levantaron a gritar: «¡Ya basta! ¡No tenemos por qué aguantar esta impudicia de los judíos!».[7]

Goebbels quedó extasiado por la protesta. Escribió que «a los diez minutos el cine es una casa de locos. La policía no puede hacer nada. La multitud se enfurece y emprende acciones violentas contra los judíos [...] [gritando] "¡Fuera los judíos! ¡Hitler está en la puerta!" Los policías simpatizan con nosotros. Los judíos son feos y pequeños. En el exterior, se saquea la taquilla. Se hacen estallar los escaparates. Miles de personas disfrutan enormemente del espectáculo».[8]

A los pocos días, cuando la película se exhibió otra vez, Goebbels organizó una manifestación masiva en la Nollendorfplatz de Berlín, donde miles de adeptos del nazismo se enfrentaron con la policía. Goebbels quedó de nuevo extasiado; se alegró incluso de ver cómo los policías utilizaban porras de goma contra los manifestantes. «Nuestro pueblo palidece de la furia. Ha empezado una revolución. ¡Ahora que no se detenga!», escribió.[9]

Poco después, la película se retiró de las carteleras. La policía carecía de medios para registrar a cada espectador, por si llevaba más bombas fétidas o más ratones; no podía asegurar que el entretenimiento vespertino transcurriera con normalidad. Goebbels se jactó de que habían obtenido una gran victoria y escribió en *Der Angriff*, faltando a la verdad: «Hemos reclamado que esta democracia nos respete el derecho a la libertad de expresión y, en contra de todas las expectativas, han satisfecho nuestra exigencia [...] Al final, ha sido una lucha por una cuestión de principios. Nosotros éramos los defensores de la idea moral del Estado». Se vanagloriaba de que al emprender una marcha «contra la provocación judía de la película de Remarque [...] todos los que pasan hambre y frío, los abandonados y los desesperanzados, los soldados del frente a los que se mintió y traicionó, los intelectuales y los artesanos» se habían unido para formar un «ejército de jóvenes alemanes resueltos y radicales, que no se resignan a aceptar que la vida pública de Alemania sea un escándalo» y se negaban a ser testigos de «cómo se ridiculiza el honor de Alemania».[10]

Goebbels quedó encantado al tener noticia de que «gracias a este asunto de Remarque, mi reputación en Múnich [entre los líderes nazis] ha mejorado extraordinariamente».[11] No era de extrañar que recibiera más atención. Goebbels había logrado aprovechar una disputa menor, casi trivial, sobre el contenido de una película, para expresar el apoyo de los nazis a unos supuestos valores nucleares —el autosacrificio y el amor por Alemania— que, según ellos, estaban en la base de su promesa de una *Volksgemeinschaft*. También sostuvo que aquello había sido solo el principio: «¿Acaso aún hace falta que expliquemos detalladamente que esta lucha va a seguir, con todo y a por todo, y que tenemos razones para confiar en que algún día obtendremos una victoria para siempre? [...] Se ha eliminado a Remarque, pero en Alemania toda la opinión pública sigue cubierta por la suciedad de los judíos. Es preciso hacer limpieza».[12]

Aunque Goebbels no tenía conocimientos de psicología, entendió el poder de referirse a la «suciedad de los judíos». Pues la parte del cerebro que nos hace reaccionar a los olores desagradables también se activa por el mero hecho de «pensar en algo moralmente desagradable».[13] Así, según ha escrito el profesor Robert Sapolsky, si pensamos que «los de la tribu vecina son unas cucarachas repulsivas», entonces se activan «la ínsula y la amígdala», que son centrales para el modo en que nuestro cerebro procesa el «Ellos y Nosotros».[14] Era el mismo efecto poderoso de cuando los nazis calificaban a los judíos de «escoria» o «alimañas».

Pero el ataque de Goebbels contra *Sin novedad en el frente*, y su intento de asociarlo con la «suciedad de los judíos», no salieron del todo como él deseaba. La historia tuvo un remate que puso de manifiesto la monstruosa hipocresía que habitaba en el centro de la propaganda goebbelsiana. El 6 de mayo de 1931 *Der Angriff* publicó un largo artículo titulado

«Noche en el frente». Era una descripción alegre de la vida en las trincheras, que pretendía desmentir la versión de Remarque y contar la «verdadera» historia del heroísmo de los soldados alemanes durante la guerra.[15] Solo había un problema: los nazis habían sido engañados por un bromista, porque el artículo enviado era un pasaje —copiado palabra por palabra— de *Sin novedad en el frente*. Para el *Sozialistische Bildung*, se trataba de un asunto «hilarante» que «había revelado a todo el mundo que los nazis, encabezados por el doctor Goebbels, han emprendido una guerra a muerte contra el libro de Remarque».[16]

Der Angriff no tuvo más remedio que humillarse y admitir el error, aunque a su manera: «Ayer nuestro departamento editorial fue víctima de una trampa de los judíos. Entre los manuscritos recibidos figuraba un artículo enviado libremente por quien parecía ser un amistoso camarada del partido: R. Scheinpflug. A la postre resultó que este breve artículo es un extracto del libro judío *Sin novedad en el frente*, de Remarque. Lamentamos que este artero engaño de recortar un pasaje, un pasaje en principio inocente, de un libro que toda la población de mentalidad alemana ha rechazado haya logrado convencernos [...] Esto pone de manifiesto con meridiana claridad a qué trucos recurre el judío tembloroso en su afán por dañar al NSDAP».[17]

El hecho de que nada indicara que el responsable de la broma fuera judío no impidió que Goebbels afirmara que sus autores eran judíos. La acusación ejemplifica una vez más la reacción automática de los nazis ante cualquier cosa que les resultara odiosa: la culpa era de los judíos. De hecho, para los nazis la ausencia de pruebas era la demostración de que los judíos eran sumamente astutos a la hora de cubrir sus huellas.

Para una gran cantidad de alemanes corrientes, esta forma de pensar no era noble. Además, sospechaban que los nazis seguían confiando en obtener el poder mediante una revolución, prescindiendo de la democracia. En consecuencia, en un juicio celebrado en septiembre de 1930, Hitler se vio obligado a caminar sobre una cuerda floja. Se acusaba a tres oficiales del ejército de haber intentado convencer a los camaradas de que apoyaran una revolución nazi. Así pues, los jueces querían saber si Hitler era un político que respetaba la voluntad democrática de la mayoría, o si bien era partidario de una insurrección.

Hitler declaró que, aunque era inevitable que el partido diera cabida a algunos «afiliados más temperamentales», lo cierto es que «somos un movimiento puramente espiritual». Cuando le preguntaron si era cierto que había afirmado, según decía la prensa, que «rodarán cabezas en esta batalla: o las nuestras, o las de ellos», contestó que él lo fiaba todo a «la lucha legal»; pero que, una vez que los nazis hubieran vencido de acuerdo con la legalidad, instaurarían un «Tribunal Supremo Alemán» en cuya sede «"noviembre de 1918" expiará sus culpas y por lo tanto rodarán cabezas».[18]

Aunque Hitler hizo cuanto pudo por mantener la ambigüedad en el juicio, era consciente de que debía intensificar el control sobre esos «afiliados más temperamentales», que en su mayoría eran camisas pardas. Tuvo la suerte de que pronto pudo reclutar los servicios de uno de sus camaradas más antiguos: Ernst Röhm.

En 1928 Röhm había aceptado una invitación para trabajar como asesor para el Ejército de Bolivia; pero no tardó en querer regresar a Alemania, por lo que en septiembre de 1930 envió un telegrama a un colega, de texto muy simple: «Vuelvo noviembre. Avisad mamá y Hitler».[19]

En noviembre de 1930 el *Völkischer Beobachter* celebró la reaparición de Röhm, del que ensalzó que hubiera «combatido lealmente [junto a Hitler] desde los días más duros del movimiento nacionalsocialista». Röhm recibió una bienvenida cordial en la estación central de Múnich, con la asistencia de «numerosos camaradas del partido, compañeros y amigos», incluido el propio Adolf Hitler.[20]

En cuanto a Hitler, su decisión de celebrar el regreso de Röhm, a quien nombró jefe del Estado Mayor de la SA, suponía un riesgo. Era consciente de que no todo lo que rodeaba a Röhm le iba bien. El mismo asunto que los había separado unos años antes —el grado de independencia del ala paramilitar del nazismo— aún coleaba. Por otro lado, el carácter de Röhm no había cambiado. Seguía siendo el mismo aventurero ruidoso de antaño. Además, era homosexual en activo, en una época en la que el sexo homosexual estaba ilegalizado por la sección 175 de la Constitución de Weimar. Cierto es que la ilegalidad no había impedido que Berlín se convirtiera en un centro del sexo gay durante los años de Weimar, y el propio Röhm había asistido con entusiasmo a todos los clubs y baños homosexuales que la ciudad podía ofrecer.

Para muchos nazis, la orientación sexual de Röhm era inaceptable. «¡Es vomitivo!», escribió Goebbels en su diario, en febrero de 1931. «Hitler se está volviendo a descuidar. Es intolerable que el partido sea un El Dorado de los de la 175».[21] Estas inquietudes no preocupaban a Hitler, quien aquel mismo mes afirmó «rechazar» por «impertinentes» los «informes que apuntan contra líderes de la SA». La *Sturmabteilung*, escribió, era «una asociación de hombres con un mismo fin político específico»; no era «una institución moral para la educación de jovencitas, sino una liga de recios combatientes».[22] El Führer había hablado: el valor de Röhm era superior a cualquier consideración relativa a su vida personal.

Sin embargo, a los pocos meses Röhm fue el blanco de los ataques de varios opositores al nazismo. En un artículo del 22 de junio de 1931, el *Münchener Post* dio publicidad a las preferencias sexuales de Röhm, bajo el titular «Homosexualidad en la Casa Parda», es decir, la sede central del Partido Nazi, en Múnich. Otros medios de comunicación se hicieron eco de la historia, incluidas cabeceras de Berlín.

Hitler le quitó importancia, porque aún consideraba que necesitaba a Röhm. La razón es fácil de entender: la SA seguía siendo un recurso imprescindible. Nadie olvidaba que, una docena de años atrás, se habían librado batallas armadas en las calles de Múnich; y sin las fuerzas paramilitares de los Freikörper, quizá los comunistas habrían consolidado el gobierno de la ciudad. ¿Acaso de veras se podía descartar del todo que en el presente pudiera suceder algo similar? Porque si se daban de nuevo esa clase de circunstancias, probablemente la Sturmabteilung sería la salvación del Partido Nazi; más aún, desde la perspectiva de Hitler, la SA salvaría a la nación.

El problema era que, al mismo tiempo, los camisas pardas seguían siendo un posible hándicap. Goebbels lo comprobó de primera mano en febrero de 1931, cuando el jefe de la SA en Berlín, Walter Stennes, escribió una serie de artículos en los que rechazaba la vía constitucional del nazismo y exigía alcanzar el poder por medio de las armas. Al mes siguiente él y sus camisas pardas asaltaron la oficina del Partido Nazi en Berlín y se apoderaron de la sede de *Der Angriff*. Hitler entendió que se habían excedido y —para satisfacción de Goebbels, pero a la vez con el respaldo de Röhm— expulsaron a Stennes del partido.

En este contexto, es evidente por qué Hitler vio con buenos ojos la emergencia de otro grupo paramilitar en el seno del movimiento nazi, la Schutzstaffel (Escuadrón de Protección), conocida popularmente como SS. La SS nació en 1925, tras la debacle del Putsch de la Cervecería, en un momento en el que la SA era una organización prohibida. Heinrich Himmler fue nombrado subjefe de la SS dos años después; en 1929 se le puso al mando con el título de Reichsführer SS. Es probable que se eligiera a Himmler para esta labor porque en su función anterior había organizado mítines del partido que necesitaban de protección.[23]

Pocos habrían alcanzado a predecir que aquella SS de finales de la década de 1920 —que no contaba ni con 1.500 miembros— se convertiría en una de las organizaciones más infames del conjunto de entidades del nazismo. Pero desde su lugar de discreción, Himmler tuvo la astucia de percibir que en el movimiento había un hueco que él y su SS podían llenar: el de una unidad paramilitar de élite y ultraleal. Aunque en los primeros años la SS estuvo bajo el mando general del jefe de la SA, Himmler, por el contrario, quería liderar a hombres que abrazaran valores opuestos a los de los matones callejeros e iletrados de Röhm.

El lema mismo de la organización, *Meine Ehre heisst Treue* («Mi honor se llama lealtad»), ya establecía una diferencia entre la SS y los camisas pardas. En abril de 1931, después de que la SS intentara proteger la sede central del partido en Berlín frente a los hombres de Stennes, Hitler había escrito que, para un hombre de la SS, «su honor es su lealtad»; y Himmler adaptó la frase y la elevó a máxima de toda la organización.

Bernd Linn, que se incorporó a la SS a principios de la década de 1930, quería unirse a la organización porque le parecía especial. «El instinto me decía que la SS estaba un nivel por encima de la SA», dijo. Le había impresionado ver a la SS como grupo de cierre de todos los desfiles nazis, es decir, los que «corrían siempre más riesgos». De hecho, se enorgullecía tanto de haber militado en la SS que nunca llegó a perder del todo la lealtad al grupo: muchos años después de la guerra aún se negaba a decir si su decisión original de incorporarse a la Schutzstaffel había sido «buena o mala», pues consideraba que era algo «imposible de decir hoy».[24]

Para crear una unidad de élite, Himmler, como es natural, también aspiraba a atraer reclutas de élite. En el verano de 1931 creyó haber encontrado a uno de los más impresionantes, un hombre que, más que ningún otro, ejemplificó a la perfección cómo la inteligencia y la cultura no son obstáculo a la barbarie: Reinhard Heydrich. Aun así, sorprendentemente, hasta el momento en que se afilió al partido, el 1 de junio de 1931, Heydrich apenas se había interesado por el movimiento nazi.

Heydrich había nacido en 1904, con lo que por edad no pudo participar en la primera guerra mundial. Creció en una familia de cultura: su padre había fundado el conservatorio de música de Halle, una ciudad próxima a Leipzig. Hasta que estalló la agitación posterior a la guerra, el adolescente Heydrich no cayó en la cuenta de que Alemania podía hundirse en la revolución. Decidió iniciar una carrera como oficial naval y en 1922 inició los estudios en la academia de cadetes de Kiel. Si todo hubiera salido según lo previsto, podemos tener la certeza casi total de que se habría quedado en la Marina alemana. No habría perpetrado la infamia imperecedera de ser uno de los arquitectos del Holocausto; habría sido tan solo Heydrich el marino.

En diciembre de 1930, mientras su carrera naval avanzaba, Heydrich conoció a una mujer de diecinueve años muy segura de sí misma: Lina von Osten. A los pocos días se habían prometido. La celeridad de su propuesta puso de relieve uno de los rasgos de carácter más llamativos de Heydrich; según lo formuló Osten unos años más tarde, «él siempre sabía lo que quería».[25]

Tras anunciar el compromiso, Heydrich se encontró de inmediato con una dificultad que alteró para siempre el rumbo de su vida. Pues otra mujer dio un paso al frente y denunció que Heydrich se había comprometido antes con ella. El padre de esta se enfureció con la forma en que el cadete había tratado a su hija y protestó ante varios oficiales destacados de la Marina. En enero de 1931 se sometió a Heydrich a un «tribunal de honor» donde el cadete se condujo con una arrogancia que le resultaría contraproducente: no negó que conocía a la mujer, pero sostuvo que ella había intentado seducirlo a él, y no a la inversa; y además aseveró que él nunca le había pedido que se casaran.[26]

Esta falta de galantería distanció a Heydrich de sus superiores, que en abril lo echaron del cuerpo. «La expulsión de la Marina —dijo Lina von Osten después de la guerra— fue el golpe más duro de su vida [...] No por los ingresos futuros que perdió, sino porque se había aferrado a la carrera como oficial con cada fibra de su ser».[27] Osten, que siempre acompañó a Heydrich a través de sus tribulaciones, instó a su prometido a sopesar otra posibilidad: los nazis. Ella era devota de la causa nazi, además de ferviente antisemita.

El único problema era que Heydrich no compartía su devoción por los nazis. «Políticamente estaba desorientado. Miraba a todos los partidos con arrogancia, en especial al Partido Nazi, y consideraba que la política en sí era algo vulgar. En este sentido solía comportarse con esnobismo y entendía que lo único importante era su carrera naval. Lo demás no contaba», explicó después de la guerra.[28]

Pero como había arruinado su carrera naval y, al quedarse sin trabajo, ni siquiera casarse era viable, Heydrich se dejó seducir. Animado por su esposa, se afilió al Partido Nazi y, por medio de contactos familiares, logró que le presentaran a Heinrich Himmler. El 14 de junio de 1931 (cuando hacía solo dos semanas de su afiliación) se vieron por vez primera. La conexión fue inmediata. Himmler estaba buscando a alguien que encabezara una unidad de inteligencia dentro de la SS y le pareció que Heydrich era idóneo: alto, rubio y con porte de oficial. El hecho de que careciera de cualquier experiencia relevante —en la Marina había sido oficial de radio, sin emplearse nunca en labores de inteligencia— no le importó.

El proceso de reclutamiento distó de ser normal, pero es una buena muestra de cómo trabajaba Himmler, en dos aspectos. En primer lugar, daba prioridad a la apariencia física. En 1938, por ejemplo, vio a un soldado raso de la SS que le pareció un perfecto espécimen ario. Sin más motivo que la apariencia del hombre, ordenó que, salvo que su historia en la SS lo vetara por algo, lo ascendieran a un puesto más elevado.[29] En segundo lugar, Himmler no solía tener inconveniente en dar una segunda oportunidad a las personas que le parecían válidas. Heydrich, que había abandonado la Marina bajo una sombra de duda, se hallaba en un momento malo y necesitaba ayuda. Himmler estaba dispuesto a ayudar y, al hacerlo, se ganó tanto la gratitud como la lealtad de Heydrich. Y al igual que en el caso de Hitler, la exigencia principal de Himmler era precisamente la lealtad.

Sin embargo, no deja de ser sorprendente que Heydrich se uniera a la SS sin sentirse atraído por aquella causa. Es uno de los ejemplos de rapidez más radicales de esta historia, rapidez a la hora de modificar la conducta personal a medida que la situación se modifica.

La unidad de inteligencia que Himmler encargó crear a Heydrich se conoció con el nombre de Sicherheitsdienst (Servicio de Seguridad), o en breve con sus siglas, SD. El SD creció hasta convertirse en una de las organizaciones más poderosas y temidas del Estado. Pero sus principios fueron modestos. Sin apenas más medios que un despacho y un teléfono, Heydrich se esforzó por reclutar a gente que pudiera reunir inteligencia sobre los enemigos del Partido Nazi e identificar a los posibles espías infiltrados en el propio movimiento.

Para Himmler también era imperativo que Heydrich no se limitara a sentarse a una mesa: los miembros de la SS también debían ser hombres de acción. En consecuencia, Heydrich participó en ataques contra mítines organizados por los rivales políticos del nazismo. La prensa no tardó en fijarse en él; en noviembre de 1931, el *Münchener Post* lo calificó de «mano derecha» de Himmler en la SS, una «organización de verdugos».[30]

Numéricamente, la SS todavía carecía de relevancia en comparación con los camisas pardas: la SA multiplicaba sus cifras por diez, aproximadamente, en las fechas en las que Heydrich se afilió. Pero Himmler tenía planes grandiosos. En junio de 1931 (el mismo mes en el que conoció a Heydrich) pronunció un discurso ante miembros destacados de la SS, en el que sostuvo: «Nos han confiado la labor más espléndida y magnífica a la que puede enfrentarse una nación». Esta «labor magnífica» no era otra que luchar a vida o muerte contra el «bolchevismo» y resolver la necesidad de crear una «nación de 200 millones de alemanes», lo que se conseguiría asentando a personas de etnia alemana en los «territorios circundantes».[31]

Himmler no imaginaba entonces que este objetivo épico pudiera hacerse realidad con celeridad. Habló pues de preparar el terreno para ese nuevo imperio, poner «los cimientos» para que «la próxima generación» pudiera lograrlo. Ello no obstante, es significativo que antes incluso de que los nazis se alzaran con el poder, y cuando la SS apenas contaba con unos pocos millares de hombres, Himmler creyera que un futuro conflicto armado de proporciones colosales era inevitable y que la SS interpretaría un papel fundamental en esa guerra.

El jefe de la SS continuó reclutando agentes de inteligencia para las tareas de consecuencias descomunales que preveía para el futuro. Entre ellos figuraba Werner Best, que era doctor en Derecho. A sus veintisiete años, cuando Himmler pronunció el citado discurso en junio de 1931, Best era integrante del servicio judicial; pero pronto demostró que todo un doctorado en materia de leyes no era obstáculo para la planificación de asesinatos extrajudiciales.

Best, que era el director de los asuntos legales del partido en Hesse (en la Alemania occidental), ayudó a trazar los planes que los nazis desarrollarían ante la eventualidad de un levantamiento comunista. En noviembre de 1931 la prensa tuvo conocimiento de ese material y el escándalo fue inmediato. «¡Pena de muerte! ¡Los planes secretos del gobierno nacionalsocialista revelan fusilamientos y hambrunas!», decía el titular de *Vorwärts* [«Adelante»], el periódico del Partido Socialdemócrata. El artículo detallaba luego que los nazis planeaban prescindir de las «leyes» en beneficio del «asesinato legalizado [...] Es la revelación de una locura sanguinaria, crueldad e inhumanidad [...] Es dar libertad al animal que habita en el ser humano, es enfrentarnos furiosamente a todos contra todos. Sus planes no pueden resumirse de ningún otro modo».[32]

La cabecera liberal *Vossische Zeitung* expresó inquietudes similares: «Mediado el mes de septiembre de 1931, los líderes nacionalsocialistas celebraron una asamblea secreta en el Boxheimer Hof, cerca de Lampertheim [...] A un círculo restringido de ellos, el juez asistente Dr. Best les presentó un borrador de medidas planeadas "en caso de emergencia" [...] Este borrador respira un aire de violencia sumamente brutal. Ante casi cualquier infracción, se amenaza con la pena de muerte [...] se quieren permitir incluso fusilamientos sin juicio».[33]

Aunque estos planes de contingencia de los nazis eran brutales por naturaleza, el asunto no causó un daño perdurable a la imagen del movimiento. Los líderes del Partido Nazi afirmaron que había sido un asunto local: que Best y los compañeros de su región se habían dejado arrastrar por la emoción. En cuanto a «dar libertad al animal» y a los «asesinatos legalizados», era algo que tan solo se contemplaba en el caso de un intento de golpe de Estado de los comunistas.[34]

Como la cobertura de prensa fue muy exhaustiva, vale la pena destacar el hecho de que aun así el escándalo no resultó en una calamidad para los nazis. Aunque en general estuvieran en contra del uso de la violencia, es evidente que muchos alemanes consideraban que la violencia de los nazis podía ser necesaria para protegerse frente a un levantamiento comunista. Es decir, en pocas palabras: su deseo de paz y tranquilidad les hizo acercarse a un partido que prometía recurrir a la violencia para lograr ese fin. Es una de las razones fundamentales por las que millones de personas que respetaban la ley se sintieron capaces de votar por un partido político que iba a quebrantar la ley. Además, es una clave psicológica.

La investigación al respecto ha demostrado que, como especie, muy pocos seres humanos somos absolutamente contrarios a la violencia. Lo que nos preocupa es que la agresividad se limite únicamente a las situaciones adecuadas. Pero en las circunstancias correctas, la mayoría de nosotros podemos apoyar —y aun con entusiasmo— el uso de la violencia.[35] Así, casi todos queremos que las fuerzas de seguridad nos protejan; y si para ello tienen que matar a personas que están a punto de matarnos, pues que así sea.

Tanto la crisis económica del país como la promesa nazi de una futura «comunidad nacional» fueron factores importantes en el éxito electoral que el partido tuvo durante este período; pero también lo fue la convicción de que los nazis, como defensores de la violencia, eran los que estaban mejor pertrechados para restaurar el orden. Es significativo que las mujeres —que antes de 1932 se mostraron menos inclinadas a respaldar el nazismo— empezaran a votar en número creciente a favor del movimiento nazi. Anteriormente habían tendido a favorecer a los partidos más centristas, evitando los extremos, tanto el nazismo como el comunismo. Sin embargo, eso estaba empezando a cambiar.

Fue hacia esta época cuando Jutta Rüdiger, que era por entonces una estudiante de veintipocos años, empezó a interesarse por los nazis. Sus padres lo habían pasado mal durante la Depresión y las dificultades económicas de la familia amenazaban con impedirle seguir en la universidad. En este contexto preocupante le pareció que la combinación característica de los nazis —su «nacionalismo» unido a su «socialismo»— resultaba especialmente atractiva: «Se explicaba que si eres nacionalista y amas tu tierra y amas tu patria, entonces debes asumir responsabilidad por el bienestar del hombre y de la mujer más sencillos. Y si eres socialista y quieres ayudar a tu pueblo, eso debe hacerse adaptándose al carácter nacional; es decir, que nosotros no necesitábamos un socialismo a la rusa, sino un socialismo nacional alemán. Para mí, en aquel momento, esto tenía mucho sentido. Yo estaba verdaderamente convencida de que esa era la forma de avanzar [...] Y en ese momento me puse seria conmigo misma y me dije: "Es hora de apuntarse y participar". Así que me afilié a la Asociación de Estudiantes Alemanes Nacionalsocialistas».[36]

Recordaba que los «estudiantes comunistas» también se mostraban «muy activos» en aquel tiempo, de modo que, por curiosidad, acudió a uno de sus mítines junto con varios amigos: «Hablaban de la vida maravillosa que las mujeres llevaban en la Unión Soviética: podían ir a trabajar dejando a sus hijos bien cuidados. Y mis amigos me indicaron: "Tienes que salir a decir algo", aunque hasta ese momento yo nunca había hablado en público, ni tenía ninguna formación. Así que dije lo que pensaba, y expliqué que a mí no me parecía ideal que la madre no cuide de sus propios hijos, en especial durante los años iniciales, de formación; que los niños, para crecer sanos de cuerpo y alma, necesitan amor y seguridad».

La primera vez que vio hablar a Hitler ante una multitud fue en 1932. Sus recuerdos tanto del contexto del momento como del estilo oratorio de Hitler son los típicos entre las numerosas personas que se hicieron adeptas del nazismo en los primeros años de la década de 1930. «Los desempleados pasaban mucha hambre y no tenían ropa en condiciones. Corrió el rumor de que él [Hitler] iba a traernos la salvación», contaba Rüdiger. «Había un silencio absoluto y él empezó a hablar con una tranquilidad extraordinaria, hablaba bajo, pero con una voz sonora, que poco a poco iba volviéndose más entusiasta». Luego Hitler «describió cómo se podía ayudar al pueblo alemán, cómo se lo podía guiar para que saliera de la miseria. Y la concentración se terminó y yo tuve la sensación de que ese era un hombre que no estaba pensando en sí mismo y en su propio beneficio, sino exclusivamente en el bien de la nación alemana».[37]

Inspirada por esta creencia, Rüdiger progresó en el seno del movimiento nazi y acabó por convertirse (según vimos en el capítulo anterior) en la líder de la BDM: la Bund Deutscher Mädel o Liga de las Muchachas Alemanas, equivalente femenino de las Juventudes Hitlerianas. Sin embargo, como todas las demás mujeres del Partido Nazi, no podía confiar en optar a una posición de liderazgo destacado por encima de los hombres del movimiento. De hecho, antes de 1932 menos del 10 % de la afiliación al partido eran mujeres. Hitler creía que el papel principal de una mujer era el de ama de casa y madre. En el Partido Nazi nunca pudo haber una figura equivalente a la de Rosa Luxemburgo, que había sido una de las líderes comunistas de la revolución berlinesa de 1919.

Esto no quiere decir que en el movimiento nazi no hubiera cierta cantidad de mujeres fuertes. La ya mencionada Lina von Osten, por ejemplo —Lina Heydrich, tras casarse el 26 de diciembre de 1931—, reconoció más adelante que «yo nunca me he mordido la lengua».[38] También contaba chistes sobre la esposa de Himmler, burlándose de sus «calzones descomunales»[39] y diciendo que era «una "hembra cabría" o algo parecido».[40]

Es evidente que Heydrich se sentía atraído por este carácter tan vivaz de su esposa. Más adelante Osten rememoró que, después de casarse, ella conoció a la mujer que había protestado de que Heydrich le hubiera dado calabazas; y que un tiempo después le preguntó por qué, siendo la chica tan guapa, no se había casado con ella. «Era una sosa», contestó el marido.[41]

Aun así, cuando la pareja se reunió con Hitler por primera vez, el líder nazi reaccionó calificándolos de «pareja hermosa». Lo que Hitler apreciaba en Lina Heydrich, no obstante, no era su carácter animado, sino su apariencia aria.[42]

Hacia la misma época en la que Reinhard Heydrich trabó relación con Lina von Osten, otra figura más destacada del nazismo también se enamoró; en este caso de una mujer que con el tiempo acompañó a su marido en el camino de la infamia. Magda Quandt escuchó hablar en público a Joseph Goebbels por primera vez en el verano de 1930. Entonces ya era partidaria del nazismo, un movimiento que conocía por sugerencia de Kurt Lüdecke, con quien se rumoreaba que había tenido una aventura. Tras haberse divorciado poco antes de un archimillonario, el industrial Günther Quandt, Magda quedó fascinada no solo por los nazis, sino más en concreto por Goebbels, uno de sus principales abogados.[43] A las pocas semanas de haberle escuchado tomar la palabra logró acercarse a él en persona, después de ofrecerse como voluntaria para reorganizar su colección de «documentos privados».[44]

A Goebbels, aquella mujer de veintinueve años le resultó enormemente atractiva; Magda Quandt era en efecto una rubia escultural. Pero su relación chocó con un inconveniente: a Hitler también le atraía. En un principio Goebbels estaba celoso por el interés de su jefe, pero Magda ya había elegido y se embarcó en una aventura amorosa con Goebbels. Según el propio Goebbels, Hitler «se resignó» y no quiso obstaculizar la felicidad de su subordinado. Más aún, Hitler le dijo a Goebbels que Quandt era una «mujer inteligente y hermosa, que no te frenará, sino que te ayudará a avanzar».[45] Cuando se celebró la boda, el 19 de diciembre de 1931 (justo una semana antes de que Heydrich se casara con Lina von Osten), Hitler accedió incluso a actuar como testigo.

Tanto Lina von Osten como Magda Quandt eran mujeres inteligentes que se comprometieron con el movimiento nazi. El exmarido de Magda afirmó, un tiempo más tarde, que ella «se convirtió en una defensora muy ferviente de las ideas nacionalsocialistas e intentó que tanto yo como mi hijo nos convirtiéramos y afiliáramos al partido».[46] Es relevante que ambas mujeres decidieran dar apoyo al movimiento antes de haber encontrado a sus respectivas parejas; primero fueron nazis, luego esposas. Pero dada la concepción que el partido tenía de las mujeres, nunca pudieron progresar especialmente dentro del movimiento nazi.

Mientras Goebbels y Heydrich festejaban sus bodas, en Alemania la crisis política seguía agravándose; en buena medida, por una decisión que el presidente Paul von Hindenburg había tomado en marzo del año anterior: había nombrado canciller a Heinrich Brüning, del Partido Centrista. Pero al carecer del apoyo necesario en el Reichstag, Brüning tuvo que confiar en un respaldo de Hindenburg más directo que el de sus predecesores. Cada vez con más frecuencia Brüning se vio obligado a utilizar el artículo 48 de la Constitución de Weimar, una cláusula que permitía al presidente prescindir del Parlamento e imponer la legislación por el procedimiento de emergencia. Así pues, cuando Brüning no logró que el Reichstag votara a favor de sus medidas económicas, Hindenburg tuvo que aprobarlas como «decreto de emergencia». No obstante, el artículo 48 no conllevaba un poder ilimitado, dado que, con una mayoría simple, el Parlamento alemán podía obligar al gobierno a convocar elecciones.

Entre abril de 1931 y finales de 1932, Hindenburg autorizó la increíble cifra de noventa y nueve decretos de emergencia. Esto no solo favorecía la inestabilidad política, sino que enviaba una señal conforme el gobierno democrático había cesado de funcionar casi por entero. Según se comentó en la revista *Time*, parecía que Hindenburg presidiera un régimen que intentara ser «más hitlerista que Hitler» y encaminaba a Alemania hacia un Estado autoritario.[47]

Obviamente, a Hindenburg le correspondía una gran responsabilidad en todo este proceso de decadencia; para empezar, porque era una figura muy respetada. La derecha política lo consideraba un símbolo de lealtad, honradez y constancia, y su edad y experiencia proyectaban la imagen de que era «el padre de la nación». Se había retirado del Ejército de Tierra a la edad de sesenta y cuatro años, tres años antes de que estallara la primera guerra mundial; pero cuando poco después se le necesitó, regresó.[48] Aún se lo ensalzaba como el Héroe de Tannenberg —por la victoria de los alemanes contra Rusia, en 1914— y su cara seria, ceño fruncido y mostacho blanco se mostraban de forma repetida en incontables periódicos como la encarnación material del poder militar de Alemania. Lo eligieron presidente once años después de Tannenberg. Pero no demostró ser un paladín de la recién nacida democracia de Alemania; nada más lejos.

Muchas de las personas que rodeaban a Hindenburg miraban con recelo los procesos democráticos. El general Schleicher, por ejemplo, se oponía con decisión al sistema de gobierno vigente. Era uno de los asesores más poderosos del círculo de Hindenburg y quien más se destacaba arreglando asuntos entre bambalinas, como enlace entre las fuerzas armadas* y el presidente. Actuaba en la sombra, oculto tras la autoridad del ministro de Defensa —el general Wilhelm Groener— y se dedicaba a informar regularmente a Hindenburg sobre el estado de ánimo imperante en la Reichswehr.

Pero en su búsqueda de una solución autoritaria para los problemas de Alemania, aquellos integrantes de la élite de Alemania se enfrentaban a la dificultad de cómo acomodar a los nazis, impredecibles y potencialmente violentos. En las elecciones de 1930, el Partido Nazi había incrementado mucho su representación en el Reichstag, pasando de 12 escaños a 107. Para Schleicher era evidente que había que atraer a los nazis e integrarlos en el gobierno de un modo u otro. Pensaba que luego ya encontrarían la forma de domarlos.

Los tratos con los nazis inquietaban a Hindenburg, quien sin embargo tampoco era un incondicional de la administración del canciller Brüning. Aparte de recurrir una y otra vez al artículo 48, Brüning solo podía permanecer en el poder si pedía a los diputados socialistas que tolerasen su régimen; y ese grupo político generaba especial disgusto entre Hindenburg y sus adláteres.

Hitler, tras ser informado por Schleicher, se reunió por primera vez con el presidente Hindenburg el 10 de octubre de 1931. El encuentro no fue exitoso. Hindenburg quedó horrorizado por la forma de hablar y de actuar de su interlocutor. Es bien sabido que —según recogió el secretario de Estado, Otto Meissner— Hindenburg consideraba a Hitler incapaz de dirigir nada que fuera más allá del servicio de Correos. Desde tal cargo, además, Hitler tendría que «lamerle el trasero», habría añadido, con un chiste vulgar (basado en que los sellos postales llevaban la imagen de Hindenburg).[49]

La perspectiva de un Hitler canciller no solo horrorizaba a Hindenburg. Algo parecido pensaba la distinguida periodista estadounidense Dorothy Thompson, que entrevistó al líder nazi pocas semanas después de que este se reuniera con el presidente alemán. Nada más entrar en la suite de Hitler en el hotel Kaiserhof de Berlín, tuvo «la clara impresión de hallarme delante del futuro dictador de Alemania. Pero cuando no habían transcurrido ni cincuenta segundos, tuve la certeza de que no», puesto que lo halló «sin forma, sin apenas rostro, un hombre cuya expre-

* Reichswehr fue el nombre de las fuerzas armadas alemanas de 1919 a 1939, cuando se cambió por el de Wehrmacht. (*N. del t.*)

sión es una caricatura [...] El prototipo perfecto de un hombrecito». Intentó analizar sus puntos de vista políticos, pero descubrió que su ideario se reducía a la creencia de que «la culpa de todo es de los judíos» y, razonablemente, llegó a la conclusión de que eso era «un absurdo».[50]

Thompson estaba siendo, por lo tanto, la última de una larga secuencia de personas de cultura, de un entorno privilegiado, que se equivocaron al juzgar a Hitler. La periodista pensaba que si ella, como periodista viajada por el mundo, podía no dar crédito a las baladronadas y distinguir el prejuicio irracional que había por debajo de ellas, los demás harían lo mismo. No creía, en consecuencia, que Hitler supusiera una amenaza inmediata. También se equivocaba con respecto a Hindenburg. Creía que él tenía «claro que su deber, como presidente de una república, consiste en proteger esa república». Pero esto, según veremos, no fue así.

En cuanto al propio Hindenburg, Hitler no tan solo le disgustaba como persona, sino que odiaba el modo en que los nazis abordaban la política. El año anterior había denunciado por libelo a Goebbels, tras ver una viñeta satírica publicada por este en la que se burlaban de su edad y su inactividad. El texto de la viñeta decía: «¿Aún estás vivo, Hindenburg?».[51] Fue uno de los primeros ejemplos de una táctica a la que Goebbels recurrió a menudo para atacar al presidente. No se centraba en su carácter ni en su historial militar, sino en su edad y la supuesta incapacidad para ocuparse de los acontecimientos del presente.

El juez de aquella causa por difamación aceptó el argumento de Goebbels, según el cual había formulado una crítica a la política contemporánea, sin poner en duda la condición heroica de Hindenburg. Por lo tanto, no lo envió a la cárcel, sino que simplemente le impuso una multa. Al parecer, el hecho de reconocer que no atacaba el historial bélico del presidente bastó para aplacar a Hindenburg, quien, cuando la fiscalía quiso apelar contra la levedad del castigo impuesto, se negó a colaborar.[52]

Los siete años de presidencia de Hindenburg iban a expirar en la primavera de 1932, y a sus ochenta y cuatro años era reacio a presentarse de nuevo. Hizo saber que, si los parlamentarios le pedían que continuara en su puesto, no lo descartaba, pero a condición de que le ahorraran someterse a unas elecciones ordinarias. Tras una serie de debates poco concluyentes, la idea se rechazó, sobre la base de que ni siquiera la figura mítica de un Hindenburg debía eludir el examen democrático.

Como respuesta, sus partidarios organizaron una petición pública en la que le imploraban que se presentase a la reelección. A la postre, cuando más de tres millones de alemanes habían firmado a favor de que lo hiciera, Hindenburg aceptó dar el paso adelante. Ahora bien, se negó a hacer campaña. Que otros hicieran el trabajo de recorrer el país hablando a favor de él, porque él no pensaba humillarse mendigando los votos de nadie.

Hitler quedó en una posición difícil. Si le plantaba cara a Hindenburg, que era el símbolo del nacionalismo alemán, se arriesgaba a salir humillado, en el caso de una derrota inequívoca. Pero a la inversa, si tenía éxito, sería el camino al poder. Después de varias semanas vacilante, se decidió a correr el riesgo y liderar la candidatura electoral del Partido Nazi. Goebbels comunicó la noticia en un discurso en el Sportpalast de Berlín, el 22 de febrero de 1932.[53]

Al desafiar a Hindenburg, Hitler había creado una situación inesperada en la política alemana, contraria a lo previsible. Cuando se eligió a Hindenburg en 1925, este había sido candidato de la derecha nacionalista. Pero siete años más tarde, si quería derrotar al candidato más furiosamente nacionalista de todos, Adolf Hitler, Hindenburg necesitaría el apoyo de la socialdemocracia, cuya ideología le disgustaba profundamente. La ironía tampoco les pasó por alto a los propios socialdemócratas. Su periódico, el *Vorwärts*, animó a los lectores a votar por Hindenburg, aunque con un eslogan muy poco estimulante: «Si no lo haces por amor, hazlo por odio [a Hitler]».[54]

Toda vez que se animó a competir, Hitler se volcó en la campaña y a menudo participó en varios mítines al día. La campaña de Hindenburg, que manejaba más dinero, se centró por el contrario en vender la solidez y experiencia del presidente en funciones. ¿Acaso no era su candidato el más idóneo para liderar la nación en tiempos de inestabilidad, con un desempleo de más de seis millones de personas?

Hindenburg ganó ampliamente la primera vuelta, con casi el 50 % de los votos. *Casi*, pero sin llegar a superar ese porcentaje, que habría evitado la segunda confrontación entre los dos candidatos más votados. Los otros dos aspirantes principales, el comunista Ernst Thälmann y el nacionalista Theodor Duesterberg, tuvieron que conformarse con un total, entre los dos, de muy poco más del 20 % del escrutinio. El contrincante que se destacó con claridad de cara a la segunda vuelta fue Adolf Hitler, con un 30 % de los votos.

Así las cosas, Hitler y Hindenburg se embarcaron en un cara a cara que iba a determinar quién sería el presidente. La campaña de Hitler —«Sobrevolando Alemania», concebida por Goebbels— conectaba los distintos mítines con vuelos en avión. No solo era una solución práctica, sino también un medio simbólico y moderno, que contrastaba radicalmente con la inmovilidad de Hindenburg. Quedó muy claro cómo enfocaban los nazis la competición: Hitler era joven y estaba al día; Hindenburg era un viejo anticuado.

El problema para los nazis fue que esta imagen de juventud y modernidad chocaba con las secuelas de un escándalo que había estallado durante la primera vuelta de las elecciones presidenciales y que —como quizá no podía ser menos— implicaba a Ernst Röhm. Helmut Klotz, un exnazi que había pasado a mostrarse crítico con el movimiento, publicó *Der Fall Röhm* [«El caso Röhm»], un opúsculo con cartas que Röhm había enviado desde Bolivia a un amigo de Berlín, el doctor Heimsoth, en las que hablaba de sus inclinaciones sexuales.[55]

El material era explosivo y la prensa corrió a dar publicidad a aquel contenido salaz. Goebbels quedó horrorizado. «Vergonzante carta de Röhm al Dr. Heimsoth en *Welt am Montag* —garabateó Goebbels en su diario el 7 de marzo de 1932—. Telefonazo a R[öhm] en Mú[nich]. Admite [que] es cierto. ¡Terrible!». El jefe de la propaganda se apresuró a contactar con Hitler, quien ordenó declarar que las cartas —que Röhm acababa de reconocer ante Goebbels que eran genuinas— eran «un infundio y una pura patraña».[56]

En sus misivas, Röhm revelaba muchas cosas sobre sí mismo. «Me veo a mí mismo como un homosexual —escribió desde La Paz, en febrero de 1929, a su amigo berlinés—. Pero "descubrir" que lo era, no lo descubrí verdaderamente hasta 1924. Antes de ese momento puedo recordar diversos sentimientos y acciones homosexuales, que llegan hasta la infancia. Pero también he tenido relaciones con muchas mujeres, aunque es cierto que nunca con especial placer. Contraje gonorrea en tres ocasiones, lo que más adelante entendí que era el castigo de la naturaleza por las relaciones antinaturales. Hoy en día las mujeres me resultan odiosas». Admitió que en Bolivia «todo iría estupendo, de no ser por la necesidad de satisfacer los intereses amorosos [...] Hasta la fecha he ido investigando al respecto con todo cuidado, y las conclusiones son claras: al parecer aquí se desconoce la clase de actividad que yo prefiero [...] Pienso con tristeza en los tiempos pasados en la maravillosa Berlín, donde tan feliz se puede ser».[57]

En otra carta manifestó de nuevo el anhelo de estar en Berlín, esa «ciudad única». «Por el amor de Dios que estoy contando los días que faltan hasta que pueda volver. Los baños de vapor de allí, en mi opinión, son sin duda el epítome de toda la felicidad humana. O por lo menos a mí, la clase de relaciones allí me ha complacido muy especialmente».[58] Lo que hace sospechar que Röhm no volvió a Alemania solo porque quisiera reincorporarse al movimiento nazi.

Röhm también manifestó con toda franqueza su oposición tanto a la sección 175 de la Constitución de Weimar, que ilegalizaba la homosexualidad, como a los grupos del Partido Nazi que condenaban esa práctica. «He emprendido una batalla de lo más feroz contra el señor Alfred Rosenberg y sus necias moralinas. Los artículos [que publica en el *Völkischer Beobachter*] se dirigen en particular contra mí porque yo me niego a ocultar mi actitud».[59]

Por desgracia para Röhm, no solo Rosenberg soltaba «necias moralinas» en contra de la homosexualidad. En un apunte de su diario, del 17 de marzo de 1932, Goebbels recogió que en el marco de una «hermosa noche» junto al lago Tegernsee había estado «charlando» con Hitler sobre «toda clase de cosas. En especial sobre el asunto de la sección 175. Me alegró saber que, también a este respecto, Hitler tiene un punto de vista tan riguroso como yo. Esto me tranquiliza mucho. ¡Hay que erradicarla! [...] De lo contrario, se convertirá en una epidemia nacional».[60]

A pesar de que Hitler rechazaba inequívocamente la homosexualidad, quiso mantener a Röhm como jefe del Estado Mayor de la Sturmabteilung. Pero como también reconocía el daño que el escándalo estaba causando al partido, a las pocas semanas modificó la estructura de mando de la SA, de modo que el líder de las Juventudes Hitlerianas le rendía cuentas a él directamente, y no a Röhm.[61] No se puede saber con exactitud hasta qué punto este escándalo tuvo efecto en el resultado electoral de las presidenciales. Es muy probable que la mayoría de los posibles votantes del Partido Nazi lo considerasen un chisme sin importancia, más cuando Alemania atravesaba problemas económicos y políticos de mucha gravedad.

Sea como fuere, en la vuelta definitiva de las elecciones presidenciales, los votantes alemanes expresaron su preferencia por el anciano que no se había molestado en hacer campaña, no por el joven incendiario que había recorrido el país en avión. Hindenburg se impuso cómodamente, con una diferencia de casi seis millones de votos.

Tras la decepción inicial, no obstante, Hitler y sus colegas comprendieron que habían logrado algo importante: Hitler —no Hindenburg— había pasado a ser el campeón indiscutible de la causa nacionalista, y el resultado no hizo sino reforzar la intensidad del dilema al que Hindenburg se enfrentaba: simpatizaba con quienes deseaban un gobierno nacionalista y autoritario, pero había ganado la presidencia con la ayuda de los socialdemócratas. El líder del grupo autoritario más poderoso del país, por el contrario, le había plantado cara hasta el último momento.

Una vez que lo confirmaron como presidente para otro mandato de siete años, Hindenburg tomó medidas radicales. Tras debatir con Schleicher y otros, a finales de mayo de 1932 decidió que el canciller del momento, Brüning, debía abandonar su puesto y que, con él, se renunciaba a los tratos con la socialdemocracia. En realidad, Brüning se había mostrado dispuesto a hablar de una colaboración con los nazis, pero esto no bastó para salvarlo.

El nuevo canciller fue Franz von Papen, un aristócrata de cincuenta y dos años. Era amigo del general Schleicher y, a juicio de Hindenburg, poseía el perfil idóneo para aquel puesto. A diferencia de Hitler, era innegable que formaba parte de la élite de Alemania; era urbano, rico, encantador, un exoficial que hacía una incursión en la política. Por desgracia para Hindenburg, no obstante, Papen también se diferenciaba de Hitler en otra faceta de más importancia: carecía del apoyo de la opinión pública.

El nombramiento de Papen como canciller fue un punto de inflexión en la política alemana. Hindenburg había confiado el puesto a un hombre que ni siquiera era parlamentario; fue un modo muy elocuente de manifestar su desprecio por el Reichstag. Era evidente, pues, que el régimen de Papen solo podría avanzar por dos caminos: o conquistaba el apoyo de los nazis, o intentaba gobernar sin el apoyo popular (por ejemplo, modificando la Constitución y alegando que Hindenburg, recién elegido, representaba por sí solo a los votantes ordinarios).

En un principio Papen confiaba en que sabría convencer a los nazis para que aumentaran la legitimidad democrática de su gobierno. Era así, para empezar, porque el canciller era un engreído que se consideraba claramente superior a Adolf Hitler; al igual que Dorothy Thompson, lo tenía por «un hombrecito».[62]

Cuando se reunieron por vez primera, el 9 de junio de 1932, el líder nazi le causó «curiosamente, una impresión bastante floja». Según escribió Papen en unas memorias caracterizadas por el tono de autocomplacencia: «No pude detectar en él ninguna cualidad interior que bastara para explicar el atractivo enorme que ejercía sobre las masas. Vestía un traje azul oscuro y parecía el perfecto pequeñoburgués. Tenía una tez poco saludable y, con el bigotito y el peinado curioso, un aire indefiniblemente bohemio. Se comportó con modestia y educación y, aunque había oído hablar mucho del magnetismo de su mirada, no recuerdo que me impresionara».[63]

Era una valoración condescendiente que recuerda a las palabras usadas por otro aristócrata alemán, el general Otto von Lossow, quien (como ya se ha visto anteriormente) había descrito a Hitler en 1924 como «un aventurero partidista sin las cualidades de un buen político».[64] Vale la pena destacar que ni Lossow ni Papen ni muchos otros miembros de la élite se sintieron arrastrados por el supuesto «carisma» de Hitler. Estaban convencidos de que el líder nazi era inferior a ellos. Consideraban que estaba por debajo de ellos en la jerarquía social, en la educación recibida, en las maneras y el estilo, en casi todas las variables salvo en una: Hitler contaba con el apoyo de millones de votantes; ellos, no.

El desdén que muchos sentían por Hitler tenía reflejo en el desdén que muchos alemanes corrientes sentían por la gente del carácter y la clase de Papen. ¿Acaso la derrota de Alemania no había sido presidida por hombres como Papen? ¿Acaso Papen, monárquico devoto, no recordaba ante todo a la Alemania del káiser? ¿Cómo iba a representar entonces la solución a los problemas por los que el país pasaba en ese momento? A la postre, para millones de alemanes, ¿no era Papen «uno de Ellos», en vez de «uno de Nosotros»?

Por muy condescendiente que fuera con otros, Papen no acertó a resolver el problema fundamental de su gobierno: carecía de legitimidad. Así pues, dos de sus primeras decisiones se tomaron para apaciguar a los nazis. La primera fue cancelar la prohibición de que la SA realizara marchas o vistiera uniformes en público, impuesta por el gabinete de Brüning en abril de 1932; la segunda fue convocar unas nuevas elecciones al Reichstag. Al permitir que los camisas pardas volvieran a las calles —cuando sus efectivos rondaban ya las 400.000 personas—, Papen dio a los nazis ocasión de exhibir su poder. De resultas, aquel verano se produjeron más enfrentamientos que nunca entre los camisas pardas y los comunistas; tan solo en el mes de julio se produjeron ochenta y seis asesinatos políticos.[65] No se podía decir que hubiera estallado una guerra civil, pero se antojaba como una posibilidad clara.

Papen demostró sus propias credenciales antidemocráticas el 20 de julio, cuanto intentó destituir al ministro presidente de Prusia, el socialdemócrata Otto Braun. Alegó que la administración de Braun era incapaz de sostener la ley y el orden; pero el intento golpista de Papen se deshizo al poco tiempo, por efecto de las huelgas y la oposición de la opinión pública.

Al cabo de menos de dos semanas se celebraron las nuevas elecciones generales. Fueron otro triunfo para los nazis: el 31 de julio de 1932 obtuvieron un porcentaje de voto ligeramente superior al 37 % y se constituyeron como el partido con más representantes del Reichstag, pese a que aún no llegaban a alcanzar la mayoría. Esto no era infrecuente, antes al contrario: el sistema de Weimar era de naturaleza multipartidista y todos los gobiernos anteriores habían sido de coalición.

Más de un tercio de los votantes alemanes se habían decantado por Hitler. En esta decisión quizá interviniera un poderoso sesgo cognitivo. Los psicólogos conocen bien la tendencia, presente en todos, de la *aversión a perder*, por la cual el dolor de perder lo que ya poseemos resulta mayor que la alegría de conseguir un beneficio equivalente.[66] Ese 37 % de alemanes que votaron por los nazis tenían muy presente lo que podían perder si la inestabilidad política continuaba; en muchos casos, en un clima de catástrofe económica, eran más que conscientes de lo que ya habían perdido y tenían miedo a perder aún más. Eran tiempos inestables y ellos deseaban estabilidad.

Durante la campaña electoral Hitler había afirmado abiertamente que la única forma de conseguir esa ansiada estabilidad era librarse de la democracia. «¿Qué tiene de típicamente alemán contar con treinta partidos? —se preguntaba, retóricamente, en un discurso de julio de 1932—. No tendremos tolerancia [con este sistema]. Yo me he impuesto el objetivo de barrer de Alemania esos treinta partidos políticos».[67] La retórica electoral de Hitler estuvo dominada por la crítica a las disputas estériles de los políticos democráticos, así como por el hincapié en la necesidad de que todos los alemanes aunaran sus esfuerzos para crear una *Volksgemeinschaft* mística. El odio a los judíos, como venía sucediendo desde hacía algunos años, destacaba mucho menos en sus pronunciamientos públicos. No quiere decir esto que el odio hubiera desaparecido, ni que él lo negara. Sencillamente tuvo la astucia suficiente de darse cuenta de que los discursos virulentamente antisemitas de sus primeros años de carrera no eran el camino por el que conquistaría el apoyo de las masas.

En las elecciones de julio de 1932 los comunistas habían mejorado algo sus resultados, y por entonces contaban con ochenta y nueve escaños. Sumando los porcentajes de nazis y comunistas se superaba, aunque por poco, la mitad del electorado. Este era pues otro momento de especial importancia: la mayoría de los alemanes, al optar o bien por los nazis o bien por los comunistas, había respaldado a partidos comprometidos abiertamente con la destrucción de la democracia. Los alemanes acababan de usar el proceso democrático para manifestar que no querían democracia; o no, por lo menos, la maltrecha versión de democracia que Hindenburg había contribuido a crear.

Las elecciones de 1932 habían puesto de relieve que si alguien tenía derecho a aspirar a la cancillería —a partir del criterio tradicional: el total de escaños de su partido en el Reichstag— no era otro que Adolf Hitler. Schleicher, como mínimo, lo creía así, por lo que intentó convencer a Hindenburg de que le confiara el puesto de canciller a condición de introducir en el gabinete a derechistas moderados, que lo contuvieran. Sin embargo, el presidente Hindenburg no estaba dispuesto a contemplar esta solución. En una reunión legendaria que mantuvo con Hitler el 13 de agosto de 1932, Hindenburg le dijo a Hitler —según Otto Meissner, el secretario de Estado— que él «no podía justificar ante Dios, ante su conciencia o ante la patria una transferencia de la autoridad gubernativa al completo a un único partido, y menos aún a un partido sesgado contra aquellos que manejaban puntos de vista distintos a los propios».[68]

Son palabras altisonantes que quizá, a quienes no hayan estado al caso de los detalles de la historia, les harán otorgarle a Hindenburg más crédito del que en realidad merece. Pues esto sería olvidar que, al haber gobernado deliberadamente con el canciller anterior por medio de los decretos de emergencia, y luego disolver el Reichstag cuando los parlamentarios planteaban una moción de confianza para hacer caer al gobierno, había creado un ciclo de crisis. En fechas más recientes había mostrado a las claras su desdén por el proceso democrático, al elegir como canciller a Papen, según hemos visto, un hombre sin mandato para gobernar.

Lógicamente, con rechazar a Hitler como canciller no bastó para que Hindenburg solventara su problema. Como era de esperar, cuando se formó el Reichstag, aquel otoño, los parlamentarios plantearon una moción de confianza contra el gobierno de Papen. Como si de una comedia negra se tratara, Papen intentó impedir el voto disolviendo el Parlamento que acababa de inaugurarse. Pero Hermann Göring, como nuevo portavoz de la Asamblea, hizo caso omiso de la petición de Papen y la moción se sometió a refrendo. El resultado puso de relieve la desesperación en la que el sistema político alemán vivía, puesto que una inmensa mayoría de los diputados —más de 500— votó en contra del gobierno.

Hindenburg no dio su brazo a torcer. Mantuvo la confianza en Papen, disolvió el Reichstag y convocó unas nuevas elecciones para noviembre. No parecía que el ciclo fuera a detenerse. Los alemanes habían votado, la crisis no se había eludido, se les pedía que votaran de nuevo. Son circunstancias que ayudan a comprender por qué tantos alemanes estaban desilusionados con el proceso democrático.

Papen confiaba en que el éxito electoral de los nazis hubiera tocado techo. ¿Quizá su gobierno autoritario podría poner en práctica medidas similares a las nazis, que complacerían a los votantes, pero sin la brutalidad de los camisas pardas? ¿Quizá lograría convencer a los votantes de que nazis y comunistas eran dos caras de una misma moneda? Había indicios que parecían apuntar en esta dirección. La cooperación temporal de comunistas y nazis durante la huelga de los transportes de Berlín, en noviembre de 1932, parecía confirmar que estos dos partidos radicalmente antidemocráticos tenían mucho en común.[69] Con su respaldo a la huelga, los nazis habían pretendido acercarse a los obreros, pero esto fue a costa de distanciar a algunos votantes de clase media.

Las elecciones de noviembre de 1932 supusieron un revés para los nazis: perdieron el 4 % de los votos, treinta y cuatro escaños del Reichstag. Pero en realidad la situación general no se modificó gran cosa. Los resultados podían interpretarse como otra prueba de una crisis en ciernes, porque los comunistas sí que ganaron cierto porcentaje de voto, un 2,6 %.

Tras retomar las negociaciones con los nazis, pero sin fruto, Hindenburg se inclinaba por apoyar la propuesta con la que Papen quería resolver la parálisis, y sopesó autorizar lo que, en la práctica, sería una dictadura encabezada por Papen como canciller. Pero Schleicher, siempre presente, planteó una objeción que no se podía pasar por alto. En una reunión del gabinete, el 2 de diciembre, presentó los resultados de un simulacro bélico organizado por su edecán, el teniente coronel Eugen Ott, que demostraba que si los polacos atacaban con decisión la frontera oriental de Alemania al mismo tiempo que nazis y comunistas chocaban en una revolución abierta, la Reichswehr sería incapaz de defender el país. A pesar de que la idea de que Polonia fuera a atacar a Alemania de forma inminente distaba de ser realista, el simulacro se interpretó como una noticia devastadora.[70]

La estratagema de Schleicher funcionó, a la hora de provocar la caída de Papen, porque Hindenburg estaba ansioso por resolver las posibles deficiencias de las fuerzas armadas alemanas, y la idea de que el simulacro de la Reichswehr había arrojado un resultado inquietante le preocupaba sobremanera. En consecuencia, el 3 de diciembre Hindenburg nombró a Schleicher como nuevo canciller.

Por su parte, Schleicher le había dicho a Hindenburg que si lo elegía para la cancillería, podría lograr lo que Papen no había logrado: incorporar a los nazis al gobierno. De hecho, llevaba un tiempo conspirando con los nazis, antes incluso de la caída de Papen, y conversando con Gregor Strasser, que era por entonces el jefe de la organización del movimiento nazi. Hitler había accedido a que se entablaran conversaciones, pero cuando las negociaciones llegaron al último estadio, a finales de noviembre, retiró su consentimiento. La cuestión de participar en el gobierno siempre había sido delicada para los nazis. Los beneficios de demostrar que el Partido Nazi iba más allá de lo protestatario debían ponerse en la balanza frente a una posible marginación del movimiento, si el plan no tenía éxito. A juicio de Hitler, esta eventual amenaza era superior a los hipotéticos beneficios.

Aun así, Schleicher siguió conversando con Strasser y, en la primera semana de diciembre, le ofreció el título de vicecanciller y el papel de ministro presidente de Prusia. Cuando Hitler ordenó a su subordinado que rechazara la propuesta, Strasser se enfureció. En una atmósfera de crisis, el 8 de diciembre Strasser se lamentó ante sus colegas nazis de que Hitler no parecía entender la realidad política, es decir, el hecho de que Hindenburg se había negado «de forma consistente» a ofrecer la cancillería al líder nacionalsocialista. También anunció que, vista la intransigencia de Hitler, se retiraba del partido y se marchaba «al monte, para recuperarme».[71]

Hitler insistió en que el precio de participar en el gobierno era que lo nombrasen canciller de un gabinete presidencial que no se apoyara en ninguna coalición con otros partidos. Hindenburg ya se había visto obligado a aceptar, a la luz de los resultados electorales más recientes, que, si Hitler fuera capaz de formar una mayoría en el Reichstag, él tendría que darle la cancillería de un gabinete presidencial que ya no necesitaría la cooperación del presidente, con el medio de los «decretos especiales». Sin embargo, también era evidente que la probabilidad de que Hitler alcanzara a formar tal alianza en el Reichstag era prácticamente nula.

Ante la serie de reveses, Hitler intentó proyectar una imagen de optimismo. Pocas horas después de que Strasser presentara la dimisión dijo ante diversos jefes nazis que «llegará el día» en el que él sería canciller y en las condiciones que había exigido. «Probablemente está más cerca de lo que creemos», añadió.[72] Aun así esto parecía más próximo a las ilusiones que a la realidad. La economía del partido, que siempre había sido frágil, sufría a consecuencia de la rápida sucesión de campañas electorales. A finales de diciembre Reinhard Heydrich vio cómo le cortaban el teléfono porque no se había pagado la factura; al mes siguiente tampoco hubo dinero para satisfacer los salarios de los integrantes de su unidad de inteligencia.[73]

Sin embargo, durante el mes de enero de 1933, Papen se resignó a la idea de que solo podrían avanzar si en efecto nombraban canciller a Hitler. A cambio, él debía ser vicecanciller y varios compañeros de su sector derechista debían contar con carteras ministeriales. De este modo entre todos podrían controlar a Hitler. Esta era la teoría, al menos.

Hindenburg no se dejó convencer fácilmente. El 26 de enero de 1933 aún estaba diciendo: «Caballeros, confío en que no me consideren capaz de situar como canciller imperial a este cabo austríaco».[74] El día 30, no obstante, Hitler consiguió finalmente la cancillería.

Si el presidente cedió no fue solo por la persuasión de Papen y otros miembros de su círculo interior, sino también porque se nombró ministro de Defensa a Werner von Blomberg, un general de cincuenta y cuatro años. Blomberg era exactamente la clase de oficial que complacía a Hindenburg. Según su edecán, Blomberg era «muy elegante, apuesto, alto, con larga experiencia en la manera diplomática de contemplar una diversidad de asuntos».[75] También era uno de los numerosos oficiales de la Reichswehr que veía con buenos ojos la instauración de un Estado autoritario. Durante una visita a la Unión Soviética le había impresionado lo bien que funcionaba el Estado unipartidista y, tras establecerse en la Prusia oriental, se había formado una opinión positiva de la Sturmabteilung.

A la postre, Hindenburg quedó convencido, y el 30 de enero de 1933 hizo canciller a Hitler. Aunque es cierto que el hombre al que elegía no le terminaba de convencer, viendo la situación en general había conseguido el objetivo con el que partía: nombrar un gobierno que, con suerte, traería estabilidad, aunque fuera a costa de destruir la democracia.

Indudablemente, en Hindenburg y la élite que lo rodeaba había una tendencia a pensar en grupo.[76] Este fenómeno psicológico se produce cuando los miembros de un grupo se convencen de que han dado con la solución correcta a un problema aun a pesar de que no han sopesado adecuadamente todas las connotaciones negativas ni las alternativas posibles. Resulta especialmente probable cuando se decide bajo presión y cuando entre los integrantes del grupo decisor falta la suficiente diversidad. Así ocurría en este caso, sin lugar a dudas. Tanto Hindenburg como todos sus amigos procedían del mismo medio, de la misma élite, y no acertaron a calcular bien las consecuencias de nombrar canciller a Hitler; sencillamente se engañaron a sí mismos, convencidos de que lo controlarían sin problema, aunque le dieran el puesto.

Como buen ejemplo de la arrogancia del grupo podemos destacar a Alfred Hugenberg, un político nacionalista que se había enriquecido como magnate de la prensa. Hugenberg creía que, una vez que Hitler tuviera el título de canciller, se vería inevitablemente moderado por los políticos más refinados, como él mismo. «Lo vamos a encerrar», se jactaba. Franz von Papen no fue menos petulante. Tras el nombramiento de Hitler creyó que podía vanagloriarse de que «lo hemos contratado».[77]

Fue trágico. Tanto más porque había indicios de que la fase más grave de la depresión económica no tardaría en quedar atrás. En la conferencia de Lausana, en el verano de 1932, la delegación alemana había logrado defender con éxito su propuesta de acabar con el pago de las reparaciones impuestas por el Tratado de Versalles. Era pues un hecho que Alemania no necesitaba a un canciller nazi para iniciar el camino de la recuperación económica.[78]

A la postre, la élite alemana facilitó el acceso de Hitler al poder. Librarse de él, en cambio, iba a resultar mucho más difícil.

6

Atacar los derechos humanos

Una vez que obtienen el poder, los dictadores intentan destruir los derechos humanos de la población sobre la que gobiernan. Para que un dictador se sienta seguro debe aniquilar la libertad de prensa, el imperio de la ley y las elecciones libres. Hitler no fue una excepción al respecto, pero se mostró mucho más hábil que la mayoría a la hora de convencer a millones de personas de que la pérdida de sus libertades, en realidad, las beneficiaba. Psicológicamente no era una labor fácil, pero el líder nazi tenía un instinto aguzado para tal fin.

En enero de 1933, no obstante, aún no era obvio que el nombramiento de Hitler como canciller de Alemania sería el punto de partida de doce años de opresión, años que culminaron con la guerra más ingente y sangrienta que el mundo ha visto nunca, así como con el crimen infame del Holocausto. Desde nuestro presente miramos al 30 de enero de 1933 como un hito terrible, una mancha en la historia; pero en aquel momento muchos no lo veían así.

Josef Felder, parlamentario socialdemócrata con escaño en el Reichstag, recordaba que había colegas de su partido «con la desastrosa convicción» de que el gobierno socialista «se haría realidad» y la Asamblea sería capaz de controlar a Hitler. La actitud de estos políticos era: «Si el gobierno de Hitler, formado por el presidente de acuerdo con la Constitución, actúa legalmente, entonces nosotros somos la oposición legal».[1]

Eugene Leviné, un judío berlinés que a la sazón contaba dieciséis años, rememoraba cómo su madre «cerró los ojos» ante el ascenso de

Hitler al poder. «Y yo le dije: "Oye, que aquí no estamos seguros". Y ella se echó a reír».

Leviné y su madre corrían riesgo por dos conceptos: no solo eran judíos, sino también comunistas fervientes. «Entre nosotros, algunos habían creído que los nazis nunca podrían tomar Berlín. "¡Berlín siempre será roja!". Y aquello, aquel resultado, fue una verdadera conmoción». Pero incluso entonces, con Hitler como canciller, «mucha gente pensaba: "Bueno, no podrá resolver el desempleo, no podrá hacer nada. Estará acabado. Prometerá de todo y estará acabado"».[2]

El embajador de Gran Bretaña en Alemania, sir Horace Rumbold, opinaba que el grueso de los alemanes «no se han inquietado al saber la noticia» del nombramiento de Hitler.[3] Era posible ver a Hitler como uno más de la larga lista de los líderes políticos recientes. Si él iba a ser especial o no, solo el tiempo lo diría.

Como era de esperar, la reacción de los partidarios del nazismo, como por ejemplo la de Günter Lohse, fue muy distinta: «Por fin un hombre que intentaba limpiar los establos [...] Una persona que dice lo que hay, sin fantasías. Eso era decisivo, porque la gestión había sido terrible [en todo]. Y había otra cosa: él apelaba a la conciencia nacional del pueblo alemán [...] Adolf Hitler se dirigía al pueblo alemán de una forma del todo diferente, como "pueblo alemán". Ese concepto del "pueblo alemán" se había perdido por completo, ya nadie lo utilizaba [...] Y la gente decía: "Conseguirá sacar adelante las reformas, y lo hará rápido. Porque las cosas tienen que ir rápido. No hay alternativa". Por encima de todo estaba el deseo de entregar el poder a un hombre que dice: "Lo vamos a hacer. Se hace así. Lo haremos así y asá, y si todos nos arremangamos, nos irá bien". La gente lo quería. El pueblo alemán, no sé cómo expresarlo, no estaba humillado, sino desanimado. Todo eran grises y más grises, no veías ni una gota de alegría y de color, por ninguna parte. Y en cambio ahora venía alguien que nos prometía: "Esos seis millones de desempleados, lo solventaremos en un santiamén"».

En la tarde del 30 de enero de 1933, Lohse fue testigo del desfile que miles de camisas pardas y otros adeptos del nazismo realizaron a la luz de las antorchas, bajando por la Wilhelmstrasse, en el corazón mismo del barrio gubernamental de Berlín. «Fue realmente impresionante. Una alegría espontánea [...] con toda la calle llena de gente, jóvenes y viejos, mujeres y niños, todo el mundo estaba allí —decía Lohse—. No solo la SA. Entienda lo que le quiero decir: la SA llegó allí con sus antorchas, sí. Pero también veías a gente hasta donde te alcanzaba la mirada. Y vitoreaban a Adolf Hitler [que saludó a la multitud desde la Cancillería del Reich]».[4]

A pesar de lo que los nazis fervorosos querían creer, por entonces Hitler aún no tenía asegurado el poder. La mayoría de la gente sitúa el principio del dominio nazi el 30 de enero de 1933, pero la situación no era exactamente así. En aquel momento el jefe del Estado no era Hitler, sino Hindenburg. Constitucionalmente, además, el presidente aún podía destituir a Hitler cuando quisiera.

Luego estaba la cuestión del ejército, la Reichswehr. Hitler sabía que una de sus tareas más urgentes era atraer la lealtad de los generales, no solo porque Hindenburg siempre estuvo ansioso por saber qué pasaba por la cabeza de los jefes militares, sino porque para hacer realidad sus planes futuros, el líder nazi necesitaba el apoyo del ejército. A este respecto, había un problema inmediato. El ejército no confiaba en la Sturmabteilung, en los camisas pardas.

El 3 de febrero —solo cuatro días después de ser elegido canciller— Hitler fue a cenar a la casa del comandante en jefe de la Reichswehr, el general Kurt von Hammerstein-Equord. El encuentro no auspiciaba muchas alegrías, puesto que el general se había mostrado contrario al nombramiento de Hitler; entre otras razones, porque era buen amigo del general Schleicher, que había ocupado por breve tiempo la cancillería antes que el líder nazi. Pero por suerte para este, otros comensales lo miraban con mejor disposición. Por ejemplo, el ministro de Defensa, Werner von Blomberg, y su jefe del Estado Mayor, el coronel Walther von Reichenau.

La cena posee una gran importancia en la presente historia. Aunque no hubo actas oficiales, varias fuentes refieren lo que se debatió. Una procede del espionaje ruso —muy probablemente, de una de las hijas de Hammerstein-Equord, Helga—[5] y refirió que Hitler dijo a los generales: «Así como en la vida de las personas siempre se impone el que es más fuerte y mejor, lo mismo ocurre con la vida de las naciones»; pero se había producido, siguió diciendo, «una inversión drástica» de ese orden natural. Como causas mencionó la derrota de Alemania en la primera guerra mundial, pero también «el emponzoñamiento del mundo por parte del bolchevismo». La cuestión a la que todos debían enfrentarse era: «¿Cómo se puede salvar a Alemania?».

Después de plantear aquella pregunta profundamente existencial, Hitler, muy oportunamente, reveló a los generales que él sabía la respuesta. La solución que él prefería era «una política de asentamientos a gran escala, que presupone expandir el espacio vital [*Lebensraum*] de la nación [*Volk*] alemana». Se había impuesto a sí mismo un «límite temporal de entre seis y ocho años para aniquilar por entero el marxismo» y, una vez logrado ese fin, se encargaría al ejército ocuparse de «expandir el espacio vital de la nación alemana [...] El objetivo sería probablemente el territorio del este. Pero no es posible germanizar a la población de los territorios conquistados, solo se puede germanizar el suelo alemán. Por lo tanto, tendremos que ser implacables y deportar a millones de personas, al igual que hicieron ya Polonia y Francia después de la guerra». Hitler concluyó con un llamamiento, lo que no era extraño en él: «Me dirijo a ustedes, mis generales, para pedirles que luchen conmigo por este objetivo grandioso; les pido que me den su comprensión y su apoyo».[6]

Que Hitler admitiera abiertamente el deseo de expansión era asombroso. Pues, aunque en *Mein Kampf* ya había dicho explícitamente, en 1924, que tenía la intención de conquistar territorios en el este, durante las diversas campañas electorales de los primeros años de la década de 1930 siempre había eludido cuidadosamente mencionar tal clase de planes.

En aquel estadio Hitler no tenía necesidad de confiar a los generales sus objetivos a largo plazo. El propósito de la reunión era tranquilizarlos: asegurarles que tenía la intención de devolver la grandeza pasada a las fuerzas armadas para que, en un futuro, liderasen cualquier batalla de Alemania contra los adversarios extranjeros. Es cierto que en la cena estaba la sombra de la SA y que Hitler quería mitigar las preocupaciones de los generales sobre posibles interferencias en su labor por parte de los matones de Röhm, con sus disturbios de cervecería. Pero nada de esto explica por qué consideró necesario ser tan franco con respecto a la magnitud de sus ambiciones. Quizá intentaba motivarlos, quizá esperaba que lo apoyaran en su visión de conjunto. Pero aun así podría haber optado por mantenerlos engañados respecto de sus planes, como hacía con la opinión pública.

En todo caso, como Hitler expresaba un objetivo a largo plazo, los generales podían centrarse primariamente en su mensaje más inmediato: la promesa de proteger y ampliar las fuerzas armadas, y la garantía de que la inestabilidad política de los años precedentes había quedado atrás. Además, tenían por delante la posibilidad de erradicar la humillación de

Versalles. Esta era una perspectiva seductora para los generales reunidos aquella noche en el comedor de su comandante en jefe. Y si el nuevo canciller se había permitido pensar en voz alta, transmitir las aspiraciones de futuro... bueno, quizá era esperable en un político que con frecuencia hablaba de visiones, no de las medidas que se iban a tomar en la práctica.

También es probable que, entre los presentes, algunos acogieran con agrado la idea de conquistar territorios orientales. A fin de cuentas, nadie había olvidado la forma en que el ejército alemán había humillado a los bolcheviques, quince años antes, en el Tratado de Brest-Litovsk. Un imperio alemán del este no era pues una idea tan fantasiosa.

Pero el hecho crucial sigue siendo que tan solo cuatro días después de que lo nombrasen canciller, Hitler reveló a sus generales que su preferencia, en materia de política exterior, era librar una guerra de conquista hacia el este. Todo lo que sucedió en los ocho años posteriores —entre aquella cena y la invasión alemana de la Unión Soviética, en junio de 1941— debe entenderse en este contexto. A Hitler le aguardaba la labor de preparar la psique colectiva de Alemania para la guerra, pero sin admitir ante los alemanes de a pie que su plan era ese.

Aunque los generales veían con buenos ojos muchos de los objetivos de Hitler, no todos eran adeptos del nazismo en la misma medida. Mientras que el general Kurt von Hammerstein-Equord no era seguidor de Hitler, en cambio no cabe duda de Blomberg y Reichenau sí lo eran. De hecho, antes de que Hitler alcanzara la cancillería, Schleicher había apartado a Reichenau, enviándolo a la Prusia oriental, precisamente porque respaldaba a los nazis. Pero en este momento Blomberg le había traído de vuelta a Berlín, al centro del poder. Reichenau, más que ningún otro de los asistentes a la reunión, creía que los nazis eran revolucionarios y que esa revolución era imprescindible.

El joven Manfred von Schroeder, un adepto del nazismo de diecinueve años, compartía plenamente estos sentimientos. Creía que aquello era el principio de una «nueva Alemania» y que, si los comunistas estaban ahora en el punto de mira, la gente pensaría: «¿y qué?». A su juicio «los comunistas habrían hecho lo mismo, y esto es una revolución».

Schroeder procedía de una familia privilegiada y se consideraba «idealista». Le pareció que el nombramiento de Hitler como canciller rompía con la parálisis gubernamental y terminaba definitivamente con el ciclo inacabable de elecciones consecutivas. Aunque había leído *Mein*

Kampf, no se lo tomaba «demasiado en serio» y consideraba esta obra una fantasía escrita ya hacía años. En aquel momento lo importante era «dejar atrás las consecuencias de la primera guerra mundial y, en especial, el Tratado de Versalles». Por supuesto no veía inconveniente en que, al eliminar a los comunistas como fuerza política, de paso la riqueza de su familia quedara asegurada.[7]

El 3 de febrero, el mismo día que Hitler dijo ante sus altos mandos militares que deseaba que el ejército se preparase para «expandir el espacio vital» de Alemania, el líder nazi celebró también una conferencia de prensa en la que sostuvo ante los periodistas exactamente lo contrario. Se presentó, con hipocresía, como un estadista desesperado por preservar la paz. «Cualquiera como yo sabe bien lo que es la guerra —dijo— y es consciente de que se malgastan los recursos, más aún, se pierden las fuerzas».[8]

Dos días antes, el 1 de febrero, Hitler había pronunciado su primer discurso público como canciller, por radio. Esta emisión era la más importante de su carrera, hasta la fecha, y contribuyó a influir en lo que millones de alemanes pensaban sobre el nuevo régimen.

Lo más llamativo de aquel discurso es lo que Hitler no dijo. No hizo mención del odio a los judíos, no advirtió sobre ningún conflicto futuro, no propuso ninguna clase de medidas detalladas. En lo esencial se limitó a hacer hincapié en lo horroroso que había sido el régimen anterior y en que él heredaba un caos «terrible». «El problema que debemos resolver —dijo, tirando de hipérbole— es el más difícil que se le haya planteado a un estadista alemán desde tiempos inmemoriales». Pero por fortuna, añadió —para vincularse con Hindenburg—, «el venerable líder de la guerra mundial nos ha convocado, a los hombres de las asociaciones y los partidos nacionales, para que luchemos una vez más bajo su liderazgo, como hicimos ya en el frente, unidos y leales para salvar el Reich».[9]

Entre una abundancia de ideas imprecisas, Hitler se comprometió a trabajar por el concepto más nebuloso de todos: la *Volksgemeinschaft*. El «deber primero y supremo» de su «gobierno nacional» era «restaurar la unidad de espíritu y voluntad de nuestro *Volk*». Fue un ejemplo perfecto de promesa política optimista pero huera. Sonaba maravillosamente bien, pero si uno intentaba definir con precisión a qué se refería, se le escapaba de las manos. Por otro lado, como signo de que Hitler reconocía que la vasta mayoría del electorado —y una gran parte de los políticos— eran cristianos, no vaciló en afirmar que su gobierno iba a «proteger celosamente el cristianismo como base de toda nuestra moralidad». Daba igual que él mismo no fuera cristiano practicante. La promesa, como era previsible, no la cumplió.

Sostuvo que «catorce años de marxismo [en referencia a los gobiernos socialdemócratas] han destruido Alemania» y que «un año de bolchevismo la aniquilaría». La diferenciación era astuta, a la hora de elegir al enemigo. Entre los adeptos al nazismo, muchos habrían asimilado el «bolchevismo» a su propio antisemitismo; a fin de cuentas, anteriormente el propio Hitler había insistido repetidas veces en que los judíos estaban detrás de esa ideología que detestaban. Y, por otro lado, los alemanes menos comprometidos con la causa nazi podían interpretar sus palabras literalmente: la mayoría se oponía a una revolución comunista sin que ello significara que se comprometían con la violencia antisemita.

El discurso puso de manifiesto que Hitler había comprendido un hecho decisivo: que los afiliados al Partido Nazi no bastarían para mantenerlo en el poder. Necesitaba también el apoyo de otros varios grupos de poder; en especial, el de las fuerzas armadas y el de la élite política de la derecha. Por encima de todo, debía seguir gozando del favor de Hindenburg. Por eso lo mencionó de forma obsequiosa en varios momentos de su discurso. Pues el apoyo de Hindenburg abría la puerta a que aceptaran a Hitler en la cancillería no solo los generales, sino también los aliados políticos del presidente alemán.

En cuanto a Hindenburg, desde el momento en que el desfile antorchado de la SA había pasado bajo su ventana de la Wilhelmstrasse, el 30 de enero, mostró un apoyo sin condiciones al nuevo régimen.[10] Accedió a que se celebraran nuevas elecciones en marzo —una exigencia crucial para Hitler— y a que el nuevo gobierno rigiera el país mediante decretos presidenciales. Recordemos que el líder nazi siempre había querido esta concesión, pero hasta entonces Hindenburg se había negado. Más aún: el presidente no expuso ninguna objeción cuando Hitler afirmó que las elecciones de marzo serían las «últimas» de Alemania. Hindenburg, como su amigo Papen, veía con buenos ojos que se destruyera la democracia y se diera paso a un régimen autoritario.

Aquel mes de febrero Hitler ansiaba conectar también con otro grupo de poder: las grandes empresas. En contra de lo que sostiene el mito popular, Hitler y los nazis no ascendieron al poder impulsados por la gran industria. A diferencia de muchos propietarios de negocios menores, que sí respaldaron a los nazis, en su mayoría las corporaciones más potentes habían preferido aliarse con los partidos centristas y conservadores.

El 20 de febrero se invitó a un grupo de empresarios alemanes, de los más ricos del país, a una reunión en la residencia berlinesa de Göring. Aquí Hitler presentó su ideario como capitalista y antidemocrático. «En la era de la democracia, las empresas privadas no pueden sostenerse. Solo son concebibles cuando la gente tiene una idea sana de autoridad y personalidad. Todo lo positivo, bueno y valioso que se ha logrado en el mundo, en el campo tanto de la economía como de la cultura, ha obedecido exclusivamente a la personalidad —dijo—. Ahora estamos a las puertas de las últimas elecciones. Da igual cuál sea el resultado: no habrá retirada».[11] El mayor peligro que amenazaba a las empresas —siguió diciendo— era el comunismo. Pero él estaba resuelto a destruir este credo.[12]

El verdadero propósito del encuentro solo quedó claro después de que Hitler terminara de hablar. Los nazis querían dinero, necesitaban financiar la campaña electoral de marzo. Göring defendió ante los empresarios que «los sacrificios que se os piden» iban a «resultar más tolerables» por la constancia de que «las elecciones del 5 de marzo serán sin duda las últimas de los próximos diez años, probablemente incluso de los próximos cien».[13] Cuando Hitler y Göring se hubieron marchado, Hjalmar Schacht —un banquero distinguido, adepto del nazismo— pidió a los empresarios que abrieran la cartera. A continuación se produjo un aluvión de transferencias bancarias a favor del Partido Nazi. El gran conglomerado industrial IG Farben aportó por sí solo 400.000 Reichsmarks (marcos imperiales),[14] que hoy equivaldrían a varios millones de libras esterlinas.

Aquella noche se produjo una intimidación al estilo de la mafia. Había quedado clara, aunque implícita, la idea de que los nazis tenían la intención de gobernar durante muchos años y los magnates debían decidir si se subían al tren del nazismo, o no. Los que se quedaran en el andén sabían que la vida se les tornaría, en el mejor de los casos, incómoda. Pero la noche fue más allá de la amenaza directa. También se puso sobre la mesa el interés industrial.

En efecto, Hitler estaba prometiéndoles estabilidad y oportunidades de ganar dinero. ¿Qué empresario de los presentes iba a tener nada en contra de eso? El hecho de que se tratara de un régimen resuelto a destruir a sus enemigos y a perseguir a los judíos —pese a que, en aquellas circunstancias, Hitler evitó de forma deliberada cualquier referencia a los judíos— no importaba gran cosa.

El 27 de febrero, exactamente siete días después de la reunión de Hitler con los empresarios, se produjo un acontecimiento que resultó de enorme utilidad para los nazis, a la hora de dar forma a las mentalidades de la población alemana: el Reichstag berlinés fue pasto de un incendio intencionado. Hitler, Göring y otros líderes nazis se apresuraron a salir a escena. «El Reichstag arde. ¡Loca fantasía! —escribió Goebbels en su diario—. Pero es cierto. Con Hitler nos lanzamos a la calle de inmediato. Todo el edificio está en llamas [...] Hitler está furioso».[15]

Pronto se identificó como único culpable a un neerlandés de veinticuatro años, el comunista Marinus van der Lubbe, a quien se atrapó dentro del edificio mientras el incendio crecía a su alrededor. Pero Hitler, Göring y Goebbels llegaron a la conclusión de que había contado con el apoyo de una vasta conjuración de los comunistas. ¿Acaso no había habido un levantamiento comunista en Berlín, al poco de concluir la primera guerra mundial? Y hacía tan solo un año, ¿no había corrido el temor a una guerra civil entre nazis y comunistas? ¿Qué señal más radical podía darse, para iniciar este conflicto, que hacer que ardiera el Reichstag, el símbolo de la democracia que los comunistas ansiaban derrocar?

«Ahora no habrá piedad —dijo Hitler en el escenario del crimen, según el testimonio de Rudolf Diels, jefe de la policía política de Prusia—. A los que se interpongan en nuestro camino, los masacraremos. El pueblo alemán no aceptará ninguna indulgencia. Todos los oficiales comunistas serán fusilados donde se los atrape. Los diputados comunistas deben ser ahorcados esta misma noche. Todo aquel que esté asociado con comunistas debe quedar detenido. Tampoco habrá más piedad con los socialdemócratas».[16]

Mientras hablaba con Hitler en el escenario del crimen, Göring dio especial importancia al hecho de que varios miembros del Partido Comunista estaban en el Parlamento menos de media hora antes de que estallara el incendio. Lo cierto es que esto no tenía nada de extraño, porque como se había obligado a los comunistas a cerrar sus sedes en Berlín, se reunían en salas del Parlamento.

Sin embargo, Hitler, Göring y otros insistieron en que el delito era fruto de una conspiración. Esta acusación los benefició enormemente.

El día después del incendio, el 28 de febrero, Hindenburg aceptó firmar un decreto que Hitler solicitó, denominado «Para la protección del pueblo y el Estado». En ese momento se eliminaron los derechos humanos básicos de los que el pueblo alemán había gozado durante los años de Weimar. La libertad de expresión, la libertad de prensa, el derecho de reunión, el derecho a la privacidad del correo y de las conversaciones por teléfono: todo se canceló. Esta normativa, que se fue renovando durante todo el período de gobierno de Hitler, fue la base legal sobre la que se levantó buena parte del terror con que los nazis acosaron a sus enemigos interiores.

Las notas del diario de una mujer que había sido maestra en Hamburgo, Luise Solmitz, revelan hasta qué punto el incendio del Reichstag suavizó la inquietud ante esta destrucción de las libertades civiles. En los días anteriores al incendio, en general se había mostrado conforme con los nazis; por ejemplo, la procesión antorchada de Hamburgo, tras el ascenso al poder de Hitler, le pareció «una experiencia verdaderamente inspiradora para todos nosotros». Pero también se mostraba crítica con el régimen; así, el 25 de febrero escribió que a su juicio —y en contra de la ideología nazi— «deben protegerse los derechos y el respeto a todas las razas, dentro de sus esferas propias». Confesó asimismo que ella y su esposo no habían decidido aún si en las anunciadas elecciones de marzo votarían directamente a los nazis o quizá mejor a sus aliados nacionalistas.

Ahora bien, la acción de Van der Lubbe tuvo un impacto directo sobre su forma de pensar. «El incendio del Reichstag debía ser solo el principio», escribió el 1 de marzo de 1933, convencida de que los comunistas querían «hacer rehenes a mujeres y niños [...] enviar bandas de asesinos a los pueblos, para incendiarlos; y usar toda clase de armas en las ciudades, de la más refinada a la más primitiva, del agua hirviendo al veneno».[17]

Es otro buen ejemplo del poder psicológico de la categorización en «Ellos y Nosotros». El miedo de Solmitz a un alzamiento comunista la impulsó a apoyar con más decisión a los nazis, pues le entró auténtico pánico al imaginar qué harían esas «bandas de asesinos». Tras el incendio del Reichstag, no solo Luise Solmitz, sino millones de alemanes creyeron estar viviendo en un período de vulnerabilidad aterradora. Si era necesario restringir los derechos humanos para batallar con los peligros a los que el país se enfrentaba... pues bienvenida la restricción.

Cuanto más amplificó Hitler la potencial amenaza del comunismo, más se beneficiaron él y los nazis. Para este fin recurrieron a la clase de retórica hiperbólica que caracteriza a muchos teóricos de las conspiraciones. Según escribió el profesor Richard Hofstadter en un artículo de los primeros años de la década de 1960: «El orador paranoico ve el destino de la conspiración como algo apocalíptico: trafica con el nacimiento y la muerte de mundos enteros, de órdenes políticos enteros, de sistemas enteros de valores humanos. Siempre tiene ocupadas las barricadas de la civilización. Vive constantemente en un punto de inflexión [...] Como cree que el enemigo es de una maldad total y resulta del todo imposible apaciguarlo, cree asimismo que es necesario eliminarlo del todo».[18]

Hitler y sus colegas encajaban a la perfección en este marco. Pues no solo se daba que sus diversas teorías conspiranoicas resultaban convenientes desde el punto de vista político, sino que esa forma de pensar les permitía imaginarse como los protagonistas de un «punto de inflexión» en la historia. Estaban convencidos de que, antes que ellos, casi nadie había sido más importante. Ellos no vivían vidas corrientes, sino que respondían a un propósito trascendente. Con lo que, si en algún momento dudaban sobre la validez de sus supuestas conspiraciones, entonces toda su concepción del mundo corría riesgo de derrumbarse. ¿Quién puede ser un héroe épico, si no tiene delante a un enemigo épico?

Lo que es aún más llamativo sobre este incidente de la destrucción del Reichstag es que dio pábulo a una doble teoría de la conspiración. Por un lado, los nazis sostuvieron que un nefario grupo de comunistas había conspirado para ejecutar el ataque pirómano; por el otro, muchos de sus opositores afirmaron que los propios nazis habían organizado toda aquella historia,[19] aun a pesar de que el grueso de las pruebas apoya la idea de que el incendio cogió por sorpresa a Hitler y sus camaradas. Aunque en torno de las llamas del Reichstag se ha generado toda una industria editorial, lo más probable sigue siendo que Van der Lubbe actuara en solitario.[20]

No carece de relevancia que muchas personas, a lo largo de los años, se hayan sentido atraídas por una u otra teoría conspiranoica sobre el incendio del Reichstag. En parte se explica, por supuesto, porque el acontecimiento se podría interpretar de diversos modos. Pero otra parte de esta tendencia a las conspiraciones también pone de manifiesto una creencia habitual, según la cual un acontecimiento trascendente debe tener por necesidad una causa trascendente. Es el fenómeno que los psicólogos sociales denominan *sesgo de proporcionalidad*.[21] Existe una tendencia a argumentar a posteriori, para crear una conspiración desde los resultados; en este caso, desde la aprobación de la ley que destruyó las libertades civiles de Alemania.

El problema es que muchos de los acontecimientos que en nuestra propia vida tienen suma importancia pueden deberse a una causa trivial. Si alguien resbala sobre una acera mojada y se cae al paso de un autobús que lo mata, la causa es trivial, aunque la consecuencia sea catastrófica. Pero nuestra psique tiende a rebelarse contra esta arbitrariedad. En efecto, no parece descabellado imaginar que a aquellos de entre nuestros antecesores que hace muchos miles de años creían que los hechos de más importancia tenían causas de más importancia —pongamos, que los dioses se habían enojado y era preciso apaciguarlos—, les resultaba más fácil soportar las vicisitudes de la vida, en comparación con quienes simplemente creían que a veces pasan cosas terribles. Descendemos de personas que hallaban un significado donde no lo había.

En febrero de 1933, el decreto «Para la protección del pueblo y el Estado», aprobado tras el incendio del Reichstag, tuvo un efecto inmediato sobre las libertades civiles. El embajador de Estados Unidos en Berlín, Frederic Sackett, envió un despacho al secretario de Estado, en Washington, para advertir de que los nazis habían empezado a detener a «destacados pacifistas, periodistas, escritores, educadores y abogados que han defendido a los comunistas en juicios políticos, así como a cierto número de socialdemócratas». Temía que las elecciones del venidero mes de marzo serían una «farsa» porque la socialdemocracia había sido «amordazada hasta tal punto que, al menos exteriormente, parece que haya dejado de existir».[22]

El decreto del incendio del Reichstag sirvió para acelerar el viaje de los nazis por un camino que ya habían emprendido. Pocos días antes del incidente, Göring, en su calidad de ministro del Interior de Prusia, había tomado juramento a la Sturmabteilung elevándola a la condición de «policía auxiliar». De inmediato, la SA había empezado a atacar a sus antiguos enemigos. Wolfgang Teubert, un camisa parda que ya se había enfrentado a los comunistas en las cervecerías, fue uno de esos nuevos «policías». Él y sus camaradas «detuvimos a dos personas, una era el secretario de un sindicato, que siempre causaba problemas, y la otra un estafador conocido, que fue condenado a cinco años de cárcel por un tribunal formal. Al secretario lo pusieron en libertad a las pocas semanas o meses».

Se improvisaron prisiones para custodiar a las personas que, como aquel secretario sindical, habían sido «detenidas» por Teubert y los demás «policías auxiliares». Con el tiempo esas cárceles fueron dejando paso a los campos de concentración que hicieron tan tristemente famosos a los nazis. Durante la década de 1930 esos campos no fueron instalaciones de exterminio masivo —aunque se asesinó a algunos reclusos—, pero desde buen principio simbolizaron la injusticia del nuevo régimen. Los nazis se escudaron en que los internos estaban en «prisión preventiva» para no tener necesidad de presentar cargos penales contra ninguno de los encarcelados.

Después de la guerra, cuando se preguntó a Wolfgang Teubert por los campos de concentración, tuvo dificultades para expresar coherentemente su punto de vista. Mientras que comenzó admitiendo que los campos «no estaban justificados», de inmediato matizó esta afirmación comentando que «aunque tengo claro que allí también acabó habiendo personas inocentes, por otro lado, habíamos logrado acabar con la delincuencia. No había más delincuencia. Eso era lo bueno, digamos que había salido el sol. Pero cuando sale el sol también hay sombras. Si encierras a los delincuentes —o a los supuestos delincuentes— pues [por fuerza] habrá también algún acto de venganza personal. La gente es así».[23]

En aquellas primeras semanas la atmósfera se cargó de un aire de venganza. El político nazi Wilhelm Murr lo expresó con brutalidad en un mitin: «Nosotros no decimos: "Ojo por ojo, diente por diente". No, si alguien nos saca un ojo, nosotros le cortaremos la cabeza; y si alguien nos arranca un diente, nosotros le destrozaremos la mandíbula».[24]

Eran tiempos indudablemente peligrosos para los opositores al régimen. El joven comunista Alois Pfaller comprendió que no le resultaba seguro permanecer en Alemania y abandonó el país; pero su hermano, que también era comunista, eligió quedarse. «Fue un error y le costó la vida», resumió Pfaller. Lo enviaron a un campo de concentración «de donde lo dejaron salir ocho años después, cuando estaba ya mortalmente enfermo. Murió a los pocos años».

Alois Pfaller huyó a la Unión Soviética, pero, un año más tarde, sintió que debía volver a Alemania para ayudar a reconstruir el Partido Comunista, aun sabiendo que arriesgaba la vida en el intento. Al volver fue traicionado por un excamarada del partido. Lo llevaron a una comisaría y, tras recibir varios puñetazos en la cara, quedó inconsciente.

Al despertar lo apalearon de nuevo hasta que le rompieron el tímpano y empezó a salpicar sangre por la sala. Luego «me dieron un cubo y un trapo y tuve que limpiar toda la mesa, fregar el suelo, quitar todos los restos de sangre, etc.; y después me pasaron a otro oficial, que me llevó de nuevo a mi celda».[25] De la comisaría pasó a un campo de concentración donde languideció por muchos años.

Hasta unas cinco mil personas fueron arrestadas tan solo en los siete días comprendidos entre el incendio del Reichstag y las elecciones generales de marzo; en los días posteriores fueron muchas más. A lo largo de 1933 los nazis detuvieron a casi 200.000 presos políticos.[26] Fue una manifestación devastadora tanto de la capacidad vengativa del régimen como de su desprecio por los derechos humanos.

Los resultados de las «últimas» elecciones generales de Alemania, el 5 de marzo, pueden leerse diversamente. Para los nazis, lo positivo fue que alcanzaron su porcentaje de voto máximo —el 49,3 %— y que junto con sus socios políticos conservadores se hicieron con la mayoría del Reichstag, justo por encima del 51 %. Lo negativo para ellos fue que difícilmente podía considerarse un hito espectacular, dada la atmósfera de acoso y coerción que había rodeado la campaña electoral. No deja de ser llamativo que los nazis, que en aquella ocasión contaban con múltiples ventajas, siguieran sin superar el listón de los votos de la mitad de la población. Con independencia de la interpretación que cada cual dé a los datos, los nazis cumplieron con su promesa de que serían las últimas elecciones del régimen. En Alemania no volvió a haber elecciones generales mínimamente genuinas hasta después de que Hitler se pegara un tiro en la cabeza.

«La derrota de 1918 no me deprimió tanto como el presente estado de las cosas», escribió Victor Klemperer en su diario, el 17 de marzo de 1933. Klemperer, un académico de Dresde, se había convertido al protestantismo hacía varios años; pero el hecho de ser de origen judío aún suponía un riesgo para él: «Espanta ver día tras día actos de violencia desnuda, quebrantamientos de la ley, opiniones bárbaras que se publican sin apenas disfraz como decretos oficiales». Al evaluar el efecto que los nazis ya habían provocado en Alemania, escribió que «ya no logro liberarme del sentimiento de disgusto y vergüenza, y nadie se mueve; todo el mundo tiembla, pero a escondidas».[27]

Ahora bien, ni Hitler ni su experto en propaganda, Joseph Goebbels, querían regir sobre un país en el que «todo el mundo tiembla»; sino que deseaban convencer al mayor número posible de alemanes —a los «de pura raza», únicamente— de que pasaran a serles leales a ellos. Como primer paso hacia la instauración de una unidad mayor, Goebbels se esforzó por consolidar la imagen pública de un vínculo de unión entre Hitler y el anciano presidente Hindenburg. Durante la fase previa a las elecciones de marzo había optado por la táctica de imprimir carteles que mostraban juntos a Hitler y Hindenburg, con la cabeza del presidente por encima y a la izquierda, y la de Hitler por debajo y la derecha. La connotación visual era clara: Hindenburg, casi divino, bendecía a su joven y vigoroso sucesor. Era un intento evidente de vestir a Hitler con los ropajes de la respetabilidad del presidente. Quizá estábamos ante la revolución del nazismo, daba a entender el cartel; pero se hacía con la sanción de las más altas esferas y había nacido en el honor y la tradición de Alemania.[28]

El apogeo de los intentos nazis de apropiarse de la reputación de Hindenburg se vivió durante la inauguración de la nueva legislatura del Reichstag, el 21 de marzo, pasadas apenas dos semanas de las elecciones. Debido a la destrucción del edificio, la ceremonia se celebró en Potsdam, a las afueras de Berlín. Esta ubicación era simbólica: en la iglesia del destacamento militar, sepultura de Federico el Grande, a quien Hitler adoraba como un héroe.[29]

«Aquí hubo un matrimonio exitoso —si no eterno, al menos temporal— entre las masas a las que Hitler guiaba y el "Espíritu de Potsdam", la tradición prusiana, representada por Hindenburg», escribió en su diario el joven novelista alemán Erich Ebermayer. «¡Qué producción tan brillante de ese productor magistral que es Goebbels! Hindenburg, los miembros del gobierno y los parlamentarios van en coche de Berlín a Potsdam, pasando junto a una hilera única y cohesionada de millones de personas que los vitorean. Todo Berlín parece hallarse en las calles», añadió.[30] Según había pretendido Goebbels, Ebermayer quedó impresionado por la importancia de la presencia de Hindenburg, como única figura capaz de unir el pasado de Alemania con su futuro.

Cediendo el centro del escenario a Hindenburg —que iba ataviado con el resplandeciente uniforme de gala de todo un mariscal de campo—, Hitler manifestó su subordinación vistiendo ropa de civil. Una vez en el interior de la iglesia, el líder nazi se mostró obsequioso. «Vuestra vida maravillosa es para todos nosotros el símbolo del indestructible vigor de la nación alemana», le dijo. La «inteligencia» de Hindenburg había permitido consumar «el matrimonio entre los símbolos de la grandeza de la edad y la fortaleza de la juventud».[31] Luego Hindenburg descendió en solitario a la cripta, para rendir tributo a los reyes de Prusia en su cámara funeraria. Como espectáculo de propaganda —para exponer que Hindenburg aprobaba la asociación del nuevo régimen con los días de gloria de Alemania— fue difícilmente mejorable.

Hitler se trasladó entonces a la sesión inaugural de la nueva legislatura parlamentaria, que se reunió en la Ópera Kroll de Berlín. Quería que los diputados aprobaran una «Ley de Capacitación» que le permitiera saltarse tanto al presidente como al propio Reichstag. Pero se topó con un obstáculo. Necesitaba el apoyo de dos tercios de los diputados. Los comunistas ya no suponían un problema, puesto que ni siquiera se les había permitido acceder a la asamblea; pero faltaba convencer a los representantes del Partido Centrista. En consecuencia, así como se mostró halagador con Hindenburg, también ensalzó a los parlamentarios de centro. El líder nazi no vaciló en defender el cristianismo, con toda hipocresía: «El gobierno nacional considera que las dos iglesias cristianas son los elementos más importantes para la preservación de nuestro carácter nacional».[32]

Hitler empezó perorando con su tono más solemne, pero después de que Otto Wels, del Partido Socialdemócrata, expuso que era «necesaria una crítica a la totalidad» y protestó por las «graves consecuencias» que tendría aprobar la Ley de Capacitación, dejó caer la máscara de estadista y reveló su verdadera naturaleza: la del demagogo de las cervecerías.[33] En un discurso colmado de amenazas afirmó que los nazis se estaban «conteniendo» para «no volverse en contra de quienes han estado catorce años torturándonos y atormentándonos». Tildó de «afeminados» a los socialdemócratas por «hablar de persecuciones» y les dijo que les había «llegado la última hora» y se merecían su destino. «Todo aquello que en una nación se descompone, se aja y se debilita desaparecerá para no regresar jamás», anunció.[34]

Todos los partidos con representación en el Reichstag, con la excepción de los socialdemócratas, votaron luego a favor de la Ley de Capacitación, que se aprobó con 444 votos a favor y 94 en contra. La mayoría de los parlamentarios, por lo tanto, votó a favor de su propia irrelevancia.

Cuando se aprobó la Ley de Capacitación los nazis ya habían actuado con decisión para garantizarse el control del aparato de seguridad del Estado. Heinrich Himmler, por ejemplo, era jefe de policía en funciones desde el 9 de marzo, después de que se expulsara del cargo al ministro presidente de Baviera. En una conferencia de prensa celebrada a los pocos días de tomar posesión, Himmler anunció que «he hecho un uso bastante abundante de la prisión preventiva [...] Me he visto obligado a hacerlo porque en muchos barrios de la ciudad había tanta agitación que de otro modo me resultaba imposible proteger la vida de las personas concretas que la estaban provocando».[35] El cinismo del concepto himmleriano de la «prisión preventiva» era extraordinario. Quería que la opinión pública creyera que había encarcelado a los opositores al régimen para «protegerlos» de la justa cólera de otros alemanes. Sostenía que en realidad les estaba haciendo un favor al privarlos de la libertad.

Dado que el Estado alemán poseía una estructura descentralizada, el asalto a las fuerzas de seguridad debía hacerse estado por estado, y hasta 1936 Himmler no logró convertirse en el jefe de la totalidad de la policía alemana. Pero, desde el principio, los agentes de la policía comprendieron que se enfrentaban a una alternativa cerrada: o apoyaban al nuevo régimen o los expulsaban de su puesto. La «Ley para la restauración del servicio civil profesional», aprobada en abril, daba respaldo legal a la expulsión de cualquier policía que se opusiera a los nazis. Esto, unido al nombramiento de jefes de la policía que eran afiliados al partido, no tardó en crear una fuerza policíaca leal al nuevo régimen.

Esto no quiere decir que se requiriera una gran purga. La mayoría de los agentes conservaron el puesto al servicio de los nazis. Decidieron hacerlo así aun a pesar de que sus nuevos jefes, con frecuencia, eran precisamente personas a las que hasta hacía poco habían estado vigilando al considerarse que eran revolucionarios peligrosos. Reinhard Heydrich, por ejemplo, que antes de ser Hitler canciller había dirigido toda una serie de operaciones ilegales, fue ascendido ahora a jefe de la sección política de la policía de Múnich.

Uno de los agentes que Heydrich heredó era Heinrich Müller, oficial de carrera, de treinta y dos años. Aunque Müller odiaba el comunismo, nunca había sido partidario de los nazis. Y aunque estos eran conscientes de las lealtades previas de Müller, su carrera prosperó hasta llegar a ser el jefe de la Gestapo. En 1937 la sede local del partido realizó una evaluación reveladora, según la cual antes de 1933 Müller había actuado contra los grupos izquierdistas, pero «no está menos claro que Müller, de habérsele encomendado esta labor, habría procedido exactamente igual contra la derecha». El informe concluyó que «gracias a su ambición ilimitada y su enorme tenacidad, habría hecho cualquier cosa con tal de gozar de la aprobación de quienquiera que resultara haber sido su jefe en su sistema dado».[36] Podemos considerarlo una descripción difícilmente mejorable de lo que es el pragmatismo.

Heinrich Müller no fue el único que exhibió este rasgo psicológico fundamental. Una ingente cantidad de alemanes cambió raudamente de lealtad y corrió a alinearse con el nuevo orden: a principios de 1933 se afiliaron al Partido Nazi más de un millón.[37] Sería ingenuo pensar que todas estas personas habían comprendido de pronto el valor de los argumentos de Hitler, como una especie de conversión paulina colectiva. Muchos de ellos eran, sin lugar a dudas, oportunistas.

El novelista Erich Ebermayer se encontró a un personaje así en abril de 1933. Quedó asombrado al descubrir que un amigo que «hasta ahora había sido de todo, menos nazi», había pasado a «lucir la insignia del partido bajo la chaqueta, en la cintura... Estoy asqueado. Va y me explica, con toda frialdad y serenidad, que no le apetece que los nazis lo acosen. Que esto es algo en lo que hay que participar y lo de menos es si lo haces de corazón». Ebermayer no daba crédito, en particular, porque su amigo era «el actor joven de más talento de Leipzig. ¿Por qué iba a preocuparle la política?».[38]

Tres años después, un afiliado al Partido Socialdemócrata de Alemania —a la sazón ilegalizado— llegó a la triste conclusión de que «al obrero típico lo que le interesa, por encima de todo, es tener trabajo, y no la democracia. Hay gente que antes había defendido la democracia con entusiasmo y ahora no muestra ningún interés en la política. Hay que tener claro que en primer lugar un hombre es parte de una familia y tiene una profesión; y que la política es algo secundario y aun solo cuando confían en sacar de ello algún provecho».[39]

La investigación psicológica ha demostrado que la mayoría sentimos una intensa «necesidad de sentir que formamos parte de algún grupo». Somos animales sociales y «la falta de vínculos se asocia a una variedad de efectos negativos sobre la salud, la adaptación y el bienestar».[40] Esta «necesidad» se puede satisfacer participando en grupos sociales que sean independientes del Estado, pero en la Alemania nazi esto resultaba cada vez más difícil, porque el régimen intentó imponer su influencia sobre todas las organizaciones. Esta invasión del espacio personal fue una de las numerosas facetas siniestras del sueño utópico de la *Volksgemeinschaft*.

Mientras que el actor de Leipzig que era amigo de Erich Ebermayer encontró la forma de acomodarse a la nueva Alemania, esto resultaba imposible para las personas que los nazis etiquetaron como judíos. Menos del 1 % de los alemanes eran judíos, con lo que oprimir a esta minoría resultaba fácil. Durante los primeros meses del régimen, los judíos corrieron sobre todo el riesgo de ser atacados arbitrariamente por los camisas pardas, en acciones que a menudo se concebían para humillar. Rudi Bamber, de una familia judía de Núremberg, rememoraba que a su padre se lo llevaron a un estadio de deportes donde, junto con otros judíos, lo obligaron a cortar la hierba con los dientes.[41]

Hitler expresó abiertamente su antisemitismo cuando hacía tan solo unos días que se había aprobado la Ley de Capacitación. En una proclama por escrito, dirigida a todas las organizaciones del partido, culpó —sin fundamento— a los judíos alemanes de haber ayudado a organizar protestas en países extranjeros contra las atrocidades de los nazis; también repitió la teoría conspiranoica según la cual los judíos se conjuraban internacionalmente, más allá de las fronteras nacionales.[42] Estaba convencido de que los judíos solo eran leales a otros judíos, no a los países en los que vivían.

Aun así, su alegato no era exactamente lo que parecía. Es inconcebible que se hubiera publicado sin la aprobación de Hitler, pero aun así se firmaba con un escueto «los líderes del partido». Y aunque la proclama invitaba a boicotear los comercios y las empresas de los judíos, también hacía hincapié en que los judíos no fueran objeto de maltratos físicos. Con toda hipocresía, el *Völkischer Beobachter* publicó, el 30 de marzo, que Hitler había justificado el boicot por el riesgo de que «el Volk» se levantara contra los judíos en acciones que «quizá asuman entonces formas poco deseables». Al igual que Himmler había defendido encerrar a los opositores en los campos de concentración para «protegerlos» de la ira de las masas, ahora Hitler aseveraba que los judíos debían ser perseguidos por el Estado para salvaguardarlos de los ataques espontáneos de los alemanes de la calle. El argumento era absurdo. Para empezar, daba por sentado que los nazis eran incapaces de controlar policialmente a su propia población.

Esta lógica retorcida se explica porque Hitler era consciente de que debía equilibrar intereses contrapuestos. Los activistas locales del partido ya habían estado atacando a los judíos y, aunque él necesitaba mantenerlos de su lado, también debía asegurarse de que los sectores conservadores tradicionales —entre ellos el ejército, los colegas del gabinete y el presidente Hindenburg— no creyeran que Alemania había quedado a merced de una turba sin ley.

La proclama de Hitler, no obstante, era cierta en un aspecto: en el extranjero se habían celebrado manifestaciones contrarias al trato que los nazis daban a los judíos. Destacó especialmente una concentración celebrada el 27 de marzo en Nueva York, con la asistencia de más de 50.000 personas. Pero Hitler omitió la razón por la que la gente protestaba: el hecho de que los nazis ya habían comenzado a perseguir a los judíos alemanes. Aunque el líder del NSDAP se había esforzado por presentar a los nazis como los agraviados en la disputa contra los judíos agresores, en realidad quienes habían causado el conflicto eran él y sus camaradas. No fue nada infrecuente que Hitler recurriera a esta clase de argumentos engañosos, en los que él iniciaba un incendio y luego culpaba a quienes intentaban apagarlo.

La noche antes de que fuera a iniciarse el boicot contra los comercios y las empresas de los judíos, Goebbels anunció que duraría solo un día. Probablemente Hitler había comprendido que la idea no recibía el apoyo generalizado de los alemanes y que prolongar más el boicot suponía seguir creándose dificultades con diversos socios comerciales internacionales.

El boicot que se ejecutó el 1 de abril fue traumático para los judíos alemanes. Los camisas pardas tomaron posiciones en el exterior de los comercios para intimidar a quienes acudían con la intención de entrar. Los judíos tuvieron ocasión de comprobar que el Estado no solo no iba a protegerlos, sino que en realidad deseaba hacerles daño. «Me pareció estar cayendo en un pozo sin fondo —dijo un adolescente, judío alemán de Stuttgart—. En ese momento caí por primera vez en la cuenta, intuitivamente, de que las leyes vigentes no se aplicaban a los judíos».[43]

Wolfgang Teubert, con otros camisas pardas de la SA, se plantó «delante de las tiendas judías durante un día entero, para decir: "No está permitido comprar nada aquí"». Aceptó sin vacilar la mentira de Hitler sobre la causa de aquel boicot antisemita. «En casos como estos siempre hay que tener en cuenta las leyes de la naturaleza, la ley de la causa y el efecto. No hay efectos sin causa. Y ese boicot que les hicimos a los judíos durante un día lo causó su declaración de guerra [de una guerra económica, por parte de los judíos extranjeros]».[44]

Para Günter Lohse, adepto del nazismo, esta acción antisemita supuso hacer realidad las «declaraciones de Hitler y Goebbels» de que los judíos «ocupaban todas las posiciones destacadas: en los bancos, la industria, las autoridades, en las cátedras universitarias, en todas partes hay judíos. Hacía muchos meses que eso se denunciaba. Así que yo pensé que no era inhumano introducir alguna corrección, aunque más bien debería decir que no me lo pensé mucho. Porque para mí lo importante era el fondo del asunto. Aquí mandan en todas partes [los judíos], y no debería ser así. Eso pensé, o algo parecido».[45]

Günter Lohse era un hombre inteligente. Cuando los nazis se alzaron con el poder estaba estudiando en la universidad y luego entró a trabajar para el Ministerio de Exteriores de su país. Sin embargo, era capaz de repetir como un loro la mentira de que los judíos «aquí mandan en todas partes», a pesar de que era evidente que la gente que «mandaba» en Alemania y había sido crucial en el nombramiento de Hitler como canciller —léase Hindenburg, Papen y los demás integrantes de la élite del país— no eran judíos. Aunque hubiera algunos judíos en algunas «posiciones destacadas» de la sociedad alemana, sostener que estaban «en todas partes» resultaba simplemente ridículo.

Diversos representantes de los antiguos adversarios bélicos de Alemania empezaron a tomar nota de lo que estaba sucediendo. Quien fue más perspicaz fue sir Horace Rumbold, embajador de Gran Bretaña en Berlín, que envió un telegrama largo y revelador a la sede londinense del Foreign Office, el 26 de abril de 1933. Rumbold captó que, aunque «probablemente la Reichswehr y el presidente aún están en condiciones de frenar, y posiblemente incluso de controlar, el hitlerismo», se daba el problema de que «más tarde o más temprano, especialmente si el presidente fallece, es posible que se espere de la Reichswehr que se una al régimen actual». Además, como Hitler creía que «solo la fuerza bruta puede asegurar la supervivencia de la raza», había puesto camino a un rearme rápido. Mientras se hacía realidad ese objetivo, Rumbold creía que Hitler intentaría «calmar al mundo exterior, sin perjudicar su sentimiento de seguridad». Pero de forma simultánea el «nuevo régimen» intentaría convencer a los alemanes de que sus fines eran justos y «para ese fin se ha embarcado en un programa de propaganda política cuya escala carece de analogías en la historia».[46]

Rumbold fue uno de los primeros en captar el talento de Joseph Goebbels, a quien describió como «un hombre de infinitos recursos e inventiva». Goebbels, recién nombrado ministro de Ilustración Popular y Propaganda, explicitó su deseo de controlar la prensa en la primera conferencia que pronunció de cara a los periodistas. «No hace falta decir —les avisó— que aún recibirán información aquí [en el Ministerio de Propaganda], pero también recibirán instrucciones. Sabrán no solamente lo que está sucediendo, sino qué actitud adopta el gobierno ante lo que suceda y cómo pueden ustedes transmitírsela más adecuadamente a la nación».[47]

A las instituciones culturales se las amenazó con abolirlas si no adoptaban las líneas del gobierno o no purgaban a los integrantes que se oponían al régimen. Algunas colaboraron de forma voluntaria, como la Deutsche Studentenschaft (Comunidad de Estudiantes de Alemania), que incluso redactó listas de obras literarias «corruptoras». Durante este proceso de pseudorrenovación se destruyeron varias colecciones culturales únicas, como la de un instituto de sexología pionero, el de Magnus Hirschfeld.[48]

Las obras del Instituto Hirschfeld, requisadas el 6 de mayo de 1933, estuvieron entre las destruidas durante la infame quema de libros de Berlín, organizada cuatro días más tarde. Los estudiantes arrojaron a la hoguera textos de Bertolt Brecht, Erich Maria Remarque, Sigmund Freud y toda una serie de escritores reputados. En Leipzig, cuando supo de la quema, Erich Ebermayer se preocupó: ¿destruirían también las suyas? A los pocos días, el 14 de mayo, recibió en efecto la terrible noticia de que sus libros iban a ser prohibidos.[49]

Ni siquiera afiliarse al Partido Nazi era garantía de seguridad. Aquella misma primavera lo comprobó el industrial archimillonario Günther Quandt. Se había unido al partido en los primeros días de mayo, pero poco después fue arrestado y acusado de cometer irregularidades con divisas y con sus empresas. Lo encarcelaron y lo obligaron a satisfacer una fianza muy elevada para quedar bajo arresto domiciliario. Solo después de haber «donado» aún más fondos a la causa nazi se le permitió retomar la vida normal. Valga como un único ejemplo de las muchas extorsiones de los nazis.[50]

En un principio Hitler se mostró ambiguo con estos excesos. Pero el 6 de julio de 1933 este ambiente de anarquía lo había inquietado al punto de advertir en un discurso, pronunciado ante diversos líderes del propio nazismo, que «la revolución no es una condición permanente ni debe convertirse en permanente. La energía que la revolución libera debe canalizarse hacia el lecho seguro de la evolución». A los empresarios no había que «eliminarlos» por el simple hecho de que no fueran nazis, dado que, «en los negocios, lo único crucial es ser competente». Además «las ideas de nuestro programa no nos obligan a actuar como necios y a derribarlo todo».[51]

Una cosa era que Hitler afirmara lo anterior, y otra muy distinta que sus seguidores —y en particular los camisas pardas— acataran sus palabras. Los abusos perduraron aún bastante tiempo. Los excesos, de hecho, empezaban a representar un problema para Hitler y Goebbels en su finalidad de convencer a los millones de nazis que se habían opuesto al nuevo régimen de que los apoyaran. Era evidente que no se podía crear una *Volksgemeinschaft* en un contexto en el que casi cualquier persona corría el riesgo de ser atacada o extorsionada.

Esta no era la única dificultad a la que Hitler se enfrentaba. Un problema más inmediato era que Ernst Röhm se negaba a obedecer. En junio de 1933 había escrito un artículo en el que afirmaba que, aunque «se ha obtenido una victoria en el camino de la revolución alemana», «¡todavía no es una victoria absoluta!». Prometió que «en tanto que la verdadera Alemania nacionalsocialista aún no sea una realidad, la lucha feroz y apasionada de la SA y la SS no se detendrá».[52] Más aún, aunque Röhm sostenía que los camisas pardas no representaban ninguna amenaza para el ejército tradicional, había indicios de que estaban buscando interpretar un papel propio en la nueva Alemania y por lo tanto podían representar tal amenaza. La Sturmabteilung había crecido hasta convertirse en una fuerza poderosa —a finales de 1933 tenía varios millones de miembros— y esta expansión colosal solo contribuía a exacerbar todavía más las dificultades a la hora de imponer la disciplina.[53]

Parecía inevitable, pues, que estallara un enfrentamiento entre Hitler y su antiguo camarada. El 1 de febrero de 1934 Röhm le envió a Blomberg, el ministro de Defensa, un memorando en el que —según Blomberg— solicitaba que la SA actuara como supervisora del ejército.[54] Esto chocaba directamente con las intenciones de Hitler, que quería rearmar al ejército tradicional, no incrementar la influencia de los camisas pardas. Avanzado aquel mes, Hitler pronunció un discurso ante diversos jefes militares en el que afirmó explícitamente que, aunque quizá se podría utilizar a la SA para «labores de protección de fronteras e instrucción premilitar», esto solo sería así durante un «período de transición», durante el cual las fuerzas armadas establecidas tendrían tiempo para crecer. Reiteró que solo el ejército dispondría de «autorización para llevar armas» en la nación.[55]

Aquel mismo mes Blomberg quiso manifestar que el ejército era adepto de Hitler, por lo que insistió en imponer la «cláusula aria» y expulsar de sus filas a los judíos.[56] También promovió un cambio en los uniformes de las fuerzas armadas: desde aquel momento, todas las chaquetas militares lucirían un águila posada sobre una esvástica. Es otro ejemplo de las numerosas personas y organizaciones que dieron pasos voluntarios para complacer al nuevo régimen. También puede verse en ello que detrás de estos cambios solía estar la impresión de que Hitler debía «hacer equilibrios» entre los distintos grupos de poder.

Röhm no se sentía bien aquella primavera. El embajador de Francia, André François-Poncet, cenó con él en mayo y comentó que «tenía un aire de ausente y enfermo».[57] Es posible que Röhm estuviera desanimado por la convicción de que diversas personas se habían conjurado en su contra. Es cierto que los camisas pardas no solo eran impopulares en el ejército, sino también ante el presidente Hindenburg y Franz von Papen.

La crisis no tardó en desencadenarse. El 8 de junio, cuatro días después de reunirse con Hitler, Röhm dijo a la SA que se marchaba de permiso, para reponerse, y que sus hombres también debían tomarse un tiempo libre. Se encontrarían de nuevo el 1 de agosto. Les garantizó que «la SA es y sigue siendo el destino de Alemania».[58] Pero otros imaginaban un futuro muy distinto, desde luego. El 17 de junio, Papen pronunció un discurso en la Universidad de Marburgo, en el que hizo hincapié en que «el gobierno debe representar a la nación en su conjunto» y en que «el gobierno es del todo consciente del egoísmo, la falta de principios, la insinceridad, el comportamiento innoble y la arrogancia que están creciendo bajo el disfraz de la revolución alemana».[59]

La situación fue a peor para Hitler. El 21 de junio tanto Hindenburg como el general Blomberg le reclamaron que hiciera «entrar en razón a los alborotadores de la revolución».[60] A Hitler le sobraban motivos para cumplir con lo que le pedían. Era consciente de que si aplastaba a Röhm, aumentaría las posibilidades de elevarse a la jefatura del Estado cuando Hindenburg falleciera. Si se volvía contra sus propios partidarios, ¿no sería la mejor muestra de compromiso con la nación, de cara a los alemanes?

Hitler ordenó a Röhm que organizara una reunión de jefes de la SA en la ciudad balneario de Bad Wiessee el 30 de junio. A primera hora de la mañana de aquel día, mientras los líderes de los camisas pardas aún dormían, Hitler se presentó allí con un séquito que incluía a dos docenas de hombres de la SS. Asaltaron la habitación de Röhm y lo detuvieron cuando aún vestía pijama. Treinta jefes de la Sturmabteilung, incluido el propio Röhm, fueron trasladados a una prisión de Múnich, unos cincuenta kilómetros al norte. Al día siguiente, como Röhm declinó la oportunidad de suicidarse, fue ejecutado por dos integrantes de la SS: Theodor Eicke y un colega algo más joven, Michael Lippert.

A Eicke no se lo seleccionó por casualidad como cabeza del pelotón de fusilamiento. Al igual que Reinhard Heydrich, debía toda su carrera a Heinrich Himmler. Anteriormente había sido un revolucionario peligroso, condenado a pena de cárcel en 1932 por planear el uso de bombas contra los adversarios políticos de los nazis. Se había dado a la fuga cuando estaba en libertad bajo fianza, se refugió en Italia y regresó después de la toma de poder de Hitler. Como creía que lo habían apresado por la traición de un Gauleiter nazi, Josef Bürckel, intentó vengarse; pero lo capturaron y lo enviaron a un frenopático. Para Bürckel, Eicke era «un sifilítico loco de atar», pero un médico del centro declaró que estaba sano.[61] Al poco tiempo Himmler intervino y salvó la carrera de Eicke confiándole la comandancia del campo de concentración de Dachau.

Una vez más, la capacidad de Himmler de hallar reclutas en lugares del todo inesperados le salió rentable: Eicke demostró ser idóneo para la infame función que le encomendaron. «Odia a los enemigos que tiene por detrás de la alambrada —dijo uno de los colegas de Eicke en la SS de Dachau, Max von Dall'Armi—. Siempre habla de destruirlos y aniquilarlos. Infunde su odio a la SS mediante sus discursos y conversaciones. Como oficial de la SS es fanático, y como nacionalsocialista, fervoroso. Para Eicke no hay cesión posible». Dall'Armi recordaba a Eicke diciendo específicamente que «los hombres de la SS deben odiar [...] El corazón que late en su pecho se les tiene que convertir en piedra».[62]

Eicke compensó a Himmler, por rescatarlo del frenopático, con una lealtad incontestable. No solo se entregó en cuerpo y alma a reorganizar Dachau, hasta transformarlo en el campo «modélico» del sistema nazi —tristemente famoso por su brutalidad y por el orden con que esta se ejecutaba—, sino que además estaba dispuesto a cumplir con cualquier tarea especial que el Reichsführer SS le encomendara. Por eso a primera hora de la tarde del 1 de julio de 1934 Eicke estaba en la celda 474 de la cárcel muniquesa de Stadelheim, apuntando a Ernst Röhm con una pistola cargada. «Me enorgullezco de haber matado a este cerdo maricón con mis propias manos», se contaba que dijo.[63] De vuelta en Dachau,

Eicke y sus hombres se regodearon en la oportunidad de asesinar a los otros camisas pardas que se les entregaron. Convirtieron el acontecimiento en una bacanal alcoholizada con múltiples barriles de cerveza.[64]

En su sede central, en Múnich, Hitler dijo ante un grupo de seguidores que Röhm había estado planeando un golpe de Estado. Omitió que en realidad no había ninguna prueba de que así fuera: Röhm no había mostrado ningún signo de pretender volverse en contra de Hitler. Más que frustrar un intento golpista, Hitler había actuado de acuerdo con sus intereses estrictamente personales, tras comprender que si no complacía a Blomberg y Hindenburg, su carrera corría peligro. La muerte de Röhm también le originó otros beneficios: destruyó la base de poder de la SA y tranquilizó al ejército, dándole la seguridad de que Hitler respaldaba su protagonismo como primera fuerza militar.

Lo que ha pasado a la historia con el nombre de «Noche de los Cuchillos Largos» se caracterizó por ejecutarse por completo fuera de la ley. Ni siquiera se limitó a ser una acción en contra de los camisas pardas; Hitler aprovechó la ocasión para eliminar a muchas personas que le habían hecho enfadar, como el general Schleicher o Gregor Strasser, entre muchos otros. En total cerca de 150 personas perdieron la vida. A los acusados no se les permitió defender su inocencia delante de un tribunal; simplemente se les asesinó sumariamente. La SS mató incluso a personas por error. En la tarde del 30 de junio raptaron al crítico musical de uno de los principales periódicos de Múnich mientras estaba ensayando con el violonchelo en su apartamento. Su esposa dijo a los hombres de la SS que sin duda había un error, y empezó a buscar documentos para probar la identidad del marido, hasta que la amenazaron con una pistola. Dos días más tarde recibió la noticia de que había sido fusilado «por accidente» en Dachau.[65] En realidad la SS lo había confundido con otro periodista que se llamaba igual.

Los asesinos no fueron menos implacables a la hora de matar al general Kurt von Schleicher, que había sido canciller de Alemania tan solo un año antes. Además, asesinaron a su esposa, que había empezado a chillar al ver el ataque contra su marido. Sin embargo, la Gestapo informó luego a Himmler de que Schleicher había fallecido mientras «se resistía a que lo detuvieran», y la mujer, en el tiroteo consiguiente. Sintagmas como «resistencia a la detención» o «intento de huida» se utilizaron como justificaciones genéricas de los asesinatos durante los doce años de dominio de los nazis. Otro eufemismo recurrente de las fuerzas de seguridad del nazismo fue el «suicidio». Así describieron por ejemplo la muerte de Gregor Strasser, ejecutado a tiros en la noche del 30 de junio, mientras estaba en una celda del cuartel general de la Gestapo en Berlín.[66]

El argumento con el que Hitler había justificado los asesinatos se habría desvanecido ante la más mínima investigación. No solo no había ninguna prueba sustancial de que un golpe de Estado era inminente, sino que la mera lista de camisas pardas a los que se había dado muerte ponía de relieve, sin lugar a dudas, que se habían estado saldando viejas cuentas. De dos personajes ya marginales como Schleicher y Strasser, por ejemplo, no cabía pensar razonablemente que fueran capaces de liderar ninguna trama golpista para derrocar al régimen.

El 3 de julio Hitler se esforzó por explicar ante el gabinete la necesidad de las muertes. Dijo que Röhm lo había traicionado y que Strasser y Schleicher andaban intentando derribar al gobierno. Blomberg le dio las gracias y acto seguido todo el gabinete coincidió en valorar que eran actos «justificados en la defensa del Estado». No se hizo ninguna clase de investigación retrospectiva sobre la veracidad de las afirmaciones de Hitler.[67]

También Hindenburg —para alivio de Hitler, sin duda— expresó su gratitud porque se hubiera aplastado aquellas «intrigas traicioneras» y el canciller hubiera «salvado a la nación alemana de un peligro grave».[68] De este modo el líder nazi logró evitar el riesgo que representaba para su cancillería la combinación de Hindenburg, Blomberg y Papen.

Con una exhibición final de hipocresía que solo cabe calificar de asombrosa, Hitler también sostuvo que había quedado conmocionado al conocer las pruebas de homosexualidad en el movimiento de la Sturmabteilung. En realidad, hacía muchos años que estaba al corriente de la inclinación sexual de Röhm. Pero justo después de que arrestaran al jefe de la SA, Hitler aseveró que quería que «todas las madres puedan confiar a su hijo a la SA, al partido o a las Juventudes Hitlerianas sin temor a que acaben corrompiéndole la ética o la moral».[69]

En cuanto a los oficiales del ejército, la reacción de estos ante la Noche de los Cuchillos Largos fue la predecible. El aristocrático *Graf* Johann Adolf von Kielmansegg, que contaba entonces veintisiete años, hablaba por boca de muchos de sus camaradas cuando sostuvo, más adelante, que Röhm «quería forjarse un ejército propio. Por supuesto, no lo había dicho con esas palabras, pero cada vez estaba más claro. Esto se sumaba a que la SA nos provocaba un rechazo directo por sus maneras, por su comportamiento, porque era darle el mando, por decirlo así, a una turbamulta [...] Pero la revolución devora a sus hijos, siempre ha sido así, ¿verdad?». Por encima de todo, para oficiales como Kielmansegg, el hecho crucial lo representó la aprobación del presidente Hindenburg: «Él había bendecido la actuación de Hitler. Esto era lo fundamental para nosotros. Porque para nosotros, para el ejército, Hindenburg no era Hitler».[70]

Las palabras de Kielmansegg destacan de nuevo el acierto táctico de Hitler cuando, durante su primer año y medio de cancillería, optó por vivir de la reputación de Hindenburg. Desde el punto de vista psicológico, para Kielmansegg y sus colegas era mucho más fácil apoyar al nuevo régimen porque «Hindenburg no era Hitler». La aprobación del anciano mariscal de campo resultó por ende crucial.

Hitler esperó casi dos semanas antes de hablar de la matanza delante de los diputados del Reichstag. El momento podía haber sido delicado, puesto que el líder nazi había presidido el asesinato de varios parlamentarios. Pero su discurso del 13 de julio fue desafiante. No solo expuso razones detalladas —aunque falsas— para justificar sus actos, sino que se atrevió a afirmar incluso: «Si alguien me reprocha que deberíamos haber encargado a los tribunales que se ocuparan de dictar sentencia, yo solo puedo decir una cosa: en este momento yo era el responsable del destino de la nación alemana y por lo tanto ¡yo era el Juez Supremo del pueblo alemán!».[71]

Göring se hizo eco de las palabras de Hitler y dijo en el Reichstag que «si hoy en día las potencias extranjeras creen que Alemania sucumbe al caos, el *Volk* alemán les contestará con un grito al unísono: "¡Todos nosotros aprobamos siempre lo que nuestro Líder hace!"».[72] Incluso uno de los principales juristas del país, el profesor Carl Schmitt, dio respaldo público a la acción de Hitler, mediante un artículo titulado «Der Führer schützt das Recht» («Nuestro Líder protege la justicia»);[73] pues Hitler era en efecto, a entender de Schmitt, el juez supremo de lo bueno y lo malo.

Se había desvanecido toda ficción de respeto a la ley. Pero lo que es aún más llamativo es que la Noche de los Cuchillos Largos incrementó la popularidad de Hitler en Alemania. Como los nazis controlaban la prensa, pudieron manipular los asesinatos y presentarlos como un intento heroico de restaurar el orden en el país. En los periódicos se leía que Hitler había usado la mínima fuerza necesaria para impedir desórdenes violentos. Más aún: no había vacilado en castigar a personas que antes lo habían apoyado, porque a él no le interesaba sino el bien mayor de la nación. ¿Había acaso una prueba más extrema de que Hitler gobernaba para todos los alemanes —para todos los considerados racialmente aceptables, claro—, y no solo para quienes habían votado por los nazis?

Los informes que llegaron a manos de los socialdemócratas que se habían exiliado para huir de la persecución eran sombríos y pesimistas. «Sectores enteros de la población, sectores evidentemente muy numerosos, ensalzan a Hitler por su resolución y firmeza; solo un porcentaje muy reducido se ha quedado dudoso o conmocionado», se leía en un resumen de la información que se les enviaba desde Alemania. «Amplios sectores de la clase obrera también se han esclavizado y divinizan acríticamente a Hitler».[74]

Fue una manifestación extraordinaria de lo que puede ocurrir cuando los medios de comunicación transmiten una sola voz. Como todas las emisoras de radio y los periódicos de Alemania repetían los argumentos del gobierno, millones de personas no solo disculparon aquellos crímenes de Hitler, sino que elogiaron al líder nazi por ejecutarlos.

Acabar con el Estado de derecho. Eliminar la prensa libre. Sobornar a la policía y el ejército. Hitler fue todo un ejemplo de lo que un aspirante a dictador debería hacer en cuanto pueda. Luego quizá tendrá ocasión de cosechar beneficios similares a los que Hitler cosechó, por parte de una población que, a la hora de volverse hacia alguien en busca de justicia, información o protección, ya solo puede dirigirse a las instituciones de un Estado corrupto.

Menos de tres semanas después de que se escuchara en el Reichstag quién era el «Juez Supremo del pueblo alemán», el presidente Hindenburg falleció. Hitler estaba a punto de convertirse en el líder indiscutido del país.

El año anterior Goebbels había llamado a «la movilización de las mentes y los espíritus de Alemania».[75] En este punto de nuestra historia, en agosto de 1934, esa tarea podía iniciarse en serio.

7

Explotar la fe

Adolf Hitler creía ser poseedor de un gran secreto sobre la mente humana. «Tened claro —había dicho en 1927— que nosotros también ponemos la fe en primer lugar, y no el conocimiento. Hay que creer en una causa. Solo la fe crea Estados. ¿Qué motiva a la gente a marcharse a combatir por una idea religiosa? No el conocimiento, sino la fe ciega».[1]

Esta es una de las afirmaciones más importantes de Hitler. No era creyente, desde una perspectiva religiosa, en ningún sentido convencional. Sin embargo, hizo todo cuanto estuvo en su mano para crear un Estado alemán basado en la fe, en el cual la población tuviera «fe ciega»; solo que no en un ser supernatural, sino en él y en el régimen nazi.

Hitler también creía saber cuál era la mejor forma de engendrar fe. La clave era dirigirse a las emociones de la gente, no a la lógica. «El arte de la propaganda consiste en comprender las ideas emocionales de las grandes masas y, por medio de una forma psicológicamente correcta, comprender el modo de llegar a la atención y de ahí al corazón de las masas vastas», escribió en *Mein Kampf*.[2]

La muerte del presidente Hindenburg, el 2 de agosto de 1934, le permitió poner estas ideas en práctica. Un día antes el gabinete había aprobado la «Ley relativa al Jefe del Estado del Reich alemán», por la cual tras el fallecimiento de Hindenburg, Hitler sería nombrado, además de canciller, *Führer* del Reich. Este plan quedó sellado por un referendo organizado —en un ambiente de enorme intimidación— el 19 de agosto.

Una vez que se proclamó a Hitler nuevo jefe de Estado, se ordenó a todos los miembros de las fuerzas armadas que prestaran un juramento de lealtad hacia él, en persona. Para un militar como el *Graf* Johann Adolf von Kielmansegg, esto suponía volver de forma simbólica a la gloria pasada. «La historia prusiano-alemana está repleta de juramentos de lealtad personal. De hecho, casi preferíamos eso a jurar lealtad a un trozo de papel. Antes habíamos tenido que jurar sobre la Constitución de Weimar, que nadie conocía», dijo.[3] Sin embargo el juramento prestado ante Hitler suponía una obligación permanente, pues «un oficial alemán no quebranta un juramento pronunciado ante Dios».[4]

Para muchos, esta manifestación de compromiso emocional con su «Líder» o *Führer* era algo trascendente. El oficial de la fuerza aérea Karl Boehm-Tettelbach dijo que el juramento «me acompañó toda mi vida, hasta el final. Un juramento, en fin, es un juramento [...] Un juramento no lo puedo quebrantar, de lo contrario quizá [tenga que] suicidarme». Es obvio, pues, que representaba, como decíamos, una obligación permanente.[5]

Algunas ceremonias de jura —en especial las de la SS— se celebraban de noche, a la luz de antorchas. No se desaprovechaba ninguna ocasión de crear un ambiente espiritual, que hiciera pensar en rituales sagrados. Era así por la voluntad deliberada de generar fe en Hitler, como líder todopoderoso.

Al centrarse en la fe, y no en el conocimiento, Hitler se beneficiaba de una realidad que los psicólogos han estudiado desde hace años. A aquellas personas que se han formado una creencia emocional poderosa, resulta casi imposible convencerlas de que están en un error apelando a argumentos razonados. Dado que la fe no depende de la razón, ¿cómo podría usarse la razón para persuadir a nadie de que se equivoca?[6]

Hitler asoció todas estas ideas a otra noción adicional. Pensaba que los seres humanos, cuando forman grupos numerosos, se emboban. «La receptividad de las grandes masas es muy limitada y su inteligencia es escasa, pero su poder de perdonar es inmenso», escribió. En consecuencia «toda propaganda efectiva» debía ser simple y además repetirse una y otra vez.[7]

Su ministro de Propaganda, Joseph Goebbels, compartía este punto de vista. Wilfred von Oven, el edecán personal del ministro, recordaba a su jefe diciendo: «La propaganda es como un convoy que, durante una guerra, debe abrirse paso hasta un objetivo rodeado de una fuerte protección militar: necesita ajustar la velocidad de marcha a la del miembro más lento de la unidad. Aquí es lo mismo; con nuestra propaganda tenemos que hacer lo mismo. Toda propaganda refinada, en general, sobra. Las masas no comprenden la ironía. Uno tiene que concentrarse con mucha simplicidad en el mensaje básico que quiere transmitir con la propaganda y hay que hacérselo llegar a las masas del modo más popular y gráfico posible».[8]

Esto no quería decir —aclaró Goebbels— que el mensaje propagandístico tuviera que ser solemne o serio. Antes al contrario, según explicó ante un público de ejecutivos de la radio alemana en marzo de 1933: «Primer principio: evitar, a toda costa, ser aburrido. Esto es lo que yo considero lo principal».[9] A diferencia de muchos propagandistas totalitarios, Goebbels entendió que era contraproducente intentar obligar a la audiencia a tragarse por la fuerza los mensajes ideológicos.[10] «A su equipo de cine les decía siempre: "No me vengáis con material político. Todas las películas políticas han resultado ser espantosas" [...] Lo repetía sin parar: "Películas políticas, ¡ni tocarlas!"», recordaba Wilfred von Oven.[11]

Goebbels reformuló estas ideas para el consumo público en un artículo que el *Völkischer Beobachter* publicó en febrero de 1934: «Si creo que detrás de una película hay una actitud artística honesta, entonces la protegeré [...] No exijo que una película principie y termine con desfiles nacionalsocialistas. Los desfiles nazis que nos los dejen a nosotros, que los entendemos mejor».[12] En consecuencia, la inmensa mayoría de las películas que se produjeron durante su ejercicio como ministro de Propaganda no contenían ninguna clase de propaganda explícita; eran en lo esencial obras de entretenimiento. Según Arthur Maria Rabenalt, un director de cine que trabajó para él, Goebbels se consideraba bien cualificado para evaluar su calidad. «Era un loco de las películas y le encantaba ver a mujeres bonitas. Así que, en lo fundamental, le gustaba lo que al público le gustaba», contó Rabenalt.[13]

Goebbels comprendió pues que el cine de entretenimiento prestaba un servicio valioso dentro del Estado nazi. Esas películas tenían la «finalidad política» de permitir que el público huyera «de los problemas de la casa y las preocupaciones de la familia».[14] Además, con la elección de los temas —historias de amor que eran coherentes con la idea de la *Volksgemeinschaft*— el ministro quería influir sobre los alemanes sin que estos se dieran cuenta.

«Incluso el entretenimiento puede poseer un valor político especial, porque desde el momento en que una persona es consciente de la propaganda, esta pierde la efectividad», escribió Goebbels.[15] Esta concepción, más que ninguna otra, fue la que singularizó a Goebbels como el propagandista más destacado de su tiempo. Secundariamente, también explica por qué un propagandista que en nuestros días quisiera utilizar los métodos de Goebbels intentaría influir en la gente a través de los guiones de las telenovelas y de los contenidos de ocio de los sitios de mensajería social, y no solo a través de los medios de comunicación tradicionales.

Goebbels se había impuesto una tarea ingente. «Si este gobierno está resuelto a no ceder nunca, en ninguna circunstancia —dijo al confiársele la cartera del Ministerio de Propaganda, en 1933—, entonces no va a necesitar el poder inerte de las bayonetas, y a largo plazo no podrá quedarse satisfecho con tener tras de sí al 52 %, y aterrorizar al 48 % restante; sino que verá como su labor más inmediata conquistar a ese 48 % restante».[16]

Centrarse en el cine de entretenimiento fue un elemento esencial del plan de Goebbels para «conquistar a ese 48 %». Pero se topó con obstáculos formidables. El primer problema fue que, por mucho que exhortara a evitar que los propagandistas fueran aburridos, aburridas fueron buena parte de las noticias producidas bajo su égida. Entre 1933 y 1939 la difusión de los periódicos cayó un 10 %, en buena medida porque los periodistas ya no podían escribir lo que querían, sino que debían atenerse a las líneas dictadas desde el ministerio de Goebbels. De resultas, en sus artículos había poca variedad y poco picante.

El segundo problema era aún más intratable. Entre la «visión» económica de los nazis y la realidad había una falta de conexión básica. El Partido Nazi se había presentado como una organización idónea para la gente del campo y los pequeños empresarios. Pero una vez que Hitler apostó por el rearme, el partido tuvo que centrarse en las grandes corporaciones industriales y los métodos de producción modernos. Megacompañías como Krupp —el conglomerado gigante del acero y de la producción de armas— resultaban mucho más valiosas para el régimen que cualquier cantidad de artesanos en talleres menores. Por mucho que Goebbels criticara la cultura «del asfalto», propia de las grandes ciudades,[17] y ensalzara la beldad de los bosques germánicos, en la práctica el armamento que Hitler tanto codiciaba se producía en el sucio corazón industrial del país, donde no se alzaba un árbol.

La solución que Goebbels y sus colegas dieron a estas dificultades fue seguir promoviendo la borrosa visión de la *Volksgemeinschaft*, para todos «los de nuestro grupo» —la población alemana considerada aceptable por su «raza»—, y a la vez hacer hincapié en el peligro continuo que representaban «los que no son de nuestro grupo»; principalmente, los judíos.[18] En este contexto Goebbels captó una gran verdad: a menudo, a los miembros de un partido político les resulta más fácil definirse por las cosas que odian que por las que les gustan. A la hora de hacer propaganda, ya no resultaba tan sencillo: entre la gente había niveles de odio muy distintos. En un extremo estaban los matones de la SA; en el otro, los exsocialistas a los que Goebbels confiaba en convertir a la causa nazi.

Esta disparidad en los niveles de odio fue una de las razones por las que, en la década de 1930, Goebbels no quiso producir películas antisemitas; de hecho, hasta después de iniciada la guerra, las salas alemanas no exhibieron contenidos abiertamente antisemitas: obras como *Der ewige Jude* («El judío eterno») y *Jud Süß* («El judío Süss»). Sin duda Goebbels había entendido que se arriesgaba a provocar agresiones incontroladas por parte de los antisemitas más extremos de su partido, incitados por lo que —a su entender— era el poder inmenso del cine.[19]

Sin embargo, los nazis siempre se esforzaron por «educar» ideológicamente a la opinión pública alemana al respecto del «peligro» judío. Esto se intentó sobre todo de dos maneras: mediante la palabra escrita (libros y periódicos) y mediante cambios en el sistema educativo (según vimos en un capítulo anterior).[20] Desde la prensa, el furibundo *Der Stürmer* de Julius Streicher siguió voceando propaganda antisemita de lo más extrema y cargada de odio. Su número «El complot asesino judío», de mayo de 1934, fue uno de los más infames. Publicó caricaturas de judíos recogiendo la sangre de niños alemanes para hacer pan ázimo y defendió que la historia judía era «una cadena ininterrumpida de matanzas y baños de sangre». Este especial acabó prohibido, tras las protestas que estallaron tanto desde fuera de Alemania como entre parte de los cristianos del país; pero en ediciones posteriores, *Der Stürmer* siguió publicando mentiras aún más grotescas sobre los judíos.[21]

Hoy resulta difícil leer *Der Stürmer* sin pensar que el hombre que estaba detrás de esta publicación, Julius Streicher, poseía una mente enferma. En los juicios de Núremberg, incluso sus propios abogados defensores sospechaban que era un enfermo mental. El grupo de psiquiatras expertos que lo examinó lo declaró suficientemente sano como para someterse al tribunal, pero concluyó que sufría una «obsesión neurótica» y poseía el «cociente intelectual más bajo» de todos los reclusos de

Núremberg. Ni siquiera en la celda dejó de vomitar su odio contra los judíos. Al doctor Gustave Gilbert, psicólogo estadounidense, le dijo que él era «la única persona del mundo que había sabido ver con claridad que la amenaza judía es un problema histórico».[22]

En la base de todo este odio estaba la terrible realidad de los campos de concentración, pero incluso en ellos —al menos durante la década de 1930— hubo intentos de «reeducar» a muchos internos. Para comprender cómo, para los nazis, el terror iba de la mano del deseo de remodelar mentalidades, es necesario tener en cuenta que en este período los campos todavía no eran las fábricas letales que acabaron siendo durante el Holocausto, y entre sus internos aún no predominaban los judíos.[23] Durante los primeros años de poder del nazismo, la mayoría de los internos eran opositores políticos.

Aunque el sistema de los campos era brutal, y una minoría de presos fueron asesinados, la mayoría acabó regresando a la sociedad alemana, por lo general después de unos dieciocho meses de encierro. A los guardias de la SS, por lo tanto, les interesaba intentar «reeducar» a los presos que tenían a su cargo, en buena parte socialistas o comunistas. Para quebrantarles el ánimo se recurría a menudo a métodos crueles, como por ejemplo el hambre canina, los latigazos o las palizas a puñetazos. Pero la SS también utilizó otras técnicas de mayor refinamiento psicológico. Una era el carácter indeterminado de la sentencia. Los enviados a un campo de concentración nunca sabían cuánto tiempo los retendrían: quizá recuperarían la libertad al día siguiente o quizá nunca. Como en teoría los habían enviado a los campos para su «propia protección», era decisión exclusiva de sus captores determinar la duración de su reclusión. «La incertidumbre sobre la duración de su confinamiento siempre la llevaban muy mal —reconoció un oficial de la SS que trabajó en Dachau—. Eso era lo que más los desgastaba, lo que podía quebrantar hasta las voluntades más fuertes».[24]

Además de «quebrantar voluntades», la SS puso en práctica otros métodos para «moldear» de nuevo a quienes a su entender aún podían aprovecharse como ciudadanos de la nueva Alemania. Un prisionero del campo de concentración de Börgermoor (noroeste del país) contó una técnica que la SS empleaba en su intento de convertir a los reclusos. El día de Nochebuena, cuando Hitler iniciaba su período como canciller, el comandante del campo dirigió a los presos unas palabras «con sentimiento», después de que se les hubiera pedido cantar un villancico que ocupa un lugar destacado en la cultura alemana, el «Stille Nacht, heilige Nacht» («Noche de paz»). «No sois malas personas ni sois infrahumanos», les dijo el comandante. Y aunque aquella Navidad iba a resultarles dura, «¡a vosotros también os llegará la hora de la libertad! Y entonces podréis ayudar a construir nuestra nueva y gran patria alemana. Jurad lealtad voluntariamente a nuestro maravilloso canciller del pueblo y líder de la nación, Adolf Hitler, que también está luchando por vuestra felicidad, por vuestro futuro, y que ahora se habrá cobijado bajo un abeto engalanado con las luces, a pensar en su pueblo [...] Ser alemán significa ser nacionalsocialista. Tengámoslo en cuenta y celebremos la primera Navidad nacionalsocialista».[25]

Evidentemente, se pretendía usar la emoción de la Navidad para que los presos pensaran en los nazis como «Nosotros», no como «Ellos», y utilizar el sentimiento colectivo de «germanidad» para generar «fe» en Adolf Hitler.

A algunos alemanes costaba más convertirlos al nacionalsocialismo que a otros, por supuesto. Un ejemplo especialmente claro es el de los testigos de Jehová. Su fe apasionada en Dios Todopoderoso, sumada a su pacifismo expreso, hizo que los nazis los considerasen directamente como una amenaza. Los testigos fueron un caso único entre los grupos que fueron blanco del nazismo. Si aceptaban renunciar a su fe, era posible que los liberasen de inmediato; pero antes que dar ese paso, muchos prefirieron tolerar abusos horrendos. Desde el primer momento en que Hitler se alzó con el poder, corrieron el riesgo de que los detuvieran; pero en mayo de 1937 se proclamó una orden que agravaba aún más el peligro. Desde este momento se los podía encarcelar en campos de concentración por la sola sospecha de que se oponían al régimen.

El mismo preso que había vivido la Navidad en el campo de concentración de Börgermoor describió cómo la SS intentó quebrantar la voluntad de un testigo de Jehová. Era un hombre de unos cuarenta años, que «siempre nos miraba a todos con amabilidad» y «barría sin descanso la celda y el pasillo, iba a buscar agua y estaba a la disposición de todos». Pero se negó a saludar levantando el brazo y diciendo *Heil Hitler!* porque entendía que Dios no lo quería. Por esta infracción de las regulaciones, lo trasladaron al pabellón de castigo y lo apalearon. Cuando lo devolvieron a la celda, los demás presos intentaron convencerlo de que saludara a los guardias como le exigían, asegurándole que cuando ellos decían *Heil Hitler!*, «era simple teatro». Pero el hombre siguió negándose. Los guardias de la SS se lo llevaron al exterior, lo apalearon y lo dejaron allí, inconsciente, hasta que su «sangre se heló» sobre el gélido terreno. Después de recobrar el conocimiento, el hombre siguió negándose a levantar el brazo y pronunciar *Heil Hitler!* Entonces los guardias lo arrojaron a otra celda, con «delincuentes y criminales de carrera», y le obligaron a llevar «el cubo de las letrinas a la carrera». Su vida se convirtió en una sucesión de «arrestos, palizas y limpieza de las letrinas». Los guardias de la SS gozaban con la tortura y apostaban entre ellos sobre si acabaría por derrumbarse. Después de «muchas semanas» de tormento, le permitieron volver a su barracón original y sus compañeros vieron que, cuando pasó ante ellos un hombre de la SS, el testigo levantó el brazo «torpemente», estiró «la mano ensangrentada» y susurró como pudo *Heil Hitler!*[26]

Börgermoor no fue el único campo donde se maltrató a los testigos de Jehová. En la posguerra se juzgó a varios hombres de la SS que trabajaron en el campo de concentración de Sachsenhausen, a las afueras de Berlín. En el juicio se expuso que un testigo había sido enterrado hasta el cuello y dos guardias le habían orinado en la cabeza. Después lo dejaron enterrado durante una hora.[27]

Pero entre la SS y los testigos de Jehová no había únicamente una relación de opresión y desprecio, sino que, además, la SS envidiaba el fanatismo de los testigos. Rudolf Höss, que más adelante sería comandante de Auschwitz, se sintió «profundamente conmovido» por la forma en que dos testigos reaccionaron al saber que se les había condenado a muerte en Sachsenhausen. Cuando se les comunicó su destino, «casi enloquecieron de alegría y de gozo y la espera hasta el día de la ejecución se les hizo larga». Cuando los sacaron al patio de fusilamiento, «expresaron el deseo de que no les ataran las manos, porque querían poder levantarlas al cielo en honor de Jehová. Transformados por el éxtasis, cuando se pusieron frente a la pared de madera del campo de tiro ya no parecían ser de este mundo».[28]

El compromiso absoluto de los testigos de Jehová impresionó también a otros nazis, no solo a Rudolf Höss. Lo mismo comentaron Heinrich Himmler o Theodor Eicke, comandante de Dachau. Afirmaron que «los hombres de la SS deben depositar la misma fe fanática e inquebrantable en el ideal nacionalsocialista y en Adolf Hitler que los testigos depositaban en Jehová. Solo cuando todos los hombres de la SS crean tan fanáticamente en su propia filosofía, el Estado de Adolf Hitler gozará de una seguridad permanente».[29]

Aunque el comentario ejemplificaba hasta qué punto los líderes de la SS habían comprendido que dirigían una organización basada en la fe, también ponía de manifiesto un problema fundamental al que Himmler se enfrentaba a la hora de construir la mentalidad que requería en cada uno de sus hombres. Por un lado, quería que todos los integrantes de la SS creyeran con tanto «fanatismo» como los testigos de Jehová, pero por el otro lado tenía que construir un sistema de creencias alternativo que les despertara ese sentimiento «fanático». No era una tarea fácil, menos aún cuando Hitler no estaba dispuesto a declararle la guerra abierta al cristianismo. Así, aunque Himmler creía que «la doctrina cristiana ha sido la causante de la destrucción de todas las naciones», Hitler le había obligado a sostener en público que «apreciaba que las relaciones entre la iglesia y el Estado fueran sumamente pacíficas».[30]

La posición de Himmler era aún más compleja, pues además despreciaba a los ateos. Prefería que los miembros de la SS declarasen que eran *Gottgläubigen* (es decir, que «creían en Dios»), pero no devotos de la doctrina cristiana. Le aguardaba pues el desafío de formular un sistema de creencias que incluyera a «Dios» pero haciendo caso omiso de los más de mil años de cultura germánica cristiana. Con este objetivo se remitió a las creencias de los teutones, una tribu germánica que había luchado contra los romanos antes de la época cristiana. En este proceso adaptó un batiburrillo de ideas, incluida una forma de adoración de los ancestros basada en la superioridad racial.

El jefe de la SS era del todo consciente de que necesitaba desarrollar rituales que pudieran ocupar el lugar de las ceremonias de la fe cristiana, asociadas a menudo con un sentimiento genuino. Los psicólogos han reconocido, por ejemplo, que los funerales son algo básico para la psique humana porque necesitamos procesar el duelo.[31] Aunque Himmler no estuviera al corriente de los hechos psicológicos que fundamentaban sus acciones, dedicó bastante tiempo a concebir ceremonias para que los miembros de la SS pudieran despedirse de este mundo. En el prefacio a un opúsculo titulado *Sugerencias para la realización de un funeral*, esbozó su filosofía: «El sentido de toda muerte está en la vida: las madres fallecen para dar vida a sus hijos; incontables guerreros y soldados han muerto para que nuestra nación [*Volk*] pueda vivir. En los tiempos remotos nuestros antecesores morían en paz cuando sabían que los frutos de su trabajo y sus penalidades estaban en buenas manos, con sus hijos y nietos. Para nosotros, la muerte no supone temor. Es un acontecimiento magno y sagrado que la vida y sus leyes colman de significado. El individuo perece, pero en sus hijos, su nación se alzará por encima de él, a su debido tiempo. Pero como amamos el futuro de nuestra nación más que a nosotros mismos, consentimos en morir, con libertad y valor, siempre que sea necesario».[32]

El funeral en sí mismo, a juicio de Himmler, debía «elevar el ánimo» y ser «de carácter heroico», una ceremonia que a los familiares les resultara «memorable» y «potente». El opúsculo especificaba que «la decoración de la sala» debía ser «ligera y brillante», con el fin de crear un «estado de ánimo festivo». Además «los arreglos florales no deben ser de origen extranjero. ¡Nada de hojas de palma, en particular! Sobre las flores de plástico y otros medios de decoración artificiales, no forman parte de nuestras ceremonias». La puntillosidad de Himmler se extendía incluso al tipo de ataúd que se usaría. En 1936 se lamentó, en un discurso ante líderes de la SS, de que se utilizaran «ataúdes de fábrica, sin el mínimo gusto ni estilo, con accesorios de hierro forjado tan horribles que insultan a la vista y también a los muertos». En consecuencia, dio instrucciones a un comandante de la SS para que se «diseñen ataúdes [para la organización] que sean verdaderamente sencillos, pero aun así bellos, sin la pompa estúpida, ridícula y recargada del período 1870-1900, que fue el colmo del mal gusto».[33]

Las sugerencias de Himmler sobre el contenido del discurso de despedida también eran reveladoras: «Nadie sabe cuánto aguantará un roble aislado [...] Pero esto no es lo crucial, pues sabemos que el roble, como especie, como género, continuará existiendo [...] El tiempo de vida de una persona tampoco se puede determinar de antemano, pero sabemos que nuestra especie continuará existiendo en la vida eterna de nuestra nación [*Volk*], y creemos en ello [...] El individuo quizá muera, pero la vida que lo engendró, la vida de su tribu, de su nación, permanece. Al comprender esto, no solo entendemos que esto es una forma de inmortalidad, sino que también recibimos sentido y propósito».[34]

Era la muestra perfecta de la visión racial de la pertenencia al grupo. Uno pertenecía a la «tribu» aun después de muerto, por medio de la «pureza» de la descendencia. Era una idea clara y directa, que los miembros de la SS interiorizaban con facilidad. Uno de los hombres de la

SS, Joseph Altrogge, habló en un ensayo que se custodia en su archivo personal sobre la «santa obligación» que él y sus camaradas debían asumir: «mantener pura la sangre y traspasar esa pureza de sangre a nuestros hijos y nietos». Mientras lo hicieran así, tendrían ocasión de alcanzar la «verdadera inmortalidad». Con una corrupción de la idea cristiana de la Trinidad, Altrogge escribió que, al engendrar descendientes racialmente puros, «un día se hará realidad el objetivo: la Trinidad formada por el Reich, el *Volk* ["el pueblo"] y la Fe».[35]

No es de extrañar pues que Johannes Hassebroek, comandante del campo de concentración de Gross-Rosen, dijera en una entrevista después de la guerra: «Yo estaba muy agradecido a la SS por la guía intelectual que me dio. Todos le quedamos agradecidos. Antes de unirnos a la organización, muchos nos habíamos sentido muy confusos: no entendíamos qué pasaba alrededor, todo nos generaba dudas. La SS nos ofreció una serie de ideas simples que podíamos entender, y creíamos en ellas».[36]

Esto no quería decir que a Himmler solo le interesara incorporar a la SS a las personas más «simples». Antes al contrario, algunos de los jóvenes alemanes de mayor inteligencia se unieron a la organización. Muchos de ellos prestaron servicio en el SD, la sección que dirigía Reinhard Heydrich. Dos especialmente infames fueron Franz Six y Otto Ohlendorf, a quienes durante la guerra se les asignó el mando de sendos *Einsatzgruppen*, que actuaron como comandos asesinos.

Si repasamos la historia personal de estos dos asesinos, nos puede parecer incoherente con su conducta posterior. Six se había doctorado en la Universidad de Heidelberg y mediados los años treinta era profesor en la Facultad de Periodismo de Königsberg. Ohlendorf se doctoró en Jurisprudencia por la universidad italiana de Pavía y luego se especializó en economía. Pero lo que tenían en común iba mucho más allá de sus logros académicos: ambos habían sido demasiado jóvenes para combatir en la primera guerra mundial, pero no tanto como para no poseer recuerdos muy vívidos del conflicto; ambos se interesaron por el nazismo desde la juventud y se afiliaron al partido antes de que Hitler se alzara con el poder; y durante la década de 1930, ambos dedicaron su capacidad intelectual a ejecutar labores para el SD de Heydrich.

Aunque acabarían siendo asesinos en los campos de exterminio del este de Europa, es preciso recordar que a Ohlendorf y Six se los incorporó al SD, en origen, debido sobre todo a su capacidad intelectual. No eran, desde luego, matones sin cultura y de gatillo fácil. A Ohlendorf en particular, el profesor Reinhard Höhn —que actuó como «cazador de talentos universitarios» para el SD— le dijo que la unidad de Heydrich «necesitaba intelectos críticos como el suyo».[37]

Ohlendorf se sentía emocionado por la compleja tarea de levantar una nueva Alemania sobre los principios del nazismo. Creía que había muchas cosas que corregir. Cuando lo juzgaron, en la posguerra, afirmó que se había unido a los nazis por «la desintegración espiritual, religiosa y social» que su generación había experimentado en los años previos al nombramiento de Hitler como canciller. Era una época en la que «treinta partidos o más luchaban por el poder del Estado» y «el futuro social era de desesperanza».[38]

Ahora bien, también es importante darse cuenta de que Otto Ohlendorf y Franz Six no eran intelectuales a la usanza. A diferencia de los académicos corrientes, que se sienten capacitados para debatir sobre una variedad de teorías con sus colegas, Ohlendorf, Six y los demás intelectuales nazis lo veían todo a través de un único prisma: la raza. Quien no era racista no formaba parte de su club. A este respecto eran intelectuales de fe, tan cerrados a debatir sobre la validez de sus creencias raciales como pueda estarlo un fanático del cristianismo a debatir sobre la existencia de Dios.

Al proclamar que la raza es central en la experiencia humana, por supuesto, no hacían sino imitar a su líder, Adolf Hitler. Ya en 1924, en las páginas de *Mein Kampf*, Hitler había expresado sus creencias racistas con palabras extremas: «Solo en la sangre reside la fuerza del hombre, y solo en la sangre, la debilidad [...] Si no llegamos a conocer verdaderamente a fondo el problema racial —y por ende el problema judío—, no habrá nunca una resurrección de la nación alemana. La cuestión de la raza es la clave no solo de la historia universal, sino de toda la cultura humana».[39]

Los intelectuales nazis encontraron una confirmación erudita de sus creencias racistas en la obra de diversos profesores. Hans Günther, por ejemplo, predicaba las glorias de la «raza nórdica», afirmando que «si un dibujante, pintor o escultor quiere representar la imagen de una persona aguerrida, resuelta y decidida a lograr sus objetivos, o de un ser humano, hombre o mujer, superior y heroico, en la mayoría de los casos creará una imagen que se aproximará mucho, quizá del todo, a la imagen de la raza nórdica». Esto explicaba, a juicio del profesor Günther, por qué «es tan asombrosamente elevado el número de personas nórdicas que destacan entre los hombres y las mujeres más señeros y famosos de todos los países occidentales».[40]

Esta clase de teorías sesgadas, para los intelectuales de la SS, eran por el contrario concepciones inspiradoras; entre otras cosas, porque ellos mismos creían ser integrantes de esa «raza nórdica noble, superior y heroica». Pero también sabían que no podían quedarse sentados a vanagloriarse de su superioridad, pues a su juicio vivían bajo una amenaza demográfica: en particular, la eslava, de los países del este de Europa. Según afirmó antes de la segunda guerra mundial Werner Conze, que más adelante fue nombrado catedrático de la Universidad Imperial de Posen, y que en la Alemania de posguerra gozó de una buena reputación como historiador: «En amplias zonas de la Europa centro-oriental, la superpoblación rural es uno de los problemas políticos y sociales más graves del presente».[41]

Esta idea acabó siendo un pilar crucial en el pensamiento de muchos de los perpetradores del Holocausto. Partían de la premisa de que los alemanes eran una nación víctima. Si habían perdido la primera guerra mundial y habían sufrido mucho en los años inmediatamente posteriores, había sido a consecuencia de la traición de unos enemigos internos —muchos de ellos, no genuinamente alemanes—, así como de la pérfida conducta de otras naciones. Por si esto no era suficiente, en los años transcurridos desde el final de la guerra, Alemania se había visto amenazada con la aniquilación racial, debido al incremento de la población eslava en el este. Era una situación que los judíos, como controladores del bolchevismo, habían ayudado a generar.

De todo esto se derivaba que los encargados de la labor épica de corregir este agravio no se sentían en ningún modo responsables de la causa original. Creían ser, por el contrario, la solución a un problema provocado por otros. Todo ello no eran sino mentiras, por descontado; pero si uno aceptaba como verdad las mentiras en las que se fundamentaba este argumento, y aceptaba el resto como artículos de fe, el conjunto adquiría cierta coherencia.

Intelectuales nazis como Ohlendorf y Six creían estar formando parte de una aventura que forjaría una utopía, un mundo nuevo y maravilloso en el que todos los alemanes de pura raza vivirían iluminados por el sol. El hecho de que crear este edén implicara causar el sufrimiento de millones de personas no se les pasaba por alto; simplemente, por su racismo lo aceptaban como una consecuencia necesaria del orden «natural» de las cosas.

A los nazis también les ayudó la convicción de que ellos eran pensadores radicales: eran los únicos dispuestos a enfrentarse a las realidades del mundo, sin dejarse acobardar por la brutalidad de esas realidades. De ello se derivaba que, en su mayoría, esos intelectuales no se contentaran con quedarse sentados detrás de un escritorio. Eran activistas y tenían prisa por hacer cosas.[42]

No es de extrañar por tanto que si respetaban a los británicos —más allá del hecho de que el grueso fuera de una raza aceptable— era por la agresividad con la que habían perseguido sus objetivos. Hermann Göring le dijo al embajador de Gran Bretaña en Berlín, sir Nevile Henderson, que los británicos a los cuales «él de veras admiraban eran aquellos a los que él calificó de "piratas", como Francis Drake; y nos reprochó que hubiéramos "perdido la brutalidad"».[43] Esta idea de que los británicos habían perdido algo precioso, en comparación con los tiempos de Drake, fue elaborada por el escritor y poeta Hermann Burte, que en un discurso de 1940 defendió que Shakespeare tenía tanto de alemán como de inglés; a su juicio el régimen nazi estaba más cerca del «espíritu» de la Inglaterra isabelina que la Gran Bretaña actual, porque los nazis seguían defendiendo sin ambages el rechazo de Shakespeare a Shylock, el prestamista judío de *El mercader de Venecia*.[44]

El espíritu piratesco que el régimen tanto apreciaba desbordó las emociones de muchos intelectuales nazis con respecto a las posibilidades ilimitadas que les aguardaban. Pues si uno creía que el más fuerte tenía derecho a apoderarse de lo que quisiera, entonces uno podía embarcarse en una nueva era de la piratería. La única condición imprescindible para el éxito era haberse asegurado de que uno era más fuerte que sus enemigos.

La lucha de los nazis por la supremacía, de carácter pseudodarwinista, no se dirigía únicamente contra los que vivían fuera de las fronteras de Alemania, ni dentro del país se restringía a enemigos interiores como los comunistas y los judíos. Una lucha parecida se libraba también, en efecto, dentro del propio régimen. El doctor Günter Lohse, que mediados los años treinta empezó a trabajar en el Ministerio de Exteriores alemán, recordaba que pasó gran parte de su tiempo batallando contra los departamentos rivales del mismo gobierno. Su contrincante más habitual era el Ministerio de Propaganda, de Goebbels. Se peleaba, por ejemplo, por las palabras que debía incluir el sello que él utilizaba cuando censuraba los periódicos extranjeros. Después de revisar un artículo extranjero, lo sellaba con un «Aprobado por el Departamento de Prensa del Ministerio de Exteriores»; pero tras una batalla feroz, el personal de Goebbels impuso sus objeciones y logró que la frase pasara a ser: «Sin impedimentos. Departamento de Prensa del Ministerio de Exteriores». «Aquella diferencia tan sutil resultaba trascendental», ironizaba Lohse, quien recordaba que «casi cada día se producían situaciones grotescas, como esa, en las tareas cotidianas más triviales».

Para Lohse, la razón fundamental de todos aquellos enfrentamientos era «la lucha por causar la mejor impresión al Führer». Estos conflictos se exacerbaban por el hecho de que Hitler «se complacía dando a dos personas distintas la misma tarea, o dos muy semejantes», pero luego era reacio a arbitrar en las disputas entre los dos. Bajo esa presión, las estructuras burocráticas normales se fracturaban y quebraban.

Pero lo que importaba no era tu título oficial, sino tu cercanía a Hitler. Según Lohse, los funcionarios del partido «se referían a las decisiones del Führer, a las palabras que el Führer hubiera dicho; y esto se presentaba como «la voluntad del Führer», a pesar de que «en realidad estaba muy poco claro» que Hitler hubiera dicho lo que se ponía en su boca o que pretendiera que un comentario informal se llevara a la práctica literalmente.[45]

Otro factor complicaba aún más el conjunto: Hitler estaba convencido de que era un genio. A diferencia de la mayoría de los líderes, él no necesitaba consultar las cosas con sus camaradas antes de adoptar un rumbo u otro. Esto llegaba al punto de que no solo evitaba debatir sobre medidas concretas, sino que en algún caso incluso elegía no saber qué pensaban otros líderes nazis. El 5 de junio de 1935, por ejemplo, su edecán Fritz Wiedemann devolvió un documento a Martin Bormann, el secretario de Hitler, con la siguiente nota: «El Führer ha tenido este documento en sus manos, pero me lo ha devuelto inmediatamente, sin leerlo. En el próximo congreso del partido quiere pronunciar un discurso importante sobre el tema y por lo tanto no desea que otros influyan en su punto de vista».[46]

Todo esto afectaba directamente al sistema administrativo, que se quedaba empantanado de formas inesperadas. «Si el Führer daba una nueva instrucción, por alguna idea nueva o lo que fuera —contaba Lohse—, entonces casi podías dar por sentado que la ley de Parkinson se cumpliría: todo el mundo convertía esa instrucción en una institución y esas instituciones no paraban de crecer». Así, aunque Lohse y sus colegas tenían clara cuál era la visión general de Hitler —por un lado «la raza germánica tiene que ser la dominante, al menos en Europa», por el otro era necesario «liberar al mundo del bolchevismo»—, resultaba difícil imaginar cómo toda la confusión estructural podía contribuir a que esa idea se llevase a cabo como se deseaba.[47]

Ahora bien, este método de gobierno creó un dinamismo inmenso. Todo el mundo sabía que Hitler apreciaba el pensamiento radical y, en consecuencia, la forma de captar su atención era presentar soluciones radicales para cualquier problema dado. El Führer no siempre adoptaba la sugerencia, pero era probable que expresara su admiración por quien la había propuesto. Esto ayuda a explicar el ascenso de Joachim von Ribbentrop, que en 1938 fue nombrado ministro de Exteriores. Se había especializado en repetirle a Hitler las ideas que él sabía que su líder ya aceptaba, pero añadiéndoles un giro radical propio. Ribbentrop fue objeto del desprecio de muchos líderes del nazismo, que lo tenían por un personaje pomposo y necio; pero a pesar de sus múltiples deficiencias personales, poseía un talento de enorme valor en aquel contexto: sabía cómo tratar a su jefe.[48]

La mencionada convicción nazi de que la vida era una batalla constante se hacía extensiva a toda la esfera pública, y a la medicina en particular. Se requería a los médicos —aunque esto supusiera corromper flagrantemente los ideales hipocráticos— que sirvieran al Estado, antes que a sus pacientes. En consecuencia, se invitó a la profesión médica a interpretar un papel de importancia en el condicionamiento psicológico que llevó al Holocausto.

El punto de partida, como era de esperar, eran la raza y la creencia de que el valor de un ser humano lo determinaba el grado de aportación de esa persona a la «comunidad nacional». La primera de estas exigencias, predeciblemente, era la composición racial; pero quienes aprobaban este examen racial también podían ser un blanco de ataque si se creía que en otros aspectos no estaban a la altura de lo considerado como mínimo. La creencia nazi más insidiosa, a este respecto, era la de que diversas categorías de discapacitados podían representar una amenaza.

No se evaluaba por igual a todos los discapacitados. La categoría más numerosa, en la Alemania de la época, eran los veteranos de la primera guerra mundial, y los nazis manifestaron que se los debía tratar como a héroes que se habían sacrificado por su país. En julio de 1934 se aprobó una ley que concedía una pensión especial a los veteranos de guerra discapacitados. Hanns Oberlindober, jefe de la NSKOV —la organización encargada de velar por los intereses de los veteranos— ensalzó la nueva legislación como victoria destacable en la «lucha por el honor del soldado alemán».[49]

Los demás discapacitados, en cambio, eran mucho más vulnerables a los abusos; de hecho, ya lo habían sido antes de que los nazis tomaran el poder. Cerca del 30 % de la población de los psiquiátricos alemanes —una cifra ligeramente superior a las 140.000 personas— falleció durante la primera guerra mundial. Esta tasa de mortalidad tan extraordinaria fue ante todo la consecuencia de unas circunstancias bélicas en las que se consideró que cuidar de los enfermos mentales era secundario.

En este contexto, en 1920 se publicó en Alemania un libro que proponía una solución radical para el «problema» de los discapacitados. La propuesta era obvia desde el título mismo: *Die Freigabe der Vernichtung lebensunwerten Lebens* («Autorizar la destrucción de las vidas indignas de vivirse»). La obra, que era fruto de la colaboración de dos académicos, los profesores Karl Binding, destacado teórico del Derecho, y Alfred Hoche, psiquiatra, se dividía en dos secciones. Binding se centró en justificar «legalmente» el asesinato de las personas con discapacidad grave y Hoche proporcionaba un «comentario médico». El libro expresaba el punto de vista de los autores con toda franqueza. «No nos cansaremos de dar el mejor trato posible a los enfermos físicos y mentales —escribió Hoche—, siempre que exista la perspectiva de que podemos cambiar su condición a mejor; pero un día quizá podremos madurar y concluir tranquilamente que eliminar a quienes mentalmente están del todo muertos no supone un crimen ni un acto inmoral o de crueldad emocional, sino un acto permisible y beneficioso».[50]

Hoche admitía que un médico debe lidiar con cuestiones éticas «de una enorme complejidad», pero defendía que no existía un deber «absoluto» de «preservar la vida de los otros sean cuales sean las circunstancias». El deber de salvar vidas, en los médicos, era solo «relativo», además de variable, puesto que, ante un «nuevo examen» de las circunstancias, la valoración también podía cambiar. Mantener con vida a personas con enfermedades incurables podía representarles una «tortura» y era tan pernicioso como despertar una y otra vez a «una persona sana que estuviera cansada». Pero que nadie piense que Hoche hablaba de aprobar médicamente la muerte por mera compasión, sino que también destacó que los psiquiátricos ahorrarían mucho dinero si los médicos eliminaban a los pacientes con enfermedades mentales más graves.[51]

El libro de Binding y Hoche estimuló un debate que siguió coleando durante toda la década de 1920, con defensores apasionados por ambos bandos. Entre tanto, la crisis en la atención a los discapacitados se agravó durante los primeros años de la República de Weimar y siguió deteriorándose con el impacto de la Depresión. En este contexto, aunque matar a una selección de pacientes discapacitados seguía yendo un paso más allá de lo que se consideraba aceptable, sí que empezó a acogerse favorablemente otra solución menos radical: la esterilización.

No era una medida en la que Alemania fuera la pionera. Varios estados de Estados Unidos ya habían adoptado la política de forzar la esterilización de una selección de discapacitados, ya fueran físicos o mentales. Este es el telón de fondo ante el cual los médicos alemanes debatieron si esterilizar era una opción ética o no.

Evidentemente, esterilizar a los internos de los psiquiátricos no iba a dar mucho resultado porque era poco probable que las personas confinadas en hospitales cerrados tuvieran descendencia. Ahora bien, esterilizar a una selección de alemanes de la población general era un paso radical. ¿Dónde se trazaría la línea? ¿Exactamente a quiénes se esterilizaría forzosamente?

En una conferencia pronunciada en Baviera en 1931, el profesor Oswald Bumke hizo una aportación profética al debate. Aunque reconocía que esterilizar a una parte de la población con enfermedades mentales podría generar menos sufrimiento en las generaciones futuras, advirtió en contra de tomar este rumbo por simple afán de ahorrar dinero; de lo contrario, la «conclusión lógica» sería que «uno debería eliminar a todas aquellas personas que, en un momento dado, se antojan prescindibles por razones económicas». Bumke también advirtió en contra de esterilizar a nadie a partir de criterios puramente raciales.[52]

Pero en Alemania abundaban los profesionales de la medicina con otra perspectiva. El profesor Hans Luxenburger, reputado psiquiatra, dijo que los médicos debían ser «los ejecutores de la voluntad eugenésica de la nación» y en 1932 propuso que la ley permitiera esterilizar por razones de eugenesia.[53] Hitler estaba de acuerdo, y durante el año siguiente, a los seis meses de ser elegido canciller, se aprobó la «Ley para la prevención de los descendientes con enfermedades hereditarias».

Esta ley se basaba en un borrador que el gobierno prusiano había redactado el año antes, pero ahora se eliminó todo lo relativo al consentimiento. Además, la nueva legislación no se aplicaba solo a los alemanes que sufrían enfermedades mentales como la esquizofrenia, sino también a los aquejados de ceguera o sordera hereditaria o de cualquier deformidad hereditaria grave. Metía en el mismo saco incluso a los alcohólicos.

Esto no solo daba a los profesionales de la medicina un poder enorme, sino que también modificaba la naturaleza de su trabajo. Ahora los médicos debían poner en la balanza, además del cuidado de las personas, lo que se consideraba bienestar del Estado. Y ya no tenían que atenerse a la estricta norma moral que les impedía causar daño a sus pacientes: si creían que el Estado se iba a beneficiar, podían causarles daños enormes. Su labor —según el eminente médico nazi Gerhard Wagner— era «promover y perfeccionar la salud del pueblo alemán [...] para asegurar que el pueblo comprende con plenitud el potencial de la dotación racial y genética».[54]

En lo relativo a la perspectiva de un médico, fue un cambio trascendental. Pero desde la profesión apenas se protestó. ¿Por qué? ¿Cómo pudo corromperse con tanta facilidad a médicos educados para proteger a sus pacientes? Una estadística clave nos ayuda a encontrar la respuesta: cerca de la mitad de los médicos de Alemania se afiliaron voluntariamente al Partido Nazi antes de que Hitler ascendiera al poder. Era un porcentaje muy superior al de ninguna otra profesión.

Un estudio realizado en 2012, por investigadores que unían las disciplinas de la psiquiatría, la psicología, el derecho y la ciencia política, investigó las razones por las que una cantidad tan elevada de galenos alemanes se sintieron atraídos por el nazismo.[55] Dos de sus conclusiones ya nos resultan conocidas: la noción de que la ideología nazi era científica (aunque fuera pseudocientífica, en realidad) poseía un atractivo potencial para los profesionales de la medicina; y la primera guerra mundial había tenido un efecto brutal sobre los médicos: cerca de 25.000 lucharon por su país y casi uno de cada diez murieron en combate. Un investigador concluyó en consecuencia que muchos médicos alemanes «se habían embrutecido por la masacre». Después de la guerra, por lo tanto, tuvieron más tendencia a ser «prácticos y técnicos, carentes de compasión humana».

Otra posible razón de la cuantiosa afiliación de los médicos al nazismo se basa en un fenómeno que ya hemos visto anteriormente: la presión psicológica a favor de la conformidad. Pero los investigadores concluyeron que, en la profesión médica, esta tendencia se acentuaba por la naturaleza rígida de la formación recibida, que hacía mucho hincapié en la «obediencia a la autoridad».

También es probable que los médicos respondieran a un motivo que ha existido siempre a lo largo de la historia: el propio interés económico. Era obvio que, si los nazis se alzaban con el poder, los médicos judíos correrían el riesgo de perder el trabajo y, por lo tanto, habría más oportunidades de carrera para los «arios». Además, durante los años de Weimar los salarios de la medicina habían sido relativamente bajos y el desempleo, considerablemente elevado. Un régimen nazi prometía no solo poner fin a estos problemas, sino mejorar la condición social de los médicos. Su profesión pasaba a ser de las más importantes. Sin lugar a dudas muchos se sentirían inspirados por las palabras de Rudolf Hess, el segundo del Führer, que en 1934 había declarado que «el nacionalsocialismo no es sino biología aplicada».[56]

Así como los intelectuales nazis se emocionaban ante las oportunidades que se les presentaban —en apariencia, ilimitadas—, algo parecido ocurrió con los investigadores médicos. Al eliminarse la norma hipocrática del «lo primero es no hacer daño», ahora podía investigarse sin el freno de las consideraciones éticas tradicionales. En un futuro podía darse incluso la posibilidad de reformular la composición racial de Alemania. Esta perspectiva ¿no resultaba acaso mucho más emocionante que el simple atender a una serie de pacientes?

Todos estos factores contribuyeron a que un gran número de médicos se afiliara al Partido Nazi, pero no solo al partido: también en el caso de la SS, a sus filas se unieron más médicos que integrantes de cualquier otra profesión. Muchos de estos profesionales de la medicina acabaron interpretando papeles destacados en los asesinatos del Holocausto.

Pocas personas podrían haber imaginado en 1933, cuando se aprobó la ley de la esterilización, que los médicos alemanes habían iniciado un camino que los llevaría a perpetrar un exterminio masivo; tanto es así que ningún otro de los países que implantó medidas de esterilización siguió el camino del Holocausto. Pero también es cierto que, en ningún otro país, el líder nacional manejaba un objetivo secreto desde el primer día: asesinar a una selección de los ciudadanos discapacitados. Hitler lo había afirmado explícitamente en privado, en 1935, aun resignándose a que probablemente lo mejor sería aplicar esa medida solo en tiempos de guerra.[57]

Durante la década de 1930 la propaganda puso un gran empeño en preparar el camino para la adopción de medidas más radicales contra los discapacitados. Una de sus estrategias fue abrir los psiquiátricos para que miles de alemanes los visitaran y vieran a los pacientes por sí mismos. El activista nazi Bruno Hähnel vio en qué condiciones se vivía en el hospital mental de Aplerbeck, cerca de Dortmund, y quedó horrorizado: «Lo que me conmocionó tanto que ya no pude olvidarlo nunca —era verlo delante de mis ojos una y otra vez— fue el pabellón de los esquizofrénicos. Era una sala con, digamos, cuarenta catres, porque no eran realmente camas sino simples tablas de madera. Y en esas cuarenta camas había gente esquelética y desnuda [...] El profesor nos dijo que ese era el estadio final de la esquizofrenia y que esa enfermedad nos podía atacar a cualquiera de nosotros mañana mismo, por no sé qué mutación del cerebro. Esto la verdad es que me preocupó terriblemente, que esto pudiera pasar, y lo que me quedó más claro al salir de aquel pabellón era que lo único adecuado era matar a las personas que estaban en esa condición. No mantenerlas con vida, no lo que te enseña la iglesia cristiana de que cada persona es valiosa [...] A mi modo de ver, la vida de esas personas ya no valía la pena vivirla. Con eso me quedé de la visita al pabellón».[58]

Muchos otros alemanes tuvieron experiencias parecidas a las de Hähnel. Una de las instituciones mentales de Baviera, por ejemplo, recibió a más de 20.000 visitantes entre 1933 y 1939.[59] Fue uno de los ejemplos más radicales del intento del régimen de reforzar las nociones del «Ellos y Nosotros».

Pero en parte, claro está, la causa de la conmoción que muchos alemanes sintieron al ver a los pacientes mentales eran las condiciones en las que los tenían. Bruno Hähnel se horrorizó al ver a «gente esquelética y desnuda» en el psiquiátrico de Aplerbeck y llegó a la conclusión de que esto era resultado de su enfermedad. Pero también era consecuencia, como mínimo en la misma medida, de la falta de cuidados que recibían.

Para el régimen no era prioritario garantizar que esa clase de instituciones manejasen un presupuesto adecuado. Antes al contrario: dotar insuficientemente los psiquiátricos tenía la ventaja adicional de que hacía realidad precisamente las condiciones que permitían confirmar los prejuicios que los nazis tenían con respecto a los pacientes mentales. Se consideraba que esas vidas «no valía la pena vivirlas» en parte porque el régimen obligaba a esas personas a vivir en condiciones lamentables. Los nazis pusieron en práctica un tipo de engaño similar cuando intensificaron la persecución a los judíos.

Aparte de que el régimen nazi organizara visitas a los frenopáticos, sus películas propagandísticas proclamaban que era un problema que debía resolverse con urgencia. En 1937 el documental *Opfer der Vergangenheit* («Víctimas del pasado») se preguntaba por qué los enfermos mentales podían «vivir en palacios» mientras que la «gente normal» tenía que conformarse con «cuchitriles». La respuesta —según el comentario de la película— era que los sucesivos gobiernos habían desatendido «las leyes de la selección natural». De resultas, «nuestra raza», se les decía a los espectadores, se encamina hacia «la destrucción». Vale la pena destacar que, tratándose como era el caso de propaganda muy poco sutil —de la clase que disgustaba a Goebbels—, este documental no fue un encargo del Ministerio de Propaganda, sino del doctor Gerhard Wagner, ascendido a Líder de la Salud del Reich. La conclusión de la película, que además se exhibió en todos los cines del país, no podía ser más explícita: «Si tenemos la humanidad de acabar con sus vidas desgraciadas e inútiles, estaremos observando una ley de nuestro Creador, la ley del orden y la selección naturales».[60]

No pasemos por alto la referencia al «Creador» en esa línea final del comentario. Es un ejemplo del cuidado constante con el que el régimen intentaba relacionarse con la iglesia. La referencia al «Creador» era ambigua de forma deliberada. Los nazis cristianos la considerarían sinónima del Dios de su religión; pero los hombres de la SS, como *Gottgläubigen* que simplemente «creían en Dios», podían identificarla con las antiguas creencias germánicas de las que Himmler hacía proselitismo. En sus pronunciamientos públicos Hitler usaba palabras igualmente ambiguas. En cierto discurso de marzo de 1936 afirmó que la «providencia» había sido una guía poderosa en su vida: «yo siglo el camino que me asigna la providencia, con la seguridad instintiva de quien camina dormido».[61] Pero nunca explicó quién o qué era en realidad esa providencia.

El propio Hitler, para muchos alemanes, había empezado a adquirir un aura semirreligiosa. Sir Nevile Henderson, embajador de Gran Bretaña en Berlín a finales de la década de 1930, llegó a la conclusión de que, aunque en Alemania «aún se puede adorar a Dios», «tiene que ser un dios puramente alemán, uno con el que Hitler está tan estrechamente asociado que él mismo es apenas distinguible de la Divinidad».[62]

Los adeptos más devotos de Hitler le enviaban cartas en tal cantidad que hubo que contratar a muchos oficinistas adicionales para lidiar con el volumen ingente de su correspondencia. Las misivas iban desde la de un barbero que suplicaba que se le permitiera cortarle el pelo a Hitler[63] hasta la de un empresario que solicitaba autorización para poner en el mercado unos «cigarrillos hitlerianos»;[64] desde los padres orgullosos de una bebé que a sus diez meses ya sabía «saludar» una foto de su «Führer con un *Heil Hitler!*»[65] hasta una maestra que quería llevar a su clase a Berlín porque «ninguna de mis alumnas os ha podido ver aún, mi Líder, y no os podéis imaginar cuán intenso es el deseo de todas las niñas de veros al menos una vez».[66]

También se recibía correspondencia de devotos de la religión, no solo de su Führer. Una hermana de la orden de San Francisco escribió a Hitler para decirle que «¡*Mein Kampf* me ha embrujado!» y rogaba que se le enviara un ejemplar del libro, que ella no podía costearse porque «nuestros ingresos apenas alcanzan para sobrevivir». Como agradecimiento prometía educar «a las adolescentes que se me han confiado como maestra» de acuerdo con la «manera nacional», así como «rezar diariamente pidiendo muchas bendiciones para vos y el éxito de vuestra hermosa labor».[67]

Esta monja, desde luego, estaba hechizada por Hitler. Pero la iglesia en su conjunto distaba de estarlo. El régimen nazi había suscrito un Reichskonkordat con la iglesia católica, en julio de 1933, y este «Concordato Imperial» afirmaba que los derechos de la iglesia en Alemania estarían garantizados a cambio de que el clero se comprometiera a no intervenir en la política. Pero los sacerdotes hacían bien en desconfiar del acuerdo, puesto que, después de firmarse, el régimen organizó una serie de ataques contra la iglesia.

Aunque los nazis no denunciaron la institución de forma global —pues se arriesgaban a distanciar a los católicos de sus propias filas—, Heydrich y Himmler pusieron empeño en desenmascarar a supuestos sacerdotes «pervertidos». En 1934 Heydrich reclutó para el SD a un sacerdote católico, Albert Hartl, para que le ayudara con esta tarea. Hartl se había afiliado al Partido Nazi un año antes y luego dejó el sacerdocio, tras haber informado sobre uno de sus colegas del clero.

En paralelo a este intento de desestabilizar a la iglesia al acusar de mala conducta sexual a una selección de sacerdotes, Goebbels organizó una campaña de propaganda para advertir a los padres del peligro de enviar a sus hijos a escuelas religiosas. ¿Acaso estaban seguros de cómo tratarían los sacerdotes a su progenie?

Estos ataques coincidieron con un modo de actuar más proactivo contra otros grupos que los nazis consideraban una amenaza. En 1935, la inmensa mayoría de quienes habían sido encarcelados en régimen de «prisión preventiva» ya habían abandonado los campos de concentración. Pero para Heydrich esto no suponía acabar con la opresión, antes al contrario. Aquel año escribió una serie de artículos reveladores, sobre el camino a seguir, que en 1936 se recogieron en el libro titulado *Wandlungen unseres Kampfes* («Transformaciones de nuestra lucha»).[68]

Los textos insistían en la necesidad de recordar que las «organizaciones enemigas» aún no habían sido aplastadas, puesto que «las fuerzas impulsoras del enemigo siguen siendo las mismas, eternamente: la judería mundial, la masonería mundial y un gran número de sacerdotes políticos que abusan de sus confesiones [...] El objetivo de todos ellos sigue siendo destruir nuestro *Volk*». Afirmó que «la lucha se ha profundizado» porque el enemigo estaba «sentado en todas las ramas de la vida de nuestro *Volk* y en el interior de la estructura del Estado». Todavía se necesitarían varios «años de lucha feroz para obligar a retroceder definitivamente al enemigo en todas las áreas, para destruirlo y para asegurar Alemania, tanto física como espiritualmente, contra nuevas incursiones».

Tuvo cuidado —como también hacía Hitler— de añadir que los valores culturales y religiosos «no corrían ningún peligro»; pero destacó que había «montones de documentos que demostraban cuán mendaces podían llegar a ser los representantes de la iglesia en su afán de "dominación"». Aparte de estos sacerdotes «mendaces», los judíos continuaban representando una amenaza porque «siempre habían sido el enemigo mortal de todos los pueblos racialmente sanos, liderados por los nórdicos».

Heydrich separaba en dos grupos a los judíos de Alemania: por un lado, los sionistas, por el otro, los asimilados. Entendía que los judíos asimilados eran los más peligrosos, porque aunque habían pronunciado «toda clase de declaraciones de lealtad» al Estado, seguían trabajando entre bambalinas para usurpar el poder. Para derrotar a estas fuerzas amenazadoras era necesario que la SS —«las tropas de asalto ideológico» de la nación— se comportaran «con dureza», aun a costa de cobrar «la mala fama de ser animales descontrolados».

Desde un punto de vista psicológico, el enfoque de Heydrich era astuto. Su mensaje central —que quizá se había domeñado a los enemigos que actuaban al descubierto, pero seguía habiendo antagonistas ocultos— resultaba imposible de negar. Pues si uno no encontraba vestigio del enemigo interior, se interpretaba como la demostración de la efectividad con la que este sabía ocultarse. Era un argumento falso, que recuerda algunos ejemplos de propaganda antisemita especialmente retorcida, como el libro infantil *Der Giftpilz* («El hongo venenoso»), publicado en 1938. El libro advertía a los niños que «igual que con frecuencia es muy difícil distinguir un hongo venenoso de un hongo comestible, con frecuencia resulta igualmente difícil reconocer en los judíos a unos ladrones y criminales».[69] En consecuencia los judíos no solo eran peligrosos cuando representaban una amenaza obvia, sino que aún podían resultar más peligrosos cuando no lo parecían porque estaban ocultando su verdadera naturaleza bajo una fachada engañosa.

Estos sentimientos apelaban a la tendencia humana hacia el *sesgo de negatividad*. Este fenómeno, que ha sido demostrado en muchos estudios académicos, está causado por la predisposición de nuestro cerebro a centrarse en los estímulos negativos, antes que en los positivos.[70] A las palabras negativas que se nos dirigen, les damos más vueltas que a los comentarios elogiosos; estamos programados para ser sensibles —en muchos casos, hipersensibles— a las posibles amenazas. Aquí Heydrich activaba toda esta inquietud, pero añadía un nuevo nivel de tensión con la insistencia en que se trataba de un peligro escondido.

Esta táctica psicológica era distinta a la que durante este mismo período emplearon el líder de la Unión Soviética, Iósif Stalin, y el jefe de su policía secreta, Lavrenti Beria. En la URSS, en efecto, el terror era indiscriminado, mucho más de lo que nunca lo fue en la Alemania nazi. Las purgas de Stalin se realizaban, a menudo, en cumplimiento de una cuota. A las diversas organizaciones del partido se les indicaba que debían entregar a tal cantidad de «enemigos del pueblo». Así pues, se celebraban reuniones en las que los miembros del partido decidían a qué compañeros había que «denunciar». La presión ejercida sobre quienes asistían a estos encuentros era inmensa: ¿era mejor tomar la palabra y denunciar a otros, o bien guardar silencio y arriesgarse a que los denunciaran a ellos? Exactamente, ¿qué había que hacer para ser un «enemigo del pueblo»? La definición de Beria no era de gran ayuda a la hora de decidir, pues afirmaba que era «enemigo del pueblo» todo aquel que «pone en duda que la línea del partido sea la correcta». Es decir, la descripción era tan vaga que podía incluir prácticamente a cualquiera.[71]

En la Alemania nazi, en la década de 1930, la opresión no se ejecutó de una forma tan azarosa. A diferencia de las purgas de Stalin, entre los oficiales del ejército alemán no se produjo una masacre; a los líderes nazis tampoco se les reclamaron cantidades específicas de afiliados supuestamente poco de fiar. Por otro lado, tanto el SD como la Gestapo eran entidades con muchos menos empleados que la NKVD de Beria. Para toda la Baja Franconia, por ejemplo —una demarcación bávara con un millón de habitantes—, la Gestapo disponía de tan solo veintiocho agentes.[72] Esto no significa que no contasen con una base de ayudas. Los adeptos del nazismo podían ser nombrados «celadores de bloque», y vigilaban todo lo que sucedía en sus respectivas calles o bloques de edificios.[73]

Diversos estudios pioneros sobre la Gestapo, realizados en los primeros años de la década de 1990, revisaron la idea popular según la cual el régimen nazi se había apoyado principalmente en el terror. Estas obras constataron, por el contrario, que muchos alemanes respaldaban a Hitler y sus policías.[74] Otros historiadores han llegado a conclusiones parecidas, y un panorama general publicado ya en este siglo ha determinado que «el nacionalsocialismo adquirió en efecto una gran popularidad durante el Tercer Reich».[75] Contra esto se han alzado otras voces que recuerdan que, como los nazis habían cancelado toda libertad de expresión —el simple hecho de contar un chiste sobre Hitler se consideraba delito—, difícilmente puede hablarse de «consentimiento».[76]

Es posible, no obstante, reconciliar estos puntos de vista distintos. La clave es comprender que entre el sistema opresivo de la Unión Soviética y el de la Alemania nazi hubo una diferencia fundamental. Así, a pesar de que el régimen nazi vigilaba a los ciudadanos de la calle, sin embargo, su amenaza no era tan arbitraria como podía serlo en la Unión Soviética. En la Alemania nazi sabías que, si formabas parte de determinados grupos, corrías el riesgo de ser denunciado; por ejemplo, si eras judío, comunista, sacerdote o un socialdemócrata que siguiera criticando abiertamente al régimen.

Cuando se le preguntó a un alemán «de la calle», como Hubert Lutz, si durante el Tercer Reich había existido un «clima de terror», contestó: «¡De ninguna manera! [...] A fin de cuentas, yo no hice nada por lo que pudieran denunciarme».[77] La respuesta es muy reveladora: a diferencia de la Unión Soviética, millones de alemanes sentían que podían dormir tranquilos a condición de que se manifestaran a favor del Estado nazi.

Al régimen nazi, para hacer realidad su objetivo de la «movilización de las mentes», le resultaba vital dirigirse a la clase trabajadora. Los nazis, como habían ilegalizado los sindicatos, eran conscientes de que debían esforzarse para convencer a los obreros corrientes de que apoyaran la nueva Alemania. El régimen contestó con la organización Kraft durch Freude («La Fuerza por medio de la Alegría»), una entidad creada con el fin de mejorar las condiciones laborales de las fábricas y proporcionar actividades de entretenimiento una vez concluida la jornada.

La KdF estaba integrada en el Frente Alemán del Trabajo, una organización liderada por Robert Ley, jefe nazi que destacó por sus corruptelas. Era otro veterano más de la primera guerra mundial, afiliado al Partido Nazi desde la etapa inicial. Ley desvió dinero del Frente del Trabajo para costearse la bebida y los líos de faldas, temas por los que era bien conocido. La corrupción le permitió levantarse una hacienda palaciega cerca de Waldbröl, en el norte de la Renania-Westfalia. En la casa señorial destacaban un salón de mármol y un mural enorme con la representación de una diosa nazi desnuda, al mando de una cuadriga.[78] Muchos nazis consideraban a Ley un borracho incompetente, pero Hitler siempre lo sostuvo porque era leal y esta cualidad, como ya hemos visto, era la más apreciada por el líder nazi.

A pesar de los múltiples defectos de Ley, la organización Fuerza por medio de la Alegría contribuyó en efecto a conquistar respaldo para el régimen. En algunas fábricas las condiciones laborales mejoraron; a los obreros se les ofrecían destinos de vacaciones a precios especiales. El camisa parda Wolfgang Teubert recordaba la KdF como uno de los «éxitos» de la década de 1930: «Las fábricas funcionaban de nuevo, los talleres funcionaban de nuevo, todo progresaba. Y ahora los obreros podían hacer unas vacaciones decentes gracias a la Kraft durch Freude, y solo tenían que pagar una parte del coste. Hacían viajes a la Alta Baviera, por ejemplo, desde Silesia, y en la Alta Baviera los recibían con toda cordialidad y de pronto veían lo que es de verdad una *Volksgemeinschaft*. Otro grupo se fue a Madeira en barco, en barcos de la KdF. Primero eran barcos fletados, luego construidos exprofeso para llevar a los obreros a Madeira y sitios parecidos, sitios a los que entonces nunca podrían haber ido [si no]».[79]

A un grupo de la oposición, el Neu Beginnen («Empezar de nuevo»), no se le pasó por alto que las actividades organizadas por Kraft durch Freude estaban ayudando a que personas contrarias al régimen cambiaran de opinión con respecto a los nazis. En un informe de junio de 1935 se puede leer: «Un buen número de antiguos socialdemócratas, comunistas y sindicalistas con los que hemos hablado han vuelto entusiasmados de esos eventos, en especial de los viajes de vacaciones organizados como parte de la KdF. Obviamente esto consolida la tendencia a crear una *Volksgemeinschaft*. En este campo es donde el régimen tiene más éxito en su intento de conquistar "el alma del obrero alemán"».[80]

Pero La Fuerza por medio de la Alegría distó de ser un triunfo sin reveses. El proyecto más prestigioso —la promesa de ofrecer un «coche para el pueblo»— supuso un fracaso vil. En la primavera de 1934 Hitler se había reunido con el doctor Ferdinand Porsche, ingeniero de automóviles, para expresarle el deseo de que se fabricara un *Volkswagen* (literalmente, «coche popular» o «coche nacional») que costara menos de un millar de Reichsmarks. El diseño debía ser versátil, para que en el futuro pudieran producirse también vehículos militares. Porsche aceptó el encargo y, apenas tres años después, Goebbels pudo probar un prototipo del coche popular y comentó: «El automóvil posee una potencia fabulosa, asciende bien por las pendientes y la suspensión es de primera».[81]

Entre tanto varios cientos de miles de alemanes se emocionaron con la idea y pagaron anticipos para ser los primeros propietarios del nuevo Volkswagen. Pero los coches no se les entregaron. Los pocos cientos que se fabricaron a finales de la década de 1930 pasaron a manos de líderes nazis, no de trabajadores; y durante la guerra el coche se convirtió en un vehículo de reconocimiento militar, el Kübelwagen.[82]

El «coche popular» fue solo una de las diversas grandes promesas de la *Volksgemeinschaft* que nunca se hicieron realidad. Hubo muchas más. En enero de 1936 un informe nazi sobre el estado de ánimo de los berlineses recogía un incremento de las «quejas», porque «en amplios círculos de la población de Berlín, los ingresos siguen siendo desproporcionadamente inferiores al coste de la vida, en especial comparados con los precios de los alimentos básicos, que han aumentado considerablemente».[83] A las pocas semanas, en marzo, otro informe, ahora de la policía secreta del estado de Prusia, recogía que las «pequeñas carestías» de bienes de consumo «solo se pueden aceptar con facilidad si existe una confianza general en el gobierno y el movimiento»; pero «la opinión general es que la mayoría de los líderes de nivel medio y alto, en el país y en partido, viven con gran lujo [...] La palabra *corrupción* se oye una y otra vez».[84]

A pesar de lo anterior, aquel mismo mes —marzo de 1936— millones de alemanes festejaron públicamente a Hitler por haber ordenado al ejército que entrara en la zona de la Renania desmilitarizada por el Tratado de Versalles. Un plebiscito celebrado a finales de marzo resultó en que el 99 % de los alemanes aprobaban la decisión de Hitler. Sin quitar importancia a la presión social para que la población votara a favor del poder, ni a las pruebas de fraude electoral, apenas cabe duda de que la acción de Hitler gozó de un amplio favor popular.

Nada ejemplifica mejor los caprichos del concepto de la *Volksgemeinschaft* que este contraste que vemos, en marzo de 1936, entre el respaldo a Hitler por la cuestión de la Renania y las «quejas» continuas de la población por el aumento de los precios.[85] Una faceta de la «comunidad nacional» funcionaba mal, la otra, bien. Esta dicotomía pone de relieve algo fundamental —que suele olvidarse— sobre la noción de «consentimiento» en la Alemania nazi: la población podía respaldar determinadas medidas del régimen y, al mismo tiempo, ser contraria a otras.

Lo que ayudaba a unificar Alemania y resolver estas contradicciones era la presencia de Hitler. La policía secreta del estado de Prusia, en su informe de 1936, también mencionaba que en la opinión pública se creía, de forma generalizada, que «el Führer está rodeado por un muro invisible que ha pasado a impedir que le sigan llegando informes veraces». La idea de que Hitler no era sabedor de los problemas reales de la población —expresada a menudo en frases como: «¡Ojalá Hitler lo supiera!»— se convirtió en uno de los mitos centrales del régimen. Permitió que millones de alemanes mantuvieran la fe en Hitler a la vez que exponían sus «quejas» por las corruptelas de otros líderes del nazismo.

Aun así, había un enorme despliegue retórico —no solo desde el Ministerio de Propaganda, de Goebbels— sobre cómo Alemania estaba mejorando. Un manual de redacción de cartas, publicado en 1936, afirmaba que «¡Nuestro nuevo Estado es un Estado de *Volksgemein-*

schaft!». Alemania se había convertido en un país en el que «el valor lo determina el rendimiento. Un simple obrero del gas que hace su trabajo a conciencia es más valioso que un director general inadecuado para su puesto». Si uno visitaba una oficina gubernamental, se encontraría a «un ser humano, un camarada nacional [*Volksgenosse*] como usted y yo, con las mismas preocupaciones, placeres y necesidades, un hombre con el que se puede hablar razonablemente».[86]

Libros como este manual ponen de manifiesto que la *Volksgemeinschaft* tenía una existencia principalmente mental: era un sentimiento emocional, un don psicológico, antes que una recompensa económica. Se trataba de que todo el mundo sintiera poseer la misma importancia; pero no afectaba a los precios de los alimentos en el comercio local.

Un aspecto crucial de la *Volksgemeinschaft* es que era una declaración de intenciones. Prometía una nueva y brillante Alemania de la que podrían gozar todos los devotos; un ideal utópico al que aspirar, no un objetivo práctico que pudiera lograrse al mes siguiente. Era, por encima de todo, una cuestión de tener fe en el futuro, fe en que Hitler cumpliría con lo que les prometía.

Esto, a su vez, proporcionaba al concepto un poder psicológico enorme. La investigación científica ha demostrado que cuando avanzamos hacia un objetivo deseado, se libera dopamina, que muy a grandes rasgos se define como la hormona cerebral del bienestar. Según ha escrito el profesor Robert Sapolsky, «la dopamina tiene que ver más con la expectativa de una recompensa que con la recompensa en sí». Además, mientras la gente crea que ese objetivo es realizable, la «gratificación» se puede «demorar durante períodos irracionalmente largos».[87]

Paradójicamente, quizá el régimen se benefició del hecho de que la meta de la *Volksgemeinschaft* nunca se alcanzara del todo. La investigación también ha demostrado que realizar las ambiciones puede causar decepción.[88] Resulta que el ser humano tiende a ser feliz cuando se encamina hacia una meta, más que cuando la cruza.

Millones de alemanes, impulsados por su fe en Hitler, continuaron por lo tanto aspirando a la meta de la *Volksgemeinschaft*, aunque siempre encontraran que quedaba fuera de su alcance.

8

Dar valor a los enemigos

Los Juegos Olímpicos de Berlín representaron el punto culminante de la Alemania nazi en la escena internacional. «Se percibía el esfuerzo por mostrar al mundo la grandeza, la permanencia, la respetabilidad del nuevo régimen», escribió en su diario, el 6 de agosto de 1936, sir Henry «Chips» Channon, un político conservador británico de tendencia marcadamente filogermánica. «Sin lugar a dudas los Juegos Olímpicos, según se pretendía, han convertido Berlín en el punto de reunión (aunque sea por una simple quincena) de las personas más excelentes y *chic* del planeta».[1] Concluidos los Juegos, el veredicto final de Channon fue: «La humanidad nunca ha escenificado algo tan tremendo o impresionante».[2]

Esto permite plantear la pregunta: ¿por qué los nazis no mantuvieron este rumbo, si estaban cosechando elogios a su «grandeza» y «respetabilidad»? La respuesta es muy informativa sobre las mentalidades de los nazis y el modo de pensar tan radical de su líder, Adolf Hitler. En particular revela que veían posibles enemigos por todas partes.

Esto tampoco quiere decir, desde luego, que en 1936 todos los espectadores percibieran los hechos con una mirada tan positiva como Channon. Antes de los Juegos se había hablado incluso de un boicot, aunque todo quedó en eso: en hablar.

Avery Brundage, presidente del Comité Olímpico de Estados Unidos, visitó Alemania en 1934 para comprobar por sí mismo cómo estaba tratando el régimen a los judíos del país. Lógicamente, como en todas partes estuvo acompañado de representantes del nazismo, no tuvo ocasión de oír demasiadas quejas.

Sin duda Brundage estaba al corriente de que, en la Alemania nazi, los judíos lo estaban pasando mal: el boicot a los comercios judíos, realizado el año anterior, no había pasado desapercibido. Pero no actuó al respecto. De hecho, parece ser que la visita a la Alemania nazi le recordó a su propia ciudad de residencia, Chicago, pues comentó que allí los judíos también tenían vetada la entrada al Club de Caballeros al que él pertenecía.[3]

Sea como fuere, la posición de Brundage resulta asombrosa porque el régimen nazi había vetado abiertamente el acceso de los judíos a las entidades deportivas. «En nuestra tierra alemana el deporte no tiene sitio para figuras judías, pacifistas, católicos políticos, paneuropeístas ni demás —escribió Bruno Malitz, un destacado funcionario nazi del sector de los deportes—. ¡Son peores que el cólera y la sífilis!».[4]

Hubo diplomáticos estadounidenses más reflexivos que Brundage, a los que no pasaron por alto los riesgos que entrañaban unas Olimpíadas alemanas. George Messersmith, destacado en Austria, escribió en un despacho para Washington, en diciembre de 1935: «Los Juegos deberían ser apolíticos, pero los alemanes los han convertido en una cuestión política. Apenas puedo imaginar nada que pudiera ser un infortunio mayor para Europa que la celebración de los Juegos en Berlín en 1936; solo una absoluta falta de cooperación de ingleses y franceses en Europa podría ser peor».[5]

Dos años antes Messersmith había estado prestando servicio en Berlín y había llegado a la conclusión de que «se está desarrollando una psicología en la que el mundo entero está en contra de Alemania y el país está indefenso ante el mundo».[6] Messersmith era un hombre perspicaz. A la hora de intentar influir en las mentalidades de los alemanes corrientes, el régimen hacía especial hincapié en esta supuesta acumulación de amenazas.

Llegados a diciembre de 1935, Messersmith escribió que había perdido «la confianza en un buen número de amigos», que a su entender se habían engañado sobre el modo en que los nazis utilizarían los Juegos. Citó al presidente del Comité Olímpico Austríaco, que era medio judío y sin embargo daba respaldo a la idea de una Olimpíada alemana. Cuando se le preguntó cómo actuaba así, teniendo en cuenta que en Alemania no se respetaba «ninguno de los principios del deporte y el juego limpio», contestó que «es que nosotros no vamos a Berlín, sino que vamos a los Juegos Olímpicos».[7]

Los nazis eran conscientes de que no todos los integrantes del movimiento olímpico se mostrarían tan bien dispuestos. En consecuencia, anunciaron que permitirían competir a los judíos alemanes... que llegaran al nivel exigido para ganarse la plaza. En 1934 celebraron unos «cursos de instrucción olímpica» en los que evaluaron a veintiún deportistas judíos para determinar si poseían la calidad suficiente. Como era de esperar, se concluyó que ninguno tenía el nivel. A la postre, en los Juegos de verano solo participó un atleta con ascendencia judía: la esgrimista Helene Mayer.[8] Pero ni siquiera este caso era lo que podría parecer. Para empezar Mayer llevaba varios años viviendo en Estados Unidos; y aun siendo medio judía, era una mujer rubia y escultural, de apariencia «aria». Cuando ganó una medalla de plata realizó el saludo nazi (aunque algo «desmañado»).[9]

Las Olimpíadas de 1936 han adquirido fama por la actividad de un hombre: Jesse Owens. Este estadounidense negro ganó cuatro medallas de oro y —suele decirse— destruyó la noción de la superioridad racial de los «arios», con lo que logró enojar al régimen nazi. Pero la verdad, nuevamente, no es tan simple. El 3 de agosto de 1936 el Ministerio de Propaganda había dado a conocer un edicto según el cual «el punto de vista de la raza no debería formar parte, en ninguna forma, del análisis de los resultados atléticos. Debe ponerse especial cuidado en no ofender a los atletas negros».[10]

Lejos de ofenderse por los éxitos de Owens, la multitud congregada en el estadio olímpico, en su mayoría alemana, lo vitoreó. Tampoco es cierto que Hitler desdeñara a Owens negándose a darle la mano: en realidad, pasado el primer día de competición, los funcionarios olímpicos le dijeron que debía felicitar o bien a todos los ganadores, o bien a ninguno. Es posible —y quizá probable— que eligiera lo último para evitar congratular a los que no eran arios; pero en todo caso, no dio a Owens un trato descortés distinto al que daba los demás.[11] En lo que respectó a Jesse Owens, «no hubo ninguna clase de discriminación».[12]

Existió otra razón por la cual —en contra de lo que a veces se supone— el éxito de Jesse Owens no supuso ningún contraste exagerado entre la Alemania nazi y el resto del mundo. Y es que los nazis no eran los únicos que practicaban la discriminación racial. En muchos estados del sur de Estados Unidos se perseguía a la población negra: no podían acudir a determinados teatros, no podían sentarse donde quisieran en los trenes o autobuses, no ponían inscribirse en numerosos clubes o universidades. En la década de 1930, según ha escrito un experto, tanto los estados segregacionistas sureños de Estados Unidos como la Alemania nazi eran «dos regímenes de racismo sin rubor, paralelos en su carácter despiadado. En los primeros años de la década de 1930 se acosó a los judíos de Alemania, se los apaleó y en ocasiones se los asesinó, tanto por obra de particulares como del Estado. En esos mismos años a los negros del sur de Estados Unidos también se los acosó, se los apaleó y en ocasiones se los asesinó».[13] De hecho, a la hora de crear su propia legislación antisemita, los nazis se inspiraron en parte en las leyes raciales vigentes en diversas regiones de Estados Unidos a mediados de la década de 1930. Roland Freisler —quien durante la guerra tuvo una actuación infame como presidente del Tribunal Popular— comentó en 1934 que la jurisprudencia racial de Estados Unidos «nos iría como anillo al dedo, con una sola excepción», que era el hecho de que en el país norteamericano «a los judíos, que a nosotros también nos interesan, no se los contempla como gente de color».[14]

Nadie que conozca la historia afirmará que en la década de 1930 existía una equivalencia perfecta entre los dos sistemas —para empezar, en Estados Unidos no había campos de concentración—, pero el hecho fundamental no cambia: un atleta negro de Estados Unidos estaba habituado a los prejuicios raciales, tanto en su propio país como en el extranjero.

El antisemitismo tampoco era exclusivo de la Alemania nazi. El presidente del Comité Olímpico Internacional —un aristócrata belga, el conde Henri de Baillet-Latour— le envió una nota a Avery Brundage, antes de los Juegos de Berlín, reconociendo que «personalmente no me gustan los judíos ni la influencia que tienen». Aunque también insistió en que «no permitiré que se les moleste, de ningún modo y en ningún caso».[15] De acuerdo con esto, hizo hincapié en que para los Juegos de invierno —que se celebrarían en Garmisch-Partenkirchen, en Baviera, en febrero de 1936— debían retirarse todos los carteles antisemitas.[16] Baillet-Latour no fue ni mucho menos el único, en su momento, cuyo desacuerdo con los nazis en la cuestión del antisemitismo no era una cuestión de principios, sino de prácticas.

Para Victor Klemperer —que había perdido la cátedra en Dresde por su ascendencia judía— las Olimpíadas de Berlín fueron «odiosas». A su juicio se estaba engañando al mundo para que creyera «estar siendo testigo de [...] un espíritu del Tercer Reich que abraza con cordialidad al mundo entero». Él desde luego no se dejó engañar y comprendió que el cruel antisemitismo del régimen, que solo se había pausado durante los Juegos, regresaría con fuerza en cuanto estos terminaran.[17]

Avery Brundage mantuvo siempre que los Juegos Olímpicos no tenían que ver con la política. Pero en la Berlín de 1936 era imposible hacer esa distinción. La influencia del régimen estaba en todas partes: desde las banderas con esvásticas, que ondeaban por toda la ciudad, hasta la generosa hospitalidad con que se acogía a los dignatarios extranjeros. Ribbentrop, Goebbels y Göring celebraron todos ellos fiestas de una extravagancia fabulosa. «Chips» Channon escribió que, después de que «todo un cuerpo de ballet bailara a la luz de la luna» en un espectáculo organizado por Göring, «de pronto y sin advertencia previa» el extremo del vasto jardín donde se hallaban «quedó inundado de luz y de la nada emergió una procesión de caballos blancos, asnos, campesinos y música». Como no era de extrañar, «los invitados paseaban [por el jardín] tan asombrados como fascinados por aquella hospitalidad fastuosa».[18]

Channon no era un ingenuo, y tenía claro que los nazis podían ser «m[uy] duros e implacables [...] cuando la ocasión lo requiere»; pero en comparación con los peligros del comunismo, esto le parecía una inquietud secundaria.[19] Más aún, creía que si Alemania no era comunista había sido «debido a Hitler», y que Inglaterra debía «despertar. Porque tú, Inglaterra, con tu pereza y tu orgullo, no caes en la cuenta de los peligros soviéticos y se te pasará por alto que [...] Alemania está librando nuestras batallas».[20]

El fundador de los modernos Juegos Olímpicos, el barón Pierre de Coubertin, llegó a la conclusión de que las Olimpíadas de Berlín habían «prestado un servicio magnífico al ideal olímpico»; por su parte, Avery Brundage se alegró de haber derrotado a los que deseaban boicotear los Juegos, insistiendo en que «una vez más esta gran celebración cuatrienal ha demostrado que es la influencia más efectiva jamás concebida a favor de la armonía y la paz internacional».[21]

Hitler gozó con el éxito de las Olimpíadas. Alemania no solo había «prestado un servicio magnífico al ideal olímpico», sino que había ganado más medallas que ningún otro país. La autoridad del Führer no se cuestionaba; su posición en la escena mundial despertaba más admiración que nunca. Para un dictador parecía el momento idóneo para entregarse con satisfacción a disfrutar de la gloria. A Hitler, sin embargo, no le parecía suficiente.

Un buen indicio sobre el porqué lo podemos hallar en la final del lanzamiento de martillo, en el Estadio Olímpico de Berlín. El documental *Olympia*, de Leni Riefenstahl, contiene unos fotogramas en los que vemos a Hitler sonreír de oreja a oreja. Es uno de los escasos momentos en los que, por lo menos en público, se lo ve con una expresión espontánea de alegría.[22] Estaba feliz porque los alemanes obtuvieron el oro y la plata y, probablemente, pensaba que unos alemanes que podían lanzar el martillo más lejos que nadie también podían combatir muy bien. Aquel mes de agosto Hitler tenía muy presente una futura guerra.

Aunque la colosal inversión en armamento había estado a punto de desestabilizar la economía alemana, en 1936 Hitler aún podría haber optado por modificar sus prioridades y centrarse en reforzar la economía nacional. Pero en agosto de 1936 —el mismo mes en el que la Alemania nazi acogió los Juegos Olímpicos—, Hitler consolidó su determinación. Su prioridad absoluta seguía siendo el armamento, a costa de lo que fuera.

Aquel agosto Hitler escribió un memorando en el que esboza las razones por las que considera que la guerra era inevitable. Es habitual que los líderes confíen en buena medida sus pensamientos políticos al papel, pero en el caso de Hitler, por el contrario, esto era extraordinariamente inusual. El escrito de esta ocasión revela mucho sobre su mentalidad.

«Desde que estalló la Revolución francesa, el mundo ha ido avanzando, con velocidad creciente, hacia un nuevo conflicto —expuso, en tono didáctico, al principio del memorando— cuya solución más extrema es la que conocemos como bolchevismo. La esencia y el objetivo del bolchevismo consisten únicamente en eliminar aquellos estratos de la humanidad de donde hasta ahora han surgido los líderes, para situar en su lugar a la judería internacional».

Como análisis político, la falta de precisión es lamentable; pero sí hay que concederle el beneficio de la claridad. Hitler exponía de nuevo sus convicciones, un aspecto crucial de su poder de atracción. Para sus seguidores más cercanos, el líder nazi representaba una curiosa combinación de patriarca y superior intelectual. No había ninguna clase de ambigüedad: sabías en qué creía. Y si tú no creías en lo mismo, no había futuro para ti en el movimiento nazi.

En su memorando Hitler habló del «destino» de Alemania, que iba a ser «el foco de atención del mundo occidental frente a los ataques bolcheviques». En la circunstancia de que el «bolchevismo» triunfara, probablemente se produciría «la catástrofe más espantosa [...] que haya recaído sobre la humanidad desde el hundimiento de los Estados de la Antigüedad».[23]

He aquí otro ejemplo de la retórica hiperbólica de Hitler. Según hemos visto, solía plantear disyuntivas dramáticas: o ganamos o nos destruirán. Esta forma de pensar había estado presente desde los primeros días de su carrera política. Recordemos que la declaración del programa original del partido, en 1920, había terminado con la promesa de que los líderes del movimiento estaban dispuestos incluso a «sacrificar la vida» para hacer realidad sus objetivos.

Un pensador político refinado puede tener la tentación de ridiculizar esta forma de ver las cosas. Pero su efectividad resultaba enorme. A todo el mundo le gusta pensar que su vida es importante. ¿Y qué puede haber de mayor importancia que contribuir a evitar «la catástrofe más espantosa» que nos ha sobrevenido desde la Antigüedad?

George Orwell supo detectar al instante todas estas verdades. En 1940, en un ensayo sobre *Mein Kampf*, comentó que la mente de Hitler se caracterizaba por su «rigidez» y que «su concepción del mundo no evoluciona». Reconoció que Hitler no habría podido triunfar ante sus múltiples rivales de no haber sido por el gran poder de atracción de su personalidad [...] Es el mártir, es la víctima, es Prometeo encadenado a la roca; es el héroe que se sacrifica a sí mismo y, con una sola mano y con todos en contra, no ceja en la batalla. Si estuviera matando un ratón, sabría hacer que pareciera un dragón [...] Mientras que el socialismo, e incluso el capitalismo, aunque con más reticencia, le han dicho al pueblo: «Os ofrezco vivir mejor», Hitler le ha dicho: «Os ofrezco lucha, peligro y muerte», y con eso ha logrado que una nación entera se postre ante sus pies.[24]

No es casualidad que Hitler hubiera visto una y otra vez *Lohengrin*, la ópera de Wagner. La historia de un caballero que batalla por proteger a una noble acusada falsamente de asesinato encajaba a la perfección con su visión del mundo como escenario de luchas heroicas. Para Hitler la vida era una lucha monumental, la batalla contra unos enemigos que o bien querían lo que tú tenías, o bien tenían lo que tú querías.

Esto fue lo que en Hitler elevó la retórica del «Ellos y Nosotros» a un nivel casi nunca visto en otros dictadores. Los enemigos eran esenciales para su concepción del mundo; creía que solo la muerte podía poner fin a la lucha del individuo contra sus rivales. De hecho, sin enemigos su concepción del mundo se habría derrumbado. Los enemigos poseen un valor profundo que no se le escapaba.

Con esta mentalidad, era inconcebible que, en 1936, hubiera optado por desacelerar la carrera armamentística para estabilizar con ello la economía alemana. En palabras del profesor Adam Tooze: «la idea de que los nazis, de un modo u otro, podrían haber ampliado la prosperidad de la década de 1930 para consolidar alguna clase de pacífico futuro VW de modernidad y satisfacción era incompatible con la baraja del régimen de Hitler. Es una confusión fundamental a la que mucha gente sucumbe. Pero la mentalidad de Hitler no iba en ningún caso hacia allí».[25]

También quedó claro, incluso en aquel memorando temprano, de 1936, que a Hitler solo le preocupaba ganar la futura guerra; en cuanto a los medios y modos de ganar, eso era irrelevante: «La posteridad tampoco nos preguntará nunca con qué métodos, o con qué conceptos e ideas, etcétera, que hoy son válidos, hemos logrado salvar a las naciones; solo querrá saber *si* lo hemos logrado». No importaba lo cruel o despiadado que uno fuera. Lo único importante era la victoria.

Además, al oponerse al «bolchevismo» por todos los medios imaginables, Hitler estaba convencido de que Alemania resolvería no solo un problema ideológico, sino también uno práctico. Puesto que el país estaba «superpoblado», había que buscar una solución, que según Hitler «radica en ampliar el espacio vital de nuestro pueblo o las fuentes de sus materias primas y alimentos. Es un problema que los líderes políticos deberán resolver algún día». Por otro lado, los asuntos económicos —como la falta de materias primas en Alemania— se reducían «únicamente a una *cuestión de voluntad.* Pero los líderes del Estado nacionalsocialista poseerán esa voluntad, y también la determinación y dureza necesarias para solventar esos problemas en el caso de una guerra».

Era evidente que la persecución contra los judíos iba a intensificarse. Hitler escribió que quería que el Reichstag aprobara una ley que no solo «castigue con la pena de muerte los sabotajes económicos», sino que también «responsabilice al conjunto de la judería por todos los daños que cualquier espécimen de esa comunidad de criminales cause a la economía alemana y, en consecuencia, a la nación alemana».[26]

Recordemos que Hitler escribía estas palabras mientras buena parte del mundo admiraba a Alemania por el modo en que había celebrado los Juegos Olímpicos, esa exhibición perfecta de competición pacífica. Pero es aún más relevante que los dos objetivos que Hitler había esbozado ya en *Mein Kampf*—la necesidad de que Alemania se expandiera hacia el este y la importancia de abordar «el problema judío»— se ponían de nuevo sobre la mesa. Recuperaban la prioridad, aunque, en público, la retórica hitleriana seguía hablando de sus deseos de paz.

Entre los miembros del círculo político más inmediato a Hitler, en general se aceptaba que sus intenciones eran agresivas. En una fecha algo anterior a 1936, Walther Darré —ministro de Alimentación y Agricultura— había comentado ante los funcionarios del Reichsnährstand (Departamento de Alimentación del Reich) que los alemanes se apoderarían de territorios en la zona occidental de la Unión Soviética. Se amparaba en que a un «pueblo superior» le asistía el derecho a «conquistar y poseer las tierras de un pueblo inferior». «Se ha liberado a Europa de la parálisis de la paz de Versalles —dijo—. Y antes de diez años, el paisaje político de Europa habrá adquirido de nuevo un aspecto muy distinto al de hoy».[27]

El 4 de septiembre de 1936, cuando el gabinete gubernamental se ocupó del memorando de Hitler, el contenido no sorprendió a nadie. Göring lo parafraseó de forma sucinta afirmando que el texto partía «de la premisa básica de que el enfrentamiento con Rusia es inevitable».[28] Goebbels se mostró aún más optimista. En febrero de 1937 escribió en su diario: «Dentro de cinco o seis años, [Hitler] cuenta con que habrá un gran conflicto mundial [...] Imagina que la perspectiva de futuro es brillante. En una futura batalla, Alemania triunfará o cesará de vivir».[29]

Aunque estos tres líderes nazis —Darré, Göring y Goebbels— manifestaron aceptar los ambiciosos planes de Hitler, las razones psicológicas por las que cada cual lo hacía eran sutilmente diferentes. Göring era un hombre duro, que no tenía problema en aplastar a sus contrarios. Y por encima de todo, había llegado a la conclusión de que a Hitler «nos lo ha enviado Dios para salvar Alemania [...] No hay cualidad que él no posea en el grado más sumo [...] Para nosotros, el Führer es simplemente infalible en todas las cuestiones políticas y en todos los asuntos que se refieren a los intereses nacionales y sociales del pueblo», según había escrito en 1934.[30] Doce años después, en una celda de Núremberg, todavía repetía ante su psiquiatra estadounidense que Hitler era un «genio».[31]

El caso de Walther Darré era muy distinto. A diferencia de Göring, Darré era un intelectual obsesionado con la teoría de las razas. Era un partidario acérrimo de la idea de conquistar más «espacio» en el este mediante una guerra agresiva. A su entender, esto era ideal desde un punto de vista tanto político como intelectual.

Goebbels combinaba rasgos de los dos. Al igual que Göring, tenía plena confianza en el genio de Hitler; al igual que Darré, se consideraba un intelectual. Pero en su combinación particular se añadía algo más, un sentimiento emocional intenso que en 1926 había descrito como «amor» por Hitler.[32] Goebbels, a diferencia de Göring y hasta cierto punto de Darré, carecía de una verdadera base de apoyo en el seno del movimiento nazi. Era por entero una creación de Hitler.

Existe también un curioso fenómeno psicológico que unía no solo a estos tres jefes nazis, sino a todos los adeptos de Hitler. Todos aguardaban con pasividad a que su Führer, su Líder, tomara las decisiones estratégicas. «Mediodía en casa del Führer —escribió Goebbels en su diario, en febrero de 1939—. Ahora él se marchará a la montaña a pensar en sus próximas medidas de política exterior». ¿Cuáles iban a ser esas nuevas «medidas»? Goebbels no tenía ni idea.[33]

Desde luego, esta no es la manera en la que se supone que trabajan los líderes democráticos. Hitler, como ya hemos visto, casi nunca recababa opiniones antes de decidir sobre las grandes cuestiones. Pero tampoco era la forma de trabajar típica de los dictadores convencionales. Lejos de ser didáctico, Hitler buscaba que sus acólitos tomaran iniciativas, tuvieran ideas, intentaran soluciones originales, todo al servicio de su Gran Idea. Esta simbiosis generó en sus seguidores la sensación de que él lideraba en el nombre de «todos nosotros».[34]

En un nivel superior al de esta, por decirlo así, «nosotridad», Hitler todavía ofrecía algo más, con un poder psicológico enorme: certidumbres. Era capaz de actuar como una figura paternal que despertaba en el corazón de muchos de sus partidarios los sentimientos de un hijo hacia su padre. Tal era el caso, en especial, de su relación con Goebbels.

Göring, cuando prestó testimonio en los juicios de Núremberg, se refirió al «Principio del Liderazgo», que definió como una «inversión» de la gobernanza previa: «en los procedimientos de los Parlamentos pasados, la responsabilidad recaía sobre los altos funcionarios, encargados de hacer realidad los deseos anónimos de las mayorías, y estas eran las que ejercían la autoridad. Con el Principio del Liderazgo intentamos invertir el sentido, es decir: la autoridad existía en lo más alto y descendía desde allí y la responsabilidad se iniciaba en lo más bajo y desde allí ascendía». Esta nueva forma de gobierno le parecía una mejora extraordinaria «porque el sistema anterior, el que llamábamos "parlamentario" o "democrático", había llevado a Alemania al borde de la ruina».[35]

Hitler tenía muy clara la importancia de proyectarse como un padre todopoderoso no solo frente a sus partidarios más devotos, sino también ante la población en general. En cierta ocasión comentó que «la gran masa» de los alemanes necesitaba «un ídolo».[36] Y aunque es evidente que era capaz de ejercer una crueldad enorme —como en 1934, sin vacilar siquiera en atacar a sus propios adeptos, si lo consideraba necesario—, no lograba comprender la forma de actuar de Iósif Stalin a finales de la década de 1930, cuando el líder soviético encargó purgas masivas tanto de activistas del partido como de oficiales de las fuerzas armadas. «Probablemente Stalin está mal de la cabeza —le dijo a Goebbels en julio de 1937—, porque su régimen sangriento no se puede explicar de otra manera».[37]

La concepción hitleriana también tenía algunos inconvenientes, claro está. Como no había realizado purgas al estilo estalinista, para imponer sus objetivos Hitler tenía que confiar no solo en la autoridad de su posición, sino también en su capacidad de persuasión. Así, mientras que figuras como el ministro de la Guerra, Werner von Blomberg, tenían una fe ciega en su Führer[38] —su agregado afirmaba que Blomberg «casi nunca volvía de un viaje [de haberse reunido con Hitler] sin elogiarlo ni comentar el acierto de sus ideas»—,[39] otros prebostes militares eran menos efusivos. Ludwig Beck, el jefe del Estado Mayor General del ejército alemán, era inmune al supuesto carisma de Hitler; también el comandante en jefe de las fuerzas de Tierra, el general Werner von Fritsch.

Hacia las últimas horas del 5 de noviembre de 1937, Hitler decidió que había llegado el momento de poner a los mandos militares al corriente de sus planes. En una reunión mantenida en la Cancillería Imperial, a la que asistieron tanto los jefes de Tierra, Mar y Aire como el ministro de Exteriores, Konstantin von Neurath, empezó anunciando que el tema del que iba a hablar era de una importancia inmensa. Tanto era así que «en el caso de que él muriera», el contenido de aquel encuentro debía entenderse como «su testamento y última voluntad».

Los prebostes militares quedaron asombrados. Habían previsto que la reunión se centraría en resolver cierta querella sobre la distribución de las materias primas; pero Hitler anunció que el tema sería trascendente. Luego expuso que tenía el «objetivo» general de «asegurar y preservar la comunidad racial [*Volksmasse*] y ampliarla. Por lo tanto, era una cuestión de espacio».[40] Aunque esta ambición ya la había mencionado ante los generales alemanes a los pocos días de haber sido nombrado canciller, en 1933,[41] ahora ya no la planteaba como una meta realizable en algún futuro remoto, sino que la situaba en un plazo de unos pocos años. Con un mensaje escalofriante —y que tuvo repercusiones asesinas—, Hitler sostuvo que «no se trata de ganar más población, sino de conquistar nuevos espacios para usos agrícolas. Además, será más útil buscar las zonas de producción de materias primas en Europa, en la inmediata proximidad del Reich, que en ultramar». Para Hitler, «el problema de Alemania solamente podía resolverse por la fuerza, y este medio siempre entrañaba riesgos». Afirmó que «solventaré la falta de espacio de Alemania» como «muy tarde, en 1943-1945». El primer paso hacia la realización de esta meta sería actuar contra los checos y los austríacos. En aquel momento no hizo mención de la Unión Soviética.

Las actas de la reunión revelan que tanto el mariscal de campo Blomberg como el general Fritsch mostraron su inquietud ante la posibilidad de que tales acciones agresivas pudieran resultar en una declaración de guerra por parte de Gran Bretaña y Francia. Fritsch quedó tan aterrado que le dijo a Hitler que le parecía necesario cancelar las vacaciones que había planeado, que iban a iniciarse a los pocos días. Hitler lo tranquilizó asegurándole que el «conflicto» no era tan tan inminente.

La inquietud de Blomberg y Fritsch era comprensible, pues ambos habían combatido en la primera guerra mundial y no querían volver a luchar contra los británicos y los franceses en la Europa occidental; no, al menos, hasta que no creyeran que Alemania tendía razonablemente las de ganar. Hitler intentó calmar su angustia, afirmando que era poco probable que Gran Bretaña y Francia les plantearan problemas. Sus argumentos, no obstante, apenas resultaron convincentes. Era evidente que su plan implicaba riesgos extremos.

Ludwig Beck, en su calidad de jefe del Estado Mayor del ejército, fue informado del encuentro unos días más tarde. Confió al papel sus pensamientos sobre los planes de Hitler. Su valoración fue del todo negativa. Desdeñó —por ser «poco meditado», lo que aún era quedarse corto— que los problemas económicos de Alemania pudieran resolverse ampliando el espacio vital. En vez de negarse a participar en la economía mundial, Alemania debería comerciar más con otros; de lo contrario «el pueblo alemán se irá consumiendo poco a poco».[42] Por otro lado, como Fritsch y Blomberg, advirtió del peligro de subestimar la oposición de Francia y Gran Bretaña a los planes de Hitler.

La situación dio entonces un giro radical. En el plazo de unas semanas, tanto Blomberg como Fritsch saltaron de sus cargos. No hubo detenciones nocturnas seguidas de torturas y ejecuciones, al modo del «régimen sangriento» de Iósif Stalin. Los dos desaparecieron de la escena con mucha menos violencia y su destitución fue fruto, en parte, de la simple casualidad.

Blomberg era viudo. A sus cincuenta y nueve años se casó con una secretaria de veintitantos, el 12 de enero de 1938. Tanto Hitler como Göring asistieron a la boda. Al poco tiempo Göring averiguó que la joven esposa de Blomberg había posado para unas fotos pornográficas. Además, según se documentó en los juicios de Núremberg, en la posguerra, estaba «fichada como prostituta en los archivos de siete grandes ciudades alemanas».[43] En el mundo en el que vivían los oficiales de las fuerzas armadas alemanas, la condición social se tenía enormemente en cuenta; la idea de que uno de los suyos se hubiera casado con una mujer tal representaba un escándalo. Blomberg se buscó él mismo el escándalo, pues nadie le había obligado a casarse con una mujer con tal «pasado».

Las circunstancias que rodearon la caída del general Werner von Fritsch no fueron las mismas. Hitler, tras las noticias del escándalo, recordó que algo antes se había hablado también de «trapos sucios» de Fritsch. Dos años antes, en efecto, Heydrich había reunido material que incriminaba al general por haber mantenido relaciones sexuales con un chapero. La acusación se basaba esencialmente en la declaración de un delincuente infame llamado Otto Schmidt, por lo que en 1936 Hitler hizo caso omiso del informe. No se sabe con certeza si reconocía que la fuente no era fiable o si quizá no le importaba la orientación sexual de Fritsch, igual que unos años antes no le había preocupado la de Röhm. Pero en el nuevo contexto el informe volvió a ponerse sobre la mesa.

En la Cancillería del Reich, el 26 de enero, con Hitler y Göring como testigos, Fritsch se vio con su acusador, Otto Schmidt. El general dio su palabra de honor como oficial alemán y negó los hechos. Aun así, Hitler lo destituyó.[44] De paso aprovechó la ocasión para apartar a una docena de generales en los que no confiaba plenamente. Casi cuatro docenas más fueron trasladados a posiciones en las que no podían causarle problemas.[45]

Al día siguiente Blomberg presentó la dimisión. Göring, que deseaba ocupar el lugar de Blomberg, no vio realizado el deseo por el que había promovido la conjura, pues durante la reunión final con Hitler, Blomberg había sugerido que fuera el propio líder alemán el que asumiera ese puesto. Hitler accedió a pesar de que el nombramiento iba a crear dificultades en la cadena de mando, porque desde aquel momento, como ministro de la Guerra, debía rendirse cuentas a sí mismo como canciller. Al poco tiempo Hitler cambió la denominación del cargo y se nombró comandante en jefe de las fuerzas armadas, en vez de ministro. Aunque esto no resolvía, claro está, la confusión administrativa que se había creado.

Los días posteriores al 27 de enero fueron delicados para Hitler y los líderes nazis. Como ocurre siempre en una dictadura, la principal amenaza posible contra los que detentan el poder proviene de las fuerzas armadas, y en ese momento el Estado se había quedado sin ministro de la Guerra (Blomberg) y sin comandante en jefe del ejército (Fritsch). Al mismo tiempo, el jefe del Estado Mayor del ejército, el general Ludwig Beck, no era de los adeptos más fervorosos del líder nazi. ¿Por qué Beck no dio un paso adelante para forzar una protesta concertada? Al menos uno de los grandes oficiales de las fuerzas armadas pidió a Beck que asumiera el liderazgo en aquella crisis, pero este se negó.

¿Cuál era la mentalidad de Beck, en este momento crucial? La cuestión resulta tanto más intrigante por lo que sucedió más adelante: seis años más tarde formó parte del complot del 20 de julio de 1944, que intentó matar a Hitler. Lo cierto es que a principios de 1938 Beck consideró que aún debía mantenerse leal al canciller. En parte esto se debió a las circunstancias que habían rodeado la destitución de Blomberg y Fritsch. Así, aunque Beck desconfiaba mucho de Himmler y la SS, no se les podía culpar del desafortunado matrimonio de Blomberg; y en cuanto a Fritsch, no se sentía en condiciones de evaluar la veracidad de la acusación. El general había dado su palabra de honor de que era infundada, pero ¿podía reprochársele a Hitler su decisión? Quizá se había precipitado y debería haber esperado a la realización de un consejo de guerra; pero en aquella época, la acusación era grave.

Luego estaba el contexto más general. Aunque le inquietaba que una acción repentina de Hitler pudiera provocar una guerra contra británicos y franceses, Beck era favorable a la orientación global del rearme y de la corrección de los supuestos «agravios» de Versalles. Adicionalmente, la expulsión del káiser como jefe del Estado alemán le había resultado devastadora, y no sentía el deseo de participar en otro derrocamiento.

Además, como muchos que acabarían siendo figuras destacadas de la resistencia, en un principio Beck se creyó la mentira de que Hitler estaba bajo la influencia excesiva de figuras más siniestras como Himmler y Göring. El problema era que, con esta reacción, Beck estaba desatendiendo sus propios consejos. Tres años antes, en un discurso pronunciado en la Academia de Guerra, había advertido del «peligro» que corría cualquier oficial que «no contemple las cosas tal y como son, en lugar de como le gustaría que fueran».[46]

Beck tenía que enfrentarse a otra dificultad más: muchos oficiales más jóvenes estaban comprometidos ideológicamente con el régimen. En aquellas fechas, el empeño del régimen por adoctrinar a futuros militares en las Juventudes Hitlerianas ya estaba dando sus frutos. Cuando esos jóvenes se sumaban al ejército, llevaban consigo tanto la fe en la brillantez de Hitler como una conexión directa con los ideales del régimen.

En cuanto a los oficiales de la zona media de la jerarquía, no pocos imaginaban un futuro glorioso con la expansión de las fuerzas armadas, y a Beck, en cambio, lo consideraban una reliquia del pasado. Así el comandante Rudolf Schmundt, por ejemplo, les confió a sus colegas en 1938 que Beck era incapaz de captar «el dinamismo del nuevo régimen».[47] Schmundt dio la vida por ese «dinamismo»: murió por las heridas recibidas en el atentado con bomba que intentó matar a Hitler en julio de 1944. Fue víctima, por lo tanto, de un complot de la resistencia que contó con el apoyo de Beck.

Justo después de haberse destituido a Fritsch, Beck se lamentó ante un colega de que Hitler, en contra de lo que le había prometido, no le había consultado sobre cómo reorganizar las fuerzas armadas; el colega lo tildó de «necio» por fiarse de la palabra de Hitler.[48] Pero Beck siguió vacilando y sin traducir en actos su profundo descontento.

A la postre, el carácter de Beck jugó en su contra. «El medio en el que nos movemos no es algo que simplemente "nos pasa" —ha escrito Essi Viding, psicopatóloga del desarrollo y profesora del University College de Londres—. Las personas crean, seleccionan y modifican su entorno. Somos los creadores de nuestras ecologías sociales».[49] Aunque obviamente el grado en el cual los seres humanos pueden crear su entorno no es igual en todos —los presos encerrados por los nazis en los campos de concentración no podían hacer gran cosa por alterar sus «ecologías sociales»—, sin duda Beck había elegido con qué mundo se identificaba: el que se arraigaba en las tradiciones militares de Prusia. Había jurado ser leal a Adolf Hitler y se atendría a lo jurado. Su postura se resumió en una declaración de 1938 que se ha hecho famosa: «En el diccionario de un oficial alemán no cabe encontrar las palabras *motín* y *revolución*».[50]

Hitler supo aprovechar la crisis de Blomberg y Fritsch para nombrar en su lugar a dos generales de carácter maleable. El sustituto de Fritsch al frente del ejército fue el general Walther von Brauchitsch. No solo era un hombre de voluntad más débil que Fritsch, sino que su esposa, Charlotte Schmidt, era acérrima del nazismo. Al frente del Alto Mando de las fuerzas armadas se situó al general Wilhelm Keitel, una de las figuras más dóciles de aquellos años. Al ser entrevistado por un psiquiatra estadounidense en la celda de Núremberg, en la posguerra, Keitel parecía desconcertado por lo que le había sucedido. «Hoy se me ocurre que tal vez he sido demasiado poco crítico en el conjunto de mi carácter», dijo.

Pese a las múltiples pruebas de las atrocidades del nazismo, Keitel seguía creyendo, una vez concluida la contienda, que Hitler era un «genio», provisto de una «espléndida capacidad de prever el futuro, de una enorme capacidad de sentir cómo son las cosas y un conocimiento extraordinario de los asuntos históricos y militares».[51] Tras conversar con Keitel, el psiquiatra no quedó precisamente impresionado por el material humano que había tenido delante. «Keitel es un soldadito de madera, con una obsequiosa sonrisita de madera; pero adolece de aflicciones tan humanas como el deseo de ser objeto de atención y aprobación».[52]

Keitel y Brauchitsch solo llevaban unas semanas en sus puestos cuando tuvieron que hacer frente a una crisis, provocada por las intenciones de Hitler con respecto a Austria. Hacía mucho tiempo que Hitler codiciaba controlar Austria, el país en el que había nacido; y ahora había agravado las tensiones existentes al dirigir una serie de amenazas al canciller austríaco, Kurt Schuschnigg, en una cumbre bilateral celebrada en Berchtesgaden el 12 de febrero de 1938. Aquí advirtió a Schuschnigg de que «quizá se despierte usted una mañana en Viena y nos encuentre allí [a los alemanes], como una tormenta de primavera. Y entonces sabrá lo que es bueno».[53]

Hitler se había envalentonado a acosar al canciller austríaco al saber que los británicos vacilaban en su compromiso con el Tratado de Versalles. En noviembre de 1937 lord Halifax había visitado a Hitler en Berchtesgaden, donde afirmó que asuntos espinosos como los de Austria, Danzig y Checoslovaquia «entran en la categoría de posibles modificaciones del orden europeo que, con el paso del tiempo, tal vez estén destinadas a ocurrir».[54] En el momento de pronunciar estas palabras Halifax aún no era el titular de Exteriores —lo elegirían *secretario* (ministro) de esta cartera en febrero de 1938—, pero a Hitler no le cupo duda de que hablaba en representación del primer ministro Neville Chamberlain. Por supuesto Halifax no quería sugerir que los británicos eran favorables a una acción armada que rompiera con lo acordado en Versalles; pero la idea de que no se cerraban a aceptar «posibles modificaciones» seguía teniendo su peso.

Nevile Henderson, el embajador de Gran Bretaña en Berlín, había escrito en un memorando del 4 de mayo de 1937 que considerar como «sacrosanto» el Tratado de Versalles resultaría peligroso. A su juicio, «si no se lo modifica mediante una negociación pacífica, contiene muchas semillas para futuras guerras». Henderson también se hizo eco de los puntos de vista racistas de Hitler: sostuvo que «no cabe duda de que el alemán es más civilizado que el eslavo» y defendió que por lo tanto «no es justo intentar impedir que Alemania complete su unidad o se prepare para una guerra contra el eslavo».[55]

No resulta difícil comprender las mentalidades de Henderson, Halifax y Chamberlain. Después de los horrores de la primera guerra mundial, su objetivo principal era hacer cuanto estuviera en su mano para evitar otro conflicto; en particular, un conflicto generado por las condiciones de un tratado que, en aquellas fechas, muchas voces consideraban injusto. Además, creían que Alemania no era solo un actor de gran poder en Europa, sino también un posible bastión contra la falta de «civilización» del este eslavo, una amenaza que simbolizaba ante todo la Unión Soviética.

El deshielo de la actitud con la que los británicos trataban al régimen nazi también puso de manifiesto el éxito creciente de la estrategia diplomática de Hitler. Se había esforzado por ocultar su ambición de crear un vasto imperio, más allá del deseo de recuperar los territorios perdidos en

Versalles y de unir en su seno a todos los germanohablantes. En lo referido a este supuesto, Austria representaba el blanco más asequible. Por un lado, el Tratado de Versalles había vetado que los austríacos se unieran a Alemania; pero, por otro lado, eran germanohablantes.

Mientras crecía la tensión entre los dos países, Schuschnigg tomó una decisión fatídica: decidió convocar un referéndum, previsto para el 13 de marzo de 1938, para preguntar si los austríacos querían conservar la independencia. No solo eso, sino que, con la clara intención de influir en el resultado, limitó el derecho de voto a los mayores de veinticuatro años. Obviamente el canciller austríaco era consciente de que el nazismo atraía en especial a los más jóvenes.

La respuesta de Hitler fue poderosa y radical. La mañana del 12 de marzo, tropas alemanas entraron en Austria sin hallar oposición. Esta fue la primera de tres acciones significativas que ayudaron a dar forma a las mentalidades nazis durante el año de 1938.

Emil Klein, a la sazón comandante regional de las Juventudes Hitlerianas, entró en Austria aquel mes de marzo en pos de varias unidades de la Wehrmacht. No le sorprendió el entusiasmo «indescriptible» con el que fueron recibidos: «Cuando estuve en Austria [antes de la invasión], la gente siempre preguntaba: "¿Cuándo será la anexión? ¿Cuándo nos anexionarán?". ¡Y eso que por entonces Hitler ni siquiera estaba hablando de anexión! Hablaban de Alemania como si fuera de Su Santidad. Eso, los propios austríacos. ¡Porque deseaban estar con nosotros! La mayoría lo deseaba, la unificación con el Reich era algo sagrado, para ellos. ¡Fue digno de vivirlo!», explicaba. Otro partidario nazi, Bernd Linn, también fue testigo de la emoción con la que los austríacos los recibían al paso. Según él, le ofrecían «vino por botellas, y aun te diría que por barricas [...] Todos nos vitoreaban [...] Y luego, como remate, hubo una celebración en Viena, en el palacio imperial. El ambiente, vaya, ¡increíble! No hubo nada de resistencia ni ese tipo de cosas».[56]

Pero no todo eran flores y barricas de vino. Los nazis eran conscientes de que no pocos austríacos se les oponían, por lo que Himmler y Heydrich habían tomado un avión a primera hora de la mañana del 12 de marzo, para llegar a la capital austríaca antes de que lo hiciera el resto de las fuerzas alemanas. Junto con su cuerpo de la «policía de seguridad» habían preparado listas extensas, con más de 20.000 personas a las que se quería detener. A algunas se las llevaron al campo de concentración de Dachau, a las afueras de Múnich; a otras no se las hizo atravesar la frontera, sino que se las encerró en el nuevo campo de concentración de Mauthausen, cercano a Linz, la ciudad natal de Hitler. Mauthausen sería uno de los campos de concentración más letales de todos.

Los judíos, como era de esperar, fueron un blanco especialmente numeroso. No solo eso: la intensidad e inmediatez del sufrimiento que les generaron dejaba atrás todo lo visto hasta entonces bajo el dominio nazi. Fue así, en parte, porque en Austria el porcentaje de judíos era más elevado que en el país vecino. En Alemania menos del 1 % de la población eran judíos; en Austria la cifra ascendía al 2,8 %, con una importante concentración en Viena.

La violencia y los saqueos fueron tan importantes que incluso Heydrich se inquietó. A fin de cuentas, Austria era un país hermano con el que compartían la lengua. En público intentó culpar de los excesos a los enemigos del nazismo. «Adeptos del Partido Comunista, que se han apoderado de uniformes de funcionarios de nuestro partido, se esfuerzan por amenazar la seguridad y el orden públicos ejecutando confiscaciones ilegales, registros domiciliarios y detenciones —escribió en un artículo publicado en el *Wiener Neueste Nachrichten* el 17 de marzo de 1938—. La policía estatal tomará cartas contra tales actividades criminales, con medios de suma dureza y una severidad implacable».[57]

Sin embargo, el problema no eran los «comunistas» disfrazados con «uniformes de funcionarios de nuestro partido», sino los propios nazis, según admitió Heydrich en una nota dirigida al líder de los nazis austríacos, Josef Bürckel, el mismo día en que el periódico de Viena recogía su artículo. «Por desgracia parece ser que algunos miembros del partido [Nazi] han cometido infracciones con una total falta de disciplina», reconoció. Y si en público había culpado de los delitos a los «adeptos del Partido Comunista», en privado advirtió a «los camaradas de nuestro propio partido» que no iniciaran esa clase de acciones desaprobadas, puesto que «sería poco afortunado que la policía del Estado tuviera que hacer una intervención a gran escala contra camaradas del partido».[58]

Como en la Alemania de 1933, después de haber espoleado el odio estaba resultando difícil controlar a los adeptos del nazismo. Además, era lógico que en Austria costara aún más que en Alemania, por la cantidad e importancia relativa de los judíos de Viena. No en vano la capital austríaca había sido la residencia de judíos de la fama mundial de un Sigmund Freud.

Los nazis tuvieron la infame ocurrencia de obligar a los judíos austríacos a fregar las calles. Una joven judía vienesa recordaba que, mientras ella rascaba el pavimento, una «mujer bien vestida» sostenía en alto a «una niñita encantadora, rubia, de rizos adorables, para que la niña pudiera ver mejor cómo un hombre de unos veinte o veintidós años (de la SA nazi) pateaba a un viejo judío que se había caído porque no le permitían estar de rodillas [...] Y todos se echaron a reír, y ella también se reía, ¡era un entretenimiento maravilloso! A mí eso me dejó helada».[59]

La obra pionera de la psicóloga Susan Fiske, profesora de la Universidad de Princeton, nos ayuda a entender los procesos mentales de quienes atormentaron a los judíos en las calles de Viena. Sus estudios sobre los estereotipos y prejuicios identificaron dos preguntas clave que nos planteamos cuando, por ejemplo, un vecino nuevo ha venido a vivir a nuestro lado. Primero nos preguntamos si es probable que se muestre amistoso u hostil, benevolente o malevolente; segundo, si a la hora de interpretar ese papel será competente o no.[60]

Para los nazis, los judíos de Viena cumplían la doble condición de ser competentes y malevolentes. Con el acto de humillarlos, no obstante, los arrojaban a una categoría mucho menos amenazadora. «Los nazis, al obligar a los judíos a arrodillarse y limpiar las aceras con sus cepillos de dientes, entre multitudes que se burlaban de ellos, fueron de los primeros en convertir su competencia y malevolencia en malevolencia e impotencia», afirma el profesor Robert Sapolsky. Suponía transformar a «personas que consideras como especialmente hostiles y capaces —porque crees que controlan los bancos, y todo eso— en una categoría de "Ellos" radicalmente distinta».[61] Según veremos, humillar a los judíos —hacer que desde la perspectiva de los nazis «su competencia y malevolencia» quedara reducida a «malevolencia e impotencia»— se practicó a una escala aún mayor desde el momento en que estalló la guerra.

La persecución más sistemática fue de la mano de las atrocidades que se perpetraban en la calle. La Gestapo robó valiosas colecciones de arte a la élite judía de Viena y el nuevo régimen vetó el acceso de judíos a una gran diversidad de profesiones, entre ellas las artes y la universidad. Un proceso de «arianización» obligó a los judíos a vender sus empresas y propiedades por una pequeña fracción de su valor real. Simultáneamente, Adolf Eichmann, el «experto en los judíos» del SD de Heydrich, puso en funcionamiento un sistema burocrático que permitió que los nazis robaran a los judíos y luego los deportaran. A finales de año ya se había forzado a 80.000 judíos a marcharse de Austria.[62]

Ninguna nación ofreció ayuda militar a Austria mientras los alemanes engullían el país, y Hitler se deshizo con facilidad de las objeciones diplomáticas a su intervención. «50.000 soldados alemanes se apoderan de Austria», se leía en el titular del *San Francisco Examiner* el 12 de marzo; «Francia y Gran Bretaña se limitan a protestar».[63]

En un principio, Hitler aspiraba tan solo a la unión de Austria con Alemania; pero la recepción extasiada con que lo acogieron en su ciudad natal, Linz, contribuyó a que optara por incorporar plenamente el país vecino al Reich. La adulación volvió a repetirse a una escala gigantesca tres días después, cuando pronunció un discurso en la capital austríaca: hasta 200.000 personas se congregaron en la Heldenplatz, frente al Palacio de Hofburg, para escucharle proclamar la nueva condición de Austria.

Este momento de la vida de Hitler —el regreso triunfante a la patria en la que, en su juventud, había fracasado estrepitosamente— resultó transformador para él. Los estudios científicos han demostrado que «el cerebro evoluciona al par que las culturas».[64] La mente posee una plasticidad gracias a la cual las circunstancias pueden ayudar a cambiar el modo en que nuestro cerebro procesa y percibe lo que nos rodea. Apenas cabe duda de que, en este momento, Hitler vivió justo esa clase de transformación. Si había hecho realidad ese sueño..., ¿por qué no iba a poder cumplirlos todos?

Franz von Papen se habría mostrado de acuerdo con este análisis. Escribió que, en Viena, el líder alemán se hallaba en un «estado de éxtasis». El éxito de Hitler «en contra de todas las advertencias y profecías» tuvo un efecto profundo, según Papen: «El resultado fue que Hitler se hizo inmune a los consejos de todos los que deseaban que desarrollara la política exterior con moderación».[65]

Por supuesto, el triunfo de Hitler en Austria no solo tuvo consecuencias sobre él mismo. También hizo que otras personas evaluaran de nuevo sus puntos de vista. Perdió toda importancia que el general Fritsch fuera exonerado en el consejo de guerra, o que hubieran quedado al desnudo las maquinaciones de Heydrich y Himmler. Tal como le dijo el general Keitel al psiquiatra estadounidense que lo entrevistó en Núremberg: «a un militar, nada lo convence más que la victoria».[66]

Subyugar Austria surtió otro efecto muy relevante, que sería además el segundo de los tres acontecimientos clave de 1938 que tuvieron impacto en las mentalidades nazis. Pocos días después de que las tropas alemanas entraran en Austria, el presidente Franklin Roosevelt anunció que deseaba organizar una cumbre internacional para debatir sobre las penurias de quienes intentaban marcharse del Reich por la persecución de los nazis. El problema del momento había sido resumido de forma sucinta, en 1936, por el presidente de la Organización Sionista Mundial, Chaim Weizmann: «el mundo se divide en lugares en los que [a los judíos] no se les permite vivir y lugares a los que no se les permite entrar».[67]

A primera vista, la respuesta de Roosevelt a la crisis austríaca parecía humana y compasiva. La iniciativa fue bien recibida por Hitler, aunque claro está, con palabras indirectas y sarcásticas. En un discurso pronunciado el 25 de marzo de 1938 afirmó que confiaba en que el resto del mundo, «que tanta pena siente por esos criminales [los judíos], tenga al menos la generosidad de convertir esa compasión en ayuda práctica»; añadió que por su parte no tendría problema en «ofrecer buques de lujo a esos criminales para que puedan llegar hasta esos países».[68]

Pero la iniciativa de Roosevelt no era lo que parecía. El presidente sabía desde el principio que era improbable que la cumbre tuviera consecuencias reales y positivas para los judíos. Un «Memorando sobre los refugiados», redactado por el Departamento de Estado y mantenido entonces en secreto, revelaba que el objetivo de la conferencia era «dar un paso al frente e intentar guiar la presión, sobre todo con la idea de frustrar los intentos de liberalizar las leyes de inmigración».[69] En otras palabras: todo era farsa, una pantalla de humo concebida para que pareciera que Estados Unidos actuaba pero en la práctica siguiera sin hacer nada para ayudar a los judíos que buscaban desesperadamente un puerto seguro.

La mera lectura rápida de la invitación cursada por los estadounidenses debería haber bastado para despertar las sospechas de los activistas favorables a los refugiados; pues declaraba expresamente que no se pediría a ninguno de los países asistentes que acogieran a más refugiados que los autorizados por su legislación vigente. Tampoco era un texto sincero, que hablara con franqueza del verdadero motivo de la conferencia: la persecución de los judíos por parte de los nazis. Hablaba tan solo de «refugiados políticos».

Otro indicio de que la cumbre iría poco más allá de las conversaciones era el hecho de que los nazis estaban robando a los judíos antes de permitirles que se marcharan del país; esto reducía aún más su atractivo. El día que la conferencia se inauguró —en Évian, Francia—, el embajador de Gran Bretaña en Berlín, sir Nevile Henderson, consultó con el nuevo ministro de Exteriores de Alemania, Ribbentrop. Quería saber si su país autorizaría a los judíos abandonar el país con sus recursos, dado que «ningún país estaba dispuesto a recibir a los judíos alemanes, en particular si emigraban sin medios». Ribbentrop descartó «colaborar» en la cuestión, alegando que era «un problema interno de Alemania que no estaba abierto a debates».[70]

Otro indicio claro de cuál fue el propósito real de la conferencia de Évian es la lista de países a los que no se invitó: entre ellos Hungría, Polonia y la Unión Soviética. Casi todos ellos, Estados donde vivía un gran número de judíos. Aunque nunca se reconoció abiertamente, era obvio que no se invitó a esos países a Évian porque podrían querer debatir sobre la expulsión de parte de su población judía. En el seno del Foreign Office británico, de hecho, se admitió que así era.[71]

En la fase previa a la cumbre se añadió otro elemento de cinismo. Como era de esperar, los grupos judíos querían poner sobre la mesa la posibilidad de enviar a una gran cantidad de refugiados a Palestina, controlada a la sazón por Gran Bretaña. Pero tal opción se descartó expresamente. Los británicos se habían esforzado por mantener un delicado equilibrio entre las aspiraciones de judíos y árabes en el Próximo Oriente, pero hacia 1938 parecía que la balanza se decantaba del lado de los árabes.[72] Lord Winterton, el representante de Gran Bretaña en la cumbre de Évian, constaba como partidario de la causa árabe en Palestina.

En este contexto no era de extrañar que la conferencia de Évian, aquel verano de 1938, no diera ningún fruto relevante. Los diversos países invitados al foro expresaron sus simpatías por los «refugiados» pero, en la práctica, ofrecieron muy poca ayuda. Esto, por descontado, encajaba a la perfección con el objetivo de la convocatoria de Roosevelt. Manifestó que Estados Unidos estaba preocupado por el coste humano de la persecución nazi de los judíos, pero en realidad no sacrificó nada por ellos, ni él ni su país; esto, a pesar del hecho de que la desesperación era intensa y genuina, y afectaba a muchas personas. Para colmo de las ironías amargas, la conferencia desmintió la afirmación de Hitler según la cual los judíos poseían un poder enorme y controlaban gobiernos por todo el mundo. Lo que Évian demostró, al contrario, fue que en realidad poseían muy poco poder y muy poca capacidad de influencia.

La razón por la que Évian es importante en el contexto de las mentalidades de los nazis es la hipocresía que impregnó toda la conferencia. «Ahora que las protestas se han vuelto abrumadoras», dijo Hitler en el congreso de Núremberg, el 12 de septiembre de 1938, y que Alemania «se niega a seguir secándose por obra de esos parásitos [los judíos], ahora estallan las quejas en el extranjero. Sin embargo, esos países democráticos no traducen las protestas hipócritas en actos de ayuda. Antes al contrario, ¡afirman con frialdad que no tienen espacio libre!». Hitler resumió así la actitud de los miembros de la comunidad internacional que se lamentaban por el trato que los nazis daban a los judíos: «Ayudas, cero. ¡Solo moralinas!».[73]

La hipocresía surte un efecto psicológico poderoso. Un estudio ha mostrado que, «llamativamente, a los hipócritas se los considera menos dignos de confianza, más desagradables y menos morales que a los que mienten abiertamente».[74] Es comprensible, por lo tanto, que la actitud hipócrita tan manifiesta en la cumbre de Évian tuviera un impacto profundo sobre los nazis. Permitió que Hitler retratara a Roosevelt y los demás líderes que habían apoyado la conferencia como políticos que solo fingían preocuparse por los demás. Todo encajaba a la perfección con la concepción del mundo que Hitler se esforzaba por proyectar: la de una Alemania victimizada por naciones que no cumplían con lo que predicaban. «Ni Mr. Roosevelt ni un arzobispo inglés ni ninguna figura demócrata metería a su hija en la cama de un sórdido judío de la Europa del este —dijo en un artículo de la revista de la SS, *Das Schwarze Korps*, el 24 de noviembre de 1938—, pero en cuanto se habla de Alemania, entonces de pronto niegan que exista un problema judío y todo es "la persecución de los inocentes por motivo de su fe". ¡Como si a nosotros nos hubiera interesado nunca en qué cree o deja de creer el judío!».[75]

La nula acogida de refugiados también provocó a Hitler en su obsesión con el «espacio». En el mismo discurso en el que acusó a los países «democráticos» de no ofrecer ninguna ayuda, sino solo «moralinas», también destacó la evidente hipocresía de aquellos con respecto a las «colonias». «Sin atender lo más mínimo a la opinión de los nativos, han sometido continentes con la sangre y la fuerza. Pero ahora que Alemania reclama poseer sus colonias, ahora declaran, consternados por la suerte de los pobres nativos, que bajo ninguna circunstancia se los puede abandonar a tal destino», dijo.[76]

Hitler percibía pues una gran hipocresía general: otras naciones disponían de abundante espacio en el que ubicar a refugiados judíos, pero rechazaban aceptarlos, a la vez que esos mismos países negaban a los alemanes el derecho a conquistar más espacio para sí.

Durante el mismo período en el que intentaba avanzar hacia una solución de lo que él imaginaba que era «el problema judío», Hitler maniobraba también para poder entablar una guerra. Aunque es de conocimiento común que en 1938 Hitler contempló la destrucción de Checoslovaquia, lo que no es tan sabido es cómo, en mayo de 1938, tomó la decisión de intensificar el conflicto.

Hitler odiaba Checoslovaquia por muchas razones. Entendía que el país era un invento de Versalles, una construcción falsa, que metía en el mismo saco a una diversidad de grupos étnicos, incluidos los germanohablantes, que superaban por poco los tres millones y se concentraban sobre todo en una región fronteriza, los Sudetes. Además, Checoslovaquia era una democracia y mantenía lazos de unión con las potencias occidentales: dos aspectos que a Hitler siempre le causaban urticaria.

A finales de marzo de 1938, tras la exitosa ocupación de Austria, Hitler convocó en Berlín a los líderes de los alemanes de los Sudetes. Les dijo que debían reclamar al gobierno checo toda una serie de cambios en la administración de la región, sabiendo que estas exigencias resultarían inaceptables. Pero, aunque con ello pretendía aumentar la tensión, no significa que de pronto Hitler estuviera dispuesto a utilizar el asunto de los Sudetes como pretexto para aplastar Checoslovaquia. El 20 de mayo informó a los jefes militares de que no actuarían contra los checos salvo que se presentara una oportunidad inesperada. Sin embargo, a finales de aquel mismo mes indicó a los generales que quería resolver la cuestión checa de inmediato. «La intención del Führer de no tocar por ahora el problema checo ha cambiado», escribió el coronel Jodl en su diario.[77]

Hitler no había modificado el calendario radicalmente a consecuencia de ningún hecho geopolítico de gran alcance. Había cambiado de opinión, sobre todo, porque sentía que le habían faltado al respeto. Después del 20 de mayo se había visto obligado —en gran parte, por las protestas de británicos y franceses— a negar los rumores de que Alemania iba a atacar a los checos. Durante los días siguientes fue dándole vueltas al tema y quedó saturado por un sentimiento de humillación. «Como Alemania se está conteniendo, esto provoca que el Führer esté perdiendo prestigio; y él ya no piensa tolerarlo más», escribió Jodl. Ernst von Weizsäcker, que era secretario de Estado en el Ministerio de Exteriores, lo confirmó más adelante en su propio diario: «el resentimiento [de Hitler], desde el 22 de mayo, cuando los ingleses lo acusaron de haber reculado, lo puso en el camino de la guerra».[78]

Era una situación no poco extraordinaria: como un hombre sentía que estaba «perdiendo prestigio», ponía en riesgo el destino de millones. Esto aún no llevó a la guerra en 1938, principalmente, por la tarea de apaciguamiento del primer ministro británico. Tras una reunión de Neville Chamberlain con Hitler —en Berchtesgaden, el 15 de septiembre—, se obligó a los checos a entregar los Sudetes a los alemanes. Cuando Hitler recibió la noticia de que los checos se habían sometido a sus exigencias, se quedó atónito. El acuerdo final, firmado en la Conferencia de Múnich, a primera hora del 30 de septiembre, concedía a Hitler lo que en apariencia quería, la región de los Sudetes; pero no lo que en realidad deseaba: que los checos se hubieran negado a ceder el territorio, lo que usaría como pretexto para una guerra en la que confiaba que británicos y franceses, después de haber sido testigos de la contumacia de los checos, declinarían entrar.

No fue la única decepción, para Hitler. También le decepcionaron las pruebas, cada vez más claras, de que la mayoría de los alemanes no compartía su deseo de entablar una guerra. Un informe del SD, de agosto de 1938, describía un estado de ánimo «de frecuente pesimismo» porque «en amplios sectores de la población existe la grave inquietud de que, más tarde o más temprano, una guerra acabará con la prosperidad económica y supondrá un final terrible para Alemania».[79] Goebbels se atrevió incluso a expresar su opinión delante de Hitler, y en un almuerzo (según Weizsäcker) dijo que, en relación con el asunto de la guerra, la población distaba de estar entusiasmada.[80]

Esto sirvió como recordatorio de que había tensión entre las ambiciones de Hitler y los obstáculos prácticos que se le interponían. Hitler nunca fue un líder todopoderoso. Aunque estaba en sus manos reorientar la política de resultas de un agravio a su «prestigio», siempre tenía que convencer a los otros de que lo siguieran. En esta labor le ayudó el hecho de que muchos de los que no estaban de acuerdo con sus métodos sí estaban de acuerdo con sus fines. Incluso Ludwig Beck, el jefe del Estado Mayor del ejército, admitió que, si Alemania quería expandir su territorio, la existencia de Checoslovaquia suponía un problema. Su discusión con Hitler fue de tipo práctico: se discutía si actuar contra los checos provocaría una guerra con los británicos y franceses.

Hitler tuvo la astucia suficiente para comprender que él mismo era en parte el responsable de que millones de alemanes no contemplaran la guerra con agrado, puesto que llevaba tiempo afirmando en público que no deseaba otro conflicto. Así lo reconoció en un discurso pronunciado a principios de noviembre de 1938 ante una audiencia de figuras destacadas de los medios de comunicación.

Su exposición fue franca al respecto del engaño que había mantenido hasta ese momento. «Las circunstancias me han obligado a hablar casi exclusivamente de paz. Solo el hincapié repetido en el deseo y la voluntad de paz de Alemania», dijo, había posibilitado el importante rearme del país. El problema era que esa retórica pacifista entrañaba el riesgo de crear una actitud «derrotista» entre la población alemana. Afirmó que desde hacía poco estaba intentando cambiar esta posición, de modo que ahora la propaganda alemana debía insistir en que «hay cosas que, si no pueden imponerse por vías pacíficas, deben imponerse por medios violentos».

Hitler era consciente de que tal cambio en la mentalidad de la población no podría lograrse de un día para otro. El gobierno tampoco podía decirle sin más al pueblo qué debía pensar. Para conseguir el cambio era preciso «iluminar ciertos acontecimientos de modo que, paso a paso, pero automáticamente, vaya surgiendo en el cerebro de las grandes masas la convicción de que lo que no puede concluirse por las buenas debe concluirse por la fuerza; pero no puede continuar como hasta ahora».[81]

Goebbels también era partidario de esta estrategia. En julio de 1941 escribió en su diario —irónicamente, en el contexto de una pelea con Hitler por el modo en que se estaban haciendo los noticiarios— que «yo prefiero dejar que las imágenes hablen por sí mismas y en el comentario explicar solo aquellas cosas que el público no puede entender si no. Creo que esto es más efectivo porque así el espectador no se da cuenta de la intención que hay detrás».[82]

En noviembre de 1938, ante aquel público de periodistas, Hitler agradeció a la prensa alemana que hubiera adoptado un punto de vista unitario, lo que había ayudado a apoderarse de los Sudetes. Solo si mantenían esta unidad podría hacerse realidad el gran objetivo de incrementar «la confianza en sí mismo» del pueblo alemán. Aunque había que reconocer que entre los puestos de autoridad siempre habría alguien que de un modo u otro no fuera eficaz, era importante que la prensa nunca se hiciera eco de esas deficiencias. Había que transmitir el mensaje de que los líderes siempre acertaban en sus decisiones. Repetir esta máxima una y otra vez crearía una situación «psicológica» que permitiría que los líderes sobrevivieran incluso a los tiempos de crisis.[83]

Esta charla ante los periodistas alemanes —de carácter confidencial— la pronunció Hitler el 10 de noviembre, un día después del último acontecimiento de 1938 que tuvo un impacto profundo en las mentalidades de los nazis: la Kristallnacht («Noche de los Cristales Rotos»). Es significativo que Hitler no mencionara aquel repentino estallido de violencia contra los judíos en su extenso discurso ante los representantes de la prensa. Como muchos alemanes eran contrarios a la atrocidad, hablar de ello no le beneficiaba.

Como respuesta al ataque perpetrado por un joven judío contra un diplomático alemán en París, matones nazis destrozaron comercios judíos, profanaron sinagogas y asaltaron a miembros de la comunidad. Cerca de un centenar de judíos fueron asesinados y hasta 30.000 fueron enviados a campos de concentración. La acción horrorizó no solo al mundo, sino también a muchos alemanes corrientes.

El líder del distrito de Suabia, en Baviera, informó de que aunque muchas personas habían «contado con que el gobierno nacional respondería de algún modo» al asesinato del diplomático, «la mayor parte del populacho tiene mucha menos comprensión y simpatía por la manera en que se ha llevado a la práctica la acción espontánea contra los judíos [...] Estos hechos han provocado un innecesario sentimiento de simpatía en las pequeñas ciudades y las zonas rurales».[84] Un judío que residía en Múnich escribió que él y su familia habían recibido ayuda de vecinos que no eran judíos, y reveló que un destacado banquero muniqués le había confesado, entre lágrimas: «me avergüenzo de ser alemán».[85]

Este sentimiento de indignación, no obstante, distaba de ser universal. Otros alemanes celebraron la acción violenta contra los judíos. Un adolescente judío de Núremberg rememoraba que, la mañana siguiente a la Kristallnacht, diversos transeúntes lanzaron piedras contra la fachada, ya dañada, de la casa de su familia.[86]

La impresión general fue que la Kristallnacht había sido una reacción pública espontánea ante la muerte del diplomático Ernst vom Rath, al que un judío de diecisiete años, Herschel Grynszpan, había matado a tiros. Pero la realidad era otra; detrás de la acción hubo poca espontaneidad. El 9 de noviembre estaban en Múnich diversos líderes nazis, para la conmemoración anual del Putsch de la Cervecería, por lo que les resultó fácil coordinar los ataques. «Le presento el tema al Führer y él decide: dejad que las manifestaciones [contra los judíos] continúen —escribió Goebbels en su diario—, retirad a la policía, que los judíos experimenten la cólera del pueblo; está bien así. De inmediato doy las instrucciones adecuadas a la policía y el partido. Luego hablo brevemente de ello con la jefatura del partido. El aplauso es atronador. Todos corren a los teléfonos. El pueblo tiene ganas de actuar».[87]

Las palabras de Goebbels son sesgadas. No era «el pueblo» quien iba a actuar, sino los matones nazis. También omitió mencionar que los propios nazis habían ayudado a crear las circunstancias que llevaron a la Kristallnacht.

Debido al temor a que el gobierno polaco retirara la ciudadanía a los judíos polacos que residían en Alemania, el 28 de octubre los nazis decidieron obligarlos a regresar a su país de origen. Este cruce forzado de la frontera causó un sufrimiento enorme entre los judíos polacos de Alemania, pues muchos llevaban años viviendo allí y de pronto los sacaban de sus casas y los trasladaban a un país que no los quería. Algunos incluso fallecieron al quedar atrapados de noche en una tierra de nadie entre los dos Estados.[88]

Los padres de Herschel Grynszpan estuvieron entre los deportados a Polonia por la fuerza, y el hijo, encolerizado por lo que la familia había tenido que pasar, se vengó matando a Rath. Pero, aunque Grynszpan hubiera apretado el gatillo, el primer eslabón de la cadena, evidentemente, era la persecución de los judíos por parte de los nazis. Todo venía de aquí.

Esta secuenciación psicológica —plantar la semilla de un problema, esperar a la reacción y luego actuar para culpar a otros— fue fundamental en el modo en que Hitler guiaba Alemania, no solo contra los judíos, sino también durante toda la segunda guerra mundial. El líder nazi prácticamente lo reconoció así en un discurso que pronunció en un ámbito confidencial, ante jefes militares, el 10 de febrero de 1939. «Al principio, naturalmente, uno no podía prever el momento idóneo» para dar el «paso arriesgado» de «proclamar ante el mundo» que Alemania desarrollaba un programa de rearme. Similarmente, aunque él hacía tiempo que ansiaba «resolver» los «problemas» checo y austríaco, había tenido que esperar al momento más favorable.[89]

Era un sistema de liderazgo curioso, pues significaba que, aunque se habían establecido objetivos de largo plazo para el país, con frecuencia solo se harían realidad mediante una acción súbita, en respuesta al comportamiento de otros.

Un ejemplo aún más extremo de esta forma de pensar era la concepción que Hitler tenía de Polonia. Cuando el ministro de Exteriores de esta nación vecina, Józef Beck, visitó Berlín en enero de 1939 para emprender conversaciones, Hitler aún no tenía la certeza de si le resultaría necesario atacar Varsovia. Quería que Beck le confirmara si los polacos aceptarían negociar un acuerdo sobre la ciudad de Danzig, que según lo previsto en el Tratado de Versalles había pasado a ser una ciudad «libre», bajo los auspicios de la Sociedad de Naciones. Danzig había sido alemana antes de la primera guerra mundial y luego había quedado situada en un «corredor» de territorio polaco, que separaba la Prusia Oriental del resto de Alemania.

Si Polonia hubiera aceptado las exigencias de Hitler —además de ceder el corredor, debería haberse convertido en satélite de Alemania, como hizo Eslovaquia dos meses más tarde—, los nazis no habrían necesitado invadir el país en su afán por avanzar hacia el este. Pero Beck y el gobierno polaco respondieron con evasivas.

La situación cambió radicalmente en marzo de 1939, cuando el ejército alemán entró en el territorio de Checoslovaquia y ocupó Praga. Esta acción llevó a Gran Bretaña y Francia a ofrecer garantías a Polonia: si los alemanes invadían este país, entonces los Aliados entrarían en guerra. Las ambigüedades del gobierno polaco dejaron paso a la certeza: no habría acuerdo con la Alemania nazi.

En este punto los acontecimientos se aceleraron, en buena medida por efecto de la personalidad de Hitler. Un factor nuevo había pasado al primer plano: el miedo a su propia mortalidad. Cuando explicó ante sus jefes militares por qué era necesario ir a la guerra —tan solo diez días antes de que los tanques alemanes entraran en Polonia—, Hitler reveló su enorme egotismo. «En lo esencial todo depende de mí, de mi existencia, de mis dones para la política», dijo. Pero le inquietaba que «en cualquier momento, un criminal o un lunático» pudiera quizá «eliminarme».

E incluso sin llegar a eso, «nadie sabe cuántos años más viviré yo. Por lo tanto, mejor un conflicto ahora».[90]

Con la guerra cada vez más cerca, Hitler culminó el más asombroso de sus giros en materia de política exterior. Aun sin renunciar al objetivo de largo plazo, que era establecer un nuevo imperio en la zona occidental de la Unión Soviética, a corto plazo debía lidiar con la contumacia de británicos y franceses; en consecuencia, el régimen nazi suscribió un pacto con Iósif Stalin y la Unión Soviética.

El pacto nazi-soviético de agosto de 1939 fue todo un monumento al fracaso impepinable del método de liderazgo de Hitler: tener un objetivo de largo plazo, provocar una respuesta de otros y contestar con rapidez. Por eso se vio firmando un «Pacto de No Agresión» con su enemigo ideológico y librando en cambio una guerra contra Gran Bretaña, uno de los raros países del mundo con los que, en origen, había deseado una relación de amistad.

Bernd Linn, de la SS, quedó «más que sorprendido» por este nuevo acuerdo, al igual que muchos otros acérrimos del Partido Nazi. En su caso él racionalizó lo que estaba pasando, tomándolo como una respuesta puramente pragmática a la «lucha de poder» con los Aliados.[91]

Para Linn, como para incontables nazis más, había enemigos potenciales por todas partes. En consecuencia, si en algún caso había que fingir que tu mayor enemigo era tu amigo..., pues se consideraba comprensible.

9

Eliminar la resistencia

No se parecían a ningunos invasores del pasado. En septiembre de 1939 los nazis no tan solo emprendieron la conquista de Polonia, sino que además querían dar una nueva forma al país, tanto ideológica como racialmente. Sus planes eran ambiciosos y homicidas y causaron la muerte de millones de inocentes. Las acciones de los asesinos nazis en Polonia no solo sentaron las bases del Holocausto, sino que pusieron de manifiesto hasta qué punto el ser humano es capaz de cometer crímenes horrendos y sin embargo estar convencido de que sus acciones están justificadas.

Que todo esto fuera posible se debió, en parte, a que en principio la idea de invadir Polonia era popular entre los altos mandos militares alemanes. Según las condiciones del odiado Tratado de Versalles, una parte del territorio donde vivían alemanes étnicos se había incorporado a Polonia. Por eso Johannes Blaskowitz, comandante del Octavo Ejército Alemán, pudo decirles a sus interrogadores, acabada la guerra, que a su juicio el ataque contra el país vecino «se consideraba una triste necesidad, pero un deber sagrado».[1] Lo que probablemente Blaskowitz no alcanzó a comprender en septiembre de 1939 era que los nazis no querían eliminar únicamente la resistencia polaca, sino que estaban dispuestos a volverse contra cualquier oficial del ejército que se mostrara en desacuerdo con los modos asesinos con los que aplastarían a los polacos.

El 29 de agosto de 1939, tan solo tres días antes de la invasión alemana, el *Generalquartiermeister* (jefe operativo) de la Wehrmacht se reunió con Reinhard Heydrich y un colega de la SS, Werner Best. Eduard

Wagner apuntó en su diario que le parecían dos «tipos inescrutables», y Heydrich, «particularmente antipático».[2] Aun así las partes llegaron al acuerdo de que, en pos del ejército, entrarían en Polonia unas unidades especiales, «de seguridad», denominadas *Einsatzgruppen* («grupos de intervención», divididos en *Einsatzkommandos*). Estas tropas, formadas bajo la égida de Heydrich, cometieron una larga serie de atrocidades.

Los comandantes de los Einsatzgruppen —en buena parte, venidos del SD de Heydrich— no eran simples matones. Antes al contrario, en su mayoría habían recibido una educación afortunada, incluso con doctorados. Un aspecto crucial era que, ideológicamente, todos creían en el nazismo. La mayoría ya había participado en algún Freikorps nacionalista y, por lo tanto, ya había demostrado que eran capaces de combatir por sus creencias.[3] También creían firmemente en el «Ellos y Nosotros»; en el contexto de la guerra contra Polonia, «Nosotros» eran los habitantes de etnia alemana, y absolutamente todos los demás, sin excepción, eran «Ellos».

En este contexto, imaginemos cómo los miembros de los Einsatzgruppen procesaron la noticia de que, en Bydgoszcz, al noroeste de Varsovia, unos polacos habían matado a varios cientos de alemanes étnicos, el 3 de septiembre; más aún cuando la propaganda nazi bautizó el incidente como «Domingo Sangriento de Bromberg» (Bromberg era el nombre alemán de la ciudad). No se sabe con certeza por qué aquellas unidades polacas habían matado a los alemanes étnicos. Según la declaración de unos testigos, obtenida inmediatamente después de la guerra, los alemanes étnicos estaban disparando contra los polacos, que se retiraban; estos detalles no constaban sin embargo en varios otros documentos contemporáneos. También se ha afirmado que el ataque original contra los polacos lo había organizado el SD. Esta idea la ha puesto en duda un destacado historiador polaco, que cree que a los polacos simplemente «se les fue la cabeza» cuando se retiraban, y empezaron a disparar a lo loco.[4]

Fuera cual fuese la causa del asesinato de los alemanes étnicos a manos de los polacos —o una provocación de los primeros, o el pánico de los segundos en su retirada—, el impacto del «Domingo Sangriento» fue descomunal. Hermann Göring tuvo incluso la desfachatez de afirmar, en su juicio en Núremberg, que estas muertes habían sido una de las causas de la invasión alemana de Polonia. Era sencillamente imposible porque los asesinatos se produjeron dos días después de que el conflicto se iniciara.[5]

En un escrito posterior a la guerra, Melita Maschmann, antigua partidaria de los nazis e integrante de la BDM —el movimiento juvenil femenino del nazismo— recordaba haber cometido el mismo error: «En mi memoria yo tenía muy claro que solo habíamos atacado Polonia después de que las noticias del "Domingo Sangriento" hubieran llegado a Berlín. En realidad, el orden de los hechos fue exactamente el contrario. Pero mi versión, en la que yo creía aún hasta hace unos pocos meses, nos facilitaba mucho aliviar la mala conciencia política».[6]

Los nazis exageraron enormemente el número de alemanes étnicos que murieron a manos de los polacos durante la invasión. En vez de la cifra real de Bromberg (varios cientos), más unos pocos miles distribuidos por el país, la propaganda nazi denunciaba 58.000 muertos. El incidente les resultó muy útil de cara a la pretensión de que, en territorio polaco, las vidas de los alemanes étnicos estaban en peligro. «Estos últimos días, las sombras de la muerte se han cernido sobre Bromberg. En todos los caminos y en todos los jardines de la ciudad yacen los cadáveres bestialmente mutilados de los *Volksdeutsche* asesinados», se leía en el *Völkischer Beobachter*.[7] Esta clase de noticias enfureció a los invasores alemanes. En Bromberg, con la ayuda de unidades alemanas locales (con labores «de protección»), la represalia de los Einsatzgruppen costó la vida a unos 1.200 polacos.[8]

Una de las razones cruciales por las que el incidente de Bromberg tuvo tanto impacto en la psique de muchos alemanes fue la forma en la que los alemanes étnicos habían fallecido. Se decía que habían sido abatidos por francotiradores polacos que los ejecutaron desde las torres de las iglesias; este detalle resultaba especialmente odioso. En la primera guerra mundial los francotiradores habían sido los soldados más detestados y el odio aún perduraba en el nuevo conflicto. Un soldado aliado que luchó en Normandía en 1944 recordaba que, «si se apresaba» a un francotirador, ambos bandos «lo ejecutaban *in situ* sin ceremonia», porque las tropas «odiaban la idea de un francotirador que apuntaba deliberadamente para ir matándolos uno por uno».[9]

Los alemanes también temían que —no solo en Bromberg, sino en cualquier punto del país— les disparasen los partisanos, es decir, combatientes vestidos con ropa de civil. La preocupación se agravó tras la derrota del ejército polaco regular, cuando la defensa de los invadidos recayó sobre los miembros de la resistencia. Al igual que a los francotiradores, a los partisanos se los odiaba. Se consideraba que era una forma de combatir cobarde y deshonrosa.

El 3 de septiembre —el mismo día del incidente de Bromberg— Himmler emitió un decreto según el cual «los insurgentes polacos pillados en el acto o con un arma» deberían ser «fusilados de inmediato». La definición himmleriana de un «insurgente» era cualquier persona que «amenazara productos o instalaciones vitales». A los pocos días, la Wehrmacht modificó su postura inicial al respecto de los civiles polacos de quienes se sospechaba que habían disparado contra soldados alemanes. En vez de abrir una investigación sobre cada incidente, los acusados serían ejecutados en el acto, y no solo ellos: también los otros que sencillamente «se encuentren en la casa o granja desde las que se ha abierto fuego contra nuestras tropas».[10]

La «amenaza de los partisanos» incluía un elemento psicológico potente: ¿cómo se podía confiar en los polacos con los que uno se cruzara, si los civiles quizá estaban preparados para matarte? Era muy preferible —a juicio de muchos de los invasores alemanes— abrir fuego primero y examinar después si la persona que temías que fuera un partisano lo era de verdad.

Desde el punto de vista de los oficiales de los Einsatzgruppen, como por ejemplo el SS-Sturmbannführer Helmuth Bischoff, una combinación de estos temores justificaba el asesinato de rehenes. En Bromberg, en los días posteriores a la muerte de los alemanes étnicos, Bischoff ordenó detener a más de una docena de civiles, a los que se emplazó frente a la entrada del hotel donde se alojaban los Einsatzgruppen. Algunos rehenes eran judíos, otros no. Luego Bischoff anunció que cada vez que se oyera disparar a un (supuesto) partisano, matarían a un rehén. Todos los rehenes fueron asesinados aquella misma noche.[11]

Aunque la guerra se hallaba en su fase puramente inicial, entre las unidades de seguridad alemanas se estaba forjando la creencia de que la resistencia de los civiles —real o imaginaria— justificaba represalias indiscriminadas. Al parecer nadie se molestó en pensar, por ejemplo, que los polacos que se escondían para hacer de francotiradores en Bromberg eran culpables de amenazar a los alemanes, pero no los rehenes a los que se mató como respuesta: estos, probablemente, eran inocentes de todo crimen. Para los Einsatzgruppen todos formaban parte de una misma masa de polacos amenazadores.

A esto se añadía la sensación, por decirlo con las palabras de un soldado alemán, de que el contraataque de los polacos era «propio de un pueblo primitivo». En cambio, los alemanes eran «hombres civilizados», que libraban una lucha a vida o muerte contra «salvajes».[12] Esta creencia, por supuesto, se traducía en que a muchos alemanes les parecía justificable prescindir de las restricciones normales.

Otra creencia habitual y crucial —aunque errónea— era que los judíos polacos eran los principales responsables de la amenaza partisana. El 21 de septiembre Heydrich dijo a los jefes de los Einsatzgruppen que los judíos habían sido «parte fundamental» de los ataques y las «operaciones de saqueo».[13] El miedo y el deseo de venganza son dos de las emociones humanas más poderosas, y entre los miembros de los Einsatzgruppen se sentían con gran intensidad. Impulsados por este combustible tóxico, las fuerzas de seguridad asesinaron a 300 hombres y mujeres —más de la mitad, judíos— en Częstochowa, a principios de diciembre; también encerraron a judíos en sinagogas de Mielec, Będzin y otros lugares, y prendieron fuego a los edificios. Varios cientos de personas perdieron la vida.[14]

Después de la acción de Bromberg, Helmuth Bischoff y su comando (Einsatzkommando) siguieron adentrándose en Polonia. Como muchos de sus colegas, Bischoff era un hombre culto, con un doctorado en Derecho. Pero tras unirse a las Juventudes Hitlerianas a finales de la década de 1920, y al Partido Nazi en 1930, creía que el hecho de si él y su unidad demostraban ser implacables en Polonia suponía una prueba de carácter esencial. Uno de sus hombres rememoró más adelante que Bischoff les había dicho que «en la siguiente acción, todos podréis demostrar que sois auténticos hombres».[15]

Superpuesta a los sentimientos agresivos viscerales y al deseo de demostrar que eran «auténticos hombres» había asimismo una concepción intelectual que, a su modo, también era letal. Los teóricos de la economía nazi —que en muchos casos eran relativamente jóvenes— sostenían que era fácil identificar el problema fundamental de Polonia: en el país vivían demasiados polacos. Helmut Meinhold, un economista que estaba entonces en la veintena, calculó en 1941 que el «exceso demográfico» de Polonia ascendía a casi seis millones de habitantes.[16]

Este «problema» se agravaba, a juicio de los nazis, porque en Polonia vivían cerca de tres millones de judíos. Era una cifra gigantesca, en comparación con los pocos cientos de miles que aún quedaban en Alemania. «Para muchos alemanes, probablemente esta es la primera vez en su vida que han visto a tantos judíos, a los judíos en masa», escribió Eduard Könekamp, del Instituto Alemán de Exteriores, tras visitar Polonia en diciembre de 1939. A su entender los judíos «se limitan a vegetar» en los guetos, que calificó de «el lugar más repulsivo que uno se pueda imaginar [...] Al mundo entero le interesaría que se exterminara a estos infrahumanos. Pero para exterminarlos hay que superar obstáculos increíblemente difíciles. Para fusilarlos, son demasiados. Y además no se puede fusilar sin más a mujeres y niños».[17]

Aunque la utopía de Könekamp soñara con «exterminar» a los judíos, en esta primera fase de la ocupación nazi, la medida principal fue la marginación forzosa: se confinó a los judíos en guetos, a la espera de deportarlos a un destino todavía sin determinar. El ritmo de la guetización fue variable: el gueto de Łódź quedó «sellado» en abril de 1940, y el de Varsovia, en noviembre de ese año; pero a los judíos se los persiguió desde el primer día. Al igual que en Austria, hubo actos de humillación deliberada, con la finalidad de que —según los estudios psicológicos que citábamos anteriormente— los perseguidores pasaran de verlos como «malevolentes y competentes» a «malevolentes pero impotentes».[18] En Varsovia, por ejemplo, el judío polaco Emanuel Ringelblum anotó en su diario, en febrero de 1940, que se había obligado a unos trabajadores judíos «a apalearse mutuamente con sus chanclos», y «a un rabino le ordenaron que se cagara encima»;[19] a las «mujeres, con sus abrigos de piel», les «hacían limpiar la acera con los calzones y luego ponérselos otra vez, bien empapados».[20] A la luz de estas acciones hay que concluir, obviamente, que una parte de los perpetradores estaban motivados por el sadismo, ya fuera sexual o de otra naturaleza.

Además de la persecución de los judíos, los nazis querían remodelar Polonia mediante la destrucción de su «clase dirigente». Los terratenientes, los maestros e incluso los boticarios corrían el riesgo de ser ejecutados o recluidos en campos de concentración. El equipo de Heydrich, en el marco de la «Operación Tannenberg», redactó una lista de algo más de 60.000 judíos destacados contra los que se actuaría. El nombre de la operación es relevante porque no hacía alusión tan solo a la famosa victoria de Hindenburg frente a los rusos, en agosto de 1914, sino a la Primera Batalla de Tannenberg, librada a principios del siglo XV entre la Orden Teutónica y fuerzas lituanas y polacas.[21] Aunque los teutónicos perdieron la batalla, se consideraba un símbolo de que hacía siglos que esos territorios eran objeto de la expansión alemana.

Los mandos de los Einsatzgruppen exhibieron comportamientos muy distintos entre sí. Algunos llegaron a tal punto que hasta los propios nazis les reprocharon el exceso de brutalidad. La RSHA (Oficina Central de Seguridad del Reich), que Heydrich encabezaba, investigó los actos de uno de los comandantes, Alfred Hasselberg, un licenciado en Derecho de treinta y tantos años. En diciembre de 1939 Fritz Liebl les dijo a los investigadores que, después de haber estado a las órdenes de Hasselberg, había llegado a la conclusión de que en Polonia «la vida humana carece del más mínimo valor». Lo que «más le disgustó» fue tener que matar a los presos con un tiro en la nuca, después de haberlos colocado frente a una fosa. En principio no era contrario a asesinar a los polacos, pero en la práctica, a su juicio, «los miembros del pelotón de fusilamiento no estaban formados para hacer esas tareas».[22]

La investigación reveló que Hasselberg había ordenado a sus hombres que entraran en los apartamentos polacos gritando: «¡El dinero o la vida!», y constató que «a las mujeres judías les arrancaban los anillos a la fuerza, sin pararse a mirar si les rompían los dedos; luego las desnudaban del todo para examinarlas al detalle».[23] No es de extrañar que uno de los subordinados pensara que Hasselberg «goza torturando a la gente» y «tiene tendencias sádicas». Otro integrante del Einsatzkommando se quejaba de que «el temor constante» que les causaba estar a las órdenes de Hasselberg «se queda en el alma de los hombres, como una angustia psicótica».[24]

En capítulos posteriores se analizarán algunas sugerencias al respecto de por qué un hombre como Hasselberg podía manifestar su crueldad en aquellas circunstancias, mientras que varios de los asesinos que trabajaban para él tenían dificultades para cumplir con su labor.[25] En cuanto a la investigación sobre Hasselberg, Heydrich ordenó cerrarla en enero de 1940, cuando aquel pidió ser transferido a la Wehrmacht.[26]

En una carta para su esposa, pensada para que se leyera solo en el caso de su muerte, Heydrich reveló cómo esperaba que se comportaran las personas de su proximidad, incluidos sus hijos. Pedía a la esposa que «eduques a los niños para que crean en el Führer y en Alemania; sean leales a las ideas del movimiento nazi; obedezcan las leyes fundamentales de la SS; sean exigentes consigo mismos; generosos con los demás miembros de nuestro *Volk*; y duros con todos los enemigos, tanto los de nuestro país como los del extranjero». Por último, «una vez que el tiempo haya curado» las heridas de su ausencia, ella debía «dar a los niños otro padre, pero que sea un auténtico hombre, como el que yo quería ser».[27]

El caso de Hasselberg había hecho emerger a la superficie una dificultad: ¿qué era exactamente «un auténtico hombre»? Quien disfrutaba matando a civiles inocentes, a corta distancia y a sangre fría, ¿dejaba de adherirse por eso a «las leyes fundamentales de la SS»? Como veremos, Himmler hizo hincapié a menudo en que era importante que sus hombres se comportaran «con decencia».[28] Pero una vez que uno se implicaba en aquella clase de asesinatos, ¿quién podía comportarse decentemente? Un testigo polaco declaró que había oído entrar en una taberna a hombres de la SS «jactándose» de sus acciones —acababan de fusilar a un grupo de polacos— y comentando divertidos que «sus sesos de mierda habían quedado desparramados por todas partes».[29] Estos hombres estaban siendo «duros con [...] los enemigos» de los nazis, pero ¿había «decencia» en sus actos? A medida que los asesinatos se incrementaron, el asunto se fue tornando aún más problemático para los nazis.[30]

El ejército alemán cooperó en su mayor parte con los Einsatzgruppen. En Bromberg, el Alto Mando les dijo a las unidades que estaban sobre el terreno que no interfirieran en las represalias, aunque incluyeran asesinatos. Pero la colaboración fue más allá de esto. El general de división Braemer entregó a 500 prisioneros de guerra, que estaban encerrados en barracones propios, para que los fusilaran; también dio su aprobación al asesinato de veinte polacos en la plaza del mercado local, en venganza por la muerte de un soldado de la Wehrmacht.[31]

Aun así, no todas las interacciones entre el ejército y las unidades de seguridad de Heydrich fueron tan fáciles. Algunos jefes del ejército se oponían a lo que veían. La forma en la que continuaron protestando, además, es muy reveladora no solo sobre su mentalidad, sino sobre la psicología de la resistencia en general. En noviembre de 1939, por ejemplo, el general Walter Petzel, comandante militar del distrito del Warthegau, en la Polonia ocupada, se quejó en una nota dirigida al jefe superior del Ejército de la Reserva de que las unidades de la SS estaban formando «un Estado dentro del Estado». No solo organizaban ejecuciones públicas, sino que «con frecuencia la selección [de las víctimas] resultaba incomprensible». Además «se ha detenido a todos los terratenientes polacos, junto con sus familias». A Petzel también le preocupaba que «en varias ciudades se han emprendido acciones contra los judíos, que han degenerado hasta convertirse en asaltos graves». En cierta ciudad polaca «se ha metido en una sinagoga a un grupo de judíos a los que se ha obligado a arrastrarse entre los bancos, cantando, mientras los hombres de la SS los azotaban sin parar, a latigazos. Luego les hicieron bajarse los pantalones para apalearlos en las nalgas desnudas. A un judío que se había ensuciado los calzoncillos por el terror lo obligaron a untar las heces por las caras de los otros».[32]

Otros líderes militares vocearon inquietudes similares a las de Petzel; en especial el nuevo comandante general del ejército en Polonia, el general Johannes Blaskowitz. Redactó un memorando de protesta que Hitler recibió de manos de su edecán el 18 de noviembre de 1933. «Al principio [Hitler] reconoció tranquilamente» el contenido del documento, escribió el edecán; pero luego empezó a formular «graves acusaciones contra "las actitudes infantiles" entre los jefes del ejército», diciendo: «¡No se puede hacer la guerra con los métodos del Ejército de Salvación!». A la postre, en lo que respectaba al líder nazi, el memorando solo sirvió para que Hitler confirmara su «aversión de muchos años» hacia Blaskowitz.[33]

Al no haber recibido respuesta formal a su escrito, Blaskowitz divulgó detalles de las atrocidades cometidas en Polonia entre otros jefes militares. El general Wilhelm *Ritter* von Leeb se enfureció tanto por aquellas noticias que dirigió una nota al general Franz Halder, jefe del Estado Mayor del Alto Mando del ejército, para denunciar que «corren rumores de muchos lados, a mi parecer muy creíbles, según los cuales el comportamiento de la policía en Polonia está siendo indigno de una nación civilizada».[34]

Blaskowitz siguió reuniendo ejemplos de atrocidades, hasta reunir otro informe que presentó al comandante en jefe del ejército, Walther von Brauchitsch, el 15 de febrero de 1940. «Es una perversidad masacrar a unos 10.000 judíos y polacos, como se está haciendo ahora, puesto que, a la vista de la magnitud de la población, esto no valdría siquiera ni para acabar con la idea del Estado polaco ni para eliminar a los judíos. Antes al contrario, la matanza se desarrolla de una manera muy dañina, está complicando los problemas y hace que los polacos se vuelvan mucho más peligrosos», escribió. Blaskowitz afirmó asimismo que «la propaganda del enemigo» se beneficiaría de los asesinatos» y que «los actos violentos contra los judíos, cuando se cometen en público, no solo engendran el mayor de los disgustos entre los polacos más religiosos, sino que generan compasión por la población judía, ante quien el polaco, hasta ahora, se había mostrado más bien hostil». El peligro más grave era para los mismos alemanes, pues «la brutalización extrema y la degeneración moral se difundirán con gran rapidez, como una epidemia, entre un material humano precioso como es el alemán».[35]

En su informe Blaskowitz incluyó una larga lista de «casos típicos», reunida a través de sus subordinados. Eran atrocidades perpetradas siempre por la policía, la SS u otros miembros de la administración nazi. Iban desde la historia de una ejecución desmañada —en la que un polaco cayó herido, pero no muerto, a la fosa llena de cadáveres, y se puso a gritar que lo fusilaran otra vez, para poder terminar con el sufrimiento— a la descripción del episodio en el que se desnudó a 250 judíos para registrar si tenían objetos de valor, «con un frío endemoniado», y «los policías examinaron los genitales» de las mujeres en busca de tesoros ocultos.

El caso más horripilante quizá fueron los abusos a dos polacos, hombre y mujer en la veintena, por parte de fuerzas de seguridad alemanas. Tres soldados de la Wehrmacht habían sido testigos de los malos tratos y presentaron luego una queja oficial al respecto. Se acusó al hombre de haber disparado contra alguien, y a la mujer, de «esconder balas». Se les ordenó que excavaran sus propias tumbas, delante de una multitud local. Mientras cavaban, un policía empezó a aporrearlos con una pala y «golpeó a la mujer por detrás, en la zona del coxis, con todas sus fuerzas. La mujer, con lágrimas en los ojos y tono acusador, gritó en polaco: "¡Por favor, señor! ¡Si ya estoy haciendo lo que me dice!". Tras lo cual el agente de seguridad saltó a la fosa, delante de la mujer, y con el revés de la mano, protegida por un guante de cuero, le dio un golpetazo en la cara tan violento que sonó como un disparo [...] Ella cayó de espaldas, al fondo [de la fosa], y quedó con las piernas abiertas. Le chorreaba sangre a borbotones de la nariz y la cara [...] Intentando ponerse en pie, abrió las piernas y se le levantó la falda, de modo que podías ver que también tenía la ropa interior del todo empapada en sangre [...] Y entonces el agente de policía, que aún estaba en lo alto de la fosa, delante de ella, dijo: "Para colmo la tipa está menstruando y no me la podré empotrar"».

Era materia de pesadillas. Observemos cómo el policía, a impulso sin duda de la furia contra los dos «partisanos», consideraba que merecían aquel trato horrendo; desde su punto de vista eran también eslavos y, por lo tanto, eran indignos de una mayor consideración.

En cuanto a Blaskowitz, por fuerza tuvo que saber que, al hacer el catálogo de los horrores, estaba comunicándoles a sus superiores cosas que estos no querían saber. Aunque otros oficiales habían mostrado su indignación al contarles él las atrocidades que se cometían en Polonia, ninguno había querido planteárselas a Hitler. Heinrich Nolte había intentado hablar del asunto con su superior, el general Franz Halder, jefe del Estado Mayor del Alto Mando del ejército; pero fue en vano. «En una conversación privada, le expresé mi consternación y mi furia —escribió Nolte, después de la guerra—. "Esto no se debería tolerar, blablablá", dijo Halder, para calmarme. Pero al final cortó la conversación con algo así como: "Pero a ver, Noltecito, ¿tú qué quieres? Hay muchas otras cosas que son mucho peores. Y sobre esto, ahora, no se puede hacer nada"».[36]

Como era de prever, los acérrimos del nazismo despreciaban a Blaskowitz y otros oficiales de la Wehrmacht que se habían atrevido a quejarse por las acciones de las fuerzas de seguridad. Hans Frank, jefe del Gobierno General —el más extenso de los distritos polacos ocupados por los nazis— le expuso su descontento a Joseph Goebbels. Según escribió Goebbels en su diario, el 2 de noviembre de 1939: «Noche en casa de Frank. Describe sus dificultades. Sobre todo, con la Wehrmacht, que no actúa racialmente, sino con la blandenguería de un burgués. Pero al final triunfará Frank [...] Esos [polacos] han dejado de ser humanos, son animales. Por eso nuestra labor no es humanitaria, sino quirúrgica. Aquí es imprescindible tomar medidas, y que nadie se confunda: medidas radicales [...] De lo contrario, Europa perecerá por la enfermedad del judaísmo».[37]

Sin duda Blaskowitz era consciente de que, con sus protestas, perjudicaría su carrera. ¿Por qué protestó?, entonces. No porque estuviera en desacuerdo con la invasión de Polonia. Se refería a la forma en que se trataba a los polacos —judíos o no, por igual—, no a la decisión alemana de conquistar el país.

Las razones de la conducta de Blaskowitz, una vez más, se encuentran en la compleja relación existente entre la predisposición genética y las circunstancias culturales. La afirmación de que la resistencia posee un componente genético podría parecer extraña, pero la profesora Essi Viding, especialista en la psicopatología del desarrollo, argumenta que «al igual que en cualquier otra característica humana, a mí me sorprendería enormemente que [la resistencia] no tuviera una predisposición genética, por la que es más probable que ciertas personas se resistan, y otras, menos probable. No conozco ninguna característica humana que no muestre alguna influencia genética». Viding sostiene «no saber por qué la gente no quiere aceptar» que podemos estar predispuestos a tener el carácter que tenemos, cuando no vemos problema en aceptar que los «rasgos físicos» sí poseen una base genética.[38]

Además de esta «predisposición genética», es evidente que el entorno en el que Blaskowitz se formó debió influir en él. Su padre era pastor en la iglesia de un pueblo de la Prusia Oriental y se lo conocía como «el Blaskowitz Tonante», por el poder y la fuerza de sus sermones. Tanto el padre como el hijo eran de fe cristiana, muy arraigada; el general Blaskowitz se desplazaba con una biblia que leía cada noche.

Había nacido en 1883 y se formó como cadete en una academia prusiana y luego en la Escuela Central del Cuerpo de Cadetes, en Gross-Lichterfelde, cerca de Berlín. Durante estos años de formación del carácter, le enseñaron a ser leal, honorable y sacrificado. No olvidemos, sin embargo, que la misma educación no necesariamente crea siempre oficiales de principios firmes. Entre sus camaradas de Gross-Lichterfelde estaba también Walther von Brauchitsch, que, a principios de 1940, siendo comandante en jefe del ejército, atendió las quejas de Blaskowitz sobre las atrocidades cometidas en Polonia con el claro deseo de no haber sabido nada al respecto.[39]

La combinación de todos estos factores —la predisposición genética, la formación netamente cristiana en un pueblo de la Prusia Oriental, la formación en academias militares rigurosas y la situación a la que tuvo que hacer frente en Polonia— explica que actuara como lo hizo. Estas condiciones previas también limitaron el alcance de su resistencia. Así, eligió protestar, pero dentro de la estructura que había sido su vida durante muchos años: el ejército alemán. No salió de aquí, y tal vez no habría sido capaz.

Otras manifestaciones de protesta, de personas ajenas a aquel marco tan rígido, abordaron el disgusto de una manera muy distinta. En noviembre de 1939, mientras Blaskowitz reunía pruebas sobre las atrocidades de Polonia, otro alemán actuó mucho más directa y audazmente contra el régimen. Georg Elser, carpintero de treinta y seis años, intentó liquidar a Adolf Hitler con una bomba. Sabía que el 8 de noviembre el líder nazi pronunciaría un discurso en la Bürgerbräukeller de Múnich, por el aniversario del Putsch de la Cervecería, y fabricó un explosivo con la intención de ocultarlo entre la carpintería de la sala, cerca del rostro del orador. Durante varios días se escondió en la cervecería, aguardó a

19. Carteles en Berlín, antes de la primera vuelta de las elecciones presidenciales en marzo de 1932. El eslogan de la izquierda, bajo la cabeza de Hindenburg, significa: «¡Elegid a un hombre, no a un partido!». Evidentemente intentaba situarse en la posición superior de un estadista ya entrado en años y sin interés por las querellas habituales entre los partidos políticos.

20. La élite aristocrática alemana se sienta a tomar el té durante el tumultuoso año electoral de 1932. Desde la izquierda, en el sentido de las agujas del reloj: el canciller Franz von Papen, el ministro de Interior Wilhelm *Freiherr* von Gayl, el presidente Paul von Hindenburg y el ministro de Defensa, Kurt von Schleicher. De espaldas a la cámara, la figura suprema del funcionariado, Otto Meissner.

21. Adolf Hitler pronuncia un discurso electoral en aquel mismo año, 1932. La élite gobernante se enfrentaba al problema de que Hitler y los nazis, a diferencia de ellos, gozaban del apoyo de las masas. ¿Cómo lo solucionaron? En enero de 1933 nombraron canciller a Hitler, con la esperanza de tenerlo controlado. El plan no funcionó.

22. Adolf Hitler y el presidente Hindenburg se dan la mano poco después de que el primero fuera nombrado canciller alemán. Obsérvese que Hitler se muestra deliberadamente obsequioso, tanto en las maneras como en la vestimenta: lleva ropa de civil y no se le ve brazalete con la esvástica.

23. Cartel de 1933, con la cara de Hindenburg a la izquierda y la de Hitler, a la derecha. Está diseñado para transmitir la impresión de que el anciano héroe de guerra daba su bendición personal al nuevo canciller.

24. Uno de los acontecimientos más cruciales de los primeros años de gobierno del nazismo: el incendio del Reichstag, el 27 de febrero de 1933, por obra de un joven comunista neerlandés. Nada más quedar destruido el Parlamento alemán, los nazis aprobaron una legislación que anulaba los derechos humanos en el país.

25. Internos forzados a trabajar en el campo de concentración de Dachau, cerca de Múnich, en 1933. Durante este período Dachau, uno de los primeros campos de concentración del régimen, se usó principalmente para encarcelar a los enemigos políticos de los nazis.

26. Protesta masiva contra las atrocidades del nazismo, reunida en el Madison Square Garden de Nueva York, el 27 de marzo de 1933. Había unas 20.000 personas en el interior del estadio y muchas más manifestándose en el exterior.

27. El boicot nazi a los comercios judíos, del 1 de abril de 1933. Los líderes nazis afirmaron que era la simple reacción ante las recientes protestas e injerencias extranjeras; pero en realidad hacía tiempo que la persecución de los judíos formaba parte del núcleo de su ideología. [En el cartel: «¡Alemanes! ¡Defendeos! ¡No compréis a los judíos!»]

28. Cubierta de un calendario nazi para 1938, publicado por la Oficina del Partido para la Política Racial, que muestra a una familia idealizada. Ese «nuevo *Volk*» representaba el sueño de los nazis: un país poblado solo por «arios» sanos unidos en una «comunidad popular» (*Volksgemeinschaft*).

29. Otra imagen de la Oficina de Política Racial, publicada en el mismo año, 1938, muestra una faceta más siniestra de la política nazi: se lamenta por el elevado coste anual de mantener con vida a una persona con una «enfermedad hereditaria», y exhorta a los integrantes sanos de la *Volksgemeinschaft* con la frase: «Camaradas nacionales, ¡también es vuestro dinero!».

30. El coche de Adolf Hitler desfila entre multitudes, en Viena, el 16 de marzo de 1938. Imaginémonos como debió de haberse sentido durante este regreso triunfal a su patria, más aún después de haber demostrado que intentar la anexión (*Anschluß*) de Austria no era tan peligroso como algunos temían.

31. Nada más llegar los nazis a Austria, atacaron a los judíos del país. Aquí se obliga a unos judíos a fregar las calles mientras una multitud los contempla.

que cerraran y estuvo trabajando durante la noche para crear el escondrijo para su artefacto.

La bomba explotó según lo previsto, justo antes de las 21:30 del 8 de noviembre, y mató a ocho personas e hirió a muchas más. Pero Hitler escapó ileso. Las condiciones meteorológicas eran poco favorables para volver a Berlín en avión y el líder nazi decidió regresar en tren, por lo que adelantó la hora de su discurso. Sobrevivió por un formidable golpe de suerte.

A Elser no le acompañó la suerte. Con poca experiencia en la criminalidad, lo detuvieron cuando intentaba entrar en Suiza, en la misma noche del 8. Cuando los guardias de la frontera le registraron los bolsillos, encontraron toda clase de material incriminatorio, hasta una tarjeta postal de la Bürgerbräukeller. Aunque la Gestapo lo torturó repetidamente, Elser no cambió de versión: había actuado en solitario. El régimen quería proyectar en cambio la imagen de una conspiración, según la cual Elser formaba parte de un ambicioso complot organizado por la inteligencia británica.

Todas las pruebas recabadas desde entonces apoyan la idea de que nadie más participó en el atentado de Elser contra Hitler. Fue el clásico asesino solitario: un bicho raro con problemas de adaptación, que cambiaba a menudo de trabajo, no lograba mantener relaciones duraderas y tendía a pensar obsesivamente tanto en su situación personal como en la del país en su conjunto. En el pasado había votado a los comunistas, y le inquietaba el papel de los trabajadores en la Alemania nazi; pero su carácter introspectivo le impidió formar un grupo de resistencia. Por lo tanto, estuvo decidiendo por sí mismo qué había que hacer para salvar Alemania y su conclusión fue que se necesitaba una Alemania sin Hitler.

Al tipo del asesino solitario no es fácil detenerlo. Daba igual a cuántos grupos de la resistencia estuviera vigilando la Gestapo, nunca lo habrían detectado. Elser, pese a carecer de una educación formal de calidad, tenía clara una verdad crucial para sus fines: secreto es aquello que solo una persona sabe.

Elser también ejemplifica una realidad psicológica sobre la resistencia. La dispersión de las variables en una población numerosa —predisposición genética, crianza en la familia, educación y la gran diversidad de factores del entorno— se traduce en que, en palabras de la profesora Viding, «siempre encontrarás a pocas personas que ofrezcan una resistencia absoluta».

En este caso, el error que posibilitó el atentado —en lo que atañe a los nazis— no fue tanto la incapacidad de la Gestapo de encontrar a Elser antes de que empezar a construir la bomba como la seguridad deficiente de la Bürgerbräukeller. Al propio Georg Elser esto le daba igual: lo enviaron a un campo de concentración y lo ejecutaron poco antes de que la guerra terminara.

La protesta del general Blaskowitz siguió un rumbo distinto. A diferencia de Elser, él hundía sus raíces en una cultura con dos grandes pilares: la religión y el código militar. Su edad —cuarenta y nueve años cuando los nazis se alzaron con el poder, cincuenta y seis cuando empezó la guerra— nos indica que su concepción del mundo se había formado ya antes de que Hitler pudiera influir de ningún modo en su carrera.

Vale la pena destacar que un oficial como Blaskowitz nunca hubiera inquietado a Stalin: en la década de 1930 el líder soviético ordenó eliminar a todos los oficiales del Ejército Rojo cuya lealtad pudiera despertar la más mínima sospecha. En cambio, Hitler, según vimos anteriormente, decidió no hacer ninguna purga general del ejército alemán, antes que nada, porque pretendía iniciar una guerra de conquista y no deseaba arriesgarse a desestabilizar la estructura de mando. Esto suponía otros riesgos, desde su perspectiva: podía surgir un general que se sintiera en condiciones de protestar contra las acciones de los guerreros ideológicos del nazismo.

Pero en el caso de Blaskowitz, su propio origen limitaba su resistencia. Desde la adolescencia, y en toda la vida como adulto, había obedecido un código de honor de carácter colectivo, según el cual la única protesta posible era a través de la cadena de mando. Al igual que muchos oficiales de más edad, en un principio le costó creer que Hitler —el jefe de Estado ante el cual había prestado juramento de lealtad— estaba al corriente de los crímenes que se cometían en su nombre. Blaskowitz y sus colegas tendieron a ver el problema como una lucha por la atención de Hitler: solo si a Hitler se le comunicaban los detalles de lo que la SS estaba haciendo, las cosas quizá cambiarían.

La resistencia de Blaskowitz se centró exclusivamente en los acontecimientos de Polonia. Él desconocía que los colegas que seguían en Berlín se enfrentaban a lo que se les antojaba una amenaza existencial mayor: la decisión de Hitler de atacar la Europa occidental lo antes posible. En una fecha tan temprana como el 27 de septiembre de 1939 Hitler ya había reclamado que se hicieran «planes inmediatos» para un asalto hacia el oeste. Para los comandantes militares próximos, se trataba de una noticia devastadora. Desde el presente nos resulta difícil imaginar su conmoción porque hoy sabemos que la campaña, que se inició en mayo de 1940, se saldó con una victoria apabullante. Pero para comprender cómo se desarrollaron durante la guerra las mentalidades de quienes ocupaban posiciones de poder dentro del régimen, es preciso captar hasta qué punto interpretaban como una amenaza, en aquella fase, los planes de Hitler.

Las fuerzas armadas británicas y francesas, a diferencia de las polacas, representaban un obstáculo formidable. No solo disponían de muchos más carros blindados que los alemanes, sino que muchos de esos tanques eran superiores a los que la Wehrmacht podía poner en combate. La razonable conclusión de un gran número de expertos militares alemanes era que, para librar con alguna posibilidad de éxito una guerra en la Europa occidental, habría que esperar como mínimo a 1941; para otros, las fortificaciones francesas eran tan poderosas que solo 1942 era una opción realista.[40] En opinión del general Stülpnagel, según se recoge en el diario de guerra del Alto Mando de la Wehrmacht, «nuestros tanques pesados han recibido tal castigo en el este [en la guerra con Polonia] que primero necesitan una revisión minuciosa; el abastecimiento de equipos nuevos, en este momento, es insuficiente; y en cuanto a los vehículos de combate ligeros, no se los puede considerar adecuados para una guerra total».[41]

Británicos y franceses pensaban lo mismo. Tenían plena confianza en que, en un conflicto inmediato con ellos, la victoria caería de su parte. Los expertos de inteligencia militar de la Segunda Oficina francesa (Deuxième Bureau) creían que todo ataque de Hitler contra Francia resultaría en un «sacrificio humano enorme» para los alemanes, tal que incluso «podría acarrear la caída del régimen nazi».[42] Justo antes de que estallara la guerra, Winston Churchill había visitado a soldados franceses destacados en las fortificaciones de la Línea Maginot y quedó impresionado por su «tranquilidad y firmeza», mientras que las tropas alemanas que podía ver al otro lado de la frontera le parecieron «exhaustas o medio muertas de hambre, o quizá las dos cosas».[43]

Los dos generales más señeros de Alemania —Brauchitsch, comandante en jefe del ejército, y Halder, jefe del Estado Mayor del Alto Mando del ejército— estaban divididos. Por un lado, habían jurado ser leales a

Hitler y tanto la instrucción recibida como los siglos de tradición militar los convertían en leales sin reservas. Además, Brauchitsch tendía a encogerse bajo la presión de Hitler, y como su nueva esposa era acérrima del nazismo, en el hogar no hallaba ningún respaldo a una posible oposición a los planes de Hitler. Halder parecía situarse en una posición más firme, pero a él también le resultaba difícil desobedecer una orden directa del líder nazi. Frente a estos factores, estaba la convicción de que un ataque contra la Europa occidental estaba condenado al fracaso. En el mejor de los casos los llevaría a un punto muerto en el que se repetirían los horrores de la primera guerra mundial, un conflicto que los dos generales recordaban demasiado bien. En el peor de los casos supondría la destrucción de Alemania.

Este es el contexto de uno de los apuntes más asombrosos del diario de guerra de Halder, el 14 de octubre de 1939, tras una reunión con Brauchitsch: «Tres posibilidades: atacar, esperar o cambiar».[44] Estas cinco palabras abrían la puerta a algo insospechado: la rebelión. No sabemos con certeza a qué se refería Halder con la tercera posibilidad, «cambiar», pero quizá aludía a apartar a Hitler del poder (igual que Hindenburg y Ludendorff habían apartado al káiser durante la guerra pasada), o quizá incluso a que Halder consideraba viable arrestar a Hitler si ordenaba atacar Francia y los Países Bajos.[45]

Halder también sopesó varias opciones para frustrar los planes de Hitler, en conversaciones con otros generales y posibles partidarios de la resistencia tanto en la Abwehr (inteligencia militar) como el Ministerio de Exteriores. Brauchitsch, en cambio, temía las consecuencias de una acción radical y se asustó todavía más después de un encuentro calamitoso con Hitler, el 5 de noviembre. Cuando le dijo que el ejército no estaba preparado para atacar los países del este y arrojó dudas sobre el estado de ánimo de los soldados, el líder nazi se enfureció. Le encolerizó la sugerencia de que el ejército no estaba preparado y reclamó que lo pusieran al corriente de ejemplos específicos de los problemas que Brauchitsch mencionaba. El arranque fue tan extremo que Brauchitsch se marchó hundido. Él no participaría en ningún intento para derrocar a Hitler y, más aún, le angustiaba que el líder nazi supiera —o por lo menos intuyera claramente— que diversos altos oficiales se estaban conjurando en contra de él.

Entre tanto Halder había descubierto que, a pesar de que algunos generales compartían el punto de vista de que atacar la Europa occidental era una «locura»,[46] parecía haber un problema insuperable. Pues incluso si los altos mandos del ejército aceptaban quebrantar su juramento y derrocar a Hitler, no podrían contar con el apoyo de sus hombres. Según las palabras que un general del cuerpo blindado escribió en la posguerra, habría sido «fútil» intentar amotinarse porque «la mayoría de los soldados jóvenes» creía ciegamente en Hitler.[47]

Una vez más nos encontramos con una brecha en las mentalidades, entre, por un lado, la vieja guardia —que había formado sus concepciones, en gran parte, antes de que Hitler se alzara con el poder— y los que habían venido después y ya habían sido «educados» por el régimen. Oficiales como Halder y Brauchitsch sentían una intensa lealtad hacia el ejército como institución. Cuando pensaban en «Ellos y Nosotros», en los momentos de nerviosismo, podían sentir la tentación de clasificar al ejército como «Nosotros» y a Hitler y los nazis como «Ellos». Pero en la mente de los soldados más jóvenes, este conflicto no existía. Se habían criado en un sistema que predicaba que Hitler, innegablemente, formaba parte del «Nosotros».

Otro problema con el que la resistencia se encontró fue la reacción de la opinión pública ante el atentado fallido de Elser, el 8 de noviembre de 1939. Los informes del SD y la policía local hicieron hincapié en que el intento de asesinato había provocado mucha indignación. «Casi toda la población se ha sentido enojada por este acto odioso. Se ha escuchado repetidamente: "Está claro que Dios está de parte del Führer y es un gran alivio que no le haya pasado nada"», decía un informe típico, en este caso de la policía de Waischenfeld.[48]

No menos significativa era la motivación que subyacía a ese posible motín. Halder y Brauchitsch no actuaban en respuesta a sus principios. A diferencia de Blaskowitz, ellos no habían decidido que había que plantarse y frenar las atrocidades que los civiles inocentes estaban sufriendo en Polonia. Lo que a ellos les preocupaba era una cuestión puramente práctica: si el ejército libraba una campaña en el oeste, perderían. En teoría les complacía la idea de corregir Versalles derrotando a los franceses; pero no estaban de acuerdo en las fechas. No eran mártires, sino pragmáticos. Esto los situaba de pleno en la corriente central de la experiencia humana.

Aunque a principios de 1940 Brauchitsch se mostró dispuesto a plantearle a Heinrich Himmler las quejas de Blaskowitz, luego se conformó con unos pocos clichés del líder de la SS. Es revelador que Brauchitsch y muchos de sus colegas se enojaran más por otra instrucción de Himmler. A finales de octubre de 1939, en la que se conoció como «Orden de la procreación», Himmler había escrito que los soldados debían hacer cuanto pudieran para dejar un hijo tras de sí. Debían «procrear» con independencia de si se habían casado o no. Pero según reconoció el propio Himmler en una instrucción dirigida a «toda la SS y la policía», con fecha de 30 de enero de 1940, lo anterior había sido «malinterpretado por algunos». Había quien interpretaba que «se pedía [a los hombres de la SS] que flirtearan con las esposas de los soldados que combatían en el campo de batalla». Aunque afirmó sentirse escandalizado por la mera sugerencia de que las mujeres alemanas no actuaban por sí mismas como «guardianas de su honor», declaró de forma inequívoca —para la complacencia de Brauchitsch y otros militares— que «la mujer de un camarada es tabú».[49]

La polémica tuvo continuación dos años después, cuando el jefe del tribunal de la SS escribió a Himmler para solicitar una aclaración. «Últimamente el número de casos en los que personal de la SS y la policía han mantenido relaciones sexuales con esposas de soldados reclutados para el frente se ha incrementado», decía la carta. Pero la culpa no debía atribuirse siempre a la SS, puesto que «las mujeres se lo ponen muy fácil a los jóvenes». También se citaba un caso en el que el hombre de la SS «tenía la intención de casarse con la mujer, que se divorciaría». La pregunta que se planteaba era pues qué debía hacerse si «se desarrolla una verdadera relación romántica, con planes de matrimonio serios».[50]

Seis semanas después, en marzo, Himmler fue explícito: «No todas las infracciones merecen un castigo legal. Dependerá siempre del caso», dijo.[51] Esto, por supuesto, no era lo que se le había prometido a Brauchitsch dos años antes. Pero desde entonces las cosas habían cambiado significativamente: Brauchitsch se había retirado después de sufrir un infarto, en diciembre de 1941; el ejército alemán libraba una batalla a vida o muerte en las estepas rusas; y la SS cometía atrocidades a una escala incomparablemente superior a la de las perpetradas en Polonia en 1939.

Himmler, aunque a principios de 1940 hubiera recurrido a los clichés para calmar a los jefes militares disgustados con la SS, no por ello modificó su posición ideológica con respecto a los polacos. Antes al contrario: insistió en la línea dura, porque no pretendía únicamente aterrorizar a la población polaca; su objetivo era ejecutar una de las mayores operaciones de limpieza étnica de la historia. Tras el acuerdo con Stalin, negociado por Ribbentrop, cayeron bajo control soviético los Estados del Báltico y otros territorios de la Europa oriental con una numerosa población de alemanes étnicos. Himmler y Hitler, en su búsqueda de la sangre «racialmente pura», querían «rescatar» a esos núcleos de las garras de los bolcheviques. Tras haber sido nombrado, en octubre de 1939, Comisario del Reich para la Consolidación de la Nacionalidad Alemana, Himmler organizó el transporte de decenas de miles de esos alemanes étnicos —unos 60.000, tan solo en Estonia y Letonia—, a los que reubicó en Polonia.

Para hacer sitio para los alemanes étnicos, los alemanes deportaron en menos de dos años a más de 200.000 polacos, a los que enviaron al Gobierno General, en la zona oriental del país. El sufrimiento de esos polacos fue inmenso. A Franz Jagemann —a quien conocimos en un capítulo anterior, cuando revelaba sus grandes objeciones a la vida en las Juventudes Hitlerianas— lo reclutaron como intérprete asistente, para ayudar a la SS en la deportación de los habitantes de poblados enteros. Al principio, las ambigüedades estudiadas del lenguaje nazi lo engañaron: «Todo lo expresaban con mucho cuidado. Te decían cosas como que a tal o tal otra persona había que "evacuarla", pues debía ceder el sitio a un alemán, pero te lo decían de un modo que no te podías imaginar la realidad que yo viví luego».[52]

Desde los primeros días, el régimen nazi había usado eufemismos para ocultar la brutal verdad de sus acciones. De los presos recluidos en los campos de concentración se decía que estaban en «prisión preventiva» para posibilitar su «reeducación». Pero tras el estallido de la guerra, con el incremento en el número de las atrocidades, la cantidad de los eufemismos también se disparó. Hasta la fase del Holocausto, casi todas las acciones poseían un término de camuflaje propio. A los judíos no se los «deportaba», sino que formaban parte de un «reasentamiento»; de las personas a las que se iba a asesinar se decía que recibían un «trato especial». Cuando se había asesinado a 97.000 judíos, cierto informe afirmaba insulsamente que se los había «procesado».[53] El eufemismo más conocido, por supuesto, fue el nombre con el que los nazis designaron el Holocausto: «Solución Final a la Cuestión Judía».

Utilizar eufemismos reportaba ventajas evidentes. Según ha señalado Maria Otero Rossi, esto «simplifica» la «posterior negación» de los crímenes.[54] Así, quien examinó los documentos en la posguerra no hallaba mención del asesinato de los judíos, solo de que se les daba un «trato especial». Esta estratagema, en nuestros días, aún facilita la tarea de los negacionistas del Holocausto.

Optar por un lenguaje anodino también suponía otro beneficio para los nazis, de mayor profundidad psicológica. En palabras del profesor Albert Bandura, los eufemismos ayudan a los perpetradores a «distanciarse» de sus actos y «despersonalizarlos». Existen incluso pruebas psicológicas de que «la gente se comporta con mucha más crueldad cuando las acciones de asalto reciben una etiqueta saneada que cuando se las denomina agresiones».[55]

Esta técnica de distanciamiento moral, sin embargo, no funcionaba para todo el mundo. No impidió, por ejemplo, que Franz Jagemann se sintiera devastado al ser testigo de la deportación de los civiles polacos expulsados de sus hogares. «Pateaban a la gente, les daban puñetazos, los amenazaban con una pistola en la cara —recordaba—. Eran puras redadas policiales».

Se cargaba a los aldeanos en camiones que se alejaban del poblado y luego «la SS se apoderaba de las pinturas de los santos católicos, las arrancaba de las paredes junto con los exvotillos, estatuillas y demás, y los arrojaban a un montón en algún patio, astillándolos. Luego los cubrían de paja y le prendían fuego al conjunto. Era una especie de apropiación simbólica, una "descatolización" y una "despolaquización". Como decir: "Se ha acabado el gobierno de los polacos"». Una vez concluidas las deportaciones y la destrucción asociada, los hombres de la SS se dejaban caer por alguna taberna cercana para «agarrar una buena cogorza». Según recordaba Jagemann, «los hombres de la SS siempre estaban muy satisfechos consigo mismos porque, desde su perspectiva, gracias a la brutalidad implacable habían demostrado quién mandaba aquí».

Jagemann tuvo un poderoso sentimiento de «horror» ante los movimientos de la SS y, según cuenta, organizó una pequeña acción de resistencia. Descubrió cuándo y dónde se iban a producir las siguientes deportaciones e intentó «enviar un aviso» a los poblados concernidos. Si asumió este riesgo fue por una razón clara: por su ascendencia medio polaca, se sentía en conflicto. ¿Qué era él? ¿Era polaco o era alemán? ¿Quiénes éramos «Nosotros», quiénes eran «Ellos»? La respuesta, a medida que participaba en aquellas brutales acciones de limpieza étnica, fue que Jagemann empezó a decantarse hacia el lado polaco.

Una vez, durante una deportación, Jagemann cuenta que intentó «decirle palabras tranquilizadoras» a una joven, a la que también indicó:

«Yo soy uno de vosotros». Y «al ver que esto parecía ayudar a aquella gente que se hallaba en una situación tan desesperanzada, volví a hacerlo. Hasta que un día me quedé de piedra cuando uno de ellos dijo de mí: "Es uno de los nuestros". Y lo dijo sin resquemor ni malicia, sino en un tono casi respetuoso».

Esto no quiere decir que Jagemann se consideraba un valiente; antes al contrario, en la posguerra se reprochó no haber mostrado más coraje. «A veces te sentías mal contigo mismo. Dejabas de gustarte a ti mismo», dijo.[56]

Estas deportaciones eran solo una parte de la visión que los nazis tenían sobre Polonia. Para ellos el país era una especie de colosal vertedero racial del que podía salvarse poco; un vasto experimento de separación del «Ellos» en beneficio del «Nosotros». Los criterios eran simples. Los rasgos de carácter, inteligencia o educación, o el hecho de ser inocente de cualquier crimen o delito, carecían del todo de importancia. A los administradores nazis tan solo les importaba valorar la composición racial de los habitantes.

«Seamos claros —dijo Himmler en una reunión con diversos Gauleiter nazis, el 29 de febrero de 1940—. Yo creo que nuestra sangre, la sangre nórdica, es la mejor de todo este planeta [...] Somos superiores a todo y a todos. En cuanto nos liberemos de inhibiciones y restricciones, no habrá nadie que pueda superarnos en cualidades y fortaleza». Como la «sangre nórdica» era a su juicio tan claramente superior, los nazis debían buscar personas que, sin vivir a la sazón en territorio del Reich, poseyeran no obstante «esta sangre sin igual en la Tierra», para llevarla a Alemania: «ahora que ha llegado la hora en la que somos fuertes, tenemos que conseguir traer de regreso toda nuestra sangre, hacer todo lo que esté en nuestras manos para asegurarnos de que ninguna sangre nuestra vuelve a perderse nunca más en el exterior».[57] Con este fin de «traer de regreso toda nuestra sangre», Himmler ordenó secuestrar y criar como alemanes a los niños polacos a los que «racialmente» se considerase aceptables.

El fanatismo racial de Himmler era tan extremo que incluso si cometías un delito penado por los nazis con la ejecución, podían salvarte si tu «raza» se incluía en la clase «nórdica». Así les sucedió a una serie de trabajadores polacos que mantuvieron relaciones sexuales consentidas con alemanas. En teoría todo polaco que cometiera ese «delito» quedaba condenado a muerte, pero en 1941 la orden se modificó de modo que todo perpetrador que «mostrara elementos de la raza alemana» y exhibiera un carácter «favorable» podía escapar a la ejecución. Si un polaco aprobaba el consiguiente examen racial —que incluía un reconocimiento físico, con especial atención a los pómulos y el color del pelo y de los ojos—, se lo enviaba a un campo de concentración para una «estancia breve» y después se lo «germanizaba».[58] En cambio, si los pómulos y el pelo no estaban a la altura de lo exigido, se lo asesinaba. Tu «raza» lo era todo.

En paralelo a la reorganización racial de Polonia, los nazis implantaron otra medida que también causó sufrimientos atroces: acciones de «eutanasia» contra los discapacitados. Este proyecto letal aún no ha alcanzado el grado de divulgación pública que merecería. En parte se debe a que aquellos asesinatos quedaron empequeñecidos por la enormidad del Holocausto, pero también es consecuencia de la efectividad de otro de los eufemismos: el hecho de referirse a la operación como una «eutanasia» de los discapacitados daba a entender que las muertes incluían un componente de consentimiento. En realidad, nunca lo hubo, sino que era un programa de asesinato deliberado de una selección de civiles discapacitados del todo inocentes. Su desgracia fue que el Estado nazi los consideraba una «carga».

Las acciones «eutanásicas» también son importantes para comprender mejor las mentalidades de quienes más adelante planearon y pusieron en práctica el Holocausto. En efecto, muchos de los mecanismos psicológicos que se usaron para facilitar el asesinato de los discapacitados fueron empleados más adelante por los asesinos en los campos de exterminio.

En un capítulo anterior vimos cómo, aunque Hitler aprobó una legislación que permitía esterilizar a una selección de alemanes discapacitados, en realidad siempre había aspirado a medidas más radicales.[59] A medida que la guerra se acercaba, en el verano de 1939, se le presentó una ocasión que no desaprovechó. Philipp Bouhler, jefe de la Cancillería del Führer, le mostró a Hitler la carta del padre de un bebé nacido con una discapacidad grave; el padre pedía poder dar muerte al bebé como un acto de «compasión». Hitler se mostró de acuerdo y utilizó el caso para desarrollar el «proyecto de eutanasia infantil».

Tres médicos examinarían por separado los informes relativos a cada caso y concluirían valorando el expediente con un más o un menos. Dos o más signos de menos equivalían a sentenciar a muerte al niño. De este modo, la responsabilidad de la decisión quedaba compartida entre varios médicos. Con cierta semejanza a un pelotón de fusilamiento, donde ninguno de los tiradores puede sentirse culpable en exclusiva de la muerte del condenado, ningún médico cargaba en solitario con la culpa de haber matado a un niño. Esta difusión de la responsabilidad ofrece unos beneficios psicológicos evidentes.

No todos los médicos fueron favorables al plan de asesinar niños. Entre los que no participaron alegremente figuraba el doctor Friedrich Hölzel, que trabajaba para uno de los mayores entusiastas del plan: el doctor Hermann Pfannmüller. Este nazi infame dirigía el hospital mental de Eglfing-Haar, en Baviera. En una carta dirigida a Pfannmüller, el doctor Hölzel afirmó que a pesar de que las «nuevas medidas» eran «convincentes», eran «dos cosas distintas considerar del todo acertadas las medidas del Estado y ejecutarlas uno mismo hasta las últimas consecuencias». Se sentía «de algún modo, ligado emocionalmente» a los niños, y concluyó la carta reconociendo que él era «demasiado débil para esa labor».[60]

Fijémonos de nuevo en cómo Hölzel se refugió en los eufemismos: los asesinatos eran «nuevas medidas» o simplemente una «labor». También es relevante que no criticaba la corrección del plan, solo exponía la propia incapacidad para ponerlo en práctica. Cuando se inició el Holocausto, los integrantes de los pelotones de fusilamiento emplearon excusas similares para no tener que ejecutar a los judíos.[61]

Poco después de haber autorizado el asesinato de una selección de niños discapacitados, Hitler ordenó ampliar el proyecto a los adultos. Esto representaba varias «dificultades» para los asesinos. A los niños se les había dado muerte o bien con medicamentos —por ejemplo, una sobredosis de luminol— o la inanición. Pero estos recursos no eran suficientes para los adultos que se preveía que se seleccionaría para las «nuevas medidas», pues sumaban una cantidad muy superior. En busca de otra forma de matar, los funcionarios empleados en los planes eutanásicos contactaron con un científico, el doctor Albert Widmann, que a sus veintisiete años dirigía el Instituto Técnico Criminal.

A Widmann le dijeron que había que matar a «animales con forma humana» y que debía aportar ideas sobre cómo hacerlo. La primera sugerencia fue bombear monóxido de carbono en las salas de hospital, para gasear a los pacientes mientras dormían.[62] Pero sellar herméticamente las salas no era viable, desde un punto de vista práctico, por lo que el plan se modificó. A los discapacitados seleccionados se les indicaría que debían ducharse y en la sala de las duchas no se los rociaría con agua, sino que se bombearía el monóxido de carbono.

Se trata de un momento crucial no tan solo en la evolución del proceso de asesinatos masivos del nazismo, sino en la forma en que los asesinos podían lidiar mentalmente con su trabajo. El gaseo en las duchas falsas les ofrecía un elemento vital: distancia. Los estudios psicológicos han demostrado que resulta mucho más fácil matar desde la distancia que en la inmediatez. Según vimos anteriormente en el contexto de la primera guerra mundial, apuñalar con una bayoneta a una víctima a la que miras a los ojos es mucho más duro que lanzar un proyectil de artillería desde varios kilómetros de distancia.[63]

La ventaja adicional de matar mediante la artillería es que el acto no se comete como individuo: se forma parte de un equipo y eso proporciona «absolución de grupo». Este proceso es tan liberador, psicológicamente, que un experto escribió que «en mis años de investigación y lectura sobre el tema de dar muerte a otros en combate, no he encontrado ni un solo ejemplo de personas que se hayan negado a matar al enemigo en estas circunstancias, ni he encontrado tampoco un solo caso de trauma psiquiátrico asociado con esta clase de muerte».[64] En el caso de la «eutanasia» era similar. Al pasarse de inyectarles a los niños productos químicos letales a enviar a los adultos a lo que se fingía que eran unas duchas y abrir la válvula del gas, los implicados habían logrado que, psicológicamente, cometer su crimen fuera más sencillo.

La invención de la cámara de gas disfrazada de ducha ofrecía aún otras ventajas psicológicas para los asesinos. Cuando se llevaban a los niños para ponerles la inyección letal, había casos de protestas y ruegos, que bien podían afectar emocionalmente a las enfermeras y los médicos implicados. Con el sistema aplicado a los adultos, en cambio, el equipo médico se «ahorraría» los disgustos, a condición de que las víctimas creyeran que iban a ducharse hasta el momento mismo de empezar a inhalar el gas venenoso. Sin embargo, a medida que iban haciendo ese trabajo, no todos los discapacitados elegidos como objetivo por los nazis seguían ignorando cuál iba a ser su destino. A la postre resultó imposible mantener en secreto los asesinatos. Se produjeron escenas desgarradoras, en las que pacientes seleccionados para llevarlos a los centros de «eutanasia» rogaban y gritaban: «¡Yo quiero vivir, yo quiero seguir viviendo!».[65]

La mentalidad de los asesinos de la eutanasia se parecía, en muchos aspectos, a la de los posteriores perpetradores del Holocausto. El rasgo más notable era la poderosa convicción, entre el equipo médico, de que sus actos estaban justificados. Seguían el argumento de Hitler, quien, en una reunión sobre el programa de eutanasia de los adultos, había afirmado que era correcto destruir las «vidas indignas de ser vividas». Para abundar en que no valía la pena vivir esas vidas, dibujó un panorama repulsivo de enfermos mentales que se comían «sus propios excrementos» y dormían en el suelo porque «no paran de hacerse las necesidades encima».[66] Este tipo de retórica facilitaba que los implicados creyeran que estaban matando casi por compasión.

Algunos implicados en los asesinatos siguieron haciendo protestas de inocencia incluso muchas décadas después de la guerra. El doctor Georg Renno, que trabajó en el centro de «eutanasia» de Hartheim, en Austria, afirmaba aún en 1997: «No me siento culpable, como pueda sentirse el que ha disparado contra alguien o así. Después de ver cómo se moría la gente, me dije a mí mismo que no era ningún calvario. Más bien yo diría, entre comillas: "Era un alivio"». Cuando dijo estas palabras Renno contaba noventa años. Los crímenes de su pasado los miraba con la tranquilidad suficiente como para sostener: «El paso a la eternidad lo voy a dar con toda confianza».[67]

Werner Dubois, un integrante de la SS asignado al programa de eutanasia, rememoraba que a él y un colega les «habían enseñado fotografías de casos graves de enfermos mentales» y les dijeron que participarían en un proyecto de muertes «por compasión».[68] También les informaron de que sus acciones suponían un beneficio económico porque «se están gastando miles de millones de Reichsmarks en personas incurables, y los médicos y las enfermeras dedican mucho tiempo a cuidarlos, cuando en otros ámbitos hay mucha necesidad de ese personal y ese dinero».[69]

Los elegidos para dirigir estos centros de asesinato, en muchos casos, no solo eran nazis acérrimos, sino también personas muy jóvenes para el grado de responsabilidad que el trabajo entrañaba. El doctor Horst Schumann contaba tan solo treinta y tres años cuando lo nombraron director del centro eutanásico de Grafeneck; el doctor Rudolf Lonauer tenía la misma edad cuando se le confió el de Hartheim, en Austria; y el doctor Irmfried Eberl era todavía más joven —solo veintinueve años— cuando se le encomendó presidir el equipo de la unidad de eutanasia de Brandemburgo.

Eberl, en particular, era un fanático del nazismo. Mientras estudiaba en la universidad había imitado la apariencia de Hitler, tanto en el bigotito recortado como en la mirada penetrante. Tamb ı odiaba a los cristianos y a los judíos y había escrito una parodia del padrenuestro, con versos como: «Irrelevante sea tu nombre. Destruyamos nosotros tu Reino» o «No dejes a los camaradas caer en la tentación, y líbranos de todo judío y todo cura».[70]

Otro médico que participó en el programa eutanásico calificó a Eberl de «muy vanidoso y arrogante», «un engreído que se creía mejor y más capaz que los demás».[71] Las circunstancias se habían conjuntado para ofrecerle una ocasión de destacar entre los nazis y Eberl aprovechó la ocasión para demostrar su valía. Al igual que muchos de los implicados en el asesinato de los discapacitados, más adelante Eberl también interpretó un papel destacado en el Holocausto.

Los discapacitados de Polonia fueron uno de los primeros blancos de los nazis. A finales de septiembre de 1939 los Einsatzkommandos ya estaban matando a pacientes polacos en la Prusia Occidental. Aunque estos polacos discapacitados perdieron la vida por efecto de la ideología nazi, su muerte también guardó relación con las transferencias demográficas que estaban sembrando el caos en el país, pues varios edificios que quedaron vacíos tras los asesinatos se utilizaron para alojar a los alemanes étnicos que iban llegando en busca de una nueva vida.

En Polonia también se realizaron experimentos de gaseo en los que se empleó un método novedoso para la transmisión del gas. Como resultaba caro trasladar a los discapacitados polacos a los centros de asesinato de Alemania, se halló la manera de llevar el aparato letal hasta ellos. Herbert Lange, un oficial de la SS, de treinta años, fue el pionero en el uso de las cámaras de gas móviles: los camiones de gaseo. Los hombres de Lange realizaban una ruta entre los hospitales mentales del Warthegau, en Polonia, con un camión decorado con una inscripción de la «Kaiser's Kaffee-Geschäft» (Compañía Cafetera de [Josef] Kaiser). Recogían a los pacientes seleccionados, los apiñaban en la parte trasera del camión y los gaseaban.[72]

Lange y sus hombres empezaron a trabajar el 7 de diciembre de 1939, cuando llegaron con el camión de gaseo al psiquiátrico de Dziekanka, unos cincuenta kilómetros al noreste de Poznań. A lo largo de tan solo unas pocas semanas mataron a más de un millar de pacientes de la zona; después se marcharon a otros lugares, a seguir asesinando a otros varios miles. Recurrían a una fuerte ingesta de alcohol para facilitarse la tarea: después de «hacer limpieza» en el frenopático de Warta, en abril de

1940, los hombres de la unidad de Lange bebieron hasta perder el conocimiento.[73]

Al igual que al doctor Eberl, volveremos a encontrarnos con Herbert Lange y su camión de gaseo. Mientras Lange, Eberl y sus colegas de la SS asesinaban a miles de personas discapacitadas en cámaras y camiones de gas, los generales alemanes seguían centrados en sus propias preocupaciones; principalmente, en impedir que Hitler destruyera Alemania con la invasión de Francia. Como la rebelión no se consideraba una opción viable y era imposible lograr que Hitler cambiara de opinión, su único recurso pasaba por intentar demorar el ataque. El mal tiempo se convirtió en una de sus excusas más efectivas. Toda una serie de fechas para la invasión se fueron anunciando y luego cancelando.

En aquel momento Hitler no lo sabía, pero esto supuso un primer golpe de suerte en lo que terminó siendo toda una racha de buena fortuna. Los planes de noviembre de 1939 para la invasión de la Europa occidental se traducían en poco más que una repetición de la campaña fallida de 1914, por lo que los generales acertaban al prever que el asalto sería un fracaso. Pero entonces ocurrió algo sorprendente: como los generales sabían que el ataque contra el oeste resultaba inevitable, empezaron a sopesar otras posibles concepciones de la campaña, en especial una más imaginativa.

Esta nueva idea —defendida, ante todo, como es sabido, por el general Erich von Manstein—[74] optaba por un avance poderoso hacia el sur, a través del bosque de las Ardenas, en dirección a la ciudad francesa de Sedán, a orillas del río Mosa. Una vez que cruzaran el río, las fuerzas alemanas podrían barrer las llanuras del norte de Francia hasta alcanzar el mar. Allí se reunirían con el segundo grupo de ejércitos implicado en el ataque, al cual se le encomendaba desplazarse hacia el oeste por la ruta de invasión «tradicional», que partiendo de Alemania atravesaba los Países Bajos y Bélgica. «Se trata de una operación cuyo riesgo logístico carece de precedentes —afirmó un experto tras estudiar los planes de forma detallada—. La apuesta puede valer una victoria total [...] pero también se arriesga a una derrota catastrófica, de lo cual son plenamente conscientes».[75]

La «apuesta» requería que las fuerzas Aliadas no detectaran el paso de las tropas alemanas por el bosque de las Ardenas. Si las descubrían durante la travesía de esa zona —donde eran vulnerables a los ataques aéreos—, era casi seguro que los alemanes perderían la guerra. Sin embargo, a Hitler el plan le entusiasmó. Como líder era muy dado a asumir riesgos y la apuesta le salió bien.

Británicos y franceses, en gran parte debido a una mezcla de incompetencia y de autocomplacencia, no reaccionaron a los movimientos de los alemanes por las Ardenas hasta que ya era demasiado tarde. La conmoción psicológica que provocó la aparición de unidades blindadas alemanas en Sedán, sumada a un devastador ataque de los bombarderos en picado modelo Stuka, provocaron el tristemente famoso «pánico de Bulson»: el 13 de mayo de 1940, las unidades del ejército francés dieron media vuelta y huyeron. A las 7:30 de la mañana del 15 de mayo, Paul Reynaud, el primer ministro de Francia, llamó por teléfono a Winston Churchill para decirle con dramatismo: «Nos han derrotado».[76] Fue una victoria increíble para los alemanes, transcurridos tan solo cinco días del inicio de su ofensiva. Los franceses no firmaron el armisticio con los alemanes hasta el 22 de junio, pero para ellos la guerra había concluido mucho antes.

Imaginemos cómo se sentirían, en este momento, los generales alemanes. En su intento de conquistar Francia en la anterior contienda mundial, habían quedado atrapados en una espantosa guerra de desgaste, que se libró en las trincheras durante cuatro años. Ahora en cambio habían derrotado a los franceses en cuestión de días. Era casi inconcebible. El diario de guerra de Halder, en los primeros meses de 1940, contiene numerosas referencias a las inquietudes y la angustia de los generales; una entrada del 25 de febrero lleva como título una sola palabra: «Preocupaciones». Hitler, por el contrario —incluso durante la dificultosa fase de planificación de la campaña, aquella primavera— siempre se había mostrado «manifiestamente seguro de la victoria».[77]

No es preciso haber estudiado la psicología del liderazgo para comprender las inmensas consecuencias de lo que Hitler acababa de lograr. Había demostrado estar en lo cierto; en cambio sus detractores en el generalato se habían equivocado. Los generales alemanes recordarían este momento en las ocasiones posteriores en las que tuvieron la tentación de poner en duda el criterio de Hitler. Llegados a aquel punto, ¿no era más razonable imitar lo que Göring, Himmler, Goebbels y los demás nazis llevaban años haciendo: tener fe en el Führer?

El efecto que la derrota de Francia tuvo en la psique de millones de alemanes no se puede exagerar fácilmente. A consecuencia de la victoria, la resistencia ante Hitler se tornó más difícil que nunca. El desfile triunfante en Berlín, el 6 de julio, era distinto a todo lo visto hasta el momento, con multitudes que gritaban delirantes de felicidad. ¿Quién podía oponerse a Hitler, en esas circunstancias?[78]

10

Intensificar el racismo

A primera hora de la mañana del domingo 22 de junio de 1941, los alemanes y sus aliados iniciaron la guerra mayor y más sangrienta de la historia del mundo. Casi cuatro millones de soldados se adentraron en territorio soviético, con tres puntas de lanza colosales cuyos objetivos eran los Estados del Báltico, Moscú y Ucrania.

Al igual que en la guerra contra Polonia, iniciada algo menos de dos años antes, por detrás de las unidades de combate entraron en el territorio enemigo los comandos letales de los Einsatzgruppen. Pero en este nuevo conflicto cometieron atrocidades de una escala aún mayor y perpetraron una orgía de odio cuya sed de sangre carecía de paralelos. Los pelotones de la muerte del nazismo asesinaron a bastante más de un millón de personas, llegando quizá hasta el millón y medio. Fueron asesinatos cometidos de cerca, ejecutados en circunstancias que no permitían a los carniceros distanciarse de sus actos; asesinatos íntimos, en los que quienes manejaban las armas se manchaban de sangre, sesos y fragmentos de hueso.

Los nazis confiaban en que esta guerra iba a ser un gran ajuste de cuentas. Desde la perspectiva de Hitler, la Unión Soviética acogía una doble amenaza: los bolcheviques y los judíos. Además, creía que «los gobernantes de la Rusia actual son delincuentes comunes con las manos manchadas de sangre», la pura «escoria de la humanidad». Exagerando aún más sus exageraciones habituales, no vaciló en afirmar que eran los responsables del «régimen más cruel y tiránico de todos los tiempos».[1]

Hitler estaba tan ansioso por enfrentarse a esa «escoria» que decidió que Alemania libraría una guerra en dos frentes. El plan original había consistido en ganar primero el conflicto de la Europa occidental para luego volverse contra Rusia. Pero como Gran Bretaña se negaba a capitular, la guerra occidental todavía seguía en marcha. Intentó convencer a sus generales de que derrotar a Stalin contribuiría a hacer caer a los británicos, con el argumento de que los británicos confiaban en que, en algún momento, podrían aliarse con los soviéticos. Pero el argumento no era sólido: la gran esperanza de Gran Bretaña era Estados Unidos, no la Unión Soviética. Los británicos creían que los salvaría Roosevelt, no Stalin.

El conflicto había sido racista desde el mismo momento en que los tanques alemanes cruzaron la frontera de Polonia, el 1 de septiembre de 1939; pero ahora el racismo se intensificaría hasta un nivel inaudito. Hitler anunció abiertamente a sus mandos militares que la guerra contra la Unión Soviética sería «una guerra de exterminio» y ordenó que, cuando los alemanes se encontraran con los líderes políticos del Ejército Rojo (los «comisarios») y con la «*intelligentsia* comunista», debían matarlos en el acto, sin hacer prisioneros. Consideró vital que sus hombres recordaran que «un comunista no es nunca un camarada, ni antes ni después de la batalla». En consecuencia, los comandantes alemanes «deben hacer el sacrificio de dejar atrás los escrúpulos personales».[2]

Aun a pesar de la radicalidad de las palabras de Hitler, los generales apenas protestaron. Estaban al corriente de las atrocidades que se habían producido —y seguían produciéndose— en Polonia. Esa sería la base sobre la que se juzgarían las nuevas barbaridades. Los principios caballerescos de la guerra se habían dejado de lado tiempo atrás y, si uno no se había amotinado en protesta por los actos de las fuerzas de seguridad en Polonia, ¿por qué iba a amotinarse ahora? Menos todavía cuando el prestigio de Hitler como líder militar estaba más alto que nunca, gracias al triunfo en el frente del oeste, el año anterior.

Pero había una segunda razón por la que los generales de Hitler no objetaron a la mencionada «guerra de exterminio»: muchos compartían los prejuicios raciales contra los habitantes de la Unión Soviética. «La historia de todas las guerras rusas pone de manifiesto que el ruso, como combatiente, es analfabeto y medio asiático, y piensa y siente de un modo distinto [al nuestro]», escribió el general Blumentritt, del Cuarto Ejército.[3]

El coronel general Küchler fue aún más franco. Dos meses antes de la invasión escribió: «Existe un profundo abismo que nos separa de Rusia, en la ideología y la raza». Consideraba importante recordar que «combatimos contra soldados que son de otra raza».[4] Otro mensaje para las tropas, firmado por el coronel general Falkenhorst, advertía de que «el ruso» era «un maestro de la propaganda, las argucias y los engaños de toda clase» y hacía hincapié en que los soldados enemigos eran «capaces de cualquier bestialidad sádica».[5]

A lo largo de este estudio ya hemos visto muchas veces el impacto de la forma de pensar en «Ellos y Nosotros» sobre las mentalidades y las acciones. Pero en este punto llegamos a lo que, para los nazis, era la guerra última del «Ellos y Nosotros». En esta contienda, la deshumanización del enemigo alcanzó un nivel casi trascendente.

Se instaba a todos los soldados alemanes que participaron en la invasión a esperar lo peor de sus nuevos adversarios. Se les decía que sus oponentes no solo eran inferiores desde el punto de vista racial —que eran incluso infrahumanos—, sino que además no lucharían ateniéndose a las normas de la guerra. Como es lógico, en la mente de muchos invasores estas ideas activaron sin duda un miedo y una agresividad inmensos.[6] Esta guerra se parecía más a una lucha contra animales que contra seres humanos; si nadie puede confiar en una serpiente, tampoco en un ruso. Nuestro cerebro tiende a ver a nuestros enemigos como personas individualizadas, pero a los enemigos, como colectivo. A «los rusos» se los percibía como una horda única de bestias salvajes.

Con referencia a Polonia, ya hemos visto que el hecho de que las fuerzas alemanas creyeran que el enemigo estaba dispuesto a combatir como «partisanos» fue un factor que incrementó la brutalidad de los nazis, que resultó con frecuencia preventiva, sin provocación. En el caso de la invasión de la Unión Soviética, esta emoción aún se intensificó mucho más. Y como de entrada les habían advertido de que debían esperar que las unidades del Ejército Rojo actuaran con «argucias y engaños de toda clase», los soldados alemanes llegaron predispuestos a tratar a su enemigo con especial brutalidad.

Las figuras señeras de la SS eran plenamente conscientes de que se trataría de una guerra de colonización asesina. Poco antes de la invasión Heinrich Himmler celebró una cumbre con diversos jefes de la SS, en el castillo de Wewelsburg, donde anunció que se preveía que en el territorio ocupado de la Unión Soviética perecerían «treinta millones» de personas.[7] Quedaba claro que los nazis querían las tierras, pero no a los millones de habitantes que vivían en ellas.

Los soldados alemanes recibieron instrucciones de robarle la comida a la población local. Se contaba con que una ingente cantidad de civiles moriría de hambre. Los funcionarios nazis ordenaron a los soldados que no se compadecieran de los que perecerían de inanición. «La miseria, el hambre y el ahorro obligado han sido la suerte de los rusos durante siglos —dijo Herbert Backe, del Departamento de Alimentación y Agricultura—. Sus estómagos son elásticos. Compadecernos de ellos sería absurdo».[8]

A cuatro Einsatzgruppen —un total de unos 3.000 hombres— se les encargó la tarea más inmediata de matar a los «judíos al servicio del partido o el Estado» y los «funcionarios comunistas». Pero esta descripción era de mínimos. En sus instrucciones constaba asimismo que debían iniciar pogromos, convenciendo a la población local de que se levantara en contra de los judíos. Como los crímenes que los Einsatzgruppen estaban a punto de cometer fueron odiosos, hay tendencia a pensar que sus integrantes eran todos sádicos sanguinarios. Resulta una forma cómoda de concebir la historia, pero es errónea. La motivación de esos asesinos no debe buscarse en una supuesta psicopatía masiva.

Dos de los cuatro comandantes de los Einsatzgruppen —Arthur Nebe, jefe de la policía criminal, y Walter Stahlecker, que había capitaneado a fuerzas de seguridad en Noruega— se ofrecieron voluntarios para el trabajo.[9] Los otros dos llegaron por reclutamiento, incluido el intelectual Otto Ohlendorf, del SD. Pero Ohlendorf no fue el único jefe cerebral entre las filas de los pelotones letales. En el Einsatzgruppe A, once de los diecisiete jefes principales eran licenciados en Derecho y nueve poseían doctorados universitarios.[10]

Muchos miembros de los Einsatzgruppen eran a la vez jóvenes y ambiciosos. A toda una clase de la academia de jefes de la policía de seguridad, en Berlín, se la envió al este para que se sumara a los pelotones de ejecución. En su inmensa mayoría esos alumnos avanzados habían nacido después de 1910, por lo que prácticamente toda su vida como policías había transcurrido bajo gobierno nazi. Bruno Streckenbach, el oficial de la SS que era responsable de personal en la RSHA de Heydrich, comentó más adelante que «todos tuvieron un rendimiento espléndido, sin excepción».[11]

Otros integrantes de los Einsatzgruppen procedían de las Waffen SS o de la policía. A un sargento de la SS lo convocaron de nuevo a sus filas cuando ya había pasado a ser lampista.[12] Pero, aunque todos eran nazis fervorosos con experiencia en las fuerzas de seguridad, pocos tenían un historial como asesinos. Sin embargo, todos estaban predispuestos a aceptar la violencia como solución a los problemas a los que (a su entender) Alemania se enfrentaba; todos creían que, aunque su tarea era dura y difícil, estaban cooperando para crear una utopía deseada. Se sentían a la vez privilegiados y abrumados: les habían encomendado tareas que nadie más habría tenido el valor de emprender, ni antes ni después que ellos.

El filósofo y sociólogo Zygmunt Bauman planteó que los dos grandes «arquetipos» del nazismo eran la medicina y la jardinería.[13] En el capítulo anterior vimos que a los médicos se les decía que al matar a los discapacitados estaban cuidando el cuerpo del Estado; por otro lado, el 16 de julio de 1941 Hitler dijo ante varios líderes nazis que en el este quería construir un «Jardín del Edén». Para crear este paraíso, las herramientas de jardinería que pretendía usar eran «fusilamientos» y «reasentamientos».[14]

El director de uno de los centros de eutanasia, el doctor Irmfried Eberl, de la SS, creía esta combinando los dos roles, el de médico y el de jardinero. Justificó en efecto la matanza con una metáfora jardinera, al decirle a un colega que, así como un jardinero debe destruir «todas las malas hierbas» para permitir que florezcan las plantas valiosas, «la gente que no merece vivir debería desaparecer».[15] Según veremos, el doctor Eberl sería nombrado más adelante comandante de Treblinka, uno de los campos de exterminio más tristemente famosos del nazismo, donde él practicó esa «jardinería» suya a gran escala.[16]

Mientras se adentraban por la Unión Soviética, los nazis se esforzaron por agitar las tensiones raciales entre la población local, por lo que algunas de las primeras atrocidades no fueron perpetradas por los alemanes, sino por la población nativa. Por ejemplo, cuando el Einsatzgruppe A llegó a Kaunas, en Lituania, hallaron a lugareños con ganas de asesinar a judíos. Contemplaron cómo un lituano mataba a palos a un grupo de judíos, con una barra de hierro; cuando los hubo asesinado a todos, se subió a los cadáveres y, con un acordeón, entonó el himno nacional lituano ante una multitud satisfecha.[17]

Aquel mismo mes, en Lviv, en Ucrania, los locales asesinaron a una cantidad muy superior de judíos. Con apoyo de los alemanes asesinaron a unos 4.000 judíos, en una acción que aún persigue a la ciudad en nuestros días. Las dos matanzas, tanto la de Lviv como la de Kaunas, fueron cometidas por perpetradores impulsados por una mezcla de antisemitismo y ánimo vengativo. El gobierno de Stalin había causado mucho sufrimiento en esos lugares; en Lviv la policía secreta soviética había matado a presos ucranianos justo antes de la retirada del Ejército Rojo y en Lituania miles de personas habían sido deportadas a las estepas de la Unión Soviética. Ahora los lugareños culpaban —injustamente— a los judíos por esos crímenes soviéticos.

Los soldados del ejército rumano, que invadieron la Unión Soviética en alianza con Alemania, también cometieron atrocidades horrorosas. Mientras reconquistaban el antiguo territorio rumano del que los soviéticos se habían apoderado, dieron muerte a más de 100.000 judíos. Por enésima vez, la suma del antisemitismo «tradicional» más la creencia errónea de que los judíos estaban detrás del comunismo resultó ser una mezcla letal. Las acciones descontroladas de los rumanos fueron tan espantosas que incluso un general alemán se quejó de la conducta de sus aliados.[18]

Los pelotones de asesinato nazis tendieron a actuar de acuerdo con un programa más definido y métodos más sistemáticos. Pero tampoco había un método predeterminado para cometer los asesinatos que se les encargaban. Cada comandante de cada unidad tenía libertad para establecer su propia técnica de fusilamiento de los civiles inocentes. En Núremberg, Otto Ohlendorf aseveró que él se había asegurado de que sus «ejecuciones se realizaban a la manera militar: con pelotones de fusilamiento que disparaban a la orden».[19] Pero algunos mandos emparejaban a cada tirador con una víctima y realizaban las ejecuciones cara a cara. Otros disparaban a la nuca contra víctimas arrodilladas. Un grupo más numeroso obligaba a los judíos a desnudarse y estirarse en una fosa, por encima de otros a los que ya se había matado; esto maximizaba la cantidad de personas a las que se podía matar en cada fosa.

Para comprender mejor las mentalidades de esos asesinos, fijémonos en los resultados del más famoso de los experimentos de la psicología social. En el verano de 1961 un psicólogo de Yale, Stanley Milgram, supervisó una serie experimental destinada a estudiar la naturaleza de la obediencia. Quería descubrir si una persona corriente —el «sujeto» del experimento— estaría dispuesta a dar descargas eléctricas a otra persona por orden de una figura de autoridad. Sin que el sujeto lo supiera, la persona que se suponía iba a recibir las descargas —la «víctima»— era un actor, y no hubo descargas reales. Ni el sujeto ni la víctima podían verse durante el experimento, pero al sujeto se le decía que estaban unidos por una conexión de micrófono.

Una figura de autoridad, vestida con bata blanca, pedía al sujeto que administrara descargas a la víctima si esta respondía incorrectamente a una pregunta de memoria. Se empezaba con 15 voltios y se iba ascendiendo de forma progresiva, hasta llegar a 450. Durante todo el experimento, tanto la figura de autoridad como el sujeto estaban sentados en la misma sala. A medida que las descargas se incrementaban, el sujeto oía protestas de la víctima, que procedían en realidad de una grabación previa. Los dos niveles máximos de los electroshocks estaban marcados en la máquina con los avisos: «Peligro: Descarga grave» y «XXX».

Los resultados de estos experimentos fueron inesperados: entre el grupo inicial de cuarenta sujetos, la mayoría —cerca del 65 %— se mostraron dispuestos a administrar la descarga máxima. Lo hicieron aun a pesar de que oían las protestas (supuestas) de la víctima, que daba golpes; en las descargas finales se había dejado de oír nada.

Así pues, los sujetos seguían administrando las descargas, aunque creían probable que la víctima lo estuviera pasando mal y aunque tenían libertad para abandonar el experimento cuando quisieran. Incluso cuando en una variación del experimento se escuchaba a la víctima gritar y rogar que el experimento se interrumpiera, veinticinco de los cuarenta sujetos siguieron adelante y dieron la descarga máxima.[20]

Por supuesto, existen diferencias evidentes entre el experimento de Milgram y las acciones de los asesinos nazis. A los sujetos seleccionados por Milgram, por ejemplo, el experimentador les decía que las descargas que administraban no causaban daños permanentes; tampoco creían, a diferencia de los nazis, que estuvieran tratando con gente «inferior».

A pesar de los matices, la obra de Milgram es valiosa para ayudarnos a comprender la mentalidad de los que asesinaban.[21] Para el propio Milgram la «conclusión fundamental» era que «la gente corriente, por el simple hecho de cumplir con un trabajo y sin especial hostilidad de su parte, pueden actuar como agentes en un proceso destructivo terrible».[22]

El papel de la figura autorizada y la aprobación de la Universidad Yale fueron dos razones cruciales por las que muchos sujetos pudieron seguir administrando las descargas hasta la escala que alcanzaron. Tanto en el nivel individual —la figura de autoridad irradiaba confianza— como en el institucional —Yale es una de las universidades más prestigiosas de Estados Unidos—, Milgram logró crear un entorno en el que la mayoría de los sujetos se mostraron dispuestos a causar daño a otro ser humano.

El neurocientífico Robert Sapolsky observó un efecto de legitimación similar, tanto de individuos como de instituciones, en su laboratorio de Stanford (como Yale, una de las universidades más señeras de Estados Unidos). Fue testigo de una división entre sus estudiantes cuando se les enfrentó con la experimentación con animales. A algunos la tarea «no les genera ni la más mínima inquietud», por lo que él se esforzó por hallar «algún modo de sacarlos del laboratorio, porque hay algo que no va bien si esto no te inquieta nada». Otros fueron sencillamente incapaces de realizar el trabajo y abandonaron. Por último, hubo un grupo intermedio de estudiantes que, aunque se encontraron con dificultades emocionales, todavía «seguían intentando determinar si el trabajo valía la pena». Sapolsky reveló que, al enviar a esos estudiantes a un hospital, para que pudieran ver a los pacientes «cuya vida se estaba destruyendo en serio porque aún no habíamos dado con respuestas para [su enfermedad]», «de pronto los estudiantes se daban cuenta: "¡Vaya! ¡Por eso hacemos lo que hacemos!».[23]

En el caso de Milgram, la figura autorizada también hacía hincapié en que la tarea era importante y si los sujetos planteaban objeciones a la administración de las descargas, pronunciaba una serie de aseveraciones legitimadoras (de acuerdo con lo escrito en un guion). Desde un «por favor, prosiga» a «el experimento requiere que usted prosiga» o «es absolutamente esencial que usted prosiga». Resulta fascinante que la aseveración menos efectiva era la última de todas: «No tiene usted alternativa, debe proseguir». Esta era la única afirmación que podía calificarse de «orden».

Podríamos pensar que esta «orden» no logró la obediencia porque era la última de las indicaciones, pronunciada cuando los sujetos estaban especialmente estresados. Pero en versiones posteriores del experimento se modificó la posición de la orden en la secuencia, para que se pronunciara antes, y siguió siendo la menos efectiva.[24] La conclusión inevitable era que, para la figura de autoridad, la herramienta más poderosa era la de tranquilizar al sujeto.

Otro factor relevante, incluido tanto en el estudio de Milgram como en la experiencia anecdótica de Sapolsky, es la prevalencia de la voluntad de justificar las propias acciones: lo que los psicólogos conocen como *hipótesis del mundo justo*.[25] Ello se acompaña de la revelación consiguiente de que se puede inducir a un número importante de personas a creer que infligir sufrimiento es necesario, a condición de que una figura autorizada los tranquilice asegurándoles es así.

Sin lugar a dudas, en el contexto de los asesinos nazis, el papel de la figura de autoridad era crucial, a la hora de legitimar las acciones del grupo. Tanto Heydrich como Himmler eran conscientes de ello y se interesaron personal y vivamente por las acciones de sus pelotones letales. En las primeras semanas de la guerra contra la Unión Soviética —cuando les preocupaba que, según parecía, el ritmo de la matanza era demasiado lento— dieron una gira por la zona afectada y fueron hablando con integrantes de los Einsatzgruppen, para hacer hincapié en la importancia de su tarea y felicitar a quienes habían culminado más ejecuciones. Heydrich y Himmler tranquilizaron a sus hombres asegurándoles que el Estado daba apoyo a sus actos y que no debían sentirse «culpables» por las muertes, dado que todas ellas eran necesarias para la seguridad de sus compatriotas alemanes. Es una técnica de liderazgo que el psicoanalista Erich Fromm habría reconocido, pues él fue de los primeros teóricos en sugerir que ceder la responsabilidad a otros puede resultar atractivo. Lo denominó «el miedo a la libertad».[26]

A grandes rasgos, cada grupo de asesinos podía dividirse en tres subgrupos. Estaban los que encontraron que disfrutaban matando y estaban los que, desde el primer momento, hallaron que matar les resultaba imposible. Luego estaban los que tenían dificultades para disparar, pero descubrieron que aun así, eran capaces de hacerlo. Esta división trimembre, con una mayoría de personas en el subgrupo intermedio, es algo que veremos de forma repetida en el contexto de la mentalidad de los asesinos.

A las pocas semanas de iniciarse la guerra contra la Unión Soviética se cruzó un Rubicón moral. Durante el verano y principios del otoño de 1941, corrió entre los pelotones de asesinato la orden, transmitida desde los mandos, de que las muertes debían ampliarse e incluir a las mujeres y los niños judíos. Esto coincidió con un refuerzo de los Einsatzgruppen, a los que se incorporaron miles de hombres más, venidos de la SS y las fuerzas de seguridad.

Nunca hubo una explicación oficial de esta extensión de la matanza, aunque Himmler expuso algo parecido cuando afirmó, dos años más tarde —en el infame discurso que pronunció ante líderes del nazismo en Posen, el 6 de octubre de 1943— que no quería «permitir que en la forma de sus hijos crezcan vengadores [que ataquen a] nuestros hijos y nietos».[27]

En el verano de 1941 Himmler fue cuidadoso a la hora de describir esta revisión de sus objetivos. El 1 de agosto envió una orden a la Brigada de Caballería de la SS, destinada en las marismas del Prípiat, una de las zonas de la Unión Soviética ocupada donde los pelotones de ejecución estaban sembrando la destrucción. «Hay que fusilar a todos los varones judíos. A las mujeres, llevadlas a las marismas», dijo Himmler. En la respuesta de Franz Magill, del 2.º Regimiento de Caballería de la SS, podía leerse: «Llevar a las mujeres y los niños a las marismas no ha surtido el efecto deseado, porque el agua carecía de la profundidad suficiente para que se produjera un hundimiento».[28] La conversación epistolar demuestra que, aunque Himmler hubiera optado por un eufemismo, Magill había comprendido a la perfección que la orden requería que su unidad asesinara a las mujeres y los niños.

Resulta tentador creer que esos asesinos eran psicópatas o poseían tendencias psicopáticas. Pero los casos de psicopatía no son ni de lejos tan frecuentes: se calcula que hoy solo puede diagnosticarse así a cerca del 1 % de la población. Aun así, dado que las personas con tales tendencias tienden a gravitar hacia trabajos que les permitan comportarse con crueldad, es probable que entre los Einsatzgruppen el porcentaje de psicópatas fuera superior. Un estudio reciente sobre personas que habían cometido atrocidades bajo el régimen de Pinochet, en Chile, descubrió por ejemplo que esos perpetradores manifestaban más rasgos psicopáticos centrales no solo que la población en general, sino también que otros presos.[29]

Resulta mucho más difícil calcular cuántas personas tienen tendencia al sadismo y disfrutan haciendo daño. Para los psicólogos, se trata de un área plagada de dificultades, tanto de definición como experimentales. En consecuencia, según sean los criterios utilizados, los cálculos varían «enormemente» en lo que respecta a la prevalencia de las tendencias sexuales sádicas entre la población: desde un porcentaje escaso a uno considerablemente superior.[30] Sea como sea, no cabe duda de que entre nosotros hay más sádicos que psicópatas.

A los integrantes sádicos de los pelotones asesinos nazis, la ampliación de la masacre para incluir a mujeres y niños les ofrecía más ocasiones de gratificación. Alfred Metzner, chófer de uno de los comandantes nazis, recordaba que «a las embarazadas les disparaban en el vientre por diversión y luego las arrojaban a las fosas».[31] Walter Mattner, oficial al que se le encomendó organizar la limpieza de un gueto, narró como sigue sus acciones, en una carta escrita a su esposa en octubre de 1941: «Apunté cuidadosamente y disparé confiado a las mujeres, los niños y muchos bebés [...] A los bebés los lanzaban al aire, trazando grandes arcos, y los hacíamos trizas ahí arriba, antes de que cayeran a la zanja y al agua [...] ¡Al diablo con ellos! Nunca había visto tanta sangre, tanta carne, tanta inmundicia. Ahora entiendo el porqué de esa expresión: "ebrio de sangre"».[32]

Aunque quizá resulte sorprendente, en los Einsatzgruppen era imposible predecir quién disfrutaría matando y quién no. Veamos el ejemplo de Martin Weiss, un ingeniero de calefacciones originario de Karlsruhe, en el sudoeste de Alemania. Antes de prestar servicio en un Einsatzkommando, quienes lo habían conocido decían de él que era un ciudadano modélico con un «buen sentido de la nobleza y la bondad». Sin embargo, en sus acciones contra los judíos y en el enfrentamiento contra los partisanos, se condujo con enorme crueldad. Cuando se lo juzgó, en la posguerra, se reveló que había disparado contra media docena de judíos por la sola razón de que no le pareció que se estuvieran «portando como debían». Comentó que, durante la guerra, si no «veía sangre cada día, me entraba sed». Pero cuando volvía a casa, de permiso entre las misiones letales, volvía a ser la persona respetable que sus amigos de Karlsruhe recordaban.[33] Es de creer que Weiss tenía una tendencia a la brutalidad que no se manifestaba en su trabajo como lampista, pero se activaba por las oportunidades que la guerra del este le ofrecía.

La actitud de Himmler ante hombres como Weiss se basaba en una concepción no poco singular de la «decencia». En un discurso ante jefes de la SS, en Posen, el 4 de octubre de 1943, recalcó que era importante ser «honrado, decente, leal y buen camarada», aunque solo «con los de nuestra propia sangre». Sin embargo como los alemanes eran un caso «único en la Tierra», por exhibir una «actitud decente hacia los animales», la SS estaba mostrando «una actitud decente hacia esos animales humanos; pero en realidad preocuparse por ellos y aplicarles nuestros ideales representa un crimen contra nuestra propia sangre».[34] Era un razonamiento confuso que a los miembros de la SS quizá les costaría procesar: se esperaba de ellos que mostraran una «actitud decente» ante los «animales en forma humana», pero simultáneamente se les ordenaba no «preocuparse por ellos». Era un síntoma claro de la falta de lógica y humanidad de todo aquel programa letal.

Como era de prever, a muchos asesinos les resultaba difícil matar a las mujeres y los niños desde las distancias cortas. En consecuencia, algunos de sus comandantes intentaron facilitarles la labor homicida absolviéndolos de la responsabilidad individual. Así, según contó Felix Landau, a su Einsatzkommando le ordenaron fusilar a las mujeres judías disparando como grupo contra cada una de ellas. «Debíamos disparar seis. El trabajo se repartía así: tres disparaban al corazón, tres a la cabeza. Yo apuntaba al corazón. Se disparaba entonces y los sesos salían disparados por el aire», escribió.[35]

La investigación psicológica confirma que la clave que facilita la tarea de los asesinos es deshumanizar a la víctima todo lo posible. Un estudio ha revelado, por ejemplo, que si a la víctima de un secuestro se le tapa la cabeza con una capucha, al asesino le resulta más fácil apretar el gatillo.[36]

Inversamente, según habrían podido predecir también los psicólogos, cuanto más contacto visual mantenía un asesino durante los asaltos nazis, y cuanto más claro tenía que estaba asesinando a una persona, más difícil le resultaba matarla. Esto explica en parte por qué tanto empeño en retratar a esas víctimas como «Ellos».

Cuando uno se alejaba de los lugares de la matanza, en ocasiones este proceso de deshumanización se interrumpía. Es llamativo que un miembro de un Batallón de la Policía de la Reserva, asignado al asesinato de judíos, envió unas cartas a su esposa en la que se expresa de un modo muy distinto sobre los judíos que encontraba. Cuando se refería a ellos en masa, lo hacía con sarcasmo, como «el pueblo elegido», y comentaba sin emoción que «se los está exterminando a todos». Pero cuando se refería a dos judíos a los que empleaba como sirvientes, el tono era distinto. «Les hemos dado de nuestro pan. No puedo ser tan duro», escribió.[37]

El segundo recurso práctico con el que se facilitaban los asesinatos —en uso entre los pelotones de la muerte desde el inicio de la guerra contra la Unión Soviética— era el alcohol. En muchos informes sobre escenas de asesinatos se menciona que los asesinos estaban bebiendo. Un miembro del Batallón 101 de la Policía de la Reserva declaró que su oficial, el teniente Gnade, estaba tan borracho cuando fusilaba que «siempre estaba a punto de caerse» a la fosa donde se apiñaban los cadáveres. Los asesinos no alemanes que solían disparar junto a los hombres del Batallón de la Policía de la Reserva estaban tan borrachos durante una de las acciones que fueron incapaces de abrir fuego.[38]

Otro asesino no alemán, el lituano Petras Zelionka, confirmó que el alcohol hacía más fácil la matanza. «Después de beber, vaya, todo el mundo es más valiente». El alcohol también era importante, para Zelionka y sus camaradas, justo después de los asesinatos. Recordaba que cuando volvían a los barracones se les permitía beber tanto vodka como quisieran, para «alejar» de la mente cualquier imagen «poco agradable». «Y es que cuando estás borracho, es otra cosa».

Zelionka mencionó otro recurso primitivo que también facilitaba la tarea de los asesinos: la codicia. Según contaba, los alemanes «solían registrarlos [a los judíos] y quitarles todas las cosas de oro, los relojes, etc., todo lo que era de oro [...] El que era nuestro suboficial tenía una maleta específica para meter todas esas cosas».[39]

Por mucho que Himmler afirmara que sus asesinos se estaban comportando «con decencia», en realidad robar a los judíos era algo generalizado. «A ver, no nos engañemos, siempre había algo que pillar, durante las acciones judías —dijo un oficial de policía de la región de Cracovia—. Fueras donde fueras, siempre había algo que llevarse». Reveló que la mayoría de sus colegas estaban «muy contentos de participar en los fusilamientos de judíos [...] Había un gran odio contra los judíos; aquello era una venganza y ellos querían oro y dinero».[40]

Un último factor ayudaba a facilitar los asesinatos: el poder del grupo. La investigación psicológica, a lo largo de bastantes años, ha puesto de manifiesto la inmensa presión que una dinámica de grupo puede ejercer sobre una persona. En un experimento pionero de la década de 1970, por ejemplo, Henri Tajfel y su equipo demostraron que incluso si se crean grupos repartiendo a la gente por criterios puramente arbitrarios, luego a los miembros del propio grupo les damos un trato preferente.[41]

La psicología evolutiva puede explicar directamente este fenómeno: que a uno lo expulsaran de un grupo de cazadores-recolectores suponía la muerte. Nadie podía sobrevivir como persona aislada; las mentes que nos caracterizan son «de la Edad de Piedra» y están programadas para que este destino nos preocupe.[42] Aunque en la actualidad muchas personas viven fuera de un grupo, para la mayoría de nosotros esta tendencia evolutiva sigue vigente.

Entre los múltiples factores de angustia de un pelotón de la muerte, el grupo ofrecía apoyo y anonimato. No solo eso, sino que el líder del grupo podía dar un consuelo casi paternal a cuantos tenían dificultades para matar. En tal clase de circunstancias, la presión que instaba a ajustarse a los hábitos del grupo era enorme.

A seis o siete mil kilómetros de distancia de la guerra contra la Unión Soviética, los soldados del ejército imperial del Japón también demostraron el gran poder de dar forma a la conducta humana que acompaña a la dinámica del grupo. En China perpetraron una larga serie de atrocidades, tanto antes como durante la segunda guerra mundial. Y aunque estos crímenes no podían compararse directamente con el horror último del Holocausto, sí que hubo semejanzas llamativas entre su comportamiento de grupo y el de los alemanes.

Al igual que a los alemanes, a los soldados japoneses les dijeron que estaban luchando contra una raza inferior. «Los chinos no pertenecían a la raza humana —dijo Yoshio Tshuchiya, que prestó servicio en la Kempeitai, la sección secreta de la policía militar nipona—. Eso era lo que pensábamos».[43] Al poco de llegar a China, a Tshuchiya le ordenaron pasar por la bayoneta a civiles, cuando estaba aún en proceso de instrucción.

«Al principio no tenía valor para hacerlo, pero no podía evitarlo. Me habrían etiquetado como un "gallina". Así que tuve que hacerlo [...] La primera vez aún te remuerde la conciencia y te sientes mal. Pero si destacan tu valentía, si te honran y te reconocen, si te elogian por haberte atrevido, la segunda vez eso actuará como tu fuerza impulsora. Si hubiera creído que eran seres humanos, no habría podido hacerlo. Pero como pensaba que eran animales, que eran menos que personas, pues lo hacíamos.»[44]

Otro integrante del ejército imperial, un joven recluta llamado Hajime Kondo, participó en una acción de «pacificación» que solo cabe calificar de bárbara, durante la cual se consideraba normal violar a las mujeres chinas. En su tercer año en el ejército, uno de los soldados de más edad «me llamó a su presencia y me dijo: "Kondo, sal a violar"». Le pareció que «no podía decir que no» y se convirtió en un violador.[45]

Es importante recordar que, aun a pesar de la presión del grupo, siempre se podía elegir. Aunque la presión que los instaba a ser como los demás era enorme, Hajime Kondo y Yoshio Tshuchiya podrían haber decidido actuar de otro modo. De hecho, los dos optaron por actuar en contra del grupo cuando, pasados muy poco más de cincuenta años, aceptaron que se les entrevistara sobre sus experiencias. Esta decisión, en el contexto de la época, no era fácil. «En realidad los veteranos nunca hablan con franqueza de la guerra. "No hables de las cosas malas —te dicen— porque eso avergonzaría a Japón. Cállate"», contaba Kondo.[46]

Por supuesto, una dinámica de grupo no es necesariamente negativa. Los grupos también pueden dirigirse hacia metas positivas: pensemos por ejemplo en los logros de los grupos que se formaron para protestar contra la esclavitud o los abusos en materia de derechos civiles. En todo caso, la investigación psicológica ha demostrado que los grupos tienden a tomar decisiones más extremas que los individuos. Aprietan para que sus miembros vayan más lejos de lo que quizá habrían ido por sí solos, ya sea para bien o para mal.[47]

Así, a pesar de toda la presión psicológica, no todos los integrantes de los pelotones de la muerte del nazismo fueron capaces de apretar el gatillo. En su famoso estudio sobre una unidad de la «policía del orden» alemana, Christopher Browning constató que varios policías admitieron ante sus superiores que no estaban preparados para aquella labor. Uno afirmó que no estaba dispuesto a disparar contra «mujeres y niños indefensos»;[48] otro dijo que la misión le parecía «repugnante». Ambos recibieron entonces asignaciones distintas, como por ejemplo la vigilancia del perímetro. Incluso cuando uno de los oficiales advirtió a dos de los policías de que corrían el riesgo de que los fusilaran si no se doblegaban a actuar como los demás, a la postre no los ejecutaron, simplemente los reasignaron.[49]

Después de la guerra muchos asesinos intentaron defenderse con el argumento de que estaban «obedeciendo órdenes». Aunque esto es cierto, porque en efecto se les había ordenado matar, en un nivel más profundo era falso. En primer lugar, era falso porque nunca se ejecutó a nadie por negarse a matar. De hecho, la mayoría recibieron un trato medianamente compasivo, o al menos condescendiente, porque se los consideraba «débiles». Y en segundo lugar era falso también porque el argumento de «la obediencia a las órdenes» implicaba que los asesinos habrían cumplido cualquier crimen, fuera el que fuera, si así se les «ordenaba». Esto era manifiestamente falso. Cuando a Willi Seibert, subcomandante del Einsatzgruppe D, le preguntaron durante su juicio —en la posguerra— si, en el caso de que un oficial superior le hubiera ordenado «matar a sus propios padres», él lo habría hecho, contestó que «no lo habría hecho» porque «es inhumano pedirle a un hijo que mate a sus padres».[50] La defensa que había planteado, basada en la obediencia a las órdenes, se derrumbó de un plumazo.

Esta clase de pruebas llevaron a un equipo de jueces alemanes, reunido en Coblenza en junio de 1961, a expresar esta realidad de modo sucinto: «Los estudios históricos no han descubierto ni un solo caso en el que la resistencia contra esta clase de órdenes se castigara con especial severidad».[51]

Una de las razones por las que negarse a actuar como los otros no recibió en su momento ningún castigo draconiano era que esos hombres resultaban relativamente inofensivos, al menos mientras no intentaran convencer a sus camaradas de que no apretaran el gatillo. Lo que causó más problemas a los comandantes de los pelotones de la muerte fue un grupo mucho más numeroso: el de los que en efecto disparaban, pero luego sufrían daños psicológicos.

La profesora Essi Viding no se muestra sorprendida por este fenómeno. «Sí, probablemente a la mayoría de la gente se la puede entrenar para que se comporte de un modo frío o insensible, o que desconecte de sus emociones en determinadas situaciones, por lo menos durante una parte del tiempo. Pero las personas no somos una página en blanco. No puedes formar a todo el mundo para que sea igual. Sigues limitado por la propensión natural de cada uno. Cada persona deberá pagar un coste distinto. Solamente los que por naturaleza poseen un nivel alto de rasgos psicopáticos pueden hacer esas cosas sin coste alguno para la psique».[52]

Los problemas psicológicos que desarrollaron muchos asesinos nazis están bien documentados. Según escribió en sus memorias de posguerra Rudolf Höss, el comandante de Auschwitz: «Muchos miembros de los Einsatzkommandos, incapaces de seguir vadeando entre la sangre por más tiempo, se habían suicidado. Algunos incluso habían enloquecido».[53] Un miembro del Einsatzgruppe reveló que, después de haber disparado solo «cinco veces», tuvieron que sustituirlo porque «empecé a sentirme mal», como si «estuviera en un sueño».[54] Paul Blobel, comandante de un escuadrón de la muerte y conocido por sus borracheras, sufrió «un colapso nervioso» por el que «perdió la cabeza por completo».[55] En la posguerra, antes de que lo ejecutaran por sus crímenes, Blobel todavía tuvo la desfachatez de afirmar que «nuestros hombres, al tomar parte en esas ejecuciones, sufrían de un agotamiento nervioso más grave que la gente a la que había que matar»; de modo que «nuestros hombres necesitaban cuidados» por «lo mucho que habían vivido, psicológicamente».[56]

Cuando los asesinos regresaban a Alemania, se llevaban consigo los problemas mentales. Bernd Linn, de la SS, se encontró en un tren a «un colega» que le manifestó, desesperado: «No pienso volver a mi unidad». Más adelante Linn averiguó que había participado en la matanza de judíos: «Él estaba en la policía y enviaban patrullas policiales a realizar las liquidaciones [...] Pasó por eso y no lo pudo aguantar».[57]

Era exactamente la clase de problemas que Erwin Schulz, comandante del Einsatzkommando 5, en Ucrania, había predicho que sucederían cuando las ejecuciones se hicieran extensivos a mujeres y niños. A finales de agosto de 1941 había vuelto a Berlín y protestó por los asesinatos ante Bruno Streckenbach, un oficial de la SS que desempeñó un papel destacado como supervisor de la organización de los asesinos. Schulz, según declaró en 1956, le dijo a Streckenbach que los asesinos corrían el riesgo de sufrir daños psicológicos de gravedad.[58] Aunque la protesta de Schulz no frenó las masacres, sí logró que dejaran de implicarlo personalmente en ellas. El hecho de que no lo considerasen «lo suficientemente duro» para la tarea de matar a civiles inocentes no perjudicó su carrera, puesto que dos meses más tarde lo ascendieron.[59]

A medida que la guerra del este se prolongaba y el enfrentamiento con los partisanos se intensificaba, cada vez hubo más soldados corrientes, hombres de la Wehrmacht, implicados en las atrocidades contra los civiles. Por ejemplo, Wolfgang Horn, de veintipocos años, era soldado en una unidad de artillería acorazada. Participó en acciones de castigo contra poblaciones menores de la Unión Soviética ocupada. Prendió fuego a casas en las que se sospechaba que se escondían partisanos y dejó a los aldeanos sin cobijo. Cuando habló sobre el tema, muchos años después de que la guerra hubiera concluido, intentó justificar sus acciones con el argumento de que eran «casuchas rusas primitivas» que estaban «muy por debajo de lo normal entre nosotros», por lo que él y sus camaradas «no le dábamos gran valor a quemar o estropear una casa rusa». En cuanto a los aldeanos que tras la destrucción de sus hogares se quedaban al raso, en condiciones de frío y de nieve, quitó hierro a su malestar alegando que «en todo lo que es apañarse con el frío [...], los rusos tienen muchos recursos».[60]

Horn era un hombre inteligente, que dio clases en una universidad después de la guerra; pero no veía mal alguno en sus actos. Sin duda era consciente de que era probable que muchas mujeres y niños a los que él arrojó a la nieve hubieran perecido a consecuencia del frío; pero se esforzó por defender que sus actos no eran inhumanos con el recurso a imaginar que los civiles rusos que vivían en aquellas casas «primitivas» eran, de algún modo, inmunes al sufrimiento. Por otro lado, si se sospechaba que en su pueblo se habían ocultado partisanos, entonces también de un modo u otro todos ellos «se merecían» colectivamente aquel destino. Y si «se merecían» lo que les había pasado..., ¿qué culpa iban a tener los perpetradores?

Paul Blobel, que estuvo al mando de un pelotón de la muerte, expuso unos sentimientos similares durante su juicio, en la posguerra. Manifestó que él y sus hombres habían logrado convencerse de que sus víctimas eran verdaderamente «de otra clase», hasta el punto de que no poseían los sentimientos emocionales típicos: «A ellos, la vida humana no les resultaba tan valiosa como a nosotros. No les preocupaba mucho. Desconocían su propio valor humano [...] Estaban como resignados a su destino, es una cosa extraña, propia de esos pueblos del este».[61]

En parte, el hecho de que Horn y Blobel fueran incapaces de aceptar la responsabilidad por sus propios actos fue el resultado de un mecanismo de defensa mental. «No puedes implicarte en [el sufrimiento] tanto como harías si les pasara a tus familiares —dice la profesora Essi Viding—. Yo creo que, evolutivamente, nuestra mente se diseñó para que se no implicara en todas y cada una de las cosas horribles, porque no creo que pudiéramos soportarlo [...] Así que probablemente, dejas de pensar en esa gente como personas. En parte es por autoprotegerte».[62]

Aun así, existía una diferencia conceptual entre Wolfgang Horn, que prendía fuego a los poblados donde se suponía que vivían partisanos, y los hombres de Paul Blobel, que fusilaban a civiles judíos. En el caso de Horn, podía decirse que él estaba librando una guerra y corría el riesgo de ser atacado; pero a los asesinos de Blobel tuvo que resultarles más difícil convencerse de que estaban haciendo algo distinto a matar mujeres y niños. Mentalmente, la primera tarea resulta menos angustiosa, desde la perspectiva de la psicología, que la segunda.

Al igual que Wolfgang Horn, Adolf Buchner —miembro de un batallón de pioneros de la SS— participó en la campaña contra «la amenaza partisana». La motivación personal de Buchner, a la hora de matar a los sospechosos de estar actuando en la guerrilla, se basaba en las emociones simplistas del odio y el miedo. «Nos decían: "Este es un partisano y hay que eliminarlo porque los partisanos van a matar a tu familia, ¡así que tienes que matarlo tú, antes de que él mate a tu familia!". Pues hay que cargárselo. Porque es o él o yo, pero solo uno de los dos. En ese caso lo que manda no es el cerebro, el preguntarse: "¿Debería hacerlo o no?", sino solamente una reacción. No te paras a pensar en si vas a cometer un absurdo, simplemente empiezas a disparar. Él no me había hecho nada malo y yo no le había hecho nada malo, pero tenía que matarlo. Porque, a fin de cuentas, no sabes qué te puede hacer. Así que me toca. Digamos que éramos enemigos, él y yo. Piensas que más le vale golpear él el primero, no esperar a que golpee yo. Más o menos es eso».[63]

Buchner recordaba que, con el tiempo, su unidad pasó a asesinar niños. Cuando preguntó por qué había que matar a niños le dijeron: «porque un niño también puede sostener un arma». Pero esa no era la única razón, sino que, después de haber asesinado a los padres, los niños se convertían en un estorbo: «A los niños hay que alimentarlos, así que líbrate de ellos cuanto antes, sencillamente. Los echas a una fosa y asunto arreglado. Era un asunto terrible, el de los niños».

En aquellas circunstancias violentas, donde todos los habitantes corrían el riesgo de que los mataran por ser «partisanos», los sádicos tomaban protagonismo de nuevo. «Algunos eran unos cabrones —decía Buchner—. Desvestían [a los aldeanos] hasta dejarlos en pelota y los mataban así, en pelota [...] Entre los nuestros había gente que verdaderamente lo deseaba, deseaba que les dejaran hacer eso [...] Porque a ver, ¿había alguna necesidad, por ejemplo, de matar a los niños delante de las mujeres, y matar a las mujeres después? Eso también pasaba. Y eso es sadismo. Había algunos oficiales así, que les gustaba lo sádico, les gustaba que las mujeres chillaran, que los niños chillaran, lo deseaban. Pues a mi modo de ver esa gente no es humana».

Sin embargo, seguía diciendo Buchner, «si sobrevivían a la guerra y volvían a casa, entonces eran como corderitos. Eran hombrecitos que en casa se portaban bien y en cambio ahí fuera habían sido unos auténticos cerdos».[64]

Himmler, el hombre que se enorgullecía de la «decencia» de sus hombres, no tenía ningún problema en tolerar los comportamientos sádicos si le parecía que ayudaban a su causa. El ejemplo más infame de este doble rasero era el grupo especial que formó al mando de Oskar Dirlewanger. Himmler ordenó liberar a unos cazadores furtivos, a los que se había encarcelado por sus delitos, para crear una unidad que se dedicaría principalmente a cazar partisanos. Con el paso del tiempo la variopinta sección de Dirlewanger se reforzó con hombres de la SS con historial de faltas de disciplina, así como con presos de los campos de concentración que en el pasado habían dado apoyo a la oposición política al nazismo, pero que luego deseaban demostrar su lealtad al nuevo régimen.

Dirlewanger —como tantos otros del Movimiento— había combatido en la primera guerra mundial, luego prestó servicio en un Freikorps y posteriormente se afilió al Partido Nazi. Pero además se caracterizaba por una vida personal escabrosa. Era un hombre muy inestable, que solía emborracharse y que en 1934 había sido detenido por mantener relaciones sexuales con una niña de catorce años. Al igual que Reinhard Heydrich, Theodor Eicke y otros muchos, Dirlewanger se sumó a una larga lista de integrantes de la SS que fueron rehabilitados gracias al Reichsführer SS.[65]

En las acciones contra los partisanos de Bielorrusia, los hombres de Dirlewanger violaron, saquearon y asesinaron. Entre incontables atrocidades más, también utilizaron a los lugareños como detectores de minas humanos, para despejar el camino de explosivos ocultos. Wilhelm Kube, comisario general de la región, se quejó en 1943 (junto con su Estado Mayor) del «erróneo trato psicológico» que las fuerzas de ocupación estaban dando a la población, y señaló en especial a Dirlewanger y sus hombres, por la gravedad de sus acciones: «Cuando se dispara en masa contra mujeres y niños, o se los quema vivos, el comportamiento bélico carece ya hasta de toda semblanza de humanidad. La cantidad de pueblos a los que se prendió fuego durante las operaciones de barrido fue superior incluso a la de los incendiados por los bolcheviques».[66]

El año siguiente, los soldados de Dirlewanger ayudaron a sofocar un levantamiento de polacos que luchaban por liberar Varsovia. Mathias Schenk, belga, fue reclutado por el ejército alemán como ingeniero de asalto y, durante la acción, quedó adscrito a la unidad de Dirlewanger. La crueldad de la que fue testigo le resultaba increíble. Mataron a una niña cuando había levantado las manos como signo evidente de rendición; a otros niños les reventaron la cabeza con las culatas de los rifles; desnudaban y violaban a las mujeres. Hicieron la «broma» de meter una granada de mano en el bolsillo de un adolescente polaco al que luego hicieron salir corriendo; la granada estalló y lo mató.[67]

Schenk, que era un católico devoto, rompió a «temblar» y «vomitar» por la conducta de los hombres de Dirlewanger. En cierta ocasión los vio arrancar la ropa a un sacerdote, al que apalearon; luego los soldados se bebieron el vino de la comunión y «se orinaron» sobre un crucifijo tirado en el suelo. Schenk reunió a cuatro o cinco camaradas que «volvieron a toda prisa para sacar al sacerdote» de la iglesia. Los hombres de Dirlewanger no protestaron porque «estaban tan borrachos que ni se dieron cuenta». Las cosas que Schenk vio en Varsovia le causaron angustia. Muchos años después de la guerra todavía recordaba con facilidad los días pasados en la capital polaca, cuando los soldados de Dirlewanger prendían fuego a los edificios. «Un simple olor a humo me ponía los pelos de punta. Las imágenes se me hacían presentes de nuevo y el sentimiento de estar allí era absolutamente real», dijo.[68]

Himmler tenía información detallada sobre el carácter problemático de la unidad de Dirlewanger. Le resultaron útiles, pero desde luego no puede decirse que estuvieran mostrando una «actitud decente», ni siquiera la propia ante «animales en forma humana». Es significativo que, aunque Dirlewanger era oficial de la SS, desde un punto de vista técnico sus hombres no pertenecieron a la SS hasta el último año de guerra. Con anterioridad Himmler afirmaba que prestaban servicio a la SS, pero sin formar parte de la organización.[69] No cabe duda de que, para él, esta distinción era importante, puesto que aunque los hombres de Dirlewanger le resultaban útiles, eran unos matones sin disciplina y prefería distanciarse un tanto de ellos.

Himmler había accedido a crear aquel grupo de depravados y los situó al mando de un borracho inestable; por lo tanto, difícilmente podía sorprenderse de que actuaran como hicieron. Imaginemos la mentalidad de los furtivos que constituyeron la unidad en su primera formación. Los habían pillado robando, los habían mandado a la cárcel y ahora les daban la oportunidad de salir de nuevo a la caza..., en este caso, a la caza de seres humanos.

Al igual que muchos de los lugareños que los alemanes reclutaron para que ayudaran a los Einsatzgruppen a asesinar judíos, estos cazadores furtivos eran gente de campo, acostumbrada a la matanza de los animales. La vista de la sangre y las entrañas era habitual para ellos. Pero incluso en estos grupos, con frecuencia los asesinos necesitaban adormecerse los sentidos con alcohol.

Esta respuesta humana ante los asesinatos perpetrados a corta distancia situaba a Himmler frente a un dilema. Sabía que ya se habían desarrollado métodos para matar a los discapacitados, mediante los camiones y las cámaras de gas, que distanciaban a los asesinos de sus crímenes. Pero diversos problemas técnicos impedían que la clase de cámaras de gas que se usaba en Alemania se replicara en el frente oriental.[70] Durante los meses siguientes los Einsatzgruppen empezaron a disponer de algunos camiones de gaseo, pero en estos solo se mató a una minoría de las personas que los nazis asesinaron en la Unión Soviética ocupada; entre otras razones, porque las carreteras eran tan malas que los camiones se averiaban a menudo.[71]

Aparte del gaseo, se sabía que se podía asesinar a un número ingente de judíos mediante fusilamientos. En septiembre de 1941, en Babi Yar (Ucrania), los asesinos nazis liquidaron a más de 33.000 hombres, mujeres y niños en tan solo dos días. Ninguno de los posteriores campos de exterminio —ni siquiera los más grandes: Treblinka y Auschwitz— llegó a acercarse nunca a esta cantidad de asesinatos por día.[72]

La masacre de Babi Yar demostró que el exterminio de los judíos podría haberse logrado con fusilamientos en masa. Pero el 15 de agosto de 1941 Himmler pudo ver de primera mano por qué este método no necesariamente era el mejor ni más efectivo para sus asesinos.[73] En Minsk fue testigo de cómo los hombres del Einsatzgruppe B fusilaron a un centenar de personas, mezcla de «partisanos y judíos». Uno de los oficiales más destacados de aquella zona, Erich von dem Bach-Zelewski, afirmó más adelante haberle dicho: «Reichsführer, estos sumaban solo cien [fusilados] [...] Pero mire a los ojos de los hombres de este comando, fíjese en lo destrozados que han quedado. Estos hombres están acabados para el resto de sus vidas. ¿Qué clase de seguidores estamos formando aquí?».[74]

Bach-Zelewski daba toda la impresión de ser un hombre sumamente duro. Había resultado herido dos veces durante la primera guerra mundial, contienda en la que lo condecoraron con la Cruz de Hierro de primera clase. Se afilió al Partido Nazi en 1930, se unió a la SS al año siguiente y en 1940 participó en la expulsión forzosa de decenas de miles de polacos, desterrados de sus hogares y pueblos. En fechas más recientes, durante las primeras semanas de la invasión de la Unión Soviética, había supervisado la matanza de los judíos de Riga y Minsk. Pero no eran solo «los hombres de este comando» los que estaban quedando «destrozados» por esos actos; a él le ocurría lo mismo. En la primavera de 1942 un médico de la SS informó a Himmler de que Bach-Zelewski sufría problemas de salud mental, «en particular visiones asociadas con los fusilamientos de judíos, que él mismo ha dirigido, así como de otras vivencias difíciles en el este».[75]

En agosto de 1941, después de que Bach-Zelewski le comunicara su inquietud por la suerte de sus hombres, en el lugar mismo de la masacre de Minsk, sin duda Himmler comprendió una verdad esencial sobre sus pelotones de la muerte: una buena parte de sus integrantes lidiaban con las consecuencias emocionales de su sangrienta tarea.

En la propia Minsk, Himmler pronunció un breve discurso ante los asesinos, con la voluntad de elevar su estado de ánimo. Hizo hincapié en que las leyes de la naturaleza demostraban que «los que no querían luchar simplemente perecían [...] los humanos teníamos derecho a defendernos contra las alimañas». La labor que se había encomendado a sus hombres era innegablemente «dura», pero ellos mismos debían ser «duros» y «mantenerse firmes».[76]

Era más fácil decirlo que hacerlo, sin embargo. Walter Frentz, un camarógrafo de la fuerza aérea, que en aquella ocasión formaba parte del séquito de Himmler, recibió la visita de uno de los asesinos. «Ya no puedo soportarlo más —le dijo el hombre, en tono desesperado—. ¿Usted no podría sacarme de aquí? Porque es que yo ya no puedo soportarlo. Esto es horrible».[77]

Tras aquella experiencia, Himmler resolvió encontrar un método «mejor» con el que seguir asesinando; «mejor» para sus hombres, no para las víctimas. El modo en que los nazis se enfrentaron a esta tarea espantosa fue muy revelador sobre sus mentalidades como asesinos.

11

Matar a distancia

Aunque Hitler, Himmler y otros líderes del nazismo fueron los responsables de la concepción general del Holocausto, los encargados de llevarlo a la práctica, con frecuencia, hallaron por sí mismos nuevas formas de asesinar. No eran simples «robots de la SS»,[1] sino devotos con afán por resolver los problemas que se les presentaban. Su problema esencial era encontrar el modo de asesinar al mayor número posible de personas, pero sin el coste emocional que esto comportaba.

Según reveló el experimento de Milgram, «ordenar» a la gente que cause daño a los demás no resulta tan efectivo, por lo general, como convencerlos de que causen sufrimiento.[2] De un modo similar, explicarles a los oficiales de la SS por qué determinadas personas debían morir, y luego dejarles elegir de qué manera cumplían con esta misión horrenda, desde el punto de vista psicológico resultaba más astuto que simplemente «ordenarles» que mataran.

El asesinato de los comisarios soviéticos recluidos en los campos de concentración, durante 1941, demostró este fenómeno de una forma horripilante. Se suponía que estos comisarios debían ser ejecutados en el frente mismo, nada más apresarlos; pero varios miles escaparon a este destino porque no se los identificó como tales en el momento, sino solo en los campos de prisioneros de guerra. Desde aquí, junto con otros internos considerados especialmente «indeseables», se los envió a los campos de concentración, donde los matarían.

En Auschwitz, en el verano de 1941, la SS decidió matar a los comisarios soviéticos explotándolos laboralmente en la extracción de grava.

«Los tenían allí y con unos pocos días —contaba Kazimierz Smoleń, un preso político polaco que fue testigo de sus penalidades— dejaban de existir. Así torturaron y asesinaron a cientos de personas. Su muerte era cruel. Era como en una película de terror, pero una película como esa no se verá nunca en un cine».[3]

En cada campo de concentración la SS eligió su propio método de asesinar a los comisarios soviéticos. En Dachau los fusilaron. En Flossenbürg y Gross-Rosen los mataron mediante inyecciones letales. Pero en Sachsenhausen, después de sopesar diversas posibilidades letales, concibieron un método mucho más refinado.[4] Se trasladaba a los presos, uno por uno, a una sala donde se los mediría, y cuando se ponían de pie, de espaldas a la pared, les pegaban un tiro en la nuca desde una trampilla de una puerta inmediata. Se limpiaba la sala, se sacaba el cadáver y se hacía entrar al siguiente preso.

La SS de Sachsenhausen se enorgullecía de su innovación, que exhibió con gusto a otros comandantes de campos de concentración. En consecuencia, se crearon cámaras de ejecución similares en Buchenwald y Mauthausen. Pero este método de asesinato seguía teniendo defectos graves, desde la perspectiva de los nazis. Por un lado, seguía existiendo una conexión íntima entre el asesino y la víctima; por el otro los asesinatos debían realizarse individualmente. Quizá habían dado con un método letal «mejor» que el horror sangriento de las masacres de los Einsatzgruppen en la Unión Soviética ocupada, o que matar de trabajo a los presos en las canteras de grava de Auschwitz; pero los asesinos aún tenían que lidiar con las posibles consecuencias psicológicas.

Los hombres de la SS que se encargaban de los asesinatos eran adeptos a la ideología del régimen y con anterioridad habían participado en los abusos y malos tratos que se daban a los presos. Consideraban que sus reclusos soviéticos eran «infrahumanos», una categoría especialmente vil del «Ellos». Aun así un asesinato directo y continuo era exigente y, al igual que en el frente oriental, no todos poseían la misma capacidad de cumplir con esa labor. Una parte se vanagloriaba de su tarea y se jactaba del número de presos soviéticos que había liquidado. Unos pocos se negaron a participar, y aunque no se ejecutó a nadie por tal negativa, como mínimo a uno se le reprochó falta de disciplina y fue enviado a un batallón de castigo. La mayoría —al igual que vimos con los Einsatzgruppen— se hallaba en el grupo intermedio y participaba en la masacre con grados variables de afectación emocional. Una vez más, el alcohol les ofrecía un alivio temporal. También se les organizaban vacaciones para que pudieran descansar. Un grupo de asesinos de Sachsenhausen viajó a Italia, donde varios se emborracharon y destrozaron sus habitaciones.[5]

Poco después de que empezara la masacre de los comisarios en los campos de concentración, el doctor Albert Widmann viajó a Minsk en un camión cargado con varios cientos de kilos de explosivos y dos rollos de manguera de gas. Widmann, que había ayudado a concebir la técnica de gaseo empleada para matar a una selección de discapacitados en Alemania, había recibido una encomienda nueva de parte de Arthur Nebe, comandante del Einsatzgruppe B y antiguo director de la policía criminal del Reich. En la posguerra Widmann declaró en juicio que Nebe le había pedido que viajara al este «porque los rusos habían dejado en Minsk a muchos enfermos mentales incurables» y «no se podía pedir a sus hombres que fueran fusilando a esos enfermos mentales uno por uno».[6]

Widmann no podía limitarse a replicar el método letal que había concebido para asesinar a los discapacitados en las cámaras de gas de Alemania y Austria, porque estas funcionaban con monóxido de carbono embotellado. Esto suponía dos problemas: no resultaba práctico transportar grandes cantidades del gas desde Alemania a un lugar tan distante y, además, el producto en sí mismo era caro. En consecuencia, para dar con otro método de asesinato que evitara a los hombres del Einsatzgruppe las graves consecuencias psicológicas de ir matando «a esos enfermos mentales uno por uno», Widmann y Nebe realizaron dos nuevos experimentos letales, ambos horrendos.

El primero, por increíble que pueda parecer, consistió en hacer saltar a las víctimas por los aires. Se confinó en un búnker lleno de explosivos a un grupo de enfermos mentales. Pero nada más activar la detonación se evidenció que el experimento había sido un fracaso (desde la perspectiva de los nazis). «La vista era atroz —recordaba Wilhelm Jaschke, oficial en el Einsatzgruppe de Nebe—. Hubo heridos que salían del búnker arrastrándose y gimiendo». Se recompuso el búnker a toda prisa, se encerró de nuevo a los enfermos mentales supervivientes y se hicieron estallar más explosivos. El legado del experimento fue macabro. «Había miembros y restos humanos repartidos por el terreno y colgando de los árboles», recordaba Jaschke. Al día siguiente él y sus hombres intentaron recoger los restos humanos, pero «los miembros que habían quedado colgando de ramas inaccesibles los dejamos en los árboles».[7]

Widmann y sus colegas se alejaron «deprimidos» del lugar de la masacre, porque «la gente no había muerto [toda] instantáneamente», en contra de lo previsto.[8] La conclusión fue que asesinar con explosivos no era un método sostenible de matanza masiva. Necesitaban dar con otros medios.

En esta búsqueda de soluciones Nebe recordó que una vez se había quedado dormido en el coche, dentro del garaje y sin apagar el motor, y sufrió «una leve intoxicación por monóxido de carbono».[9] ¿Y si a partir de esa experiencia daban con otra forma de producir los gases letales? ¿Podrían utilizar como agente letal los gases de los tubos de escape, en sustitución del gas embotellado? Nebe y Widmann tuvieron claro que, de funcionar, esto sería más fácil que transportar gas embotellado a los centros de exterminio y, además, sería más económico que «comprarle el gas a una empresa química».

Hicieron pues un experimento de gaseo en un hospital mental de Moguiliov, a dos horas de coche al este de Minsk. Se encerró a los pacientes mentales en una sala y se introdujo el extremo de una manguera por un orificio abierto en la pared de ladrillo. El otro extremo de la manguera se conectó al tubo de escape de un coche del que encendieron el motor. No tardaron en descubrir que el escape de un simple automóvil no bastaba para matar a la gente con la celeridad deseada, por lo que conectaron también el motor de un camión.

Fue un avance decisivo para sus intereses. Nebe le dijo a Widmann que planeaba escribir a Himmler para comunicarle que si bien dinamitar a la gente no era un método válido —dado que «el proceso de limpieza posterior resulta sumamente desagradable»—, en cambio matarlos con los gases de los tubos de escape sí que era «viable».[10] Más adelante Widmann alegó que el asesinato de los enfermos mentales de Minsk y Moguiliov había sido «legal», como extensión de la legislación sobre la eutanasia. «Debo decir que en ese momento yo era de la opinión de que el Estado estaba capacitado para ordenar y ejecutar esa clase de cosas», declaró. En cuanto a sí mismo, «yo soy simplemente una piececilla más de la maquinaria. No soy la clase de persona que disfruta obstruyendo el trabajo ajeno, así que seguí siendo eso, una piececilla de la maquinaria», dijo. En el juicio le preguntaron qué límites tenía su vida como piececilla no obstructiva. ¿Se habría «quitado la vida» si Nebe se lo hubiera «ordenado»? Widmann replicó que no, pues estaba dispuesto a seguir solo las órdenes que le parecían «legítimas».[11]

Aunque era adepto del régimen y abordó con entusiasmo el diseño de nuevos métodos de asesinato, después de haber trabajado para el régimen nazi Widmann llegó a la conclusión de que «ya no quiero tener nada que ver con las autoridades estatales. Porque nosotros queríamos hacer las cosas lo mejor posible y abusaron de nosotros de mala manera».[12] La frase no es poco reveladora: Widmann se consideraba una víctima. El tiempo dedicado a investigar la mejora de los métodos de asesinato era una simple prueba de su voluntad de «hacer las cosas lo mejor posible». Tenía la esperanza de que la gente se compadeciera de él y comprendiera que, en aquel contexto, en las circunstancias en las que se había encontrado, él había actuado de acuerdo con la ley. Pero olvidó mencionar que solo la caída del régimen le llevó a la conclusión de que habían «abusado de nosotros de mala manera». Si los nazis hubieran ganado la guerra, probablemente él habría seguido haciendo trabajos similares y sintiéndose orgulloso de su labor.

No todos los campos de exterminio usaron el método de gaseo predilecto de Widmann y Nebe. En Auschwitz —que llegaría a ser el mayor de los campos de exterminio—, la SS diseñó una técnica propia. Quien tomó la iniciativa fue Karl Fritzsch, el subcomandante, durante una ausencia de su jefe, Rudolf Höss.

Fritzsch era un nazi fanático que siempre dio señales de estar enamorado de su trabajo. Se incorporó a la SS en 1930, con veintipocos años, y pasó a prestar servicio en el campo de concentración de Dachau. Cuando llegó a Auschwitz ya era tristemente famoso por su crueldad. Aquí, por ejemplo, disfrutaba seleccionando a los presos a los que mataría de hambre en las celdas de inanición. Según algunos informes, torturó a diversos presos hasta matarlos.

Antes de prestar servicio en Dachau, no obstante, no había mostrado indicios de sadismo. Después de una infancia agitada, como salida laboral optó por trabajar en los barcos que recorrían el río Danubio, hasta que en 1933 el deseo de hallar un empleo más estable y fundar una familia lo movió a aceptar el puesto de Dachau.

Cuando empezó a trabajar en el campo de concentración, Fritzsch descubrió el valor de la camaradería de la SS. «Esa amistad acabó siéndolo todo para él», recordaba su viuda. Después de la guerra se entrevistó a la esposa, que negó que su marido hubiera cometido los crímenes que obviamente había perpetrado. Para ella nada de eso era realidad, eran todo mentiras y su marido era «el mejor hombre del mundo».[13]

A finales de agosto de 1941 Fritzsch hizo una asociación crucial entre los presos soviéticos —«animales en forma humana»— que habían llegado poco antes a Auschwitz, y un insecticida mortal, el Zyklon B, que se usaba en el campamento para desinfectar la ropa y matar a los piojos. «¿Por qué no juntarlos?», pensó. Juntarlos sería una demostración excelente de que sus enemigos eran «otros», eran «Ellos», pues mataría a los enemigos con el mismo producto químico con el que se exterminaban las plagas.

Estas imágenes animales complacían mucho a los nazis. El año anterior, en *Der ewige Jude* —«El judío eterno», una de las películas propagandísticas más infames jamás rodadas—, se mezclaban tomas de ratas con tomas de los judíos del gueto de Varsovia. «Goebbels había pedido escenas con ratas porque se entendía que las ratas eran un símbolo de los judíos», contaba Fritz Hippler, el director. También recordaba que Hitler se había interesado vivamente por la edición de la película, instando a hacerla más horrenda: «Con esta película Hitler quería aportar "pruebas", por decirlo así, de que los judíos son una raza que parasita a los hombres desde el interior, una raza a la que había que separar por lo tanto del resto de los hombres».[14]

En aquel momento aún no se había decidido que los judíos serían el blanco de un gaseo colectivo. Pero resulta fácil ver por qué, psicológicamente, una vez que Auschwitz se convirtió en el mayor campo de exterminio del Holocausto, asesinar mediante insecticida ofrecía a los nazis un método de matar no solo «más sencillo», sino que además reforzaba la idea hitleriana de que los judíos eran «una raza parásita». Según hemos visto anteriormente, por un lado, resulta mucho más fácil matar cuando crees que no estás matando a personas como tú, y por el otro la idea de que esa gente son ratas —o cualquier otra criatura repulsiva— activa al instante en el cerebro una respuesta poderosamente negativa.[15]

Al principio, Fritzsch no tenía ni idea de si esa innovación sería efectiva. El Zyklon B se basa en el cianuro y se presenta en forma de cristal. Cuando se expone al aire, los cristales crean un gas venenoso. Ahora bien, ¿cuánto se necesitaría para matar a personas y en qué circunstancias? Para resolverlo, empezó a experimentar. Ordenó que las celdas del sótano del Bloque 11 del campamento principal de Auschwitz se sellaran herméticamente y encerró en ellas a presos soviéticos.

«Pero resultó que el gas no funcionaba muy bien», explicó August Kowalczyk —un preso polaco que pudo observar las actividades que se realizaban en torno del Bloque 11— y por lo tanto «al día siguiente muchos de los reclusos seguían con vida». Así pues «reforzaron la dosis; echaron más cristales».[16]

Resulta casi imposible imaginar el sufrimiento de los presos obligados a participar en el «experimento» de Fritzsch. Su muerte fue terriblemente dolorosa, jadeando y ahogándose hora tras hora. Mediante el sistema del ensayo y error, la SS determinó una dosis «óptima» de Zyklon B y descubrió que el gas funcionaba mejor si la celda estaba repleta y la temperatura era alta. Estos hallazgos ayudaron a crear cámaras de gas construidas expresamente para ese fin.

Cuando el comandante Rudolf Höss volvió al campamento, fue testigo de una demostración del nuevo método letal y quedó complacido con lo que vio. Escribió que «siempre había sido reticente ante la perspectiva de llevar a cabo un exterminio mediante fusilamientos» porque se trataba de «cantidades ingentes». En aquel momento quedó «aliviado» por el hecho de «ahorrarse todo ese derramamiento de sangre». También era de la opinión de que así las víctimas «no sufrirán».[17] Pero esto era una mentira que él se contaba para sentirse mejor con sus crímenes. Los asesinados con gas sufrían una muerte terrible.[18]

Aunque estos fueron los primeros internos de Auschwitz que murieron gaseados en el propio campo, otros ya habían sido deportados y gaseados antes. Unas semanas antes de que Fritzsch iniciara su experimento, varios presos fueron trasladados en el marco de un proyecto conocido con el código 14f13. Eran reclusos enfermos a los que se deportó al centro de eutanasia de Sonnenstein, en Alemania, donde los mataron en una cámara de gas construida para asesinar a pacientes discapacitados.

En aquel momento ya circulaban entre los alemanes rumores de que había centros para el exterminio de discapacitados. En agosto de 1941 Clemens von Galen, el obispo de Münster, atacó la idea en su totalidad. En un sermón pronunciado en la catedral de la ciudad habló de la «sospecha generalizada, que es casi una certeza» de que los nazis estaban matando a «seres humanos inocentes» alegando que «su vida carece de valor para la nación y el Estado». Hizo una asociación directa con la congregación allí reunida y advirtió de que esta práctica quizá se haría extensiva a los «valerosos soldados» que volvían a la patria aquejados de «discapacidades graves».[19]

Las palabras de Galen suponían un problema evidente para el régimen. Hacer daño a los soldados alemanes que regresaban a la patria debilitados por las heridas suponía, a todas luces, actuar en contra del «Nosotros». Esto era algo que los nazis no podían hacer con impunidad.

Además de las dificultades a las que Hitler y sus camaradas tuvieron que enfrentarse después del sermón de Galen, la protesta del obispo llegó en un momento que les perjudicaba. Unos meses antes Adolf Wagner, el Gauleiter de Baviera, había ordenado retirar los crucifijos de las aulas, a pesar de que el estado bávaro era predominantemente católico. Esto se recibió con mucho enojo. En una manifestación posterior, una mujer gritaba: «Soy partidaria acérrima de Hitler y he sido nacionalsocialista desde 1923. Pero esto va demasiado lejos. El Führer no lo quiere. Seguro que no está al corriente de la retirada de las cruces».[20]

Estos comentarios eran una muestra del recurrente «ojalá el Führer lo supiera», una forma habitual de reducir tensión y criticar las políticas del régimen. Pero las protestas no se quedaron aquí. El escándalo de los crucifijos podía llegar a dañar la reputación del propio Hitler, según se constata en una carta enviada anónimamente a un funcionario nazi: «Si nuestro Führer permite que gobiernen canallas como esos, el *Heil Hitler!* tiene los días contados».[21]

A los hombres y las mujeres que salieron a protestar en público por el tema de los crucifijos no los detuvieron en redadas policiales ni los enviaron a los campos de concentración. El régimen los escuchó y cambió de orientación, no solo en el tema de los crucifijos, sino también en el de los asesinatos «eutanásicos».[22] Después de las palabras de Galen se consideró que era demasiado arriesgado llenar autobuses con discapacitados para trasladarlos a otras ciudades alemanas, a los centros donde se los mataría; y la práctica cesó.

No se abandonó la medida en su totalidad, pues los hospitales siguieron matando a una selección de discapacitados, ya fuera por inanición o mediante inyecciones letales; pero los centros especializados en el asesinato, como el de Sonnenstein, dejaron de gasear a pacientes. En cuanto al obispo Galen, no lo arrestaron, no lo enviaron a un campo de concentración y no fue apaleado por la Gestapo. Hitler se enfureció con él y diversos líderes nazis deseaban que se lo ejecutara como a un traidor, pero a la postre no sufrió represalias violentas.

Parece llamativo que un régimen tan agresivo perdonara a Galen. Pero en la práctica el obispo, al igual que los manifestantes favorables a los crucifijos, exponía sus críticas desde dentro, «como miembro del grupo», sin desafiar los fundamentos del régimen. Pues Galen, aun sin ser nazi, odiaba el bolchevismo, despreciaba el Tratado de Versalles, creía que el ejército alemán había sido «apuñalado por la espalda» en la primera guerra mundial y veía con buenos ojos la invasión de la Unión Soviética. Cuando tomó posesión del obispado de Münster, en 1934, los camisas pardas habían desfilado con antorchas frente al palacio episcopal y los funcionarios nazis le habían dado la bienvenida con el brazo extendido propio del saludo tradicional del nazismo.

Ya en la posguerra, Galen comentó ante las fuerzas de ocupación Aliadas que imponer la democracia en Alemania supondría «traer el comunismo» y pidió que no se permitiera a los soldados negros salir a la calle de noche. En referencia al tribunal de Núremberg que juzgó por crímenes de guerra a diversos líderes nazis, desdeñó lo que consideraba eran «juicios amañados».[23] Por lo tanto Galen distaba mucho de ser un miembro de la «resistencia». Este retrato simplista no se adecua a su figura.

Goebbels se dio cuenta de que, si atacaba a Galen por sus protestas contra la eutanasia, se arriesgaba a distanciar a los soldados católicos que luchaban por Alemania en el frente. «Soy del parecer de que ahora en principio lo mejor será posponer el asunto de la iglesia —escribió en su diario el 18 de agosto de 1941—. Después de la guerra será necesario resolver el problema de la iglesia [...] Una vez que la victoria sea nuestra, será fácil librarse de todos los problemas de una sola tacada». Opinaba que Martin Bormann, que había sido una causa clave de la controversia de los crucifijos, «habrá empezado a comprender hasta cierto punto que la medida que está tomando es demasiado agresiva y que el radicalismo, en este campo, puede resultarnos más perjudicial que beneficioso, al menos en los tiempos presentes».[24]

También es importante fijarse en qué no condenaba el sermón de Galen: no condenó la persecución de los judíos. Nunca hubo manifestaciones airadas por su destino, a diferencia de las que provocó la retirada de los crucifijos.[25] Esto a pesar de que abundaban las pruebas de que los judíos, tanto en Alemania como en otros lugares del imperio nazi, estaban sufriendo abominablemente. Pero a los judíos, a diferencia de a los discapacitados, ni el obispo Galen ni muchos otros alemanes los consideraban en ningún caso «miembros de su propio grupo».

A Goebbels no se le pasó por alto esta distinción. «En cambio con la cuestión judía es distinto [en comparación con las protestas de la iglesia] —escribió en un apunte del 18 de agosto—. Actualmente todos los alemanes están en contra de los judíos. Hay que poner a los judíos en su sitio».

Cuando se deportó a los judíos de Münster —la ciudad de Galen—, el obispo no protestó. Pues, aunque sería erróneo calificarlo de antisemita visceral, no cabe duda de que su relación con los judíos no era amistosa. En un sermón del 14 de septiembre de 1941 incluso hizo referencia a «los gobernantes judeo-bolcheviques de Moscú».[26]

No todo el clero adoptó la actitud de Galen. En su propia ciudad de Münster hubo religiosos que ofrecieron una resistencia sin ambigüedades contra el régimen. August Wessing, por ejemplo, trató compasivamente a los trabajadores extranjeros que los nazis consideraban infrahumanos y se negó «a ser hostil con nadie, ya sea polaco, ruso o judío».[27] Esta demostración de humanidad le costó muy cara: a Wessing lo enviaron a Dachau y murió en este campo dos meses antes de que la guerra terminara.

Esto tampoco quiere decir que Galen no estuviera siendo valiente. Sin duda lo fue. Esperaba que la Gestapo lo arrestara por haber protestado contra la eutanasia y se había preparado para el martirio. Pero se mostró selectivo con los objetos de su protesta y, como muchas figuras destacadas del catolicismo, se centró en gran medida en los daños que los nazis estaban causando a la institución de la iglesia.

En gran parte, la resistencia del obispo hundía sus raíces en la fe católica. Como hemos visto antes en el caso del general Blaskowitz,[28] con frecuencia esa resistencia se predica basándose en un sistema de creencias alternativo; en la Alemania nazi, el más poderoso de esos sistemas era la iglesia.

En los meses posteriores al sermón del obispo Galen —de agosto a diciembre de 1941— se produjeron cambios radicales en el desarrollo del Holocausto y la evolución de los métodos letales usados para asesinar a los judíos. Comprender las mentalidades que sirvieron de base a tales cambios no es tarea sencilla. Pero una forma útil de abordar la cuestión es observar la enorme fluctuación que el estado de ánimo de los líderes nazis experimentó durante este período crucial, y considerarla casi una réplica —más concentrada en su forma psicológica— del trayecto que ya constatamos en la primera guerra mundial, cuando los alemanes pasaron de la euforia al abatimiento.

Las primeras semanas del otoño de aquel año fueron un período de glorioso optimismo para los nazis. En septiembre la Wehrmacht obtuvo una gran victoria en Kiev, donde una de las acciones de cerco más numerosas de los tiempos modernos se tradujo en el apresamiento o la muerte de más de 650.000 soldados soviéticos. Al poco tiempo los blindados alemanes emprendieron el camino de Moscú en la Operación Tifón. Su avance fue extraordinario: ganaban unos cincuenta kilómetros al día y cuando entraron en la ciudad de Oriol, los tranvías todavía funcionaban. Hitler estaba extasiado. En un discurso pronunciado en Berlín el 3 de octubre se jactó de que «el enemigo ya ha caído y no se volverá a levantar».[29] Cuando no había pasado ni una semana, su secretario de prensa, Otto Dietrich, dijo a los periodistas que «a todos los efectos militares, la Rusia soviética está acabada». Al día siguiente los titulares de las cabeceras alemanas exultaban: «¡Victoria en el este!».[30]

Sin embargo, esta publicidad no había sido autorizada por Goebbels. El carácter fracturado de los procesos decisorios del régimen nazi significó que Dietrich se sintió capacitado para asumir personalmente la responsabilidad de esta campaña relámpago de relaciones públicas. Ahora bien, desde el punto de vista de los líderes nazis, fue un error no concentrar todo el poder de la prensa en las manos de Goebbels, que el 10 de octubre escribió en su diario: «Confío por Dios en que las acciones militares seguirán desarrollándose de un modo que no nos haga sufrir un revés psicológico».[31]

La inquietud de Goebbels estaba justificada. El ejército alemán quedó empantanado a las afueras de Moscú y, en diciembre de 1941, el ministro tuvo que hacer un llamamiento público en petición de ropa de abrigo. Nada simbolizó mejor el humillante hundimiento de los alemanes que el contraste entre los titulares de octubre, con la «¡Victoria en el este!», y las imágenes de los soldados de la poderosa Wehrmacht que, en diciembre, quedaron obligados a vestir los abrigos y sombreros de piel donados por la sociedad.

No es pues de extrañar que, en enero de 1942, Goebbels escribiera que el anuncio prematuro de Dietrich «probablemente constituye el error psicológico más grave de toda la guerra».[32] Pero es relevante que Goebbels no reprochara a Hitler el haber afirmado que el Ejército Rojo «está caído y no se volverá a levantar», las palabras que habían sido el catalizador de la declaración jactanciosa de Dietrich. Los hechos no habían llegado a un estadio en el que Goebbels se sintiera cómodo criticando abiertamente a Hitler, a pesar de aquella gran pifia.

Dos semanas después del apunte en el que criticaba a Dietrich, Goebbels escribió en su diario: «La gente es mucho más primitiva de lo que imaginamos. Por lo tanto, la esencia de la propaganda es la repetición y la simplicidad constantes. Solo quienes consiguen reducir los problemas a la más simple de las fórmulas y los que tienen el valor de repetirla así de simplificada hasta la eternidad —también en contra de las objeciones de los intelectuales— lograrán el éxito fundamental en el empeño de influir sobre la opinión pública».[33]

Precisamente porque Goebbels creía que la opinión pública alemana era «primitiva», el error propagandístico de Dietrich le enfureció en particular; pues Dietrich había enviado un mensaje de lo más simple —la guerra se ha ganado, a todos los efectos—, pero la verdad había resultado ser otra. Goebbels sabía que era imperativo no prometer en público nada que luego uno no fuera a cumplir.

Más aún, Goebbels se oponía con vehemencia a contar a la opinión pública mentiras que luego pudieran descubrirse como tales. «Mentir no nos lleva a ningún sitio», le dijo a su edecán, Wilfred von Oven. «Hay que representar la verdad de tal modo que la perciba con claridad hasta el más simple de los hombres, quizá con una corrección aquí y una corrección allá. Pero con las puras mentiras sucede al revés: un día emergen a la luz y entonces son contraproducentes».[34]

La dificultad de reconciliar el mensaje falso de Dietrich, en octubre, sobre una victoria no consolidada, con lo que de veras estaba pasando sobre el terreno se complicó todavía más por dos problemas de proporciones épicas, que cayeron sobre los nazis en diciembre de 1941. El primero vino de una fuente inesperada. El 5 de diciembre, veintisiete divisiones soviéticas se lanzaron contra el frente alemán, como parte de una gran contraofensiva del Ejército Rojo; la Wehrmacht no se lo esperaba. Según los recuerdos de un comandante de los blindados alemanes, aquellos días fueron «una experiencia terrible [...] la guerra se había transformado por completo».[35]

Dos días después se produjo la segunda conmoción. El domingo 7 de diciembre los japoneses bombardearon la Flota estadounidense del Pacífico, que fondeaba en la base de Pearl Harbor, en Hawái. De inmediato, Estados Unidos, con todo su poder económico, entró en la guerra como enemigo de Japón. Aunque Alemania estaba aliada con los nipones, Hitler no estaba obligado a sumarse a la contienda con los estadounidenses. Pero el 11 de diciembre anunció que Alemania declaraba la guerra a Estados Unidos.

Muchas personas que desconocen los detalles de la historia creen que se trató de una decisión incomprensible. Pero desde la perspectiva de Hitler tenía sentido. Roosevelt ya estaba ayudando a los británicos y en septiembre había ordenado a los buques estadounidenses que disparasen «sin previo aviso» contra cualquier U-Boot alemán que avistaran en aguas del Atlántico norte.

Por lo tanto, cuando declaró la guerra a Estados Unidos, Hitler creía que simplemente estaba anticipando algo inevitable. Los nazis tenían la esperanza de que los japoneses mantendrían a los estadounidenses ocupados en el Pacífico durante un período suficientemente prolongado para que la Wehrmacht derrotara al Ejército Rojo y, al mismo tiempo, los submarinos alemanes cortaran la línea de abastecimiento noratlántica que conectaba Norteamérica con Gran Bretaña.

En este escenario, por supuesto, abundaba el pensamiento ilusorio. Todo el mundo sabía que la entrada de Estados Unidos en la primera guerra mundial, en 1917, había causado problemas muy acuciantes a los alemanes. Desde entonces, la geografía no había cambiado: Nueva York seguía distando 6.500 kilómetros de Berlín. Así pues, no se entiende exactamente cómo pensaba Hitler que sería capaz de derrotar a Estados Unidos.

Con independencia de los aspectos prácticos, Hitler tenía la certeza de saber la verdadera razón por la que los estadounidenses actuaban como enemigos. Su monomanía con los judíos lo convenció de que estos movían los hilos del presidente Roosevelt, igual que movían los de Stalin. Su antisemitismo era tan desaforado que a su entender los judíos controlaban por igual el capitalismo y el bolchevismo. En julio de 1922, de hecho, ya había afirmado que los judíos «persiguen un objetivo único con una política común. Por un lado, un Moses Kohn insta a su asociación a negar las reclamaciones de los trabajadores, y en la fábrica su hermano Isaac solivianta a las masas con los gritos de: "¡Miradlos! ¡Lo único que quieren es oprimiros! ¡Sacudíos las cadenas! [...]". Pero el hermano se cuida de que las cadenas sean de la mejor forja».[36] Diecinueve años después de haber expresado tales comentarios, Hitler dijo ante los diputados del Reichstag, el 11 de diciembre de 1941, que el «círculo de judíos» que rodeaba a Roosevelt, «impulsados por la codicia veterotestamentaria» y una «perfidia satánica», eran los culpables de la situación por la que Alemania estaba pasando en ese momento.[37]

Quizá nos desconcierte que Hitler manejara dos puntos de vista que, para nosotros, resultan contradictorios: que los judíos estaban detrás del capitalismo y del bolchevismo. Pero la investigación psicológica ha demostrado que estas incoherencias claras no son infrecuentes entre quienes creen en las conspiraciones. Karen Douglas y sus colegas han constatado que algunos teóricos conspiranoicos pueden asentir al mismo tiempo ante la idea de que Bin Laden no ha muerto y la de que ya había muerto mucho antes de que los estadounidenses afirmaran haberlo matado. Estas contradicciones, indica la profesora, «tienen cierto sentido si además uno cree que no se puede creer nada de lo que le cuentan». Razonan que «si eso fuera cierto, también sería posible tal otra conspiración, etcétera».[38]

En un discurso de enero de 1939 Hitler había «profetizado» que los judíos de Europa resultarían «aniquilados» si él veía que llegaban a «provocar» otra guerra mundial.[39] Transcurridos casi tres años desde entonces, el 12 de diciembre de 1941 —un día después de que Alemania declarase la guerra a Estados Unidos— hizo referencia explícita a esta «profecía» en las palabras que dirigió a diversos jefes nazis. «En lo que respecta a la cuestión judía, el Führer está decidido a limpiar el aire —escribió Goebbels—. A los judíos ya les había profetizado que si acababan provocando otra guerra mundial, vivirían su propio exterminio. No era una frase huera. La guerra mundial está aquí y deberá tener, como consecuencia inevitable, la destrucción de los judíos».[40]

Sería fácil concluir que en este momento se llegó al acuerdo definitivo de la «Solución Final», que fue el momento de la última decisión. Esto encajaría con la forma en que muchas personas creen que los crímenes se conciben: como en el arco narrativo del cine negro, hay una reunión de conspiradores, una asamblea en la que se adopta la decisión definitiva y se acuerda cómo se hará realidad el crimen. Esto resulta directo y de comprensión fácil. Pero este modelo no encaja con el desarrollo real del Holocausto.

Por un lado, a los judíos ya los estaban asesinando en grandes cantidades en la Unión Soviética, y se los deportaba en masa de Alemania hacia el este, antes de que Hitler dijera que quería «limpiar el aire», aquel 12 de diciembre de 1941. Por otro lado, sus comentarios no se tradujeron una ampliación repentina y radical de los asesinatos en todo su imperio. El avance hacia el Holocausto fue progresivo. El 12 de diciembre fue en efecto una fecha señalada en el desarrollo del crimen, pero no el punto en el que se decidió acometerlo; porque ese punto único no existió como tal.

En la práctica, el hecho de que el Holocausto fuera desarrollándose paso a paso quizá facilitó que los perpetradores cometieran el crimen. La investigación demuestra que las personas tendemos a sentirnos más cómodas frente a una serie de decisiones menores que ante una de especial calado. Es un proceso que se conoce con el nombre coloquial de «técnica del pie en la puerta», en referencia a uno de los primeros experimentos psicológicos al respecto.[41] Una derivada del hecho de que las decisiones se tomen progresivamente es que el resultado final puede ser más extremo que si todo hubiera respondido a una decisión única y puntual.

En la progresión de los nazis hacia el Holocausto hay muchas pruebas de esta clase de proceso decisorio gradual. Los funcionarios nazis, por ejemplo, habían estado sopesando diversas soluciones radicales a su «problema judío» varios meses antes de que Estados Unidos entrara en la guerra. Por ejemplo, un oficial de la SS llamado Rolf-Heinz Höppner escribió en julio de 1941, en un memorando infame dirigido a Adolf Eichmann: «Este invierno es muy posible que no haya comida suficiente para alimentar a todos los judíos. Debería sopesarse seriamente la posibilidad de que la solución más humana pase por despachar a los judíos que no son capaces de trabajar mediante algún agente de acción rápida. Esto sería más agradable, desde luego, que dejarlos morir de inanición».[42]

Höppner trabajaba en el Warthegau, una región de la Polonia ocupada que incluía algunos de los guetos más superpoblados del país. Estaba respondiendo a una crisis que los propios nazis habían generado: ellos habían encerrado a los judíos en el gueto y ellos les habían negado los cuidados y alimentos necesarios. Ahora sugería matar a una parte para resolver el problema que ellos mismos habían creado. Es un ejemplo de un fenómeno que el profesor Ervin Staub ha identificado: «A medida que empiezan a hacer daño al grupo de víctimas, los perpetradores aprenden sobre la marcha y van evolucionando a consecuencia de sus propias acciones, de modos que hacen posible y aun probable que los abusos contra las víctimas se agraven».[43]

Höppner no era el único que deseaba disponer de un «agente de acción rápida» para asesinar a los judíos. A finales de 1941 ya se estaban construyendo en Polonia dos centros de exterminio distintos. Quien había iniciado la cadena causal que resultó en esas dos fábricas de asesinatos fue Hitler. En septiembre de 1941 había autorizado deportar a los judíos de Alemania y Austria, después de que varios de sus subordinados —entre ellos Joseph Goebbels, furioso porque siguiera habiendo judíos en Berlín— cabildearan agriamente a favor de la expulsión. Pero Hitler no había dado instrucciones escritas de lo que debería ocurrirles exactamente a esos judíos, una vez deportados al este. Lo que era innegable era que deseaba «librarse» de ellos, de un modo u otro.

Poco después de que Hitler aprobara las deportaciones, Himmler comunicó a Arthur Greiser, el líder del distrito del Warthegau, que quería enviar al gueto de Łódź a 60.000 de los judíos deportados. Greiser protestó porque el gueto ya estaba superpoblado, y Himmler accedió a reducir la cantidad a 20.000 judíos. Pero esto seguía suponiendo un enorme problema para Greiser, quien de hecho quería eliminar a muchos de los judíos que ya tenía en su distrito.

En el gueto de Łódź se obligaba a los judíos a trabajar en jornadas muy prolongadas para producir bienes de consumo; en consecuencia, Greiser no veía utilidad en los judíos apartados de la vida laboral. Ya le había planteado este tema a Himmler y es muy posible que la referencia de Höppner a una «solución humana» para «despachar a los judíos que no son capaces de trabajar», en el citado memorando de julio, aludiera a las conversaciones sobre el uso de camiones de gas para matar a esos judíos supuestamente «improductivos».

La llegada inminente de miles de judíos del oeste aceleró aún más el deseo de Greiser de construir una base para instalar camiones de gas que liquidaran a los judíos incapacitados para el trabajo. Aquí nació la idea de montar una instalación letal en Chełmno, un poblado remoto al que era fácil llegar desde el gueto de Łódź.

El uso de camiones de gas para el asesinato de los judíos, y no de los discapacitados, quizá se les ocurriera por primera vez a los nazis entre mediados y finales de septiembre de 1941. Los judíos de los guetos de Grodziec y Rzgów fueron transportados en grupos a un bosque cercano, para matarlos en un camión. La nueva base que se propuso construir en Chełmno pretendía simplificar el proceso letal (desde la perspectiva de los asesinos).

A los Gauleiter, como Greiser, se les concedió una enorme flexibilidad en las decisiones que tomaban relativas al interior de su propia zona de mando, siempre que entendieran que los judíos eran el enemigo principal, el que debían elegir como blanco prioritario. Para hacernos una idea del gran margen de acción del que Greiser disponía servirá una nota que le envió a Himmler en 1942, afirmando que Hitler le había dicho que, en lo relativo a los judíos, «yo debo actuar según me parezca mejor».[44]

El asunto era de grandes proporciones. Greiser había sido nombrado líder de un distrito que contenía cerca de cinco millones de personas, de las que unos 4,2 millones eran del grupo de los polacos; unos 400.000, judíos; y 325.000, alemanes étnicos.[45] A pesar de que los alemanes eran la minoría menos numerosa, el Warthegau se incluía entre los distritos que se pensaba «germanizar». Para colmo (desde la perspectiva de Greiser), también debía acomodar en su distrito a alemanes étnicos que llegaban de otros países como los Estados bálticos.

Es una clase de situación que se ha repetido una y otra vez en la presente historia. Como Hitler los instaba a ser absolutamente ambiciosos en el intento de hacer realidad la visión compartida, los líderes nazis intentaron alcanzar objetivos que con frecuencia eran inalcanzables. En el proceso creaban más crisis que era preciso resolver, lo que generaba más dificultades que era preciso solventar. Los nazis tenían una visión a largo plazo y una serie de objetivos a corto plazo, pero a menudo carecían de estrategia para conectar aquella con estos. Sin embargo, estos funcionarios nazis tenían la certeza de que si actuaban «con radicalismo» casi nunca se los criticaría. Si se combinan todos estos ingredientes, la receta nos da un proceso decisorio de un inmenso dinamismo.

El 12 de diciembre de 1941, en Berlín, cuando Hitler dijo ante los jefes nazis que los judíos «vivirían su propio exterminio», la instalación letal de Chełmno ya estaba en funcionamiento. Pero las dos cosas no están directamente conectadas: lo de Chełmno fue una solución local para un problema local. Ahora bien, fue un paso más en un camino que demostraba a los nazis que quizá podrían contar con un medio aún más radical de solucionar su «problema judío».

El sufrimiento de los asesinados en el camión de gas de Chełmno no fue en ningún caso menos horrendo que el de quienes murieron fusilados. Muchos años después de la guerra, un aldeano aún se sentía perseguido por los gritos de los judíos que se ahogaban en la caja trasera del camión.[46] Sin embargo para la SS este método de matar no solo suponía rebajar la mano de obra necesaria; además tenía el potencial de resultar menos dañino, psicológicamente, que el de disparar contra los judíos cara a cara, más aún porque el horrible trabajo de extraer los cadáveres del camión y enterrarlos lo delegaron en los propios presos, por la fuerza.

Para Kurt Moebius, uno de los guardias de la SS en Chełmno, parecía evidente que ese trabajo estaba «justificado». Contó que en su momento él «creía que los judíos no eran inocentes, sino culpables», porque la propaganda nazi afirmaba que eran «criminales e infrahumanos» y habían causado los problemas que había vivido Alemania después de la primera guerra mundial.[47]

Mientras Moebius y sus colegas de la SS hacían funcionar el camión de gaseo de Chełmno, se estaba construyendo un segundo centro en la zona este de la Polonia ocupada. Nuevamente esto se había planeado antes de que Hitler diera su discurso de diciembre y, nuevamente también, era una solución local para un problema local. Pero en esta historia será un episodio más relevante que el de Chełmno porque este nuevo campo, sito en la remota aldea de Bełżec, sería el primer centro de exterminio estático creado específicamente para asesinar a los judíos en serie.

Bełżec estaba en el Gobierno General, el distrito de Polonia que controlaba Hans Frank. Según vimos anteriormente, por mucho que disgustara a su Gauleiter, el Gobierno General se había utilizado como una especie de «vertedero» para los miles de polacos a los que no se quería en aquellas zonas que se iban a germanizar. Pero ahora Frank había recibido una «buena noticia»: de resultas de la invasión de la Unión Soviética, se habían cambiado los planes y su distrito también acabaría siendo «alemán»; por lo tanto, a los «elementos» no deseados se los deportaría más al este. Frank llegó a imaginarse que enviaría a los judíos del Gobierno General a las marismas del Prípiat, en la Unión Soviética ocupada.

Ahora bien, como la victoria en el este aún no se había logrado, Frank optó por dar una solución más inmediata a su «problema judío». Habían hablado de ello Himmler y Odilo Globocnik, jefe de la SS y de la policía de Lublin, durante el otoño de 1941. Planeaban crear un campo de exterminio en Bełżec, en la Polonia oriental, a algo más de un centenar de kilómetros de la ciudad de Lublin. Así pues, a una gran cantidad de los judíos del Gobierno General ya no se los deportaría a otras regiones, sino que se los asesinaría en su tierra natal.

Globocnik, que destacaría por ser uno de los peores perpetradores del Holocausto, era otro más de los personajes con un pasado agitado que debía toda su carrera al patrocinio de Heinrich Himmler. Había nacido en 1904 en Trieste, que entonces formaba parte del Imperio austro-húngaro; durante la adolescencia se mudó al sur de Austria, y más adelante se afilió al Partido Nazi. En mayo de 1938, después de que Alemania se anexionara Austria, se lo nombró Gauleiter de Viena. En este momento su tren empezó a descarrilar porque demostró que no se podía confiar en él para aquel puesto. Después de una investigación —entre otros motivos, por irregularidades financieras— en enero de 1939 lo destituyeron de la dirección del distrito y cayó en desgracia. Estuvo sirviendo en las filas de la SS, como suboficial de la campaña polaca, hasta que Himmler decidió rescatarlo y confiarle la jefatura de la SS en Lublin.

A juicio de Himmler, Globocnik —«el Globo», como se lo apodaba— era un hombre ambicioso y «dinámico» en su actitud. Himmler (al igual que Hitler) odiaba a quienes, trabajando para él, no exudaban pura positividad. Por eso cuando se plantearon dudas sobre la instalación de un nuevo y gigantesco campo en Auschwitz Birkenau, porque el emplazamiento propuesto tenía problemas de drenaje, Himmler se limitó a afirmar: «Caballeros, el campo se construirá. Mis razones para construirlo son mucho más importantes que las objeciones que ustedes me plantean».[48] Pero la positividad no resuelve los problemas por sí sola: el mal drenaje de la zona no se corrigió nunca y el campo sufrió las consecuencias durante todo su período de funcionamiento. Un hombre de la SS que trabajó en Birkenau recordaba que «a cada paso que dabas, los pies se te hundían en un cenagal».[49]

Globocnik nunca habría permitido que esa clase de cuestiones prácticas interfiriera con su entusiasmo despreocupado. Pero quienes trabajaban cerca de él no tardaban en darse cuenta de que, una y otra vez, prometía hacer más de lo que luego conseguía hacer. Rudolf Höss, el comandante de Auschwitz, lo consideraba un «entrometido pomposo» que forjaba «planes fabulosos» que no se podían poner en práctica. De hecho, a Höss, Globocnik lo solía «dejar estupefacto», por lo que le extrañaba que Himmler lo tuviera en «tan alta estima».[50]

A la hora de impulsar su ambición en los proyectos letales, Globocnik fue un hombre afortunado, en el sentido de que pudo contar con la ayuda de expertos con una trayectoria demostrada en el asesinato mecanizado. Cuando las cámaras de gas de los centros eutanásicos de Alemania dejaron de funcionar, en el verano de 1941, muchos de los especialistas se quedaron sin trabajo. A cerca de un centenar, por lo tanto, los transfirieron al Gobierno General con instrucciones de usar sus conocimientos para matar a los judíos.[51]

Entre estos veteranos de la eutanasia figuraba Christian Wirth, que fue elegido primer comandante de Bełżec. Este expolicía, de carácter implacable, era mayor que muchos de los implicados en los asesinatos: cuando se le confió la comandancia de Bełżec contaba cincuenta y cinco años. No obstante, seguía caracterizándose por una energía formidable, así como por una vasta capacidad de odiar. Franz Stangl —otro exagente del programa de eutanasia, que también acabó en la comandancia de un campo de exterminio— recordaba que Wirth se expresaba con una «crueldad verbal terrible». En cierta ocasión habría dicho, por ejemplo, que «la llantina sentimental» por «liquidar a bocas inútiles [...] le hacía vomitar».[52]

El personaje y la brutalidad de Wirth son tristemente famosos, pero la persona en la que Wirth se apoyó para realizar la tarea más esencial de un campo de exterminio —hacer funcionar las cámaras de gas— es mucho menos conocida. Lorenz Hackenholt era otro veterano de la matanza eutanásica, y no solo participó en la construcción y el funcionamiento de la maquinaria asesina de Bełżec, sino que más adelante ayudó asimismo a gestionar las cámaras de gas de Treblinka y Sobibór, dos nuevos campos abiertos en 1942.

El expediente de Hackenholt en la SS revela que había nacido en 1914 en Gelsenkirchen, trabajó como albañil al salir de la escuela y se unió a la SS cuando contaba diecinueve años, en 1933.[53]

Seis años más tarde, en el verano de 1939, él y un colega de la SS fueron seleccionados para incorporarse al programa de la eutanasia. Les «mostraron fotografías de enfermos mentales en fases de gravedad» y les dijeron que, para economizar recursos médicos, era necesario eliminar a esas personas.[54] Los dos aceptaron la encomienda sin protestar, aunque más adelante el colega de Hackenholt afirmó que «la primera vez que vi los cadáveres» en el centro de eutanasia «vomité y caí enfermo más de una semana».[55]

Hackenholt también tenía formación mecánica y, antes de ser trasladado a Bełżec en el otoño de 1941, había trabajado principalmente como chófer para el programa eutanásico. Era un personaje duro, de constitución fuerte y una altura de más de 1,80 m, y estaba siempre dispuesto a recurrir a los puños. En enero de 1941 apaleó a un tabernero por una querella por unas prostitutas. La policía investigó el incidente, pero la denuncia se acabó archivando.[56]

Desde que Hackenholt estuvo en Bełżec, Wirth usó su pericia técnica con gran efecto. Bajo la dirección de Wirth, Hackenholt fue decisivo en la construcción, mantenimiento y funcionamiento del método letal del que Nebe y Widmann habían sido los pioneros en la Unión Soviética ocupada, mediante la utilización del gas generado por un motor en marcha.

Los primeros judíos de los alrededores fueron transportados a Bełżec en marzo de 1941. Karl Schluch, un hombre de la SS que trabajaba en el campo, describió más adelante los aspectos técnicos del proceso de asesinato y el papel del mecánico en ello.

«Se hacía entrar a los judíos en las cámaras de gas y después o el propio Hackenholt o sus subordinados ucranianos cerraban las puertas. Luego Hackenholt encendía el motor que suministraba el gas. A los cinco, siete minutos (por decir un número), alguien miraba hacia el interior por una ventanita para ver si todos habían muerto [...] Los judíos estaban siempre muy apiñados dentro de las cámaras de gas. Por eso los cuerpos no quedaban tendidos en el suelo, sino mezclados de forma desordenada, en todas direcciones, algunos arrodillados, según el espacio que tuvieran. Los cuerpos se habían ensuciado de excrementos, orina o saliva».[57]

Además de organizar y dirigir el gaseado, Hackenholt también mataba a los judíos con un método más tradicional: «A los judíos que no podían andar, les pegaba un tiro; o sea, a los judíos que no podían llegar por sus propios medios hasta la cámara de gas —contó Schluch—. También vi con mis propios ojos cómo le pegaba un tiro a un judío del destacamento de trabajo que no se estaba portando como Hackenholt quería». A su juicio su jefe se mostró siempre como «un hombre implacable, duro, brutal, sin ningún sentido del honor. Más aún: no tenía escrúpulos, todo le importaba un comino. Bebía a mansalva y eso le costó muchas noches de calabozo».[58]

Willy Grossmann, otro colega de Hackenholt en la SS, lo describió como «un estúpido insolente. Y la gente le tenía mucho miedo. Se emborrachaba a menudo, sobre todo al final, y no respetaba la disciplina, ni siquiera con sus superiores».[59] Pero quizá el comentario más certero sobre Hackenholt fue el de Robert Jührs, otro hombre de la SS empleado en Bełżec: «Quería salir a mear con los perros grandes, pero no sabía levantar la pata».[60]

Hackenholt era un trabajador sin formación ni cultura, al que de pronto le habían dado la inesperada oportunidad de interpretar el papel de Dios. La gente entraba en su mundo de la cámara de gas y ya no salía. Al parecer en general disfrutaba con su tarea e hizo una contribución crucial a que en Bełżec pudieran instalarse unas cámaras de gas mejoradas que empezaron a funcionar en julio de 1942. En el nuevo edificio se instaló una placa en su honor, que decía *Stiftung Hackenholt*, «Fundación Hackenholt».[61] Estas eran las últimas palabras que los judíos leían antes de morir.

Cuando la Fundación Hackenholt entró en funcionamiento en Bełżec, el Holocausto ya se había iniciado. En enero de 1942, en una conferencia tristemente famosa, celebrada a orillas del Wannsee (sudoeste de Berlín), Heydrich había anunciado que los nazis querían incluir a todos los judíos europeos en lo que ellos denominaban «Solución Final» al «problema judío». En un principio Heydrich había dicho que los judíos morirían trabajando hasta la extenuación en la construcción de nuevas carreteras en el este; pero pronto esta medida pasó a ser de asesinato directo. Probablemente esta nueva escalada había sido objeto de conversaciones en una serie de reuniones de Hitler y Himmler, entre el 23 de abril y el 3 de mayo.[62]

Sin embargo, Heydrich no vivió lo suficiente para ver la ampliación de la matanza: fue abatido a tiros en un barrio exterior de Praga y murió en el hospital, el 4 de junio de 1942. Tras su muerte, los tres campos que se centraron exclusivamente en el asesinato —Bełżec y dos campos de exterminio nuevos, los de Sobibór y Treblinka— recibieron el nombre colectivo de «Operación Reinhard», en «honor» de Heydrich. Los tres se construyeron en áreas remotas, inmediatas a líneas de ferrocarril y, aun siendo remotas, todavía relativamente próximas a ciudades que contenían poblaciones numerosas de judíos polacos.

El mayor de estos campos, Treblinka, se hallaba unos ochenta kilómetros al nordeste de Varsovia, y muchos de los judíos que perdieron la vida allí —entre 700.000 y 900.000— procedían del gueto de la capital. En total, en los campos de la Operación Reinhard se asesinó aproximadamente a un millón y medio de personas. En su inmensa mayoría fueron judíos, pero también varios miles de sintis y romaníes («cíngaros» o «gitanos», en la denominación nazi) y miles de polacos.

Auschwitz, que acabaría siendo el mayor de los centros de exterminio, no empezó a asesinar en gran número hasta 1943, cuando se inauguraron los nuevos edificios de ladrillo —cámaras de gas y crematorios— de Auschwitz Birkenau.[63] En Birkenau ya funcionaban desde el año anterior unas cámaras de gas menores, que eran cabañas de campesinos, modificadas; pero la construcción de los nuevos edificios de Auschwitz no solo representó el estadio evolutivo final del Holocausto, sino que es asimismo una de las razones clave por las que este genocidio se diferencia de otros. Las cámaras de gas de los campos de exterminio de la Reinhard eran productos temporales; pero los centros de exterminio de Auschwitz eran construcciones sólidas, al estilo de una fábrica, diseñadas para la permanencia. Estas estructuras, por encima de cualquier otra, eran la encarnación material de la voluntad de los nazis de eliminar a todo un pueblo y con la mayor celeridad posible, por medio de un proceso casi industrial. La perniciosa ideología de los nazis halló pues representación en los edificios de ladrillo —sus cámaras de gas con crematorio— de Auschwitz Birkenau.

También eran una declaración perversa de modernidad. Según destacó el corresponsal soviético Borís Polevói, en un artículo escrito para el *Pravda* a los pocos días de liberar el campo, las instalaciones de cámara de gas y crematorio de Auschwitz se asemejaban a «una enorme planta industrial».[64] La innovación y la tecnología moderna se habían sumado para crear un genocidio de un tipo nuevo. Pero de lo que no se habló tanto fue del enorme beneficio psicológico que este método «moderno» de asesinar ofrecía a los perpetradores. Los nazis habían puesto todo su empeño en facilitarse al máximo los asesinatos masivos, y habían logrado su objetivo.

A diferencia de los Einsatzgruppen del este, que eran testigos necesarios del trauma emocional de sus víctimas —que además sabían, sin excepción, que estaban a punto de morir—, en los campos de exterminio la SS podía fingir ante los recién llegados que no tenía intención de hacerles daño. La práctica de indicar a los judíos que en realidad accedían a las cámaras de gas que solo se los invitaba a «ducharse» parece haberse iniciado en Auschwitz a finales del otoño de 1941. No era una idea del todo novedosa porque las cámaras de gas de los centros de eutanasia también se hacían pasar por duchas. Sin embargo, era la primera vez que se aplicaba esta argucia tranquilizadora en el contexto del exterminio de los judíos.

Pery Broad, un miembro de la SS destinado a Auschwitz, observó cómo funcionaba el procedimiento del campo principal a principios de 1942, cuando los asesinatos se realizaban en una sala convertida del crematorio. Al llegar, un oficial de la SS decía a los judíos que «debéis bañaros y desinfectaros. No queremos epidemias en el campo. Luego os guiarán a vuestros barracones, donde os darán una sopa caliente. Trabajaréis según sea vuestra cualificación profesional. Ahora desvestíos y dejad la ropa en el suelo, delante de vosotros». Al escuchar estas palabras, contaba Broad, los judíos «se sentían todos aliviados, después de haber pasado días de mucha angustia». Pocos momentos después los hacían pasar a la cámara de gas, cerraban la puerta y vertían los cristales de Zyklon B desde una escotilla superior. Los gritos de los moribundos eran tan fuertes, y el crematorio del campo principal estaba tan cercano a los demás edificios, que para que los gritos no se oyeran tanto se encendía un motor de camión.[65]

El cuento de la «falsa ducha» podía ser enormemente efectivo. Toivi Blatt, un preso judío del campo de exterminio de Sobibór, recordaba vivamente la llegada de unos 3.000 judíos de los Países Bajos.[66] Se indicaba a los recién llegados que dejaran el equipaje cerca de la puerta y luego se dirigieran «directamente hacia un gran patio donde un alemán al que llamábamos "el Ángel de la Muerte" les hablaba con mucha amabilidad. Se disculpaba por los tres días de viaje desde Holanda, pero insistía en que habían llegado a un sitio hermoso, porque Sobibór siempre era bello. Y les decía: "Por razones sanitarias debéis ducharos y luego os indicarán hacia dónde seguirá vuestro viaje". Entonces la gente se ponía a aplaudir, "¡Bravo!", y se desvestía tranquilamente [...] La trampa era tan perfecta que estoy seguro de que cuando estaban en las cámaras de gas y salía gas en vez de agua, probablemente pensaban que era algún pequeño fallo de funcionamiento [...] Cuando el trabajo había acabado, cuando ya sacaban los cuerpos de las cámaras de gas para quemarlos, recuerdo haber pensado que la noche era bonita, muy tranquila, [con] las estrellas [...] Murieron tres mil personas y no pasó nada. Las estrellas seguían donde estaban».[67]

Como decía Blatt, la SS se aseguró cuidadosamente de que «Sobibór siempre [fu]era bello». A las órdenes del comandante Franz Stangl, no se regatearon esfuerzos en disimular la verdadera función del lugar. La cabaña situada junto al andén de llegada parecía la de cualquier estación, con falsos horarios de tren en las paredes y flores plantadas en macetas a lo largo del andén.

Desde una perspectiva psicológica, Stangl pretendía activar en los recién llegados el sesgo de confirmación. Con el término de *sesgo de confirmación*, introducido por el psicólogo Peter Wason en la década de

1960, se designa la tendencia que tenemos la mayoría de buscar pruebas que respalden lo que ya pensamos.[68] En este caso los nazis querían reforzar la creencia, habitual en muchos de los judíos, de que habían llegado a un campo de tránsito donde tan solo se les ducharía y desinfectaría.

Incluso algunos polacos enviados a Treblinka, aunque ya habían oído rumores de que allí iban a matarlos, seguían aferrándose a la esperanza de que el tren los llevaría a un campo de trabajo. Samuel Willenberg, transportado al campo en 1942, recordaba que «costaba creerse» que pudiera existir un lugar como Treblinka. «Y yo estuve allí y aun así al principio no me lo creía», dijo.[69]

En Auschwitz Birkenau la SS explicaba cuidadosamente a los recién llegados que aunque los dividirían en dos grupos —los considerados aptos para trabajar y los que no—, no por ello debían preocuparse. Hacía hincapié en que a los ancianos, los niños y las madres con bebés los enviarían a un campo distinto, donde se les podía cuidar mejor. Por descontado, era mentira. Nunca existió otro campo con ese fin. Su destino era la cámara de gas y la mayoría de los considerados incapacitados para trabajar fallecieron a las pocas horas de llegar.[70]

Si en Auschwitz fue habitual seleccionar a los que podían trabajar, en cambio en los campos de la Operación Reinhard casi todos los presos eran enviados de inmediato a las cámaras de gas. Solo de forma ocasional se separaba a los más fuertes y sanos para que trabajaran en el propio centro. Muchos de estos judíos fueron empleados en un «comando especial» (*Sonderkommando*) con funciones de pesadilla: vaciar las cámaras de gas e incinerar los cadáveres.

El comportamiento del personal de la SS que trabajaba en estas fábricas de la muerte era sumamente variable. Algunos hombres incluso llegaron a establecer relaciones de trabajo tolerables con los Sonderkommandos. Morris Venezia, un judío griego obligado a trabajar para un comando especial de Auschwitz, recordaba que uno de los miembros de la SS «de vez en cuando nos regalaba un cigarrillo» y era «buena gente, muy buena gente», pese a que la «bondad» no impedía que estuviera «siempre dispuesto a matar a alguien».[71] Como ejemplo contrario, a Otto Moll, de la SS de Auschwitz, se le temía enormemente. Era un sádico que una vez incluso arrojó a varios niños vivos a las llamas de una fosa de cremación al aire libre.[72]

Se hacía todo lo posible para asegurarse de que «se procesaba» a los judíos no solo con tranquilidad, sino también con rapidez. En los campos de la Operación Reinhard la SS hizo especial hincapié en la celeridad porque quería impedir que los recién llegados se dieran cuenta de que el centro carecía de barracones para alojarlos. Además, desplazar a los recién llegados con la mayor prontitud también ayudaba a que los miembros de la SS percibieran a los judíos como una masa amorfa. No había posibilidad de forjar ninguna clase de relación con alguien que simplemente pasaba unos momentos por delante de ti. De este modo era más fácil verlos como «otros» cuando ya estaban desnudos y se los obligaba a recorrer con agilidad el pasillo de la cámara de gas.

La clave para el buen funcionamiento de un campo de exterminio —desde la perspectiva nazi— era por lo tanto mantener en secreto la verdadera naturaleza del lugar hasta el último momento posible. En consecuencia, los transportes debían adecuarse cuidadosamente a la capacidad letal del campo, puesto que, si llegaban demasiadas personas al mismo tiempo, la infraestructura podía derrumbarse. Exactamente esto es lo que pasó en Treblinka en agosto de 1942.

Irmfried Eberl —comandante del campo y otro veterano del programa de eutanasia— actuaba con el afán de hacer realidad un objetivo grandioso. «El doctor Eberl era un hombre ambicioso, que deseaba alcanzar las cifras más altas y superar a todos los demás campos», rememoraba August Hingst, de la SS de Treblinka.[73] Durante el verano de 1942 cabe reconocer que lo consiguió: la cantidad de víctimas a las que se transportaba desde el gueto de Varsovia podía alcanzar casi el millar diario. Pero esto supuso que el campo empezara a desmoronarse. El ajuste crucial de la llegada de un transporte, el asesinato en las cámaras de gas y la cremación de los cadáveres —todo ello, antes de la aparición del siguiente transporte— se había roto. Abrumados por el total de personas a las que había que asesinar, los hombres de la SS y sus ayudantes ucranianos empezaron a matar a tiros a los recién llegados, con lo que el pánico aumentó. Había cadáveres en descomposición por todo el campo y el olor era insufrible.

Cuando Odilo Globocnik tuvo noticia del caos de Treblinka, se enfureció. No le importó que aquella situación grotesca se debiera a las promesas excesivas del comandante, esto es, el defecto en el que él mismo incurría con gran frecuencia. Despachó a Eberl y situó en la comandancia a Franz Stangl, de Sobibór. Para arreglar el desastre se eligió a Christian Wirth, al que ya conocemos por su maña en la gestión de los campos de exterminio.

Que Globocnik pudiera traer a asesinos encallecidos como Wirth y Stangl ponía de manifiesto otra gran ventaja que las cámaras de gas suponían para los perpetradores: como ahora para organizar la matanza se necesitaba a muy pocas personas, se había producido una especie de autoselección entre los expertos que permanecían en el sector. Wirth y Stangl no solo habían participado en el programa de la eutanasia, sino que acumulaban años de experiencia en los asesinatos de masas. Se podía confiar en que sabrían dar la vuelta a una situación difícil.

Mientras se limpiaba el campo se canceló la llegada de nuevos transportes a Treblinka. Franz Suchomel, otro veterano del programa eutanásico, recordaba que en un área del campo «el calor había vuelto del todo irreconocibles los cadáveres, que se descomponían de mala manera. Por debajo de ellos se había acumulado un albañal de sangre, heces y otras inmundicias de casi 15 centímetros de altura».[74]

Wirth ordenó a un integrante de la SS, Erwin Kaina, que organizara un grupo que acometiera la limpieza; pero según Suchomel, «nadie quería hacer ese trabajo. Los "judíos de trabajo" [*Arbeitsjuden*] a los que se les asignó la tarea preferían que los fusilaran. Apalearlos ya no servía de nada». Wirth, tristemente famoso ya por su crueldad para con los discapacitados y los judíos, también era notorio por la furia que desataba cuando sus deseos no se hacían realidad. Amenazó a Kaina con que, si no lograba armar un destacamento de trabajo capaz de cumplir con la tarea, tendría que encargarse él mismo de hacerlo; y si aun así tampoco lo conseguía, lo enviaría a un campo de concentración. Kaina sabía que no era una amenaza baladí. Cuando había estado trabajando en el centro de eutanasia de Hadamar, acabaron enviándolo varios meses al campo de concentración de Buchenwald porque había tenido la imprudencia de charlar sobre sus tareas con alemanes ajenos al secreto.[75] En Treblinka, Kaina le dijo a Suchomel que «no quería volver a un campo de concentración, nunca más» y se suicidó.[76]

Es importante observar que Kaina no se había negado a participar en el proceso de asesinato, ni en el centro de eutanasia ni en el campo de exterminio. Estaba en un apuro porque había revelado los secretos de Hadamar y porque no había resuelto la limpieza de los cadáveres de Treblinka. A la postre, el horror que esta limpieza suponía le resultó insoportable, psicológicamente.

Treblinka reemprendió el funcionamiento en otoño de 1942, pero como los otros campos de la Operación Reinhard, el año siguiente fue destituido. Treblinka, Sobibór y Bełżec se habían creado para realizar una única función —asesinar— durante un período de tiempo muy limitado, de uno o dos años. En consecuencia, a finales de 1943, después de que ya se hubiera dado muerte a la inmensa mayoría de los judíos polacos de los alrededores, los nazis hicieron desaparecer los campos. Auschwitz había quedado como nuevo centro de la operación asesina y se bastaba por sí solo para satisfacer las exigencias letales de los nazis.[77]

Mientras que la actuación de los Einsatzgruppen en la Unión Soviética ocupada requería de mucha mano de obra, ahora en Auschwitz Birkenau poco más de dos docenas de personas bastaban para supervisar el funcionamiento de un complejo de cámara de gas y crematorio. En total había cuatro de esas fábricas de la muerte, capaces de asesinar a hasta 2.000 personas a la vez.[78] A Himmler y la SS no se les escapaba que este sistema les ofrecía beneficios tanto psicológicos como prácticos.

La mayoría de los hombres de la SS destinados en Auschwitz no trabajaban directamente en las labores de asesinato, sino como guardias o en los diversos departamentos administrativos del campo. Esta separación de las tareas posibilitó que una persona empleada en la sección económica, con la función de contar el dinero robado a los judíos, pudiera afirmar tranquilamente después de la guerra que en el campo había hecho «amigos» a los que «aún hoy puedo decir que recuerdo con alegría».[79]

La SS aún gozaba de otra «ventaja» derivada del método letal de Auschwitz: la selección de los recién llegados se confiaba a médicos. Como la decisión de quién seguiría viviendo (temporalmente) y quién debía morir de inmediato recaía sobre profesionales de la medicina, los nazis podían intentar convencerse de que el nuevo método no se parecía a las masacres de los Einsatzgruppen, con su dispersión de sesos y sangre; sino que era un procedimiento médico, frío y meditado. Era una manifestación meridiana de la fuerza del sesgo cognitivo que se conoce como la *hipótesis del mundo justo*. Esas personas «merecían» morir —o así querían creerlo los hombres de la SS en Auschwitz— porque era la decisión de unos médicos cualificados, y ¿quiénes eran ellos para discutir su valoración profesional?

Hasta este punto hemos hablado solo de la tarea perpetradora de los hombres. Pero también participaron mujeres en el proceso. Esto podría sorprendernos, en un principio, porque el régimen nazi predicaba que el deber primero de una mujer era ser madre y esposa; en especial, madre. «El mayor servicio que una mujer puede prestar a la comunidad es regalarle hijos racialmente sanos que permitirán la supervivencia de la nación», dijo el segundo del Führer, Rudolf Hess, en diciembre de 1939.[80]

Pero las mujeres fueron más allá. Desde finales de la década de 1930, y cada vez con más frecuencia durante los años de la guerra, las mujeres adquirieron una importancia creciente en el ámbito laboral. No participaron en los combates, pues esto sí que seguía siendo inconcebible para los líderes del Partido Nazi, todos ellos varones. En la Unión Soviética las mujeres prestaron servicio como pilotos de los cazas, comandantes de blindados, francotiradoras e incluso interrogadoras del SMERSH (el servicio de contrainteligencia). Esto habría resultado imposible en la Alemania nazi. Allí las mujeres trabajaron, pero en la industria y en las fábricas de armamento, y como mecanógrafas, secretarias y otros puestos administrativos al servicio de los funcionarios nazis.

También hubo mujeres asesinas; sobre todo, enfermeras que trabajaban para el programa de eutanasia. En un frenopático de Kaufbeuren, en Baviera, Pauline Kneissler se ofreció para administrar las inyecciones letales a la selección de pacientes.[81] Cuando en la posguerra la juzgaron por sus crímenes, nunca se consideró una asesina. «Nunca me ha parecido que matar por compasión sea un asesinato. Mi vida ha sido de dedicación y sacrificio [...] Nunca fui cruel con nadie [...] y el único premio por esto ahora es sufrir [las consecuencias legales]», se lamentaba.[82]

También hubo crímenes cometidos por mujeres en los territorios ocupados del este. Un estudio descubrió que la esposa de un militante de la SS mató a tiros a seis niños judíos.[83] Otras mujeres contribuyeron al tormento de las personas enviadas a los campos. Antes de la guerra habían trabajado como *Aufseherinnen* (supervisoras) de las internas recluidas en los campos de concentración femeninos, sobre todo en Ravensbrück, que era al mismo tiempo el mayor de los campos de mujeres y el centro de formación básico de las Aufseherinnen. No se las aceptó oficialmente en la SS —Himmler se negaba a incluir a las mujeres como miembros de pleno derecho—, pero trabajaban codo con codo con los guardias varones de la SS.

Quizá sorprenda que un estudio académico sobre las Aufseherinnen que prestaron servicio en el campo de concentración de Majdanek (a las afueras de Lublin) concluyera que su motivación de partida no solía ser la ideológica.[84] De las veintiocho guardianas de Majdanek, se tienen detalles de la motivación inicial de trece. Solo una de ellas había mostrado anteriormente su adhesión al régimen, afiliándose a la BDM, el equivalente femenino de las Juventudes Hitlerianas. En su mayoría habían optado por ser Aufseherinnen porque este puesto ofrecía más salario y mejores condiciones de trabajo que su empleo precedente.

Margarete Buber-Neumann, una reclusa empleada en la oficina administrativa de Ravensbrück, recordaba que se organizaron «sesiones de reclutamiento» para atraer a más mujeres al puesto de supervisoras. La reclutadora no detallaba la naturaleza del trabajo, sino que hacía hincapié en que «el salario es bueno y la comida, generosa». Buber-Neumann calculaba que «casi la mitad» de las mujeres que solicitaban el puesto de Aufseherinnen se pasaban la primera semana «llorando» y «pedían que las dejaran volver a casa». Pero cuando les indicaban que esa solicitud debían planteársela al comandante en persona, pocas reunían «el valor de hacerlo». Por lo tanto, se quedaban y, con el paso del tiempo, acababan por habituarse a su trabajo.

«Podías ver la misma transformación una y otra vez —escribió Buber-Neumann—. Las jóvenes trabajadoras no tardaban en ser exactamente igual de malas que las antiguas, con sus órdenes de que las prisioneras fueran aquí y allá, hostigándolas y gritando como si hubieran nacido en un barracón. Claro que hubo alguna excepción, pero más bien pocas». En algunas Aufseherinnen el paso de obrera corriente de una fábrica a dura guardiana del campo de concentración se producía nada más vestirse el nuevo uniforme. Buber-Neumann se fijó en que las botas altas de cuero y la gorra de campaña «les daban un sentimiento inmediato de confianza y superioridad».[85]

La «transformación» que Buber-Neumann observó en esas mujeres no sorprenderá a quienes conozcan los detalles del experimento de Stanford sobre la prisión.[86] A inicios de la década de 1970, Philip Zimbardo, profesor de psicología en la Universidad Stanford, repartió de forma arbitraria a unos voluntarios en dos grupos: guardias y prisioneros. Los dos grupos no tardaron en adaptarse a sus nuevos papeles. De hecho, algunos de los «guardias» se tomaron el trabajo con tanto entusiasmo que hubo que interrumpir el estudio.

El experimento, que aún genera controversias, ha dado origen a una inmensa cantidad de referencias bibliográficas.[87] Sea como fuere, junto con la obra de Stanley Milgram, el estudio de Zimbardo sigue siendo uno de los intentos más relevantes de la psicología por comprender las conductas relevantes para la presente investigación. Un aspecto crucial es que, si la intensidad del cambio que Zimbardo observó podía producirse entre personas jóvenes que vivían en una democracia, es fácil imaginar cómo muchas de aquellas jóvenes alemanas empleadas como guardianas de los centros de reclusión del nazismo podían equipararse con rapidez a las «antiguas» guardianas. Pues, aunque en su mayoría no eran acérrimas del nazismo, habían crecido en una cultura que predicaba la supremacía racial y que advertía del grave peligro que representaban las personas a las que ahora custodiaban. Al trabajar en los campos, a estas mujeres se les decía que realizaban un servicio vital para el Estado, y que su tarea actual era mucho más valiosa que las que se realizaban en las fábricas y las oficinas.

La potenciación de la autoestima se incrementaba asimismo por el alojamiento que se les daba en el campo. Las supervisoras contaban con salas propias, con lavamanos independientes, así como áreas comunes en las que reunirse y charlar. «A ver, seré sincera —reconoció Herta Ehlert en la posguerra—, yo nunca he vivido tan bien como al llegar a Ravensbrück, al principio de estar allí».[88]

La situación fue distinta cuando trasladaron a veintiocho Aufseherinnen al campo de concentración de Majdanek, en el centro del imperio letal de Globocnik, en el este. Majdanek era un lugar similar a Auschwitz, en sus funciones, ya que no en su escala: a la vez un campo de concentración y un campo de exterminio. También compartía otro rasgo con Auschwitz: los asesinatos de la cámara de gas se realizaban con Zyklon B.

Para las Aufseherinnen, este nuevo entorno supuso una conmoción. No solo porque Majdanek era un lugar de asesinato sistemático, y no solo encarcelamiento, sino porque como mujeres formaban una minoría entre los cientos de hombres que la SS había destinado al campo. El nivel de la brutalidad cotidiana, por lo tanto, era muy superior al de Ravensbrück. En Majdanek las supervisoras podían llevar fustas con las que azotar a los prisioneros siempre que les pareciera. Esta libertad era paralela a los «latigazos» formales, cuando se ataba y castigaba de este modo a alguna prisionera. Una interna recordaba que la «Aufseherin

Rosa [...] nos daba 25 latigazos en las nalgas y acababa dándonos un golpetazo más en la cabeza, con el mango de metal del látigo».[89]

Algunas supervisoras descubrieron que disfrutaban azotando a las presas, pero otras se moderaron. Así, mientras que sabemos que Hermine Braunsteiner se comportaba con «brutalidad y una evidente satisfacción sádica», en cambio en la posguerra diversas supervivientes elogiaron a Hermine Brückner por su «humanidad». Una recordaba que «cuando le tocaba a ella [a Brückner] pasar revista, sabíamos que ese día nadie acabaría sangrando».[90]

La disparidad en la intensidad de la violencia que las diversas Aufseherinnen elegían emplear es similar a la disparidad que ya hemos observado entre los grupos de perpetradores varones. En un paralelo asombroso, uno de los empleados más sádicos de la SS en Treblinka, Kurt Franz, lanzaba a su perro contra los presos del mismo modo que lo hacía una de las supervisoras más sádicas de Majdanek. Franz —al que apodaban «la Muñeca» por su apariencia— ordenaba a su sambernardo que atacara a los presos de Treblinka a la orden de: «Hombre, ¡pilla a ese perro!».[91] Y similarmente Hildegard Lächert ordenaba a su perro que atacara a las presas de Majdanek al grito de: «Humano, ¡ve a por ese perro!».[92] Tanto para el uno como para la otra, los perros eran humanos y en cambio los presos, unos perros.

No es de extrañar pues que un estudio alemán sobre el tema concluyera que «en lo relativo a la arrogancia, al sentimiento de superioridad moral, a la inventiva en los tipos de tormento y a la falta de límites en el sadismo, no hubo diferencias de género que hablen a favor de las mujeres».[93]

Había mujeres que, habiendo vivido antes vidas plenamente «normales» en la Alemania nazi, pasaron a cometer crímenes terribles cuando tuvieron la ocasión. Es llamativo, desde luego, pero es un modelo que hemos visto repetido a menudo en esta historia, también entre los hombres. Según ha comentado el profesor Zygmunt Bauman, filósofo y sociólogo polaco: «El rasgo más desgarrador parece ser la facilidad con la que la mayoría de las personas se meten en un papel que precisa de crueldad, o al menos de ceguera moral, en cuanto ese papel se halla debidamente fortificado o legitimado por una autoridad superior».[94]

Pero en aquel punto, el régimen nazi experimentaba una presión creciente. Los alemanes estaban a punto de descubrir pues qué sucede cuando la «autoridad superior» del Estado empieza a fracturarse y las certezas del pasado se derrumban.

12

Atizar el miedo

En toda la historia de Alemania nunca se había producido una derrota así: en la batalla de Stalingrado, 400.000 soldados alemanes perdieron la vida, resultaron heridos o cayeron presos. Los grandes objetivos del régimen —la victoria sobre el bolchevismo, el acceso a recursos ingentes y una gloria que no tuviera parangón en las páginas de la historia nacional— se antojaban ahora inalcanzables.

Tras el desastre de la rendición de Stalingrado, el 2 de febrero de 1943, los líderes nazis tuvieron que hacer frente a un desafío obvio. Desde el punto de vista psicológico, el ambiente era de mucha tensión. ¿Cómo podían conseguir que el pueblo continuara siendo leal y, a la vez, aceptara seguir combatiendo hasta el final?

Una manera era simplemente confiar en que la gente tuviera confianza en que a la postre todo acabaría resultando bien. Emil Klein, como «veterano» del nazismo —ya había participado en el Putsch de la Cervecería—, se esforzó cuanto pudo por mantener viva esa fe. Recordaba haber pensado: «Si le pregunto a la cabeza, estamos perdiendo la guerra, pero si escucho el corazón, ¡tenemos que ganar!».[1] Jutta Rüdiger, la líder de la BDM (las Juventudes Hitlerianas femeninas), se consolaba al saber que los reveses «son cosa muy frecuente en la historia, basta pensar en Federico el Grande. Él también había estado a punto de perderlo todo y, sin embargo, al final logró recomponer la situación».[2]

Friedrich Kellner, un funcionario civil opuesto al régimen nazi, escribió en su diario durante el verano de 1943 que, aunque no resultaba «posible determinar el porcentaje de los optimistas frente a los pesimistas», entre el conjunto de la población alemana «el número de los esperanzados no ha dejado de ser considerable. La esperanza parece indestructible».[3]

Hermann Göring, en un discurso pronunciado el 30 de enero de 1943, declaró que los alemanes que habían fallecido en Stalingrado habían realizado un sacrificio heroico y fantaseó con la ilusión de que el Ejército Rojo había agotado todas sus reservas. Pero también hizo un comentario que, psicológicamente, reviste su interés: preguntó si el ascenso de Hitler al poder, y todos los éxitos acumulados desde entonces, acaso podían «perder el sentido» solo porque en Stalingrado el ejército alemán había pasado penalidades.[4]

Lo que Göring estaba haciendo —de forma inconsciente, casi seguro— era destacar una desconexión que se había producido en la psique nazi, desconexión entre los éxitos pasados del régimen nazi y la realidad de que cientos de miles de soldados alemanes acababan de ser derrotados por un rival mejor armado, más motivado y mejor dirigido.

Es un ejemplo de uno de los fenómenos más significativos de la psicología: la *disonancia cognitiva.* «Costará que un hombre de convicciones fuertes cambie —escribió el profesor Leon Festinger, uno de los pioneros en la investigación en la materia—. Si le dices que no estás de acuerdo, se aleja. Si le enseñas datos o cifras, pone en duda tus fuentes. Si apelas a la lógica, no capta adónde vas a parar».[5]

Lo que Festinger y sus colegas descubrieron es que los seres humanos luchan por evitar las contradicciones internas. El profesor destacó que el ansia por evitar un conflicto entre nuestras creencias y la realidad es muy poderosa. Con frecuencia esto resulta en un intento de reconsiderar la realidad para que encaje mejor en la construcción mental previa. Festinger invitaba a suponer que alguien cree en algo incondicionalmente; supongamos también que se ha comprometido con esa creencia, que por ella ha realizado acciones irrevocables; y supongamos por último que se le presentan pruebas —pruebas inequívocas e innegables— de que su creencia es falsa. ¿Qué sucederá? A menudo el individuo emergerá de la situación no solo impertérrito, sino incluso aún más convencido que antes de la verdad de sus creencias. De hecho, es posible que pase a intentar fervorosamente convencer y convertir a otras personas.[6]

El estudio clásico de Festinger, de la década de 1950, se ocupaba de un grupo reducido que, casi religiosamente, creía en la llegada inminente de visitantes del espacio exterior. La investigación demostró que las creencias pueden sobrevivir incluso a las más firmes «pruebas desmentidoras».[7] Cuando los extraterrestres no hicieron acto de presencia en la fecha prevista, surgió un conflicto evidente entre las creencias del grupo y la realidad. Los que se caracterizaban por las creencias más vigorosas excusaron de diversas maneras que la profecía no se hubiera cumplido y, en muchos casos, sus creencias quedaron aún más reforzadas. Otros eligieron en cambio la realidad y, por lo tanto, abandonaron el grupo.[8]

Este fenómeno posee una relevancia obvia para nuestra historia. De un modo similar, cuando los alemanes tuvieron noticia de los reveses del frente oriental, hubo algunos cuya fe en el nazismo siguió siendo sólida (o incluso se reforzó) y otros que se sintieron cada vez más desconectados del régimen. Había indicios de que la división ya se estaba produciendo algunas semanas antes de que se perdiera Stalingrado. Los agentes de inteligencia del SD habían informado de «indicios más claros de hartazgo en algunas partes» del país, debidos a que la guerra había provocado «dificultades crecientes en el abastecimiento; tres años de recortes en todas las áreas de la vida cotidiana; ataques aéreos del enemigo, cada vez más intensos y extensos [... y] temor por las vidas de los familiares destinados en el frente».[9]

Joseph Goebbels —el más devoto de los devotos— se enfrentaba a la fase más difícil hasta el momento de su tarea psicológica. Debía convencer a aquellos cuya fe se estaba resquebrajando de que se mantuvieran firmes frente a la adversidad. Su primer intento —sin duda infame— fue el discurso de la «guerra total», pronunciado el 18 de febrero de 1943, cuando aún no se cumplían tres semanas de la derrota de Alemania en Stalingrado. En él no solo instaba a los alemanes a redoblar el esfuerzo y les pedía que tuvieran fe en la capacidad del régimen para invertir la situación; también hizo lo posible por sembrar el miedo. Afirmó que si el Ejército Rojo ganaba la guerra «liquidarán a todos nuestros líderes e intelectuales y nuestros trabajadores quedarán reducidos a servir como esclavos de los bolcheviques-judíos».[10]

Goebbels sabía que, a la hora de motivar a los alemanes para continuar en el combate, la clave era el miedo. Desde este momento y hasta el final de la guerra no se movería de ese mensaje: os interesa vivamente no ceder en ningún caso, porque los «infrahumanos» del este se acercan, y vienen resueltos a violar, asesinar y vengarse. Si nos rindiéramos, solo conseguiríamos que los bárbaros llegaran aún más rápido.

Era un mensaje emocional y directo, del tipo que Goebbels prefería. Pero en el contexto de la derrota de Stalingrado cometió un error propagandístico, algo inusual en él. Acordó con Hitler que el régimen anunciaría que todos y cada uno de los 90.000 soldados del Sexto Ejército alemán que habían caído presos del Ejército Rojo habían fallecido. «El enemigo nos exigió la rendición por dos veces, pero esta fue rechazada orgullosamente —dijo Hitler en un mensaje enviado desde su cuartel general militar, el 3 de febrero de 1943—. La última batalla se libró bajo la bandera de la esvástica, que se alzó de forma bien visible sobre la más alta ruina de Stalingrado. Los generales, oficiales, suboficiales y tropa combatieron lado a lado hasta la última bala. Murieron para que Alemania pudiera vivir».[11]

Una mentira descarada era una idea pésima. Los funcionarios del Ministerio de Exteriores comprendieron de inmediato que los Aliados se apresurarían a dar bombo a la noticia de que los soldados estaban vivos y en cautividad. Por otro lado, los familiares angustiados bombardearían a los funcionarios alemanes con el ansia de tener noticias de sus seres queridos y sería imposible mantener la mentira. Su preocupación se vio confirmada porque las emisoras propagandísticas de los Aliados, como Radio Moscú, no tardaron en emitir la verdad.

Para el régimen, todo aquello constituía tan solo una parte de un problema mayor. Lo grave era que la opinión pública alemana empezaba a cobrar conciencia de la desconexión existente entre la propaganda nazi y la realidad; en particular, empezaba a saber que se habían cometido crímenes en el este y, de hecho, seguían cometiéndose. Cada vez resultaba más difícil describir la guerra de los nazis como algo «honorable»: dos meses antes del discurso de Goebbels sobre la «guerra total», los Aliados habían presentado una declaración conjunta en la que detallaban la existencia del Holocausto y su «bestial política de exterminio a sangre fría».[12]

Goebbels sabía que los Aliados estaban diciendo la verdad: en efecto, los nazis estaban asesinando a millones de judíos, en un crimen que quedaría grabado en la imaginación del mundo. Esta situación quizá habría bastado para hundir a un propagandista cualquiera, pero no a Goebbels. Decidió lanzar una campaña propagandística colosal, basada en una técnica que se ha dado en llamar «Y tú más».

En el marco de una conferencia propagandística, pocos días antes de que los Aliados hicieran su declaración sobre el Holocausto, Goebbels anunció que Alemania debía iniciar una campaña de «propaganda de las atrocidades» de sus enemigos; se basaba en que «el ataque es la mejor forma de defensa». Reclamaba centrarse «en las atrocidades cometidas por los ingleses en la India, el Próximo Oriente, Irán, Egipto, etcétera; dondequiera que los ingleses estén. Al hacerlo podemos referirnos a fuentes completamente vagas, como hacen los propios ingleses, diciendo, por ejemplo: "Hombres de confianza recién llegados a Lisboa desde El Cairo informan de que se ha ejecutado a tal cantidad de egipcios eminentes", etcétera».[13]

Goebbels sabía que los nazis no podían entrar a responder directamente las afirmaciones de los Aliados sobre el Holocausto. Según dijo en una conferencia el 14 de diciembre de 1942: «No podemos responder a estas cosas. Porque si los judíos dicen que hemos ejecutado a dos millones y medio de judíos en Polonia, con los pelotones de fusilamiento o deportándolos al este, no podemos contestar que han sido solo unos 2,3 millones. Así que no estamos en condiciones de entrar en un debate sobre eso, no al menos delante de la opinión pública mundial. Además, la opinión pública mundial no está al corriente de todos los detalles sobre la Cuestión Judía como para que pudiéramos arriesgarnos a decir: "Pues sí, lo hemos hecho, por esta serie de razones". Ni siquiera nos darían la ocasión de hablar».[14]

Fiel a su convicción de que el mejor modo de influir sobre la mentalidad del pueblo alemán era por medio de la emoción, Goebbels sabía que la dieta de intensificación del temor mediante la «propaganda sobre las atrocidades» debía compensarse con otros temas más alegres. En marzo de 1942 había escrito en su diario que «en estos tiempos de tensión suma, el cine y la radio deben ofrecer algún consuelo al pueblo. Hay que preservar el ánimo positivo».[15]

En este contexto se entiende que, para Goebbels, una de las formas más efectivas de destruir la moral del enemigo era impedirle que se divirtiera. Por eso había hablado con Hitler, a lo largo de 1942, sobre la idea de bombardear los «centros culturales, turísticos y cívicos» de Gran Bretaña. A su juicio «el efecto psicológico será allí mucho más fuerte y en este momento lo que más importa es eso: el efecto psicológico». En consecuencia —y en respuesta al bombardeo británico de las ciudades alemanas— Goebbels y Hitler se propusieron «arrasar los puntos de interés cultural de Inglaterra».[16]

La creencia de Goebbels en el «efecto psicológico» de la cultura y en la importancia de «preservar el ánimo positivo» de la opinión pública alemana creó una yuxtaposición estrafalaria de mensajes durante la primavera de 1943. Por un lado, en su discurso de la «guerra total», el 18 de febrero, había hablado de la necesidad de sacrificarse. Pero, por otro lado, cuando no habían pasado aún dos semanas, estrenó una de las películas de fantasía y entretenimiento más caras nunca rodadas en Alemania. *Münchhausen* era una película en color que narraba las aventuras de un imaginario barón alemán. Aparecían un hechicero, un viaje a la Luna en globo, banquetes espléndidos y mujeres jóvenes que, con los pechos al aire, se bañaban en la piscina de un harén.

Arthur Maria Rabenalt, director cinematográfico al servicio de Goebbels, comprendía la motivación que subyacía a películas como *Münchhausen*: el enorme poder del escapismo: «Las ciudades estaban en llamas [después de un bombardeo incendiario] pero la gente seguía haciendo cola en las calles para ver películas sobre un mundo elegante y exquisito».[17]

A principios de abril de 1943, un mes después del estreno de la película *Münchhausen*, Goebbels recibió un regalo colosal para su propaganda, porque respaldaba su mensaje central conforme los alemanes debían sentir terror ante los malvados y asesinos bolcheviques. A las afueras de la ciudad de Smolensko, en la Unión Soviética ocupada por Alemania, se hallaron miles de cadáveres enterrados en el bosque de Katyn. A los investigadores alemanes les resultó fácil determinar quiénes habían sido los perpetradores: los hombres de la NKVD, la policía secreta soviética. En la primavera de 1940, decenas de miles de personas eminentes habían desaparecido en la zona oriental de Polonia, ocupada por los soviéticos. Aquellos restos humanos eran todo lo que quedaba de muchos de ellos.[18]

¿No era acaso una prueba clara de las «atrocidades» de los bolcheviques, contra las que Goebbels había advertido? ¡Los Aliados eran unos hipócritas! Se lamentaban de los crímenes alemanes, pero ellos mismos eran a todas luces culpables de masacres como la de Katyn. «Le estamos sacando el máximo partido, con todos los trucos del oficio», escribió gozosamente Goebbels en su diario, el 17 de abril.[19]

Los cadáveres hallados en el bosque de Katyn también reforzaban el tema central de Goebbels: el salvajismo de los bolcheviques. Quizá no estuviera al corriente de las razones psicológicas por las que la emoción del miedo puede activarse en el cerebro con suma inmediatez y fuerza,[20] pero sin duda sabía que las personas atemorizadas tenderían a luchar para protegerse. Esta conexión le resultaba de una utilidad tremenda.

Tan solo dos días después de que Goebbels escribiera que estaba «sacando el máximo partido» al descubrimiento de los cadáveres de Katyn, no obstante, el régimen nazi sufrió otro revés. Los judíos del gueto de Varsovia se levantaron en masa contra los alemanes. En su mayoría, los judíos del gueto de la capital —casi 300.000— habían sido deportados al campo de exterminio de Treblinka durante el verano anterior. En aquel momento los judíos aún no tenían la certeza de que los enviaban allí para asesinarlos; todavía no se había demostrado la falsedad de la pretensión nazi según la cual su transporte formaba parte de un simple «reasentamiento». Pero en abril de 1943, los cerca de 60.000 judíos que aún vivían en el gueto sabían qué suerte les aguardaba si subían a un transporte alemán.

El 19 de abril de 1943, tras haber introducido armas de contrabando en el gueto, los combatientes de la resistencia abrieron fuego contra los alemanes. «Era la primera vez que veíamos a los alemanes poner pies en polvorosa —recordaba Aharon Karmi, un judío de veintiún años—. Estábamos acostumbrados a ser nosotros los que huíamos de los alemanes. No se esperaban que los judíos pudiéramos luchar así. Corría la sangre y yo no podía apartar los ojos. "¡Es sangre alemana!", decía yo».[21]

Los combatientes de la resistencia aguantaron cerca de un mes. Obligaron a los alemanes a despejar los edificios uno por uno, de los sótanos a los desvanes. A la postre, cuando apenas les quedaba munición, Aharon Karmi y unos pocos camaradas lograron escapar del gueto a través de las alcantarillas. En la práctica habían conseguido poca cosa: la inmensa mayoría de los judíos encerrados en el gueto al iniciarse el levantamiento fueron asesinados por los alemanes. Pero desde el punto de vista psicológico, su logro fue descomunal. El levantamiento del gueto de Varsovia demostró, sobre todo, que la idea de que los judíos no luchaban contra sus opresores era falsa.

Aun así, después de la guerra todavía hubo gente como Franz Stangl, el comandante de Treblinka, que siguió expresando su desdén por los judíos. En una entrevista de 1971 decía: «[Los judíos] eran muy débiles. Dejaban que les pasara de todo, que les hicieran de todo. Con esa gente no compartíamos nada, no había posibilidad de comunicarse. De ahí viene el desprecio. Yo nunca pude entender cómo cedieron sin más. No hace mucho leí un libro sobre los lemmings, que cada cinco o seis años se echan a andar, se meten en el mar y se mueren. Al leer eso pensé en Treblinka».[22] El desprecio de Stangl por lo que consideraba pasividad de los judíos es otra manifestación más de un sesgo cognitivo que ya hemos encontrado anteriormente: la *hipótesis del mundo justo*, la falacia según la cual la gente siempre merece lo que le ocurre.[23]

Aunque el levantamiento del gueto de Varsovia destruyó esa sugerencia indignante, la idea de que los judíos no se resistieron perduró también en otros ámbitos. Aunque pueda resultar sorprendente, la encontramos por ejemplo en Israel en los primeros años de la posguerra. A Halina Birenbaum, superviviente de los campos de Majdanek y Auschwitz, la recibieron con esa clase de reproches en un kibutz: «No os defendisteis. ¿Por qué no os defendisteis? ¿Qué os pasó? Tenéis la culpa de no haber hecho nada. A nosotros no nos pasaría una cosa así. Ahora no nos vengas con historias. ¡Qué desgracia! No les cuentes esas cosas a los jóvenes o aplastarás su espíritu combativo».[24]

Moshe Tavor, un judío que combatió en el ejército británico, decía: «No puedo entender cómo seis u ocho soldados alemanes se bastaban para guiar a ciento cincuenta personas hasta los vehículos, meterlos en ellos y llevárselos [...] Pero yo soy un tipo de persona distinto al de los judíos que vivían en las pequeñas ciudades de Polonia. De niños nosotros fingíamos ser los héroes judíos de la antigüedad y jugábamos a las guerras. Yo siento una fuerte conexión con la gente que combatió aquí [en Israel] hace dos mil años, pero con los judíos que fueron como los corderos al matadero, era una conexión más débil. Nunca lo pude entender».[25]

No cabe duda de que Moshe Tavor fue un hombre valiente. Después de la guerra formó parte del equipo israelí que se trasladó a Sudamérica para apresar a Adolf Eichmann y llevarlo a Jerusalén, para que fuera juzgado. Pero el sentimiento que expresó al respecto de los otros judíos que iban «como los corderos al matadero» es una calumnia.

En primer lugar, como hemos visto, una gran parte de los judíos a los que los alemanes transportaron a los campos de exterminio habían sido engañados con respecto a su destino. Hasta el último momento muchos creían estar entrando en una ducha y solo comprendieron la terrible realidad cuando era demasiado tarde para organizar ninguna resistencia. E incluso si en efecto sospechaban lo que les podía ocurrir, llegaban a los campos de exterminio bajo la atenta mirada de los guardias de las torres de vigilancia, pertrechados con armas automáticas.

En las matanzas de las fosas comunes del este, las circunstancias eran otras. Pero incluso aquí, una huida estaba plagada de dificultades.

En su mayoría la población local no sentía deseos de ayudar y los judíos contaban con pocos amigos dispuestos a arriesgarlo todo para esconderlos. Además, aquí, como en los campos de exterminio, no puede olvidarse el problema abrumador de las madres con niños. Es una calumnia del todo inaceptable afirmar que las madres que cuidaban de niños pequeños —y por lo tanto no podían echarse a correr— son semejantes a «los corderos» que van «al matadero».

Por encima de todo, la crítica de Moshe Tavor hace caso omiso de la inmensa valentía de los judíos que sí ofrecieron resistencia. Aquí no hablamos solo de los judíos del gueto de Varsovia, sino también de los que se amotinaron en los campos de exterminio de Treblinka y Sobibór. En 1943 se produjeron levantamientos en estos dos centros, en los que varios cientos de prisioneros lograron superar la alambrada y escapar a los bosques de los alrededores. Como no será de extrañar, la mayoría de los implicados en huidas exitosas fueron hombres jóvenes que no cuidaban ni de familiares jóvenes ni de parientes ancianos. En Sobibór, por ejemplo, los resistentes actuaron guiados por un núcleo de judíos que habían recibido instrucción militar como soldados del Ejército Rojo.[26]

A Leon Festinger no le habría sorprendido el modo en que muchos nazis respondieron a la noticia de que los judíos podían combatir con ferocidad. Lo lógico —si es que tal palabra merece usarse en el contexto de la ideología nazi— habría sido que evaluaran de nuevo sus opiniones precedentes. Durante años, la propaganda nazi había presentado una imagen de los judíos como arteros y cobardes, como unos holgazanes que se conjuraban en las sombras. Sin embargo, aquí tenían «pruebas inequívocas e innegables de que su creencia [era] falsa». Pero según habría podido predecir Festinger, los nazis acérrimos quedaron «aún más convencido[s] que antes de la verdad de sus creencias». El hecho de que se hubieran alzado en armas lo consideraron otra «prueba» de lo peligrosos que eran; otra razón más por la que debían morir.

Tras la caída de Stalingrado se estaba produciendo una transformación similar con la valoración del Ejército Rojo. Muchos mandos militares alemanes habían creído, antes de invadir la Unión Soviética, que los soldados rojos no solo eran brutales y primitivos, sino también unos incompetentes. El general Jodl había resumido ese estado de ánimo con la afirmación: «El coloso ruso demostrará ser una vejiga de cerdo: si la pinchas, estallará».[27]

Cuando se comprobó que la «vejiga de cerdo» ciertamente no «estallaba», la evaluación se modificó como si nada. De pronto el éxito de los soldados del Ejército Rojo era otra «prueba» más de su brutalidad y de que la decisión original de invadir había sido la correcta. Como los soldados del Ejército Rojo podían ser implacables —y usaban esa brutalidad para superar a los rivales más «civilizados»— derrotarlos resultaba aún más necesario que nunca.

El argumento tuvo que desplegarse con mucha fuerza, después de los grandes reveses que los alemanes sufrieron en el verano de 1943. En la batalla de Kursk —al suroeste de Moscú, a unos 450 kilómetros de la capital soviética—, el Ejército Rojo aguantó con firmeza frente a varios miles de blindados alemanes. Pues en Kursk la Wehrmacht poseía un equipamiento militar más refinado que su enemigo, pero como la tecnología de los tanques T-34 era más «primitiva», los soviéticos pudieron poner más vehículos sobre el campo de batalla.

Pocas semanas antes de la decepción alemana en Kursk, Goebbels había intentado dar el mayor lustre posible a las dificultades por las que el régimen estaba pasando. En el semanario *Das Reich* escribió que los éxitos militares del pasado garantizaban «una posición de absoluta estabilidad desde la que podemos avanzar hacia una victoria prácticamente segura». Sin duda se producirían algunos reveses en ese camino, y «episodios de crisis, de vez en cuando». Reconocía que, aunque estos episodios «no pueden hacer temblar el núcleo de nuestra posición política ni militar», «acarrean ciertas tensiones, en especial de naturaleza psicológica». Pese a todo era importante no «confundir una dificultad, relevante pero temporal, con una verdadera crisis».[28]

Para un propagandista tan habilidoso como Goebbels, hay que decir que el argumento era muy débil. El ministro siempre se esforzó por evitar la desconexión entre el mensaje que proyectaba y las pruebas que la opinión pública podía ver a su alrededor. Pero aquí, justamente, había creado una desconexión. ¿Cómo podía el pueblo hacer caso omiso de los «episodios de crisis», conservando la confianza en que obtendrían la victoria, cuando a su alrededor todo indicaba que Alemania estaba perdiendo la guerra y, más aún, cuando en las semanas posteriores a la publicación del artículo todavía se acumularon más malas noticias? No fue solo la batalla de Kursk; también se produjo el bombardeo incendiario de Hamburgo, a finales de julio de 1943, que fue la incursión aérea más destructiva que habían sufrido los alemanes hasta entonces.

Así pues, había un problema general «de naturaleza psicológica». Y no se trataba de lo que suele denominarse «el elefante en la habitación», un elemento evidente que nadie quisiera ver, sino del elefante que *no* estaba en la sala: Adolf Hitler. Pues Hitler llevaba meses negándose a aparecer en público. Pronunció un discurso breve en Berlín el 21 de marzo de 1943, en ocasión del Día de los Héroes; y no volvió a decir una palabra hasta el mes de noviembre, delante de unos cadetes de oficial. El año anterior, en comparación, había pronunciado seis grandes discursos.

Aunque Goebbels ansiaba que Hitler se dejara ver con más frecuencia para animar al pueblo alemán, cabe dudar de que su aparición hubiera ayudado mucho a mejorar las circunstancias. En efecto, se esperaba que su presencia generase entusiasmo, pero las ideas que estaba expresando en aquel período distaban mucho de ser optimistas. En la proclama que dirigió a la Wehrmacht el 1 de enero de 1943, sus palabras tenían incluso un deje de autocompasión: «Aunque nos obligaron a entrar en esta guerra, nosotros desconocíamos el concepto del odio, en particular el del odio hacia nuestros enemigos occidentales», dijo. Añadió en tono fatídico que él siempre había deseado tan solo «vivir en amistad» con Gran Bretaña, Francia y Estados Unidos. «Nunca les pedimos nada que hubiera podido perjudicarles o siquiera ofenderles», dijo.[29]

Parecía incapaz de entender cómo Alemania había llegado a encontrarse en la situación de aquel momento. ¿Por qué los Aliados occidentales se habían unido en su contra? ¿Acaso no podían ver que él seguía centrándose en sus dos obsesiones principales: los judíos y la Unión Soviética de Stalin? La idea de que los países occidentales se hubieran coaligado con los enemigos que él odiaba no le parecía solo aborrecible, sino simplemente incomprensible. «Que Dios se apiade de Europa si la conspiración judeo-bolchevique-capitalista triunfa», se lamentó.[30]

En una declaración posterior, que dirigió a sus soldados el 19 de febrero de 1943, Hitler sí ofreció alguna esperanza. «Sé que vuestra batalla es muy dura, que vuestros sacrificios son muy grandes», les dijo; pero los instó a resistir, para darle tiempo a desplegar nuevas divisiones. Por otro lado «pronto llegarán al frente armas únicas y desconocidas».[31]

En aquel momento Hitler se agarraba a un clavo ardiendo y además animaba a sus socios a hacer lo mismo. En enero de 1943 el conde Ciano, ministro de Exteriores de Italia, oyó rumores «sobre un arma secreta alemana que se supone que hace maravillas: un arma eléctrica de múltiples cañones, capaz de perforar cualquier blindaje». Ciano quiso saber si «había algo de verdad en ello» o si era «la cháchara habitual, sin fundamento».[32]

No es difícil entender por qué Hitler se estaba viendo obligado a fantasear con la maravilla de las «armas únicas y desconocidas». Cuando las cosas empiezan a ir mal, la autoridad carismática —según explicó Max Weber, el proponente de este concepto— resulta «inestable» y extremadamente vulnerable.[33] Como líder carismático, Hitler había reclamado a los alemanes que tuvieran fe en su capacidad de guiar a Alemania a la grandeza. Pero ahora los acontecimientos sugerían que había fracasado. Si existía una situación que pudiera provocar una inmensa disonancia cognitiva —abrir una brecha entre las creencias y la realidad—, no era sino esta.

Como dictador carismático, Hitler no estaba ligado por las restricciones habituales de un gobierno estable. En su lugar había creado una serie diversa de grupos de poder que competían entre sí por su favor personal. Esto tenía el inconveniente de que sus adeptos más leales aguardaban sus pensamientos visionarios como si procedieran de una divinidad celestial. La tendencia se había intensificado desde la victoria contra Francia, en 1940, y llevó a Ribbentrop a comentarle a Ciano, en 1941, que «todas las decisiones están encerradas en el pecho impenetrable del Führer».[34] Es la misma razón por la que, en octubre de 1943, Goebbels pudo escribir en su diario: «No tengo ni idea de lo que el Führer acabará por hacer».[35]

En 1943, cuando cada vez más alemanes reconocían que la guerra se les estaba escapando, los seguidores devotos de Hitler esperaban saber los nuevos frutos de su genio, que señalarían el modo de salir de la situación. Pero ya no había huida posible, fuera de la rendición incondicional que los Aliados exigían, o de la destrucción de Alemania.

El problema fundamental al que Hitler se enfrentaba era que muchos alemanes estaban perdiendo la fe en él. Y él era plenamente consciente de que la fe lo era todo; como vimos, en 1927 ya había escrito que «solo la fe crea Estados».[36] Era una creencia compartida con Benito Mussolini, el otro dictador fascista que, con la marcha sobre Roma, en 1922, había servido de inspiración a los nazis. «La fe mueve montañas porque nos da la ilusión de que las montañas se mueven. Y esta ilusión quizá sea la única cosa real en la vida», escribió Mussolini cuando era joven.[37] Pero tanto en Alemania como en Italia, «la fe» estaba apagándose con rapidez. De hecho, en Italia, en el verano de 1943, se extinguió por completo.

En un acontecimiento que inquietó sobremanera a Hitler y los líderes nazis, el rey italiano le dijo a Mussolini, el 25 de julio de 1943, que lo destituía con efecto inmediato del cargo de primer ministro. «Es una absoluta conmoción imaginar que una revolución que lleva veintiún años en el poder pueda terminarse de tal modo», escribió Goebbels.[38] Un aspecto especialmente negativo para los jefes nazis fue el momento en que se desarrolló la salida forzada de Mussolini: en la primera mitad de 1943, para colmo de todos los demás reveses.

Dos días antes de expresar su «conmoción» por la caída del dictador italiano, Goebbels había confiado otras preocupaciones a su diario. Le preocupaban las numerosas cartas populares que preguntaban «por qué el Führer no visita las zonas especialmente castigadas por los ataques aéreos» y «en especial por qué el Führer ni siquiera se dirige al pueblo alemán para informarlo sobre la situación actual. Yo considero que es necesario que el Führer lo haga, por mucho que en el sector militar los acontecimientos estén generando mucha presión. No se puede ignorar al pueblo demasiado tiempo; al final, es el núcleo de nuestro armamento. Si en algún momento el pueblo alemán perdiera la fortaleza interior y la fe en los líderes de Alemania, se crearía la crisis de liderazgo más grave que hayamos vivido nunca».[39]

Pero Hitler no tenía intención de recorrer las zonas castigadas por los bombardeos. Ni siquiera estaba dispuesto a decir en público la verdad sobre la devastación causada por las bombas. Como la mayoría de los líderes carismáticos —y de hecho, la mayoría de los políticos en general—, no quería asociarse con malas noticias. Esto no significa que no le preocupara conservar su puesto. Una primera respuesta inmediata consistió en asegurarse de que todas las posiciones clave del gobierno estaban ocupadas por personas de su absoluta confianza. De ahí que, en agosto de 1943, reasignara el Ministerio de Interior a Heinrich Himmler.

Aunque era comprensible que Hitler quisiera confiar el puesto al hombre al que llamaba «mi leal Heinrich», no le prestó la debida consideración a la cuestión de si era idóneo para ese cargo; no solo porque Himmler estaba saturado con una multitud de funciones, sino porque, casi tanto como Hitler, tenía que lidiar con el hundimiento de sus sueños. En el verano de 1942, cuando los alemanes ganaban terreno hacia el sur, hacia el mar Caspio, Himmler había fantaseado con la visión de que todavía era posible crear el Gran Reich Germánico. El Plan General del Este preveía crear un nuevo y vasto imperio donde no habría una ocupación «corriente», sino que se reformaría étnicamente toda un área, sumamente extensa, de la Europa oriental. Esta reforma acarrearía la muerte de decenas de millones de personas inocentes.

Pero ahora que el sueño se desintegraba, Himmler estaba dividido. Por un lado, en el seno de la SS tuvo que ceder en sus principios, obligado por la realidad. En una reunión de mayo de 1943 los jueces de la SS pidieron revisar la restricción que impedía a los hombres de la organización mantener relaciones sexuales con «mujeres de una población étnicamente foránea», puesto que en las regiones ocupadas del este «como mínimo la mitad» de los miembros de la SS y la policía estaban incumpliendo la prohibición. En consecuencia, la norma se suavizó. Resultó que la rígida actitud racial de Himmler era más débil que el deseo sexual de sus hombres.[40]

Por otro lado, se atacó implacablemente todo gesto de falta de conformidad por parte de la población en general. El 12 de noviembre de 1943 Goebbels comentó con satisfacción: «La quejumbre interminable se ha reducido considerablemente desde que a los derrotistas los castigamos con la pena de muerte, y cumplimos con esa pena y la divulgamos públicamente».[41]

El mes anterior, en Posen, en la Polonia ocupada por los alemanes, Himmler había recurrido a una medida sorprendente para asegurarse de neutralizar a los posibles «derrotistas» insertos entre los propios líderes nazis. En dos discursos extensos ante jefes de la SS y destacados funcionarios nazis, el 4 y el 6 de octubre, dio detalles sobre el mayor secreto del Reich: el exterminio de los judíos. Fue un paso extraordinario, que Himmler dio para implicar a todos sus oyentes. Ahora que la guerra se les estaba volviendo en contra, ya no podían fingir que no sabían nada del crimen; los había convertido a todos en conspiradores. Estaban unidos por una culpa compartida.

A la hora de comprender la mentalidad de Himmler, los discursos de Posen son una fuente sumamente rica. Para empezar, enmarcó sus comentarios en el orgullo que sentía por la SS, pues sus hombres —se vanagloriaba— habían podido realizar el asesinato de los judíos. Solo ellos poseían la fortaleza y la «decencia» necesarias. El 4 de octubre de

1943 dijo ante su público: «Me refiero ahora a la evacuación de los judíos, al exterminio del pueblo judío. Porque es fácil decir: "Se exterminará al pueblo judío", así lo dicen todos los camaradas del partido, "del primero al último, porque está en nuestro programa, lo de eliminar a los judíos, el exterminio... Sí, lo haremos". Pero luego vienen todos a nosotros, vienen los ochenta millones de honrados alemanes y todos y cada uno de ellos tienen a su judío decente. Porque sí, por supuesto, los otros son todos unos hijos de puta; pero este no, este es un judío excelente. Ni uno solo de los que hablan así los ha visto y ha pasado por ahí [por los asesinatos]. En cambio, vosotros sabéis, la mayoría sabéis qué significa que haya cien cadáveres amontonados, que haya quinientos, que haya mil».

A pesar de todo, los hombres de su SS habían sido lo bastante fuertes como para «aguantarlo» y «salvo algunos casos de debilidad humana, [habéis sabido] mantener la decencia que nos ha hecho fuertes».[42]

Según Himmler, el exterminio se justificaba por sí solo: «Está claro que hoy —con los bombardeos aéreos, con las penalidades y sacrificios de la guerra— todo sería sumamente difícil para nosotros si en cada ciudad estuvieran aún los judíos saboteando en secreto, agitando, excitando a las masas. Probablemente si los judíos siguieran alojados en el cuerpo étnico de la nación alemana, hoy habríamos ya llegado a la fase de 1916-1917».[43]

La teoría conspiranoica según la cual los judíos habían sido la clave de la derrota de Alemania en la primera guerra mundial volvía a utilizarse ahora, en la segunda, para validar su destrucción. Esta fue la mentira más evidente del discurso de Himmler, pero no desde luego la única. Otra de las muy destacadas fue la afirmación de que los hombres de su SS habían sabido «mantener la decencia» durante el proceso de la masacre. Según han demostrado a las claras las pruebas aportadas en los dos capítulos anteriores, esta idea era tan irrisoria como la de que los judíos habían causado la derrota de Alemania en la Gran Guerra.

Himmler también sostuvo que «toda la riqueza» de los judíos había pasado a beneficiar al Reich, salvo una pequeña cantidad robada por un puñado escaso de hombres de la SS, a los que se ejecutaría en cumplimiento de su promesa de que «quienquiera que se apodere aunque sea de un solo Reichsmark morirá». Esto era un disparate. Por un lado, el robo de dinero y objetos de valor de los judíos era algo generalizado; por otro, solo un pequeño porcentaje de los miembros de la SS que se enriquecieron ilícitamente llegaron a ser castigados por ello. «Pues claro que robaban [los hombres de la SS]», recordaba Toivi Blatt, preso judío del campo de exterminio de Sobibór, «para vivir como reyes».[44]

En Auschwitz los robos también eran generalizados. Oskar Groening, miembro de la SS en el campo, admitió después de la guerra que el robo era algo «absolutamente habitual», y Linda Breder, una prisionera empleada en el destacamento de Auschwitz Birkenau que se encargaba de ordenar las pertenencias de los judíos, afirmó que «todos» los hombres de la SS que actuaron como supervisores suyos «solían robar».[45] «Se llevaban a casa muchas cosas de oro y objetos de valor, nadie lo contaba. Aquello era una mina, para ellos».[46]

La rapiña estaba tan extendida en Auschwitz que en 1943 un juez de la SS, Konrad Morgen, acudió a investigar. Según su declaración personal: «La conducta del personal de la SS no cumplía ninguna de las normas que esperarías que unos soldados respetaran». Le dieron la impresión de ser «unos parásitos brutales y desmoralizados». Cuando examinó sus taquillas encontró «una fortuna en oro, perlas, anillos y dinero en todas las divisas. En una o dos taquillas había incluso genitales de toros recién sacrificados, porque se suponía que reforzaban la potencia sexual. Nunca había visto nada parecido».[47] La corrupción no excluía siquiera al comandante del campo, Rudolf Höss.[48] Pero como a la mayoría de los hombres de la SS que incumplieron las reglas de Himmler, nunca se le castigó.

El profesor Leon Festinger, con su teoría de la disociación cognitiva, habría entendido las razones por las que Himmler, en sus discursos de Posen, se esforzó por crear una realidad alternativa, de una SS cuyos hombres no robaban y que mataban a los judíos «con decencia». El abismo que separaba la imagen de la SS que Himmler tenía en su cabeza —una organización «dura» pero honorable— de una realidad de corrupción era tan profundo que prefirió vivir en la fantasía.

Los discursos de Himmler en Posen son tristemente famosos por las secciones en las que hablaba del exterminio de los judíos. Pero a la hora de comprender cómo estaba amueblando en ese momento su mundo mental ficticio, hay otras secciones que no por menos conocidas son menos importantes. Veamos por ejemplo la extraña manera de encontrar aspectos positivos en la campaña de bombardeo Aliada, que estaba devastando las ciudades alemanas. Según Himmler, la destrucción significaba que «el buen Dios» haría «marcharse al campo» a la población y, a corto plazo, la vida rural les sentaría «bastante bien»: «Los habrá que digan: "A ver, esto del campo no está tan mal, tengo una cabra, aquel tiene un cerdo, tenemos unas pocas patatas... ¡Es una base sólida! Y encima no nos cae casi nada en la cabeza"».

Himmler llegó a sostener que los bombardeos aliados, aun sin buscarlo, habían sido de gran ayuda a los planificadores urbanos alemanes: «Porque arrasar una ciudad es muy costoso. Ahora el destino las ha arrasado y probablemente las reconstruiremos de un modo más razonable, menos congestionado».

Por si destacar las consecuencias positivas de la campaña de bombardeo de los Aliados no fuera poco estrafalario, Himmler también le dijo a su audiencia que «después de la guerra seremos un pueblo pobre» y esta idea le resultaba «en verdad vivificante». Pues tenían el problema de que «si fuéramos realmente ricos y prósperos, lo más probable es que fuéramos insoportables; no sabríamos qué hacer con nosotros mismos, por nuestra megalomanía». Si los alemanes fueran ricos, emplearían sirvientes; esto los llevaría a imitar la Roma antigua y, al depender de los esclavos extranjeros, se arruinarían «racialmente». Esta última afirmación era además de una gran hipocresía, puesto que como acabamos de ver, ya le habían advertido que «como mínimo la mitad» de los hombres de la SS tenían el mal gusto «racial» de mantener relaciones sexuales con las mujeres «étnicamente foráneas» de la Europa del este.

Lo esencial, por encima de todo, era no renunciar nunca a la lucha, dijo Himmler. «Solo el que se rinda, el que diga: "He perdido la fe o la voluntad de seguir resistiendo", perderá, porque habrá depuesto las armas. En cambio, el que lucha, el que aguanta hasta el final, hasta una hora después del acuerdo de paz, ese habrá ganado».[49]

Esta idea, por descontado, era tan irreal como la de que los alemanes se beneficiarían del bombardeo aliado y de vivir en la pobreza. Sus fuerzas armadas no necesitaban más fe o más voluntad, sino los recursos necesarios para derrotar al enemigo. Carecía de sentido «aguantar hasta el final» si uno manejaba una pistola y el rival, un carro blindado.

Himmler nunca hubiera aceptado ninguna de estas críticas. Pues la idea de que la SS estaba formada por hombres «duros» pero «decentes», capaces de ejecutar tareas de una dificultad inmensa en circunstancias adversas, era un elemento central en su visión del mundo. En su segundo discurso de Posen, el 6 de octubre, habló abiertamente ante la asamblea de Gauleiter y otros altos funcionarios nazis sobre la tarea «más difícil» a la que nunca se habían enfrentado: matar a los niños judíos. «Entiendo que yo no tengo derecho a exterminar a los hombres, a matarlos o hacer que los maten, pero permitir que en la forma de sus hijos crezcan vengadores [que ataquen a] nuestros hijos y nietos. Hubo que tomar la difícil decisión de hacer que esa gente desaparezca de la faz de la Tierra», dijo. Sostuvo que los asesinatos «se ejecutan —creo que esto lo puedo afirmar— sin que nuestros hombres y jefes sufran daño en el espíritu ni el alma».[50]

De todos los intentos de justificar el asesinato de niños inocentes, este era uno de los más repulsivos. Pero al mismo tiempo resulta posible comprender de qué modo —para quienes ya estaban profundamente imbuidos de la ideología nazi y se habían comprometido con la naturaleza exterminadora del régimen— el argumento podría parecer convincente. Pues en pocas palabras equivalía a decir: «Debéis matar a esos niños para salvar a vuestros hijos»; «cuando asesináis a ese niño, demostráis el amor a vuestro hijo». Para Oskar Groening, de la SS en Auschwitz, esta lógica deformada resultaba en efecto comprensible: «En ese momento, los niños no son el enemigo. El enemigo es la sangre que llevan. El enemigo es que crecerán para convertirse en un judío que podría ser peligroso. Por eso también afectaba a los niños».[51]

Según era la intención de Himmler, sus discursos, al detallar el asesinato de los judíos, implicaron y comprometieron a todos los que escucharon sus palabras. En el discurso del 6 de octubre le dijo explícitamente a su audiencia que, después de haber «acabado» de hablar de la «cuestión judía», «ahora que estáis al corriente, debéis guardar el secreto».[52]

Los allí presentes, en consecuencia, lo tuvieron difícil para sostener, en la posguerra, que nunca habían tenido noticia del crimen. Pese a todo algunos aún lo intentaron. En particular el ministro de Armamentos, Albert Speer, que hizo todo lo posible, en el juicio por sus crímenes de guerra, para presentarse como un nazi de conciencia moral. Fingió que se había visto lanzado a la élite nazi y la política del poder, pero que él era un mero profesional de la arquitectura, un simple artista al que habían llevado por mal camino.

Un elemento central del mito que Speer intentó propagar fue la idea de que él —supuestamente— ignoraba la existencia del Holocausto. Según dijo ante los periodistas tras ser liberado de la prisión, aunque había visitado alguna fábrica de armamentos repleta de trabajadores forzados de los campos de concentración, él «no había ido mirando a izquierda y a derecha, para ver qué pasaba allí».[53] La teoría adolecía de un grave problema: Speer había asistido a uno de los discursos de Himmler en Posen. Con el afán de seguir buscando una excusa que lo defendiera, no vaciló en sostener —por irrisorio que pueda sonar— que se había ausentado antes de que Himmler diera detalles sobre la matanza de los judíos. Si la excusa era frágil de por sí, se hundió irremediablemente cuando, después de fallecer Speer, se descubrió una carta que había escrito en 1971, en la que reconocía: «Sin duda. Yo estaba allí cuando Himmler anunció, el 6 de octubre de 1943, que se iba a matar a todos los judíos».[54]

Un mes después de que Himmler hubiera tomado la palabra ante la élite nazi en Posen, Hitler abandonó por fin las sombras y pronunció un discurso importante en un acontecimiento que le resultaba casi imposible evitar: el vigésimo aniversario del Putsch de la Cervecería. Viajó pues a la Löwenbräukeller muniquesa y se dirigió a los leales al partido, a primera hora de la tarde del 8 de noviembre de 1943. El discurso se grabó y unas horas más tarde se emitió por radio para la nación.

Anteriormente ya vimos que, para Hitler, «la única emoción estable es el odio».[55] Su discurso ciertamente contenía odio en exceso, pero también se vinculaba con otra emoción primaria de la amígdala, de la que ya hemos hablado: el miedo. Pintó el panorama de una Alemania sometida desde hacía años a la amenaza del bolchevismo. Ridiculizó la idea de que hubiera «resultado posible apaciguar al coloso bolchevique», pues era como si «las gallinas y los gansos» dijeran «que renuncian a la intención de atacar a los zorros porque tienen la esperanza de que los zorros se harán vegetarianos». También empleó una argucia recurrente en los líderes que batallan en una guerra que están perdiendo, y que coloquialmente se conoce como el argumento de «nuestros chicos no han muerto en vano»;[56] en psicología se la denomina *falacia del coste perdido*. Es la idea de que, como en un proyecto ya se ha invertido una cantidad muy elevada, hay que seguir invirtiendo en él a pesar de que los datos disponibles en el presente sugieren que la perspectiva de éxito es casi nula y el coste no se podrá recuperar.

«Todos y cada uno de los valerosos soldados que han luchado por nosotros en algún lugar de Rusia y no han vuelto a casa tienen el derecho a esperar que los demás serán tan valientes como ellos», dijo Hitler, con plena entrega a la falacia. «No han muerto para que otros traicionen aquello por lo que ellos lucharon, sino que murieron para que su sacrificio y el sacrificio de todos sus camaradas y los compatriotas alemanes, tanto en el frente como en el país, garanticen el futuro de nuestra patria y el futuro de nuestra nación [*Volk*]».[57]

Al desplegar la falacia del coste perdido, Hitler sumó una apelación de gran fuerza emocional a un argumento intelectual falso. Emocionalmente, claro, ¿quién quiere pensar que sus seres queridos han muerto por nada? Pero además su análisis carecía de lógica, porque las muertes ya ocurridas en ningún modo podían influir sobre las futuras expectativas militares de Alemania.

Sin embargo, los experimentos psicológicos han demostrado que los seres humanos podemos ser muy vulnerables a la falacia del coste perdido.[58] De hecho figura entre los sesgos cognitivos más insidiosos. Resulta especialmente peligroso porque en una guerra puede causar la muerte de decenas de miles de personas solo porque decenas de miles de personas han muerto ya.

Al servicio de inteligencia, el SD, le resultaba difícil evaluar la efectividad de la falacia del coste perdido porque todas las personas con las que hablaban sabían que no podían correr el riesgo de expresarse de un modo que pudiera tomarse por derrotista. Aunque a un artesano de la Baja Franconia se le escapó que «llama la atención cuánto poder tiene el Führer», otro informe del SD reconocía que era difícil obtener respuestas sinceras porque la gente temía que, si decían algo inapropiado, «se les haría pagar».[59]

Pese a todo es razonable concluir que —al igual que en el caso del culto a los extraterrestres, que Festinger analizó— los acérrimos del nazismo sintieron que las palabras de Hitler reforzaban su fe, mientras que el número creciente de los que se estaban desilusionando con el régimen no se sintieron afectados por el discurso o cayeron aún más en la desesperación. Los motivos para perder la esperanza no eran pocos. Cuando Hitler pronunció este discurso, en noviembre de 1943, los italianos se habían pasado al bando de los Aliados.

Un equipo de paracaidistas alemanes había logrado rescatar de una prisión al líder italiano, Benito Mussolini, al que pusieron en cabeza de una «República Social Italiana»: un Estado títere, en el norte de Italia, en territorio controlado aún por los alemanes. Pero la verdad subyacente era ineludible: la élite italiana había conspirado para derrocar a Mussolini porque no cabía duda de que el bando de Italia estaba perdiendo la guerra.

Según Goebbels, el efecto psicológico de la destitución había llevado a Mussolini a refugiarse en un mundo imaginario. «Ahora vive una vida falsa y se rodea de absurdos heroicos que carecen de base en el mundo de la realidad», escribió el 9 de noviembre.[60] No dejaba de resultar irónico —aunque Goebbels no captara la ironía— que esas mismas palabras podría habérselas aplicado a Hitler.

Pero aunque los líderes nazis estaban preocupados por el devenir de los acontecimientos en Italia, a los alemanes les resultaba difícil actuar del mismo modo y derrocar a Hitler. Una razón era estructural. Hitler, a diferencia de Mussolini, era el jefe del Estado: no tenía por encima ningún rey que pudiera conspirar con otros para derribarlo. También había una consideración práctica que a Hitler le daba más seguridad: era difícil acercarse a él para detenerlo o matarlo. Hitler pasaba la mayor parte del tiempo en un complejo militar de la Prusia Oriental, por lo que las únicas personas con posibilidades realistas de apartarlo del poder eran las que tenían acceso a su cuartel general. Se trataba pues de soldados u otros miembros de las fuerzas de seguridad, que para empezar le habían jurado lealtad.

Aun así, Hitler era vulnerable porque, en la élite de las fuerzas armadas, muchos militares se movían dentro de una estructura de creencias que funcionaba con independencia del régimen nazi. Un núcleo de oficiales del ejército —en su mayoría, de origen aristocrático— creían que Hitler estaba guiando a Alemania a la destrucción y sus integrantes decidieron hacer algo al respecto.

Se ha formado y acumulado una inmensa mitología popular en torno de esos conspiradores, con tendencia a narrar una historia de resistentes heroicos claramente enfrentados a Hitler durante años, a la espera de encontrar la ocasión de asesinarlo. Pero la investigación histórica ha demostrado que la verdad no es así de clara.[61]

En particular no debemos olvidar que los conspiradores no intentaron matar a Hitler tras los éxitos de 1940; solo decidieron actuar después de que la guerra se volviera en contra de Alemania. Una lección útil de esta historia es que el fracaso es sin duda lo que más incrementa el riesgo de que un líder político sea asesinado por sus generales.

La naturaleza ambigua de la conspiración contra Hitler la representa a la perfección el general de división Henning von Tresckow, comandante destacado del Grupo de Ejércitos Centro. Al parecer, él y los demás conjurados resolvieron armar la conspiración tanto por lo que consideraban incompetencia militar de su Führer como por los informes que indicaban que la masacre de los judíos había pasado de los hombres adultos a incluir también las mujeres y los niños.[62]

Psicológicamente Tresckow y los otros conjurados se beneficiaban de sus orígenes aristocráticos. La convicción de que los compañeros de sangre noble respetarían una confidencia formaba parte de la estructura de creencias que compartían. Para la mayoría, los nazis habían resultado útiles: los nobles deseaban aplastar el comunismo en el seno de Alemania, destruir la democracia e insuflar nueva vida al sentimiento de comunidad nacional. Pero la balanza se había descompensado y los defectos del nazismo pesaban ya más que las ventajas. En consecuencia, se conjuraron con el conocimiento de que —de aristócrata a aristócrata— sus conversaciones no corrían peligro de desvelarse.

Tresckow confiaba tanto en esto que incluso debatió sobre el plan con otro oficial aristocrático del Grupo de Ejércitos Centro, Peter von der Groeben; no tanto para reclutarlo para la causa como para que hiciera de «abogado del diablo» y le ayudara planteando posibles objeciones al proyecto. Tresckow le dijo a Groeben que incluso si el atentado tenía éxito, le preocupaba que la gente «nunca dejará de decir que un grupito de oficiales aristocráticos y reaccionarios ha asesinado a un comandante victorioso. Toda la población nos insultará y vilipendiará». Por otro lado «algunos estamos al corriente de cuánta maldad personal hay detrás de[l régimen de Hitler] y además sabemos —y esto no tiene menos importancia— que, con él, esta guerra no la podemos ganar. Nadie firmará nunca la paz con Hitler. Por lo que, si no actuamos, no habrá modo de armonizarlo con nuestra conciencia». Groeben le escuchó con atención y aunque admitió que «probablemente» Tresckow estaba en lo cierto, rechazó sumarse a la conspiración;[63] pero ni denunció a su camarada ni reveló lo que le habían dicho. De aristócrata a aristócrata, la conversación no perdió la confidencialidad.

Había que eliminar a Hitler: los conjurados estaban de acuerdo en eso. Pero tomaron la intrigante decisión de no intentar matarlo de la forma más sencilla: sacando la pistola y pegándole un tiro en la cabeza. Groeben confirmó que lo habrían podido hacer: «Mucha gente pregunta: "¿Os cacheaban para ver si llevabais armas?", y la respuesta era: "No". "¿Y por qué no lo mató nadie?". Yo podría haberlo hecho en cualquier momento. Iba habitualmente con el maletín y por supuesto podría haber llevado un arma [a las reuniones con Hitler]. Y cuando estaba a dos pasos, sacarla y disparar». Aunque a Groeben le habría resultado posible matar a Hitler, no quiso ni planteárselo. Pensaba que, siendo él un simple coronel, no era su «misión interferir de ese modo con el destino». Aparte, según reconoció sin ambages, le daba «miedo. Para mí habría sido el final».[64]

Según ya hemos visto, los estudios psicológicos demuestran que a la mayoría de las personas les resulta difícil matar a bocajarro.[65] No cabe duda de que así era en el caso de los conspiradores, lo que probablemente se complicaba aún más por el juramento de lealtad al líder supremo y la tradición del ejército en este mismo sentido. Fabian von Schlabrendorff, que actuó como enlace entre Tresckow y los otros conjurados de Berlín, fue de los que reconocieron la gran dificultad psicológica que entrañaba sacar el arma y matar a Hitler a corta distancia: Incluso un cazador siente un nerviosismo febril cuando el objeto de la caza, por el que lleva tiempo esperando, aparece por fin en la mirilla. ¿No ha de ser acaso mayor la agitación en la mente y el corazón cuando, después de superar una multitud de obstáculos y con el conocimiento de que lo tienes casi todo en contra, sacas la pistola arriesgando la vida, con la plena constancia de que el éxito o el fracaso del acto decidirá el destino de millones de personas?

Schlabrendorff reveló que «al comprobar quién estaría dispuesto a intentar un asesinato de este tipo, se vio que incluso hombres cuyo coraje estaba fuera de toda duda, y así lo habían demostrado innumerables veces en combate, admitieron con franqueza que no se sentían a la altura de esa labor».[66]

Este es el telón de fondo ante el cual se produjo el primero de una serie de atentados contra la vida de Hitler, en marzo de 1943, cuando Hitler visitó el cuartel general del Grupo de Ejércitos Centro. Posteriormente los conspiradores afirmaron que su plan original había sido matar a Hitler de un tiro, pero esto cambió cuando el mariscal de campo Kluge, jefe del Grupo de Ejércitos, retiró su apoyo a la conjura. No está claro por qué esto impidió que un oficial solitario apuntara sin más una bala a la cabeza de Hitler durante su visita. En todo caso, desarrollaron otro plan que, desde la perspectiva psicológica, resultaba mucho menos exigente para los asesinos. Tresckow colocó una bomba en un paquete, diciendo que este contenía dos botellas de licor, y se lo entregó a otro oficial que regresaba con Hitler, en avión, al cuartel general del Führer. Este plan tenía la ventaja adicional, según Schlabrendorff, de que la muerte de Hitler podía hacerse pasar por un accidente.[67] Pero la bomba no llegó a estallar. Sea como fuere resulta inaudito que, aunque los conjurados hicieron mucho hincapié en que actuaban por motivos honorables, estaban dispuestos a asesinar no solo a Hitler, sino también a los oficiales inocentes que viajaban en el mismo avión.

Los conspiradores tuvieron otra ocasión de matar a Hitler al poco tiempo, ocho días después, cuando el líder nazi visitaba una exposición de armamento capturado a los soviéticos, en Berlín. Un colega de Tresckow, el aristócrata Rudolf-Christoph von Gersdorff, accedió a intentar el asesinato mientras Hitler recorría la exposición. Gersdorff preparó un plan complejo, en el que seguiría al líder nazi en su recorrido con una bomba de relojería oculta bajo la ropa. Pero Hitler pasó allí menos tiempo del previsto y Gersdorff tuvo que correr a un aseo para desactivar el explosivo. ¿No resulta llamativo que, una vez más, un oficial curtido como Gersdorff, que tuvo la valentía de aceptar sacrificar la vida para matar a Hitler, sin embargo no fue capaz de sencillamente sacar una pistola y pegarle un tiro a Hitler en la cara?[68]

Durante el otoño de 1943 y la primavera de 1944 los conspiradores hablaron sobre otros posibles atentados. Un aristócrata se ofreció voluntario para detonar una granada de mano en las inmediaciones de Hitler; otro —uno de los pocos que se mostró dispuesto a dar este paso— afirmó que lo mataría a bocajarro. Sin embargo, a la postre todo lo hablado quedó en nada.

El atentado más famoso contra la vida de Hitler lo ejecutó otro aristócrata, Claus von Stauffenberg. Decidió plantar una bomba en el cuartel general del líder nazi en la Prusia Oriental. En esas fechas —finales de julio de 1944— el régimen estaba lidiando con dos nuevas crisis. El 6 de junio los Aliados occidentales habían puesto en marcha el Día D, su invasión anfibia del norte de Francia; el 22 de aquel mismo mes los soldados del Ejército Rojo habían iniciado su propia gran ofensiva, la Operación Bagratión, cuya escala dejaba pequeño el Día D. En una de las campañas más devastadoras de toda la guerra, las fuerzas soviéticas se dirigieron en masa contra el Grupo de Ejércitos Centro.

Stauffenberg compartía varias características con otros partidarios de la resistencia. Como ellos, procedía de una familia noble, que en su caso se remontaba al siglo XIII; había recibido con los brazos abiertos la oposición de los nazis al Tratado de Versalles y su voluntad de reforzar el ejército alemán; quedó muy complacido con la victoria frente a los polacos, y emocionado incluso con la derrota de los franceses; le había horrorizado el asesinato en masa de los judíos y la barbarie creciente del régimen; y por encima de todo, veía que Hitler estaba conduciendo Alemania a la derrota.

Tras haber dejado una bomba en la sala de conferencias de Hitler, Stauffenberg planeaba regresar con rapidez a Berlín para ayudar a organizar un levantamiento, para lo que necesitaría la ayuda del general Fromm, como jefe del Ejército de la Reserva. Pero, aunque la bomba estalló, el 20 de julio, únicamente causó la muerte de tres oficiales y un estenógrafo. La única persona a la que Stauffenberg quería matar, Adolf Hitler, ni siquiera recibió heridas de gravedad. Sin haber provocado su muerte ni su incapacitación, los conjurados no tenían ninguna esperanza de triunfar.

Entre los oficiales de la Wehrmacht no existía ningún consenso universal al respecto de que un atentado contra la vida de Hitler fuera un método aceptable para resolver las dificultades de Alemania. Cuando Gersdorff había invitado a Manstein a participar en la conspiración, la respuesta del mariscal de campo había sido lacónica: «Un mariscal de campo prusiano no se amotina».[69] Tras la explosión de la bomba, además, muchos se sintieron ofendidos por el hecho de que sus colegas hubieran planeado asesinar al comandante en jefe.

Karl Boehm-Tettelbach, un oficial de la Luftwaffe que se hallaba en el cuartel general de Hitler aquel 20 de julio y oyó la detonación, se enfureció por el atentado. «A mí nunca me sondearon —dijo en una entrevista, después de la guerra— porque sabían que no iba a romper el juramento». Por otro lado, le enojó que Stauffenberg no estuviera dispuesto a saltar él también por los aires en su intento de asesinato, sino que se hubiera limitado a plantar la bomba para luego regresar a Berlín.[70]

El comandante Otto-Ernst Remer, otro oficial de la Wehrmacht que fue decisivo a la hora de sofocar el posterior intento de golpe de Estado en Berlín, compartía este sentimiento. Consideraba que Stauffenberg había actuado «con cobardía» y debería haber reunido el valor de «usar una pistola y disparar contra Hitler. Eso es lo que habría hecho un hombre de verdad, y entonces él habría merecido mi respeto».[71]

Remer, Boehm-Tettelbach y otros que lo criticaron pensaban que, al correr Stauffenberg hacia el aeropuerto después de haber colocado la bomba, había perdido la ocasión de ser un héroe. No importaba que después lo hubieran atrapado y ejecutado. Él debería haber disparado a

Hitler a la cara, o haber saltado por los aires también, sacrificándose en el proceso. De lo contrario, no podía aspirar a la condición de héroe.

Estas críticas hacia Stauffenberg habrían resultado del todo comprensibles a juicio del antropólogo Ernest Becker, quien escribió que «el destino trágico del hombre» consistía en «buscar desesperadamente algo que lo justifique como objeto de especial valor en el universo: debe destacarse, ser un héroe». Desde la perspectiva de Becker, era vital comprender que «es absolutamente natural que un hombre aspire a ser un héroe».[72] Stauffenberg, según el criterio de muchos oficiales, había desperdiciado la oportunidad.

Esta sensación de que los conjurados no se habían comportado como era de desear —o incluso de que habían sido unos traidores— pervivió después de la guerra. Cuando Gersdorff pidió incorporarse a la Bundeswehr (las fuerzas armadas de la recién creada Alemania Occidental), su solicitud se rechazó. Aunque la guerra se había perdido y Hitler había muerto hacía años, la convicción de que Gersdorff y los otros conspiradores habían «traicionado» el honor del cuerpo de oficiales aún pervivía.[73]

Tras el atentado, el SD constató un estallido de cólera entre la población civil, contraria a los conspiradores, y un sentimiento de gratitud por el hecho de que Hitler hubiera sobrevivido. Resonaban ecos poderosos de la «puñalada por la espalda», que, aunque mentira, era un elemento central en la estructura de creencias de los nazis. Un estudio sobre las cartas que enviaron los soldados desde el frente también reveló un disgusto generalizado.[74] Aunque aquellas cartas se censuraban, y en consecuencia era muy poco probable que los soldados se hubieran manifestado a favor de los conspiradores, nada los obligaba a condenar su acción; el rechazo generalizado, por lo tanto, parece genuino.

Esta no era toda la historia, sin embargo. Otros alemanes distaban de estar contentos con la supervivencia de Hitler. Un informe de la policía, relativo a una zona del sur de Alemania, constataba que «aunque el fracaso del intento de asesinato ha sido acogido con entusiasmo entre los camaradas del partido y aquellos sectores de la población que simpatizan con el partido y con el Estado nacionalsocialista, el otro sector de la población se abstiene de comentar o de opinar. En general se expresa el deseo de que la guerra acabe pronto». Otro comentario frecuente en la misma región era el de que si Hitler hubiera muerto «hoy quizá la guerra ya se habría terminado».[75] Era una prueba clara del creciente abismo abierto en las creencias. En la estela del atentado, los adeptos más fervorosos reforzaron su fe en el régimen, mientras que los menos entregados tan solo querían que la guerra acabara.

En cuanto a Hitler, se enfureció con los oficiales del ejército que habían conspirado en su contra y dirigió la cólera hacia toda su clase social. Le dijo a Goebbels que la aristocracia era «un tumor canceroso en el cuerpo del pueblo alemán» y que «llegado el momento» sería preciso «ajustarles las cuentas» a los nobles. Admiraba a Stalin por «haberse librado de ellos» y envidiaba que «esto ahora le ha dado ventaja, en la guerra».[76]

Pero las amenazas y la cólera no servían para corregir la razón principal por la que se había atentado contra la vida de Hitler: el hecho de que Alemania se dirigía a una catástrofe. La situación era tan negativa que Goebbels —aunque creía que era peligroso que un propagandista hiciera promesas específicas que no pudiera cumplir— pronunció un discurso cargado de falsas esperanzas tan solo seis días después de la explosión de la bomba de Stauffenberg. Declaró que los avances de los nazis en materia de armamento «no solo habían igualado al enemigo, sino que lo habían dejado atrás» y que «en fecha reciente he podido ver algunas de esas armas alemanas y no os diré que el corazón se me quedó enamorado, sino que incluso se me paró por un momento».[77]

Aunque era cierto que un mes antes el régimen nazi había empezado a atacar Gran Bretaña con bombas volantes, estas solo causaron perjuicios muy leves a la maquinaria bélica de los Aliados. La población debía confiar en la existencia de esas «armas maravillosas» nunca vistas. Pero en aquel momento se confiaba poco en las palabras de Goebbels.

En privado incluso el propio Goebbels había empezado a manifestar signos de frustración con el modo en que las cosas se estaban desarrollando. Justo antes del Día D, reconoció en su diario que Hitler le había dicho que estaba «resuelto a asestarle» a Gran Bretaña «un golpe letal en cuanto surja la mínima oportunidad. Ahora mismo no acierto a ver cómo piensa hacerlo, pero se ha dado ya muchas veces que el Führer hace planes que en un momento dado parecían absurdos y, sin embargo, él lograba hacerlos realidad».[78]

Este era el inconveniente de confiar en un hombre del que uno estaba convencido de que nunca se equivocaba. Después de haber permitido que, durante muchos años, Hitler tomara todas las grandes decisiones en solitario, a Goebbels no le quedaba más remedio que seguir confiando en él, por mucho que las paredes se tambalearan. Y de hecho las paredes se estaban tambaleando y literalmente derrumbando por todo el país. En los primeros nueve meses de 1944 la campaña de bombardeo de los Aliados se había intensificado, y había causado la destrucción (o daños graves) de casi tres veces más edificios que en el mismo período del año anterior. Esto suponía que cerca de tres millones y medio de personas se habían quedado sin hogar y había que encontrarles alojamiento.[79]

Era una situación desesperada, que sembró el país de desilusión, en especial porque el régimen nazi cada vez se mostraba más ineficaz a la hora de impedir los bombardeos. Como actos de protesta menores, el uso del saludo hitleriano en la calle menguó, y en los hogares particulares se iban viendo menos retratos del Führer.[80] La propaganda que pedía que la *Volksgemeinschaft*, la «comunidad popular», se convirtiera en una *Schicksalsgemeinschaft*, «comunidad de destino», apenas benefició a quienes necesitaban un nuevo hogar o medios para preparar una comida caliente. Pero el bombardeo no se tradujo en una rebelión masiva, no solo porque el pueblo temía que las posibles protestas serían reprimidas con brutalidad, sino porque los civiles cuyos hogares habían resultado destruidos habían quedado a merced de la asistencia del Estado, y no parecía lo más idóneo atacar a las instituciones de las que tu vida dependía.[81] Por otro lado se había generalizado la angustia de que aunque los bombardeos eran malos, quizá sería peor aún el avance implacable del Ejército Rojo hacia Alemania.

Tanto Goebbels como Hitler eran plenamente conscientes de que, si seguían aterrorizando a la población civil con la amenaza del «coloso bolchevique», le daban una razón poderosa para seguir luchando. Esto también servía de motivación para muchos soldados alemanes que tenían dificultades para contener al Ejército Rojo en el frente oriental. Peter von der Groeben, por ejemplo, estaba convencido de que él y sus camaradas debían perseverar en el empeño. «Éramos una pieza más de la maquinaria —dijo—. Nuestra tarea principal era, con los medios de las fuerzas armadas, intentar contener la situación en lo posible e impedir el hundimiento que amenazaba con producirse en el este».[82] Además él tenía intereses personales en la lucha. La hacienda familiar de los Groeben estaba en la Prusia Oriental y el Ejército Rojo estaba cada día más cerca.

El miedo de Groeben y de varios millones de alemanes pareció encontrar un motivo de confirmación en octubre de 1944. El Ejército Rojo se adentró en la Prusia Oriental y ocupó el pueblo de Nemmersdorf.

Cuando se obligó a los soviéticos a retirarse —solo temporalmente—, los alemanes descubrieron que habían violado como mínimo a dos mujeres y asesinado a más de dos docenas de lugareños.[83]

La propaganda nazi exageró tanto las bajas como las atrocidades, con el afán de demostrar el carácter sanguinario del enemigo. Pero aunque estas historias ciertamente avivaron el miedo entre la población alemana, también hubo quien las relacionó con los crímenes que sus propios compatriotas habían cometido en el este. Un informe del SD recogió que, en Stuttgart, se oyó a un civil comentar: «¿Y acaso nosotros no hemos masacrado a los judíos por miles?».[84]

Para hablar con esta franqueza se necesitaba un coraje extremo. La SS, la Gestapo y otras fuerzas de seguridad estaban imponiendo implacablemente la «lealtad» al régimen. Goebbels, como ministro del Interior, no mostró compasión ninguna con los alemanes que rehuían la lucha. Pero, aunque el terror aumentó, lo que faltaba de forma evidente era la cualidad que el régimen había afirmado que mantenía unidos a todos los verdaderos alemanes: la *Volksgemeinschaft*.

En 1941 un funcionario nazi de la Alta Franconia ya había comentado: «No se puede hablar de ninguna *Volksgemeinschaft*. Aquí cada uno piensa solo en lo que le favorece a él personalmente».[85] Cuatro años más tarde esto era más cierto que nunca. En enero de 1945 un refugiado que huía del Ejército Rojo describió «escenas terribles» en el puerto de Pillau, cerca de Königsberg, en la Prusia Oriental: «En el puerto todos se empujaban para llegar a los barcos [...] Los seres humanos se habían convertido en animales». Contaba que «la confusión general se hizo aún mayor cuando en la ciudad entraron en tropel unidades militares, completamente desorganizadas, empezaron a saquear casas, se mezclaron con los refugiados y también se pelearon por subir a los barcos». De hecho, algunos soldados «para poder huir en los barcos, se vistieron con ropa de mujer».[86]

En los últimos días del régimen el Gauleiter de la Prusia Oriental, Erich Koch, conocido por su dureza, manifestó su verdadero carácter. Se escabulló de su puesto y, al llegar al puerto alemán de Flensburg, en el oeste, reclamó que un U-Boot lo llevara a Sudamérica. Nadie satisfizo su exigencia, pero no fue el único que desobedeció la orden de Hitler según la cual los Gauleiter debían dar ejemplo y combatir hasta el último momento. En la práctica, de los cuarenta y tres Gauleiter en servicio solo dos murieron heroicamente, como Hitler les reclamaba.[87]

No fueron más heroicos los resultados de la campaña Werwolf.[88] El régimen nazi había pretendido que los alemanes se levantaran contra los ocupantes aliados, por detrás del frente, utilizando armas ocultas en zulos.[89] Además se esperaba que la población dificultara la gestión del territorio ocupado por los Aliados, negándose a colaborar con ellos. Pero no hubo ningún alzamiento masivo, ni la negativa concertada a reconocer la ocupación Aliada. La mayoría de la gente deseaba simplemente sobrevivir.

Hitler despreciaba intensamente a los que él tildaba de «cobardes». A principios de febrero de 1945 habló con Goebbels sobre la mejor forma de seguir. «Ahora lo mejor es quemar los puentes. No solo profesionalmente, sino también en lo personal. Porque la persona a la que ha dejado de importarle si vivirá o no es, por lo general, la que al final acaba venciendo», dijo Hitler.[90]

Era una filosofía por la que tanto Goebbels como Göring habían expresado su admiración. En marzo de 1943, después de haber hablado con Göring, Goebbels escribió en su diario: «Göring entiende a la perfección qué nos espera si, en esta guerra, mostramos la más mínima debilidad. No se hace ilusiones al respecto. En la cuestión judía en especial hemos adoptado una postura de la que no se puede huir. Pero todo esto es positivo. Pues la experiencia demuestra que un movimiento y un pueblo que han quemado los puentes combaten con una determinación muy superior a la de aquellos que aún pueden retirarse».[91]

Algunos estudios psicológicos respaldan esta posición. Una investigación concluyó que cuando la gente siente que se ha quedado sin alternativa, tiende a sentirse «mejor» mentalmente que los que creen que aún tienen opciones para modificar las restricciones que los limitan.[92] Según parece, su concentración es más definida. La idea la había expresado en el siglo XVIII, con palabras famosas, el erudito Samuel Johnson: «Tenga usted la certeza, señor, de que cuando un hombre sabe que de aquí a una quincena lo habrán colgado, esto concentra su pensamiento maravillosamente».[93]

Esto no significaba que Hitler fuera contrario a encontrar una salida. Pero se enfrentaba a tres obstáculos que parecían insuperables. En primer lugar, creía que solo debía negociarse desde una posición de fuerza, pero Alemania estaba cada día más débil. En segundo lugar, los Aliados habían reclamado la «rendición incondicional» de Alemania y no veían razón para debatir sobre posibles condiciones con un país que era evidente que estaba a punto de caer derrotado. Y en tercer lugar, llegados a marzo de 1945, la tendencia de Hitler a construir realidades alternativas había alcanzado una dimensión épica.

Llegó a fantasear con la idea de suscribir un acuerdo con la nación que más despreciaba. «Una paz bilateral con la Unión Soviética, claro está, no permitiría cumplir con nuestros objetivos de 1941 —escribió Goebbels el 12 de marzo de 1945—, pero el Führer confía en que aún podrá lograr la división de Polonia y la incorporación de Hungría y Croacia a la soberanía alemana, y en que con ello tendrá libertad para actuar contra Occidente». A Goebbels todo esto le resultaba «grandioso y convincente», aun admitiendo que faltaba resolver un problema no menor: «Por el momento [...] no hay ocasión de conseguir ese acuerdo».[94]

No cabe duda de que, en este estadio de la guerra, Hitler estaba físicamente enfermo. Adolecía de una esclerosis coronaria progresiva, dolor estomacal crónico y (casi con toda certeza) las primeras manifestaciones de la enfermedad de Parkinson. No le ayudaban los diversos remedios de charlatanería que le prescribía su médico personal, el muy incompetente Theodor Morell. Pero, en esos días finales, la razón fundamental de su conducta debe buscarse en otro lugar.

Hitler siempre había sido capaz de imaginar el mundo como él lo deseaba, y no como era, y siguió siendo fiel a su carácter y sus creencias hasta el último aliento. No es de extrañar que él fuera así, pero sí que millones de personas pusieran su vida en manos de tal clase de hombre.

Aunque Hitler estuviera imaginando un mundo ficticio en el que Alemania aún podría conseguir la «soberanía» sobre Hungría y Croacia y gozaría de «libertad para actuar contra Occidente», ni él ni Goebbels planeaban formas de salvarse a sí mismos. En ese punto los dos tenían claro que si Alemania caía derrotada, ellos tendrían que suicidarse. Habían quemado sus puentes sin dejar ni la más mínima opción de retirada. Pero los demás líderes nazis, en su mayoría, no solo no compartían este punto de vista, sino que muchos intentaron hacer la transición a una vida de posguerra.

Para estos nazis pragmáticos, la clave pasaba por, de algún modo, presentar pruebas que demostrasen a los vencedores que habían trabajado contra el régimen desde el interior. Idealmente, debían demostrar que habían salvado vidas del gran enemigo del nazismo: los judíos. Parece evidente que eso era lo que debía estar pensando Werner Best ya en el otoño de 1943. Best era un nazi intransigente, pero había empezado a ver que su interés personal pasaba por otros lugares.[95] Así pues, mientras prestaba servicio como plenipotenciario del Reich en Dinamarca, hizo que los judíos del país recibieran un aviso antes de que fueran a deportarlos. Con esta iniciativa logró dos objetivos simultáneos. Por un lado, como casi todos los judíos cruzaron el angosto estrecho del Sund, que los separaba de Suecia —un país neutral—, cumplió con la orden de sus superiores nazis y logró que en Dinamarca no hubiera judíos. Pero al mismo tiempo manifestó ante los Aliados que deseaba salvar las vidas de los inocentes. Sin duda Best ya era consciente de que este argumento sería de gran utilidad en cualquier juicio de la posguerra. Y así resultó. Al final su pasado nazi no se tradujo en ningún obstáculo para que, acabada la guerra, desarrollara una exitosa carrera en el mundo de la empresa privada.[96]

Albert Speer fue otro nazi que supo actuar con inteligencia y un ojo puesto en el futuro. Aunque había asistido a uno de los discursos de Himmler en Posen, al estilo de Best, dio con una forma de mejorar su reputación, ya en la última fase de la guerra. En los días finales del conflicto tomó medidas para obstaculizar una orden de Hitler según la cual las infraestructuras del país debían destruirse. Aunque se benefició de esa clase de decisiones, no tuvo tanta suerte como Best. No lo condenaron a la pena capital, pero la sentencia fue de veinte años de cárcel.

A medida que el frente oriental se iba aproximando a Berlín, Hitler empezó a volverse en contra de muchos nazis que siempre habían tenido fama de ser leales. En marzo de 1945 humilló a los integrantes de algunas de las unidades más selectas de Alemania: ordenó que los soldados del 6.º Ejército Acorazado de la SS —que dirigía quien había sido colega de Hitler desde hacía muchos años, Sepp Dietrich—[97] se quitaran del uniforme las insignias que destacaban su condición de élite. Entendía que habían fracasado en la defensa del Reich. Como es lógico, esto tuvo que resultar muy humillante para el Reichsführer SS, Heinrich Himmler.

El incidente se produjo cuando Himmler estaba acelerando los planes de preparación de una vida propia tras la caída del Tercer Reich. Durante los últimos meses de la guerra estuvo negociando con el conde Folke Bernadotte, de la Cruz Roja sueca, la liberación de varios miles de judíos, con destino al país neutral. El 21 de marzo dirigió una carta a Felix Kersten —quien había actuado como mediador en el acuerdo—

afirmando que él siempre había intentado favorecer la emigración de los judíos, solo que la guerra le había impedido continuar. Declaró estar convencido de que «deben imperar la prudencia y la racionalidad», así como «el deseo de ayudar».[98]

No es poco asombroso que Himmler, uno de los principales arquitectos del Holocausto y responsable de la muerte de millones de personas, creyera que en el último minuto todavía podía convertirse en salvador de los judíos. No es de extrañar que Hitler considerase que, al final, «mi leal Heinrich» le había traicionado.

Las acciones de Best, Speer y muchos como ellos son fáciles de comprender. El egoísmo es con frecuencia la emoción humana dominante, en las situaciones desesperadas. Best y Speer probablemente tuvieron la astucia de calcular que, hasta cierto punto, con acciones posteriores podían compensar crímenes pasados. Pero el caso de Himmler era distinto. ¿Cómo pudo siquiera imaginar que tenía alguna clase de futuro, una vez destruido el nazismo?

La respuesta no la podemos conocer con toda seguridad, pero sí podemos hacer conjeturas razonables. Los líderes nazis siempre se habían extrañado de que Gran Bretaña y Estados Unidos no reconocieran el peligro que la Unión Soviética de Stalin representaba para el mundo «civilizado». Ahora tenían la esperanza de que los Aliados occidentales no tardaran en distanciarse de Stalin. Quizá no era improbable que estallara una nueva guerra con los soviéticos... Himmler debió de pensar que él estaba mejor situado que nadie para ayudar en ese conflicto. Justo antes de que la guerra terminara se atrevió incluso a pedirle al conde Bernadotte que organizara una reunión con el general Dwight Eisenhower —comandante de las fuerzas Aliadas en Europa— para debatir sobre la rendición de los alemanes en el frente occidental.[99] La idea de que Eisenhower quisiera sentarse a debatir nada con Himmler era simplemente irrisoria, pero en aquel punto, la capacidad himmleriana de engañarse a sí mismo igualaba prácticamente la de Hitler.

Goebbels fue más realista, al menos, durante algunos períodos breves. El 22 de marzo de 1945 le dijo a Hitler que «en el frente del oeste nuestras tropas ya no están combatiendo adecuadamente» y que «la moral del pueblo también se ha deteriorado considerablemente y quizá incluso está a punto de desvanecerse».[100]

Sin embargo, un mes más tarde, en la atmósfera enloquecida del búnker de Hitler en Berlín, lo hallaremos fomentando otra vez las fantasías de su líder. Incluso en una fecha tan tardía como el 25 de abril —cuando el Ejército Rojo ya había rodeado la capital alemana—, todavía se hablaba de llegar a acuerdos con el enemigo. «Si defendemos bien Berlín, y sin duda hay muestras de un sentimiento antirruso —dijo Hitler—, ya verás que la gente que [entre los Aliados occidentales] posee la suficiente visión recobrará un poco de valor frente a este coloso [ruso]. Y entonces esa gente quizá se diga: "Si colaboramos con la Alemania nazi entonces quizá podamos pararle los pies al coloso"».[101]

Este quizá sea el ejemplo más destacado en la historia del siglo XX en lo que respecta a la disonancia cognitiva, como hemos visto: lidiar con la brecha que separa la imagen del mundo que uno tiene en su cabeza frente a la realidad exterior, eligiendo la primera frente a la segunda.

Como no podía ser menos, aquellas ilusiones infundadas quedaron en nada y el 30 de abril de 1945 Hitler se suicidó pegándose un tiro en la cabeza.[102] Buena parte del tiempo inmediatamente anterior a su muerte lo dedicó a redactar un testamento en el que explicaba que él lo había hecho todo bien. Coherente hasta el último segundo, afirmó que los responsables de haber causado la segunda guerra mundial habían sido los judíos y dio a entender que se felicitaba por haber instigado el Holocausto. También exigió a los posteriores líderes de Alemania que ofrecieran una resistencia «implacable» ante «el emponzoñador mundial de todos los pueblos: la judería internacional».[103]

Al día siguiente, el 1 de mayo, se mataron también Goebbels y su esposa, después de haber organizado el asesinato de sus seis hijos. Con ello Goebbels pretendía manifestar su lealtad inquebrantable hacia Hitler y el régimen nazi. Tan solo unos días antes había dicho que si «el Führer muere con honor en Berlín y Europa se bolcheviza, en un plazo de a lo sumo cinco años el Führer se habrá convertido en una leyenda y el nazismo, en un movimiento legendario, porque él habrá quedado inmortalizado por sus magníficas acciones finales, y todas las faltas humanas que ahora se le critican se borrarán de golpe».[104]

Se equivocaba. También se equivocaba al creer que asesinando a sus propios hijos demostraría que su familia había seguido siendo leal hasta el fin. Goebbels pensaba que la historia lo consideraría un héroe. En realidad, se los recuerda, a él y a su esposa, como una de las parejas más despiadadas que hayan vivido nunca.

Pero es cierto que se mantuvo al lado de Hitler hasta el final, y en esto se singularizó. Pues en su mayoría los demás grandes jefes del nazismo no quisieron sufrir el mismo destino que su Führer eligió en Berlín. Varios días antes de que Hitler se suicidara, Himmler se había marchado a Flensburg, en el noroeste de Alemania, y Göring al sur, a Baviera. Aquí quedaban a salvo del avance del Ejército Rojo, en regiones del país que no tardarían en ser ocupadas por los Aliados occidentales.

Quedaba una pregunta. Bernd Linn, un oficial de la SS que combatió en una de las últimas batallas de la guerra, en Halbe, al sur de Berlín, la planteó al tener noticia de la muerte de Hitler: «¡Se acabó! Finito», dijo. Y ahora... «¿cómo podríamos construir algo nuevo».[105]

Epílogo

Los nazis se habían sentido escandalizados por la derrota de Alemania a la conclusión de la primera guerra mundial. La ironía final de esta historia, por lo tanto, fue que la rendición de Alemania en 1945 resultó aún más destructiva que la de 1918. Las ciudades en ruinas, las pérdidas territoriales, los cambios políticos y el carácter de la ocupación resultaron mucho más transformadores que en la derrota anterior.

Esta pérdida catastrófica tuvo asimismo una dimensión psicológica, que influyó sobre el modo en que muchos exnazis acabaron pensando sobre sí mismos y los enemigos contra los que habían estado combatiendo. En parte esto se debió a que los días inmediatamente posteriores a la guerra destacaron por su carácter vengativo, en particular por parte del bando soviético. Por ejemplo, durante tres días de los inicios de mayo de 1945, los soldados del Ejército Rojo saquearon la pequeña ciudad de Demmin, en el nordeste de Alemania, prendiendo fuego a los edificios y violando a las mujeres. Waltraud Reski contaba once años cuando fue testigo de cómo asaltaban a su madre: «Mi hermana, que es cuatro años menor que yo, y yo misma, siempre intentamos proteger a nuestra madre, y chillábamos; pero solo dejaron en paz a las mujeres que llevaban un bebé en brazos [...] Yo habría querido apartarlos a la fuerza, pero claro, tenían armas y amenazaban con ellas. Aquel sentimiento de indefensión, aquella crueldad, todo aquello, aún hoy no encuentro palabras para describirlo».

Su madre fue una de las muchas mujeres de Demmin a las que violaron de forma múltiple y repetida: «Es imposible imaginar cómo es que te violen diez o veinte veces por día. Al final casi dejas de ser humana [...] Y después de eso, mi madre se convirtió en una persona completamente distinta, para el resto de su vida [...] Para mí fue como tener que crecer de una patada. Y me quedé sin ganas de vivir. Lo veía todo muy pero que muy negro».

Varios cientos de personas decidieron que la única forma de poner fin a los padecimientos era quitarse la vida, y se suicidaron arrojándose al río cercano. La madre de Reski entendió que ella y sus dos niñas tenían que hacer lo mismo, así que las «agarró» y «quería correr al río». Solo la rápida acción de la abuela de Reski logró impedir que murieran.[1]

No se sabe con certeza cuántas personas murieron en Demmin: los cálculos oscilan entre setecientas y más de mil. Apenas cabe duda, en cualquier caso, de que se trata del suicidio masivo más numeroso de la historia de Alemania. Pero aunque los acontecimientos de Demmin fueron extremos, no fueron aislados, sino que hubo otros muchos ejemplos de asesinatos y violaciones de civiles alemanes por parte del Ejército Rojo. La autora de *Una mujer en Berlín*[2] detalló las experiencias que vivió en la capital alemana en los primeros días de la ocupación soviética. Cuando un grupo de soldados del Ejército Rojo se lanzó sobre ella, lo único que pudo suplicar fue «solo uno, por favor, por favor, solo uno».[3]

Muchos de estos violadores consideraban que se estaban vengando del sufrimiento que los alemanes habían causado en la Unión Soviética, y en varios casos obligaron a los maridos o padres a contemplar el abuso de sus esposas o hijas. En Zittau, en el suroeste de Alemania, un teniente soviético organizó una fiesta con los comerciantes y empresarios locales y sus esposas, para luego violar a una de las mujeres a la vista de los «invitados».[4]

Se trataba de someter. Además de abusar de las mujeres, se quería destruir la imagen de los hombres nazis como sólidos protectores de sus familias. «En lo más profundo, las mujeres estamos experimentando una especie de decepción colectiva —escribió la autora de *Una mujer en Berlín*, cuando la guerra estaba a punto de acabar—. El mundo nazi, en el que los hombres mandan, que glorifica a los hombres fuertes, empieza a derrumbarse, y con él, el mito del "Hombre"».[5]

Muchos alemanes tuvieron la impresión de que las atrocidades perpetradas por el Ejército Rojo demostraban que, en efecto, la Europa «civilizada» estaba siendo saqueada por las «hordas bárbaras» del este. Un alto funcionario nazi al que se entrevistó mucho después de la guerra contó que su esposa había sido «violada por soldados rusos delante de sus hijos».[6] A su juicio tales acciones probaban que Hitler siempre había tenido razón al hablar sobre la naturaleza de la amenaza bolchevique.

No hay forma de saber con precisión a cuántas personas violaron las fuerzas de ocupación. Los cálculos oscilan entre unas 860.000 y unos dos millones. En la mayoría fueron abusos del Ejército Rojo, pero una minoría nada trivial —quizá 190.000 personas— también sufrió a manos de los otros Aliados, entre ellos los británicos, estadounidenses y franceses.[7]

Muchas alemanas se sintieron obligadas a aceptar un «protector» de entre los invasores. Tendrían relaciones sexuales con ellos a condición de que no dejaran acercarse a los otros. Además, el «protector» quizá podría proporcionarles más raciones de alimentos, que eran muy necesarias. La autora de *Una mujer en Berlín* mantuvo esta clase de relación sexual con un comandante del Ejército Rojo y se sentía inquieta por las repercusiones emocionales y morales de su propia conducta. «En ningún caso podría decirse que el comandante me violaba. Con una muestra de frialdad por mi parte, probablemente él se habría marchado para no volver más», escribió. Sin embargo, aunque eran las circunstancias las que la habían impulsado a actuar así, y aunque nunca pudo dar su consentimiento con libertad, seguía preguntándose «si debo considerarme o no una puta, porque en lo esencial vivo de mi cuerpo y comercio con él por algo de comida».[8]

Muchos miles de alemanas sintieron que tenían que modificar radicalmente sus costumbres sexuales en respuesta a la situación desesperada en la que se encontraron. En octubre de 1945 el teórico político Gabriel Almond intentó explicar las acciones de algunas alemanas en la zona de ocupación estadounidense como motivadas por «la carencia total de entretenimiento; la apetencia de chocolate, cigarrillos, etcétera; la falta de satisfacción sexual por la ausencia de tantos hombres; y la completa desmoralización que la derrota ha traído consigo. Parece que ocurre igual en todas partes, que va más allá de la prostitución semiobligada —con la que conseguir algo de comer— y que, en el próximo invierno, sin duda, se va a generalizar aún más».[9]

La idea del «sexo a cambio de chocolate» trivializa las penalidades. Expertos más progresistas han destacado que la causa primaria de las acciones de las mujeres no era el deseo de productos de lujo, sino la necesidad de obtener alimentos básicos para sí mismas y sus familias.[10] Tenemos que entender que las conductas se desarrollaban a lo largo de un continuo. El comportamiento de una mujer que aceptaba a un «protector» para huir de la violación en grupo era distinto al de una mujer que estaba malnutrida y tenía relaciones sexuales para conseguir algo más de comida, o al de quien voluntariamente establecía una relación romántica con un soldado aliado porque le gustaba o incluso se había enamorado de él. Ahora bien, dejando a un lado todas estas consideraciones, la dolorosa realidad era que, aunque la guerra quizá había terminado, el sufrimiento de una ingente cantidad de mujeres alemanas no había concluido.

El hambre —y el miedo a la inanición— fue un factor crucial en la conducta y las actitudes de la población alemana durante este período. Aunque las fuerzas de ocupación no buscaron deliberadamente matar de hambre a los civiles, tampoco se esforzaban especialmente por evitarlo. Los Aliados no habían llegado a adoptar el infame Plan Morgenthau —que preveía la desindustrialización de Alemania—, pero el pensamiento de fondo perduraba.

El general Lucius Clay, que administraba la Zona Estadounidense en Alemania, no vaciló en afirmar en mayo de 1945 que «hará falta su tanto de hambre y de frío para que el pueblo alemán comprenda las consecuencias de la guerra que han causado ellos», aunque también consideraba que «el sufrimiento no debe llegar al extremo de la inanición o las epidemias».[11] Desde el principio, por lo tanto, hubo una actitud confusa; pero en todo caso se basaba en una idea punitiva.

Dos años más tarde, un Comité Médico declaró que, en la zona occidental de Alemania, las medidas de los Aliados «habían debilitado por hambre a todo un pueblo antaño fuerte y sano, hasta el punto de la incapacidad absoluta y la pura enfermedad». En 1948 un político renano no tuvo siquiera problema en afirmar —con falsedad— que en los tres años transcurridos desde el fin de la guerra los alemanes «se han visto obligados a soportar una hambruna tal que no se ha conocido en ningún campo de concentración del mundo».[12]

La acusación era sin duda exagerada y ofensiva, pero también un indicio claro de la creencia de que, terminada la guerra, los Aliados estaban castigando a los alemanes. Los nazis siempre habían advertido de que los invasores tenían la intención de destruir el país, por eso el Plan Morgenthau original había sido para ellos todo un regalo propagandístico.

El grado hasta el cual se extendieron durante aquellos años el hambre y la malnutrición en Alemania ha sido objeto de disputa; de lo que no cabe duda es de que el temor a la inanición era muy real. Muchos alemanes recordaban el bloqueo aliado posterior a la primera guerra mundial y el terrible padecimiento que este causó. No fue de extrañar pues que un gran número estuviera ahora dispuesto a creer que, según decían los nazis, al haber perdido esta nueva guerra les aguardaba un destino aún más crudo.

Si la filosofía que subyacía a la actuación estadounidense distó de ser benevolente hacia los civiles alemanes, en relación con los prisioneros de guerra fue directamente punitiva. «Ciertamente no tengo la intención de aprobar raciones con las que los prisioneros se mueran de hambre o acaben en nuestros hospitales —dijo el general de división Robert Littlejohn, jefe de la intendencia estadounidense en Europa—. Pero tampoco tengo la intención de aprobar raciones con las que los alemanes engorden».[13] Como declaración expresa de intenciones hay que decir que, al menos en lo relativo a los «campos de los prados del Rin» (*Rheinwiesenlager*), resultó una verdad a medias: ningún preso engordó, pero muchos miles murieron. En esos campos se encerró a cerca de dos millones de prisioneros de guerra alemanes, y las condiciones eran espantosas. Los presos debían dormir al aire libre, y no menos de 6.000 no sobrevivieron a la reclusión.

Para los que habían caído en cautiverio de los soviéticos, las condiciones tendieron a ser igual de malas, si no peores. A John Noble, un expatriado estadounidense, los soviéticos lo encerraron en el antiguo campo de concentración nazi de Buchenwald. Su familia poseía una fábrica en Dresde y él se había quedado en Alemania durante la guerra. Por su condición de extranjeros, fueron el blanco inmediato de la policía secreta de Stalin.

Más de 7.000 presos fallecieron en el Buchenwald soviético entre 1945 y 1950. Noble rememoró que, para conseguir comida, los internos recurrían a medidas desesperadas. «En los barracones donde la gente se estaba literalmente muriendo, el guardia pasaba y tocaba un dedo del pie [de los presos que yacían moribundos en las literas] y, si lo notaba caliente, entonces contaba [como alguien más al que se le daría la escasa ración diaria de comida] [...] Así que los presos se esforzaban por mantener calientes los dedos de los pies [de los compañeros muertos] [...] para que cuando pasara el guardia pensara: "Aún vive", y al día siguiente estuviera allí su ración de comida».[14]

Los soviéticos no fueron los únicos que reutilizaron los campos de concentración del nazismo. Los estadounidenses encarcelaron a miembros de la extinta SS y otros líderes nazis en Dachau, a las afueras de Múnich. Esto posibilitó que Emil Klein, nazi fervoroso que había participado en el Putsch de la Cervecería, contara la siguiente anécdota cuando se le entrevistó muchos años después de que la guerra acabara: «He pasado treinta años en el mundo del comercio, en Múnich, y muchos judíos han ido viniendo con la intención de venderme cosas. Yo tenía un gran almacén de muebles y ellos tenían alfombras o lo que fuera. Y alguno venía y me decía: "Mire, he estado en un campo de concentración". ¿Y qué le decía yo? Pues le decía: "Yo también". "¿Cómo? ¿Usted también? ¿Y dónde estuvo usted?". "Yo en Dachau", le decía. Y él: "Pues en Dachau estuve yo también". "¿Cuándo estuvo usted en Dachau?", le preguntaba. Y él: "En 1943". "Ah, yo después del 45", decía yo. Y entonces los dos nos echábamos a reír y nos dábamos la mano. La vida es así, a veces la vida juega así con uno».[15]

La respuesta de Klein no podía haber sido más hipócrita. No existe ninguna equivalencia entre las condiciones imperantes en Dachau en 1943, bajo el dominio nazi, y las de 1945, con los estadounidenses. Cerca de 40.000 personas murieron en Dachau a manos de los nazis, y cualquier judío que fuera enviado allí en 1943 tuvo mucha suerte si sobrevivió. Aunque el régimen que los estadounidenses impusieron en aquel campo en la posguerra era duro, no tenía nada que ver con lo anterior. Pese a todo, la historia de Emil Klein es reveladora psicológicamente. Fue uno de los múltiples intentos de los antiguos nazis por relativizar los crímenes del régimen.

Otro de esos intentos fue el de Rudolf Höss, el comandante de Auschwitz, que escribió en sus memorias —poco antes de que lo ejecutaran— que sus actos se habían asemejado a los de un piloto de bombarderos al que se le ordenaba destruir una ciudad aun a sabiendas de que sus bombas matarían «principalmente a mujeres y niños».[16] Igualaba el hecho de haber matado a civiles en las cámaras de gas de Auschwitz con el hecho de que los pilotos de los bombarderos aliados hubieran matado a civiles en las ciudades de Alemania.

Oskar Groening, del destacamento de la SS en Auschwitz, hizo la misma comparación en una entrevista realizada después de la guerra. Sostuvo que los Aliados no estaban en condiciones de criticar las acciones de los nazis porque «con independencia de si militarmente era necesario o no», habían «asesinado a mujeres y niños con el lanzamiento de bombas de fósforo».[17]

A pesar de que la ética del bombardeo masivo es problemática, se trata de una comparación falsa por toda una serie de razones. Para empezar, el bombardeo de las ciudades alemanas se detuvo en el momento en que la guerra acabó, mientras que los nazis, si hubieran ganado la guerra, habrían continuado asesinando a civiles. Por otro lado, como es obvio, los Aliados no emitieron ninguna directiva que reclamara exterminar a todas las mujeres y niños alemanes, mientras que sí hubo una directiva nazi para el exterminio de todas las mujeres y niños judíos.

Pero esta idea de que, moralmente, los Aliados fueron tan corruptos como los nazis resultó seductora para muchos alemanes, no necesariamente exnazis. Mathilde Wolff-Mönckeberg, una escritora que vivía en Hamburgo, escribió que aunque ella y sus amistades se habían esforzado «con cada fibra de nuestro ser» por contribuir a la «perdición» del régimen nazi,[18] también condenaba la hipocresía de los Aliados, pues estos «proclaman ante el mundo entero que solo Alemania podía haberse hundido en una sima tan profunda de crueldad y bestialidad» pero realizaban «incursiones aéreas terroristas» y «ametrallaban a la población indefensa». Su conclusión era simple: «Somos todos lo mismo, todos igualmente culpables».[19]

La convocatoria del Tribunal Militar Internacional, en Núremberg, en noviembre de 1945, intentó demostrar ante el mundo que se trataba de un análisis erróneo, porque los nazis habían cometido crímenes que no podían compararse con las acciones de los Aliados. Fue pues la primera vez que se acusó a personas individuales de haber perpetrado «crímenes contra la humanidad». Fue una forma innovadora de abordar la atribución de responsabilidades en la guerra, así como un hito en la historia del Derecho internacional.

Pero ya desde el principio, los juicios toparon con dificultades de definición y jurisdicción. Estas eran tan complejas que, durante una cena de la conferencia de Teherán, en 1943, Stalin había propuesto una solución mucho más simple para el problema. Afirmó —posiblemente, como una guasa— que después de la guerra habría que fusilar a «50.000» alemanes, entre ellos, sus «técnicos» y oficiales militares más destacados. Winston Churchill se enfureció y contestó que se negaba a «mancillar mi honor y el de mi país con tal infamia», mientras que Roosevelt bromeó con que habría que negociar, pero accedería a que fueran «49.000».[20]

También había la complicación adicional de que —una vez que se descartó la idea de liquidar materialmente a los líderes alemanes en favor de la propuesta de llevarlos a juicio— los soviéticos insistieron en contar con presencia judicial en los procesos. Pero todo el mundo era consciente de que durante la década de 1930 Stalin había sido el principal instigador de los infames juicios amañados de Moscú, donde se torturaba a acusados inocentes para que se declarasen culpables. Algunos alemanes se preguntaban si esa sería la clase de justicia que se haría en Núremberg.

Antes de que se pudiera comenzar con el juicio, no obstante, había que dar respuesta a una pregunta básica: ¿alguno de los acusados estaba loco? Psicólogos de los países aliados examinaron a los acusados y llegaron a la conclusión de que ninguno de los veintiún individuos a los que se juzgaría en persona como «grandes criminales de guerra» era un demente. Consideraron apto incluso a Julius Streicher, quien, con su antisemitismo estratosférico, veía conspiraciones judías por todas partes.

Había otro asunto que los psicólogos aliados querían considerar. Y aunque no influyó en la decisión de si los acusados podían ser sometidos a juicio o no, era sin lugar a dudas un tema de enorme interés público. ¿Existía acaso —según sugería la mitología popular— un tipo de personalidad específicamente nazi?

Con el afán de averiguarlo se dio a todos los acusados —incluso a figuras tan destacadas del nazismo como Rudolf Hess, Hermann Göring y Albert Speer— un test de Rorschach. Se les pidió que examinaran manchas de tinta sobre un papel y dijeran qué imágenes y significados podían encontrarles. Pero, aunque el test era relativamente fácil de ejecutar, su interpretación era por el contrario muy difícil. Y cuando se le sumaban las conclusiones distintas a las que varios expertos llegaban después de entrevistar a los acusados, la consecuencia era una falta de claridad en cuanto al significado real de las pruebas psicológicas de Núremberg.

Así, dos de los psicólogos tenían perspectivas contrarias. Uno, Douglas Kelley, sostenía que los test de Rorschach demostraban que los acusados de Núremberg no solo estaban «sanos, en lo esencial» sino que «tales personalidades [...] podrían repetirse en cualquier país de nuestro mundo actual». Gustave Gilbert, en cambio, creía que las pruebas psicológicas mostraban que diversos «elementos morbosos de la cultura alemana» se habían «inflamado hasta alcanzar proporciones épicas bajo el régimen nazi». Escribió un artículo al respecto con el aparatoso título de «La mentalidad de los robots asesinos de la SS».

En años más recientes, en la medida en que se ha llegado a algún consenso entre los expertos, es para desacreditar la tesis de Gilbert sobre la cultura «morbosa» e ir más bien en la dirección de que los acusados poseían personalidades diversas. Es decir, no hubo un «tipo» unificado de nazi, y desde luego, no fueron «robots».[21]

Las entrevistas que los psicólogos realizaron con los distintos acusados de Núremberg fueron mucho más productivas que la búsqueda de un tipo de personalidad común. Al igual que muchos otros alemanes, varios acusados expresaron su desprecio por la supuesta «hipocresía» de los Aliados. Göring destacó que los estadounidenses, al «apoderarse» de los territorios del oeste de su país, que pertenecían a la población indígena, ya habían emprendido una «guerra agresiva» un centenar de años antes. Ribbentrop, el ministro de Exteriores nazi, abundó en lo mismo: «Tendrá usted noticia de que los estadounidenses masacraron a los indios. ¿Los indios también eran una raza inferior?».[22]

Hans Frank, el jefe nazi del Gobierno General, en Polonia, desplegó un argumento similar. Afirmó que mientras que los Aliados ponían el grito en el cielo porque en Auschwitz se mataba a «2.000 judíos diarios», parecían haberse olvidado de que «en unas pocas horas, el bombardeo de Hamburgo mató a 30.000 personas».[23]

Pero Frank no tuvo éxito en su intento de relativizar el Holocausto. Tras la declaración del comandante de Auschwitz, Rudolf Höss, reconoció que era «algo de lo que la gente estará hablando durante un millar de años». Por su parte, Göring, después de admitir por fin la realidad del exterminio de los judíos, se esforzó por disociarse del crimen alegando que los crímenes de Auschwitz habían ocurrido porque Höss era «un alemán del sur»; puesto que «un prusiano nunca habría sido capaz de hacer esa clase de cosas».[24] Curiosamente, Göring había nacido en Baviera.

Ribbentrop expresó la esperanza de que los Aliados decidieran que «se habían cometido errores por las dos partes» y que «los que estamos siendo juzgados aquí somos patriotas alemanes, y aunque quizá con Hitler nos confundimos y nos dejamos llevar demasiado lejos, fue de buena fe y como ciudadanos alemanes».[25] Pero el horror del Holocausto, según lo revelaron en Núremberg las declaraciones de los testigos y las grabaciones documentales, dio al traste con el autoengaño.

En la conversación con los psicólogos, varios acusados intentaron alegar que su carrera en el nazismo era un simple fruto de la casualidad. Göring contó que, en 1919, un día que había decidido unirse a los masones, vio «pasar a una rubia muy atractiva y me la conquisté»; con ese giro improvisado, no asistió a la asamblea masona ni se unió a su asociación. Pero sostuvo que, de no haber sido por la rubia, se habría asociado a una logia y en consecuencia nunca se habría sumado al nazismo, porque este movimiento era hostil a la masonería. «El destino se nos escapa. Depende de cosas así de pequeñas», dijo Göring.[26]

Hans Frank también apuntó a un momento decisivo de su vida, similar porque también implicaba a una mujer. Sostuvo que había tenido una novia «maravillosa» en la juventud, pero por una «trampa del destino» y por su propia «estupidez», no se casaron. Sin embargo, si hubiera emprendido una vida con ella «yo no me habría convertido en un nazi» porque ella se oponía al movimiento y él era «muy influenciable, sobre todo por una mujer a la que amo».[27]

En lo esencial, estos líderes nazis se estaban esforzando por comprender cómo habían llegado a ser la persona en la que se habían convertido. En aquel momento estaban empeñados en averiguar las causas por las que —a pesar de que ellos habían vivido con la certeza total de que su concepción del mundo era correcta— se les iba a juzgar por crímenes de guerra. Pero la estrategia psicológica que eligieron para lidiar con la situación era infantil. Afirmaban que como la vida es básicamente un asunto del azar, la culpa de lo que les había pasado no era suya. Se sentaban en el estrado de Núremberg, el uno porque se había sentido atraído por una rubia bonita, el otro porque no se había casado con su novia «maravillosa».

Ninguno de estos argumentos sobrevive al más ligero examen. En 1919, cuando vio pasar a aquella rubia, Göring ya era un nacionalista acérrimo dispuesto a fomentar una revolución. Y al parecer se le había olvidado también que Hjalmar Schacht, el ministro de Economía de Hitler, era masón, sin que esto le impidiera ser un miembro influyente del gobierno nazi. En suma, no: ligar con la rubia no había sido un punto de inflexión en su vida.

En cuanto a la melancólica conjetura de Hans Frank, se refuta con más facilidad todavía. Lo cierto es que rechazó a su novia «maravillosa» porque quiso. Tomó una decisión que encajaba con la que ya era entonces su concepción del mundo: eligió casarse con otra persona y hacer carrera en el nazismo.

Como era de prever, los acusados también se esforzaron por buscar cabezas de turco. Streicher siguió aferrándose al guion de siempre e insistió en que «la judería internacional controla este juicio», pero los demás, en su mayoría, captaron que el recurso tradicional nazi de culpar a los judíos ya no resultaba productivo.[28] Lo más práctico era delegar la responsabilidad en los nazis que no estaban en Núremberg, principalmente en Heinrich Himmler. El Reichsführer SS era el blanco ideal, porque no solo había controlado el aparato de seguridad del Estado, sino que no podía contradecir ninguna de sus afirmaciones, pues se había suicidado al poco de ser capturado. Además, era posible culpar a Himmler sin renunciar a la fe en Hitler, porque en caso de necesidad siempre podían recurrir a la vieja argucia de «si Hitler lo hubiera sabido...». En todo caso, los intentos de disimulo les valieron de poco. Las pruebas acumuladas de los horrores perpetrados por el régimen eran abrumadoras.

Aunque en Núremberg los psicólogos no pudieran ponerse de acuerdo en torno a un «tipo de personalidad» común a todos los líderes nazis, ¿qué podemos decir sobre la cuestión más general de si el horror se debió a un «carácter nacional alemán»? El tema ha generado una controversia ingente a lo largo de los años y no resulta fácil orientarse con tranquilidad entre la espesura. Pero el punto de partida es evidente: la cultura en la que nos criamos ejerce una influencia enorme sobre quiénes somos. La investigación psicológica ha demostrado, por ejemplo, que las personas que viven en una cultura «individualista», como la de Estados Unidos, tienden a educar a sus hijos de un modo distinto a quienes viven en una «colectivista», como la de China.

En este asunto el error sería generar conclusiones racistas a partir de esos estudios. Los chinos no poseen una cultura «colectivista» porque esas creencias les resulten inherentes, por su raza. Un estudio ha constatado, por ejemplo, que los campesinos de una región china productora de trigo poseían rasgos «individualistas» —por ejemplo, un índice de divorcios más elevado— similares a los de los países occidentales. Es decir, lo que estaba impulsando la cultura «colectivista» en las otras regiones de China era en buena medida la naturaleza cooperativa del cultivo del arroz.[29]

El psicólogo y profesor universitario Ervin Staub detectó que en Alemania había pruebas del «profundo arraigo» de un «fuerte respeto a la autoridad», unido a una cultura «monolítica» que «hacía hincapié en la obediencia, el orden, la eficiencia y la lealtad al grupo».[30] Pero aunque es cierto que en muchas familias y escuelas alemanas predominaba la corriente autoritaria, y que estaba extendida la convicción de que la filosofía, la música y la literatura alemanas eran superiores a otras, es importante no otorgar un peso excesivo a estos factores. Pues muchos de los alemanes que han hecho aparición en esta historia no se caracterizaban por su «fuerte respeto a la autoridad», y en cuanto a la sociedad alemana de los años inmediatamente posteriores a la primera guerra mundial, difícilmente cabe calificarla de «monolítica»; antes al contrario, fue un período de revolución y divisiones. Paralelamente, a la hora de describir el Estado nazi, pocas pruebas avalan que destacara por su «orden» o «eficiencia». Según han puesto de manifiesto muchos ejemplos de este libro, aunque los propagandistas nazis querían que el mundo pensara que el régimen era en efecto ordenado y eficiente, la realidad es que —en palabras de uno de los adeptos al nazismo, Günter Lohse— «entre bambalinas» abundaba el «caos total».[31] Por otro lado la mayoría de los alemanes no dio nunca su voto a los nazis en unas elecciones libres; antes de 1933, el deseo de Hitler de armar un Estado nazi monopartidista solo consiguió atraer a una minoría.

Sin embargo, la idea de que estos horrores sucedieron porque Alemania era una sociedad «autoritaria» todavía emerge alguna que otra vez en el discurso popular. Como explicación única, es insostenible. Incluso dejando de lado el hecho de que entre los que asesinaron a los judíos muchos procedían de Lituania, Ucrania, Rumanía u otros países, además la motivación de los perpetradores alemanes era compleja. Algunos procedían de entornos claramente «autoritarios», pero otros no. Las personas somos polifacéticas y recibimos la influencia diversa de la familia, la estructura de creencias, la genética, los amigos o la educación, entre otros factores. Aunque la cultura que nos rodea es importante en nuestro desarrollo, seguimos siendo individuos responsables de nuestras decisiones y el comportamiento de las distintas personas en el seno de la misma cultura puede variar enormemente. Tal y como dijo Eugene Leviné, un judío alemán que huyó del país en 1933, con respecto a la experiencia de su familia en Polonia: «Algunos de mis parientes fueron traicionados por polacos. Algunos fueron salvados por polacos. Así pues, ¿qué hago yo con los polacos: tengo que amarlos o tengo que odiarlos?».[32]

La verdad es que los crímenes terribles descritos en este libro no sucedieron tanto «porque los nazis eran alemanes» como porque eran seres humanos. Y aunque el genocidio del Holocausto es el ejemplo más grave en la historia de un grupo atacado por razones racistas, es un hecho que la injusticia racial puede darse en cualquier parte. Ciertamente se dio por ejemplo en Estados Unidos durante la propia segunda guerra mundial.

El 19 de febrero de 1942, transcurridos poco más de dos meses del ataque japonés a Pearl Harbor, el presidente Franklin Roosevelt aprobó con su firma uno de los documentos aliados más infames de la guerra: la Orden Ejecutiva 9066. Por ella se detuvo y recluyó a cerca de 110.000 personas con ascendencia japonesa que vivían en Estados Unidos y, en su mayoría, poseían la nacionalidad estadounidense. La decisión gubernamental de arrestar a esos inocentes se basaba en una premisa asombrosa: no se podía confiar en ellos como grupo. No importaba que tuvieran la ciudadanía estadounidense; no importaba que tuvieran familia y negocios en Estados Unidos. Según declaró en 1943 el teniente general John DeWitt, del Mando de Defensa Occidental, ante un comité del Congreso: «Aquí da igual que sea un ciudadano estadounidense o no, porque sigue siendo un japonés. La ciudadanía estadounidense no necesariamente determina la lealtad».[33] Es decir, no hubo ninguna evaluación de la culpa individual, ningún intento de determinar que tal persona fuera o no un «espía» japonés; tan solo hubo una atribución colectiva de culpa basada únicamente en la raza. Por otro lado, no había ningún indicio de que los estadounidenses o residentes de ascendencia japonesa estuvieran socavando la campaña bélica de los Aliados. Más increíble aún: la ausencia de pruebas no solo no le importaba a DeWitt, sino que retorció la realidad para que encajara con sus prejuicios, en un ejercicio magistral de razonamiento contradictorio: «El mismo hecho de que hasta el momento no se hayan producido sabotajes es la inquietante confirmación de que esos actos se van a producir», dijo.[34]

El carácter prejuicioso e ilógico de la medida no se acababa aquí. Irónicamente, en Hawái —el archipiélago donde se había producido el ataque a Pearl Harbor y, por lo tanto, un posible objetivo que las fuerzas japonesas habían demostrado que estaba a su alcance—, a los estadounidenses de ascendencia japonesa no se los internó en campos de forma masiva. Como representaban más de un tercio de la población de las islas, la economía local no podía funcionar sin ellos.

Por suerte —y a diferencia de la Alemania nazi— en Estados Unidos seguía habiendo tanto libertad de prensa como vigencia de la ley. A finales de 1944 el Tribunal Supremo resolvió que era ilegal detener a un ciudadano estadounidense sin el debido proceso judicial. En consecuencia, se devolvió la libertad a los que habían sido internados en campos. Algo más de cuarenta años después, cuando una investigación oficial había llegado a la conclusión de que las detenciones estaban motivadas por el racismo, el presidente Reagan aprobó la Ley de libertades civiles, que ofrecía compensaciones a los afectados y también una disculpa (muy demorada en el tiempo, desde luego).

Un experto ha planteado una pregunta crucial sobre esta farsa: «¿Qué podría haber pasado si el teniente general DeWitt hubiera gobernado el Mando de Defensa Occidental con la misma autoridad irrestricta que poseía el gobierno nazi?».[35] La razón por la cual esta es la pregunta que debemos plantear —aunque no podamos llegar a darle respuesta con seguridad— es que nos recuerda que, a la postre, lo que frenó a DeWitt fueron las estructuras políticas de Estados Unidos. No fue un héroe individual que luchara pese a tenerlo todo en contra, sino el sistema.

Afortunadamente los jueces de Núremberg no tuvieron que lidiar con estos asuntos culturales y situacionales, sino tan solo decidir si las personas que tenían delante habían cometido crímenes de guerra o no. Después de las debidas deliberaciones, determinaron que todos los acusados, salvo tres, eran culpables.[36] Sin embargo, en 1946, cuando se dieron a conocer los veredictos, millones de alemanes se estaban centrando no en los detalles del juicio, sino en la necesidad de ajustarse a una existencia posnazi.

En aquellas fechas incluso la geografía política del país era inestable. Tras la derrota Alemania perdió una ingente extensión de territorio, cerca del doble de lo que había cambiado de manos con el Tratado de Versalles. Unos doce millones de alemanes se vieron desplazados de sus hogares y, para muchos, hallar un nuevo lugar donde vivir fue un proceso traumático y doloroso. Fuera de Alemania esta historia no se conoce tan bien como merecería.

Tres años después de los juicios de Núremberg, lo que quedaba de Alemania se dividió en dos. La Zona Soviética, en el este, se convirtió en un país aparte, mientras que el resto de las zonas de ocupación Aliadas dieron origen a la Alemania Occidental, con una nueva capital en la pequeña ciudad de Bonn, a orillas del Rin.

Este es el telón de fondo ante el cual deberíamos evaluar los resultados de la encuesta de actitudes que, en la posguerra, realizó la Oficina del Gobierno Militar estadounidense. En agosto de 1947 el 55 % de los encuestados se mostraba de acuerdo con que el nacionalsocialismo había sido «una buena idea, mal ejecutada».[37] Ante la realidad de vivir en un país asolado y de que los comunistas hubieran pasado a controlar buena parte de la Europa oriental, quizá no debería sorprendernos que la mayoría de los alemanes encuestados se negara a rechazar abiertamente el nazismo, aun estando al corriente de los crímenes del régimen.

Pero la vida empezaría a mejorar pronto, al menos para los alemanes que vivían en la parte occidental del país. La combinación de la ayuda incluida en el Plan de Recuperación Europeo —o «Plan Marshall», por George Marshall, el secretario de Estado estadounidense— y de un «milagro económico» fruto de las reformas fiscales y monetarias hizo que el futuro de la Alemania Occidental no tardara en verse con más optimismo.[38]

En este contexto tan agitado, el ansia por «castigar» a los nazis —al menos, a los miembros «ordinarios» del partido— se estaba desvaneciendo. Mientras que durante los dos primeros años de la posguerra un tercio de los exnazis de la Zona Estadounidense habían sido despedidos de sus puestos de trabajo, a finales de 1947 se había vuelto a contratar a la inmensa mayoría.[39] Para los Aliados occidentales, las razones de este vuelco eran claras: por un lado, la Alemania Occidental no podía funcionar como un Estado moderno si se prescindía de todos los que habían apoyado el nazismo; por otro lado, la relación cada vez más tensa entre los Aliados occidentales y Stalin significaba que al Oeste le interesaba, desde un punto de vista político, reforzar el país.

Esta nueva actitud la simbolizó bien el trato que se dio a los grandes empresarios industriales. Ferdinand Porsche, que había sido acusado de varios crímenes, fue liberado en 1947, y nunca se lo sometió a juicio por haber utilizado mano de obra forzada en su fábrica de Volkswagen.[40] Alfried Krupp, cuya vasta corporación industrial había proporcionado mucho armamento a los nazis y que había sido condenado a doce años de cárcel por «crímenes contra la humanidad», fue liberado a principios de 1951.[41]

En ese punto los Aliados sentían que había llegado el momento de «dejar atrás el pasado», y a la mayoría de los alemanes esto les parecía estupendo. Según ya habían hecho antes varios millones, se adaptaron a las nuevas circunstancias y ajustaron la conducta a los cambios de la situación.

En la Alemania Occidental de la década de 1950, muchos antiguos nazis optaron sin problema a las posiciones de responsabilidad y prestigio. Durante el nazismo habían sido personas ambiciosas y ahora eran personas ambiciosas en un país democrático desde hacía poco.

Veamos el ejemplo de Konrad Meyer. Se afilió al Partido Nazi en 1932 y a la SS un año más tarde. Como talento experto en planificación y especializado en agronomía, fue una de las figuras centrales en la creación del infame Plan General del Este: un programa monstruoso que en buena parte no se llegó a realizar, pero preveía la limpieza étnica y el genocidio en los territorios orientales.

Pasó tres años en la cárcel, acabada la guerra, y al recuperar la libertad retomó los estudios. En 1956 halló empleo como profesor en la Universidad Técnica de Hanóver. Así como había participado en la «planificación» del régimen nazi, participaba ahora en la planificación de la Alemania Occidental en la posguerra. Solo que en este caso tal «planificación» no implicaba la muerte ni forzaba el desplazamiento de millones de personas inocentes.

Algunos exnazis incluso podían permitirse mirar con nostalgia al pasado. Carl Rachor, que contribuyó a otro proyecto despiadado del nazismo, el Plan Cuatrienal, escribió en una carta en mayo de 1955: «Mi único deseo es que las generaciones posteriores tengan la oportunidad de abordar de nuevo tareas como las que nosotros tuvimos el privilegio de llevar a la práctica con el corazón erguido, energía apasionada y trabajo denodado».[42]

En los años más recientes la fiscalía de la Alemania reunificada ha retomado en algo el empeño por llevar a juicio a una selección de integrantes de la SS. Sin embargo, ha sido un esfuerzo demasiado escaso y demasiado tardío. De los 6.500 hombres que prestaron servicio a la SS en Auschwitz entre 1940 y 1945, ni siquiera 800 recibieron alguna clase de castigo.[43]

Cuando lo entrevistaron cincuenta años después de la guerra, Bernd Linn, que estuvo en la SS, aún no tenía problema en decir que a su modo de ver el Tercer Reich había sido «una época buena. Alemania iba para arriba, porque de no ser así, Churchill no habría buscado enfrentarse con nosotros, ¿no? Es lo que siempre pasa, con todas las naciones: si las cosas van bien, no quieres cambiar nada. Y a nosotros nos iba bien [...] Lo que teníamos en contra de nosotros, en contra del Reich, era el mundo entero. Así que tocaba defenderse». Cuando se le planteó que el Holocausto había sido un horror sin igual, protestó indignado: «¡No! ¡De ninguna manera! Que cada uno lave en su casa los trapos sucios. Porque en eso Inglaterra tiene mucho que hacer, pero más que suficiente; y los franceses, también; y los holandeses. ¿Qué hicieron ellos en todas sus colonias? Más les valdría estarse calladitos».[44]

También Wolfgang Teubert, antiguo camisa parda al que se entrevistó hacia la misma época, estaba de acuerdo en que «los aspectos positivos» del régimen nazi «superaban con mucho los negativos». A su juicio «los aspectos negativos fueron en parte el resultado de deficiencias humanas, comportamientos locos y cosas así [...] Incidentes habituales siempre los hubo, en todas partes». Afirmaba, asimismo —sin aportar ninguna prueba— que «probablemente» en el Holocausto solo habían muerto «entre 300.000 y 400.000 personas».[45]

A Linn, Teubert y personas como ellos no había modo de convencerlos de que se equivocaban, que los hechos demostraban que se equivocaban. El período nazi había tenido un impacto tan poderoso sobre ellos, le habían dedicado una parte tan importante de su vida y tantos sacrificios, que admitir la verdad sobre esta historia les habría supuesto negar su propio ser.

Pero aquí nos enfrentamos a un problema mayor que el de las perspectivas nocivas de los antiguos nazis. Es un asunto inquietante —que abordamos ahora, en la sección final de este libro— que explica por qué esta historia reviste aún un gran valor para nuestros días.

12 advertencias

Todo es frágil; con frecuencia, mucho más frágil de lo que creemos. Ese es el mensaje central que yo extraigo de mi trabajo.[1]

Una y otra vez me he encontrado con personas asombradas por la rapidez con la que su mundo cambió: desde los alemanes devastados por el hundimiento económico de los primeros años de la década de 1930, hasta los judíos húngaros que no podían dar crédito a la rapidez con la que la llegada de los nazis destruyó sus vidas; desde los profesores polacos que llegaban a una reunión de la universidad y de pronto los arrestaban y llevaban a un campo de concentración, hasta los niños alemanes que de pronto vieron la residencia familiar en llamas y cómo abusaban de su madre delante de ellos. Todas estas personas, y otras muchas, me han enseñado cuán frágiles son nuestras vidas y las instituciones que nos rodean.

Resulta especialmente inquietante cuando se combina con la constatación de que, aunque por suerte el NSDAP dejó de existir, los valores esenciales del nazismo —el odio, la búsqueda de chivos expiatorios, el antisemitismo, el racismo y el nacionalismo violento— siguen muy presentes entre nosotros.

Con esto en mente, recojo aquí doce avisos sobre cómo se puede corromper la democracia, tomados del estudio de este período terrible. Todos se relacionan con los capítulos que, en el resto del libro, llevan el mismo título.

No los ofrezco en apoyo ni de la izquierda ni de la derecha, sino como la aportación de alguien que prefiere la democracia a la dictadura.

Difundir teorías conspiranoicas

Todos sabemos que las figuras poderosas pueden intentar ocultarnos la verdad. En la historia hay muchos ejemplos de periodistas de investigación que han sacado a la luz conspiraciones genuinas. Pero esto es algo muy distinto de la clase de teorías conspiranoicas difundidas por los nazis y otros grupos sin escrúpulos. Un periodista honrado investiga sin atenerse a un programa previo y guiándose por los hechos. Los nazis, por el contrario, partían de sus prejuicios y retorcían la realidad para que pareciera apoyar sus preconcepciones. Sus «teorías de la conspiración» eran ciegas a la verdad.

El ejemplo más espantoso, por supuesto, fue la teoría conspiranoica que ayudó a formar la base del Holocausto. «Nuestra concepción del mundo nos tenía convencidos de que la judería había organizado una gran conspiración en contra de nosotros», decía Oskar Groening, que trabajó para la SS en Auschwitz. «En Auschwitz eso se expresaba en la idea que decía: "Aquí se extermina a los judíos [...] Lo que sucedió en la primera guerra mundial —que los judíos nos sumieron en la calamidad— debe evitarse. Los judíos son nuestros enemigos". Así que nosotros solo exterminamos a enemigos».[2]

Cuando uno escucha estas mentiras descaradas de un antisemita, parece difícil de creer, pero en realidad el Groening que yo conocí distaba de ser un hombre excepcional. Después de la guerra encontró empleo como encargado de personal en una cristalería y vivió tranquilamente con su esposa. Era un hombre tan normal que a su lado uno tendía a aburrirse.[3] Con diferencia, el rasgo más interesante de su vida era que en cierta época había trabajado en Auschwitz.[4]

Hace ya muchos años que Groening cometió sus crímenes, pero hoy en día los teóricos de las conspiraciones prosperan más que nunca, ayudados por el hecho de que las redes sociales pueden utilizarse para socavar fuentes de noticias e información en las que antaño se confiaba, y el hecho paralelo de que a menudo nos resulta imposible «demostrar» hechos básicos incluso de nuestras propias vidas. ¿Quién me puede demostrar, por ejemplo, que Guillermo el Conquistador y los normandos no eran extraterrestres? O que una superraza invisible no controla todas nuestras acciones. O que el ser humano verdaderamente ha puesto el pie en la Luna.

Hace treinta años experimenté un ejemplo aún más impactante de esta clase de pensamiento. Me encontré con un exnazi fanático, un belga

32. Adolf Hitler visita a las tropas alemanas en Polonia, en el otoño de 1939. Para alegría de sus soldados y de la opinión pública alemana, la Wehrmacht derrotó al ejército polaco en poco más de cinco semanas.

33. La ocupación nazi de Polonia fue brutal, y las atrocidades perpetradas, comunes. En esta foto extraordinaria un grupo de polacos aguarda a que los fusilen. Obsérvese que por detrás hay ya una hilera de asesinados.

34. El general Johannes Blaskowitz, destacado comandante de la Wehrmacht en Polonia, alzó la voz enérgicamente contra las atrocidades cometidas por las unidades de seguridad alemanas que avanzaban en pos de los invasores. Apenas logró nada.

35. La resistencia de Georg Elser fue más dramática que la de Blaskowitz. En noviembre de 1939 plantó una bomba en una cervecería muniquesa, con la intención de matar a Hitler. Aunque la bomba estalló, el líder nazi acababa de marcharse.

36. En una ceremonia celebrada el 19 de julio de 1940, tras la victoria alemana en el Oeste, Hitler ascendió a mariscales de campo a muchos de sus grandes generales. Uno de los que gozó de esta gloria, el general —desde entonces, mariscal de campo— Wilhelm Keitel, comentó más adelante: «a un militar, nada lo convence más que la victoria».

37. Muchas de las figuras que encabezaron el asesinato «eutanásico» de una selección de discapacitados eran jóvenes. El doctor Horst Schumann, en la foto, contaba solo treinta y tres años cuando lo nombraron director del centro de «eutanasia» de Grafeneck. Más adelante, en Auschwitz, emprendió unos experimentos médicos horrendos.

38. Irmfried Eberl era aún más joven —veintinueve años tan solo— cuando se lo puso en cabeza de la unidad de «eutanasia» de Brandemburgo. Era un fanático del nazismo y con el tiempo fue designado comandante del campo de exterminio de Treblinka.

39. Muchos de los asesinatos emprendidos durante la guerra en el Este fueron perpetrados por pelotones móviles, creados para tal fin. En la foto se está asesinando a un grupo de civiles arrodillados delante de una fosa.

40. Uno de los productos más odiosos que la propaganda nazi llegó a crear. *Jud Süss* («El judío Süss») se estrenó en 1940 y, aunque se presentaba como un drama histórico, se habían inventado elementos cruciales para potenciar el antisemitismo hasta el extremo. Himmler quiso que todos los hombres de la SS vieran la película.

41. Goebbels entendió que también era importante ofrecer distracciones para que los alemanes no pensaran solo en la guerra. Un buen ejemplo es *Münchhausen*, una película a color estrenada en 1943, con gran presupuesto y Hans Albers como estrella. Aparecían un hechicero, un vuelo sobre una bala de cañón, banquetes espléndidos y mujeres jóvenes bañándose con los pechos al aire en la piscina de un harén.

42. Clemens von Galen, el obispo de Münster, que en un sermón pronunciado en la catedral munsterana en agosto de 1941 atacó el programa nazi de la «eutanasia». Habló de la «sospecha generalizada, que es casi una certeza» de que los nazis estaban matando a «seres humanos inocentes».

43. Hitler se enfureció con Galen por sus protestas, pero coincidía con Goebbels en que «lo mejor será posponer el asunto de la iglesia» hasta «después de la guerra».

44. Una foto de 1944 captura a Joseph Goebbels en un instante inusual por lo espontáneo. Está hablando con otros líderes nazis en un momento en el que la guerra ya se había vuelto en contra de los alemanes. De izquierda a derecha, Hermann Göring (de espaldas a la cámara), Goebbels (de cara), Heinrich Himmler (de lado) y Martin Bormann (con brazalete nazi).

45. En 1944, una multitud de judíos recién llegados a Auschwitz Birkenau aguarda a que se haga una selección. Sin que ellos lo sepan, en breve o se los enviará directamente a la cámara de gas o se les permitirá vivir un poco más, probablemente hasta fallecer extenuados por los trabajos forzados.

46. Un grupo del personal nazi de Auschwitz, entre risas. La existencia de las cámaras de gas suponía que la mayoría de los que trabajaban en el campo vivían los asesinatos a distancia, desde luego a mucha más distancia que los que prestaban servicio en los pelotones de la muerte, en la Unión Soviética ocupada por los nazis.

47. Dos ancianos alemanes entre las ruinas de una calle de Berlín, en mayo de 1945. Esta devastación fue la cosecha última de la fallida guerra de expansión de Hitler.

48. Una fosa común en el campo de concentración de Bergen-Belsen, en el norte de Alemania. Vale como poderoso recordatorio del horror del Holocausto, un crimen que definirá para siempre el régimen nazi.

que estuvo en la SS, y le oí negar el Holocausto. Mis colegas y yo estuvimos hablando con él, contándole la ingente cantidad de pruebas que demuestran la existencia del crimen. Había incluso fotografías de los muertos en los campos de concentración.

Nos miró con desprecio y dijo: «¿Y ustedes se creen de verdad que esas fotografías son genuinas?».[5]

Usar el «Ellos y Nosotros»

La capacidad de categorizar con rapidez resulta esencial para la supervivencia. Habríamos dejado de existir si nuestros antecesores no hubieran sido capaces de evaluar en un instante si alguien era un amigo o un enemigo. Por eso la amígdala, que realiza esta función cerebral, es una parte crucial de nuestras vidas.

El problema es que esta clase de valoración rápida puede desembocar en prejuicios inmensos. La tentación de unificar grupos y decir «son todos iguales» es poderosa. Y aunque otra parte del cerebro puede activarse para plantear dudas sobre la validez de esa decisión, cuando nos sentimos amenazados, el primer *input* viene del poder emocional de la amígdala.

Quienes desean ser dictadores se aprovechan de eso. Intentan amplificar nuestra tendencia a dividir el mundo en un «Ellos» y un «Nosotros» señalando con dramatismo un «Ellos» claramente identificable como grupo, que utilizan como chivo expiatorio. Si un dictador hace esta clase de proclamas con la retórica del «Ellos y Nosotros», obtiene beneficios enormes. No solo crea sentimientos emocionales intensos entre sus seguidores, sino que refuerza la convicción de que existe un «Nosotros» que une a los partidarios con su líder. También les envía un mensaje tranquilizador: no importa a qué problemas hagamos frente, la culpa siempre es de «Ellos».

Liderar como un héroe

Teóricos como Max Weber y Ernest Becker han hecho constar que el heroísmo personal es un componente valioso del liderazgo.[6] Adolf Hitler también era consciente de esta verdad: se benefició considerablemente tanto de su servicio como soldado en la primera guerra mundial como de la supuesta demostración de «heroísmo» en 1924, cuando se enfrentó al tribunal que lo juzgaba por alta traición.

Muchos otros dictadores —de Napoleón Bonaparte a Benito Mussolini y de Fidel Castro al mariscal Tito— debieron también su ascenso al poder, en buena medida, al hecho de que se les percibiera como héroes; aunque luego en muchos casos el «heroísmo» del dictador se hubiera exagerado, o incluso inventado, para los fines de la propaganda.

Pues en esta historia hemos visto que Hitler ya sabía, cuando tuvo la «valentía» de dirigir discursos desafiantes al tribunal, que casi con toda certeza se le dictaría una sentencia indulgente. Y aunque la imagen de Mussolini al frente de los fascistas en la Marcha sobre Roma de 1922 se convirtió en integrante vital del mito del Duce, la verdad era muy distinta: había viajado a la capital italiana en tren, vestido con traje y sombrero hongo.[7] Pero esto difícilmente habría encajado con los actos de un héroe.

El problema de confiar en «líderes heroicos» resulta evidente, a la luz de esta historia. Apenas dista un paso de considerar que el líder no es ya un héroe, sino una figura casi paternal, que siempre sabe más que nosotros. Según destacó el psicólogo social Erich Fromm en *El miedo a la libertad*, podemos sentirnos tentados a dejar que muestras decisiones las tome otra persona, un individuo que nos parezca mejor capacitado para decidir sobre los asuntos políticos y sociales de mayor importancia.[8] Pero aunque delegar la responsabilidad posea cierto atractivo emocional, también puede resultar extraordinariamente peligroso.

Corromper a la juventud

Dirigirse a personas de menos de veinticinco años se aprovecha del hecho biológico de que en esas edades el córtex frontal —la parte del cerebro que aporta restricción y juicios analíticos— aún no se ha formado del todo. En consecuencia, por lo general es más fácil convertir en fanáticos a los adolescentes que a los demás grupos.

Hitler no fue el único que lo comprendió de forma intuitiva. Lo mismo se ha visto con otros dictadores. En Camboya, muchos de los asesinos más entusiastas del entorno de Pol Pot no habían cumplido los veinticinco años; en China el presidente Mao movilizó a los estudiantes de la Guardia Roja para imponer la catástrofe de la Revolución Cultural; en la Unión Soviética una sucesión de líderes hizo especial hincapié en los jóvenes de la Komsomol.

Todo dictador quiere asegurarse de que a los niños y adolescentes se les enseña solo la versión de la historia a la que ellos han dado su aprobación. Pero con esta clase de métodos crea un proceso gradual de habituación a la «nueva forma de pensar». Si se mantienen durante una generación o dos, quedarán pocas personas que hayan tenido nunca ideas distintas.

Lo pude comprobar claramente cuando estuve grabando en Rusia en los primeros años de la década de 1990, justo después de la caída del comunismo. Hablando con una mujer inteligente de veintipocos años, bibliotecaria, le pregunté cómo había conciliado el Pacto de No Agresión germano-soviético de agosto de 1939 con la propaganda antinazi que la Unión Soviética había estado produciendo dos años más tarde, refiriéndose a una «Gran Guerra Patriótica» contra Alemania.

«Nunca me formé una idea al respecto —nos dijo—, porque hasta el mes pasado desconocía por completo la verdad sobre el Pacto con los alemanes».

Actuar en connivencia con la élite

Demasiado a menudo se olvida que con frecuencia los dictadores no se alzan al poder con sus propios medios, sino que otros se lo entregan.

En esta historia ya hemos visto que Hitler no habría podido llegar a ser el canciller de Alemania de no haber contado con la aprobación del presidente Hindenburg, y que, para ello, primero la élite que rodeaba a Hindenburg tuvo que convencerlo de su idoneidad.

Otros dictadores, como Francisco Franco en España, también ascendieron al poder gracias al respaldo de influyentes miembros de la élite. Franco se benefició enormemente del apoyo de figuras destacadas de la iglesia católica que creían que estaba liderando una «cruzada» contra los republicanos.[9] Durante la Guerra Civil española, después de que Franco acudiera a liberar a los asediados en el Alcázar de Toledo, en septiembre de 1936, recibió un telegrama personal de agradecimiento del cardenal primado de España, Isidro Gomá y Tomás. En su contestación, Franco reconoció que necesitaba a la élite católica, pues «al asumir la Jefatura del Estado Español con todas sus responsabilidades, no podía recibir mejor auxilio que la bendición de Vuestra Eminencia».[10]

Benito Mussolini obtuvo un respaldo aún más directo de la élite, en su búsqueda del poder. En octubre de 1922 el rey Víctor Manuel III decidió nombrarlo primer ministro de Italia, lo que tuvo consecuencias desastrosas para el país.

El presidente Hindenburg, el cardenal Gomá y Tomás y el rey Víctor Manuel fueron tres miembros poderosos de unas élites que contribuyeron en mucho al ascenso al poder de esos tres dictadores.

Atacar los derechos humanos

Este es un objetivo común a todos los dictadores. No se puede dirigir una dictadura absoluta sin abolir los derechos humanos de la población. No se puede permitir que nadie cuestione tu buen juicio o hable abiertamente en contra de ti.

Uno de los primeros pasos es extinguir el imperio de la ley. Y no siempre es necesario esperar a haber destruido la democracia para empezar a intentarlo. Pues incluso si uno es aún un mero aspirante a dictador, elegido por el voto popular, en ocasiones todavía es posible dañar la independencia del sistema legal modificando el procedimiento de elección de los jueces y apartando a cualquier juez que no dé apoyo al nuevo régimen.

Igualmente, no se puede ser un dictador exitoso si se permite que los periodistas publiquen críticas sobre tu figura. Por lo tanto, desde el principio abolir la libertad de prensa es también una de las prioridades.

El derecho a la libertad de expresión individual es otra de las primeras bajas causadas por el dominio de un dictador y, a largo plazo, a menudo se intenta asimismo penetrar en la vida privada de los ciudadanos corrientes. Utilizar a los niños para que denuncien a sus padres es una faceta de este control, así como las restricciones a los derechos sexuales y reproductivos.

Sin embargo, una vez que han destruido los derechos humanos de su población, muchos dictadores cometen con su propaganda el error de no hacer caso del consejo de Joseph Goebbels: «evitar, a toda costa, ser aburrido».[11]

Goebbels tenía claro que era muy importante proporcionar distracciones a la población, pero no fue el primero en comprender esa verdad. Los emperadores romanos habían llegado a la misma conclusión casi dos milenios antes. Se dieron cuenta de que las luchas de gladiadores —que habían surgido como forma de tributo a una persona noble, tras su fallecimiento— podían ampliarse para dar pie a espectáculos más ambiciosos. Cuanto más se complacía la población de Roma con lo que veía, más daba las gracias a la persona que costeaba el entretenimiento.

Explotar la fe

Hitler comprendió el poder inmenso de la fe. Si tus seguidores tienen una fe absoluta en ti, entonces da igual cuánto se razone con ellos: ningún argumento les convencerá de que se equivocan. Por este motivo, deberíamos ser escépticos con los políticos que nos piden que tengamos «fe» en su buen juicio. Por eso muchos dictadores desprecian a los intelectuales. Temen que los expertos puedan desafiar cualquiera de las creencias que se basan en la fe.

Hitler odiaba por esa razón a los juristas. Creía que los expertos en derecho cuestionaban fríamente sus acciones e interferían en defensa de los débiles. Solo odiaba igual a los sacerdotes. No solo porque, al igual que los abogados, hablaran a favor de los necesitados, sino también porque eran un rival: otro sistema de creencias basado en la fe.[12]

Es habitual que los dictadores prometan, a cambio de la fe de sus adeptos, una recompensa trascendente: una utopía futura. Hitler ofrecía una visión de la *Volksgemeinschaft*; Stalin, un paraíso comunista. Les resultaba de ayuda, desde un punto de vista psicológico, que tales objetivos quedaran siempre situados justo más allá de la línea de lo inalcanzable.[13]

Cuando ofrecen sus visiones utópicas, los dictadores tienden a crear una versión falseada del pasado como punto de referencia imaginario. «Entonces éramos los mejores y podemos volver a ser los mejores», repiten. Los nazis, desde luego, lo hicieron. Su idea del Tercer Reich servía para enlazar el presente con lo que se percibían como glorias del pasado: el Sacro Imperio Romano y la Alemania que Bismarck había ayudado a crear.

Dar valor a los enemigos

«Cuantos más enemigos, más honor», dijo el general Werner von Blomberg, ministro de la Guerra de Alemania, en la década de 1930.[14] Su jefe, Adolf Hitler, habría estado plenamente de acuerdo con este sentimiento.

Hitler disfrutaba teniendo enemigos. Comprendió que una de las formas más fáciles de unir a la gente era convencerlos de quiénes eran sus enemigos. Creó una atmósfera en la que la población siempre sentía que una coalición de fuerzas oscuras quería destruirlos, tanto desde el interior del país como desde el exterior, en el extranjero. Pero Hitler no fue el único: es difícil pensar en dictadores que no hubieran valorado a los enemigos de un modo muy similar.

A los dictadores los enemigos les resultan útiles porque unen al pueblo con facilidad, pero no solo eso: también ayudan a superar la complacencia en el seno del grupo de liderazgo y hacen que la población dependa más del régimen para su protección. Stalin era tan paranoico que hizo un hincapié extraordinario en la búsqueda de «enemigos del pueblo», ya fueran reales o imaginarios; en el nazismo, Reinhard Heydrich anunció en 1935 que los nazis necesitarían varios «años de lucha feroz para obligar a retroceder definitivamente al enemigo en todas las áreas».[15]

Un dictador astuto entiende que la búsqueda de enemigos no debe acabarse nunca. En caso de no tenerlos, habrá que crearlos.

Eliminar la resistencia

Mientras que es habitual que los dictadores cancelen los derechos humanos básicos de sus súbditos, quizá no les resulte tan sencillo enfrentarse a grupos poderosos como la iglesia o el ejército. Y precisamente estos grupos a menudo generan resistencia.

El general Blaskowitz, que protestó por las atrocidades que la SS estaba cometiendo en Polonia, estaba a caballo de los dos grupos: era un cristiano ferviente y también leal a lo que a su juicio eran los ideales de las fuerzas armadas.[16]

No fue casualidad que, cuatro años más tarde, fuera también un grupo de oficiales del ejército el que estuvo detrás de la conspiración que intentó matar a Hitler el 20 de julio de 1944. Muchos de aquellos conspiradores —también el gran protagonista, Claus von Stauffenberg— eran cristianos.

Por las razones que ya hemos analizado con anterioridad, aunque Hitler intentó eliminar toda resistencia contra el régimen, no se consideró en condiciones de destruir toda la oposición que pudiera surgir desde la iglesia o el ejército.[17] Stalin tomó otras decisiones. Su régimen se enfrentó tanto con la iglesia como con las fuerzas armadas, de maneras que Hitler nunca puso en práctica. En la década de 1930 emprendió una purga salvaje entre los oficiales del Ejército Rojo. No pareció importarle que muchos de los acusados fueran inocentes ni que la purga le hiciera perder a una cantidad nada desdeñable de generales de talento.

Stalin, como entusiasta del estudio de la historia, sabía que a Napoleón Bonaparte le había precedido una revolución que este brillante oficial del ejército había logrado derrocar. Napoleón se proclamó emperador cuando hacía tan solo doce años que se había derribado la monarquía. Stalin deseaba impedir a toda costa que otro Napoleón hiciera lo mismo con su propia revolución.

No es infrecuente el error de creer que un movimiento de masas, de simples ciudadanos corrientes, puede hacer caer a un dictador. No podrá, salvo que cuente con el respaldo del ejército y las fuerzas de seguridad. En consecuencia, un dictador astuto o bien corromperá a las unidades armadas (con dinero u otros beneficios) o, como hizo Stalin, las mantendrá en un estado de angustia constante, con temor a ser objeto de una denuncia.

Intensificar el racismo

En todas las sociedades hay sentimientos del tipo «Ellos y Nosotros», pero con frecuencia no los impulsa el racismo. Los soldados, por ejemplo, siempre experimentan la emoción del «Ellos y Nosotros» cuando se enfrentan a sus enemigos; pero no siempre consideran a sus oponentes como «racialmente inferiores». Ahora bien, Hitler sabía que al combinar el racismo con la dicotomía del «Ellos y Nosotros» abría una dimensión nueva y poderosa. Por eso los soldados alemanes que combatieron en el frente oriental de la segunda guerra mundial se comportaron —con pocas excepciones— de un modo más inhumano que los que combatían en el frente occidental.

El racismo, según demostraron los nazis, es un preparado tóxico que puede intensificar los sentimientos de «Ellos y Nosotros» hasta un nivel asesino. Una de las personas más sabias con las que me he encontrado a lo largo de mi trabajo se mostró plenamente de acuerdo con esta valoración. Me refiero a Eugene Leviné, un judío alemán que huyó a Gran Bretaña justo después de que Hitler se alzara con el poder: «Nunca falta la gente dispuesta a perseguir y odiar. Si aquí [en el Reino Unido] el desempleo fuera un poco peor e hicieras campaña para que un grupo se pusiera a apalear, expulsar y posiblemente incluso asesinar a los asiáticos, o los judíos, o los irlandeses o incluso los galeses; y les ofrecieras un salario constante, pongamos que mil [libras] por semana, y uniformes y alojamiento gratuito, creo que no tardarías mucho en reunir a cincuenta mil personas. Yo mismo conseguiría reunirlas, fijo».[18]

Matar a distancia

En esta historia ha aparecido de forma recurrente el tema de los problemas psicológicos que pueden sufrir las personas a las que se les ordena matar a alguien cara a cara. Fue una de las razones principales por las que los nazis desarrollaron métodos para matar a mayor distancia, por ejemplo las cámaras de gas.

Pero los nazis no fueron los únicos que comprendieron los beneficios psicológicos de no matar a bocajarro. En el bando aliado, muchos lo entendieron también. Aprendí esta verdad hace veinticinco años, al entrevistar a Paul Montgomery, un estadounidense que durante la segunda guerra mundial pilotó misiones de bombardeo sobre Japón.

Aunque junto con sus colegas participó en el asesinato de miles de civiles, él no se angustiaba. «No tuve ningún remordimiento, por decirlo claro. Yo el verano de los bombardeos incendiarios tenía veintiún años. Lo que de verdad quería era acabar con la guerra y marcharme a casa. Así que si me decían que me fuera a bombardear tal y tal ciudad, pues iba y las bombardeaba».[19]

El distanciamiento fue, de nuevo, la base que les permitía matar, a él y a sus compañeros de tripulación. «Porque esto no es como salir y clavarle la bayoneta a alguien en el estómago. Los matas de lejos [...] Se parece a hacer la guerra a través de un videojuego», dijo Paul Montgomery.[20]

Aunque Montgomery insistió en que no despreciaba a los japoneses por su raza, sí reconoció sentir «odio» hacia ellos, porque había «perdido a algunos amigos en Pearl Harbor». En consecuencia, estaba distanciado de las personas a las que mataba no solo física, sino también emocionalmente.

Es un aviso necesario para el futuro, porque la guerra se está mecanizando cada día más. La presencia de robots en los campos de batalla, así como de otras formas de ataque automatizadas, ayudará más aún a distanciar a los asesinos humanos de las personas a las que destruyan.

Lo que un dictador sin escrúpulos puede hacer con esa clase de recursos... da terror imaginarlo.

Atizar el miedo

Aunque esta historia está impregnada del odio de Hitler, el líder nazi también comprendió el valor de otra emoción estrechamente asociada a la anterior: el miedo. Una de las razones más importantes por las que los alemanes siguieron combatiendo tanto tiempo fue el miedo al Ejército Rojo. Otra fue el miedo a ser denunciado a la Gestapo como «derrotista».

El miedo es una de las emociones que proceden de la amígdala —esto explica que tal sentimiento tenga un poder inmediato y a menudo devastador— y está estrechamente vinculado, en el cerebro, a la agresividad. Desde un punto de vista evolutivo, esto tiene sentido. Si uno está caminando por la sabana y de pronto lo asalta un animal salvaje, hay que estar preparado para responder al instante a su ferocidad.

Hoy es improbable que nos encontremos con un animal salvaje que quiera devorarnos, pero los dictadores saben que, por medio de palabras incendiarias, pueden crear la misma reacción emocional. Es una táctica que conecta asimismo con la *aversión a perder*, un sesgo cognitivo del que ya hemos hablado.[21] De ello se sigue que una de las declaraciones políticas más potentes que cabe realizar es: «Temed, temed, porque vienen a por vuestras casas y a por vuestros hijos». Este fue un elemento central en los mensajes que Hitler dirigió a la población alemana en el estadio final de la guerra, y será parte central de la retórica de cualquier futuro dictador.

La lista es larga y nos conviene estar vigilantes. Pero no promuevo la desesperanza: aún hay motivos para el optimismo. Adolf Hitler empleó todas las técnicas que he enumerado hasta aquí, pero al final —con un coste humano enorme— ocurrió algo fantástico: los nazis fueron derrotados.

Agradecimientos

Según mencioné en la Introducción, hace más de treinta años que me dedico a pensar sobre los temas que analizo en este libro. Es por lo tanto inevitable que haya una cantidad ingente de personas que me han ayudado a lo largo del camino, desde los colegas de los diversos equipos de producción televisiva que tuve el privilegio de dirigir, hasta la galaxia de profesores a los que he ido consultando y los cientos de personas que vivieron esta historia y he podido conocer.

A lo largo de los años he ido dando las gracias a todas esas personas en mis libros precedentes, con lo cual confío en que ahora me perdonarán si no los menciono a todos aquí de forma individual. Les dirijo un agradecimiento colectivo, pero no por ello menos sentido y genuino.

Para este libro en concreto necesito expresar primero mi colosal deuda de gratitud con el profesor sir Ian Kershaw, buen amigo y mentor. No solo es uno de los mejores historiadores de los últimos cien años, sino también un hombre sumamente amable. Con su apoyo permanente, me ha animado desde el principio en mi deseo de comprobar qué puede aportar la psicología a esta historia. Además, leyó un borrador del libro e hizo comentarios de enorme utilidad. Conocerle ha sido el gran golpe de suerte de mi vida intelectual. Nunca podré devolverle todo lo que ha hecho por mí.

La talentosa historiadora alemana Julia Pietsch ha destacado, una vez más, por su valiosa colaboración en el manejo de los archivos alemanes. Por supuesto, doy las gracias a la BBC por permitirme citar las diversas entrevistas realizadas para los documentales que escribí y produje.

Mi buena amiga la baronesa Stowell de Beeston, que ocupara el cargo de líder de la Cámara de los Lores, leyó el libro antes de que se publicara y me planteó comentarios valiosos desde la perspectiva de una política en activo. No hará falta decir que las valoraciones y opiniones expresadas en esta obra son exclusivamente mías.

También quiero dar las gracias a Victor Bailey, «profesor distinguido» de historia moderna de Gran Bretaña en la Universidad de Kansas, por haber leído el libro y darme su opinión sincera, como corresponde a quien fue uno de mis tutores en la Universidad de Oxford; por fortuna, fue una opinión positiva.

Estoy en deuda con la doctora Caroline Dodds Pennock por la fascinante conversación sobre su estudio de la historia mesoamericana, y sobre el modo en que esas sociedades integraron la violencia en su cultura durante el período posclásico. No poseía una relevancia inmediata para la historia de los nazis, pero me dio mucho que pensar.

Para preparar la escritura de este libro leí muchos estudios de psicología, y quiero dar las gracias a diversos miembros de la comunidad psicológica por la generosidad con la que acogieron mis preguntas. En especial a los expertos en psicología y neurociencia a los que entrevisté para este proyecto: la doctora Lucy Foulkes, y entre el profesorado, Karen Douglas, Stephen Reicher, Robert Sapolsky, Jonathan Shedler y Essi Viding. Naturalmente, cualquier error en la interpretación de todas esas obras psicológicas es por entero de mi responsabilidad.

Andrew Nurnberg, quien ha sido mi agente literario durante más tiempo del que quisiera precisar, me dio como es habitual en él consejos sabios. En esta ocasión ha contado con el apoyo de Michael Dean, que ha ido asumiendo cada vez más carga de la faceta práctica de la agencia, a medida que Andrew se va retirando de la dirección cotidiana de la compañía que creó.

En Viking Books, mi editor, Daniel Crewe, ha sido de enorme ayuda. También he gozado del respaldo entusiasta del resto del equipo: Emma Brown, Alex Mulholland, Anna Lambert y Olivia Mead. El libro fue corregido con meticulosidad por Peter James; me siento afortunado de haber podido contar de nuevo con su experiencia. En Estados Unidos, mi editor Clive Priddle, en Public Affairs, acogió el proyecto amablemente y estoy agradecido por la aportación de Clive y de sus colegas.

Mi esposa, Helena, ha sido como siempre una gran consejera. Me siento muy culpable por haberla estado cargando, desde hace más de treinta años, con el conocimiento de los crímenes terribles perpetrados por los nazis. No sabría hallar una manifestación más conmovedora de su amor por mí que esta entrega a un tema que ella nunca habría elegido por sí misma. Es una persona maravillosa, que no me merezco.

Nuestros tres hijos, Oliver, Camilla y Benedict, también me han dado todo su aliento. Ahora que han crecido soy el beneficiario no solo de su amor, sino también de sus conocimientos académicos. Pues tengo la suerte de que mis dos hijos se hayan licenciado en psicología, y mi hija, en historia. ¡Qué combinación tan perfecta para este proyecto!

Mi último libro se lo dediqué a mi hijo Benedict, y el anterior, a mi hija Camilla. Es el turno de Oliver, pues: le dedico esta obra con el amor de un padre.

Laurence Rees
Londres, agosto de 2024

Notas

Prólogo

1. Laurence Rees, *Auschwitz: The Nazis and the «Final Solution»*, BBC Books, 2012, edición Kindle, p. 38. [Hay traducción al español, por David León y Luis Noriega: *Auschwitz. Los nazis y la «solución final»*, Barcelona: Crítica, 2004.]
2. Laurence Rees, *The Holocaust: A New History*, Viking, 2017, edición Kindle, p. 183. [Hay traducción al español, por Gonzalo García: *El Holocausto: las voces de las víctimas y de los verdugos*, Barcelona: Crítica, 2017.]
3. Rees, *Auschwitz*, edición Kindle, p. 82.
4. Sobre las razones por las que considero que el Holocausto fue un crimen singularmente horrendo en la historia de la raza humana, véase Rees, *Holocaust*, edición Kindle, pp. 478-480.

Introducción

1. En los juicios de Núremberg sobre los crímenes de guerra del nazismo, las Waffen SS fueron declaradas «organización criminal».
2. Según he escrito ya con anterioridad, esta clase de material debe tratarse con cuidado y sensibilidad. La historia oral es un mar lleno de escollos que no se pueden evitar sin una formación específica. Véase Laurence Rees, *Their Darkest Hour*, Ebury Press, 2007, edición Kindle, pp. 7-8. [Hay traducción al español, por Antonio Prometeo Moya: *Los verdugos y las víctimas. Las páginas negras de la historia de la Segunda Guerra Mundial*, Barcelona: Crítica, 2008.]
3. Aparte del hecho de que estos testigos de la historia aún vivían, tuvimos otros dos golpes de suerte. Por un lado, cuando nos entrevistamos con los ex-

nazis ya habían pasado suficientes años como para que se sintieran tranquilos para hablar con libertad, sin temor a posibles repercusiones en su carrera; pero a la vez, antes de que hubieran empezado a sufrir las vicisitudes propias de los últimos años de la vida humana. En segundo lugar, la caída del Muro de Berlín supuso que muchas personas que hasta entonces no habían podido contar sus historias de pronto estaban disponibles para expresarse con libertad, no solo ante mí, sino ante los equipos de producción que tuve el privilegio de liderar.

4. Karl Jaspers, *The Origin and Goal of History*, Routledge Classics, 2021, p. 167 (edición original: 1949). [Hay traducción al español, por Fernando Vela: *Origen y meta de la Historia*, Madrid: Revista de Occidente, 1950; Barcelona: Acantilado, 2017.]

5. Laurence Rees, *World War Two: Behind Closed Doors. Stalin, the Nazis and the West*, BBC Books, 2012, edición Kindle, pp. 220-225. [Hay traducción al español, por David León: *A puerta cerrada. Historia oculta de la segunda guerra mundial*, Barcelona: Crítica, 2009.]

6. *The Stolen Child*, película grabada para la *Timewatch* de BBC TV, producida por Catrine Clay, con la producción ejecutiva de Laurence Rees; emitida por primera vez por la BBC2, 10 de febrero de 1993. Véase también Rees, *Their Darkest Hour*, edición Kindle, pp. 260-266.

7. Leda Cosmides y John Tooby, «Evolutionary Psychology: A Primer», Center for Evolutionary Psychology (Universidad de California, Santa Barbara), 1997, p. 11, <https://www.cep.ucsb.edu/wp-content/uploads/2023/06/Evolutionary-Psychology-A-Primer-CosmidesTooby1993.pdf>.

8. Walter Langer, *A Psychological Analysis of Adolf Hitler: His Life and Legend*, <www.all-about-psychology.com>, 2011, edición Kindle, p. 119. [Quizá se corresponda con *La mente de Adolfo Hitler*, trad. Nuria Pujol, Barcelona: Grijalbo, 1974.]

9. Herbert Döhring, Karl Wilhelm Krause y Anna Plaim, *Living with Hitler: Accounts of Hitler's Household Staff*, Greenhill Books, 2018, edición Kindle, pp. 168-274. Véase también el sitio web oficial de la Kehlsteinhaus, <https://www.kehlsteinhaus.de/english/>.

10. James Waller, *Becoming Evil: How Ordinary People Commit Genocide and Mass Killing*, 2.ª ed., Oxford University Press, 2007, pp. 64-69.

11. Robert Sapolsky, *Behave: The Biology of Humans at Our Best and Worse*, Vintage Digital, 2017, pp. 19-20. [Hay traducción al español, por Pedro Pacheco: *Compórtate*, Madrid: Capitán Swing, 2019.]

12. Robert Sapolsky, «Introduction to Human Behavioral Biology», conferencia en la Universidad Stanford, 2010, <https://www.youtube.com/watch?v=NNnIGh9g6fA> (de 8' 5" a 8' 14").

13. Por supuesto, anteriormente ya ha habido intentos de arrojar luz sobre las mentalidades de los nazis. Pero a menudo han sido el análisis de un carácter en concreto, como el de Gitta Sereny *Into That Darkness: From Mercy Killing to*

Mass Murder, Pimlico, 1995 (primera edición, 1974), estudio sobre la mente de Franz Stangl, comandante del campo de exterminio de Treblinka; o la historia de un grupo de perpetradores, como la de Christopher Browning *Ordinary Men: Reserve Police Battalion 101 and the Final Solution in Poland*, Harper Perennial, 2017 (primera edición, 1992); o bien obras conceptuales, como la de Claudia Koonz sobre *The Nazi Conscience*, Harvard University Press, 2003; o por último, han tomado la forma de artículos biográficos, como los de Joachim Fest en *The Face of the Third Reich*, Penguin, 1992 (primera edición, 1970). Mi lectura inicial del libro de Fest, hace ya cincuenta años (¡!), fue la que me despertó el interés por el asunto de por qué alguien querría ser nazi. Pero si pienso en los libros del mercado actual, me resulta difícil identificar ninguno que se ocupe de esta cuestión directamente, dentro de una historia general de los nazis. [Hay traducciones al español. Gitta Sereny, *En aquellas tinieblas. De la eutanasia al genocidio*, trad. César Armando Gómez, Madrid: Círculo de Amigos de la Historia, 1977; Madrid: Unión Editorial, 2020; con otro título, *Desde aquella oscuridad. Conversaciones con el verdugo, Franz Stangl*, trad. Miguel Izquierdo, Barcelona: Edhasa, 2009. Christopher Browning, *Aquellos hombres grises. El batallón 101 y la solución final en Polonia*, trad. Montse Batista, Barcelona: Edhasa, 2002. Claudia Koonz, *La conciencia nazi. La formación del fundamentalismo étnico del Tercer Reich*, trad. Juanjo Estrella, Barcelona: Paidós, 2005. Joachim Fest, *Los dirigentes del III Reich*, Barcelona: Luis de Caralt, 1971.]

14. Discurso de Goebbels ante los funcionarios y directores de la Casa de la Radio, en Berlín, el 25 de marzo de 1933, reproducido en inglés en el web German History in Documents and Images, <https://ghdi.ghi-dc.org/pdf/eng/English89_Exeter_new.pdf>.

15. *Goebbels: Master of Propaganda*, BBC2, emitido el 12 de noviembre de 1992, escrito y producido por Laurence Rees. Véase también Laurence Rees, *Selling Politics*, BBC Books, 1992, p. 18.

Capítulo 1

1. Anatol Lieven, *America Right or Wrong: An Anatomy of American Nationalism*, Oxford University Press, 2004, p. 23.

2. István Deák, *Weimar Germany's Left-Wing Intellectuals: A Political History of the Weltbühne and its Circle*, University of California Press, 1968, p. 66.

3. Véase por ejemplo Christopher Clark, *Kaiser Wilhelm II: Profiles in Power*, Routledge, 2013, p. 239.

4. Hew Strachan, *The First World War*, vol. 1: *To Arms*, Oxford University Press, 2001, p. 123. [Hay traducción al español, por Silvia Furió: *La Primera Guerra Mundial*, Barcelona: Crítica, 2004.]

5. Testimonio inédito hasta la fecha. (Se usará esta expresión para referirse a testimonios recogidos durante el rodaje de los distintos documentales escritos y producidos por Laurence Rees.)

6. Ernst Jünger, *Storm of Steel*, Penguin Classics, edición Kindle, 2016, p. 5. [Hay traducción al español, por Andrés Sánchez Pascual, *Tempestades de acero, seguido de...*, Barcelona: Tusquets, 1993.]

7. Adolf Hitler, *Mein Kampf*, Houghton Mifflin, 1971, p. 161. Es necesario ser extraordinariamente cuidadosos en el modo en que nos acercamos a las palabras de Hitler en *Mein Kampf*. Hay secciones del libro —como veremos más adelante en este estudio— que no es que no merezcan crédito, sino que son prácticamente fantásticas. Esta es una de las secciones, por el contrario, que es fiable sin apenas dudas.

8. Margaret MacMillan, *The War That Ended Peace: How Europe Abandoned Peace for the First World War*, Profile Books, 2013, p. 575. [Hay traducción al español, por José Adrián Vitier: *1914, de la paz a la guerra*, Madrid: Turner, 2013.]

9. Véanse las palabras del profesor Robert Citino, en conversación con Laurence Rees, en <http://ww2history.com/experts/Robert_Citino/The_German_Army>.

10. Ernst Röhm, *Die Geschichte eines Hochverräters*, Verlag Franz Eher Nachfolger, 1930 (primera edición, 1928), p. 27.

11. *Ibid.*, p. 28.

12. *Ibid.*, p. 31.

13. Ian Sumner, *The First Battle of the Marne 1914: The French «Miracle» Halts the Germans*, Osprey Publishing, 2012, edición Kindle, ubicación 108.

14. Hew Strachan, *The First World War*, Simon & Schuster, 2003, p. 58.

15. Son temas que se analizan en *1914: The War Revolution*, documental de *Timewatch*, emitido por primera vez por la BBC2 el 7 de febrero de 2003. El productor fue Paul Bradshaw y el productor ejecutivo, Laurence Rees.

16. Eberhard Jäckel y Axel Kuhn (eds.), *Hitler. Sämtliche Aufzeichnungen 1905-1924*, Deutsche Verlags-Anstalt, 1980, pp. 64-69, citado en Konrad Heiden, *The Fuehrer*, Robinson Publishing, 1999, pp. 70-72.

17. *Hitler's Table Talk 1941-1944*, Phoenix Press, 2000, noche del 25-26 de septiembre de 1941, p. 44. [Hay traducción al español, por Alfredo Nieto *et al.*: *Las conversaciones privadas de Hitler*, Barcelona: Crítica, 2004.]

18. Röhm, *Die Geschichte*, p. 34.

19. Teniente coronel Dave Grossman, *On Killing: The Psychological Cost of Learning to Kill in War and Society*, Open Road Media, edición revisada, 2014, edición Kindle, p. 38. [Hay traducción al español, por Carlos Gual Marqués: *Matar. El coste psicológico de aprender a matar en la guerra y en la sociedad*, Santa Cruz de Tenerife: Melusina, 2019.] Véanse también Roger J.

Spiller, «S. L. A. Marshall and the Ratio of Fire», *RUSI Journal*, vol. 133 (1988), pp. 63-71, para críticas al estudio del porcentaje de disparos de los soldados estadounidenses durante la segunda guerra mundial; y Robert Engen, «Killing for Their Country: A New Look at "Killology"», *Canadian Military Journal*, 14 de marzo de 2023, para un análisis más general sobre la hipótesis de Grossman; puede consultarse en línea en: <https://www.canada.ca/en/army/services/line-sight/articles/2023/03/killing-for-their-country-a-new- look-at-killology.html>. Véase también el capítulo 10 del presente libro, donde se constata que a muchas personas les resultaba difícil matar a los civiles a bocajarro.

20. Grossman, *On Killing*, edición Kindle, pp. 66 y 198.

21. Randall L. Bytwerk, *Julius Streicher: Nazi Editor of the Notorious Anti-Semitic Newspaper «Der Stürmer»*, Cooper Square Press, 2001, p. 5.

22. Erich Maria Remarque, *All Quiet on the Western Front*, Vintage, 1996, edición Kindle, p. 6. [Hay traducción al español, por Judith Vilar: *Sin novedad en el frente*, Barcelona: Edhasa, 1994; Barcelona: Navona, 2022.]

23. *Ibid.*, p. 47.

24. *Ibid.*, p. 201.

25. *Ibid.*

26. Jünger, *Storm*, edición Kindle, p. 99.

27. *Ibid.*, pp. 99-100.

28. Hilton Tims, *Erich Maria Remarque: The Last Romantic*, Carroll & Graf, 2003, p. 2.

29. *Ibid.*, p. 11.

30. Véanse las pp. 124-125.

31. Jäckel y Kuhn (eds.), *Hitler. Sämtliche Aufzeichnungen*, pp. 70-72.

32. Entrevista del autor con el profesor sir Ian Kershaw.

33. Jay Winter, *Remembering War: The Great War between Memory and History in the Twentieth Century*, Yale University Press, 2006, p. 84.

34. Entrevista del autor con la profesora Karen M. Douglas, de la Universidad de Kent. Véase también Karen M. Douglas, Robbie M. Sutton y Aleksandra Cichocka, «The Psychology of Conspiracy Theories», *Current Directions in Psychological Science*, vol. 26, n.º 6 (diciembre de 2017), pp. 538-542, y Karen M. Douglas y Robbie M. Sutton, «What are Conspiracy Theories? A Definitional Approach to their Correlates, Consequences, and Communication», *Annual Review of Psychology*, vol. 74 (enero de 2023), pp. 271-298.

35. Robin Dunbar, *Grooming, Gossip and the Evolution of Language*, Faber & Faber, 2011, edición Kindle, p. 97.

36. *Ibid.*, p. 8.

37. Rees, *Holocaust*, edición Kindle, pp. 27-28.

38. Véanse las pp. 62-64.

39. Rees, *Holocaust*, edición Kindle, p. 66. Eugene Leviné era hijo de un revolucionario llamado casi igual (el nombre de pila era Eugen, sin la -e final) que fue uno de los líderes de la revolución muniquesa de 1919 en Múnich.

40. Véase por ejemplo la transcripción estenográfica de la reunión que el mariscal imperial Göring mantuvo con los Comisarios del Reich para los territorios ocupados y los comandantes militares, al respecto de los problemas con los alimentos, el 6 de agosto de 1942; Léon Poliakov y Josef Wulf, *Das Dritte Reich und seine Diener*, Ullstein, 1983, pp. 471 ss. También en el documento 170-USSR del Tribunal Militar Internacional (TMI), *Der Prozess gegen die Hauptkriegsverbrecher vor dem Internationalen Militärgerichtshof, Nürnberg, 14. November 1945-1. Oktober 1946*, vol. XXIX, Sekretariat des Gerichtshof, 1949, pp. 385 ss.

41. Borislav Chernev, *Twilight of Empire: The Brest-Litovsk Conference and the Remaking of East-Central Europe, 1917-1918*, University of Toronto Press, 2017, edición Kindle, p. 184.

42. *Ibid.*, p. 22.

43. Robert Gerwarth, *November 1918: The German Revolution*, Oxford University Press, 2020, edición Kindle, pp. 50-52.

44. Vejas Gabriel Liulevicius, *War Land on the Eastern Front: Culture, National Identity and German Occupation in World War I*, Cambridge University Press, 2004, p. 249.

45. Testimonio inédito hasta la fecha.

46. Gerwarth, *November 1918*, edición Kindle, pp. 58-59.

47. John Toland, *No Man's Land: 1918, The Last Year of the Great War*, University of Nebraska Press, 2002, pp. 259-260.

48. *Ibid.*, p. 260.

49. David Murphy, «The French Army in 1918», en Matthias Strohn (ed.), *1918: Winning the War, Losing the War*, Osprey Publishing, edición Kindle, 2018, p. 89.

50. Testimonio inédito hasta la fecha.

51. Nick Lloyd, *Hundred Days: The End of the Great War*, Penguin, 2013, edición Kindle, pp. 59-60.

52. Edgar Feuchtwanger, *Imperial Germany 1850-1918*, Routledge, 2001, p. 193.

53. Alan Kramer, «The Poisonous Myth: Democratic Germany's "Stab in the Back" Legend», *Irish Times*, 21 de enero de 2019, <https://www.irishtimes.com/culture/heritage/the-poisonous-myth-democratic-germany-s-stab-in-the-back-legend-1.3751185>.

54. Laurence Rees, *The Nazis: A Warning from History*, BBC Books, 2012, edición Kindle, p. 15.

55. Stephan Malinowski, *Nazis and Nobles: The History of a Misalliance*, Oxford University Press, 2020, edición Kindle, p. 73.

56. *Ibid.*, p. 77.

57. Klaus-Jürgen Müller, *General Ludwig Beck. Studien und Dokumente*, Harald Boldt Verlag, 1980, pp. 323-328, carta de Beck a su hermana Gertrude Beck, 28 de noviembre de 1918, BArch, BA-MA N, 28/6.

58. Malinowski, *Nazis and Nobles*, edición Kindle, p. 80.

59. Testimonio inédito hasta la fecha.

60. Jonathan Boff, *Winning and Losing on the Western Front: The British Third Army and the Defeat of Germany in 1918*, Cambridge University Press, 2012, p. 3.

61. *Stenographische Bericht über die öffentlichen Verhandlungen des 15. Untersuchungsausschusses der verfassunggebenden Nationalversammlung*, vol. 2, Norddeutschen Buchdruckerei, 1920, pp. 700-701, declaración de Hindenburg el 18 de noviembre de 1919; véase Anton Kaes, Martin Jay y Edward Dimendberg (eds.), *The Weimar Republic Sourcebook*, University of California Press, 1994, pp. 15-16.

62. *Berliner Tageblatt*, 20 de noviembre de 1919, citado en Anna von der Goltz, *Hindenburg: Power, Myth, and the Rise of the Nazis*, Oxford University Press, 2011, p. 66.

63. Entrevista del autor con la profesora Karen M. Douglas.

64. Testimonio inédito hasta la fecha.

65. Ernst H. Posse, *Die politischen Kampfbünde Deutschlands*, Junker und Dünnhaupt, 1931, pp. 46-47, citado en Robert G. L. Waite, *Vanguard of Nazism: The Free Corps Movement in Postwar Germany 1918-1923*, Harvard University Press, 1952, p. 266.

66. Citado no a partir de Waite, sino del original; véase Posse, *Die politischen Kampfbünde Deutschlands*, p. 46.

67. Röhm, *Die Geschichte*, pp. 79-81.

68. *Hitler's Table Talk*, 30 de noviembre de 1941, tarde, p. 138.

69. Rudolf von Sebottendorff, *Bevor Hitler kam. Urkundliches aus der Frühzeit der nationalsozialistischen Bewegung von Rudolf von Sebottendorff*, Deukula-Verlag Graffinger, 1933, pp. 57-60. [Hay traducción al español, por José Luis Jerez: *Antes de que Hitler llegase*, Torrevieja: Camzo, 2012.]

70. Lida Gustava Heymann y Anita Augspurg, *Erlebtes – Erschautes. Deutsche Frauen kämpfen für Freiheit, Recht und Frieden 1850-1940*, ed. Margrit Twellmann, Verlag Anton Hain, 1972, pp. 162, 164-167. Citado también en parte, con una traducción ligeramente distinta, en Gerwarth, *November 1918*, p. 9.

71. Michael Brenner, *In Hitler's Munich*, Princeton University Press, 2022, pp. 46-48.

72. *Ibid.*, p. 48.

73. Documentos de admisión a la Sociedad Thule, BArch, NS 26/865.

74. Allan Mitchell, *Revolution in Bavaria, 1918-1919: The Eisner Regime and the Soviet Republic*, Princeton University Press, 1965, p. 311.

75. Holger H. Herwig, *The Demon of Geopolitics: How Karl Haushofer «Educated» Hitler and Hess*, Rowman & Littlefield, 2016, p. 62.

76. Testimonio inédito hasta la fecha.

77. Testimonio inédito hasta la fecha.

78. Eleanor Hancock, *Ernst Röhm: Hitler's SA Chief of Staff*, Palgrave Macmillan, 2008, p. 33.

79. Testimonio inédito hasta la fecha.

80. Kaes, Jay y Dimendberg (eds.), *Weimar Republic Sourcebook*, pp. 9-12, publicado originalmente como «Ansprache des Reichsaußenministers Grafen Brockdorff-Rantzau bei Überreichung des Friedensvertrags-Entwurfs durch die Alliierten und Assoziierten Mächte», en Graf Brockdorff-Rantzau, *Dokumente*, Deutsche Verlagsgesellschaft für Politik und Geschichte, 1920, pp. 113 ss.

81. Richard Hargreaves, *Blitzkrieg Unleashed: The German Invasion of Poland, 1939*, Stackpole Books, 2010, p. 18.

82. *Ibid.*, p. 19.

83. Michael S. Neiberg, *The Treaty of Versailles*, Oxford University Press, 2019, edición Kindle, pp. 93-95.

84. Hitler, *Mein Kampf*, pp. 205-206.

Capítulo 2

1. August Kubizek, *The Young Hitler I Knew*, Greenhill Books, 2006, pp. 157-159. [*El joven Hitler que conocí*, Barcelona: Tempus, 2010.]

2. Hitler, *Mein Kampf*, pp. 56-62.

3. Sobre la actitud de Hitler hacia los judíos a los que conoció en persona en la Viena de antes de la guerra, véase en particular Brigitte Hamann, *Hitlers Wien: Lehrjahre eines Diktators*, Piper, 1996.

4. Karl Mayr (que se presentó como «exoficial de la Reichswehr»), «I Was Hitler's Boss», *Current History*, vol. 1, n.º 3 (noviembre de 1941), p. 193. Karl Mayr, como fuente, debe usarse con gran cuidado, pues acabó convirtiéndose en un opositor a ultranza de Hitler y perdió la vida en un campo de concentración. La afirmación citada, no obstante, encaja con lo que sabemos sobre la situación de aquel momento.

5. Thomas Weber, *Becoming Hitler: The Making of a Nazi*, Oxford University Press, 2017, edición Kindle, p. 81. [Hay traducción al español, por Abraham Gragera: *De Adolf a Hitler. La construcción de un nazi*, Madrid: Taurus, 2018.] Las teorías sobre la conducta de Hitler en este período son muchas y variadas. No cabe duda de que reconocer la importancia del Tratado de Versalles en la evolución política de Hitler es una de las más importantes. Véase también Ian Kershaw, *Hitler: Hubris 1889-1936*, Penguin, 2001, edición

Kindle, pp. 122-123. [*Hitler, 1889-1936*, trad. José Manuel Álvarez Flórez, Barcelona: Península, 1999.]

6. Son palabras de Hans Knoden, 24 de agosto de 1919, recogidas en Ernst Deuerlein, «Hitlers Eintritt in die Politik und die Reichswehr», *Vierteljahrshefte für Zeitgeschichte*, vol. 7, n.º 2 (1959), p. 200. Para el texto original, BayHStA, Abt. II, GrKdo 4, Bd 50/03.

7. Entrevista del autor con el profesor Robert Sapolsky.

8. Ian Kershaw, *Hitler*, Routledge, 1991, p. 51.

9. Richard J. Evans, *The Coming of the Third Reich*, Allen Lane, 2003, p. 170. [Hay traducción al español, por José Manuel Álvarez: *La llegada del Tercer Reich. El ascenso de los nazis al poder*, Barcelona: Crítica, 2012.]

10. BayHStA, Abt. IV, p. 3071.

11. Hitler, *Mein Kampf*, p. 220.

12. *Ibid.*, p. 222.

13. *Ibid.*, pp. 222-223.

14. Kershaw, *Hubris*, edición Kindle, p. 108.

15. BayHStA, Abt. IV, R W GrKdo, Bd 50/08. Para una traducción inglesa, véase J. Noakes y G. Pridham (eds.), *Nazism 1919-1945*, vol. 1: *The Rise to Power 1919-1934*, University of Exeter Press, 1991, pp. 12-14.

16. D. A. Jeremy Telman, «Adolf Stoecker: Anti-Semite with a Christian Mission», *Jewish History*, vol. 9, n.º 2 (otoño de 1995), p. 95.

17. Hamann, *Hitlers Wien*. Véase también Thomas Weber, *Hitler's First War*, Oxford University Press, 2010, p. 177, para un examen de las creencias de Hitler en la primera guerra mundial. [Hay traducción al español, por Belén Urrutia: *La primera guerra de Hitler: Adolf Hitler, los hombres del Regimiento List y la I Guerra Mundial*, Madrid: Taurus, 2012.]

18. Testimonio inédito hasta la fecha.

19. Rees, *Holocaust*, edición Kindle, p. 38.

20. Testimonio inédito hasta la fecha; véase también Laurence Rees, *The Dark Charisma of Adolf Hitler*, Ebury Press, 2012, edición Kindle, p. 114. [Hay traducción al español, por Efrén del Valle: *El oscuro carisma de Hitler*, Barcelona: Crítica, 2013.]

21. Diario de Himmler, entrada del 12 de enero de 1922, en BArch, N 1126 141 K. Los originales se custodian en la Institución Hoover, Universidad Stanford (Stanford, California).

22. Elke Fröhlich (ed.), *Die Tagebücher von Joseph Goebbels*, Teil I: *Aufzeichnungen 1923-1941*, vol. 1/1: *Oktober 1923-November 1925*, K. G. Saur, 2004, pp. 50-51, apunte del 14 de noviembre de 1923.

23. *Ibid.*, pp. 116-117, entrada del 31 de marzo de 1924.

24. *Ibid.*, p. 312, entrada del 8 de junio de 1925.

25. Según señaló el profesor Christopher Browning en una entrevista con el autor. Véase Rees, *Dark Charisma*, edición Kindle, pp. 29-30.

26. Peter H. Merkl, *Political Violence under the Swastika*, Princeton University Press, 1975, p. 453.

27. Gordon Allport, *The Nature of Prejudice*, Perseus, 1954. [Hay traducción al español, por Ricardo Malfé: *La naturaleza del prejuicio*, Buenos Aires: Eudeba, 1968.]

28. N. H. Baynes (ed.), *Speeches of Adolf Hitler: Representative Passages from the Early Speeches, 1922-1924, and Other Selections*, Howard Fertig, 2006, p. 15, discurso de Hitler del 12 de abril de 1922.

29. *Ibid.*, pp. 15-16.

30. Rees, *Dark Charisma*, edición Kindle, p. 31.

31. Testimonio inédito hasta la fecha.

32. Joachim C. Fest, *Hitler*, Harcourt Brace Jovanovich, 1974, p. 133. [Hay traducción al español, por Guillermo Raebel: *Hitler*, Barcelona: Noguer, 1974; Barcelona: Booket, 2012.]

33. *Auf gut deutsch. Wochenschrift für Ordnung u. Recht*, ed. Dietrich Eckart, vol. 2, n.º 30/34, Hoheneichen-Verlag, 1920, p. 392.

34. Aunque en una ocasión aclaró qué significaba uno de los puntos, según veremos en la p. 101.

35. Diario de Goebbels, apunte del 8 de abril de 1941, citado en Rees, *Dark Charisma*, edición Kindle, p. 138.

36. *Hitler's Table Talk*, 13 de diciembre de 1941, p. 144.

37. W. Breucker (edecán de Ludendorff), *Die Tragik Ludendorffs*, Rauschenbusch, 1953, p. 107; en inglés puede leerse en J. C. R. Wright, *«Above Parties»: The Political Attitudes of the German Protestant Church Leadership 1918-1933*, Oxford University Press, 1974, p. 78.

38. Publicado originalmente en el *Völkischer Beobachter*, 22 de abril de 1922.

39. Kurt G. W. Lüdecke, *I Knew Hitler: The Story of a Nazi Who Escaped the Blood Purge*, Jarrolds, 1938, pp. 22-23.

40. *Ibid.*, pp. 17 y 23.

41. Véase por ejemplo el testimonio de Herbert Richter en Rees, *Dark Charisma*, edición Kindle, p. 37.

42. Hans Frank, *Im Angesicht des Galgens*, F. A. Beck Verlag, 1953, pp. 39-42.

43. Heiden, *The Fuehrer*, pp. 90-91.

44. *The Trial of German Major War Criminals: Proceedings of the International Military Tribunal...* (edición británica), HMSO, 1947, parte 9, p. 64.

45. Kershaw, *Hubris*, edición Kindle, p. 163.

46. Baynes (ed.), *Early Speeches*, p. 14, discurso de Hitler del 12 de abril de 1922.

47. Puede leerse en inglés en Noakes y Pridham (eds.), *Nazism*, vol. 1, p. 16.

48. Baynes (ed.), *Early Speeches*, pp. 45-46, discurso de Hitler del 13 de abril de 1923.

49. *Trial of the Major War Criminals*, vol. 12, p. 308, 26 de abril de 1946, <https://avalon.law.yale.edu/imt/04-26-46.asp>.

50. Dennis E. Showalter, *Little Man, What Now? «Der Stürmer» in the Weimar Republic*, Archon Books, 1982, p. 24.

51. StAN, Polizeipräsidium Nürnberg-Fürth 541, doc. 187, copia de un juicio contra Streicher, celebrado con jurado popular en el tribunal del distrito de Schweinfurt, por un delito contra la religión, 5 de septiembre de 1922.

52. Lüdecke, *I Knew Hitler*, pp. 17-18.

53. Thomas D. Grant, *Stormtroopers and Crisis in the Nazi Movement: Activism, Ideology and Dissolution*, Routledge, 2004, edición Kindle, p. 33.

54. *Hitler's Table Talk*, 28-29, diciembre de 1941, p. 154.

55. Noakes y Pridham (eds.), *Nazism*, vol. 1, p. 23, memorando de Hitler del 7 de enero de 1922.

56. Baynes (ed.), *Early Speeches*, pp. 40-41, discurso de Hitler del 28 de julio de 1922.

57. Véanse las pp. 113-114.

58. Jeffrey S. Gaab, *Munich: Hofbräuhaus & History – Beer, Culture, & Politics*, Peter Lang, 2006, p. 65.

59. Testimonio inédito hasta la fecha.

60. Testimonio inédito hasta la fecha.

61. Robert Gellately, *Hitler's True Believers: How Ordinary People Became Nazis*, Oxford University Press, 2020, edición Kindle, p. 44.

62. Christian Ingrao, *Believe and Destroy: Intellectuals in the SS War Machine*, Polity, 2015, edición Kindle, p. 15.

63. Testimonio inédito hasta la fecha.

64. Testimonio inédito hasta la fecha.

65. BArch, R 3001/12694, fols. 14-31. Parte del veredicto se imprime también en Lew Besymenski, *Die letzten Notizen von Martin Bormann. Ein Dokument und sein Verfasser*, Deutsche Verlags-Anstalt, 1974, pp. 296-306; así como en Jochen von Lang (en colaboración con Claus Sibyll), *Der Sekretär. Martin Bormann: Der Mann, der Hitler beherrschte*, Deutsche Verlags-Anstalt, 1977, pp. 412-419.

66. *Vorwärts*, 26 de junio de 1923, p. 1.

67. Rudolf Höss, *Commandant of Auschwitz*, Phoenix, 2001, pp. 43-45. [Hay traducción al español, por Juan Esteban Fassio: *Yo, comandante de Auschwitz*, Barcelona: Ediciones B, 2009; Madrid: Arzalia, 2022.]

68. *Vossische Zeitung*, edición matutina, 13 de marzo de 1924, p. 4.

69. Carta de Höss a H. H., 15 de junio de 1924, citada en Karin Orth, *Die Konzentrationslager-SS. Sozialstrukturelle Analysen und biographische Studien*, Wallstein Verlag, 2000, pp. 111-113.

70. Höss, *Commandant*, p. 45.

71. Martin Bormann, «In den Kerkern der Republik: Der SA-Mann», *Völkischer Beobachter*, 10, 17 y 24 de agosto de 1929.

72. Höss, *Commandant*, p. 43.

Capítulo 3

1. Jäckel y Kuhn (eds.), *Hitler. Sämtliche Aufzeichnungen*, pp. 802-805. Véase también Kershaw, *Hubris*, edición Kindle, p. 192.

2. Hancock, *Röhm*, p. 54.

3. Testimonio de Emil Klein, inédito hasta la fecha.

4. Hancock, *Röhm*, p. 59.

5. Heiden, *The Fuehrer*, p. 169.

6. Kershaw, *Hubris*, edición Kindle, p. 210.

7. Peter Longerich, *Heinrich Himmler*, Oxford University Press, 2012, edición Kindle, p. 69. [Hay traducción al español, por Richard Gross: *Heinrich Himmler. Biografía*, Barcelona: RBA, 2009.]

8. *Ibid.*, pp. 68-69.

9. Hancock, *Röhm*, p. 68.

10. David King, *The Trial of Adolf Hitler: The Beer Hall Putsch and the Rise of Nazi Germany*, Macmillan, 2017, edición Kindle, ubicación 1634. [Hay traducción al español, por Íñigo F. Lomana: *El juicio de Adolf Hitler. El «putsch» de la cervecería y el nacimiento de la Alemania nazi*, Barcelona: Seix Barral, 2019.] Hoy no hay forma de saber con certeza qué sucedió con Ludendorff. Es posible que siguiera en tierra hasta que la policía le ordenara que se pusiera en pie, pero es más probable que se levantara por sí mismo y echara a andar hacia la línea del enemigo.

11. Bytwerk, *Julius Streicher*, p. 18. También en Julius Streicher, *Kampf dem Weltfeind*, Stürmerverlag, 1938, pp. 24-25.

12. Kershaw, *Hubris*, edición Kindle, p. 211.

13. Jürgen Matthäus y Frank Bajohr (eds.), *The Political Diary of Alfred Rosenberg and the Onset of the Holocaust*, Rowman & Littlefield, 2015, edición Kindle, nota del 5 de junio de 1934. [Hay traducción al español, por Lara Cortés *et al.*: *Alfred Rosenberg, diarios 1934-1944*, Barcelona: Crítica, 2015.]

14. King, *Trial of Adolf Hitler*, edición Kindle, ubicación 1938. Hitler amenazó a menudo con quitarse la vida si las cosas salían mal y no podemos tener la seguridad de hasta qué punto fue serio cada uno de los avisos. El profesor sir Ian Kershaw cree que los relatos según los cuales hubo que impedir a Hitler que se suicidara «carecen de respaldo sólido». Véase Kershaw, *Hubris*, edición Kindle, p. 211.

15. King, *Trial of Adolf Hitler*, ubicación 2068, donde cita a Otto Gritschneder, *Bewährungsfrist für den Terroristen Adolf H. Der Hitler-Putsch und die*

bayerische Justiz, C. H. Beck, 1990, que se basa en las observaciones de un Alois Maria Ott que, a la sazón, contaba noventa y ocho años.

16. Rees, *Nazis: A Warning from History*, edición Kindle, p. 28.

17. Albrecht Tyrell (ed.), *Führer befiehl... Selbstzeugnisse aus der «Kampfzeit» der NSDAP. Dokumentation und Analyse*, Droste Verlag, 1969, pp. 281-283. Tyrell cita extractos de *Der Hitler-Prozess vor dem Volksgericht in München. Zweiter Teil*, Knorr & Hirth, 1924, pp. 85-91. Para una traducción inglesa, Noakes y Pridham (eds.), *Nazism*, vol. 1, p. 35.

18. Ella Rhodes, «The Psychologist Guide to... Leadership», *Psychologist*, 9 de mayo de 2016, entrevista con el profesor Alex Haslam, <https://www.bps.org.uk/psychologist/psychologist-guide-leadership>. Téngase en cuenta que Haslam no hablaba específicamente de Hitler, sino que la conexión ha sido establecida por este autor. Véase también S. Alexander Haslam, Stephen D. Reicher y Michael J. Platow, *The New Psychology of Leadership: Identity, Influence and Power*, Psychology Press, 2011, esp. cap. 3, pp. 41-76.

19. Tyrell (ed.), *Führer befiehl*, pp. 281-283; Noakes y Pridham (eds.), *Nazism*, vol. 1, p. 34.

20. Rees, *Dark Charisma*, edición Kindle, p. 56.

21. «Alex Haslam on The Psychology of Leadership», *Better Thinking*, número 119, 2023, podcast con Nesh Nikolic, <https://www.youtube.com/watch?v=2bXrVppV3GY> (en 19' 25"). Nuevamente, téngase en cuenta que el profesor Haslam no hace referencia concreta a Hitler, sino que es una conexión establecida por este autor.

22. Tyrell (ed.), *Führer befiehl*, pp. 281-283; Noakes y Pridham (eds.), *Nazism*, vol. 1, p. 34.

23. Ernest Becker, *The Denial of Death*, Souvenir Press, 2011, edición Kindle, pp. 33-34. [Hay traducción al español, por Alicia Sánchez: *La negación de la muerte*, Barcelona: Kairós, 2003.]

24. Ian Kershaw, *The «Hitler Myth»: Image and Reality in the Third Reich*, Oxford University Press, 1987, p. 16, donde cita a Heinrich Class, *Wenn ich der Kaiser wär'*, Dieterich, 1914, p. 227. [Hay traducción al español, por T. Fernández y B. Eguibar: *El mito de Hitler. Imagen y realidad en el Tercer Reich*, Barcelona: Paidós, 2003; Barcelona: Crítica, 2019.]

25. Rees, *Dark Charisma*, edición Kindle, pp. 42-43.

26. Kubizek, *The Young Hitler I Knew*, pp. 83 y 185. Los recuerdos de Kubizek deben manejarse con cuidado. Para algunos aspectos asociados con su escritura y para la idea de que, aun con reservas, sigue siendo una fuente de importancia, véase Kershaw, *Hubris*, edición Kindle, p. 20.

27. Allen Grabo y Mark van Vugt, «Charismatic Leadership and the Evolution of Cooperation», *Evolution and Human Behavior*, vol. 37, número 5 (septiembre de 2016), pp. 399-406; y Allen Grabo, Brian R. Spisak y Mark van Vugt, «Charisma as Signal: An Evolutionary Perspective on Charisma-

tic Leadership», *Leadership Quarterly*, vol. 28, número 4 (agosto de 2017), pp. 473-485.

28. Mark van Vugt y Allen E. Grabo, «The Many Faces of Leadership: An Evolutionary-Psychology Approach», *Current Directions in Psychological Science*, vol. 24, n.º 6 (diciembre de 2015), pp. 484-489. Véase también B. R. Spisak, P. H. Dekker, M. Krüger y M. van Vugt, «Warriors and Peacekeepers: Testing a Biosocial Implicit Leadership Hypothesis of Intergroup Relations Using Masculine and Feminine Faces», *PLOS One*, vol. 7, número 1 (enero de 2012), <https://journals.plos.org/plosone/article?id=10.1371/journal.pone.0030399>.

29. Max Weber, *Essays in Sociology*, Routledge, 1998, p. 262. [Hay traducción al español, por José Medina *et al.*: *Economía y sociedad*, Madrid: Fondo de Cultura Económica, 2002 (1944).]

30. King, *Trial of Adolf Hitler*, edición Kindle, ubicación 3448-3462.

31. Alexander Clifford, *Hindenburg, Ludendorff and Hitler: Germany's Generals and the Rise of the Nazis*, Pen & Sword, 2021, edición Kindle, pp. 95-96.

32. *New York Times*, 2 de abril de 1924.

33. *The Times* (Londres), 2 de abril de 1924.

34. Véanse las pp. 186-187.

35. Fröhlich (ed.), *Die Tagebücher von Joseph Goebbels*, Teil I, vol. 1/1, pp. 39-41 (en este caso, p. 40), apunte del 27 de octubre de 1923.

36. *Ibid.*, pp. 76-77 (en este caso, p. 77), apunte del 21 de enero de 1924.

37. Para un análisis de qué hizo posible esta contradicción, véase Rees, *Holocaust*, edición Kindle, pp. 60-61.

38. Fröhlich (ed.), *Die Tagebücher von Joseph Goebbels*, Teil I, vol. 1/1, pp. 160-161 (en este caso, p. 161), apunte del 4 de julio de 1924.

39. *Ibid.*, pp. 108-109, apunte del 20 de marzo de 1924.

40. Longerich, *Himmler*, edición Kindle, p. 79.

41. Testimonio inédito hasta la fecha.

42. Hancock, *Röhm*, pp. 71-73.

43. Lüdecke, *I Knew Hitler*, pp. 217-218.

44. *Ibid.*, p. 258.

45. Hancock, *Röhm*, pp. 80-81.

46. El presidente Franklin Roosevelt fue todo un maestro en la elocuencia del no responder. Véase Rees, *Behind Closed Doors*, edición Kindle, p. 191.

47. Escrito de Adolf Hitler en el *Völkischer Beobachter*, 26 de febrero de 1925, p. 1. Clemens Vollnhals (ed.). *Hitler: Reden, Schriften, Anordnungen. Februar 1925 bis Januar 1933*, Band I: *Die Wiedergründung der NSDAP, Februar 1925-Juni 1926*, K. G. Saur, 1992, pp. 1-4 (en este caso, p. 2).

48. Peter D. Stachura, *Gregor Strasser and the Rise of Nazism*, Routledge, 2014, pp. 6-8.

49. Tyrell (ed.), *Führer befiehl*, pp. 281-283.

50. Fröhlich (ed.), *Die Tagebücher von Joseph Goebbels*, Teil I, vol. 1/1, pp. 315-316 (en este caso, p. 315), apunte del 15 de junio de 1925.

51. *Ibid.*, pp. 326-327, apunte del 14 de julio de 1925.

52. *Völkischer Beobachter*, 14 de noviembre de 1925.

53. BArch, NS 26/896. El manuscrito se encuentra también en BArch, NS 26/960. Salomon escribió este artículo con el seudónimo de «Frederick» y pretendía que fuera «solo para los grandes líderes del NSDAP». Véase también Gellately, *Hitler's True Believers*, edición Kindle, pp. 73-75.

54. Kershaw, *Hubris*, edición Kindle, p. 301.

55. Elke Fröhlich (ed.), *Die Tagebücher von Joseph Goebbels*, Teil I: *Aufzeichnungen 1923-1941*, vol. 1/2: *Dezember 1925-Mai 1928*, K. G. Saur, 2005, apuntes del 15 y el 26 de febrero de 1926.

56. *Ibid.*, apunte del 13 de abril de 1926.

57. Kershaw, «*Hitler Myth*», p. 27. Para el texto alemán original, Tyrell (ed.), *Führer befiehl*, p. 173.

Capítulo 4

1. Testimonio inédito hasta la fecha.

2. Testimonio inédito hasta la fecha.

3. Testimonio inédito hasta la fecha.

4. Rees, *Their Darkest Hour*, edición Kindle, p. 35, y testimonio inédito hasta la fecha.

5. Testimonio inédito hasta la fecha.

6. Russel Lemmons, *Goebbels and «Der Angriff»*, University Press of Kentucky, 1994, cap. 1.

7. Peter Longerich, *Goebbels*, Bodley Head, 2015, edición Kindle, p. 123. [Hay traducción al español, por José Aníbal Campos, *Goebbels*, Barcelona: RBA, 2012.]

8. La sentencia acabó conmutándose por una amnistía autorizada por el Reichstag, en julio de 1928. Véase *ibid.*, edición Kindle, p. 124.

9. «Was wollen wir im Reichstag?», *Der Angriff*, 30 de abril de 1928, pp. 1 s., citado en Joseph Goebbels, *Der Angriff. Aufsätze aus der Kampfzeit*, Zentralverlag der NSDAP, 1935, pp. 71-73.

10. Elke Fröhlich (ed.), *Die Tagebücher von Joseph Goebbels*, Teil I: *Aufzeichnungen 1923-1941*, vol. 2/1: *Dezember 1929-Mai 1931*, K. G. Saur, 2005, pp. 316-317 (en este caso, p. 316), apunte del 3 de enero de 1931.

11. «Propaganda und Politik. Das Referat des Berliner Gauleiters Dr. Goebbels am Freitag, 2. August 1929, nachmittags 5-6 Uhr», *Berliner Arbeiter-Zeitung*, 11 de agosto de 1929.

12. Testimonio inédito hasta la fecha, y también Rees, *Nazis: A Warning from History*, edición Kindle, p. 36.

13. Larry Eugene Jones, *German Liberalism and the Dissolution of the Weimar Party System 1918-1933*, University of North Carolina Press, 1988, p. 350.

14. Testimonio inédito hasta la fecha.

15. Un estudio de la lista de afiliados a fecha del 1 de enero de 1935 mostró que el 17 % de los miembros del Partido Nazi contaba menos de treinta años, cuando en la población alemana esta categoría representaba menos del 6 % del total. Véase Noakes y Pridham (eds.), *Nazism*, vol. 1, pp. 84-85, tabla de afiliados al Partido Nazi según edades.

16. Ingrao, *Believe and Destroy*, edición Kindle, p. 25.

17. Testimonio inédito hasta la fecha.

18. Jutta Rüdiger, que a finales de la década de 1930 lideró la BDM, la sección femenina del movimiento juvenil nazi. Testimonio inédito hasta la fecha.

19. Torsten Kupfer, *Generation und Radikalisierung. Die Mitglieder der NSDAP im Kreis Bernburg 1921-1945*, *Historical Social Research, Transition* (suplemento en línea), n.º 18, 2006, pp. 1-312 (en este caso, pp. 74-109).

20. Testimonio inédito hasta la fecha.

21. *Volkswacht*, mayo de 1932, citado en Kupfer, *Generation und Radikalisierung*, pp. 74-109.

22. Entrevista del autor con el profesor Robert Sapolsky.

23. Baynes (ed.), *Early Speeches*, p. 40, discurso de Hitler del 28 de julio de 1922.

24. *Völkischer Beobachter* (*Bayernausgabe*), 7 de agosto de 1929.

25. Fritz Fink, *Die Judenfrage im Unterricht*, Stürmerverlag, 1937, en inglés en <http://research.calvin.edu/german-propaganda-archive/fink.htm>.

26. Jakob Graf, *Familienkunde und Rassenbiologie für Schüler*, J. F. Lehmanns, 1935, citado por George L. Mosse (ed.), *Nazi Culture: Intellectual, Cultural and Social Life in the Third Reich*, University of Wisconsin Press, 1966, pp. 80-81.

27. Nico Voigtländer y Hans-Joachim Voth, «Nazi Indoctrination and Anti-Semitic Beliefs in Germany», *Proceedings of the National Academy of Sciences*, vol. 112, n.º 26 (junio de 2015), pp. 7931-7936, <https://www.ncbi.nlm.nih.gov/pmc/articles/PMC4491745/>.

28. Testimonio inédito hasta la fecha, y Rees, *Their Darkest Hour*, edición Kindle, p. 188.

29. Rees, *Their Darkest Hour*, edición Kindle, pp. 190-191.

30. Testimonio inédito hasta la fecha.

31. Michael H. Kater, *Hitler Youth*, Harvard University Press, 2004, p. 106. [Hay traducción al español, por Alicia Frieyro: *Las Juventudes Hitlerianas*, Madrid: Kailas, 2016.]

32. *Ibid.*, p. 108.
33. *Ibid.*, p. 81.
34. Testimonio inédito hasta la fecha.
35. Testimonio inédito hasta la fecha.
36. Kater, *Hitler Youth*, p. 15.
37. Eric A. Johnson y Karl-Heinz Reuband, *What We Knew: Terror, Mass Murder, and Everyday Life in Nazi Germany: An Oral History*, Basic Books, 2006, pp. 141-149, declaración de Hubert Lutz.
38. «Informe sobre la situación en Alemania», n.º 13, abril de 1935, en Bernd Stöver, *Berichte über die Lage in Deutschland. Die Meldungen der Gruppe Neu Beginnen aus dem Dritten Reich 1933-1936*, Verlag J. H. W. Dietz Nachfolger, 1996, pp. 427-472 (en este caso, pp. 429-431).
39. J. Noakes y G. Pridham (eds.), *Nazism: 1919-1945*, vol. 2: *State, Economy and Society 1933-1939*, Exeter University Press, 2015, p. 227.
40. Testimonio inédito hasta la fecha.
41. Arnold Talbot Wilson, *Walks and Talks Abroad: The Diary of a Member of Parliament in 1934-1936*, Oxford University Press, 1939, p. 126, citado en Julia Boyd, *Travellers in the Third Reich: The Rise of Fascism through the Eyes of Ordinary People*, Elliott & Thompson, 2017, edición Kindle, p. 171. [Hay traducción al español, por Julia Casanova: *Viajeros en el Tercer Reich*, Barcelona: Ático de los Libros, 2019.] Ahora bien, nótese que cuando Wilson visitó el campo de concentración nazi de Dachau, su admiración por el régimen menguó un poco. Aunque creía que a los reclusos se los alimentaba y alojaba correctamente, «en el ambiente del campo había algo contra lo que mi alma se rebelaba», escribió. Véase Boyd, *Travellers*, p. 172.
42. Mary Fulbrook, *Bystander Society: Conformity and Complicity in Nazi Germany and the Holocaust*, Oxford University Press, 2023, edición Kindle, p. 109.

Capítulo 5

1. *Die Nationalsozialistische Deutsche Arbeiterpartei. Referentendenkschrift*, «Mai 1930», GStA PK, I. HA Rep. 84a, Nr. 3157, pp. 23-49 (en este caso, pp. 44-47).
2. Elke Fröhlich (ed.), *Die Tagebücher von Joseph Goebbels*, Teil I: *Aufzeichnungen 1923-1941*, vol. 1/3: *Juni 1928-November 1929*, K. G. Saur, 2004, p. 287, apunte del 21 de julio de 1929.
3. *Völkischer Beobachter*, 16/17 de junio de 1929.
4. *Völkischer Beobachter*, 14 de agosto de 1929.
5. *Völkischer Beobachter*, 1 de abril de 1930.
6. *Vossische Zeitung*, edición matutina, 6 de diciembre de 1930, p. 5.

7. *Völkischer Beobachter*, 7/8 de diciembre de 1930. Citado también en Bärbel Schrader (ed.), *Der Fall Remarque. Im Westen nichts Neues. Eine Dokumentation*, Reclam-Verlag, 1992, pp. 134-135.

8. Fröhlich (ed.), *Die Tagebücher von Joseph Goebbels*, Teil I, vol. 2/1, p. 298, apunte del 6 de diciembre de 1930.

9. *Ibid.*, p. 301, apunte del 10 de diciembre de 1930.

10. *Der Angriff*, 12 de diciembre de 1930, pp. 1-2. Citado también en Schrader (ed.), *Der Fall Remarque*, pp. 161-166.

11. Fröhlich (ed.), *Die Tagebücher von Joseph Goebbels*, Teil I, vol. 2/1, pp. 304-305 (en este caso, p. 305), apunte del 7 de diciembre de 1930.

12. *Der Angriff*, 12 de diciembre de 1930, pp. 1-2.

13. Sapolsky, *Behave*, edición Kindle, p. 52.

14. *Ibid.*

15. *Der Angriff*, 6 de mayo de 1931.

16. *Sozialistische Bildung*, mayo de 1931, pp. 139-140.

17. *Der Angriff*, 7 de mayo de 1931.

18. Benjamin Carter Hett, *Crossing Hitler: The Man Who Put the Nazis on the Witness Stand*, Oxford University Press, 2008, edición Kindle, pp. 72-73. [Hay traducción al español, por Albert Solé: *El hombre que humilló a Hitler*, Barcelona: Ediciones B, 2008.]

19. Hancock, *Röhm*, p. 103.

20. *Völkischer Beobachter*, 6 de noviembre de 1930.

21. Diario de Goebbels, 27 de febrero de 1931, en Longerich, *Goebbels*, edición Kindle, p. 179.

22. Reproducido como Doc. 54 en Constantin Goschler (ed.), *Hitler. Reden, Schriften, Anordnungen. Februar 1925 bis Januar 1933*, Band IV: *Von der Reichstagswahl bis zur Reichspräsidentenwahl, Oktober 1930-März 1932*, Teil 1: *Oktober 1930-Juni 1931*, K. G. Saur, 1994, p. 183. La fuente de Goschler se halla en el BArch, Slg. Schumacher 403.

23. Longerich, *Himmler*, edición Kindle, pp. 112-113.

24. Testimonio inédito hasta la fecha.

25. Nancy Dougherty, *The Man with the Iron Heart*, Welbeck, 2022, edición Kindle, p. 121.

26. Robert Gerwarth, *Hitler's Hangman: The Life of Heydrich*, Yale University Press, 2011, edición Kindle, pp. 105-106. [Hay traducción al español, por Javier Alonso: *Heydrich, el verdugo de Hitler*, Madrid: La Esfera de los Libros, 2013.]

27. *Ibid.*, p. 107.

28. *Ibid.*, p. 95.

29. BArch NS 33/89, p. 41, Reichsführer SS (SS-HA/ZK./Az. B 17a), Berlín, 11 de abril de 1938, en referencia a la selección de candidatos al puesto de líderes de la SS, lista de correspondencia V. Véase también Tom Segev,

Soldiers of Evil: The Commandants of the Nazi Concentration Camps, Diamond Books, 2000, p. 97, así como Rees, *Holocaust*, edición Kindle, p. 26.

30. *Münchener Post*, 28/29 de noviembre de 1931, p. 1.

31. Longerich, *Himmler*, edición Kindle, pp. 122-123.

32. *Vorwärts*, 26 de noviembre de 1931, p. 1.

33. *Vossische Zeitung*, edición matutina, 26 de noviembre de 1931, p. 1.

34. Hermann Beck, *The Fateful Alliance: German Conservatives and Nazis in 1933: The «Machtergreifung» in a New Light*, Berghahn Books, 2008, pp. 78-80.

35. Profesor Robert Sapolsky, «Human Sexual Behaviour III and Aggression I», conferencia en la Universidad Stanford, mayo de 2010, <https://www.youtube.com/watch?v=JPYmarGO5jM> (de 53' 44" a 57' 18").

36. Testimonio inédito hasta la fecha.

37. Testimonio inédito hasta la fecha, y Rees, *Nazis: A Warning from History*, edición Kindle, ubicación 484-492.

38. Dougherty, *Iron Heart*, edición Kindle, p. 138.

39. Martin Kitchen, *The Third Reich: Charisma and Community*, Pearson Educational, 2008, pp. 234-235.

40. Dougherty, *Iron Heart*, edición Kindle, p. 138.

41. *Ibid.*, p. 135.

42. *Ibid.*, p. 33.

43. David de Jong, *Nazi Billionaires: The Dark History of Germany's Wealthiest Dynasties*, William Collins, 2022, edición Kindle, p. 34. [Hay traducción al español, por Marina Rodil: *Dinero y poder en el Tercer Reich: la historia oculta de las dinastías más ricas de Alemania*, Barcelona: Principal de los Libros, 2022.]

44. Longerich, *Goebbels*, edición Kindle, pp. 189 y 375.

45. *Ibid.*, p. 198.

46. De Jong, *Nazi Billionaires*, edición Kindle, p. 36.

47. Timothy W. Ryback, *Takeover: Hitler's Final Rise to Power*, Headline, 2024, edición Kindle, p. 107.

48. Goltz, *Hindenburg*, p. 15.

49. Hans Otto Meissner y Harry Wilde, *Die Machtergreifung. Ein Bericht über die Technik des nationalsozialistischen Staatsstreichs*, J. G. Cotta, 1958, pp. 48, 49 y 273, citado en Eugene Davidson, *The Unmaking of Adolf Hitler*, University of Missouri Press, 1996, p. 458.

50. Dorothy Thompson, *I Saw Hitler!*, Farrar & Rinehart, 1932, pp. 13-34.

51. Goltz, *Hindenburg*, p. 141.

52. *Ibid.*, pp. 140-141.

53. Longerich, *Goebbels*, edición Kindle, p. 211.

54. *Vorwärts*, 27 de febrero de 1932; Goltz, *Hindenburg*, p. 165.

55. Hancock, *Röhm*, p. 114.

56. Elke Fröhlich (ed.), *Die Tagebücher von Joseph Goebbels*, Teil I: *Aufzeichnungen 1923-1941*, vol. 2/2: *Juni 1931-September 1932*, K. G. Saur, 2004, pp. 235-236 (en este caso, p. 235), apunte del 7 de marzo de 1932.

57. Helmut Klotz (ed.), *Der Fall Röhm*, pp. 8-11, en BArch, N 1150/115, Nachlass Walter Luetgebrune, pp. 524-543 (en este caso, pp. 533-536).

58. *Ibid.*, pp. 16-17, en BArch, N 1150/115, Nachlass Walter Luetgebrune, pp. 541-542.

59. *Ibid.*, p. 7, en BArch, N 1150/115, Nachlass Walter Luetgebrune, p. 532.

60. Fröhlich (ed.), *Die Tagebücher von Joseph Goebbels*, Teil I, vol. 2/2, p. 244, apunte del 17 de marzo de 1932. Una vez en el poder, los nazis persiguieron a quienes practicaban la homosexualidad. Himmler odiaba en particular a los homosexuales, por lo que se los envió por millares a los campos de concentración, donde muchos fallecieron. Véase Rees, *Holocaust*, edición Kindle, pp. 154-156.

61. Hancock, *Röhm*, p. 115.

62. Véase la p. 139.

63. Franz von Papen, *Memoirs*, André Deutsch, 1952, pp. 162-163. En alemán en Franz von Papen, *Der Wahrheit eine Gasse*, Paul List Verlag, 1952, p. 195. [Hay traducción al español, por Guillermo Sans: *Memorias*, Madrid: Espasa-Calpe, 1952.]

64. Véanse las pp. 89-91.

65. Kershaw, *Hubris*, edición Kindle, p. 368.

66. Véanse Daniel Kahneman y Amos Tversky, «Prospect Theory: An Analysis of Decision Under Risk», *Econometrica*, vol. 47, n.º 2 (marzo de 1979), pp. 263-291, y Daniel Kahneman, *Thinking, Fast and Slow*, Farrar, Straus & Giroux, 2013. [Hay traducción al español, por Joaquín Chamorro: *Pensar rápido, pensar despacio*, Barcelona: Debate, 2012.] Véase también Kazuhisa Nagaya, «Why and Under What Circumstances Does Loss Aversion Emerge?», *Japanese Psychological Research*, vol. 65, n.º 4 (octubre de 2023), pp. 379-398.

67. *Nazis: A Warning from History*, BBC TV, episodio 1: «Helped into Power», escrito y producido por Laurence Rees; emitido por primera vez por la BBC2, 10 de septiembre de 1997.

68. Otto Meissner, «Aufzeichnung über die Besprechung des Herrn Reichspräsidenten mit Adolf Hitler am 13. August 1932 nachmittags 4.15», citado en Walther Hubatsch, *Hindenburg und der Staat. Aus den Papieren des Generalfeldmarschalls und Reichspräsidenten von 1878 bis 1934*, Musterschmidt, 1966, p. 338. En inglés en Noakes y Pridham (eds.), *Nazism*, vol. 1, p. 104.

69. Roderick Stackelberg, *Hitler's Germany: Origins, Interpretations, Legacies*, Routledge, 2014, p. 99.

70. Kershaw, *Hubris*, edición Kindle, p. 395.

71. Hinrich Lohse, «Der Fall Strasser», presentado en la Forschungsstelle für die Geschichte des Nationalsozialismus in Hamburg; en inglés en Noakes y Pridham (eds.), *Nazism*, vol. 1, p. 111.
72. *Ibid.*; en inglés en Noakes y Pridham (eds.), *Nazism*, vol. 1, p. 113.
73. Gerwarth, *Hitler's Hangman*, edición Kindle, p. 62.
74. Eberhard Jäckel, *Hitler in History*, Brandeis University Press, 1984, p. 15.
75. Testimonio inédito hasta la fecha de Karl Boehm-Tettelbach.
76. La bibliografía psicológica sobre el pensamiento en grupo es ingente. Un buen punto de partida es el libro de Irving L. Janis *Groupthink*, Houghton Mifflin (Academic), 1982. Entre los incontables artículos científicos sobre el tema, lo es el de David Ahlstrom y Linda C. Wang, «Groupthink and France's Defeat in the 1940 Campaign», *Journal of Management History*, vol. 15, n.º 2 (2009), pp. 159-177.
77. Kershaw, *Hubris*, edición Kindle, p. 421.
78. *Documents on British Foreign Policy, 1919-1939*, vol. 3, HMSO, 1960, pp. 197-201; también en Kaes, Jay y Dimendberg (eds), *Weimar Republic Sourcebook*, pp. 80-84.

Capítulo 6

1. Testimonio inédito hasta la fecha.
2. Testimonio inédito hasta la fecha.
3. Kershaw, *Hubris*, edición Kindle, p. 432.
4. Testimonio inédito hasta la fecha. Véase también Papen, *Memoirs*, p. 264.
5. Andreas Wirsching, «"Man kann nur Boden germanisieren". Eine neue Quelle zu Hitlers Rede vor den Spitzen der Reichswehr am 3. Februar 1933», *Vierteljahrshefte für Zeitgeschichte*, vol. 49, n.º 3 (2001), pp. 517-550 (en este caso, pp. 522-524).
6. *Ibid.*, pp. 545-548. Otro de los grandes oficiales presentes, el teniente general Liebmann, creía que Hitler estaba dando dos opciones para el futuro: la primera, hacerse con más «oportunidades de exportación»; la segunda, «conquistar más espacio vital en el este y germanizarlo sin compasión», una opción que, según Hitler, era «probablemente mejor».
7. Rees, *Their Darkest Hour*, edición Kindle, pp. 199-204, y testimonio inédito hasta la fecha.
8. Conferencia de prensa de Hitler ante corresponsales extranjeros, 3 de febrero de 1933, <https://www.theguardian.com/world/2017/feb/03/hitler-adolf-interview-archive-1933>.
9. Max Domarus (ed.), *Hitler. Reden und Proklamationen 1932-1945. Kommentiert von einem deutschen Zeitgenossen*, Band 1: *Triumph, Erster Halb-*

band 1932-1934, R. Löwit, 1973, p. 192, discurso de Hitler del 1 de febrero de 1933.

10. Papen, *Memoirs*, p. 264.

11. *Trials of War Criminals before the Nuernberg Military Tribunals...*, vol. VI: «*The Flick Case*», United States Government Printing Office, 1952, p. 44.

12. «Georg von Schnitzler on Hitler's Appeal to Leading German Industrialists on 20 February 1933 (Affidavit, 10 November 1945)», en United States Chief Counsel for the Prosecution of Axis Criminality, *Nazi Conspiracy and Aggression*, vol. VII, United States Government Printing Office, 1946, Documento 439-EC, <https://ghdi.ghi-dc.org/docpage.cfm?docpage_id=2259>.

13. *Trials of War Criminals*, vol. VI, p. 44.

14. De Jong, *Nazi Billionaires*, edición Kindle, p. 4.

15. Elke Fröhlich (ed.), *Die Tagebücher von Joseph Goebbels*, Teil I: *Aufzeichnungen 1923-1941*, vol. 2/3: *Oktober 1932-März 1934*, K. G. Saur, 2006, p. 137, apunte del 28 de febrero de 1933.

16. Rudolf Diels, *Lucifer ante portas. Zwischen Severing und Heydrich*, Interverlag, 1949, p. 143.

17. J. A. S. Grenville, *The Jews and Germans of Hamburg: The Destruction of a Civilization 1790-1945*, Routledge, 2012, pp. 60-62. Los apuntes del diario de Solmitz tienen una dimensión intrigante porque su marido se había convertido del judaísmo al cristianismo; desde la perspectiva de los nazis esto significaba que seguía siendo judío y, por lo tanto, vulnerable a la persecución.

18. Richard Hofstadter, «The Paranoid Style in American Politics», *Harper's Magazine*, noviembre de 1964, <https://harpers.org/archive/1964/11/the-paranoid-style-in-american-politics/>.

19. El primer indicio al respecto fue el *Libro marrón del incendio del Reichstag y el terror de Hitler*, publicado originalmente en París, seis meses después del incendio.

20. La bibliografía sobre el tema es ingente. Véanse por ejemplo Hans Mommsen, «Der Reichstagsbrand und seine politischen Folgen», *Vierteljahrshefte für Zeitgeschichte*, vol. 12, n.º 4 (1964), pp. 351-413, y Kershaw, *Hubris*, edición Kindle, pp. 456-461. Véanse también Benjamin Carter Hett, *Burning the Reichstag: An Investigation into the Third Reich's Enduring Mystery*, Oxford University Press, 2014, y Uwe Soukup, *Die Brandstiftung. Mythos Reichstagsbrand – Was in der Nacht geschah, in der die Demokratie unterging*, Heyne, 2023.

21. Patrick Leman y Marco Cinnirella, «A Major Event Has a Major Cause: Evidence for the Role of Heuristics in Reasoning about Conspiracy Theories», *Social Psychological Review*, vol. 9, n.º 2 (octubre de 2007), pp. 18-28.

22. Bernard V. Burke, *Ambassador Frederic Sackett and the Collapse of the Weimar Republic 1930-1933: The United States and Hitler's Rise to Power*, Cambridge University Press, 1994, p. 287.

23. Testimonio inédito hasta la fecha.

24. Nikolaus Wachsmann, *KL: A History of the Nazi Concentration Camps*, Little, Brown, 2015, p. 30.

25. Rees, *Their Darkest Hour*, edición Kindle, pp. 36-38. [Hay traducción al español de David León *et al.*: *KL. Una historia de los campos de concentración nazis*, Barcelona: Crítica, 2015.]

26. Wachsmann, *KL*, pp. 29-31.

27. Victor Klemperer, *I Shall Bear Witness: The Diaries of Victor Klemperer 1933-1945*, Phoenix, 2003, p. 8, apunte del 17 de marzo de 1933. [Hay traducción al español, por Carmen Gauger: *Quiero dar testimonio hasta el final*, Barcelona: Galaxia Gutenberg, 2003.]

28. Goltz, *Hindenburg*, pp. 171-173.

29. Carolyn Birdsall, *Nazi Soundscapes: Sound, Technology and Urban Space in Germany 1933-1945*, Amsterdam University Press, 2012, p. 53.

30. Erich Ebermayer, *Denn heute gehört uns Deutschland... Persönliches und politisches Tagebuch. Von der Machtergreifung bis zum 31. Dezember 1935*, Paul Zsolnay Verlag, 1959, p. 46, apunte del 21 de marzo de 1933.

31. *Völkischer Beobachter*, 22 de marzo de 1933.

32. Domarus (ed.), *Hitler. Reden und Proklamationen*, vol. 1, pp. 232-223, discurso de Hitler del 23 de marzo de 1933.

33. Discurso de Otto Wels, 23 de marzo de 1933, en *Verhandlungen des Reichstags, VIII. Wahlperiode 1933*, Druck und Verlag der Reichsdruckerei, 1934, p. 33; discurso de Hitler del 23 de marzo de 1933; también en Domarus (ed.), *Hitler. Reden und Proklamationen*, vol. 1, p. 240.

34. *Verhandlungen des Reichstags, VIII. Wahlperiode 1933*, pp. 35-36, discurso de Hitler del 23 de marzo de 1933; también en Domarus (ed.), *Hitler. Reden und Proklamationen*, vol. 1, pp. 244-246.

35. *Münchner Neueste Nachrichten*, 13 de marzo de 1933, citado en Longerich, *Himmler*, p. 149.

36. Robert Gellately, *The Gestapo and German Society*, Oxford University Press, 1991, pp. 55-56. [Hay traducción al español de T. Fernández y B. Eguibar: *La Gestapo y la sociedad alemana. La política radical nazi (1933-1945)*, Barcelona: Paidós, 2003.]

37. Jonathan Petropoulos, *The Faustian Bargain: The Art World in Nazi Germany*, Oxford University Press, 2000, pp. 21-22.

38. Ebermayer, *Denn heute gehört uns Deutschland*, pp. 69-71 (en este caso, p. 70), apunte del 30 de abril de 1933.

39. «Deutschland-Bericht der Sopade [Partido Socialdemócrata de Alemania]», 3.er año, n.º 2 (febrero de 1936), in *Deutschland-Berichte der Sozialdemokratischen Partei Deutschlands (Sopade) 1934-1940. Dritter Jahrgang, 1936*, Verlag Petra Nettelbeck/Zweitausendeins, 1980, pp. 151-278 (en este caso, p. 157).

40. R. F. Baumeister y M. R. Leary, «The Need to Belong: Desire for Interpersonal Attachments as a Fundamental Human Motivation», *Psychological Bulletin*, vol. 117, n.º 3 (1995), pp. 497-529. De nuevo, la bibliografía sobre este tema fundamental es muy extensa. Véase por ejemplo M. Carvallo y S. Gabriel, «No Man Is an Island: The Need to Belong and Dismissing Avoidant Attachment Style», *Personality and Social Psychology Bulletin*, vol. 32, n.º 5 (2006), pp. 697-709.

41. Rees, *Nazis: A Warning from History*, edición Kindle, p. 66.

42. *Völkischer Beobachter*, 29 de marzo de 1933.

43. Rees, *Holocaust*, edición Kindle, p. 83.

44. Testimonio inédito hasta la fecha.

45. Testimonio inédito hasta la fecha.

46. Sir Horace Rumbold a sir John Simon, 26 de abril de 1933, C 3990/319/18, pp. 4-9, accesible por medio de <https://www.patriciaroberts miller.com/2020/12/07/horace-rumbolds-april-1933-memo-about-hitler/>.

47. Moritz Föllmer, *Culture in the Third Reich*, Oxford University Press, 2020, p. 37.

48. *Ibid.*, pp. 37-38. Hirschfeld, doblemente vulnerable por ser judío y homosexual, logró salir de Alemania. Murió en el exilio, en París, en 1935.

49. Ebermayer, *Denn heute gehört uns Deutschland*, pp. 77-80 (en este caso, pp. 78-79), apunte del 10 de mayo de 1933; pp. 82-84 (83-84), apunte del 14 de mayo de 1933.

50. De Jong, *Nazi Billionaires*, edición Kindle, pp. 62-63.

51. Hans-Adolf Jacobsen y Werner Jochmann (eds.), *Ausgewählte Dokumente zur Geschichte des Nationalsozialismus 1933-1945*, Verlag Neue Gesellschaft, 1961, vol. 2, declaración de Adolf Hitler ante los gobernadores del Reich [*Reichsstatthalter*] el 6 de julio de 1933, sobre la conclusión de la revolución. En inglés en Noakes y Pridham (eds.), *Nazism*, vol. 1, pp. 170-171.

52. Jacobsen y Jochmann (eds.), *Ausgewählte Dokumente zur Geschichte des Nationalsozialismus*, vol. 2; publicado inicialmente en los *Nationalsozialistische Monatshefte* del NSDAP, 4 de junio de 1933.

53. Hancock, *Röhm*, p. 132.

54. *Ibid.*, p. 144. Blomberg es la única fuente al respecto, por lo que es posible que hubiera exagerado el punto de vista de Röhm para intensificar la amenaza de los camisas pardas.

55. Klaus-Jürgen Müller (con Ernst Willi Hansen), *Armee und Drittes Reich 1933-1939. Darstellung und Dokumentation*, Ferdinand Schöningh, 1987, p. 195.

56. Jürgen Förster, «Complicity or Entanglement? Wehrmacht, War and Holocaust», en Michael Berenbaum y Abraham J. Peck (eds.), *The Holocaust and History: The Known, the Unknown, the Disputed and the Reexamined*, Indiana University Press, 2002, p. 268.

57. Hancock, *Röhm*, p. 149.

58. Kurt Gossweiler, *Die Röhm-Affäre. Hintergründe – Zusammenhänge – Auswirkungen*, Pahl-Rugenstein, 1983, p. 68.

59. Jacobsen y Jochmann (eds.), *Dokumente zur Geschichte des Nationalsozialismus*, vol. 2. En inglés en Noakes y Pridham, *Nazism*, vol. 1, pp. 174-176.

60. Adam Tooze, *The Wages of Destruction: The Making and Breaking of the Nazi Economy*, Penguin, 2007, p. 67.

61. Wachsmann, *KL*, p. 58.

62. Christopher Dillon, *Dachau and the SS: A Schooling in Violence*, Oxford University Press, 2015, p. 52.

63. Wachsmann, *KL*, p. 83. Eicke mató a Röhm con ayuda de un colega de la SS, Michael Lippert.

64. Dillon, *Dachau*, p. 88.

65. Office of United States Chief of Counsel for Prosecution of Axis Criminality, *Nazi Conspiracy and Aggression*, United States Government Printing Office, 1946, vol. VII, declaración de Kate Eva Hoerlin (esposa del doctor Schmid), 7 de julio de 1945, pp. 883-888.

66. Howard M. Sachar, *The Assassination of Europe 1918-1942: A Political History*, University of Toronto Press, 2015, pp. 175-176.

67. Hancock, *Röhm*, pp. 162-163.

68. *Völkischer Beobachter*, 3 de julio de 1934.

69. *Völkischer Beobachter*, 1 de julio de 1934, orden de Hitler al nuevo jefe del Estado Mayor de la SA, Viktor Lutze.

70. Testimonio inédito hasta la fecha.

71. Domarus (ed.), *Hitler. Reden und Proklamationen*, vol. 1, p. 421, discurso del 13 de julio de 1934.

72. *Ibid.*, pp. 425-426.

73. Tracy B. Strong, «Carl Schmitt: Political Theology and the Concept of the Political», en Catherine H. Zuckert (ed.), *Political Philosophy in the Twentieth Century: Authors and Arguments*, Cambridge University Press, 2011, p. 42.

74. Kershaw, *«Hitler Myth»*, p. 87.

75. DRA, Nr. C 1117 (minuto 77' 50"), discurso de Goebbels del 25 de marzo de 1933 para la Casa de la Radio, en Berlín.

Capítulo 7

1. Uriel Tal, *«Political Faith» of Nazism Prior to the Holocaust*, Tel Aviv University Press-Faculty of Humanities, 1978, p. 30.

2. Hitler, *Mein Kampf*, cap. 6, p. 180.

3. Rees, *Holocaust*, edición Kindle, p. 109.
4. Rees, *Dark Charisma*, edición Kindle, p. 128.
5. *Ibid.* En años posteriores hubo oficiales dispuestos a dejar de lado el juramento y actuar en contra de Hitler. Véanse las pp. 349-355.
6. Véase las pp. 330-331.
7. Hitler, *Mein Kampf*, cap. 6, pp. 180-181.
8. Rees, *Selling Politics*, p. 81.
9. «Die zukünftige Arbeit und Gestaltung des deutschen Rundfunks. Ansprache Goebbels an die Intendanten und Direktoren der Rundfunkgesellschaften, Berlin, Haus des Rundfunks», 25 de marzo de 1933, en Helmut Heiber (ed.), *Goebbels Reden*, vol. 1: *1932-1939*, Droste Verlag, 1971, p. 94.
10. En una fase temprana Goebbels eligió una película política, *Hitlerjunge Quex* («Quex, de las Juventudes Hitlerianas»), estrenada en septiembre de 1933. Trata de un joven de las Juventudes que muere a manos de los comunistas y, al morir, tiene una visión de banderas nazis «ondeando delante de nosotros». Véase Eric Rentschler, *The Ministry of Illusion: Nazi Cinema and its Afterlife*, Harvard University Press, 2002, pp. 55-56. Sin embargo, posteriormente comprendió que obras como estas eran demasiado toscas.
11. Entrevista a Wilfred von Oven, en la película de la BBC *Goebbels: Master of Propaganda*, escrita y producida por Laurence Rees.
12. *Völkischer Beobachter*, 1 de febrero de 1934.
13. Entrevista a Arthur Maria Rabenalt, en *Goebbels: Master of Propaganda*.
14. *Ibid.*, explicando el propósito de las películas de entretenimiento.
15. Diario de Goebbels, apunte del 1 de marzo de 1942, citado en David Welch, *The Third Reich: Politics and Propaganda*, Routledge, 1993, edición Kindle, p. 56.
16. Discurso de nazi a la prensa, citado a partir de «On the Establishment of a Reich Ministry for Popular Enlightenment and Propaganda», 15 de marzo de 1933, *German History in Documents and Images*, <https://ghdi.ghi-dc.org/sub_document.cfm?document_id=1579>.
17. Kenneth O'Reilly, *Asphalt: A History*, University of Nebraska Press, 2021, p. 109.
18. Para un análisis de la diferenciación entre «los que son de nuestro grupo» y «los que no son de nuestro grupo» con respecto al odio, véase Roy F. Baumeister y David A. Butz, «Roots of Hate, Violence, and Evil», en Robert J. Sternberg (ed.), *The Psychology of Hate*, American Psychological Association, 2013, edición Kindle, pp. 120-121.
19. Rees, *Selling Politics*, pp. 20-21. Según Fritz Hippler, un director cinematográfico nazi que colaboró estrechamente con Goebbels, este creía que «lo que mueve las verdaderas fuerzas primarias de los hombres es el inconsciente... Las películas afectan con especial intensidad esas fuerzas pri-

marias y, por lo tanto, quería que este medio se usara de una forma especialmente incisiva». En relación con las películas dramáticas antisemitas, esta valoración resultó ser correcta. En 1940 se estrenó *Jud Süss* («El judío Süss»), con una gran acogida. Era un drama histórico sobre un judío que en el siglo XVIII había estado al servicio del duque de Württemberg. La película inventa varios elementos clave —como que Süss viole a una muchacha «aria»— y manipula otros hechos allí donde a Goebbels le pareció necesario. Esta obra odiosa puso de manifiesto el poder de la propaganda antisemita cuando se presentaba como una propuesta de entretenimiento, y no como un documental didáctico. Himmler consideró tan valiosa la película que ordenó que todos los miembros de la SS la vieran. Véase David Welch, *Propaganda and the German Cinema 1933-1945*, Oxford University Press, 1983, pp. 284-292.

20. Véanse las pp. 113-116.

21. Rees, *Holocaust*, edición Kindle, p. 90.

22. G. M. Gilbert, *Nuremberg Diary*, Da Capo Press, 1995, p. 9.

23. Significativamente, no obstante, aquellos políticos de la oposición que además eran judíos tendieron a recibir un trato especialmente duro en los campos. Fue el caso por ejemplo de Max Abraham —al que se odiaba doblemente, por ser rabino judío y político socialdemócrata—, detenido en junio de 1933. Él y otros tres judíos fueron obligados a apalearse con porras para diversión de los camisas pardas, y luego se los encerró en el campo de concentración de Papenburg, donde los guardias de la SS ordenaron a Abraham realizar una «misa» judía en un estercolero. Cuando se negó a seguirles la corriente, le dieron tal paliza que tuvo suerte de sobrevivir. Véase Rees, *Holocaust*, edición Kindle, pp. 95-97.

24. Höss, *Commandant*, p. 71.

25. W. Langhoff, *Die Moorsoldaten*, Verlag Neuer Weg, 2014, edición Kindle, pp. 284-289.

26. *Ibid.*, pp. 290-293.

27. Michel Reynaud y Sylvie Graffard, *The Jehovah's Witnesses and the Nazis: Persecution, Deportation, and Murder 1933-1945*, Cooper Square Press, 2001, pp. 89-90.

28. Höss, *Commandant*, pp. 88-89.

29. *Ibid.*, p. 91.

30. Longerich, *Himmler*, edición Kindle, pp. 217-219.

31. Véase por ejemplo «Psychologist on Why Funerals Are Fundamental to Processing Grief», National Public Radio, 14 de diciembre de 2020, <https://www.npr.org/sections/coronavirus-live-updates/2020/12/14/946402101/psychologist-on-why-funerals-are-fundamental-to-processing-grief>.

32. Der Reichsführer SS, *Vorschläge für die Abhaltung einer Totenfeier*, SS-Hauptamt, [1942]. Véase también Longerich, *Himmler*, pp. 292-293.

33. BArch, NS 19/4003, fols. 190-228, discurso del Reichsführer SS ante la reunión de los tenientes generales [Gruppenführer], el 8 de noviembre de 1936, en Dachau; en este caso, fols. 197-200.

34. Der Reichsführer SS, *Vorschläge für die Abhaltung einer Totenfeier*.

35. BArch, R 9361 III/514455, SS-Führerpersonalakten, Joseph Altrogge, citado en parte en Segev, *Soldiers of Evil*, p. 98.

36. Segev, *Soldiers of Evil*, p. 99, entrevista a Johannes Hassebroek.

37. Hilary Earl, *The Nuremberg SS-Einsatzgruppen Trial 1945-1958: Atrocity, Law, and History*, Cambridge University Press, 2009, pp. 62-63. Reinhard Höhn actuó en varias ocasiones como intermediario para los estudiantes que creía podían resultar útiles para el SD, facilitándoles su primer contacto con Reinhard Heydrich. Véase Michael Wildt, *An Uncompromising Generation: The Nazi Leadership of the Reich Security Main Office*, University of Wisconsin Press, 2009, p. 96.

38. Ingrao, *Believe and Destroy*, edición Kindle, pp. 66-77. El alegato de Ohlendorf ante el tribunal estadounidense, el 13 de febrero de 1948, debe interpretarse *cum grano salis*; pero estas secciones parecen creíbles.

39. Hitler, *Mein Kampf*, pp. 338-339.

40. Mosse (ed.), *Nazi Culture*, pp. 64-65.

41. Götz Aly y Susanne Heim, *Architects of Annihilation*, Weidenfeld & Nicolson, 2015, edición Kindle, p. 58.

42. Wildt, *An Uncompromising Generation*, p. 77.

43. Sir Nevile Henderson, *Failure of a Mission: Berlin 1937-1939*, Hodder & Stoughton, 1940, p. 80. [Hay traducción al español, por Lautaro Barahona: *Fracaso de una misión. Berlín, 1937-1939*, Santiago de Chile: Zig-zag, 1940.]

44. Hermann Burte, *Sieben Reden von Burte*, Hünenburg-Verlag, 1943, p. 20.

45. Testimonio inédito hasta la fecha.

46. BArch Berlin NS 10/550, de Wiedemann a Bormann, 5 de junio de 1935.

47. Testimonio inédito hasta la fecha.

48. Rees, *Nazis: A Warning from History*, edición Kindle, pp. 86-87.

49. James M. Diehl, «Victors or Victims? Disabled Veterans in the Third Reich», *Journal of Modern History*, vol. 59, n.º 4 (1987), pp. 720-721.

50. Karl Binding y Alfred Hoche, *Die Freigabe der Vernichtung lebensunwerten Lebens. Ihr Maß und ihre Form*, Felix Meiner Verlag, 1920, p. 43.

51. *Ibid.*, pp. 49-54.

52. Michael Burleigh, *Death and Deliverance: «Euthanasia» in Germany 1900-1945*, Pan Books, 2002, pp. 43-44.

53. *Ibid.*, pp. 44-45.

54. Tom L. Beauchamp y LeRoy Walters (eds.), *Contemporary Issues in Bioethics*, Wadsworth Publishing, 1999, p. 538.

55. Omar S. Haque, Julian De Freitas, Ivana Viani, Bradley Niederschulte y Harold J. Bursztajn, «Why Did So Many German Doctors Join the Nazi Party Early?», *International Journal of Law and Psychiatry*, vol. 35, n.º 5-6 (2012), pp. 473-479.

56. Robert Jay Lifton, *Witness to an Extreme Century*, Free Press, 2011, p. 278.

57. Karl Brandt, que fue médico de Hitler, prestó declaración al respecto en el juicio de Núremberg centrado en los médicos, en 1947: United States Military Tribunal Nuremberg, *Case I (Medical Case), Transcript of Proceedings*, p. 2482.

58. Rees, *Dark Charisma*, edición Kindle, p. 181.

59. Burleigh, *Death and Deliverance*, p. 47.

60. Welch, *Propaganda and the German Cinema*, pp. 122-123.

61. Max Domarus (ed.), *Hitler. Reden und Proklamationen 1932-1945. Kommentiert von einem deutschen Zeitgenossen*, Band I: *Triumph, Zweiter Halbband 1935-1938*, R. Löwit, 1973, p. 790, discurso de Hitler del 14 de marzo de 1936.

62. Henderson, *Failure of a Mission*, p. 73.

63. RGWA Fond 1355, Opis 1, Delo 19, Blatt 171; Henrik Eberle (ed.), *Briefe an Hitler*, Lübbe, 2007, pp. 217-218.

64. RGWA Fond 1355, Opis 2, Delo 8, Blatt 405; Eberle (ed.), *Briefe*, pp. 99-100.

65. RGWA Fond 1355, Opis 1, Delo 13, Blatt 120; Eberle (ed.), *Briefe*, pp. 159-160.

66. RGWA Fond 1355, Opis 1, Delo 30, Blatt 44; Eberle (ed.), *Briefe*, pp. 246-247.

67. RGWA Fond 1355, Opis 1, Delo 14, Blatt 341-344; Eberle (ed.), *Briefe*, p. 143.

68. Reinhard Heydrich, *Wandlungen unseres Kampfes*, Eher [*c.* 1936].

69. Philipp Rupprecht, *Der Giftpilz*, Der Stürmer, 1938. Véase <https://perspectives.ushmm.org/item/pages-from-the-antisemitic-childrens-book-the-poisonous-mushroom>.

70. J. T. Cacioppo y G. G. Berntson, «The Affect System: Architecture and Operating Characteristics», *Current Directions in Psychological Science*, vol. 8, n.º 5 (octubre de 1999), pp. 133-137; A. Vaish, T. Grossmann y A. Woodward, «Not All Emotions Are Created Equal: The Negativity Bias in Social-Emotional Development», *Psychological Bulletin*, vol. 134, n.º 3 (2008), pp. 383-403; G. J. Norman, C. J. Norris, J. Gollan, T. A. Ito, L. C. Hawkley, J. T. Larsen, J. T. Cacioppo y G. G. Berntson, «Current Emotion Research in Psychophysiology: The Neurobiology of Evaluative Bivalence», *Emotion Review*, vol. 3, n.º 3 (2011), pp. 349-359. Véase <https://positivepsychology.com/3-steps-negativity-bias/>.

71. Dmitri Volkogónov, *Stalin: Triumph and Tragedy*, Weidenfeld & Nicolson, 1991, p. 279. Quien le transmitió a Volkogónov las palabras de Beria fue A. A. Yépishev.

72. Rees, *Nazis: A Warning from History*, edición Kindle, p. 59.

73. Detlef Schmiechen-Ackermann, «Der "Blockwart". Die unteren Parteifunktionäre im nationalsozialistischen Terror– und Überwachungsapparat», *Vierteljahrshefte für Zeitgeschichte*, vol. 48, n.º 4 (2000), pp. 575-602.

74. Gellately, *The Gestapo and German Society*.

75. Johnson y Reuband, *What We Knew*, p. 344.

76. Richard J. Evans, «Coercion and Consent in Nazi Germany», Conferencia Raleigh sobre Historia, *Proceedings of the British Academy*, vol. 151 (2007), <https://www.thebritishacademy.ac.uk/documents/2036/pba151p053.pdf>.

77. Johnson y Reuband, *What We Knew*, p. 145.

78. Revista *Life*, 6 de agosto de 1945, p. 8.

79. Testimonio inédito hasta la fecha.

80. «Informe sobre la situación en Alemania», n.º 15, junio de 1935, en Stöver, *Berichte über die Lage in Deutschland*, pp. 518-556 (en este caso, p. 529).

81. Diario de Goebbels, apunte del 7 de septiembre de 1937, citado en De Jong, *Nazi Billionaires*, edición Kindle, p. 102. Véase también De Jong, *Nazi Billionaires*, pp. 69-70.

82. Aunque el «coche del pueblo» nunca llegó a ser el tótem de la *Volksgemeinschaft* que Hitler habría querido, el nombre del vehículo y el de su creador siguen bien vivos. Volkswagen se acabó convirtiendo en una empresa de fama mundial en el sector de la automoción y el doctor Porsche fundó una compañía de coches de lujo que sigue produciendo algunos de los vehículos más codiciados del mundo. Pero ¿cuánta gente sabe hoy que Porsche se afilió al Partido Nazi y la SS, o que Adolf Hitler puso la primera piedra de la fábrica de Volkswagen en Wolfsburgo, en 1938?

83. BArch, R 58/567, fols. 84-85, 88, Preußische Geheime Staatspolizei, Staatspolizeistelle für den Landespolizeibezirk Berlin, enero de 1936.

84. BArch, R 58/3044a, fols. 104-108, Preußische Geheime Staatspolizei, Staatspolizeistelle für den Landespolizeibezirk Berlin, 6. März 1936, «Übersicht über die Ereignisse im Monat Februar 1936».

85. En palabras del profesor sir Ian Kershaw: «La mayoría de los berlineses enojados por las penalidades económicas apoyaban —probablemente, con entusiasmo— el golpe de Hitler [cuando ordenó a sus tropas que entraran en la Renania]». Véase Ian Kershaw, «*Volksgemeinschaft*: Potential and Limitations of the Concept», en Martina Steber y Bernhard Gotto (eds.), *Visions of Community in Nazi Germany: Social Engineering and Private Lives*, Oxford University Press, 2014, edición Kindle, p. 38.

86. Curt Elwenspoek, *Der rechte Brief zur rechten Zeit. Eine Fibel des schriftlichen Verkehrs für jedermann*, Hesse & Becker Verlag, 1936, pp. 53-54. Véase también Steber y Gotto (eds.), *Visions of Community in Nazi Germany*, p. v.

87. Sapolsky, *Behave*, edición Kindle, pp. 87-90.

88. Dr. Tal Ben-Shahar, *Happier: Learn the Secrets to Daily Joy and Lasting Fulfillment*, McGraw-Hill, 2007, pp. 3-5. [Hay traducción al español, por Ana García: *Ganar felicidad. Descubre los secretos de la alegría cotidiana y la satisfacción duradera*, Barcelona: Integral, 2008.] Véase también E. A. Locke y G. P. Latham, «Building a Practically Useful Theory of Goal Setting and Task Motivation: A 35-Year Odyssey», *American Psychologist*, vol. 57, n.º 9 (2002), pp. 705-717. Para un debate sobre el fenómeno relevante que se conoce con el nombre de «tristeza pos-olímpica», véase K. Howells y M. Lucassen, «Post-Olympic Blues – The Diminution of Celebrity in Olympic Athletes», *Psychology of Sport and Exercise*, vol. 37 (2018), pp. 67-78.

Capítulo 8

1. Simon Heffer (ed.), *Henry «Chips» Channon: The Diaries*, vol. 1: *1918-1938*, Cornerstone Digital, 2021, edición Kindle, pp. 557-558, apunte del 6 de agosto de 1936.

2. *Ibid.*, p. 569, apunte del 16 de agosto de 1936.

3. Arnd Krüger, «United States of America: The Crucial Battle», en Arnd Krüger y William Murray (eds.), *The Nazi Olympics: Sport, Politics, and Appeasement in the 1930s*, University of Illinois Press, 2003, p. 52.

4. Maurice Roche, *Mega-events and Modernity: Olympics and Expos in the Growth of Global Culture*, Routledge, 2000, p. 118.

5. De G. S. Messersmith, en Viena, a James Clement Dunn, Departamento de Estado de Estados Unidos, Washington DC, 4 de diciembre de 1935, Documentos de George S. Messersmith en la biblioteca de la Universidad de Delaware, <https://udspace.udel.edu/items/67007956-a463-4d57-a594-5be8d4b509e7>.

6. De G. S. Messersmith, en Berlín, al subsecretario de Estado William Phillips, Washington DC, 26 de junio de 1933, Documentos de George S. Messersmith en la biblioteca de la Universidad de Delaware, <http://udspace.udel.edu/handle/19716/6176>.

7. De G. S. Messersmith, en Viena, a James Clement Dunn, Departamento de Estado de Estados Unidos, 4 de diciembre de 1935.

8. Rudi Ball, jugador de hockey sobre hielo, era un alemán de ascendencia judía que participó en los Juegos Olímpicos de invierno. Al igual que Helene Mayer, antes de las Olimpíadas había estado viviendo fuera de Alemania.

9. Susan D. Bachrach, *The Nazi Olympics: Berlin 1936*, United States Holocaust Memorial Council, 2000, pp. 101-103.

10. Allen Guttmann, *The Olympics: A History of the Modern Games*, University of Illinois Press, 2002, p. 68.

11. Bachrach, *Nazi Olympics*, pp. 92-96. Véase también Ian Kershaw, *Hitler: Nemesis 1936-1945*, Penguin, 2001, p. 7. [Hay traducción al español, por José Manuel Álvarez: *Hitler. 1936-1945*, Barcelona: Península, 1999.]

12. Bachrach, *Nazi Olympics*, p. 68.

13. James Q. Whitman, *Hitler's American Model: The United States and the Making of Nazi Race Law*, Princeton University Press, 2018, p. 3.

14. *Ibid.*, p. 1.

15. Krüger, «United States of America: The Crucial Battle», p. 50.

16. Guttmann, *The Olympics*, p. 66.

17. Klemperer, *I Shall Bear Witness*, edición Kindle, p. 307, apunte del 13 de agosto de 1936.

18. Heffer (ed.), *Channon: The Diaries*, vol. 1, pp. 566-567, edición Kindle, apunte del 13 de agosto de 1936.

19. *Ibid.*, p. 567, apunte del 13 de agosto de 1936.

20. *Ibid.*, p. 560, apunte del 8 de agosto de 1936.

21. Guttmann, *The Olympics*, p. 70.

22. Leni Riefenstahl, *Olympia – Fest der Völker* [«Festival de las naciones»], 1936 (minuto 36' 37").

23. «Aufzeichnung ohne Unterschrift (August 1936)», en *Akten zur deutschen auswärtigen Politik 1918-1945*, Serie C: 1933-1937, *Das Dritte Reich: Die ersten Jahre*, vol. V/2: *26. Mai bis 31. Oktober 1936*, Vandenhoeck & Ruprecht, 1977, Dokumentnummer 490, pp. 793-801.

24. George Orwell, reseña de *Mein Kampf*, en *New English Weekly*, 21 de marzo de 1940.

25. El profesor Adam Tooze, en conversación con el autor; véase <http://ww2history.com/experts/Adam_Tooze/Hitler_and_rearmament>.

26. *Documents on German Foreign Policy 1918-1945*, United States Government Printing Office, 1949-1983, Serie C (1933-1937), vol. V, documento n.º 490, pp. 853-862.

27. Tooze, *Wages of Destruction*, pp. 198-199.

28. Tribunal Militar Internacional (IMT), *Der Prozess gegen die Hauptkriegsverbrecher vor dem Internationalen Militärgerichtshofs, Nürnberg, 14. November 1945-1. Oktober 1946*, vol. XXXVI, Sekretariat der Gerichtshof, 1949, pp. 489 ss.

29. Elke Fröhlich (ed.), *Die Tagebücher von Joseph Goebbels*, Teil I: *Aufzeichnungen 1923-1941*, vol. 3/2: *März 1936-Februar 1937*, K. G. Saur, 2001, pp. 388-390 (en este caso, p. 389), apunte del 23 de febrero de 1937.

30. Hermann Göring, *Aufbau einer Nation*, E. S. Mittler & Sohn, 1934, pp. 51-52.

31. Leon Goldensohn, *The Nuremberg Interviews: Conversations with the Defendants and Witnesses*, ed. Robert Gellately, Pimlico, 2007, edición Kindle, p. 110. [Hay traducción al español de Teresa Carretero *et al.*: *Las entrevistas de Nuremberg*, Madrid: Taurus, 2004.]

32. Véase la p. 102.

33. Elke Fröhlich (ed.), *Die Tagebücher von Joseph Goebbels*, Teil I: *Aufzeichnungen 1923-1941*, vol. 6: *August 1938-Juni 1939*, K. G. Saur, 1998, pp. 245-246 (en este caso, p. 246), apunte del 1 de febrero de 1939.

34. Véase la p. 87.

35. *Trial of the Major War Criminals before the International Military Tribunal, Nuremberg* vol. IX, The International Military Tribunal, 1947, pp. 418-419, declaración de Hermann Göring, 18 de marzo de 1946, <https://avalon.law.yale.edu/imt/03-18-46.asp#Goering5>.

36. Ian Kershaw, «The "Hitler Myth": Image and Reality in the Third Reich», en David F. Crew (ed.), *Nazism and German Society 1933-1945*, Routledge, 1994, p. 202.

37. Elke Fröhlich (ed.), *Die Tagebücher von Joseph Goebbels*, Teil I: *Aufzeichnungen 1923-1941*, vol. 4: *März-November 1937*, K. G. Saur, 2000, p. 214, apunte del 10 de julio de 1937.

38. Blomberg fue «ministro de Defensa» hasta mayo de 1935, cuando el título pasó a ser «ministro de la Guerra».

39. Rees, *Nazis: A Warning from History*, edición Kindle, p. 52, entrevista con Karl Boehm-Tettelbach.

40. *Documents on German Foreign Policy*, Serie D (1937-1945), vol. I, pp. 29-39, actas de la conferencia celebrada en la Cancillería del Reich, en Berlín, el 5 de noviembre de 1937.

41. Véanse las pp. 155-158.

42. BA-MA N 28/4, citado en Müller, *General Ludwig Beck*, pp. 498-501, documento de Beck del 12 de noviembre de 1937. No está claro si Beck lo escribió para sí mismo o quería enseñárselo a alguien.

43. *Trial of the Major War Criminals*, vol. 12, 25 de abril de 1946, sesión matinal, declaración de Hans Bernd Gisevius, p. 196, <https://avalon.law.yale.edu/imt/04-25-46.asp>.

44. El consejo de guerra que se le abrió a Fritsch puso de manifiesto la perfidia de la Gestapo, puesto que no solo era él inocente —era un caso de confusión de identidades—, sino que la policía secreta estaba al corriente de que lo era. Aunque el asunto perjudicó la reputación de Himmler y Heydrich, cuando se conoció la verdad era demasiado tarde para que Fritsch recuperase su antiguo empleo. Véase Davidson, *The Unmaking of Adolf Hitler*, p. 186.

45. Gerwarth, *Hitler's Hangman*, edición Kindle, pp. 116-118.

46. BA-MA N 81/2 y OKW 898, citado en Müller, *General Ludwig Beck*, pp. 477-485.

47. Edgar Röhricht, *Pflicht und Gewissen. Erinnerungen eines deutschen Generals 1932 bis 1944*, Kohlhammer, 1965, pp. 119 ss.

48. Nicholas Reynolds, *Treason Was No Crime*, William Kimber, 1976, p. 138.

49. Essi Viding, *Psychopathy: A Very Short Introduction*, Oxford University Press, 2019, edición Kindle, p. 70.

50. Peter Hoffmann, *The History of the German Resistance 1933-1945*, McGill y Queen's University Press, 1996, p. 46.

51. Goldensohn, *The Nuremberg Interviews*, edición Kindle, pp. 165-166.

52. *Ibid.*, p. 160.

53. Kurt von Schuschnigg, *Austrian Requiem*, Victor Gollancz, 1947, p. 23.

54. Kershaw, *Nemesis*, p. 66.

55. Norman A. Graebner y Edward M. Bennett, *The Versailles Treaty and its Legacy: The Failure of the Wilsonian Vision*, Cambridge University Press, 2011, p. 150; Robert Boyce, *The Great Interwar Crisis and the Collapse of Globalization*, Palgrave Macmillan, 2009, p. 436.

56. Testimonio inédito hasta la fecha.

57. *Wiener Neueste Nachrichten*, 17 de marzo de 1938, p. 3.

58. De Reinhard Heydrich al Gauleiter Josef Bürckel, 17 de marzo de 1938, en Dokumentationsarchiv des österreichischen Widerstandes (ed.), *«Anschluß» 1938. Eine Dokumentation*, Österreichischer Bundesverlag, 1988, p. 440.

59. Rees, *Nazis: A Warning from History*, edición Kindle, p. 102.

60. Susan T. Fiske y Federica Durante, «Stereotype Content across Cultures: Variations on a Few Themes», en Michael J. Gelfand, Chi-yue Chiu y Ying-yi Hong (eds.), *Handbook of Advances in Culture and Psychology*, vol. 6, Oxford University Press, 2016, pp. 209-247. Véase también esta entrevista a la profesora Fiske, <https://www.youtube.com/watch?v=pAg8RNb8zS8>.

61. Entrevista del autor con el profesor Robert Sapolsky.

62. Peter Longerich, *Holocaust: The Nazi Persecution and Murder of the Jews*, Oxford University Press, 2010, edición Kindle, p. 106.

63. *San Francisco Examiner*, 12 de marzo de 1938.

64. Sapolsky, *Behave*, edición Kindle, p. 754.

65. Papen, *Memoirs*, pp. 430-438.

66. Goldensohn, *The Nuremberg Interviews*, edición Kindle, p. 166.

67. Rafael Medoff, *America and the Holocaust: A Documentary History*, University of Nebraska Press, 2022, p. 71.

68. *Völkischer Beobachter* (*Wiener Ausgabe*), 27 de marzo de 1938.

69. Irving Abella y Harold Troper, «"The Line Must Be Drawn Somewhere": Canada and Jewish Refugees, 1933-9», en Michael R. Marrus (ed.), *The Nazi Holocaust*, Part 8: *Bystanders to the Holocaust, Volume 1*, Meck-

ler, 1989, p. 239. Archivos Nacionales de Estados Unidos, Washington DC, Archivos del Departamento de Estado, *Memorandum on Refugees*, 1938, archivos 900-1/2:840-848.

70. *Documents on German Foreign Policy*, Serie D, vol. V, documento n.º 640, circular del secretario de Estado, 8 de julio de 1938, pp. 894-895.

71. Debórah Dwork y Robert Jan van Pelt, *Flight from the Reich: Refugee Jews 1933-1946*, W. W. Norton, 2009, p. 99, Roger Makins, memorando del 25 de marzo de 1938, PRO FO 371/2231.

72. Rees, *Holocaust*, edición Kindle, pp. 163-164.

73. Domarus (ed.), *Hitler. Reden und Proklamationen*, vol. 1, p. 899, discurso de Hitler del 12 de septiembre de 1938.

74. Jillian Jordan, Roseanna Sommers y David Rand, «The Real Problem with Hypocrisy», *New York Times*, 13 de enero de 2017. Véase también Jillian Jordan, Roseanna Sommers, Paul Bloom y David Rand, «Why Do We Hate Hypocrites? Evidence for a Theory of False Signaling», *Psychological Science*, vol. 28, n.º 3 (marzo de 2017), pp. 356-368.

75. «Juden, was nun?», *Das Schwarze Korps*, 24 de noviembre de 1938, p. 1.

76. Domarus (ed.), *Hitler. Reden und Proklamationen*, vol. 1, p. 899, discurso de Hitler del 12 de septiembre de 1938.

77. BArch, RW 4/31, «Amtliches Tagebuch vom Chef des Wehrmacht-Führungsstabes, Abt. Landesverteidigung Oberst Jodl für die Zeit vom 4.1.1937-24.8.1939», p. 48.

78. Leonidas E. Hill (ed.), *Die Weizsäcker-Papiere 1933-1950*, Propyläen Verlag, 1974, p. 145, apunte del 9 de octubre de 1938.

79. BArch, RW 19/41, p. 56, «Wehrwirtschaftsinspektion VII (München), Wirtschaftsbericht August 1938», 9 de septiembre de 1938.

80. Hill (ed.), *Die Weizsäcker-Papiere*, p. 145, apunte del 9 de octubre de 1938.

81. «Rede Hitlers vor der deutsche Presse (10. November 1938)», *Vierteljahrshefte für Zeitgeschichte*, vol. 6, n.º 2 (1958), pp. 175-191.

82. Elke Fröhlich (ed.), *Die Tagebücher von Joseph Goebbels*, Teil I: *Aufzeichnungen 1923-1941*, vol. 9: *Dezember 1940-Juli 1941*, K. G. Saur, 1998, pp. 425-427 (en este caso, p. 426), apunte del 5 de julio de 1941.

83. «Rede Hitlers vor der deutsche Presse (10. November 1938)», pp. 175-191.

84. Walter H. Pehle (ed.), *November 1938: From «Reichskristallnacht» to Genocide*, Berg, 1991, p. 41; véase <https://www.jewishvirtuallibrary.org/reactions-to-kristallnacht>.

85. Ruth Levitt (ed.), *Pogrom – November 1938: Testimonies from «Kristallnacht»*, Souvenir Press y The Wiener Library for the Study of the Holocaust and Genocide, 2015, informe B.66, p. 87.

86. Testimonio de Rudi Bamber, en Rees, *Nazi: A Warning from History*, edición Kindle, p. 72.

87. Fröhlich (ed.), *Die Tagebücher von Joseph Goebbels*, Teil I, vol. 6, p. 180, apunte del 10 de noviembre de 1938.

88. Jürgen Matthäus y Mark Roseman (eds.), *Jewish Responses to Persecution 1933-1946*, vol. 1: *1933-1938*, AltaMira Press, 2010, documento 12-2, pp. 345-347, carta de Josef Broniatowski, Częstochowa (Polonia), sin fecha (pero probablemente de principios de noviembre de 1938).

89. Discurso secreto de Hitler ante los mandos militares, 10 de febrero de 1939. En inglés en «Hitler's Secret Speech to military commanders», <https://ghdi.ghi-dc.org/sub_document.cfm?document_id=1543>.

90. *Documents on German Foreign Policy*, Serie D, vol. VII, pp. 200-204, conferencia de Hitler, 22 de agosto de 1939.

91. Testimonio inédito hasta la fecha.

Capítulo 9

1. «Memorandum Brief of the Prosecution, Crimes against Peace: Counts one and four; Planning, Preparing, Initiating and Waging Wars of Aggression and Invasions, the Common Plan or Conspiracy, 26 August 1948», *Records of the United States Nuremberg War Crimes Trials Interrogations, 1946-1949*, 898, Roll 58, 30.

2. Elisabeth Wagner (ed.), *Der Generalquartiermeister. Briefe und Tagebuchaufzeichnungen des Generalquartiermeisters des Heeres General der Artillerie Eduard Wagner*, Günter Olzog Verlag, 1963, p. 103.

3. Jürgen Matthäus, Jochen Böhler y Klaus-Michael Mallmann (eds.), *War, Pacification, and Mass Murder, 1939: The Einsatzgruppen in Poland*, Rowman & Littlefield, 2014, edición Kindle, pp. 13-15.

4. «The Myth of "The Bloody Sunday of Bydgoszcz" Dispelled», Polish Institute of National Remembrance, <https://1september39.com/39e/articles/2332,The-Myth-of-quotThe-Bloody-Sunday-of-Bydgoszcz-Dispelled.html>.

5. *The Nuremberg Trials*, vol. 9, DigiCat, 2022, p. 954, 22 de marzo de 1946, sesión matinal. Véase también la declaración de Hermann Göring (p. 730).

6. Melita Maschmann, *Account Rendered: A Dossier on My Former Self*, Plunkett Lake Press, 2013, edición Kindle, p. 76.

7. Hargreaves, *Blitzkrieg Unleashed*, p. 236.

8. Peter Fritzsche, *Life and Death in the Third Reich*, Belknap Press of Harvard University Press, 2008, edición Kindle, ubicación 1803-1807. [Hay traducción al español, por Luis Noriega: *Vida y muerte en el Tercer Reich*, Barcelona: Crítica, 2009.]

9. Neil C. Renic, *Asymmetric Killing: Risk Avoidance, Just War, and the Warrior Ethos*, Oxford University Press, 2020, p. 125.

10. Gerhard Wolf, *Ideology and the Rationality of Domination: Nazi Germanization Policies in Poland*, Indiana University Press, 2020, p. 56.

11. Matthäus, Böhler y Mallmann (eds.), *War, Pacification, and Mass Murder*, edición Kindle, p. 54, informe de Helmuth Bischoff, comandante del Einsatzkommando 1/IV, 8 de septiembre de 1939.

12. Wildt, *An Uncompromising Generation*, p. 224.

13. *Ibid.*, p. 225.

14. *Ibid.*, p. 236.

15. Matthäus, Böhler y Mallmann (eds.), *War, Pacification, and Mass Murder*, edición Kindle, p. 59, interrogatorio de «Bruno G.», antiguo miembro del Einsatzkommando 2/IV, sobre las represalias de Bromberg, 1 de diciembre de 1964.

16. Aly y Heim, *Architects of Annihilation*, edición Kindle, p. 64.

17. *Ibid.*, p. 127.

18. Véanse las páginas dedicadas a la investigación de la profesora Susan Fiske y sus colegas, pp. 232-233.

19. Jacob Sloan (ed.), *Notes from the Warsaw Ghetto, from the Journal of Emanuel Ringelblum*, iBooks, edición Kindle, 2006, p. 19, apunte del 12 de febrero de 1940.

20. *Ibid.*, p. 17, apunte del 7 de febrero de 1940.

21. Gerwarth, *Hitler's Hangman*, edición Kindle, p. 135.

22. Matthäus, Böhler y Mallmann (eds.), *War, Pacification, and Mass Murder*, edición Kindle, pp. 140-141, interrogatorio de Fritz Liebl, miembro del Einsatzkommando 3/I, por investigadores de la SS y la policía, diciembre de 1939.

23. BArch, R 9361-III/529347, SSO-archivo Alfred Hasselberg.

24. *Ibid.*

25. Véanse las pp. 282-288.

26. Matthäus, Böhler y Mallmann (eds.), *War, Pacification, and Mass Murder*, edición Kindle, p. 141.

27. Lina Heydrich, *Leben mit einem Kriegsverbrecher*, Verlag W. Ludwig, 1976, p. 119.

28. Véase la p. 283.

29. Matthäus, Böhler y Mallmann (eds.), *War, Pacification, and Mass Murder*, edición Kindle, p. 70, testimonio de Josef Lemke sobre las atrocidades alemanas en Wejherowo, a finales de 1939; se le entrevistó el 10 de febrero de 1971.

30. Véanse las pp. 342-344.

31. Alexander B. Rossino, *Hitler Strikes Poland: Blitzkrieg, Ideology, and Atrocity*, University Press of Kansas, 2003, pp. 68-69.

32. IMT, *Der Prozess gegen die Hauptkriegsverbrecher vor dem Internationalen Militärgerichtshof*, vol. XXXV, Sekretariat der Gerichtshof, 1949, pp. 87-91 (en este caso, pp. 89-90), documento 419-D, informe del mando del ejército en el distrito XXI (Poznań) para el comandante del Ejército de la Reserva, 23 de noviembre de 1939.

33. Hildegard von Kotze (ed.), *Heeresadjutant bei Hitler 1938-1943. Aufzeichnungen des Majors Engel*, Deutsche Verlags-Anstalt, 1974, pp. 67 s.

34. Carta de Wilhelm *Ritter* von Leeb a Franz Halder, del 19 de diciembre de 1939, «Durchschlag des maschinenschriftlichen Entwurfs im Nachlass Ritter v. Leebs; Entwurf, im Original handschriftlicher Vermerk: "ab durch Kurier am 20.12.39. Becker, Mjr"». Véase Georg Meyer (ed.), *Generalfeldmarschall Wilhelm Ritter von Leeb. Tagebuchaufzeichnungen und Lagebeurteilungen aus zwei Weltkriegen*, Deutsche Verlags-Anstalt, 1976, pp. 473-474.

35. BArch, RH 53-23/23, fols. 11-28, Comandante en jefe del Este [Oberbefehlshaber Ost], 6 de febrero de 1940, notas para una reunión con el comandante en jefe de las fuerzas armadas, en Spala, el 15 de febrero (documento de Núremberg NO-3011).

36. Heinrich Nolte, «Landesverrat oder Hochverrat? Als Adjutant bei Halder, Oktober 1939 bis Juni 1940», *Kampftruppen*, vol. 5 (1969), pp. 120-122 (en este caso, p. 122).

37. Elke Fröhlich (ed.), *Die Tagebücher von Joseph Goebbels*, Teil I: *Aufzeichnungen 1923-1941*, vol. 7: *Juli 1939-März 1940*, K. G. Saur, 1998, pp. 177-179 (en este caso, p. 177), apunte del 2 de noviembre de 1939.

38. Entrevista del autor con la profesora Essi Viding.

39. Richard Giziowski, *The Enigma of General Blaskowitz*, Leo Cooper, 1997, pp. 15-24.

40. «Abschrift Aussage Huppenkothen der 20. Juli 1944», IfZ Múnich, ZS 249 (Huppenkothen), p. 158, como testimonio de Walter Huppenkothen en la posguerra. Véase también Hans-Adolf Jacobsen, *Fall Gelb. Der Kampf um den deutschen Operationsplan zur Westoffensive 1940*, Franz Steiner Verlag, 1957, p. 10.

41. *Kriegstagebuch des Oberkommandos der Wehrmacht (Wehrmachtführungsstab)*, vol. I: *1. August 1940-31. Dezember 1941*, Bernard & Graefe Verlag, 1965, p. 950. Por orden del general Warlimont, esta página del diario de guerra se cambió por un texto moderado, para no molestar a Hitler; pero la página original se preservó cuidadosamente.

42. Ernest R. May, *Strange Victory: Hitler's Conquest of France*, Hill & Wang, 2015, p. 285, informe del 15 de diciembre de 1939.

43. John Vincent (ed.), *The Crawford Papers: The Journals of David Lindsay, Twenty-seventh Earl of Crawford and Tenth Earl of Balcarres, 1871-1940, during the Years 1892 to 1940*, Manchester University Press, 1984, p. 602, apunte del 25 de agosto de 1939.

44. Charles Burdick y Hans-Adolf Jacobsen (eds.), *The Halder War Diary 1939-1942*, Greenhill Books, 1988, p. 72, apunte del 14 de octubre de 1939.

45. Kershaw, *Nemesis*, p. 268.

46. El general Wilhelm *Ritter* von Leeb consideró «una locura» la propuesta de atacar la Europa occidental. Véase Meyer (ed.), *Leeb. Tagebuchaufzeichnungen und Lagebeurteilungen*, pp. 187-188, apunte del 9 de octubre de 1939.

47. Carta de Walther Nehring, general del cuerpo acorazado, a Geyr von Schweppenburg, otro general, el 26 de octubre de 1967, en la que Nehring aborda si su propio regimiento acorazado había actuado contra Hitler o no; el documento está en el IfZ Múnich, ED 91/16.

48. «Monatsbericht der Gendarmerie-Station Waischenfeld», 26 de noviembre de 1939, en Martin Broszat, Elke Fröhlich y Falk Wiesemann (eds.), *Bayern in der NS-Zeit*, vol. 1, Oldenbourg, 1977, p. 135.

49. «Aus deutschen Urkunden 1935-1945», Departamento de Documentos del Museo Imperial de la Guerra, pp. 174-175. Véase también Longerich, *Himmler*, edición Kindle, pp. 461-465.

50. BArch, NS 7/221, fol. 3.

51. *Ibid.*

52. Testimonio inédito hasta la fecha.

53. Ernst Klee, Willi Dressen y Volker Riess (eds.), *«The Good Old Days»: The Holocaust as Seen by its Perpetrators and Bystanders*, Konecky & Konecky, 1991, p. 70, informe del doctor August Becker, el 5 de junio de 1942, al Obersturmbannführer de la SS Rauff, sobre la cantidad de personas asesinadas en tres camiones de gas entre diciembre de 1941 y junio de 1942.

54. Maria Otero Rossi, «Euphémismes et crimes de masse: Psychanalyse et mise en sens avec l'Histoire», *Recherches en Psychanalyse*, vol. 19, n.º 1 (2015), pp. 68-76, <https://shs.cairn.info/revue-recherches-en-psychanalyse1-2015-1-page-68.?lang=fr>.

55. Albert Bandura, *Moral Disengagement: How People Do Harm and Live with Themselves*, Worth Publishers, 2016, p. 53.

56. Testimonio inédito hasta la fecha.

57. Heinrich Himmler, «Rede vor Gauleitern und anderen Parteifunktionären am 29.2.1940», citado en Bradley F. Smith y Agnes F. Peterson (eds.), *Heinrich Himmler. Geheimreden 1933 bis 1945 und andere Ansprachen*, Propyläen Verlag, 1974, pp. 115-144.

58. Alfred Konieczny y Herbert Szurgacz (eds.), *Praca przymusowa polaków pod panowaniem hitlerowskim 1939-1945* (= Documenta Occupationis, vol. X), Instytut Zachodni, 1976, pp. 118-121, doc. II-9, pautas del Reichsführer SS sobre el «trato especial» a los trabajadores civiles polacos y los prisioneros de guerra empleados en el Reich.

59. Véase la p. 202.

60. Burleigh, *Death and Deliverance*, p. 108. Burleigh considera, en esa misma página, que aunque Hölzel logró escapar de aquel encargo, anteriormente había «inducido a varias enfermeras a hacer una tarea que incluía necesariamente determinada cantidad de muertes».

61. Véase la p. 287.

62. C. F. Rüter *et al.* (eds.), *Justiz und NS-Verbrechen. Sammlung deutscher Strafurteile wegen nationalsozialistischer Tötungsverbrechen 1945-1966*, vol. XXVI, Amsterdam University Press y K. G. Saur, 2001, pp. 555-583 (en este caso, pp. 558-559). Se cita también en Ernst Klee, *Euthanasie im NS-Staat. Die «Vernichtung lebensunwerten Lebens»*, S. Fischer Verlag, 1983, pp. 84-85.

63. Véanse las pp. 26-27. También Grossman, *On Killing*, edición Kindle, pp. 150-151.

64. Grossman, *ibid.*, p. 151.

65. Burleigh, *Death and Deliverance*, p. 140.

66. Karsten Linne (ed.), *Der Nürnberger Ärzteprozeß 1946/47. Wortprotokolle, Anklage– und Verteidigungsmaterial, Quellen zum Umfeld*, Mikrofiche-Edition y K. G. Saur, 1999, fols. 2687-2688, transcripción de la declaración de Hans Heinrich Lammers, juicio de Núremberg a los médicos, 7 de febrero de 1947.

67. Walter Kohl, *«Ich fühle mich nicht schuldig». Georg Renno, Euthanasiearzt*, Paul Zsolnay Verlag, 2000, p. 320.

68. BArch, B 162/3170, fol. 167, testimonio de Werner Dubois, 18 de septiembre de 1961.

69. BArch, B 162/4428 (AR-Z 251/59, vol. 4), fols. 703-704, declaración de Werner Dubois, 7 de septiembre de 1961.

70. Michael Grabher, *Irmfried Eberl. «Euthanasie»-Arzt und Kommandant von Treblinka*, Peter Lang, 2006, p. 17; original en HHStAW 631a, n.º 1633.

71. Frank Hirschinger, *«Zur Ausmerzung freigegeben». Halle und die Landesheilanstalt Altscherbitz 1933-1945*, Böhlau Verlag, 2001, p. 110; original en BStU, MfS ZUV 45 («Untersuchungsvorgang Otto Hebold»), vol. 5, p. 18.

72. Christopher Browning, *The Origins of the Final Solution: The Evolution of Nazi Jewish Policy, September 1939-March 1942*, Cornerstone Digital, 2014, edición Kindle, pp. 186-189.

73. Patrick Montague, *Chełmno and the Holocaust: The History of Hitler's First Death Camp*, I. B. Tauris, 2012, pp. 21-28.

74. Hay que comentar que posteriormente, muchos otros afirmaron haber participado en la planificación. También se dijo que otro factor que favoreció el cambio de plan fue saber que el original, probablemente, había caído en manos de los Aliados. Véase Andrew Roberts, *The Storm of War, a New History of the Second World War*, Penguin, 2009, edición Kindle, pp. 48-49. [Hay traducción al español, por Antonio Resines: *La tormenta de la guerra. Nueva historia de la segunda guerra mundial*, Madrid: Siglo XXI, 2012.]

75. Rees, *Dark Charisma*, edición Kindle, p. 262; entrevista del autor con el profesor Adam Tooze.

76. Winston Churchill, *The Second World War*, vol. II: *Their Finest Hour*, Penguin, 2005, p. 38. [Hay traducción al español, por Juan G. de Luaces: *La segunda guerra mundial. Memorias*, vol. 2: *Su hora mejor*, Barcelona: José Janés, 1949.]

77. Halder, *War Diary*, p. 103, apunte del 25 de febrero de 1940; p.106, apunte del 17 de marzo de 1940.

78. Como era de prever, en un país privado de los derechos humanos básicos, estas manifestaciones se hacían por orden y bajo control del régimen. Pero esto no significa —los testimonios personales lo confirman— que el gozo de muchos de quienes participaron en ellas no fuera genuino.

Capítulo 10

1. Hitler, *Mein Kampf*, pp. 660-661.

2. Halder, *War Diary*, p. 346, apunte del 30 de marzo de 1941.

3. Erhard Moritz (ed.), *Fall Barbarossa. Dokumente zur Vorbereitung der faschistischen Wehrmacht auf die Aggression gegen die Sowjetunion*, Deutscher Militärverlag, 1970, pp. 258-259.

4. Hans-Heinrich Wilhelm, *Rassenpolitik und Kriegführung. Sicherheitspolizei und Wehrmacht in Polen und in der Sowjetunion 1939-1942*, R. Rothe, 1991, pp. 133-140 (en este caso, pp. 133-134, 138-139), coronel general Georg von Küchler, notas para un discurso ante sus comandantes de división, el 25 de abril de 1941; original en BArch, RH 20-18/71, AOK 18/Ia Nr. 406/41, g.Kdos.

5. Gerd R. Ueberschär y Wolfram Wette (eds.), *Der deutsche Überfall auf die Sowjetunion. «Unternehmen Barbarossa» 1941*, Fischer Taschenbuch Verlag, 2011, pp. 262-263; original en BA-MA, RW 39/20.

6. Véanse las pp. 52-54.

7. *Trial of the Major War Criminals*, vol. 4, p. 482 (declaración de Erich von dem Bach-Zelewski, 7 de enero de 1946), <https://avalon.law.yale.edu/imt/01-07-46.asp>. Bach-Zelewski yerra al situar la reunión en una fecha anterior de 1941, pero el calendario de trabajo de Himmler confirma que fue en junio, justo antes de la invasión. Véase Peter Witte *et al.* (eds.), *Der Dienstkalender Heinrich Himmlers 1941/42*, Hans Christians Verlag, 1999, pp. 171-172. Véase también Longerich, *Holocaust*, edición Kindle, p. 181.

8. Aly y Heim, *Architects of Annihilation*, edición Kindle, p. 239.

9. Heinz Höhne, *The Order of the Death's Head: The Story of Hitler's SS*, Penguin, 2000, p. 356. [Hay traducción al español, por Manuel Vázquez: *La orden de la calavera*, Barcelona: Plaza & Janés, 1969.] Helmut Langerbein,

Hitler's Death Squads: The Logic of Mass Murder, Texas A&M University Press, 2004, p. 28.

10. Longerich, *Himmler*, edición Kindle, p. 521.

11. Wildt, *An Uncompromising Generation*, p. 273. Aquellos jóvenes de la policía de seguridad volvieron a Berlín para el nuevo semestre de su formación, que se inició en noviembre de 1941, después de haber pasado varios meses ejecutando matanzas. Probablemente también se pensó —véase *ibid.*, p. 287— que debían volver antes de lo previsto para evitar que sufrieran más daños psicológicos.

12. Langerbein, *Hitler's Death Squads*, p. 28.

13. Zygmunt Bauman, *Modernity and the Holocaust*, Polity Press, 2007, edición Kindle, p. 70. [Hay traducción al español de A. Mendoza y F. Ochoa: *Modernidad y Holocausto*, Madrid: Sequitur, 1997.]

14. Browning, *Origins of the Final Solution*, edición Kindle, pp. 309-310.

15. Ute Hoffmann y Dietmar Schulze, «... *wird heute in eine andere Anstalt verlegt*». *Nationalsozialistische Zwangssterilisation und «Euthanasie» in der Landes-Heil– und Pflegeanstalt Bernburg – eine Dokumentation*, Regierungspräsidium Dessau, 1997, p. 111.

16. Véase la p. 322.

17. Rees, *Nazis: A Warning from History*, edición Kindle, pp. 295-296.

18. Rees, *Holocaust*, edición Kindle, pp. 245-246.

19. Declaración de Otto Ohlendorf, *Trial of the Major War Criminals*, vol. 4, p. 320, 3 de enero de 1946, sesión matinal, <https://avalon.law.yale.edu/imt/01-03-46.asp>.

20. Waller, *Becoming Evil*, pp. 108-113.

21. Véase por ejemplo Langerbein, *Hitler's Death Squads*, pp. 8-9, 153 y 180. También Browning, *Ordinary Men*, edición Kindle, pp. 171-174.

22. Waller, *Becoming Evil*, p. 113. Véase también Stanley Milgram, *Obedience to Authority: An Experimental View*, Harper Perennial, 2017. [Hay traducción al español, por Javier Goitia: *Obediencia a la autoridad*, Bilbao: Desclée de Brouwer, 1980; Madrid: Capitán Swing, 2016.]

23. Entrevista del autor con el profesor Robert Sapolsky.

24. Conferencia del profesor Stephen Reicher sobre Milgram, en la conferencia anual de la British Psychological Association, 2018, <https://www.youtube.com/watch?v=RFOI6FJQBXY>.

25. Ervin Staub, *The Roots of Evil: The Origin of Genocide and Other Group Violence*, Cambridge University Press, 1989, edición Kindle, p. 79.

26. Erich Fromm, *Escape from Freedom*, Open Road, 2013, edición Kindle. [Hay traducción al español, por Gino Germani: *El miedo a la libertad*, Barcelona: Paidós, 1976.] Este libro, publicado originalmente en 1941, también contiene un análisis interesante —aunque anticuado— sobre la «Psicología del nazismo», pp. 204-237.

27. BArch, NS 19/4010. Reproducido asimismo en Smith y Peterson (eds.), *Heinrich Himmler. Geheimreden*, pp. 162-183 (en este caso, pp. 169-170), discurso del 6 de octubre de 1943. Dos días antes también pronunció otro discurso en Posen.

28. Browning, *Origins of the Final Solution*, edición Kindle, pp. 281-282.

29. Robert D. Hare, Elizabeth León-Mayer, Joanna Rocuant Salinas, Jorge Folino y Craig S. Neumann, «Psychopathy and Crimes against Humanity: A Conceptual and Empirical Examination of Human Rights Violators», *Journal of Criminal Justice*, vol. 81 (2022).

30. Véase «Sexual Sadism Disorder», *Psychology Today*, <https://www.psychologytoday.com/gb/conditions/sexual-sadism-disorder>. Véase también George R. Brown, «Sexual Sadism Disorder», en *MSD Manual, Professional Version*, julio de 2023, <https://www.msdmanuals.com/professional/psychiatric-disorders/paraphilias-and-paraphilic-disorders/sexual-sadism-disorder>. Y por último J. Reich, «Prevalence and Characteristics of Sadistic Personality Disorder in an Outpatient Veterans Population», *Psychiatry Research*, vol. 48, n.º 3 (1993), pp. 267-276, <https://pubmed.ncbi.nlm.nih.gov/8272448/>. Aquí se indica un 8,1 % de prevalencia de los trastornos y rasgos de personalidad sádica entre un grupo de veteranos seleccionados entre los pacientes externos de una clínica psiquiátrica.

31. Klee, Dressen y Riess (eds.), *«The Good Old Days»*, p. 179.

32. Ingrao, *Believe and Destroy*, edición Kindle, p. 159.

33. Langerbein, *Hitler's Death Squads*, pp. 67-70.

34. Longerich, *Himmler*, edición Kindle, p. 309, discurso del 4 de octubre de 1943.

35. Klee, Dressen y Riess (eds.), *«The Good Old Days»*, p. 97.

36. Ben Shalit, *The Psychology of Conflict and Combat*, Praeger, 1988, p. 48, donde cita la investigación de Miron y Goldstein en 1979.

37. Christopher Browning, *Nazi Policy, Jewish Workers, German Killers*, Cambridge University Press, 2000, pp. 151-152.

38. Browning, *Ordinary Men*, edición Kindle, p. 83.

39. Testimonio inédito hasta la fecha, y Rees, *Their Darkest Hour*, edición Kindle, p. 22.

40. Klee, Dressen y Riess (eds.), *«The Good Old Days»*, p. 76.

41. H. Tajfel, M. G. Billig, R. P. Bundy y C. Flament, «Social categorization and intergroup behavior», *European Journal of Social Psychology*, vol. 1, n.º 2, abril/junio de 1971, pp. 149-178. Para un análisis del trabajo de Tajfel, véase Dominic Abrams, *Social Identifications: A Social Psychology of Intergroup Relations and Group Processes*, Routledge, 1998.

42. Véanse las pp. 15-16.

43. Laurence Rees, *Horror in the East: The Brutal Struggle in Asia and the Pacific in WWII*, BBC Books, 2011, edición Kindle, p. 29. [Hay traducción al

español, por Ferran Esteve: *El Holocausto asiático. Los crímenes japoneses en la segunda guerra mundial*, Barcelona: Crítica, 2016.]

44. *Ibid.*, p. 30.

45. *Ibid.*, p. 44.

46. *Ibid.*, p. 169.

47. Waller, *Becoming Evil*, pp. 38-39.

48. Browning, *Ordinary Men*, edición Kindle, p. 56. Tanto el ya citado *Ordinary Men* de Browning [*Aquellos hombres grises*] como el *Hitler's Willing Executioners: Ordinary Germans and the Holocaust* de Daniel Jonah Goldhagen (Knopf, 1996) se publicaron en la década de 1990 y despertaron mucho debate [hay traducción al español, por Jordi Fibla: *Los verdugos voluntarios de Hitler. Los alemanes corrientes y el Holocausto*, Madrid: Taurus, 1997]. Muchos historiadores plantearon críticas severas al libro de Goldhagen, por una serie de razones. Véase por ejemplo el punto de vista del reputado historiador alemán Eberhard Jäckel: «Einfach ein schlechtes Buch» («Sencillamente, un mal libro»), *Die Zeit*, 17 de mayo de 1996.

49. Browning, *Ordinary Men*, edición Kindle, pp. 61-62.

50. Earl, *The Nuremberg SS-Einsatzgruppen Trial*, p. 206.

51. Langerbein, *Hitler's Death Squads*, p. 146.

52. Entrevista del autor con la profesora Essi Viding.

53. Höss, *Commandant*, p. 148.

54. Klee, Dressen y Riess (eds.), *«The Good Old Days»*, p. 62, palabras del ingeniero de teletipos Kiebach, del Einsatzgruppe C.

55. *Ibid.*, p. 111, declaración de August Häfner, Obersturmführer de la SS, del Sonderkommando 4a.

56. *Trials of War Criminals before the Nuernberg Military Tribunals...*, vol. IV: *«The Einsatzgruppen Case»...*, United States Government Printing Office, 1950, p. 491. En alemán en Kazimierz Leszczyński (ed.), *Fall 9. Das Urteil im SS-Einsatzgruppenprozeß, gefällt am 10. April 1948 in Nürnberg vom Militärgerichtshof II der Vereinigten Staaten von Amerika*, Rütten & Loening, 1963, pp. 122-123.

57. Testimonio inédito hasta la fecha.

58. Wildt, *An Uncompromising Generation*, pp. 286-287.

59. *Ibid.*, p. 289.

60. Rees, *Their Darkest Hour*, edición Kindle, pp. 70-71.

61. *Trials of War Criminals before the Nuremberg Military Tribunals*, vol. IV, p. 491.

62. Entrevista del autor con la profesora Essi Viding.

63. Testimonio inédito hasta la fecha, y Rees, *Nazis: A Warning from History*, edición Kindle, pp. 215-216.

64. *Ibid.*

65. Longerich, *Himmler*, edición Kindle, pp. 345-346.

66. Christian Ingrao, *The SS Dirlewanger Brigade: The History of the Black Hunters*, Skyhorse Publishing, 2011, edición Kindle, p. 26, informe de situación del 15 de octubre de 1943, escrito por el Estado Mayor después de que este hubiera sido asesinado el mes anterior, pero a la vez citando en parte palabras de Kube.

67. Rees, *Behind Closed Doors*, edición Kindle, pp. 290-291.

68. Testimonio inédito hasta la fecha.

69. Longerich, *Himmler*, edición Kindle, p. 346.

70. Véanse las pp. 255-256.

71. <https://www.yadvashem.org/odot_pdf/Microsoft%20Word%20-%206236.pdf>.

72. Pero téngase en cuenta que, aunque en 1942 en los campos de exterminio de Auschwitz, Treblinka, Sobibór, Bełżec y Majdanek se estaba matando mediante cámaras de gas, los fusilamientos no se detuvieron, sino que continuaron en paralelo. De hecho durante la Operación Festival de la Cosecha, el 3 y el 4 de noviembre de 1943, se fusiló a la increíble cifra de 42.000 judíos, principalmente en Majdanek pero no solo. Véase <https://encyclopedia.ushmm.org/content/en/timeline-event/holocaust/1942-1945/operation-harvest-festival>.

73. Witte *et al.* (eds.), *Der Dienstkalender Heinrich Himmlers 1941/42*, p. 195.

74. «Leben eines SS-Generals. Aus den Nürnberger Geständnissen des Generals der Waffen-SS Erich von dem Bach-Zelewski», *Aufbau*, vol. XII, n.º 34 (23 de agosto de 1946), p. 2.

75. Browning, *Ordinary Men*, edición Kindle, p. 24.

76. «Leben eines SS-Generals», p. 2; y los recuerdos del Karl Wolff, antiguo general de la SS, en *The World at War*, Thames Television, 27 de marzo de 1974, citado en Martin Gilbert, *The Holocaust: The Jewish Tragedy*, Collins, 1986, p. 19.

77. Rees, *Holocaust*, edición Kindle, p. 258.

Capítulo 11

1. Véase las pp. 372-373.

2. Véase la p. 280. Por supuesto, en el experimento de Milgram —como ya vimos—, aunque los sujetos creían estar dando descargas eléctricas, esto era solo una ilusión; el experimento no causó daño a nadie.

3. Rees, *Holocaust*, edición Kindle, p. 247.

4. Wachsmann, *KL*, pp. 262-267.

5. *Ibid.*, pp. 270-274.

6. Declaración del doctor Albert Widmann, 1960, StAL, EL317III, Bü53.

7. Testimonio de Wilhelm Jaschke, Vilsbiburg, 5 de abril de 1960, BArch, 202, AR-Z 152/159; en parte en Rees, *Holocaust*, edición Kindle, p. 260.

8. Declaración del doctor Albert Widmann, 1960, StAL, EL317III, Bü53.

9. *Ibid.*

10. *Ibid.*

11. Sin embargo, el concepto de «legitimidad» de Widmann llegaba hasta el punto de crear balas venenosas, a principios de 1944, en directa violación de los tratados internacionales. Avanzado el año se experimentó con esas balas sobre presos condenados y se constató que el invento de Widmann causaba una muerte extremadamente dolorosa. Por suerte no llegaron a utilizarse nunca en combate. Véase Wildt, *An Uncompromising Generation*, p. 187.

12. Declaración del doctor Albert Widmann, 1960, StAL, EL317III, Bü53. Widmann fue condenado a seis años y seis meses de cárcel.

13. Segev, *Soldiers of Evil*, pp. 175-179. Fritzsch y su esposa rompieron durante la guerra y apenas cabe duda de que el primero halló la muerte en la Batalla de Berlín.

14. Rees, *Selling Politics*, p. 24.

15. Véase la p. 126.

16. Rees, *Auschwitz*, edición Kindle, p. 89.

17. Höss, *Commandant*, p. 147.

18. Véase, por ejemplo, el testimonio de dos miembros de Sonderkommandos, Dario Gabbai y Morris Venezia, sobre los horrores de este método letal: Rees, *Auschwitz*, edición Kindle, pp. 289-290.

19. Peter Löffler (ed.), *Bischof Clemens August Graf von Galen. Akten, Briefe und Predigten 1933-1946*, vol. 2: *1939-1946*, Matthias-Grünewald-Verlag, 1988, pp. 876-878; original en BAM, archivo Fremde Provenienzen, A 8, «Niederschrift der Predigt des Bischofs von Münster, Sonntag, den 3. August 1941, in der St. Lambertikirche in Münster».

20. Kershaw, *«Hitler Myth»*, p. 178.

21. *Ibid.*

22. Nótese no obstante que el sermón de Galen, probablemente, fue solo uno entre los varios factores que explican esa decisión. Véase David Cesarani, *Final Solution: The Fate of the Jews 1933-1949*, Macmillan, 2016, p. 284.

23. Beth A. Griech-Polelle, *Bishop von Galen: German Catholicism and National Socialism*, Yale University Press, 2002, edición Kindle, pp. 20, 30 y 132-134.

24. Elke Fröhlich (ed.), *Die Tagebücher von Joseph Goebbels*, Teil II: *Diktate 1941-1945*, vol. 1: *Juli-September 1941*, K. G. Saur, 1996, pp. 251-255 (en este caso, p. 254), apunte del 18 de agosto de 1941.

25. Hubo una manifestación alemana contra la deportación de los judíos, que se ha hecho famosa. Se produjo frente al edificio de la comunidad judía en la Rosenstrasse de Berlín, entre el 27 de febrero y el 6 de marzo de 1943. Pero no se trataba de alemanes corrientes que, apelando a sus principios, protestaran por la expulsión de las familias judías. Se manifestaban las esposas alemanas (no judías) de judíos a los que se había confinado en ese edificio antes de deportarlos. Véase <https://encyclopedia.ushmm.org/content/en/article/the-rosenstrasse-demonstration-1943>.

26. Con esta referencia a «los gobernantes judeo-bolcheviques de Moscú» se hacía eco de las palabras de Hitler. Griech-Polelle, *Bishop von Galen*, edición Kindle, p. 107.

27. *Ibid.*, pp. 62-63.

28. Véanse las pp. 255-257.

29. Domarus (ed.), *Hitler. Reden und Proklamationen*, vol. 2, pp. 1762-1763, discurso de Hitler del 3 de octubre de 1941.

30. *Preussische Zeitung*, vol. 11, n.º 281 (10 de octubre de 1941), p. 1.

31. Elke Fröhlich (ed.), *Die Tagebücher von Joseph Goebbels*, Teil II: *Diktate 1941-1945*, vol. 2: *Oktober-Dezember 1941*, K. G. Saur, 1996, pp. 84-90 (en este caso, pp. 87 y 89-90), apunte del 10 de octubre de 1941.

32. Elke Fröhlich (ed.), *Die Tagebücher von Joseph Goebbels*, Teil II: *Diktate 1941-1945*, vol. 3: *Januar-März 1942*, K. G. Saur, 1994, pp. 87-93 (en este caso, p. 93), apunte del 11 de enero de 1942.

33. *Ibid.*, pp. 208-213 (en este caso, p. 213), apunte del 29 de enero de 1942.

34. Rees, *Selling Politics*, p. 83.

35. Laurence Rees, *Hitler and Stalin: The Tyrants and the Second World War*, Viking, 2020, edición Kindle, p. 159. [Hay traducción al español, por Gonzalo García: *Hitler y Stalin. Dos dictadores y la segunda guerra mundial*, Barcelona: Crítica, 2022.]

36. Baynes (ed.), *Early Speeches*, p. 29, discurso de Hitler del 28 de julio de 1922 (según el texto publicado originalmente en el *Völkischer Beobachter*, 16 de agosto de 1922).

37. Domarus (ed.), *Hitler. Reden und Proklamationen*, vol. 2, pp. 1794-1798, discurso de Hitler del 11 de diciembre de 1941.

38. Entrevista del autor con la profesora Karen M. Douglas.

39. Max Domarus (ed.), *Hitler: Speeches and Proclamations 1932-1945*, vol. 3: *1939-1940*, Bolchazy-Carducci, 1997, pp. 1447-1449, discurso de Hitler del 30 de enero de 1939.

40. Fröhlich (ed.), *Die Tagebücher von Joseph Goebbels*, Teil II, vol. 2, pp. 498-499, apunte del 13 de diciembre de 1941.

41. J. L. Freedman y S. C. Fraser, «Compliance without Pressure: The Foot-in-the-Door Technique», *Journal of Personality and Social Psychology*, vol. 4, n.º 2 (1966), pp. 195-202.

42. Aly y Heim, *Architects of Annihilation*, edición Kindle, p. 192.

43. Ervin Staub, «The Psychology of Bystanders, Perpetrators, and Heroic Helpers», en Leonard S. Newman and Ralph Erber (eds.), *Understanding Genocide: The Social Psychology of the Holocaust*, Oxford University Press, 2002, edición Kindle, p. 12.

44. Montague, *Chełmno and the Holocaust*, pp. 34 y 40.

45. *Ibid.*, p. 32.

46. Rees, *Auschwitz*, edición Kindle, p. 114, testimonio de Zofia Szałek.

47. Declaración de Kurt Moebius, interrogado el 8 de noviembre de 1961, p. 6, 2 ZStL 203 AR-Z 69/59 Bd3.

48. Höss, *Commandant*, p. 206.

49. *KL Auschwitz Seen by the SS*, Museo Estatal de Auschwitz-Birkenau, 1998, p. 105, palabras de Pery Broad.

50. Höss, *Commandant*, pp. 230-231.

51. Aunque en su inmensa mayoría los asesinados en los campos de exterminio del Gobierno General eran judíos, también se mató allí a sintis y romaníes, así como a polacos que no eran judíos.

52. Sereny, *Into That Darkness*, p. 54.

53. BArch, R 9361-III/63391, archivo personal de la SS sobre Lorenz Hackenholt, fol. 2, CV manuscrito.

54. BArch, B 162/4428 (AR-Z 251/59, vol. 4), fols. 703-704, declaración de Werner Dubois, 7 de septiembre de 1961, y BArch, B 162/3170, fol. 167, testimonio de Werner Dubois, 18 de septiembre de 1961.

55. BArch, B 162/3170, fol. 167, testimonio de Werner Dubois, 18 de septiembre de 1961.

56. BArch, R 9361-III/516134, SSO, archivo del doctor August Becker, «Disziplinar-Sache Dr. Becker, August / Hackenholt, Lorenz, wegen tätlicher Beleidigung».

57. Yitzhak Arad, *Belzec, Sobibor, Treblinka: The Operation Reinhard Death Camps*, Indiana University Press, 1999, pp. 70-71.

58. BArch, B 162/3171, fol. 69, 77 (pp. 1511 y 1519 of AR-Z 252/59), interrogatorio de Karl Alfred Schluch, 10 de noviembre de 1961.

59. BArch, B 162/3171, fol. 85 (p. 1527 of AR-Z 252/59), interrogatorio de Ernst Willy Grossmann, 9 de noviembre de 1961.

60. BArch, B 162/3171, fol. 27 (p. 1469 of AR-Z 252/59), interrogatorio de Robert Jührs, 11 de octubre de 1961.

61. Michael S. Bryant, *Eyewitness to Genocide: The Operation Reinhard Death Camp Trials, 1955-1966*, University of Tennessee Press, 2014, p. 47.

62. Rees, *Holocaust*, edición Kindle, p. 340.

63. En realidad hubo tres campos distintos, a los que normalmente se hace referencia de forma colectiva como «Auschwitz»: el campo principal original, junto al río Sola; el nuevo gran campo de Auschwitz Birkenau, levantado

al noroeste del anterior, a menos de dos kilómetros; y Auschwitz Monowitz, cinco kilómetros al este de Birkenau.

64. Michael Jones, *After Hitler: The Last Days of the Second World War in Europe*, John Murray, 2015, p. 195; artículo de Borís Polevói, *Pravda*, 2 de febrero de 1945.

65. *KL Auschwitz*, pp. 129-130.

66. En su inmensa mayoría, las personas enviadas a Sobibór y los demás campos de la Operación Reinhard fueron asesinadas al poco de llegar. Solo se exceptuaba a un puñado escaso, de vez en cuando, seleccionado para trabajar en el campo: por ejemplo, para las tareas de limpieza o de clasificación de las pertenencias de los asesinados. El judío polaco Toivi Blatt estuvo entre los seleccionados para este trabajo.

67. Rees, *Auschwitz*, edición Kindle, ubicación 3862-3877.

68. La bibliografía sobre el sesgo de confirmación es ingente. Véase por ejemplo Rüdiger F. Pohl (ed.), *Cognitive Illusions: Intriguing Phenomena in Thinking, Judgment and Memory*, Routledge, 2017.

69. Rees, *Nazis: A Warning from History*, edición Kindle, pp. 286-287. Al igual que Toivi Blatt, Samuel Willenberg fue de los pocos judíos que, al llegar a un campo de la Operación Reinhard, no murió de inmediato porque se lo seleccionó para trabajar. Y también al igual que Toivi Blatt, si Willenberg logró sobrevivir a la guerra fue solo porque participó en una huida del campo: Willenberg escapó de Treblinka en agosto de 1943, y Blatt de Sobibór en octubre.

70. Durante un corto período de tiempo hubo en Auschwitz un «campo familiar», donde se recluyó a cerca de 18.000 personas (hombres, mujeres y niños) deportadas del campo-gueto de Theresienstadt, en Checoslovaquia, entre septiembre de 1943 y julio de 1944. Los nazis planeaban utilizar a esos judíos para fines propagandísticos. La inmensa mayoría de los niños y ancianos que llegaron a Auschwitz fueron enviados a las cámaras de gas acto seguido. Véase Rees, *Auschwitz*, edición Kindle, p. 237.

71. Rees, *Holocaust*, edición Kindle, pp. 371-372.

72. Jadwiga Bezwińska y Danuta Czech (eds.), *Amidst a Nightmare of Crime: Manuscripts of Prisoners in Crematorium Squads Found at Auschwitz*, Howard Fertig, 1992, p. 56, declaración de Alter Feinsilber (también conocido como Stanisław Jankowski).

73. Arad, *Belzec, Sobibor, Treblinka*, p. 87.

74. BArch, B 162/21871, fols. 317-325, Franz Suchomel, «Christian Wirth genannt "Christian der Grausame" oder "Stuka"», p. 6.

75. Earl W. Kintner (ed.), *Trial of Alfons Klein, Adolf Wahlmann, Heinrich Ruoff, Karl Willig, Adolf Merkle, Irmgard Huber, and Philipp Blum (The Hadamar Trial)*, William Hodge, 1949, p. 91.

76. BArch, B 162/21871, fols. 317-325, Suchomel, «Christian Wirth genannt "Christian der Grausame" oder "Stuka"», pp. 1, 6.

77. La capacidad letal de Auschwitz solo tocó límites con la llegada de cientos de miles de judíos húngaros, entre mayo y julio de 1944. Incluso entonces las cámaras de gas lograron dar respuesta a la demanda, pero no los crematorios, que no daban abasto. Por lo tanto se excavaron fosas para quemar los cadáveres al aire libre.

78. Véanse los cálculos del Museo de Auschwitz, en <https://www.auschwitz.org/en/history/auschwitzand-shoah/gas-chambers/>. La capacidad letal de Auschwitz Birkenau solía estar determinada por la capacidad de los nazis de deshacerse de los cadáveres. Afirma el Museo de Auschwitz: «Según los cálculos realizados por la Zentralbauleitung el 28 de junio de 1943, los crematorios podían incinerar 4.416 cadáveres diarios: 1.440 cada uno, los crematorios II y III, y 768 cada uno, los crematorios IV y V. Esto significaba que los crematorios podían incinerar más de 1,6 millones de cadáveres al año. Los presos asignados a las labores de incineración declararon que la capacidad diaria de los cuatro crematorios de Birkenau era superior: de unos 8.000 cadáveres».

79. Rees, *Their Darkest Hour*, edición Kindle, p. 27, testimonio de Oskar Groening.

80. Jill Stephenson, *Women in Nazi Germany*, Routledge, 2013, edición Kindle, p. 42.

81. United States Holocaust Memorial Museum, *12 Years That Shook the World*, Erin Harper y la doctora Patricia Heberer Rice hablan sobre Pauline Kneissler: <https://www.ushmm.org/learn/podcasts-and-audio/12-years-that-shook-the-world/convinced>. Kneissler administró esas inyecciones letales en un hospital psiquiátrico después de que los centros de «eutanasia» mediante gaseo hubieran dejado de funcionar.

82. Wendy Lower, *Hitler's Furies: German Women in the Nazi Killing Fields*, Vintage Digital, 2013, edición Kindle, p. 154. [Hay traducción al español, por Núria Pujol: *Las arpías de Hitler. Las mujeres alemanas en los campos de exterminio nazis*, Barcelona: Crítica, 2013.]

83. *Ibid.*, pp. 132-133 (Erna Petri). Véanse también las pp. 137-138 (sobre Gertrude Segel).

84. Elissa Mailänder, *Female SS Guards and Workaday Violence: The Majdanek Concentration Camp 1942-1944*, Michigan State University Press, 2015, pp. 68-69.

85. Margarete Buber-Neumann, *Under Two Dictators: Prisoner of Stalin and Hitler*, Vintage Digital, 2013, edición Kindle, pp. 231-232. [Hay traducción al español, por Luis García: *Prisionera de Stalin y Hitler*, Buenos Aires: Plaza & Janés, 1964; Barcelona: Galaxia Gutenberg, 2005.]

86. Craig Haney, Curtis Banks y Philip Zimbardo, «A Study of Prisoners and Guards in a Simulated Prison», *Naval Research Reviews*, vol. 26 (septiembre de 1973), pp. 1-17.

87. Véase por ejemplo Richard A. Griggs, «Coverage of the Stanford Prison Experiment in Introductory Psychology Textbooks», *Teaching of Psychology*, vol. 41, n.º 3 (julio de 2014), pp. 195-203. Véase también Stephen Reicher y S. Alexander Haslam, «Rethinking the Psychology of Tyranny: The BBC Prison Study», *British Journal of Social Psychology*, vol. 45, n.º 1 (2006), pp. 1-40.

88. Mailänder, *Female SS Guards*, p. 92.

89. *Ibid.*, p. 219.

90. *Ibid.*, pp. 242 y 237.

91. Klee, Dressen y Riess (eds.), *«The Good Old Days»*, pp. 291-292.

92. Mailänder, *Female SS Guards*, p. 265.

93. Renate Wiggershaus, *Frauen unterm Nationalsozialismus*, Peter Hammer Verlag, 1984, p. 96, según se cita en Stephenson, *Women in Nazi Germany*, edición Kindle, pp. 112-113.

94. Bauman, *Modernity and the Holocaust*, edición Kindle, p. 167.

Capítulo 12

1. Testimonio inédito hasta la fecha.

2. Testimonio inédito hasta la fecha.

3. Robert Scott Kellner (ed.), *My Opposition: The Diary of Friedrich Kellner – A German against the Third Reich*, Cambridge University Press, 2018, p. 268, apunte del 7 de agosto de 1943.

4. Domarus (ed.), *Hitler. Reden und Proklamationen*, vol. 2, pp. 1975-1976, discurso de Göring en el Ministerio Imperial de la Aviación, 30 de enero de 1943.

5. Leon Festinger, Henry W. Riecken y Stanley Schachter, *When Prophecy Fails: A Social and Psychological Study of a Modern Group that Predicted the Destruction of the World*, Wilder Publications, 2014, edición Kindle, p. 3.

6. *Ibid.*

7. *Ibid.*, p. 4.

8. Como con todos estos estudios clásicos, la bibliografía que discute sobre los méritos del trabajo es ingente. Véanse por ejemplo Camille Morvan, con Alexander J. O'Connor, *An Analysis of Leon Festinger's A Theory of Cognitive Dissonance*, Routledge, 2017, y Fernando Bermejo-Rubio, «The Process of Jesus' Deification and Cognitive Dissonance Theory», *Numen*, vol. 64, n.º 2/3 (2017), pp. 119-152.

9. Ulrich Herbert, «Echoes of the *Volksgemeinschaft*», en Steber y Gotto (eds.), *Visions of Community in Nazi Germany*, edición Kindle, p. 62, informe del SD del 3 de septiembre de 1942.

10. «Nun, Volk, steh auf, und Sturm brich los! Rede im Berliner Sportpalast», versión escrita del discurso de Goebbels del 18 de febrero de 1943, reim-

presa en Joseph Goebbels, *Der steile Aufstieg. Reden und Aufsätze aus den Jahren 1942/43*, Zentralverlag der NSDAP y Verlag Franz Eher Nachfolger, 1944, pp. 167-204. <Véase https://research.calvin.edu/german-propaganda-archive/goeb36.htm>.

11. Domarus (ed.), *Hitler. Reden und Proklamationen*, vol. 2, p. 1985, desde el cuartel general del Führer, 3 de febrero de 1943.

12. Anthony Eden, declaración en la Cámara de los Comunes, 17 de diciembre de 1942, <https://api.parliament.uk/historic-hansard/commons/1942/dec/17/united-nations-declaration#S5CV0385P0_19421217_HOC_280>.

13. Actas de la conferencia propagandística de Goebbels, 12 de diciembre de 1942, citadas en Peter Longerich, *«Davon haben wir nichts gewusst!» Die Deutschen und die Judenverfolgung 1933-1945*, Siedler Verlag, 2006, p. 257.

14. *Ibid.*, p. 259.

15. Fröhlich (ed.), *Die Tagebücher von Joseph Goebbels*, Teil II, vol. 3, pp. 401-408 (en este caso, p. 408), apunte del 3 de marzo de 1942.

16. Elke Fröhlich (ed.), *Die Tagebücher von Joseph Goebbels*, Teil II: *Diktate 1941-1945*, vol. 4: *April-Juni 1942*, K. G. Saur, 1995, pp. 179-190 (en este caso, p. 183), apunte del 27 de abril de 1942.

17. Entrevista en *Goebbels: Master of Propaganda*, BBC TV 1992, escrito y producido por Laurence Rees.

18. Katyn fue uno de los diversos lugares donde se asesinó colectivamente a personas traídas de la Polonia ocupada. Otros emplazamientos con la misma función fueron las prisiones de Kalinin y Járkiv.

19. Elke Fröhlich (ed.), *Die Tagebücher von Joseph Goebbels*, Teil II: *Diktate 1941-1945*, vol. 8: *April-Juni 1943*, K. G. Saur, 1993, p. 115, apunte del 17 de abril de 1943.

20. Véanse las pp. 52-54.

21. Rees, *Holocaust*, edición Kindle, p. 364.

22. Lars Svendsen, *A Philosophy of Evil*, Dalkey Archive Press, 2010, p. 160. Para el original de la cita de Stangl, véase Sereny, *Into That Darkness*, pp. 232-233.

23. Véanse las pp. 280-281. También Waller, *Becoming Evil*, pp. 216-217, que también analiza la cita de Stangl.

24. *Touched by Auschwitz*, BBC TV, escrito y producido por Laurence Rees; emitido por primera vez por la BBC2, 27 de enero de 2015.

25. Rees, *Auschwitz*, edición Kindle, pp. 360-361.

26. También hubo un levantamiento de Sonderkommandos en Auschwitz, en octubre de 1944, aunque este fue aplastado por la SS. La más famosa de las diversas huidas del campo fue la de Rudolf Vrba y Alfred Wetzler, en 1944. Véase Rees, *Auschwitz*, edición Kindle, pp. 305-306.

27. David Stahel, *Operation Barbarossa and Germany's Defeat in the East*, Cambridge University Press, 2009, p. 73. [Hay traducción al español, por

Hugo A. Cañete: *Operación Barbarroja: la derrota de Alemania en el Este*, Málaga: Salamina, 2022.]

28. «Vom Wesen der Krise», *Das Reich*, 30 de mayo de 1943, reimpreso en Goebbels, *Der steile Aufstieg*, p. 283.

29. Domarus (ed.), *Hitler. Reden und Proklamationen*, vol. 2, p. 1970, proclama de Hitler por Año Nuevo, 1 de enero de 1943.

30. *Ibid.*

31. *Ibid.*, p. 1989, proclama de Hitler ante soldados del Grupo de Ejércitos Sur, 19 de febrero de 1943.

32. Hugh Gibson (ed.), *The Ciano Diaries*, Simon Publications, 2001, p. 569, apunte del 11 de enero de 1943. [Hay traducción al español de los diarios del conde, por S. Furió y F. Congost; el catálogo de la B. N. E. indica que se tradujo de un original inglés, pero no que sea en edición de H. Gibson: Galeazzo Ciano, *Diarios, 1937-1943*, Barcelona: Crítica, 2004.] Los alemanes construyeron en la práctica dos tipos de bombas volantes: la V1, dirigida por primera vez contra los Aliados en junio de 1944, y la V2, lanzada por primera vez contra los Aliados en septiembre de 1944. Aunque en los dos casos se trató de bombas novedosas y provocaron la muerte de varios miles de personas, ninguna de las dos fue un invento milagroso, capaz de variar el curso de la guerra.

33. Weber, *Essays*, p. 248.

34. Gibson (ed.), *The Ciano Diaries*, p. 583, apunte del 23 de diciembre de 1943.

35. Longerich, *Goebbels*, edición Kindle, p. 711, diario, 30 de octubre de 1943.

36. Uriel Tal, *Religion, Politics and Ideology in the Third Reich: Selected Essays*, Routledge, 2004, p. 28.

37. Mary Ann Frese Witt, *The Search for Modern Tragedy: Aesthetic Fascism in Italy and France*, Cornell University Press, 2001, p. 95. Mussolini escribió esas palabras en 1912.

38. Elke Fröhlich (ed.), *Die Tagebücher von Joseph Goebbels*, Teil II: *Diktate 1941-1945*, vol. 9: *Juli-September 1943*, K. G. Saur, 1993, p. 169, apunte del 27 de julio de 1943.

39. *Ibid.*, p. 160, apunte del 25 de julio de 1943.

40. Longerich, *Himmler*, edición Kindle, pp. 486-487.

41. Elke Fröhlich (ed.), *Die Tagebücher von Joseph Goebbels*, Teil II: *Diktate 1941-1945*, vol. 10: *Oktober-Dezember 1943*, K. G. Saur, 1994, pp. 276-280 (en este caso, p. 279), apunte del 12 de noviembre de 1943.

42. *Trial of the Major War Criminals before the International Military Tribunal*, vol. XXIX: *Documents and Other Material in Evidence*, The International Military Tribunal, 1948, números 1850-PS a 2233-PS, documento 1919-PS, pp. 110-173 (en este caso, pp. 145-146, 164 y 170), discurso de Himmler en Posen, 4 de octubre de 1943.

43. *Ibid.*

44. Testimonio de Toivi Blatt en *Auschwitz: The Nazis and the «Final Solution»*, BBC TV, episodio 4: «Corruption», escrito y producido por Laurence Rees; emitido por primera vez por la BBC2, 1 de febrero de 2005.

45. Rees, *Auschwitz*, edición Kindle, p. 225.

46. Testimonio de Linda Breder en *Auschwitz: The Nazis and the «Final Solution»*, episodio 4, «Corruption».

47. Véase el testimonio de Konrad Morgen en Fráncfort (del Meno) el 8 de marzo de 1962, y en el juicio celebrado en Fráncfort sobre Auschwitz, en Hermann Langbein, *Der Auschwitz-Prozess. Eine Dokumentation*, Neue Kritik, 1995, pp. 143-145.

48. Rees, *Auschwitz*, edición Kindle, pp. 245-247.

49. Discurso de Himmler en Posen, 4 de octubre de 1943.

50. Discurso de Himmler en Posen, 6 de octubre de 1943, en Smith y Peterson (eds.), *Heinrich Himmler. Geheimreden*, pp. 169-170.

51. Rees, *Auschwitz*, edición Kindle, p. 172.

52. Smith y Peterson (eds.), *Heinrich Himmler. Geheimreden*, p. 170.

53. Richard Holmes (ed.), *The World at War: The Landmark Oral History*, Ebury Press, 2007, p. 327. [Hay traducción al español, por Antonio Prometeo Moya: *Un mundo en guerra. Historia oral de la segunda guerra mundial*, Barcelona: Crítica, 2008.]

54. Timothy P. Jackson, *Mordecai Would Not Bow Down: Anti-Semitism, the Holocaust, and Christian Supersessionism*, Oxford University Press, 2021, p. 62.

55. Véase la p. 53.

56. Véase Yuval Noah Harari, *Homo Deus: A Brief History of Tomorrow*, Vintage, 2016, edición Kindle, pp. 349-353, para un análisis del «nuestros chicos no han muerto en vano». [Hay traducción al español, por Joandomènec Ros: *Homo Deus. Breve historia del mañana*, Barcelona: Debate, 2016; Barcelona: DeBolsillo, 2022.]

57. Domarus (ed.), *Hitler. Reden und Proklamationen*, vol. 2, pp. 2051, 2054, discurso de Hitler del 8 de noviembre de 1943.

58. Véanse por ejemplo Hal R. Arkes y Catherine Blumer, «The Psychology of Sunk Cost», *Organizational Behavior and Human Decision Processes*, vol. 35, n.º 1 (1985), pp. 124-140, <https://www.sciencedirect.com/science/article/abs/pii/0749597885900494>; y David Ronayne, Daniel Sgroi y Anthony Tuckwell, «Evaluating the Sunk Cost Effect», IZA Institute of Labor Economics, 2021, *IZA Discussion Paper Series* n.º 14257, <https://docs.iza.org/dp14257.pdf>.

59. Kershaw, *«Hitler Myth»*, p. 212.

60. Fröhlich (ed.), *Die Tagebücher von Joseph Goebbels*, Teil II, vol. 10, pp. 257-264 (en este caso, p. 263), apunte del 9 de noviembre de 1943.

61. Malinowski, *Nazis and Nobles*, edición Kindle, pp. 260-264.

62. Johannes Hürter, «Auf dem Weg zur Militäropposition. Tresckow, Gersdorff, der Vernichtungskrieg und der Judenmord. Neue Dokumente über das Verhältnis der Heeresgruppe Mitte zur Einsatzgruppe B im Jahr 1941», *Vierteljahrshefte für Zeitgeschichte*, vol. 52, n.º 3 (2004), pp. 527-562 (en este caso, pp. 552-558).

63. Testimonio inédito hasta la fecha.

64. Rees, *Dark Charisma*, edición Kindle, pp. 382-383.

65. Véanse las pp. 26-27.

66. Fabian von Schlabrendorff, *The Secret War against Hitler*, Westview Press, 1994, pp. 268-269. [*La oposición bajo Hitler*, Madrid: Cid, 1969, probablemente a partir de la edición neoyorquina de Pitman Publishing, 1965.] Georg von Boeselager estuvo entre los que admitió que no era capaz de matar a Hitler de un tiro a sangre fría (*ibid.*, p. 269). También corrían rumores de que Hitler vestía un chaleco antibalas. Pero incluso si hubiera llevado —como afirmaban también los rumores— un cubrecabezas a prueba de balas, apenas caben dudas de que un tiro en la cara habría resultado fatal (véase Kershaw, *Nemesis*, pp. 660-661.)

67. Schlabrendorff, *The Secret War against Hitler*, p. 231.

68. Después de la guerra, Gersdorff se presentó como un arquetipo de héroe alemán, que no había tenido ocasión de conocer la naturaleza bárbara de la «guerra de exterminio» del este de Europa. Pero en realidad Gersdorff estaba al corriente de los actos de los Einsatzgruppen. Véase Hürter, «Auf dem Weg zur Militäropposition», pp. 527-562.

69. Norman J. W. Goda, «Black Marks: Hitler's Bribery of His Senior Officers during World War II», en Emmanuel Kreike y William Chester Jordan (eds.), *Corrupt Histories*, University of Rochester Press, 2004, p. 124.

70. Rees, *Their Darkest Hour*, edición Kindle, pp. 229-230.

71. Holmes (ed.), *The World at War*, p. 419.

72. Becker, *The Denial of Death*, edición Kindle, p. 25. Véanse también las pp. 87-89 del presente libro.

73. Don Allen Gregory, *After Valkyrie: Military and Civilian Consequences of the Attempt to Assassinate Hitler*, McFarland, 2019, p. 178.

74. Kershaw, *«Hitler Myth»*, pp. 217-218.

75. *Ibid.*, p. 217.

76. Elke Fröhlich (ed.), *Die Tagebücher von Joseph Goebbels*, Teil II: *Diktate 1941-1945*, vol. 13: *Juli-September 1944*, K. G. Saur, 1995, pp. 201-217 (en este caso, p. 214), apunte del 3 de agosto de 1944.

77. Helmut Heiber (ed.), *Goebbels-Reden*, vol. 2: *1939-1945*, Droste Verlag, 1972, pp. 356-357, discurso de Goebbels emitido el 26 de julio de 1944.

78. Longerich, *Goebbels*, edición Kindle, p. 733, diario de Goebbels del 6 de junio de 1944, en referencia a una conversación mantenida con Hitler un día antes, el 5 de junio.

79. Richard Overy, *The Bombing War: Europe 1939-1945*, Penguin, 2014, edición Kindle, p. 470.

80. Kershaw, «*Volksgemeinschaft*: Potential and Limitations of the Concept», p. 40.

81. Overy, *Bombing War*, edición Kindle, pp. 478-485.

82. Testimonio inédito hasta la fecha.

83. Ian Kershaw, *The End: The Defiance and Destruction of Hitler's Germany 1944-1945*, Allen Lane, 2011, p. 113. [Hay traducción al español, por Yolanda Fontal: *El final. Alemania, 1944-1945*, Barcelona: Península, 2013.]

84. *Ibid.*, pp. 114-118.

85. Kershaw, «*Volksgemeinschaft*: Potential and Limitations of the Concept», p. 40.

86. *Ibid.*; Richard Bessel, «The End of the *Volksgemeinschaft*», en Steber y Gotto (eds.), *Visions of Community in Nazi Germany*, edición Kindle, p. 291.

87. Kershaw, *The End*, p. 319.

88. La palabra alemana *Werwolf* significa «Hombre lobo».

89. Frederick Taylor, *Exorcising Hitler: The Occupation and Denazification of Germany*, Bloomsbury, 2011, edición Kindle, pp. 58-67.

90. Longerich, *Goebbels*, edición Kindle, p. 775, diario de Goebbels del 6 de febrero de 1945.

91. Louis P. Lochner (ed.), *The Goebbels Diaries*, Hamish Hamilton, 1948, p. 200, apunte del 2 de marzo de 1943. [Hay traducción de la edición norteamericana: *Diario*, Barcelona: José Janés, 1949.]

92. Kristin Laurin, Aaron C. Kay y Gavan J. Fitzsimons, «Reactance versus Rationalization: Divergent Responses to Policies that Constrain Freedom», *Psychological Science*, vol. 23, n.º 2 (febrero de 2012), pp. 205-209, <https://www.researchgate.net/publication/221744497_Reactance_Versus_Rationalization_Divergent_Responses_to_Policies_That_Constrain_Freedom>. Véase también Association for Psychological Science, «People Rationalize Situations They're Stuck with, but Rebel when They Think There's an Out», 1 de noviembre de 2011, <https://www.psychologicalscience.org/news/releases/people-rationalize-situations-theyre-stuck-with-but-rebel-when-they-think-theres-an-out.html>.

93. James Boswell, *The Life of Samuel Johnson, LL. D.*, J. Richardson, 1823, vol 3, p. 171. [Hay traducción al español, por Miguel Martínez-Lage: *Vida de Samuel Johnson, doctor en leyes*, Barcelona: Acantilado, 2007.]

94. Elke Fröhlich (ed.), *Die Tagebücher von Joseph Goebbels*, Teil II: *Diktate 1941-1945*, vol. 15: *Januar-April 1945*, K. G. Saur, 1995, pp. 475-488 (en este caso, p. 486), apunte del 12 de marzo de 1945.

95. Véanse las pp. 133-135.

96. Los fiscales estaban al corriente de la historia de Werner Best en el seno del Partido Nazi. Pero aunque al principio las autoridades danesas lo condenaron a muerte, en 1951 salió de la prisión. En los primeros años de la década

de 1970 lo encausaron de nuevo, pero los médicos declararon que no estaba en condiciones de soportar un juicio. Murió no obstante muchos años más tarde, en 1989. Véase Ingrao, *Believe and Destroy*, edición Kindle, pp. 238-240.

97. Sepp Dietrich figura en la cubierta.

98. Felix Kersten, *Totenkopf und Treue. Heinrich Himmler ohne Uniform. Aus den Tagebuchblättern des finnischen Medizinalrats Felix Kersten*, Robert Mölich Verlag, 1952, pp. 358-359, carta de Himmler del 21 de marzo de 1945. [Hay traducciones con los títulos de *Yo fuí* (sic) *confidente de Himmler*, Barcelona: José Janés, 1947 (a partir del sueco, por Frans Vives) o *Memorias de Felix Kersten, el médico confidente de Himmler* (por Juan G. de Luaces, ¿del inglés?), Barcelona: José Janés, 1957, y una en 1967 con la firma de los dos traductores y el título *Yo fuí...*, Barcelona: G. P., 1967.]

99. Longerich, *Himmler*, edición Kindle, p. 728.

100. Fröhlich (ed.), *Die Tagebücher von Joseph Goebbels*, Teil II, vol. 15, pp. 559-574 (en este caso, p. 568), apunte del 22 de marzo de 1945.

101. «"...warum dann überhaupt noch leben!" Hitlers letzte Lagebesprechungen am 23., 25. und 27. April 1945», *Der Spiegel*, 10 de enero de 1966, pp. 37-38.

102. Kershaw, *Nemesis*, pp. 1037-1038 nota 156, para un examen detallado de las pruebas sobre el método empleado por Hitler para suicidarse.

103. Domarus (ed.), *Hitler. Reden und Proklamationen*, vol. 2, pp. 2236-2237, 2239, «Testamento político» de Hitler, 29 de abril de 1945.

104. «"...warum dann überhaupt noch leben!"», *Der Spiegel*.

105. Testimonio inédito hasta la fecha.

Epílogo

1. Testimonio inédito hasta la fecha, y Rees, *Their Darkest Hour*, edición Kindle, pp. 249-254.

2. Cuando el libro se reeditó, y la autora ya había fallecido, se reveló que era obra de una periodista alemana, Marta Hillers, que contaba treinta y tres años cuando el Ejército Rojo llegó a Berlín, en 1945.

3. Anónima, *A Woman in Berlin*, Virago, 2011, edición Kindle, p. 76. [Hay traducción al español, por Jorge Seca: Anónima, *Una mujer en Berlín. Anotaciones de diario escritas entre el 20 de abril y el 22 de junio de 1945*, intr. Hans Magnus Enzensberger, Barcelona: Anagrama, 2005.]

4. Norman M. Naimark, *The Russians in Germany: A History of the Soviet Zone of Occupation, 1945-1949*, Harvard University Press, 1995, p. 93.

5. Anónima, *A Woman in Berlin*, edición Kindle, p. 61.

6. Testimonio inédito hasta la fecha, de una entrevista con el doctor Fritz Arlt.

7. Miriam Gebhardt, *Crimes Unspoken: The Rape of German Women at the End of the Second World War*, Polity, 2017, edición Kindle, pp. 2 y 19. La cifra indicada —860.000—, que es de la propia Gebhardt, incluye violaciones tanto a hombres como a mujeres, pero mayoritariamente se violó a mujeres.

8. Anónima, *A Woman in Berlin*, edición Kindle, p. 140.

9. Naimark, *The Russians in Germany*, pp. 121-122.

10. Hsu-Ming Teo, «The Continuum of Sexual Violence in Occupied Germany, 1945-49», *Women's History Review*, vol. 5, n.º 2 (1996), pp. 191-218, que cita a Ute Frevert, *Women in German History: From Bourgeois Emancipation to Sexual Liberation*, Berg, 1989, p. 258.

11. Kaete O'Connell, «The Taste of Defeat: Food, Peace and Power in US-Occupied Germany», en Heather Merle Benbow y Heather R. Perry (eds.), *Food, Culture and Identity in Germany's Century of War*, Palgrave Macmillan, 2019, p. 211.

12. Alice Weinreb, «"For the Hungry Have No Past nor Do They Belong to a Political Party": Debates over German Hunger after World War II», *Central European History*, vol. 45, n.º 1 (2012), pp. 50-78.

13. Rolf-Dieter Müller (ed.), *Der Zusammenbruch des Deutschen Reiches 1945. Die Folgen des Zweiten Weltkrieges*, Deutsche Verlags-Anstalt, 2008, p. 420.

14. Rees, *Behind Closed Doors*, edición Kindle, p. 385.

15. Testimonio inédito hasta la fecha.

16. Höss, *Commandant*, p. 165.

17. Rees, *Auschwitz*, edición Kindle, pp. 365-366.

18. Mathilde Wolff-Mönckeberg, *On the Other Side: Letters to My Children from Germany 1940-46*, Persephone Books, 2016, p. 131, con fecha 1 de mayo de 1945. Tras quedar separada de sus hijos, Wolff-Mönckeberg les escribió cartas —durante la guerra y en la inmediata posguerra— en circunstancias que le impidieron enviarlas.

19. *Ibid.*, p. 140, con fecha de 17 de mayo de 1945.

20. Winston S. Churchill, *The Second World War*, vol. V: *Closing the Ring*, Penguin, 2005, pp. 329-330. [Hay traducción al español, por Juan G. de Luaces: *Memorias. La segunda guerra mundial*, vol. V: *el anillo se cierra*, Barcelona: José Janés, 1955.]

21. Waller, *Becoming Evil*, pp. 59-70 y 77.

22. Gilbert, *Nuremberg Diary*, pp. 43 (Göring) y 152 (Ribbentrop).

23. *Ibid.*, p. 265.

24. *Ibid.*, p. 266. Téngase en cuenta que el texto entrecomillado («un alemán del sur» y «un prusiano nunca habría sido capaz de hacer esa clase de cosas»), aunque atribuido a Göring, es propiamente el recuerdo de Gilbert de lo que Göring dijo, no una cita directa de sus palabras.

25. Goldensohn, *The Nuremberg Interviews*, edición Kindle, p. 188.

26. Gilbert, *Nuremberg Diary*, pp. 15-16.

27. Goldensohn, *The Nuremberg Interviews*, edición Kindle, pp. 30-32.

28. Gilbert, *Nuremberg Diary*, p. 388.

29. Thomas Talhelm, Xuemin Zhang y Shigehiro Oishi, «Moving Chairs in Starbucks: Observational Studies Find Rice-Wheat Cultural Differences in Daily Life in China», *Science Advances*, vol. 4, n.º 4 (2018), <https://www.science.org/doi/10.1126/sciadv.aap8469>. Véase también Sapolsky, *Behave*, pp. 560-562.

30. Ervin Staub, «The Psychology of Bystanders, Perpetrators, and Heroic Helpers», en Leonard S. Newman y Ralph Erber (eds.), *Understanding Genocide: The Social Psychology of the Holocaust*, Oxford University Press, 2002, edición Kindle, p. 16. La idea de que existe una «personalidad autoritaria» como forma de personalidad particular la popularizó poco después de la guerra la publicación de *The Authoritarian Personality*, de Theodor Adorno y sus colegas Else Frenkel-Brunswik, Daniel Levinson y Nevitt Sanford (Harper & Brothers, 1950). [Hay traducción al español, por Agustín González: Th. W. Adorno, *Estudios psicológicos II*, vol. 1: *La técnica psicológica ... Estudios sobre la personalidad autoritaria*, Tres Cantos: Akal, 2009.] La obra fue objeto de diversas críticas, entre ellas, por asuntos de metodología. Véase por ejemplo Waller, *Becoming Evil*, p. 85, quien llega a la conclusión de que «la hipótesis original sobre la psicodinámica de la personalidad autoritaria todavía no se ha validado».

31. Rees, *Nazis: A Warning from History*, edición Kindle, p. 46.

32. Testimonio inédito hasta la fecha. Véase también Kurt Lewin, *Resolving Social Conflicts, and, Field Theory in Social Science*, ed. Gertrud Weiss Lewin, American Psychological Association, 1997 (primera edición, 1948), edición Kindle. [Hay traducción del segundo texto (*La teoría del campo en la ciencia social*, Barcelona: Paidós, 1988), que aquí no parece ser el más relevante.] Buena parte de la bibliografía psicológica sobre el carácter nacional parece hoy singularmente anticuada. Un pionero de la psicología social, el alemán Kurt Lewin —que emigró a Estados Unidos en 1933— creyó ver diferencias claras entre estadounidenses y alemanes, en lo relativo a la psicología. En su *Resolving Social Conflicts* escribió: «En Estados Unidos, dos científicos o políticos pueden acabar una lucha enconada, teórica o política, y seguir manteniendo una relación cordial. En Alemania, para la mayoría de los habitantes, una discrepancia política o incluso científica parece inseparable de la desaprobación moral. Las felicitaciones que un candidato a la presidencia que haya sido derrotado envía al vencedor después de la dura pugna sonarían bastante extrañas en Alemania» (p. 21). Tal vez esto fuera cierto cuando Lewin escribió esas palabras, aunque suenan como una generalización extrema; sea como fuere, hoy sin duda no son ciertas. El «candidato a la presidencia» que fue «derrotado» en 2020 en las elecciones esta-

dounidenses no solo no felicitó al vencedor, sino que intentó destruir el proceso democrático en su totalidad. Resulta difícil imaginar que ocurra algo similar en la Alemania contemporánea. Valga como recordatorio adicional de los peligros de considerar que existe un «carácter nacional» ya sea universal o fijo.

33. Declaración del teniente general DeWitt ante un subcomité del Comité de Asuntos Navales de la Cámara, 13 de abril de 1943. Véase también general John L. DeWitt, documentos personales, identificador de los Archivos Nacionales de Estados Unidos: 7432140, <https://text-message.blogs.archives.gov/2013/11/22/a-slaps-a-slap-general-john-l-dewitt-and-four-little-words/>.

34. Erika Lee, *The Making of Asian America*, Simon & Schuster, 2015, p. 217.

35. George R. Mastroianni, *Of Mind and Murder: Toward a More Comprehensive Psychology of the Holocaust*, Oxford University Press, 2019, edición Kindle, p. 362.

36. Los números que se indican son los propios y específicos del «Juicio a los grandes criminales de guerra ante el Tribunal Militar Internacional» de Núremberg.

37. Mastroianni, *Of Mind and Murder*, edición Kindle, p. 326.

38. David R. Henderson, «German Economic Miracle», *Econlib*, <https://www.econlib.org/library/Enc/GermanEconomicMiracle.html>.

39. Taylor, *Exorcising Hitler*, edición Kindle, p. 364.

40. De Jong, *Nazi Billionaires*, edición Kindle, p. 224. Véase también Ofer Aderet «Details of Porsche's Nazi Ties Spoil Centennial Bash», *Haaretz*, 11 de octubre de 2009, <https://www.haaretz.com/Israel-news/culture/2009-10-11/ty-article/details-of-porsches-nazi-ties-spoil-centennial-bash/0000017f-e0c9-d75c-a7ff-fccd387c0000>.

41. De Jong, *Nazi Billionaires*, edición Kindle, pp. 234 y 236.

42. Aly y Heim, *Architects of Annihilation*, edición Kindle, p. 28.

43. Aleksander Lasik, «The Apprehension and Punishment of the Auschwitz Concentration Camp Staff», en *Auschwitz 1940-1945: Central Issues in the History of the Camp*, vol. V, Auschwitz-Birkenau State Museum, 2000, pp. 99-119.

44. Testimonio inédito hasta la fecha.

45. Testimonio inédito hasta la fecha.

12 ADVERTENCIAS

1. Rees, *Their Darkest Hour*, edición Kindle, p. 260.

2. *Ibid.*, pp. 24-30 (en este caso, p. 26).

3. A primera vista, cabría pensar que es un ejemplo de lo que Hannah Arendt denominó «la banalidad del mal», concepto que utilizó en su libro *Eichmann in Jerusalem: A Report on the Banality of Evil*, Penguin Classics, 2006 (edición original de 1963). [Hay traducción al español, por Carlos Ribalta: *Eichmann en Jerusalén. Un estudio sobre la banalidad del mal*, Barcelona: Lumen, 1967.] Pero aunque yo tuve la misma experiencia que ella al encontrarme con antiguos nazis que habían cometido actos terribles, y me quedé con la impresión de que no se ajustaban a los asesinos que hemos caricaturizado en la imaginación, sin embargo yo en este contexto encontraba un problema en la palabra *banal*. Desde mi perspectiva el mal nunca resulta banal; tampoco lo era el sistema de creencias del nazismo, que sirvió de base a las acciones de perpetradores como Eichmann o Groening, por mucho que, después de la guerra, sus personalidades pudieran parecer de lo más corriente.

4. Tras haberse educado en Alemania en la década de 1930, al acabar los estudios de secundaria Groening pasó a trabajar en un banco; pero como procedía de una familia de nacionalistas alemanes, al poco de estallar la guerra se presentó voluntario para la SS. Lo destinaron a Auschwitz y la experiencia bancaria le resultó útil para trabajar en la sección económica del campo, contando el dinero robado a los judíos asesinados. Varios años después de que yo lo conociera, y casi setenta años después de haber concluido la contienda, las autoridades alemanas decidieron juzgarlo. En 2015 acabaron por condenarlo a cuatro años de cárcel, como cómplice del asesinato masivo. Pero murió en marzo de 2018, con noventa y seis años, sin haber entrado en prisión.

5. Rees, *Their Darkest Hour*, edición Kindle, p. 167.

6. Véanse las pp. 87-89.

7. Ian Kershaw, *Personality and Power: Builders and Destroyers of Modern Europe*, Allen Lane, 2022, pp. 60-61. [Hay traducción al español de T. Fernández y J. Soler: *Personalidad y poder. Forjadores y destructores de la Europa moderna*, Barcelona: Crítica, 2022.]

8. Véase la p. 281.

9. Kershaw, *Personality and Power*, p. 245.

10. Paul Preston, *Franco*, Harper Perennial, 2012, edición Kindle, p. 271. [Hay traducción al español, por T. Camprodón *et al.*: *Franco, caudillo de España*, Barcelona: Debate, 1994; «Biografía actualizada», Barcelona: Penguin Random House, 2023.]

11. Véase la p. 185.

12. Véase *Hitler's Table Talk*, 19 de enero de 1942, p. 227. En esa conversación explicó que, aunque él en general era contrario a los duelos, se sentía «inclinado» a «permitirlos [...] entre sacerdotes y entre abogados».

13. Véanse las pp. 211-212.

14. Geoffrey P. Megargee, *Inside Hitler's High Command*, University Press of Kansas, 2000, p. 20.

15. Véase la p. 206.
16. Véanse las pp. 255-257.
17. Véanse las pp. 154-156, 258, 305.
18. Testimonio inédito hasta la fecha.
19. Es importante tener en cuenta que, desde un punto de vista moral, como ya he escrito en muchos lugares, yo no creo que pueda establecerse ninguna equivalencia —en contra de lo que muchos nazis afirmaban— entre las campañas de bombardeo de los Aliados y el Holocausto. Véase Rees, *Auschwitz*, edición Kindle, pp. 365-367; también este libro, pp. 369-371.
20. Rees, *Their Darkest Hour*, edición Kindle, pp. 13-18.
21. Véase la p. 146.

Lista de ilustraciones

Las imágenes 1, 5, 6, 7, 15, 20, 21 y 42 se reproducen por cortesía de Bridgeman Images; las imágenes 2, 3, 4, 9, 10, 11, 12, 13, 14, 17, 18, 19, 22, 23, 26, 30, 31, 34, 38, 40 y 48 se reproducen por cortesía de Getty Images; las imágenes 8, 16, 24, 25, 28, 29, 35, 36, 39, 40, 43, 45, 46 y 47 se reproducen por cortesía de Alamy; la imagen 44 se reproduce por cortesía de la Bayerische Staatsbibliothek München/Bildarchiv.

Índice analítico

Índice de contenidos